Wissenschaftliche Untersuchungen
zum Neuen Testament · 2. Reihe

Herausgegeben von
Martin Hengel und Otfried Hofius

74

Die Rezeption des Matthäusevangeliums im 1. Petrusbrief

Studien zum traditionsgeschichtlichen
und theologischen Einfluß des 1. Evangeliums
auf den 1. Petrusbrief

von

Rainer Metzner

J.C.B. Mohr (Paul Siebeck) Tübingen

Die Deutsche Bibliothek – CIP-Einheitsaufnahme

Metzner, Rainer:
Die Rezeption des Matthäusevangeliums im 1. Petrusbrief: Studien zum traditionsgeschichtlichen und theologischen Einfluss des 1. Evangeliums auf den 1. Petrusbrief / von Rainer Metzner. – Tübingen: Mohr, 1995
(Wissenschaftliche Untersuchungen zum Neuen Testament : Reihe 2 ; 74)
ISBN 3-16-146378-1

NE: Wissenschaftliche Untersuchungen zum Neuen Testament / 02

© 1995 J.C.B. Mohr (Paul Siebeck) Tübingen.

Das Buch wurde von Gulde-Druck in Tübingen auf alterungsbeständiges Werkdruckpapier der Papierfabrik Niefern gedruckt und von der Großbuchbinderei Heinr. Koch in Tübingen gebunden.

ISSN 0340-9570

Meiner Frau

Vorwort

Bei der vorliegenden Untersuchung handelt es sich um die überarbeitete Fassung
meiner Ende 1993 eingereichten und 1994 von der Theologischen Fakultät der
Humboldt-Universität zu Berlin angenommenen Dissertation.

Dank schulde ich an erster Stelle Herrn Prof. Dr. Christian Wolff für die lang-
jährige Förderung vom Studium bis zur Assistentenzeit und seine hilfreichen An-
regungen.

Des weiteren danke ich der Evangelischen Kirche Berlin-Brandenburg für die
dreijährige Zeit einer Assistentur am Theologischen Konvikt Berlin (ehemals
"Sprachenkonvikt"), in der mir die Erarbeitung der Dissertation ermöglicht
wurde, Herrn Prof. Dr. Peter von der Osten-Sacken für die Zweitkorrektur, den
Herausgebern Prof. Dr. Martin Hengel und Prof. Dr. Otfried Hofius sowie dem
Mohr-Verlag für die Aufnahme dieser Arbeit in die Wissenschaftlichen Untersuchungen zum Neuen Testament. Frau Ilse König hat freundlicherweise tech-
nische Hilfe bei der Erstellung der Druckvorlage geleistet.

Nicht zuletzt gilt der Dank besonders meiner Frau für ihre Geduld und Unterstützung. Ihr ist dieses Buch gewidmet.

Berlin, im Dezember 1994   Rainer Metzner

Inhaltsverzeichnis

Abkürzungen X

1. Einleitung 1

2. Der literarische Einfluß des Matthäusevangeliums
auf den 1.Petrusbrief 7

    2.1. Mt 5,10 im Vergleich mit 1.Petr 3,14 7
          2.1.1. Der redaktionelle Charakter von Mt 5,10 7
                2.1.1.1. Redaktionelles Vokabular 7
                2.1.1.2. Stilistische Merkmale 14
                2.1.1.3. Matthäische Theologumena 17
          2.1.2. Der traditionsgeschichtliche Einfluß von Mt 5,10
                auf 1.Petr 3,14 19
          2.1.3. Erklärung der formalen und sachlichen Unterschiede
                zwischen Mt 5,10 und 1.Petr 3,14 29

    2.2. Mt 5,11f. im Vergleich mit 1.Petr 4,13f. 34
          2.2.1. Der traditionsgeschichtliche Einfluß von Mt 5,11f.
                auf 1.Petr 4,13f. 34
           2.2.2. Erklärung der formalen und sachlichen Unterschiede
                zwischen Mt 5,11f. und 1.Petr 4,13f. 39

    2.3. Mt 5,16 im Vergleich mit 1.Petr 2,12 49
          2.3.1. Der redaktionelle Charakter von Mt 5,16 49
                2.3.1.1. Redaktionelles Vokabular 49
                2.3.1.2. Kontext 50
                2.3.1.3. Matthäische Theologumena 51
          2.3.2. Der traditionsgeschichtliche Einfluß von Mt 5,16
                auf 1.Petr 2,12 52
           2.3.3. Erklärung der formalen und sachlichen Unterschiede
                zwischen Mt 5,16 und 1.Petr 2,12 60

    2.4. Mt 5,38-48 im Vergleich mit 1.Petr 3,9 und 1,15f. 69
          2.4.1. Der redaktionelle Charakter der 5. und 6. Antithese
                (Mt 5,38-42.43-48) 70
          2.4.2. Die 5. und 6. Antithese im Verhältnis zu 1.Petr 3,9 75
          2.4.3. Mt 5,48 im Verhältnis zu 1.Petr 1,15f. 90

    2.5. 1.Petr 5,6-9 im Verhältnis zur matthäischen Versuchungsgeschichte
         (Mt 4,1-11) und dem synoptischen Logion vom Sorgen
         (Mt 6,25-34 par) 94
          2.5.1. Vergleich zwischen 1.Petr 5,(5)6ff. und Jak 4,6ff. 95

2.5.2. Der Einfluß der matthäischen Versuchungsgeschichte
auf 1.Petr 5,6ff. 99
2.5.3. 1.Petr 5,7 und das synoptische Logion vom Sorgen
(Mt 6,25ff. par) 103

3. *Der theologische Einfluß des Matthäusevangeliums*
auf den 1.Petrusbrief 107

3.1. Das Petrusbild 107
   3.1.1.   "Petrus" und Apostolat 108
   3.1.2.   Apostolat und Leiden Christi 111
   3.1.3.   Autorität und Kollegialität 112
   3.1.4.   Petrus und die Behörden 116
   3.1.5.   Das Fehlen einer Protophanietradition 118
   3.1.6.   Petrus und die Gemeinde 121
   3.1.7.   Berufung und Nachfolge 129
   3.1.8.   Ambivalenz im Petrusbild 131
   3.1.9.   Petrus und die Gesamtkirche 134
   3.1.10. Die Bindung an Jesus und seine Lehre 136
   3.1.11. Ergebnis 137
   3.1.12. Schlußfolgerungen 139

3.2. Die Ekklesiologie 143
   3.2.1.   Der 1.Petrusbrief und Mt 18 143
      3.2.1.1. Das Motiv der Demut 143
      3.2.1.2. Das Motiv der Bruderschaft (Bruderliebe) 148
      3.2.1.3. Die Hirt/Herde-Metaphorik 152
   3.2.2.   Gemeinde und Ethik 156
   3.2.3.   Das Gottesvolk-Motiv 160
   3.2.4.   Das Motiv der Nachfolge 165
   3.2.5.   Der Missionsgedanke 170
   3.2.6.   Die Gemeinde als Bau 176
   3.2.7.   Differenzen 181

3.3. Die Christologie 187
   3.3.1.   Die Christologie des 1. Petrusbriefes 187
   3.3.2.   Die Christologie des 1. Petrusbriefes im Verhältnis
zur Christologie des Matthäusevangeliums 195
      3.3.2.1. Verheißung und Erfüllung 198
      3.3.2.2. Niedrigkeit und Leiden Christi 199
      3.3.2.3. Christus der Eckstein 205
      3.3.2.4. Das Hirtenbild 207
   3.3.3.   Soteriologische und ekklesiologische Konsequenzen
aus der Christologie 209

3.4. Die Eschatologie 219
   3.4.1.   Gemeinde und Endgeschehen im Matthäusevangelium 219
      3.4.1.1. Matthäus 219
      3.4.1.2. 1. Petrusbrief 224
   3.4.2.   Das Endgeschehen als Parusie Christi 227
      3.4.2.1. Matthäus 227
      3.4.2.2. 1. Petrusbrief 230
   3.4.3.   Die Gerichtsvorstellung 232

3.4.3.1. Matthäus... 232
    3.4.3.1.1. Der Richterkönig 233
    3.4.3.1.2. Die Universalität des Gerichtes............................ 233
    3.4.3.1.3. Das Gericht nach den Werken............................ 237
    3.4.3.1.4. Das Gericht "ohne Ansehen der Person"................. 240
    3.4.3.1.5. Die Rechenschaftslegung 241
    3.4.3.1.6. Die paränetische Orientierung
            im Gerichtsmotiv...................................... 244
3.4.3.2. 1. Petrusbrief... 246
    3.4.3.2.1. Die Universalität des Gerichtes............................ 247
    3.4.3.2.2. Das Gericht nach den Werken
            "ohne Ansehen der Person"..................................... 250
    3.4.3.2.3. Die Rechenschaftslegung 251
    3.4.3.2.4. Die paränetische Orientierung
            im Gerichtsmotiv..................................... 253
3.4.4. Die Vorstellung vom eschatologischen Heil.......................... 256
    3.4.4.1. Matthäus.. 256
    3.4.4.2. Mt 25,34 im Vergleich mit 1.Petr 1,4 und 3,9 259
    3.4.4.3. Die Soteriologie des 1.Petr im Verhältnis
          zu Matthäus... 261

**4. Das Kriterium der Bezeugung des Matthäusevangeliums
in den frühchristlichen Schriften des 1. und 2. Jahrhunderts**............... 265

4.1. Der Einfluß des Matthäusevangeliums in Rom.......................... 266
4.2. Der Einfluß des Matthäusevangeliums in Kleinasien.................. 268
4.3. Schlußfolgerungen für die Rezeption des Matthäusevangeliums........... 271
4.4. Die Rezeption des Matthäusevangeliums im 2. Petrusbrief............ 279

5. Zusammenfassung.. 283

Literaturverzeichnis 296

Register 314

1. Stellenregister.. 314
2. Personen- und Sachregister 336

Abkürzungen

Die Abkürzungen der Zeitschriften, Serien, Lexika und Quellenwerke sowie der biblischen Bücher, der außerkanonischen Schriften des Alten und Neuen Testaments usw. richten sich nach S. Schwertner, IATG². Internationales Abkürzungsverzeichnis für Theologie und Grenzgebiete, Berlin New York 1992. Dies betrifft auch die allgemeinen Abkürzungen. Im folgenden werden daher nur diejenigen Abkürzungen aufgeführt, die über das IATG² hinausgehen.

Act.	Aktiv
Akk.	Akkusativ
Aor.	Aorist
bes.	besonders
Gen.	Genitiv
Dat.	Dativ
grch.	griechisch
hell.	hellenistisch
Jhndt.	Jahrhundert
jüd.	jüdisch
Konj.	Konjunktiv
lk.	lukanisch
Lk(S)	Sondergut des Lukas
Med.	Medium
mk.	markinisch
mt.	matthäisch
MtEv	Matthäusevangelium
Mt(S)	Sondergut des Matthäus
Ntr.	Neutrum
od. dgl.	oder dergleichen
Opt.	Optativ
Pass.	Passiv
Pl.	Plural
Ps.	Person
Q	Spruchquelle
rabb.	rabbinisch
red.	redaktionell
Sg.	Singular
term. techn.	terminus technicus

1. Einleitung

In der neutestamentlichen Wissenschaft besteht seit geraumer Zeit die Frage, in welche literarischen und traditionsgeschichtlichen Zusammenhänge der 1.Petrusbrief einzuordnen ist. Die vielfältigen Anklänge an andere Schriften des Neuen Testaments veranlaßten H.J. Holtzmann Ende des vorigen Jahrhunderts, direkte literarische Abhängigkeiten des 1.Petr vom Corpus Paulinum, vom Jakobusbrief, Hebräerbrief, der Apokalypse, der Apostelgeschichte und den Synoptikern anzunehmen.[1] Im Zuge der form- und traditionsgeschichtlichen Forschung sind solche Parallelen aber auf gemeinurchristliches, vor allem katechetisches und liturgisches Material[2] bzw. generell auf sprachlich vorgeformtes urchristliches Überlieferungsgut[3] zurückgeführt worden. Ist man in dieser Hinsicht weitestgehend in der ntl. Forschung zu einem Konsensus gelangt[4], so konnte N. Brox in seinem Ergebnis zur Frage der literarischen Traditionen im 1.Petr pointiert feststellen: "Wir können hier *zusammenfassen* und

---

[1] H.J. Holtzmann, Einleitung in das Neue Testament, Freiburg i. B. (1885)³ 1892, 313-315. Einen zusammenfassenden Forschungsbericht über die verschiedenen Hypothesen literarischer Abhängigkeit des 1.Petr von den genannten Schriften bietet N. Brox, Der erste Petrusbrief in der literarischen Tradition des Urchristentums, Kairos NF 20 (1978), 182-192; Vgl. auch J.H. Elliott, The Rehabilitation of an Exegetical Step-Child: 1 Peter in Recent Research, JBL 95 (1976), 246ff. E.G. Selwyn, Epistle, 365-466, hat das gesamte Material zusammengestellt, das auf einen Zusammenhang zwischen 1.Petr und den anderen urchristlichen Schriften schließen läßt.

[2] Dies im Fall der Bekenntnis- und Liedfragmente des 1.Petr; vgl. R. Bultmann, Bekenntnis- und Liedfragmente im 1.Petrusbrief, in: CNT 11,1-14 (= ders., Exegetica, Tübingen 1967, 285-297); B. Reicke, The Disobedient Spirits and Christian Baptism. A Study of 1 Pet. III. 19 and its Context (ASNU 13), Kopenhagen 1946; K. Shimada, The Formulary Material in First Peter: A Study according to the method of Traditionsgeschichte, New York 1966 (= Diss. Union Theol. Sem. of New York); R. Deichgräber, Gotteshymnus und Christushymnus in der frühen Christenheit (StUNT 5), Göttingen 1967; K. Wengst, Christologische Formeln und Lieder des Urchristentums (StNT 7), Gütersloh 1972; M.-É. Boismard, Quatre hymnes baptismales dans la première épître de Pierre (LeDiv 30), Paris 1961; G. Schille, Frühchristliche Hymnen, Berlin 1965; E. Richard, Functional Christology, 127-133; K.C.P. Kosala, Taufverständnis, 69-105.

[3] Vgl. N. Brox, Der erste Petrusbrief in der literarischen Tradition des Urchristentums, Kairos NF 20 (1978), 182-192; O. Knoch, Komm. 1.Petr u.a., 16-18; W. Nauck, Freude im Leiden. Zum Problem einer urchristlichen Verfolgungstradition, ZNW 46 (1955), 68-80; E. Lohse, Paränese und Kerygma im 1.Petrusbrief, ZNW 45 (1954), 68-89; L. Goppelt, Komm. 1.Petr, 47-56; E.G. Selwyn, Epistle, 365-466 (vgl. 17ff.); J. P. Brown, Synoptic Parallels in the Epistles and Form-History, NTS 10 (1963/64), 27-48; E. Best, 1 Peter and the Gospel Tradition, NTS 16 (1969/70), 95-113; G. Braumann, Zum traditionsgeschichtlichen Problem der Seligpreisungen Mt V 3-12, NT 4 (1964), 253-260; H. Balz/W. Schrage, Katholische Briefe, 61f.; K.H. Schelkle, Komm. 1.Petr u.a., 5-7. - E.G. Selwyn, Epistle, 347-466, nennt vier Traditionsformen der Texte: (1) Liturgie, (2) Leidensparänese, (3) Katechismen und (4) Verba Christi.

[4] Vgl. A. Reichert, Praeparatio, 8f.

nach allem sagen, daß die Thesen über literarische Abhängigkeitsverhältnisse, in die man den 1 Petr placiert, als überholte, erfolglose Versuche anzusehen sind."[5]

Ein besonderes und für unsere Frage wichtiges Problem ist der Einfluß der Evangelienüberlieferung auf den 1.Petr. Unter Voraussetzung der weitestgehend akzeptierten Annahme einer pseudepigraphischen Verfasserschaft des Briefes konnte die direkte Abhängigkeit des 1.Petr von Evangelienmaterial, besonders solchem, in dem Petrus eine Rolle spielt, abgelehnt werden. In der Tat ist die Frage der Evangelienüberlieferung im 1.Petr gemeinhin durch die Frage der apostolischen Urheberschaft des Briefes belastet. So meinte R. H. Gundry, in der im Brief auszumachenden Evangelienüberlieferung ein "petrinisches Muster" feststellen zu können[6]. Die Reminiszenzen im Brief stammen nach Gundry fast alle aus Teilen von Evangelientraditionen, in denen Petrus durch den erzählenden Rahmen oder durch die Thematik einer der Anwesenden, der Handelnden oder einer der sachlich Interessierten ist. Daraus schlußfolgert Gundry, daß die Echtheit des 1.Petr wie die Authentizität der Evangelienüberlieferung gegenseitige Bestätigung finden (S. 350). - Aber zum einen sind die Parallelverweise an vielen von Gundry angeführten Belegen durchaus bezweifelbar[7], zum anderen bedürften andere angegebene Belege anstelle bloßer Parallelverweise einer tieferen Begründung in traditions- und redaktionsgeschichtlicher Hinsicht, um beweiskräftig zu sein[8]. In erster Hinsicht hat E. Best unter kritischer Auseinandersetzung mit Gundry das Parallelmaterial deutlich begrenzt[9]. In zweiter Hinsicht gibt aber auch Best keine befriedigende Antwort[10]. Ein ganzes

---

[5] N. Brox, Der erste Petrusbrief in der literarischen Tradition des Urchristentums, Kairos NF 20 (1978), 190.

[6] R.H. Gundry, "Verba Christi" in I Peter: Their Implications Concerning the Authorship of I Peter and the Authenticity of the Gospel Tradition, NTS 13 (1966/67), 330-350; ders., Further Verba on Verba Christi in First Peter, Bib 55 (1974), 211-232; ähnlich auch F. Neugebauer, Zur Deutung und Bedeutung des 1.Petrusbriefes, in: Das Petrusbild in der neueren Forschung, hrsg. v. C.P. Thiede (TVG 316), 109-144, bes. 114-121 (zuerst erschienen in: NTS 26 [1980], 61-86).

[7] Z.B. 1 Petr 1,4 - Lk 12,33; 1.Petr 2,18ff. - Lk 6,27ff.; 1.Petr 4,7 - Lk 21,31.34.36; 1.Petr 4,19 - Lk 23,46; 1.Petr 5,8f. - Lk 22,31f.; 1.Petr 5,5 (ἐγκομβόομαι) - Joh 13,4f., 1.Petr 1,10-12 - Lk 24,25-27. Zur Kritik an Gundry vgl. E. Best, 1 Peter and the Gospel Tradition, NTS 16 (1969/70), 95-113.

[8] Z.B. 1.Petr 1,13 - Lk 12,35.45; 1.Petr 1,3.23; 2,2 - Joh 3,3.7; 1.Petr 1,22; 4,8 - Joh 13, 34f.; 15,12; 1.Petr 2,19 - Lk 6,32-35; 1.Petr 2,25; 5,2.4 - Joh 10; Lk 12,32; 1.Petr 5,3-5 - Mk 10,42-45 par; 1.Petr 3,9 - Röm 12,14.17; Lk 6,27f.; 1.Petr 2,4.7 - Mk 12,10 par. - Durch die Annahme einer direkten Vermittlung von Jesusworten auf den Verf. des 1.Petr (= Petrus) wird Gundry nicht zum Problem traditions- und redaktionsgeschichtlicher Vermittlung von Logiengut in den frühchristlichen Gemeinden geführt. Auch in seiner Antwort auf Bests Kritik geht Gundry darauf nicht ein (R.H. Gundry, Further Verba on Verba Christi in First Peter, Biblica 55 [1974], 211-232).

[9] E. Best, 1 Peter and the Gospel Tradition, NTS 16 (1969/70), 95-113. Best reduziert die Kontakte zwischen 1.Petr und der Evangelientradition auf zwei Blöcke in Lk 6,22-33 und Lk 12,32-45 und auf zwei (Mt 5,16; Mk 10,45) oder vielleicht drei (Mt 5,10) einzelne Sprüche.

[10] Da Best mit mündlicher Jesusüberlieferung rechnet, die den entsprechenden Evangelienlogien zugrunde liegen und in einer vorevangeliaren Form den 1.Petr beeinflußt haben soll, bleiben redaktionsgeschichtliche Fragestellungen auch bei ihm ausgeschlossen. Zudem sind

Evangelium habe 1.Petr nicht kennen können, weil andere Logien fehlen, die zu zitieren Anlaß gewesen wäre[11]. Weder Gundrys noch Bests These haben sich aber überzeugend durchsetzen können. Die Erkenntnis des Zusammenspiels von Ähnlichkeiten, Übereinstimmungen und Abweichungen in textlicher und semantischer Hinsicht hat die These allgemein verbreiteter urchristlicher Traditionen, die den Texten der Evangelien und der Briefe zugrunde liegen, vielen Exegeten plausibler erscheinen lassen. So konstatiert N. Brox exemplarisch für viele: "Terminologische, theologische und kompositorische Verwandtschaften erklären sich ... gerade auch in ihren konkret auftretenden Varianten gegenüber den vermeintlichen Primärtexten nur sehr schwer aus Abhängigkeiten und viel einleuchtender aus gemeinsamen Traditionen, aus selbstverständlich-gemeinsamen Grundaussagen des Glaubens und deren relativ stabiler Sprachform, aus der Identität semantischer Felder und auch aus vergleichbaren Situationen mit den schon eingeübten theologisch-paränetischen Antworten darauf usw."[12]

Diese oft vertretene These (vgl. Anm. 3) ist aber durchaus kein Universalinterpretament, wenn es um die Frage literarischer Beziehungen von Texten geht. Sie kann nämlich keine befriedigende Antwort auf die redaktionsgeschichtliche Fragestellung geben: Wie sind die in einem Evangelium erkennbaren *redaktionellen* Wendungen, Formeln, Sätze und Motive in die Briefliteratur gelangt? Wenn diese in einem Brief nachgewiesen werden können und mit dem entsprechenden Redaktionsgut eines Evangeliums verglichen werden, dann legt sich die Annahme *literarischer* Abhängigkeiten zwischen Evangelium und Brief nahe. Was hier hypothetisch erwogen ist, muß im einzelnen freilich nachgewiesen werden, um stichhaltig zu sein.

Die Aufgabe unserer Arbeit ist es, den Einfluß eines Evangeliums, nämlich des Matthäusevangeliums[13], auf den 1.Petrusbrief zu untersuchen[14]. U. Luz hat

---

seine Überlegungen damit belastet, Recht oder Unrecht der Evangelienverweise im 1.Petr an der Frage möglicher Vermittlung durch den Apostel Petrus festzumachen.

[11] E. Best, a.a.O., 111f. Zur berechtigten Kritik an dieser These vgl. R.H. Gundry, Further Verba, Bib 55 (1974), 231: Es komme nicht darauf an, welche Herrenworte der Verf. des 1.Petr noch hätte aufnehmen können, sondern darauf, welche er aufgenommen hat.

[12] N. Brox, Der erste Petrusbrief in der literarischen Tradition des Urchristentums, Kairos NF 20 (1978), 190.

[13] Angesichts der Notwendigkeit detaillierter Untersuchung des betreffenden Materials ist es ratsam, die Arbeit auf die Einflüsse des Mt auf den 1.Petr zu beschränken. Damit soll nicht gesagt werden, daß andere Schriften des NT nicht ebenso auf den 1.Petr eingewirkt haben können. Um dies nachzuweisen, bedürfte es aber separater Untersuchungen in redaktionsgeschichtlicher Hinsicht. - Wenn es einen Einfluß des Mk-Evangeliums z.B. auf den 1.Petr geben sollte, so scheint dieser zumindest nicht so stark zu sein wie im Fall des Mt-Evangeliums. Bests Überlegungen zum Mk-Einfluß zeigen aber, daß dieses Evangelium auf den 1.Petr kaum eingewirkt haben dürfte (ders., 1 Peter and the Gospel Tradition, NTS 16 [1969/70], 99-102). Eher hat Lk den 1.Petr beeinflußt. Best konnte immerhin Logienmaterial aus Lk 6,22-33 und 12,32-45 im 1.Petr wiederfinden (ders., a.a.O., 103-108). Der Verf. nennt: Lk 12,32 - 1.Petr 5,2-4. Diese Parallele ist aber nicht überzeugend. Act 20,28 und Mt 18 liegen näher (vgl. dazu Teil 3.2.1.3. der Arbeit). Ebenso unwahrscheinlich ist die Parallele Lk 12,33 - 1.Petr 1,4. Hier ist eine größere Affinität von 1.Petr 1,4 und 3,9 zu Mt 25,34 anzunehmen (vgl. dazu Teil 3.4.4.2 der Arbeit). Erwägenswert sind die Parallelen Lk 12,35 - 1.Petr 1,13 und Lk 12,42 - 1.Petr 4,10f.; ebenso Lk 6,26 - 1.Petr 3,16; Lk 6,28 - 1.Petr 3,16 und Lk 6,32f. - 1.Petr 2,19f. In bezug auf Lk 6,22f. - 1.Petr 4,13f. ist der Einfluß von Mt 5,11f. näherliegend (vgl. dazu Teil

in seinem Matthäus-Kommentar auf die besondere Rolle des Evangeliums im 1.Petrusbrief aufmerksam gemacht[15]. Luz bemerkt, daß die Berührungen mit der synoptischen Überlieferung, vor allem mit dem Mt-Evangelium, außerordentlich dicht sind (2,7 = Mt 21,42 Parr; 2,20 = Lk 6,46? [sic!; gemeint ist wohl Lk 6,32f.]; 2,25 = Mt 9,36?; 3,8f. = Mt 5,39.44; 5,13 [sic!; gemeint ist 4,13] = Mt 5,11f. Par u.a.). Vor allem im Fall von 1.Petr 2,12 = Mt 5,16 und 1.Petr 3,14 = Mt 5,10 hält er "Berührungen mit mt Redaktion mehr als nur mög-

---

2.2. der Arbeit). Ebenso ist im Fall von 1.Petr 3,9 eher mit Bezugnahme auf Mt 5,39.43f. als auf Lk 6,27f. zu rechnen (vgl. Teil 2.4. der Arbeit). Der Einfluß des Joh-Evangeliums auf 1.Petr scheint nicht nur aus zeitgeschichtlichen Gründen (Abfassungszeit!), sondern auch aus sachlichen Gründen eher unwahrscheinlich zu sein (vgl. E. Best, a.a.O., 96-99). E.G. Selwyn, Epistle, 23f., führt die im 1.Petr erkennbaren Verba Christi auf die Q-Überlieferung zurück. Dagegen sprechen aber zwei Argumente. Zum einen enthalten Mt und 1.Petr 'Verba Christi', die nicht in der Q-Überlieferung vorhanden sind (vgl. Mt 5,10 - 1.Petr 3,14; Mt 5,16 - 1.Petr 2,12), zum anderen lassen bestimmte *redaktionelle* Motive und Begriffe auf den Zusammenhang des 1.Petr mit Mt schließen (vgl. dazu Teil 2.1.- 2.5.).

[14] Zeitgeschichtlich gesehen ist solch eine Einflußnahme durchaus nicht auszuschließen. Die Entstehung des Mt-Evangeliums ist kurze Zeit nach 70 n. Chr. bereits möglich (U. Luz, Mt I, 76, datiert in die Jahre 70-80 n. Chr.: "die schmerzliche Erfahrung des Bruches mit Israel" ist noch spürbar !). Der 1.Petr kann zwischen 65 und 90 n. Chr. angesetzt werden, aber wahrscheinlich noch vor Domitians (81-96 n. Chr) Polizeiaktionen anfang der 90er Jahre (vgl. Goppelt, Komm. 1.Petr, 60-65). Die Situation der Domitianischen Verfolgung ist im 1.Petr noch nicht vorausgesetzt. Von einer planmäßigen - wenn auch durchaus nicht weltweiten - Verfolgung der Christen sowie dem Problem der göttlichen Verehrung des Kaisers (Kaiserkult) ist im 1.Petr keine Rede (vgl. dagegen Apk und 1.Clem!). Eine noch spätere Einordnung des 1.Petr in die Zeit Trajans, wie sie letztlich wieder von A. Reichert, Praeparatio, 73-95, vertreten wurde (vgl. auch J. Knox, Pliny and I Peter, JBL 72 [1953], 187-189; F.W. Beare, Epistle, 32-34), ist ebenso unwahrscheinlich. Denn die Gefahr des Abfalls vom Christsein und des von Plinius geforderten Kaiseropfers und Götteropfers zur Bestätigung der Unschuld der als Christen Angeklagten hätte doch im 1.Petr eine Erwähnung gefunden. Wenn 1.Petr die Gefahr einer Angleichung an den früheren heidnischen Lebenswandel sieht (1,14; 2,11; 4,1ff.) und sogar konkret die Lebensbereiche anspricht, in denen solche Konflikte entstanden (gemeinsame Feste und Mahlzeiten, Götzendienst - 1.Petr 4,3), dann müßte man erwarten, daß der Verf. des Briefes auch - z.B. in 4,3 und vor allem 2,13-17 - das Problem des Kaiseropfers benennt. Ebenso wäre da, wo es um die gerichtliche Verantwortung der Christen geht (vgl. 3,15; 4,15f.), ein Hinweis auf die Gefahr des Abfalls vom Christsein zu erwarten gewesen. Vom Problem der Apostasie ist aber im Brief nirgends die Rede. - Gegen die späte Einordnung des Briefes spricht aber auch seine Ekklesiologie. Bald nach 100 n. Chr. hat sich in Kleinasien die hierarchische Abstufung der Ämter: Episkopos, Presbyter, Diakon entwickelt (vgl. Ign Magn 6,1; 7,1; 13,1; Trall 2,2; Phld 7,1; 10,2; Sm 8,1 u.ö.). Davon ist im 1.Petr aber noch nichts zu spüren. Charismatische (4,10f.) und presbyteriale Strukturen (5,1-4) sind miteinander möglich. Von Bischöfen und Diakonen ist noch nicht die Rede (vgl. L. Goppelt, Komm. 1.Petr, 319f.). Der Brief muß demnach ein Reflex einer in der zweiten Hälfte des 1. Jahrhunderts vorhandenen Adressatensituation sein. - Gegen diese Spätdatierung in die Zeit Trajans wenden sich auch J.H. Elliott, Rehabilitation, 251f. und E.G. Selwyn, Persecutions, 45f. - Da das Mt-Evangelium eine schnelle Verbreitung im frühen Christentum der ersten beiden Jahrhunderte erfahren hat (vgl. dazu W.-D. Köhler, Die Rezeption des Matthäusevangeliums in der Zeit vor Irenäus, Tübingen 1987), ist mit einer Kenntnis desselben im Verfasser- und Adressatenkreis des 1.Petr durchaus zu rechnen. (Zur näheren Begründung vgl. Teil 4 der Arbeit!).

[15] U. Luz, Mt I, 76.

lich."[16] So schlußfolgert Luz: "Man muß m. E. ernsthaft damit rechnen, daß 1Petr Mt voraussetzt." Demnach "... hätten wir hier das erste Zeugnis für Mt."[17]

Die vorliegende Untersuchung wird zeigen, daß die Vermutung von Luz zutreffend ist. Die Arbeit geht in folgenden Schritten vor: Zunächst (Teil 2) werden die Stellen im 1.Petr untersucht, die eine Beziehung zum Logienmaterial des Matthäusevangeliums erkennen lassen. Dabei fallen uns zuerst die deutlichen Parallelen der zwei Makarismen auf (Mt 5,10 - 1.Petr 3,14; Mt 5,11f. - 1.Petr 4,13f.; vgl. Teil 2.1. und 2.2.), dann die Rezeption von Mt 5,16 in 1.Petr 2,12 (vgl. Teil 2.3.), die Verarbeitung der 5. und 6. Antithese Mt 5,38-48 in 1.Petr 3,9 sowie der Einfluß von Mt 5,48 in 1.Petr 1,15f. (vgl. Teil 2.4.) und schließlich die Rezeption der Versuchungsgeschichte (Mt 4,1-11) sowie des synoptischen Logions vom Sorgen (Mt 6,25-34 par) in 1.Petr 5,6-9 (vgl. Teil 2.5.). Ist die Abhängigkeit des 1.Petr von Mt durch entsprechende traditions- und redaktionsgeschichtliche Analysen aufgezeigt, kann in einem zweiten Schritt der thematische (sc. Petrusbild, Ekklesiologie, Christologie, Eschatologie) Einfluß des Mt auf den 1.Petr untersucht werden (Teil 3). In einem letzten Schritt wird die Wahrscheinlichkeit des Einflusses des Mt auf den 1.Petr durch einen Blick auf die Mt-Rezeption im Einflußbereich des Briefes anhand einiger frühchristlicher Schriften des 1. und 2. Jahrhunderts untermauert (Teil 4). Eine Zusammenfassung (Teil 5) schließt die Arbeit ab.

---

[16] U. Luz, Mt I, 76. Auch J. Gnilka, Mt I, 118 Anm. 15, rechnet im Fall von 1.Petr 3,14; 4,14 mit direkter Abhängigkeit von Mt. Vgl. auch ders., Mt II, 519: "Möglicherweise kennt auch 1 Petr das Mt-Evangelium (vgl. besonders 2,12/Mt 5,16; 3,14/Mt 5,10)." Erwogen wird der Gedanke schon durch J. Dupont, Béatitudes I, 226f. Vgl. auch E.G. Selwyn, Epistle, 191f. zu 1.Petr 3,14: "The words are, no doubt, based on the verbum Christi in Matt. V. 10, ...".

[17] a.a.O.

2. Der literarische Einfluß des Matthäusevangeliums auf den 1.Petrusbrief

2.1. Mt 5,10 im Vergleich mit 1.Petr 3,14

2.1.1. Der redaktionelle Charakter von Mt 5,10

2.1.1.1. Redaktionelles Vokabular

Die Begriffe "διώκειν", "δικαιοσύνη" und "βασιλεία τῶν οὐρανῶν" können zum matthäischen Vorzugsvokabular gerechnet werden. Διώκειν ist bei Mt terminus technicus für die Verfolgung der Glaubenden[1]. Der Evangelist verwendet ihn 6mal (Mk: keinmal; Lk: 3mal) und ca. 4-5mal in redaktionellen Zusammenhängen. In Mt 5,10-44 ist διώκειν 4mal Leitwort![2] In der Parallele zu Mt 5,11.12 (Lk 6,22f.)[3] fehlt es ebenso wie in der Parallele zu Mt 5,44 (Lk 6,27f.)[4]. Mt 10,23 gehört zum Sondergut des Evangelisten.

Für Mt 10,23 ist eine redaktionelle Bearbeitung des Logions nicht sicher auszumachen. Es läßt sich auch gut als vormatthäisches Logion verstehen, "das sekundär in den Kontext eingeordnet ist". (G. Strecker, Weg, 41; R. Bultmann, GST, 129. Zur Diskussion der Stelle vgl.

---

[1] Zum Thema "Verfolgung" bei Mt vgl. H. Giesen, Christliches Handeln, 104f.; R. Kühschelm, Jüngerverfolgung, 184-198.272-282.293-307 (zu Mt 10,16-23; 24,9-14; 23,29-36); D. W. Riddle, Verfolgungslogien, ZNW 33 (1934), 272, spricht von einem "Zuwachs an Verfolgungsstoffen im Matthäusevangelium" gegenüber Mk und nennt dabei Mt 5,10-12.44; 10,18.23.26-31.32.34-39; 13,21; 16,24-28; 24,9-14 (S. 272f.). Vgl. auch J. Dupont, Béatitudes I, 223-243.

[2] Vgl. U. Luz, Mt I, 39; W. Schenk, Die Sprache des Matthäus, 196f.; S. Schulz, Q, 452f.; H. Giesen, Christliches Handeln, 103. Dagegen H.-T. Wrege, Überlieferungsgeschichte, 22 Anm. 3, und O.H. Steck, Israel, 23, die διώκειν für vormatthäisch halten.

[3] Lk 6,22 setzt gegenüber Mt par eine andere Situation voraus. Es geht um den Ausschluß der Christen aus der Synagoge: ἀφορίζειν = "exkommunizieren" (vgl. ἀποσυνάγωγος Joh 9,22; 12,42; 16,2); ἐκβάλλειν τὸ ὄνομα "ausstoßen" (Streichung der Namen aus der Synagogenliste); Vgl. auch Jes 56,3; Jub 22,16; TestJob 10,6; 38,3; ParJer 6,13f.; Act 19,9; Gal 2,12; 2.Kor 6,17. Vgl. dazu J. Dupont, Béatitudes I, 230f.; G. Strecker, Bergpredigt, 46; U. Kellermann, ἀφορίζω, EWNT I, 443; G. Strecker, Weg, 30; K.L. Schmidt, ἀφορίζω, ThWNT V, 445; F. Annen, ἐκβάλλειν, EWNT I, 985; G. Strecker, Makarismen, NTS 17 (1971), 268; L. Goppelt, Christentum und Judentum, 253 Anm. 3.; R. Hummel, Auseinandersetzung, 30; M. Krämer, Überlieferungsgeschichte, 57; G. Baumbach, Verständnis, 126. - Mt formuliert dagegen allgemeiner: generalisierendes πᾶν πονηρόν (generalisierendes πᾶς ohne Artikel und πονηρός sind matthäisch [vgl U. Luz, Mt I, 48f., 202; W. Schenk, Die Sprache des Matthäus, 401f., 161ff.]). V12 (präsentische Imperative!) ist gegenüber Lk 6,23 allgemeiner. Die mt. Verfolgungsterminologie läßt sich gegenüber Lk auf verschiedene Situationen anwenden (s. Teil 2.1.2.[4]).

[4] Mt hat in 5,44 wahrscheinlich das ursprünglich viergliedrige Logien (Lk 6,27f.) auf zwei Glieder gekürzt. Dafür spricht, daß das zweigliedrige Logion in Anlehnung an die zweigliedrig gestaltete Antithese 5,43 formuliert ist (Die Antithese ist redaktionelles Werk des Evangelisten; vgl dazu Teil 2.4.1.). Διώκειν ließe sich gut als mt. Zusammenfassung der lk. Negativa: "hassen", "verfluchen", "schmähen" (Lk 6,27f.) verstehen. Das entspräche der generalisierenden Tendenz des Mt, die auch anhand des Wortes διώκειν in 5,11f. festzustellen ist (s. Teil 2.1.2.[4]; vgl. U. Luz, Mt I, 309; W. Trilling, Israel, 80f.; W. Grundmann, Mt, 133).

auch J. Lange, Erscheinen, 252-255; H. Geist, Menschensohn, 227-238; U. Luz, Mt II, 113ff. und H. Frankemölle, Jahwebund, 130-135, der Mt 10,23 für matthäisch hält.). In Mt 23,34 ist διώκειν angesichts der Parallele zu Lk 11,49 als vormatthäisch anzusehen. Allerdings ist G. Barths Vermutung, daß Mt 10,23a von Mt stamme, nicht von der Hand zu weisen (vgl. ders., Gesetzesverständnis, 94 Anm. 1). Zwischen 10,23a und 10,23b besteht nämlich kein sachlicher Zusammenhang. Beide Versteile können unabhängig voneinander überliefert sein. 10,23b paßt von der Thematik her besser zu Mt 10,5f. (missionarische Tendenz). Das Motiv der Flucht von Stadt zu Stadt hätte dann Mt auch in 23,34 eingetragen, wo ihm διώκειν von der Tradition schon vorgegeben war. So läßt sich zumindest für 10,23a matthäische Redaktion nicht ausschließen, zumal auch sonst διώκειν matthäischer terminus technicus ist.[5]

Δικαιοσύνη - bei Mk fehlend und bei Lk nur 1mal, jedoch in einem stark alttestamentlichen Psalm der verheißenen Gotteszeit (Lk 1,75) - begegnet bei Mt in vorwiegend redaktionellen Zusammenhängen (3,15; 5,6.20; 6,1.33; 21,32)[6] und an zentralen theologischen Schaltstellen: Mit Mt 5,20 wird die folgende Antithesenreihe unter das Motto der "besseren Gerechtigkeit" gestellt[7]. Mt 5,6 und 5,10 gliedern durch das Stichwort δικαιοσύνη die Makarismenreihe (s. Teil 2.1.1.2.). Mt 6,1 kann als "Überschrift" für die Anweisungen über Almosengeben, Beten und Fasten (6,2-4.5ff.16-18) gelten[8].

Die Diskussion um den *Gerechtigkeitsbegriff* im Matthäusevangelium ist kontrovers. Einer am ethischen Aspekt des Begriffes orientierten Deutung wird der paulinisch verstandene Gerechtigkeitsbegriff entgegengesetzt. Letzteren erkennt man vor allem in Mt 5,10 und 6,33[9].

---

[5] Einen Überblick über die Vielfalt der Deutungsmöglichkeiten zu Mt 10,23 bietet M. Künzi, Das Naherwartungslogion Matthäus 10,23. Geschichte seiner Auslegung (BGBE 9), Tübingen 1970; vgl auch H. Geist, Menschensohn, 227-238.

[6] Zum redaktionellen δικαιοσύνη in den genannten Stellen vgl G. Strecker, Weg, 149ff.; M. J. Fiedler, "Gerechtigkeit" im Matthäus-Evangelium, ThV 8 (1977), 63-75; H. Giesen, Christliches Handeln, Frankfurt/M. 1982; J. Dupont, Béatitudes I, 218-223; A. Sand, Gesetz, 194-205; W. Schenk, Die Sprache des Matthäus, 194f.; R. Schnackenburg, Botschaft. Bd. 2, 122-125; vor allem B. Przybylski, Righteousness in Matthew and his wold of thougt (MSSNTS 41), Cambridge u.a. 1980.

[7] Zu Mt 5,20 als programmatischer Überschrift für die folgende Antithesenreihe und für die Bergpredigt insgesamt vgl. G. Barth, Gesetzesverständnis, 56.87; W. Trilling, Israel, 184. 186; ders., Christusverkündigung, 91f.100f.; G. Strecker, Weg, 152; H. Frankemölle, Jahwebund, 282; U. Luz, Mt I, 241; H. Giesen, Christliches Handeln, 122; R. Bultmann, GST, 147; B. Przybylski, Righteousness, 80-87; A. Sand, Gesetz, 47f.; R. Schnackenburg, Botschaft. Bd. 2, 123; eingeschränkt: I. Broer, Freiheit vom Gesetz, 61-63, der V.20 mehr als "Gelenk" zwischen Mt 5,17-19 und 5,21-48 versteht.

[8] Vgl. G. Strecker, Weg, 152; B. Przybylski, Righteousness, 87f.

[9] So z.B. G. Quell/G. Schrenk, δίκη κτλ., ThWNT II, 200f. für Mt 5,6; G. Künzel, Gemeindeverständnis, 47-50, unterscheidet einen theologischen (5,6; 6,33), ethischen (5,10. 20; 6,1) und geschichtstheologischen Gebrauch (3,15; 21,32). G. Barth, Gesetzesverständnis, 130f., sieht in 5,6 und 6,33 beide Aspekte des ethischen und theologischen Gebrauchs vereinigt (ähnlich auch A. Kretzer, Herrschaft, 265-268; H. Giesen, Christliches Handeln, 99-103.172-179). I. Broer, Seligpreisungen, 87-96; H.-T.Wrege, Überlieferungsgeschichte, 19, und E. Schweizer, Mt 29, betonen in 5,6 und 6,33 den Gabecharakter der δικαιοσύνη. Demgegenüber hat B. Przybylski in seiner Untersuchung zum mt. Gerechtigkeitsbegriff ('Righteousness in Matthew and his world of thought', Cambridge u.a. 1980) gezeigt, daß Mt im Verständnis des Gerechtigkeitsbegriffs den Qumranschriften und vor allem der tannaitischen Literatur entspricht, wo "gerecht"/"Gerechtigkeit" immer deutlicher, anders als

Im einzelnen: *Mt 3,15* scheint sich gegen die ethische Deutung: Gerechtigkeit = Recht-schaffenheit zu sperren. Δικαιοσύνη ist hier eher die Rechtsordnung Gottes im Sinn von δικαίωμα. Dies muß aber kein Widerspruch sein, denn mit der "Erfüllung" des Willens Gottes geht es um die Realisierung[10] der "Forderung" der "Gerechtigkeit, d.h. um ein menschliches Verhalten[11].

Ähnliches wäre auch für *Mt 6,33* zu sagen. Mt hat in die Q-Vorlage (vgl. Lk 12,31par) "καὶ τὴν δικαιοσύνην" eingefügt. Dadurch macht Mt deutlich, daß die Basileia als Heilsgröße zugleich eine den Menschen beanspruchende Größe ist. Das entspricht der Zuordnung der zweiten und dritten Bitte des Vaterunsers (Mt 6,10: ἐλθέτω ἡ βασιλεία σου· γενηθήτω τὸ θέλημά σου), wobei mit "δικαιοσύνη" der Gotteswille in der Beanspruchung des Menschen ausgesagt wird[12]. Analog dazu ist Mt 7,21 als Auslegungskanon zu Mt 6,33 anzuführen. Wie in 6,10 ist hier die Zuordnung von Basileia und Wille Gottes erkennbar: Der Zugang zur Basileia geschieht über die Erfüllung des Gotteswillens. Der Heils- bzw. Zusagecharakter steht dabei beim mt. Gerechtigkeitsbegriff auch in 6,33 nicht im Vordergrund[13]. "Δικαιοσύνη meint die vom Menschen zu praktizierende Gerechtigkeit, also dasjenige Handeln, das Gott und seinem Reich entspricht"[14]. Dabei läßt sich das Verhältnis von "Wille Gottes" und "Gerechtigkeit" so bestimmen: "Daß Mt (dabei) einmal vom θέλημα τοῦ πατρός, das andere Mal von der δικαιοσύνη spricht, ist durch die Perspektive bedingt; θέλημα τοῦ πατρός bezeichnet die theologische, δικαιοσύνη die anthropologische Komponente ein und der-selben Sache, wobei der göttliche Wille und das rechte Verhalten der Jünger darauf im biblischen Verständnis nicht voneinander zu trennen sind."[15] G. Strecker macht zu Recht auf die Sachparallele Jak 1,20 (δικαιοσύνη θεοῦ; vgl. δικαιοσύνη αὐτοῦ [sc.τοῦ θεοῦ] Mt 6,33) aufmerksam[16]. Durch das Verb ἐργάζομαι kann die δικαιοσύνη hier nicht als Ge-schenk oder Gnade Gottes verstanden werden, sondern als Rechtsforderung bzw. Wille Got-

---

im AT, ethisch-religiöser Normbegriff wird und sich auf das menschliche Verhalten bezieht. Vgl. auch J. Dupont, Béatitudes III, 355-384.

[10] Πληροῦν hat in Mt 3,15 die Bedeutung von "verwirklichen", "realisieren durch die Tat" (vgl. H. Giesen, Christliches Handeln, 36 [33-36]; W. Trilling, Israel, 176 [174-179]; G. Strecker, Weg, 179; H. Frankemölle, Jahwebund, 284. 389; W. Schrage, Ethik, 120; G. Barth, Gesetzesverständnis, 65; P. Hoffmann, Die bessere Gerechtigkeit. Auslegung Bergpredigt III, BiLe 10 [1969], 178f.; U. Luz, Mt I, 155). Analog zu Mt 5,17 (vgl. dazu U. Luz, Die Er-füllung des Gesetzes bei Matthäus, ZThK 75 [1978], 398-435; G. Barth, Gesetzesverständnis, 62ff.) geht es in 3,15 um die Erfüllung des Willens Gottes (5,17: Gesetz und Propheten). Dieser Aspekt bindet 5,17 und 3,15 zusammen, indem sich das "Verwirklichen" (πληροῦν) von νόμος und δικαιοσύνη auf den Willen Gottes bezieht. Zu Recht stellt H. Giesen daher fest (a.a.O.), daß das Verb πληροῦν für die Bestimmung des Gerechtigkeits-Begriffes von Bedeutung ist: "Da es sich nicht um ein einfaches Tun der Gerechtigkeit handelt, sondern um die wahre Erfüllung, kann hier nur die neue, bessere Gerechtigkeit intendiert sein, die nach Mt Einlaßbedingung für das Himmelreich ist."

[11] Vgl. auch G. Barth, Gesetzesverständnis, 130; H. Frankemölle, Jahwebund, 284; G. Strecker, Weg, 179f.; H. Giesen, Christliches Handeln, 21-41; U. Luz, Mt I, 154; B. Przy-bylski, Righteousness, 91-94; A. Sand, Gesetz, 198f.; dagegen G. Künzel, Gemeindeverständ-nis, 63ff. (Gerechtigkeit = "Heilswille Gottes", S. 64).

[12] Vgl. U. Luz, Mt I, 370; ähnlich H. Giesen, Christliches Handeln, 226.

[13] Vgl. G. Künzel, Gemeindeverständnis, 47f.

[14] U. Luz, Mt I, 370; ähnlich auch G. Strecker, Weg, 155; A. Sand, Gesetz, 205; R. Schnackenburg, Botschaft. Bd. 2, 122-125; H. Frankemölle, Jahwebund, 280ff., der δικαιο-σύνη als das bundesgemäße Verhalten gegenüber dem Willen Gottes bestimmt. B. Przybylski, Righteousness, 90, versteht die "Gerechtigkeit" in 6,33 "... as a norm for man's conduct."

[15] H. Frankemölle, Jahwebund, 276; ähnlich auch H. Giesen, Christliches Handeln, 234f.

[16] G. Strecker, Weg, 155; vgl. auch B. Przybylski, Righteousness, 90.

tes[17]. H. Giesens Kritik an der Anführung von Jak 1,20 gegen die Interpretation der Gerechtigkeit als Gabe ist nicht überzeugend[18]. Denn daß Jak 1,20 zeige, "daß die Gerechtigkeit Gottes dem Menschen als Möglichkeit gegeben ist, er sie aber nicht verwirklicht, weil er nicht disponiert ist"[19], dürfte kaum zutreffend sein. Die Gerechtigkeit versteht sich hier vielmehr als der real fordernde Wille Gottes, dessen Annahme in der Abkehr von der Bosheit (Jak 1,21), im tätigen Verwirklichen des Gebotes Gottes besteht (1,22ff.)[20].

Ebenso ist in *Mt 21,32* "δικαιοσύνη" nicht mit dem Begriff "Heil" wiederzugeben: "ἐν ὁδῷ δικαιοσύνης" kann nicht den "Vollzug des Heilsgeschehens"[21] benennen, da nach Mt die Botschaft des Täufers an Israel keine Heilsbotschaft, sondern eine Gerichtsbotschaft ist (vgl. Mt 3,1-12; 11,11-15; 17,10-13). Im jetzigen Zusammenhang (V32 im Anschluß an das Gleichnis von den ungleichen Söhnen [21,28-31]) dürfte das Täuferlogion gegenüber der inhaltlichen Lk-Parallele sekundär sein (vgl. Lk 7,29f. im Zusammenhang mit Lk 7,24ff.)[22]. Im größeren "heilsgeschichtlichen" Zusammenhang von Mt 3,7-12; 11,11-15; 17,10-13 und 21,28-22,14 ist die Täuferbotschaft nach Mt deutlich als Gerichtsbotschaft über das verstockte Israel ausgesprochen. Im Gleichnis von den ungleichen Söhnen wird das Gericht über Israel deshalb angesagt, weil es wie der Ja-Sager im Gleichnis den Willen Gottes getan hat (vgl. ποιεῖν τὸ θέλημα τοῦ πατρός 21,31). Deshalb werden die Zöllner und Huren eher in die Basileia eingehen (V31b). Diese stehen exemplarisch für das neue Volk, das im Gegenteil zu Israel die "Früchte" der Basileia einbringt (21,43; vgl. auch V41!).D.h.: Johannes kam zu Israel in der strengen Forderung des Gotteswillens, indem er über den Weg der Buße das Tun der Früchte der Buße verlangt (3,8). Δικαιοσύνη meint in 21,32 also die Rechtsforderung Gottes, die nach vorangehender Buße das Einbringen der Früchte und d.h. das Tun des Willens Gottes fordert (21,31.43). Der "Weg der Gerechtigkeit"[23] ist der von Johannes geforderte Rechtswille Gottes, an dem Israel scheiterte. Die Konseqenz der Unbußfertigkeit ist, daß der "Wille Gottes" nicht getan wird. An dessen Erfüllung hängt aber die Verheißung des "Eingehens" in die Basileia (7,21). Die Rechtsforderung Gottes ist daher der auf das Verhalten des Menschen abzielende Anspruch Gottes, an dessen Erfüllung sich das δίκαιος-Sein des Menschen entscheidet (vgl. 5,45; 13,43.49; 25,37.46). Da Israel diesen Anspruch nicht erfüllt hat, geht es der Basileia verlustig (8,11f.; 21,31.43). Mt 21,32 ist daher nicht "in Analogie zur 'Herkunft' der Taufe"[24] (Mt 21,25) zu sehen, um den Heilscharakter von "δικαιοσύνη" zu bestätigen, sondern in "Analogie" zu der von Mt pointierten Gerichtspredigt des Täufers.

In *Mt 6,1* erweist sich δικαιοσύνη durch das präzisierende Verb ποιεῖν deutlich als Handlungsbegriff[25]. Der Vers gilt heute fast allgemein als matthäisch[26] und stellt für den folgenden Abschnitt (6,2-18) eine Art Überschrift dar. Die Motive des öffentlichen "Gesehen-

---

[17] Vgl. F. Mußner, Komm. Jak., 100; G. Quell/G. Schrenk, δίκη κτλ., ThWNT II, 202.

[18] H. Giesen, Christliches Handeln, 173.

[19] a.a.O.

[20] Vgl. F. Mußner, Komm. Jak., 104, zum Begriff "Täter des Wortes" in Jak 1,22

[21] G. Künzel, Gemeindeverständnis, 52.

[22] Vgl. G. Strecker, Weg, 153 Anm. 1; A. Kretzer, Herrschaft, 155; H. Giesen, Christliches Handeln, 44f.

[23] Zum atl.-jüdischen Hintergrund des Begriffes "Weg der Gerechtigkeit" vgl. H. Giesen, Christliches Handeln, 46-60. Giesen führt Belege an wie Spr 8,20f.; 12,28; 16,31; Ps 23,3; Spr 21,16 (LXX); Hen(aeth) 92,3; 94,1; 1QS 4,2; CD 1,16; 1QH 7,14; 2.Petr 2,21 u.ö. In der Regel ist die Weg-Metapher als Ausdruck für das moralische Verhalten gebraucht.

[24] G. Künzel, Gemeindeverständnis, 52.

[25] Vgl. G. Strecker, Weg, 154; H. Giesen, Christliches Handeln, 151f., mit Parallelverweis auf Mt 3,15; 5,17 (πληροῦν); 7,12 und 23,3.

[26] Vgl. H. Giesen, Christliches Handeln, 146; G. Strecker, Weg, 152; G. Barth, Gesetzesverständnis, 56 Anm. 4; R. Bultmann, GST, 161; W. Grundmann, Mt, 190f.; A. Kretzer, Herrschaft, 266; G. Künzel, Gemeindeverständnis, 45. passim; G. Strecker, Bergpredigt, 101; H. Frankemölle, Jahwebund, 280.282f.; U. Luz, Mt I, 321.

Werdens" und des Lohnes kehren wieder in 6,2.5.16.18[27]. Der Kontext (6,2-18) definiert die δικαιοσύνη im echten Vollzug des Almosengebens, des Gebetes und des Fastens[28]. Als Mahnung weist der Vers bereits implizit auf das richtige Tun der Gerechtigkeit hin, die im Gegensatz zur Selbstdarstellung der Frömmigkeit (6,2-18; vgl. ὑποκριτής 6,2.5.16) auf das Verborgene abzielt, das der himmlische Vater sehen und vergelten wird (6,4.6.18).

In *Mt 5,20* ist die δικαιοσύνη durch Inhalt und Kontext ebenfalls ethisch akzentuiert. Nach Mt 7,21 ist das "Eingehen in die Basileia der Himmel" an das "Tun des Vaterwillens" gebunden. Entsprechend definiert 5,20 als Voraussetzung für dieses Eingehen in die Basileia das Verwirklichen der gegenüber den Schriftgelehrten und Pharisäern geforderten "besseren Gerechtigkeit". Die δικαιοσύνη orientiert sich also inhaltsmäßig an der Forderung des Gotteswillens. Dies bestätigt sich redaktionell. Durch "γάρ" ist 5,20 mit 5,17-19 verbunden, so daß "... das Thema des νόμος mit dem Thema der δικαιοσύνη sachlich zu verknüpfen" ist[29]. "Gerechtigkeit" ist also im Zusammenhang der Erfüllung des Gesetzes zu sehen[30], die, wie der Höhepunkt der Antithesenreihe (Mt 5,43-48) und Mt 22,34-40 zeigen, durch das Liebesgebot qualifiziert ist. Der Genitiv ὑμῶν zeigt wie in 6,1, daß es um die Gerechtigkeitshandlung der Menschen geht[31]. Dies wird bestätigt durch die Antithesenreihe (5,21-48), für die Mt 5,20 eine programmatische Überschrift bildet. Die durch das Liebesgebot bestimmte und geleitete Erfüllung des Gesetzes, d.h. das Tun des Vaterwillens (7,21; 12,50; 21,31), ist die eigentliche Qualität der von den Jüngern geforderten "besseren Gerechtigkeit". Δικαιοσύνη ist so "... der Inbegriff der wahren Lebensführung nach dem Willen Gottes."[32] "Nur darum kann quantitativ und graduell vergleichend und steigernd ('bessere') von ihr gesprochen werden."[33]

Gegen einen einheitlich ethisch zu definierenden Gerechtigkeitsbegriff bei Mt hat sich u.a. I. Broer gewandt[34]. Besonders für *Mt 5,6* will Broer den Geschenkcharakter herausheben, da die Apodosis 5,6b eine Verheißung (theologisches Passiv; vgl. auch 6,33) ist[35]. Allerdings gilt es zu bedenken, daß alle Nachsätze der Makarismen, auch die, die wie VV.7-9 einen deutlich ethisch akzentuierten Vordersatz haben (vgl. "barmherzig", "herzensrein", "friedensstiftend"), als Verheißungen stilisiert sind. Die Apodosis zwingt also nicht zu einer sinnidentischen Interpretation der Protasis. Zwar ist es richtig, daß "Hungern" und "Dürsten" im AT im übertragenen Sinn als Angewiesensein auf Gottes Hilfe verstanden werden können[36], die enge sachliche Parallele zu Philo, Fug 139[37] kann aber - trotz des anderen religionsgeschichtlichen Hintergrundes - m.E. nicht geleugnet werden. "Hungern" und "Dürsten" sind hier im Sinn des

---

[27] Zu "πρὸς τὸ θεαθῆναι" + Dat. vgl. auch Mt 23,5.

[28] Vgl. dazu ausführlich H. Giesen, Christliches Handeln, 146-166; B. Przybylski, Righteousness, 88.

[29] W. Trilling, Israel, 183.

[30] W. Trilling, Israel, 183; U. Luz, Mt I, 240; G. Strecker, Bergpredigt, 61; I. Broer, Freiheit vom Gesetz, 61-63; B. Przybylski, Righteoesness, 80-87.

[31] Vgl. G. Strecker, Weg, 153; B. Przybylski, Righteousness, 84; A. Sand, Gesetz, 204.

[32] W. Trilling, Israel, 184; vgl. auch I. Broer, Freiheit vom Gesetz, 59f.; B. Przybylski, Righteousness, 80ff.

[33] W. Schrage, Ethik, 120.

[34] I. Broer, Seligpreisungen, 99ff.; vgl. auch G. Künzel, Gemeindeverständnis, 45ff.; M.J. Fiedler, Gerechtigkeit, 63-75; A. Kretzer, Herrschaft, 265-271; W. Schrage, Ethik, 125; H. Giesen, Christliches Handeln, passim; zusammenfassend 237-241; R.A. Guelich, Beatitudes, 426ff.

[35] I. Broer, Seligpreisungen, 94; vgl. auch H.-T.Wrege, Überlieferungsgeschichte, 18f.; M.J. Fiedler, Gerechtigkeit, 66.

[36] I. Broer, Seligpreisungen, 95f. mit Verweis auf Am 8,11f.; Ps 42,3; 63,2.

[37] "τοὺς διψῶντας καὶ πεινῶντας καλοκἀγαθίας". Vgl. G. Strecker, Bergpredigt, 39 und U. Luz, Mt I, 210 mit weiteren jüdischen und hellenischen Parallelen.

aktiven Verlangens verstanden[38]. Aber selbst bei einem passiven Verständnis der Begriffe "Hungern" und "Dürsten" (= "sich sehnen nach etwas")[39] ist die ethische Deutung des Gerechtigkeitsbegriffes auf Grund der Parallelität zu *Mt 5,10* wahrscheinlicher. Es ist ja deutlich, daß 5,6 und 5,10 gerade durch das Stichwort δικαιοσύνη strukturbildende Funktion für die Makarismenreihe haben (s. Teil 2.1.1.2.). In V10 kann aber der Begriff "Gerechtigkeit" nur als Handlungsbegriff verstanden werden, da die Interpretation der "Gerechtigkeit" als Gabe (= Geschenk) Gottes hier keinen plausiblen Sinn ergibt. Wenn demnach 5,6 in 5,10 seine strikte Parallele hinsichtlich des Gerechtigkeitsbegriffes besitzt, dann ist es nicht nötig, in 5,6 die "Gerechtigkeit" als Heilsbegriff zu definieren[40] oder, was logisch unwahrscheinlich ist, für 5,6 eine doppelte Bedeutung zu veranschlagen: Gerechtigkeit Gottes *und* Gerechtigkeit der Menschen[41]. Beide Begriffe zusammen zu sehen wäre nur dann möglich, wenn die "Gerechtigkeit" des Menschen als Relationsbegriff zur Gerechtigkeit Gottes verstanden wäre (iustitia coram deo). Dann aber wäre der ethische Gerechtigkeitsbegriff auszuschließen, was z.B. auch H. Giesen für 5,6 nicht voraussetzt. Der Mangel in Giesens Argumentation macht sich schließlich darin bemerkbar, daß er die Nachsätze der Makarismen 5,4-9 als logische Futura versteht.[42] Dadurch wird die Seligpreisung an die Bedingung der "Disposition" für die Basileia geknüpft. "Denn der Christ wird nur solange seliggepriesen, als er sich sehnsüchtig nach der Gerechtigkeit ausstreckt."[43] Das stellt aber das Verhältnis von Zuspruch und Anspruch auf den Kopf, da der Zuspruch auch für Mt nicht an den Anspruch gebunden ist, sondern diesem sachlich vorausgeht, wie 5,3b und 5,10b verdeutlichen (ὅτι αὐτῶν ἐστιν ἡ βασιλεία τῶν οὐρανῶν). In die jetzt schon im Zuspruch gegenwärtige Basileia wird die Jünger-Gemeinde eschatologisch "eingehen" (5,20; 7,21; 18,3; 19,23f.; vgl. 19,16.17; 21,31; 25,21.23.36; 25,46). Von einem "Wachstum" bzw. "Prozeß" der Gerechtigkeit und des eschatologischen Heilsgutes[44] kann deshalb bei Mt keine Rede sein.

Auch für *Mt 5,10* will H. Giesen den Geschenkcharakter der Gerechtigkeit erweisen[45], kann dies aber nicht überzeugend begründen. Daß die Gerechtigkeit in "Beziehung zum Eintritt in die Himmelsherrschaft (V10b.20)"[46] stehe, sagt noch nichts über die Qualität der Gerechtigkeit als Gabe Gottes aus, sondern definiert die Zusage der Basileia angesichts der Verfolgung ἕνεκεν δικαιοσύνης. Ebensowenig ist mit der Feststellung gewonnen, daß die Bergpredigt gattungsmäßig Didache ist, die das Kerygma voraussetzt.[47] Das Kerygma hat

---

[38] Vgl. L. Goppelt, πεινάω, ThWNT VI, 12; G. Strecker, Weg, 157; ders., Bergpredigt, 39; ders., Makarismen, 265; U. Luz, Mt I, 210 Anm. 85 (mit Beispielen); H. Giesen, Christliches Handeln, 91ff., der für einige atl.-jüd. Belege (Am 8,11f.; Sir 24,19-22; 1QH 4,11) auch das Moment des aktiven Verlangens heraushört (S. 91f.).

[39] Vgl. I. Broer, Seligpreisungen, 96: "leidendes Verlangen".

[40] Das ist auch gegen H.-T. Wreges, Überlieferungsgeschichte, 19, These festzuhalten, nach der Mt mit 5,10 den Makarismus 5,6 paränetisch "absichern" wollte. "Die Beziehung von Mt 5,6 auf die nach Tugend Strebenden hätte die Bildung des sekundären Makarismus 5,10 überflüssig gemacht." (S. 19 Anm. 2). Da "δικαιοσύνη" aber in 5,6 und 5,10 eine für die Makarismusreihe strukturbildende Funktion hat (s. Teil 2.1.1.2.), ist die Annahme einer unnötigen Doppelung hinfällig.

[41] So H. Giesen, Christliches Handeln, 99ff.; B. Przybylski, Righteousness, 77-99, hat überzeugend gezeigt, daß Mt nicht nur in 5,6 und 5,10 einen einheitlichen Gerechtigkeitsbegriff vorausgesetzt, sondern in allen 7 Belegstellen, die die δικαιοσύνη benennen. "In all seven passages righteousness is seen as God's demand upon man. Righteousness refers to proper conduct before God." (S. 99).

[42] a.a.O., 81-83.

[43] a.a.O., 99.

[44] So Giesen, a.a.O., 99.

[45] ders., a.a.O.., 108.

[46] a.a.O.

[47] a.a.O.

wohl die Basileia zum Inhalt (4,17!), nicht aber die "Gerechtigkeit". Auch gibt es keinen Sinn, von einem Verfolgtwerden wegen einer Heilsgabe zu reden, da diese ja für den Verfolger formal und material als hinreichender Grund für eine Verfolgung weder erkennbar noch greifbar ist, wohl aber der sich auf Christus und das Bekenntnis zu Christus gründende Lebenswandel, der bei den Verfolgern auf Grund der Fremdheit christlicher Lebensweise Anstoß erregt (vgl. Mt 5,11f.; 10,17ff.34ff.; 24,9; vgl. auch 1.Petr 4,1-4: Das Befremden der Heiden wegen der andersartigen Lebensweise der Christen; 4,12ff.). Schließlich spricht für die Deutung der Gerechtigkeit als Handlungsbegriff in Mt 5,10 die Tatsache, daß Mt in V11 die Verfolgungsaussage eng mit der Bemerkung verknüpft, daß man alles Böse (πᾶν πονηρόν) gegen die Christen vorbringt. Während Lk 6,22 par an selber Stelle von der Exkommunikation der Christen aus der Synagoge spricht[48], bringt Mt die Anklage wegen angeblich "böser" Lebensführung vor. Diese Sicht wird dadurch bestätigt, daß Mt im engen Kontext von 5,11 in V16 diesem Vorwurf begegnet, indem er von der Jüngergemeinde "gute Werke" (τὰ καλὰ ἔργα) fordert, die die Christenverfolger von der "Licht"-Existenz (5,14.16) der Christen überzeugen sollen und damit die vorgebrachten "Lügen" (ψευδόμενοι V11) ad absurdum führen. Eine Aufforderung zum Martyrium ist V10 auch unter Annahme eines ethisch gefaßten Gerechtigkeitsbegriffes nicht, denn die Verfolgung ist nicht die Voraussetzung, sondern die Folge des gerechten Verhaltens.

Die Bestimmung der δικαιοσύνη als das dem Willen Gottes entsprechende Verhalten bestätigt sich durch das redaktionell negative Pendant ἀνομία (7,23; 13,41; 23,28; 24,12). Der direkte Gegensatz von δίκαιος und ἀνομία begegnet in Mt 13,41-43 und 23,28. Im Kontext von 7,23 ist die ἀνομία als Versagen gegenüber dem Willen Gottes definiert (7,21f.). In 24,12 steht sie in einer Linie mit dem Erkalten der ἀγάπη, in 13,41 parallel zu den σκάνδαλα. Ist die δικαιοσύνη positiv die Erfüllung des Gotteswillens, so ist die ἀνομία negativ der Widerstand gegen diesen Gotteswillen[49].

Nach allem, was bisher zum mt. δικαιοσύνη-Begriff gesagt wurde, ist ersichtlich, daß Mt die "Gerechtigkeit" als einen ethischen Begriff verstanden hat, der das gerechte Handeln der Jünger beschreibt, das von der theonomen Forderung bestimmt und inhaltlich geleitet ist. Der Begriff hat somit eine vertikale und horizontale Komponente. Die Vertikale ist das Bestimmtsein vom Willen Gottes, die Horizontale ist - wie die Antithesen zeigen - das daraus resultierende Verhalten zum Mitmenschen.

Schließlich ist das Syntagma "βασιλεία τῶν οὐρανῶν" zu erwähnen. Es handelt sich um die im zwischentestamentlichen Judentum gebräuchliche, mit dem synagogalen Sprachgebrauch übereinstimmende[50], bei Mt typisch gebrauchte Wendung für "βασιλεία τοῦ θεοῦ" (vgl. Lk 6,20 par; vgl. auch Mt 4,17 mit Mk 1,15).[51]

---

[48] Vgl. Anm 3.

[49] Vgl. dazu H. Frankemölle, Jahwebund, 280-286, der die δικαιοσύνη als "das bundesgerechte Verhalten zum Willen Gottes" bestimmt (S. 284).

[50] Vgl. dazu U. Luz, Mt I, 144f.; ders., βασιλεία, EWNT I, 487.

[51] "Βασιλεία τῶν οὐρανῶν" begegnet bei Mt insgesamt 32mal und ist immer redaktionell. Bei Mk und Lk begegnet diese Wortverbindung jedoch nie. Vgl. dazu U. Luz, Mt I, 37; ders., βασιλεία, EWNT I, 487-489; S. Schulz, Q, 77; H. Merklein, Gottesherrschaft, 21f.; G. Strecker, Makarismen, 261; G. Braumann, Seligpreisungen, 225; W. Schenk, Die Sprache des Matthäus, 94ff.; A. Kretzer, Herrschaft, 26. - Als grundlegende Arbeit zum matthäischen Begriff "βασιλεία τῶν οὐρανῶν" vgl. A. Kretzer, Die Herrschaft der Himmel und die Söhne des Reiches. Eine redaktionsgeschichtliche Untersuchung zum Basileiabegriff und Basileiaverständnis im Matthäusevangelium (SBM 10), Stuttgart 1971. Zum sprachgeschichtlichen Hintergrund des Begriffes vgl. bes. SS.21ff. (ebenso K.H. Schelkle, Theologie 4/1,20ff.); zum matthäischen Gebrauch vgl. SS. 50ff.

2.1.1.2. Stilistische Merkmale

V10 und V6 haben durch das Stichwort δικαιοσύνη die längsten Zeilen in der Protasis gegenüber den anderen Makarismen in VV3-10.[52] V10b ist sprachlich identisch mit V3b. Man kann hier die Bildung einer Rahmenkomposition (= Verklammerung, Inclusio) erkennen.[53] V10 ist nicht nur der Abschluß der vorangehenden Makarismen, sondern zugleich Überleitung zu 5,11f. (vgl. die Aufnahme des Verfolgungsthemas aus dem Q-Logion Mt 5,11 par).[54] Die VV3-6 und 7-10 bilden zwei einander entsprechende Stücke (Strophen): Sie enthalten jeweils 36 Worte und werden durch das Stichwort δικαιοσύνη abgeschlossen. Es sind zwei Blöcke zu je vier Makarismen erkennbar.[55] Die VV5.7-9 sind entweder von Mt selbst formuliert[56], redaktioneller Einschub von Sondergut[57] oder aus der Tradition (QMt[58]) aufgenommen und durch Mt (bzw. schon durch Q Mt) in die vier durch Q vorgegebenen Makarismen (vgl. Lk 6,20ff. par) eingesetzt worden.

Für matthäische Redaktion spricht die ethisierende Tendenz der Verse wie auch die Aufnahme des AT.[59] Im einzelnen: In V5 ist πραΰς als typisch matthäisches Vokabular erkennbar: Nur Mt kann unter den Synoptikern dieses Wort aufweisen: 11,29; 21,5.[60] Weiterhin ist auffällig, daß die über Q hinausgehenden Makarismen sich an die Sprache der Psalmen anlehnen: V5 (vgl. Ps 36,11 LXX); V8 (vgl. Ps 23,4 LXX; Ps 17,15; 42,3 MT); V7 (vgl. Ps 23,5 LXX; Spr 14,21; 17,5c LXX); V9 (vgl. Ps 34,15 MT; Spr 10,10 LXX). Die enge Be-

---

[52] V6a und und V10a bieten mit je 44 und 38 Buchstaben die längsten Protasissätze der Makarismenreihe. V6a ist durch den mt. Zusatz "τὴν δικαιοσύνην" in einem vierhebigen Rhythmus gestaltet - im Unterschied zu den anderen Protasissätzen in VV3-10 mit zwei- oder dreihebigen Rhythmen. Vgl dazu E. Lohmeyer, Mt, 86; P. Gaechter, Mt, 143; W. Grundmann, Mt 126; H. Giesen, Christliches Handeln, 84; J. Dupont, Béatitudes I, 218- 223.

[53] Vgl. U. Luz, Mt I, 199; W. Grundmann, Mt, 119; H. Giesen, Christliches Handeln, 81; N. Walter, Seligpreisungen, 247; A. Sand, Mt, 102; H.-T. Wrege, Überlieferungsgeschichte, 27; P. Gaechter, Mt, 143; R.A. Guelich, Beatitudes, 431. 432; H. Frankemölle, Makarismen, 56; M. Krämer, Überlieferungsgeschichte, 76; R. Schnackenburg, Mt, 46.

[54] Vgl. N. Walter, Seligpreisungen, 247; E. Schweizer, Mt, 48; H. Frankemölle, Makarismen, 56; G. Barth, Gesetzesverständnis, 98; J. Dupont, Béatitudes I, 224: "A la fois conclusion et introduction, la huitième béatitude fait donc figure de transition."

[55] Vgl. G. Barth, Gesetzesverständnis, 115; P. Gaechter, Mt, 143; H. Weder, Rede, 40; U. Luz, Mt I, 199f.; N. Walter, Seligpreisungen, 249; H. Frankemölle, Makarismen, 56; G. Künzel, Gemeindeverständnis, 48f.; P. Hoffmann, Selig sind die Armen. Auslegung Bergpredigt II, 118.

[56] N. Walter, Seligpreisungen, 247ff.; H. Merklein, Gottesherrschaft, 48; H. Frankemölle, Makarismen, 67ff.; J. Gnilka, Mt I, 118; Mc Eleney, Beatitudes, 4; P. Hoffmann, Selig sind die Armen. Auslegung Bergpredigt II, 112.

[57] J. Dupont, Béatitudes I, 257-264.

[58] G. Strecker, Bergpredigt, 30f.; ders, Makarismen, 259; R.A. Guelich, Beatitudes, 421ff.

[59] Zum Einfluß des AT auf die Makarismen Mt 5,5.7-9 vgl. W. Zimmerli, Seligpreisungen, 20-25; H. Frankemölle, Makarismen, 67ff.

[60] Vgl. W. Schenk, Die Sprache des Matthäus, 419f.; G. Barth, Gesetzesverständnis, 115 Anm. 2; G. Künzel, Gemeindeverständnis, 90f. - Mt 11,29 und 21,5 dürften der mt. Redaktion zuzuweisen sein. Die beiden Verse sind für die Christologie des Mt von besonderer Bedeutung (vgl. K. Wengst, Demut, 69-78).

ziehung zum AT ist für Mt typisch: vgl. nur die Reflexionszitate oder Mt 5,17-19; 6,21-48 u.ö. Mt erweitert Worte Jesu durch Anfügung atl. Sätze: Mt 9,13; 11,29; 12,5-7.40; 21,5.16 u.ö. Mt 5,3 und 5,4 lassen in der durch den Evangelisten gegebenen Reihenfolge - Mt vertauscht die in Q vorgegebene Folge Lk 6,20.21 - eine Anspielung auf Jes 60,1f. erkennen.[61] Gegenüber den Q-Sprüchen preisen VV5.7-9 - entsprechend jüdisch-urchristlicher Frömmigkeit - Haltungen. Mt gibt als Gemeindelehrer Normen guter christlicher Tugend. Dies stimmt mit der mt. Thematik der Bergpredigt von der "besseren Gerechtigkeit" (5,20) überein.

Mt 5,7: Das Motiv der Barmherzigkeit spielt bei Mt eine prägnantere Rolle als bei Mk und Lk; vgl Mt 6,14f.; 9,13 und 12,7 (= red. Aufnahme von Hos 6,6); 6,2-4 (ἐλεημοσύνη); 15,22; 17,15[62]; 18,23-34; 20,30.31.34 (σπλαγχνισθεὶς δὲ ὁ Ἰησοῦς); 23,23 (Lk par: ohne ἔλεος!); 25,31-46. "Barmherzigkeit ist für Matthäus die Mitte der Verkündigung Jesu, die zeigt, was Erfüllung des Gesetzes heißt (s. zu 5,17-20; 9,13; 12,7; 25,31-46)."[63]

Mt 5,8: καρδία + Dat. der Beziehung begegnet noch in der für Mt wichtigen Stelle 11,29! Ebenso bevorzugt Mt das Motiv der Gottesschau: Mt 18,10 ist wahrscheinlich dem redaktionellen Gut des Evangelisten zuzuweisen.[64] Das Motiv "reines Herz" (vgl. Ps 24,4; 51,12; 73,1 MT; 1.Tim 1,5; 2.Tim 2,22; 1.Petr 1,22) wird auch in der 2. Antithese (5,28b), in 6,21 (vgl. auch 6,22f.) angesprochen. Die Forderung der "inneren Reinheit" begegnet wieder in 23,26(28) und vor allem in 15,1-20. Die Annahme redaktioneller Bildung von V8 legt sich also durchaus nahe.[65]

Mt 5,9 mit der Thematik "Friede" könnte aus Mk 9,50c als "Parallele" entnommen sein. Dafür spricht, daß Mk 9,50c in direkter Verbindung zum Salzspruch und zum Spruch vom Ärgernis (Mk 9,42-48) begegnet. Mt bietet die beiden Stücke im Zusammenhang der Bergpredigt: 5,13 (Salzspruch); 5,29f. (Ärgerniswort). V9b ist fast wörtliches Zitat aus Hos 2,1 LXX. Auch dies entspricht der mt. Tendenz, sich an atl. Material anzulehnen. Das Motiv "Friede" erscheint bei Mt noch in 10,13.34 und vor allem in der Bergpredigt: 5,21ff.38ff. 43ff.; 7,1ff.12. Der Zusammenhang von "Friedenstat" (= Feindesliebe) und "Gottessohnschaft" wird auch in 5,45 (und 5,48) betont.[66]

---

61 Vgl. dazu N. Walter, Seligpreisungen, 249; E. Schweizer, Mt, 46f.; H. Merklein, Gottesherrschaft, 48; R.A. Guelich, Beatitudes, 427f.; H. Frankemölle, Makarismen, 69. Kritik an einer generellen Zurückführung der Makarismenreihe auf Jes 61,1ff. hat I. Broer, Seligpreisungen, 64ff., geübt. Broer rechnet im Fall von Mt 5,5 und 5,8 eher mit Einfluß von Ps 37,11 und 24,4. Gegen Broer wendet M. Hengel (ders., Zur matthäischen Bergpredigt und ihrem jüdischen Hintergrund, ThR 52 [1987], 327-400) ein: "Man darf bei Mt nicht nur 'platte' Zitate erwarten, vielmehr wird aus wenigen Zitaten und mancherlei Anspielungen ein bunter Teppich geflochten, der den Schriftkundigen erfreut." (S.352) Hengel rechnet mit einem deutlichen Einfluß von Jes 61,1ff. auf Mt 5,3ff., zugleich aber auch mit einer Verwebung von Jes 61,1-8 und Ps 37 durch Mt 5,3ff.; vgl. auch M. Krämer, Überlieferungsgeschichte, 70f.

62 Mt liebt die Formel ἐλέησον als Bitte der vor Jesus Hilfesuchenden in den Wundergeschichten: "Er setzt sie außer an den mit den anderen Synoptikern gemeinsamen Stellen (Mt. 20,30.31 bzw. Mt. 9,27) noch zweimal in eigener Verantwortung (Mt.15,22 und 17,15)." H.J. Held, Wundergeschichten, 223.

63 E. Schweizer, Mt 53; vgl auch G. Bornkamm, Enderwartung, 23f.; P. Hoffmann, Selig sind die Armen. Auslegung Bergpredigt II, 119f.; J. Gnilka, Mt II, 377f.; H.-T. Wrege, Sondergut, 30, erkennt in den entsprechenden Seligpreisungen eine "Motivationsstruktur": "Wenn die Barmherzigen und die Sanftmütigen selig gepriesen werden, dann ist dies für die Hörer, die sich als Adressaten dieser Seligpreisungen verstehen, zugleich eine Aufforderung, sich entsprechend zu verhalten."

64 Vgl. I. Broer, Seligpreisungen, 62; G. Strecker, Weg, 149 Anm. 2.

65 Vgl. M. Hengel, Zur matthäischen Bergpredigt, 350; P. Hoffmann, Selig sind die Armen. Auslegung Bergpredigt II, 120.

66 Vgl. M. Hengel, Zur matthäischen Bergpredigt, 350.

So wird man also sagen können: Mt hat die VV 5.7-9 unter Aufnahme und Anlehnung an atl. Gut selbst formuliert. Der Evangelist hat in diesem Sinn von Anfang an das Q-Material in ethischer Richtung interpretiert. Es geht um das Verhalten der Gemeinde unter dem Anspruch Gottes. Die "Gerechtigkeit" ist nach Mt der Leitfaktor dieses Verhaltens.

Mt hat die Makarismenreihe stilistisch durchkomponiert. Eine Rahmung bilden V3 und V10 mit jeweils 12 Worten. V3b und V10b stellen die Makarismenreihe unter die gemeinsame Verheißung der Basileia. Durch diese Verklammerung werden zwei Blöcke zu je vier Makarismen erkennbar (s.o.). Die Protasissätze sind stilisiert durch die poetische Einleitung "μακάριοι οἱ ...".[67] Formal hebt sich die erste Strophe VV3-6 durch π-Alliteration von der zweiten ab.[68] Die Apodosissätze bilden einen <u>Chiasmus</u>:[69]

V3b	Rahmenformel		V7b	Passivum Divinum
V4b	Passivum Divinum		V8b	Futur Med. mit Objekt
V5b	Futur Act. mit Objekt		V9b	Passivum Divinum
V6b	Passivum Divinum		V10b	Rahmenformel

---

[67] Zu Form und Herkunft der Makarismen vgl. C. Kähler, Studien zur Form- und Traditionsgeschichte der biblischen Makarismen (Referat), ThLZ 101 (1976), 77-80; H. Millauer, Leiden, 147ff.; I. Broer, Seligpreisungen, 39ff.; N. Walter, Seligpreisungen, 250ff.; E. Schweizer, Formgeschichtliches zu den Seligpreisungen Jesu, NTS 19 (1972/73), 121-126; H.D. Betz, Makarismen, 10; S. Schulz, Q, 78ff.; F. Hauck/G. Bertram, μακάριος κτλ., ThWNT IV, 366-373; E. Schweizer, Mt, 45f.; ders., Matthäus und seine Gemeinde, 69-77; E. Lohmeyer, Mt, 80f.; H. Merklein, Gottesherrschaft, 51ff.; U. Luz, Mt I, 201f.; W.Trilling, Christusverkündigung, 73ff.; G. Strecker, μακάριος, EWNT II, 926f.; R.A. Guelich, Beatitudes, 416-419. Für die rabbinische Literatur vgl. vor allem M. Hengel, Zur matthäischen Bergpredigt, 332ff., der umfangreiches Belegmaterial anführt.

[68] Vgl. C. Michaelis, Die Π-Alliteration der Subjektsworte der ersten vier Seligpreisungen in Mt V.3-6 und ihre Bedeutung für den Aufbau der Seligpreisungen bei Mt, Lk und in Q, NT 10 (1968), 148-161.

[69] Vgl. N.J. Mc Eleney, Beatitudes, 12.

Mt 5,11f. hebt sich formal und inhaltlich von den vorangehenden Makarismen ab. Das Logion ist wahrscheinlich durch Q mit den VV 3.4.6 verbunden worden (vgl. Lk 6,20ff.par). Es spricht sich darin urchristliche Verfolgungserfahrung aus.[70] Formal wechselt V11f. von der 3.Ps.Pl. in die 2.Ps.Pl. Das Logion ist gegenüber V3.4.6 länger, prosaischer[71] und mit stärker reflektierenden Aussagen versehen.[72] Die 2.Ps.Pl. verbindet es mit 5,13-16, so daß es eine Scharnierfunktion zwischen Mt 5,3-10 und 5,13-16 hat.[73]

2.1.1.3. Matthäische Theologumena

Mt 5,10 benennt die zentralen Motive der Bergpredigt: die "Gerechtigkeit" und das "Reich der Himmel".[74] Den Gedanken der Verfolgung entnimmt Mt aus V11f.; sonst bringt aber V10 keinen neuen Gedanken gegenüber 5,3-9.11f. ein.[75] Daran bestätigt sich der redaktionelle Charakter von V10. Durch Einfügung von V3aβ (τῷ πνεύματι) V5, V6aβ (διψῶντες τὴν δικαιοσύνην), VV7-9 und V10 hat Mt den ursprünglich auf (Not-)Zustände sich beziehenden Makarismen VV3.4 und 6 eine ethische Konnotation gegeben.[76] In der Lk-Parallele benennen die entsprechenden Makarismen die realen Zustände der

---

[70] V11f. dürfte Gemeindebildung sein. Dafür sprechen die Anklänge an die Verfolgungssituation, die explizite Christologie (vgl. U. Luz, Mt I, 202; G. Strecker, Bergpredigt, 45ff.) und die ausführlichere Begründung gegenüber Mt 5,3-9. Der eschatologische Jubel (V12) wird besonders in Verfolgungs- und Leidensaussagen der frühchristlichen Kirche thematisch relevant (vgl. 1.Petr 1,6.8; 4,13; Apk 19,7). Die Situation der sich zu Jesus bekennenden und darin verfolgten Jüngerschaft gehört in die nachösterliche Zeit. Vgl. dazu näher N. Walter, Seligpreisungen, 249f.; N.J. Mc Eleney, Beatitudes, 4; P. Hoffmann/V. Eid, Jesus von Nazareth, 30; S. Schulz, Q, 454f.; H. Merklein, Gottesherrschaft, 50f.; R. Bultmann, GST, 115; E. Schweizer, Mt, 46; H. Weder, Rede, 40; P. Hoffmann, Selig sind die Armen. Auslegung Bergpredigt II, 112f.; G. Strecker, Bergpredigt, 45; F.W. Beare, Gospel Matthew, 135f.; F. Hahn, Christologische Hoheitstitel, 43f.; W. Trilling, Christusverkündigung, 69f.; E. Käsemann, Anfänge, 99.

[71] Vgl. R. Bultmann, GST, 115; E. Schweizer, Mt, 46.

[72] Dazu gehören: "So taten sie den Propheten". Hier wird die heilsgeschichtliche Vergangenheit mitbedacht. Oder: Anstelle der präzisen Verheißungen in der Apodosis (Mt 5,3.4.6 par) bringt Mt 5,11f.par den diese Verheißungen aufnehmenden und zusammenfassenden Hinweis auf den himmlischen Lohn. Weiter: Die Aussage über die sich zu Jesus bekennende und deswegen verfolgte Jüngerschaft. Mt 5,3.4.6par stellen dagegen keine explizite Verbindung zu Jesus her. Die Menschensohn-Christologie wird besonders von der Q-Gruppe in Anspruch genommen (Lk 6,22). Vgl. dazu H. Merklein, Gottesherrschaft, 50.

[73] Vgl. I. Broer, Freiheit vom Gesetz, 61 Anm. 143; W. Grundmann, Mt 133; U. Luz, Mt I, 219.221.

[74] Vgl. H. Frankemölle, Jahwebund, 275, der die Begriffe "βασιλεία τῶν οὐρανῶν" und "δικαιοσύνη" als "zwei brennpunktartige Pole der 'Bergpredigt'" bezeichnet. Treffend auch U. Luz, Mt I, 188, zum Sinn der Bergpredigt: "Ihr Thema könnte man mit zwei sich durch die ganze Predigt ziehenden Stichworten 'die Gerechtigkeit des Himmelreichs' nennen."

[75] Vgl. G. Strecker, Weg, 151.

[76] H.-T. Wrege, Überlieferungsgeschichte, 11, spricht davon, "daß die Makarismen durch Mt 5,5.7-10 zu einem Katechismus der Jüngerschaft ausgestaltet wurden." Vgl auch P. Hoffmann, Selig sind die Armen. Auslegung Bergpredigt II, 121: "Katalog von Gemeindetugenden". J. Dupont, Béatitudes I, 251-264; M. Krämer, Überlieferungsgeschichte, 72ff.

Armut, der Trauer und des Hungers (s.u.). Mt interpretiert durch "ἕνεκεν δικαιοσύνης" (V10) die Verfolgung um Christi willen (V11) als Verfolgung um eines gerechten Verhaltens willen. Die Rahmenverse V3b und V10b benennen die "βασιλεία τῶν οὐρανῶν" als das erwartete Heilsgut, das alle in den Apodosissätzen ausgesprochenen Erwartungen zusammenfaßt.[77]

Die von Mt intendierte "Ethisierung"[78] der Makarismen bedeutet, daß das Gottes Willen angemessene und entsprechende Verhalten der Jünger gefordert wird. Gegenüber den ersten vier Makarismen spricht der zweite Block (VV7-10) ausschließlich Verhaltensweisen der Angeredeten an.[79] Die Protasissätze entsprechen so dem weisheitlichen Typus der Makarismen (vgl. Ps 1,1f.; 40,2 LXX; Spr 3,13; 8,34; 28,14; Sir 14,1f.; 25,8-10; 26,1; 50,28 u.ö.). Die eschatologische Ausrichtung der Apodosissätze entspricht mehr dem apokalyptischen Typus (vgl. Dan 12,12; PsSal 17,44; 18,6; Hen[aeth] 58,2; Tob 13,16; Hen[sl] 42,1; Apk 14,13; 19,9 u.ö.).[80] Die ersten durch Q fundierten Makarismen VV3-6 lassen die ursprüngliche Intention auf reale Zustände wie Armut, Hunger und Trauer noch erkennen[81], wenngleich auch sie durch Mt ethisiert überarbeitet sind[82] (vgl. die Mt-Zusätze τῷ πνεύματι [V3][83], V5[84] und "διψῶντες τὴν δικαιοσύνην" [V6]).[85]

---

[77] Die Apodosissätze der Makarismen sind jeweils verschiedene Umschreibungen der Anteilhabe an der Basileia (vgl. V4: παρακληθήσονται; V5: κληρονομήσουσιν τὴν γῆν; V6: χορτασθήσονται usw.). Es ist deshalb sachgerecht, daß V3b und V10b mit der Formel "βασιλεία τῶν οὐρανῶν" diese Erwartungen zusammenfaßt. Vgl. F.W. Beare, Gospel Matthew, 127f.; U. Luz, Mt I, 208; A. Schulz, Nachfolgen, 229; H. Frankemölle, Makarismen, 56. 74.

[78] Vgl. S. Schulz, Q, 76f; W. Trilling, Christusverkündigung, 64-85; R. Schnackenburg, Mt, 46ff.

[79] Vgl. A. Schlatter, Mt, 137f.; W. Grundmann, Mt, 119; P. Hoffmann/V. Eid, Jesus von Nazareth, 29; H. Merklein, Gottesherrschaft, 48; H. Weder, Rede, 66 ff; G. Strecker, Bergpredigt, 31.40ff.; M. Krämer, Überlieferungsgeschichte, 72ff.

[80] Zur Unterscheidung beider Typen von Makarismen vgl. N.Walter, Seligpreisungen, 251; G. Strecker, μακάριος, EWNT II, 927f.; K. Koch, Formgeschichte, 8f.; S. Schulz, Q, 79ff.; H. Merklein, Gottesherrschaft, 52; H. Weder, Rede, 41ff.; J. Gnilka, Mt I, 116f.; H. Frankemölle, Makarismen, 61-63; W. Trilling, Christusverkündigung, 73-77; C. Kähler, Studien zur Form- und Traditionsgeschichte der biblischen Makarismen (Referat), ThLZ 101 (1976), 77; R.A. Guelich, Beatitudes, 416-419.

[81] Vgl. dazu P. Hoffmann/V. Eid, Jesus von Nazareth, 31ff.; L. Schottroff/ W. Stegemann, Jesus von Nazareth, 30ff.; S. Schulz, Q, 81ff.; P. Hoffmann, Logienquelle, 114f.; H. Merklein, Gottesherrschaft, 51; H.-T. Wrege, Überlieferungsgeschichte, 11ff.; H. Weder, Rede, 48f.63. 81ff.; U. Luz, Mt I, 204f.; P. Hoffmann, Selig sind die Armen. Auslegung Bergpredigt II, 114ff.; W. Trilling, Christusverkündigung, 64ff.; M. Krämer, Überlieferungsgeschichte, 68ff.

[82] Vgl. M. Hengel, Zur matthäischen Bergpredigt, 359: "Da er (sc. Mt) die jesuanische Urform in nuce beibehält, schimmert auch der dort angelegte 'Indikativ' des bedingungslosen Zuspruchs des Heils, die radikale Gnade, durch - freilich überdeckt durch die 'ethisierende', 'spiritualisierende' Neufassung."

[83] Vgl. dazu G. Strecker, Weg, 157 Anm. 6; 150f.; P. Hoffmann/V. Eid, Jesus von Nazareth, 29; S. Schulz, Q, 77; G. Barth, Gesetzesverständnis, 115; H. Merklein, Gottesherrschaft, 49; H. Giesen, Christliches Handeln, 94; G. Strecker, Makarismen, 262; ders., Bergpredigt, 33; M. Hengel, Zur matthäischen Bergpredigt, 353f.; R.A. Guelich, Beatitudes, 427; P. Hoffmann, Selig sind die Armen. Auslegung Bergpredigt II, 118; J. Dupont, Béatitudes I, 216f. ("Précision de Matthieu").

2.1.2. Der traditionsgeschichtliche Einfluß von Mt 5,10 auf 1.Petr 3,14

Nachdem der redaktionelle Charakter von Mt 5,10 erwiesen worden ist, soll nun gezeigt werden, ob und in welcher Weise der Makarismus den 1.Petrusbrief beeinflußt hat. Dazu sind folgende Überlegungen notwendig.

(1) Ein Makarismus mit dem Thema: "Leiden um der Gerechtigkeit willen" ist in der jüdischen, hellenistischen und urchristlichen Literatur ohne Parallele.[86]

Dies gilt abgesehen von der nachneutestamentlichen Literatur, die sich in vielfältiger Weise auf die Schriften des NT bezieht. Polyc 2,3b ist deutlich eine Parallele zu Mt 5,10. Die Stelle ist eine Kombination aus Mt 5,3 und 5,10, allerdings mit Variationen (es fehlt "τῷ πνεύματι"; anstelle von "βασιλεία τῶν οὐρανῶν" steht "βασιλεία τοῦ θεοῦ"; "διωκόμενοι" steht für "δεδιωγμένοι"). Die Abweichungen könnten durch Kombination der Mt- und Lk-Fassung entstanden sein: "οἱ πτωχοί" und "βασιλεία τοῦ θεοῦ" entsprechen der Lk-Version (Lk 6,20); "(μακάριοι) οἱ διωκόμενοι ἕνεκεν δικαιοσύνης" kommt dagegen Mt 5,10 näher. Die Veränderungen zur Mt-Fassung können aber auch durch gedächtnismäßige Zitation von Mt 5,10 zustande gekommen sein (vgl. W.-D. Köhler, Rezeption des Matthäusevangeliums, 100). "Daß Polykarp das Mt gekannt und benutzt hat, ergibt sich mit großer Wahrscheinlichkeit aus c. 2,3b und c. 12,3." (ders., a.a.O., 109). Zum Verhältnis Polykarp - Mt vgl. ders., a.a.O., 97-110. Köhler hat das entsprechende Parallelmaterial zusammengestellt und ausgewertet. (Vgl. auch Teil 4.2. unserer Arbeit !).

Als vergleichbare Parallele zu Mt 5,10 und 1.Petr 3,14 könnte 4.Makk 7,22 angesehen werden: "διὰ τὴν ἀρετὴν πάντα πόνον ὑπομένειν". Aber diese Stelle steht im Zusammenhang der philosophischen Spekulation um die Vorherrschaft der Vernunft über die Triebe am Beispiel des Martyriums des Eleazaros, setzt also eine andere Situation und Thematik voraus.[87] Zwar gibt es

---

[84] "Πραΰς" kann in 5,5 nach der aus der griechischen Tradition stammenden Bedeutung von "Freundlichkeit", "Nachsicht" und "Milde" verstanden werden, hat aber auch seine Grundlage in der atl. Anawim-Vorstellung. Dies legt sich durch die Parallelität mit "πτωχοὶ τῷ πνεύματι" in V3 nahe, das ähnlich auch in Qumran im Sinn von "demütig-sein" belegt ist: 1QH 14,3; 1QM 14,7 (ענוי רוח); vgl. auch Ps 33,19 (LXX): τοὺς ταπεινοὺς τῷ πνεύματι. Das ethische Moment ist hier mitenthalten. Es geht um die Haltung der Demut (vgl. U. Luz, Mt I, 206; J. Dupont, Béatitudes I, 209-217; III, 457-471). Zur Diskussion um dieses Problem vgl. N. Walter, Seligpreisungen, 254f.; G. Strecker, Bergpredigt, 33f.; ders., Makarismen, 262f.; H.D. Betz, Makarismen, 17f.; E. Schweizer, Mt, 49f.; 52; G. Barth, Gesetzesverständnis, 116; E. Lohmeyer, Mt, 86; F.W. Beare, Gospel Matthew, 129f.; U. Luz, Mt I, 205ff.; P. Gaechter, Mt, 146f.148; H.-T. Wrege, Überlieferungsgeschichte, 7.24f.; H. Weder, Rede, 51f. 59f.; W. Grundmann, Mt, 120ff.; F. Hauck/S. Schulz, πραΰς κτλ., ThWNT VI, 645f.; C. Michaelis, Π–Alliteration, 151ff.; M. Hengel, Zur matthäischen Bergpredigt, 353-357; R.A. Guelich, Beatitudes, 425f.; H. Giesen, Christliches Handeln, 93f.; J. Gnilka, Kirche des Matthäus, 57-59; ders., Mt I, 120ff.

[85] Vgl. dazu G. Strecker, Weg, 151; ders., Bergpredigt, 38ff.; P. Hoffmann/V. Eid, Jesus von Nazareth, 29; P. Hoffmann, Selig sind die Armen. Auslegung Bergpredigt II, 119.

[86] Vgl. A.-M. Denis, Concordance Grecque des Pseudépigraphes d' Ancien Testament. Concordance, Corpus des Textes, Indices, Louvain-la-Neuve 1987, 527.

[87] 4.Makk 7,22 redet allgemein von einem, der weiß, ὅτι διὰ τὴν ἀρετὴν πάντα πόνον ὑπομένειν μακάριόν ἐστιν. Zwar konnte sich im hellenistischen Judentum der ἀρετή–Begriff dem δικαιοσύνη-Begriff bedeutungsmäßig annähern (vgl. dazu O. Bauernfeind,

weitere Makarismen, die sich auf eine Leidens- und Verfolgungssituation beziehen (vgl. z.B. Dan 12,12; Hi 5,17; Ps 94,12; Tob 13,16; Jak 1,12; 5,11), jedoch ist ein spezifischer Makarismus "um der Gerechtigkeit willen" ohne Parallele.

(2) Alle Belege mit dem Stamm δικαι– bietet 1.Petr in *traditionellem* Material:
Der Begriff δικαιοσύνη begegnet im christologischen Traditionsstück 1.Petr 2,21ff. Δίκαιος benutzt 1.Petr 3mal: in 3,12 als Bestandteil des Zitates Ps 34,13-17, in 3,18b als Teil des christologischen Traditionsstückes 3,18ff., in 4,18, einem Zitat aus Spr 11,31(LXX).

Die Diskussion um Umfang und Herkunft des sog. "Christusliedes" 1.Petr 2,21ff. kann hier nur angeschnitten werden.[88] V21a.c.d. wird man auf Grund der Anrede in der 2.Ps.Pl. vom Traditionsstück abzuheben haben; V21b dagegen hat traditionellen Charakter (vgl. mit 3,18a.b.). V24c.f. kann auf Grund des Personenwechsels vom christologischen Traditionsstück (VV22-24a.b.) abgespalten werden. Andererseits könnte V24c.f. auch schon gut zur Tradition gehört haben, da der Versteil das Ziel der Heilstat von V24a.b. beschreibt. Aber auch V25 enthält traditionelles Material. Mit Jes 53,6 zitiert V25a gerade aus dem Gottesknechtslied, das für die gesamte Tradition von VV21ff. strukturbildend ist (vgl. V22 mit Jes 53,9; V23 mit Jes 53,7; V24a.b. mit Jes 53,4.12; V24e mit Jes 53,5). Des öfteren führt man auch V23 auf Grund des Fehlens eines direkten Zitates aus Jes 53 oder der sachlichen Parallele 1.Petr 3,9 auf den Redaktor zurück. - Über den Umfang des Traditionsstückes 1.Petr 3,18ff. besteht in der ntl. Forschung keine Einigkeit.[89] Möglicherweise ist ein zusammenhängendes Traditionsstück als Vorlage gar nicht vorauszusetzen (vgl. L. Goppelt, Komm. 1.Petr, 241f.; N. Brox, Komm. 1.Petr., 164ff.; R. Deichgräber, Gotteshymnus und Christushymnus, 170-173; H. Manke, Leiden, 147-155). Formelhafter Partizipial- und Relativstil als Kennzeichen von Traditionsgut begegnet zwar nur 3,18d.e.19.21a.22, jedoch ist die Vorstellung vom stellvertretenden Sühntod Christi (3,18a.b.: stellvertretendes "für") Allgemeingut urchristlicher Christologie und begegnet sonst meist in geprägten Formulierungen (vgl. Mk 14,24 par.; 1.Kor 11,24; 15,3; 2.Kor 5,14f.21; Gal 1,4) und im 1.Petr nur innerhalb der Traditionsstücke (2,21.24). 3,18b steht also innerhalb traditionellen Gutes und weist selbst traditionelle Sprache auf. Der Versteil klingt sogar wie eine Formel (vgl. L. Goppelt, Komm. 1.Petr, 241f.): knappe Sprache (ohne Artikel) und Reduktion auf das Wesentliche. Ob er in einer geprägten Vorlage für 3,18-22 enthalten war oder nicht, kann hier dahingestellt bleiben. Petrinisches Interpretament dürfte er kaum sein, da der Gerechtigkeitsbegriff sonst auch nur in traditionellem Material begegnet. Zudem

---

ἀρετή, ThWNT I, 458f.), jedoch läßt sich eine Synonymität des matthäischen und petrinischen Gerechtigkeitsbegriffs mit der ἀρετή aus 4.Makk 7,22 nicht behaupten, wie H. Millauer, Leiden, 162f., meint. Denn in den Makkabäerbüchern ist die ἀρετή "die standhafte Treue des Glaubenshelden im Leben und Sterben..." (O. Bauernfeind, a.a.O., 459), orientiert sich also an der Bereitschaft des Frommen zum Martyrium (vgl. 4.Makk 1,11; 6,28f.; 7,15; 10,15; 12,1; 17,22). Dagegen definiert der δικαιοσύνη-Begriff in Mt und 1.Petr den Anspruch des Gotteswillens im täglichen Leben, die rechtschaffene Tat. Das Martyrium steht dabei weniger im Blick. Denn nicht der Märtyrertod ist das erstrebenswerte Ziel des Frommen, sondern die Bewährung des Christseins im täglichen Leben (vgl. Mt 5-7; 18; 28,19f. u.ö.; 1.Petr 1,13ff.; 2,12; 2,13-3,8; 4,1ff.; 4,19 u.ö.).
[88] Vgl. R. Bultmann, Bekenntnis- und Liedfragmente, 285-297; R. Deichgräber, Gotteshymnus und Christushymnus, 140-143; K. Wengst, Christologische Formeln und Lieder, 83-86; T.P. Osborne, Guides Lines, 381-408; K.C.P. Kosala, Taufverständnis, 91ff.
[89] Vgl. L. Goppelt, Komm. 1.Petr, 239ff.; H. Manke, Leiden, 147-155; K.C.P. Kosala, Taufverständnis, 97ff.; ausführlich jetzt bei A. Reichert, Praeparatio, 151ff.199ff.356ff.

ist "δίκαιος ὑπὲρ ἀδίκων" kurze, gebundene und rhythmische Sprache (vgl. N. Brox, Komm. 1.Petr, 165). R. Bultmann, Bekenntnis- und Liedfragmente, 286f., dagegen hält 3,18b für ein petrinisches Interpretament im Rückblick auf 3,14 (δικαιοσύνη).

Dieser Befund legt die Annahme nahe, daß auch 1.Petr 3,14 auf traditionelles Material zurückgreift. Die Bezugnahme des 1.Petr auf Mt wird dadurch nahegelegt, daß alle Belegstellen mit dem Stamm δικαι- in beiden Schriften auf das Verhalten des Menschen zielen, nicht aber dem paulinischen Begriff nach das Heilsgut definieren.[90]

1.Petr 2,24c.d. scheint auf den ersten Blick mit Röm 6 vergleichbar zu sein: der Sünde absterben, der Gerechtigkeit leben. Jedoch definiert der Plural "ἁμαρτίαι" nach 1.Petr das ethische Fehlverhalten[91], nicht die bei Paulus mit der Singularform ausgedrückte Sündenmacht; "ἁμαρτίαις ἀπογενόμενοι" geschieht nicht auf Grund des paulinischen Mit-Christus-Gekreuzigt-Seins, sondern kennzeichnet die Lösung aus dem Bereich des Sündigens[92]. Im Hinblick auf den ἁμαρτία-Begriff in 1.Petr 4,1c formuliert A. Reichert, Praeparatio, 308: "ἁμαρτία bezieht sich in allen übrigen Belegen des 1.Petr (2,22a.24a.c; 3,18a; 4,8) auf sündhaftes Verhalten. Mit der leicht erklärbaren Ausnahme von 2,22a (ὃς ἁμαρτίαν οὐκ ἐποίησεν) - das singularische ἁμαρτίαν ersetzt das ebenfalls singularische ἀνομίαν des dort zitierten Textes LXX Jes 53,9 - wird der Ausdruck durchweg im Plural gebraucht."[93] Der Kontext von 4,1c zeigt aber, daß auch hier (ἁμαρτία im Singular!) an sündhaftes Verhalten gedacht ist, denn in 4,2f. werden die Adressaten vor den ἐπιθυμίαι ἀνθρώπων und dem βούλημα τῶν ἐθνῶν gewarnt, welche sich, wie der Lasterkatalog in 4,3 zeigt, in allerlei sündhaften Verhaltensweisen auswirken. Unter Voraussetzung des Verständnisses der Phrase "πέπαυται ἁμαρτίαις" im Sinn von "Ruhe vor der Sünde" (genauer: "er ist von der Sünde los", "er hat Ruhe vor der Sünde")[94] hat der ἁμαρτία-Begriff in 4,1c die Nuance: "... Sünde

---

[90] Zum mt. δικαιοσύνη-Begriff vgl. Teil 2.1.1.1.

[91] Auch bei Mt umschreibt der Plural "ἁμαρτίαι" das Fehlverhalten: 1,21; 3,6; 9,2.5f; 26,28; vgl. auch 6,12.14f.; konkret benannt: 5,21-48; 15,19. Zum Problem der Sünde in der Gemeinde vgl. Mt 18.

[92] Vgl. L. Goppelt, Komm. 1.Petr, 210; H. Manke, Leiden, 257; T. P. Osborne, Guides Lines, 400f.; K.C.P. Kosala, Taufverständnis, 144f.; gegen H. Goldstein, Paulinische Gemeinde, 61 (vgl. auch E. Lohse, Märtyrer und Gottesknecht, 186), der die Wendung ἁμαρτίαις ἀπογενόμενοι in Verbindung mit Röm 6,10; 7,4; 2.Kor 5,15.21; Gal 2,19f. bringt, was kaum zutreffen dürfte, da 1.Petr "Sünde" nicht als Sündenmacht versteht.

[93] Die Veränderung von ἀνομία (Jes 53,9 LXX) zu ἁμαρτία in 1.Petr 2,22a könnte durch 2,20 ("ἁμαρτάνοντες") bedingt sein (vgl. A. Schulz, Nachfolgen, 290 Anm. 121). Dies würde die ethische Bestimmung des ἁμαρτία-Begriffs im 1.Petr bestätigen, denn in 2,20 ist als Gegensatz zum ἁμαρτάνειν das gute Verhalten (ἀγαθοποιεῖν) gefordert. Vgl. dagegen wieder 1.Clem 16,10. Diese Stelle zitiert Jes 53,9 LXX (mit ἀνομία!); ἁμαρτία dürfte so in 1.Petr 2,22 deutlich redaktionell sein (vgl. auch T.P. Osborne, Guide Lines, 393f.; H. Manke, Leiden, 117; E. Best, I Peter, 221; J.N.D. Kelly, Commentary, 120; R. Knopf, Komm. 1.Petr u.a., 116; H. Balz/W. Schrage, Katholische Briefe, 95).

[94] Zur Problematik der Wendung "πέπαυται ἁμαρτίας" vgl. H. Millauer, Leiden, 111-130; F. Schröger, Gemeinde, 170f. und besonders A. Reichert, Praeparatio, 302-310, die nach Abwägen der verschiedenen Interpretationsmöglichkeiten die Wendung 4,1c (ὁ παθὼν σαρκί) analog zu 4,1a (Χριστοῦ ... παθόντος σαρκί) auf das Todesleiden bezieht. Die Wendung "πέπαυται ἁμαρτίας" beschreibt also die postmortale Folge des παθεῖν σαρκί. – Ob man aber mit A. Reichert in Anknüpfung an diese Auslegung von 4,1 (und 3,17) das Leiden im 1.Petr "martyrologisch" zu verstehen hat und demnach die von Reichert untersuchte Texteinheit 3,13-4,6 als eine "praeparatio ad martyrium" aufzufassen ist (vgl. S.344), scheint

unter dem Aspekt der bleibenden Gefährdung". In dieser Weise ist er mit den genannten ἐπιθυμίαι ἀνθρώπων und dem βούλημα τῶν ἐθνῶν identisch. Die Wendung "ἵνα ... τῇ δικαιοσύνη ζήσωμεν" (2,24c.d) kann als Dativus commodi[95] (= "für die Gerechtigkeit leben" im Sinn: gerecht sein [werden] als Perspektive des Rechtverhaltens) oder als Dativus modi[96] (= "in Gerechtigkeit leben") verstanden werden. Letztere Wendung ist synonym mit "gerecht sein". Auf jeden Fall wird durch das Verb ζῆν der Begriff "der Gerechtigkeit leben" im Sinn der Lebensführung definiert, nämlich als eine solche in der Art des Gerecht-Seins. Δικαιοσύνη versteht 1.Petr also als ethisch qualifizierten Begriff. Er drückt eine Haltung, ein Verhalten aus. Die Wendung "der Gerechtigkeit leben" korrespondiert dem "ἀγαθοποιεῖν" von V20.[97]

In 1.Petr 3,12.18 und 4,18 bezeichnet das Adjektiv δίκαιος das glaubenstreue Verhalten Christi und der Glaubenden im Gegensatz zu den Sündern (vgl. 3,12; 4,18). In 1.Petr 3,12 ist δίκαιος eingebettet in den Gegensatz von "gut" und "böse" (ἀγαθόν, κακόν V10b.c.11a. 12a). V13 setzt diesen ethischen Kontext fort (κακόω, ἀγαθόν). In V14 ist auf Grund der Abhängigkeit von Mt 5,10 die "Gerechtigkeit" ebenfalls ethisch gefaßt. Bemerkenswert ist auch, daß V18b zwischen Gerechten und Ungerechten unterscheidet und somit grch. Sprachempfinden folgt, das in der Ethik zwischen δίκαιος und ἄδικος unterscheidet.[98] Freilich ist nach atl. Denken der δίκαιος der Fromme, der Gottes Willen erfüllt und so sich vom "Sünder" abhebt. Ähnlich wird in 1.Petr 4,18 der Gegensatz von δίκαιος und ἁμαρτω- λός aus Spr 11,31 (LXX) festgehalten. Diese theologische Qualifikation von "δίκαιος" ist hier aber kein Widerspruch, da sich der atl. "Gerechte" (= Sadik) von den "Sündern" nicht nur dadurch unterscheidet, daß er alle Hilfe von Gott erwartet und so gottergeben ist, sondern auch dadurch, daß er sich durch ein ethisch rechtschaffenes, Gottes Willen erfüllendes Leben vor den "Sündern" auszeichnet (vgl. Spr 10,31f.; 11,9; 12,5f.10.12.17; Ps 124,3 LXX; u.ö.).

---

mir sehr fragwürdig. Zwar ist nach dem Briefzusammenhang mit der Möglichkeit des Todesleidens für die bedrohten Christen zu rechnen, aber eine eigentliche "Vorbereitung auf das Martyrium" - wie es dieser von A. Reichert gewählte Titel für den 1.Petr nahelegt - ist der Brief nicht. Denn der Verf. des Briefes fordert nicht zu einer imitatio des Leidens Christi auf - der Brief bedenke nach A. Reichert "das mögliche Geschick der Christen in seiner Ent- sprechung zum Geschick Christi" (S.344 Anm. 1) -, sondern zu einer Christi Gehorsam ent- sprechenden Bereitschaft zum Leiden angesichts ungerecht zugefügter Leiden. Das ist aber etwas anderes als eine "Martyriumsbereitschaft" oder sogar eine "Vorbereitung auf das Martyrium". So geht es in 3,17 auch nicht darum, daß den Adressaten das Leiden "als ein vorteilhaftes und für die Betroffenen 'gutes' Geschick" (S.199) verständlich gemacht wird, son- dern der Komparativ (κρεῖττον ...) besagt eine Höherbewertung des Leidens im Verbund mit den guten Taten gegenüber dem Leiden der Übeltäter. Dies ist im Zusammenhang der Be- gründung 3,18 zu sehen, die das gehorsame Leiden des "Gerechten" zur Geltung bringt. Es geht also um den Gehorsam der Leidensbereitschaft, nicht aber um eine Bewertung des Leidens. Gleiches wäre zu 4,1 zu sagen: In Entsprechung zum gehorsamen Leiden Christi wird von den Adressaten eine Christus analoge Bereitschaft zum Leiden gefordert. Es geht um dieselbe ἔννοια, die Christus und die Adressaten verbindet, nicht aber um eine Vorbereitung zum Martyrium. So ist es bezeichnend, daß der Brief den Begriff μαρτύριον im Sinn des Todesleidens nicht kennt. Auch μάρτυς in 5,1 benennt nicht eine Erfahrung des Todesleidens, sondern eine Teilhabe am Leiden Christi im Sinn selbst erlittener Tatzeugenschaft (vgl. Teil 3.1.5.). Die Bestimmung von 1.Petr 3,13-4,6 als "praeparatio ad martyrium" geht daher zu weit.

[95] Vgl. B.-D.-R. § 188³.

[96] Vgl . B.-D.-R. § 198.

[97] Vgl .T.P. Osborne, Guide Lines, 401.

[98] Vgl. L. Goppelt, Komm. 1.Petr, 243, mit Hinweis auf Xenoph, Mem IV 4,13. Zum Ge- brauch von δίκαιος in der grch.-hell. Tugendlehre vgl. G. Quell/G. Schrenk, δίκη κτλ., ThWNT II, 184ff.

Immerhin ist es auffällig, daß die ethische Komponente im Gerechtigkeitsbegriff in der Synagoge so sehr in den Vordergrund trat, daß der Gerechte sich durch seine Verdienste vom רשע abhob.[99]

Im Blick auf 1.Petr 4,18 ist festzuhalten, daß der Verf. des Briefes in V19 die Schlußfolgerung aus V17f. zieht. Um dem vernichtenden Gericht Gottes zu entgehen, bedarf es der guten Tat (ἀγαθοποιία) - auch im Leiden. Diese wird gerade vom δίκαιος gefordert, der im Zusammenhang von V17f. auf den angeredeten Christen zu beziehen ist. "Δίκαιος" in 3,18b ist freilich nicht nur ethisch bestimmt. Es geht hier um das stellvertretende Sühneleiden Christi, vielleicht in Anspielung auf Jes 53,11: Der "Gerechte" ist der Knecht Gottes, der die "Sünden" der Vielen trägt. Insofern sind die ἄδικοι nicht nur die ethisch sich Verfehlenden, sondern theologisch zugleich als "Sünder" qualifiziert. Dennoch ist das glaubenstreue *Verhalten* des δίκαιος Christus dadurch bestimmt, daß er stellvertretend für alle "Sünder" gelitten hat. "Ethisch" wäre hier im weiteren Sinne des Handelns im Gehorsam gemeint. Die ethische Konnotation des Gerechtigkeitsbegriffs in 3,14 bestätigt sich kontextuell: V13b ist Vorverweis auf V14 ("Eiferer des Guten"). Es handelt sich um die gleichen Adressaten. Gerade indem bzw. weil die Christen nach dem (ethisch) Guten streben und "Gerechtigkeit" üben, müssen sie leiden. Die ethische Konnotation von "ἀγαθός" ist nicht nur vom Begriff selbst her deutlich, sondern auch vom vorangehenden Zitat Ps 34,13-17. Das "Gute" (V13) beweist sich gerade im "guten Lebenswandel" der Christen (V16.17) - im Gegensatz zu den κακοποιοί (V17), die die mit rechtlichen Mitteln anklagbaren "Verbrecher" der gesellschaftlichen Organisation sind. Ethisch disqualifizieren sie sich durch ihre Taten und werden von den Gerichtsbehörden entsprechend behandelt. Der Aspekt der Öffentlichkeit und Gerichtsbarkeit wird in 4,15 deutlich.

So kann mit H. Frankemölle, Komm. 1.Petr u.a., 51, zum Gebrauch des Gerechtigkeits-Begriffes im 1.Petr festgestellt werden: "Wie die Wendung 'der Wahrheit gehorsam' (1,22) meint auch 'der Gerechtigkeit leben' nicht eine abstrakte Haltung, sondern impliziert ethische Konsequenzen. Da 'Gerechtigkeit' nach 3,14 Grund des Leidens ist, nach 3,12 'der Gerechte' der ist, der Wahres spricht, der das Böse meidet und das Gute tut, der dem Frieden nachjagt, Jesus nach 3,18 'gerecht' genannt wird und nach 4,18f der Gerechte 'Gutes tun' soll, ist (anders als bei Paulus) die sozialethische Dimension im Begriff Gerechtigkeit in 1 Petr gesichert."

Ähnliches ist auch vom mt. δίκαιος-Begriff zu sagen. Er begegnet gegenüber Mk (2mal) und Lk (11mal) bei Mt 17mal und ca. 10mal in redaktioneller Hinsicht.[100] Die atl.-jüd. Bedeutung im Sinn von "fromm", "gehorsam" und "gottergeben" (hebr. = Sadik) läßt sich für 1,19[101]; 9,13[102]; 10,41[103]; 13,17; 23,28.29.35 und 27,19 ausmachen. In 5,45; 13,43.49 und

---

[99] Vgl. G. Quell/G. Schrenk, a.a.O., 187f.

[100] Vgl. U. Luz, Mt I, 39; G. Künzel, Gemeindeverständnis, 127; B. Przybylski, Righteousness, 101-104; W. Schenk, Die Sprache des Matthäus, 192-194.

[101] Vgl. die Deutung von H. Giesen, Glaube und Handeln, 11-14, zu Mt 1,19: "Joseph ist gerecht, weil er nicht seinem eigenen Willen, sondern dem Willen Gottes folgt." (S.14); vgl. ders., Christliches Handeln, 179-189.

[102] Mt 9,13 und 23,28 haben einen deutlich negativen Klang; vgl. H. Giesen, Christliches Handeln, 193f.

[103] Für 10,41 behauptet G. Künzel, Gemeindeverständnis, 54f.172ff., die Gegenwartsbedeutung des δίκαιος-Begriffes im Sinn eines ekklesiologischen Bezuges: δίκαιος ist der Jünger, sofern er zur Leidensnachfolge Jesu bereit ist (10,17ff.; 10,38f.) [S.174]. Allerdings kennt Mt die Zuordnung Prophet - Gerechter sonst nur im atl. Zusammenhang: 13,17; 23,29. Die Bezeichnung "Gerechte" als Qualifizierung von christlichen Jüngern neben den "Propheten" ist nicht matthäisch. Auffälligerweise werden (christliche) δίκαιοι in 23,34 nicht genannt, wohl aber (christliche) προφήται. (Skeptisch gegen eine ekklesiologische Deutung des δίκαιος-Begriffs in 10,41 [13,17 und 23,29] äußert sich auch H. Giesen, Christliches Handeln, 189-192; vgl. auch B. Przybylski, Righteousness, 101-104). Die von Künzel vorgenommene Klassifizierung des δίκαιος-Begriffs zeigt zudem, daß 10,41 die einzige Stelle bei Mt wäre, die für eine ekklesiologische Bedeutung des Begriffes herangezogen werden kann.

25,37.46 ist aber die ethische und für das Gericht ausschlaggebende Komponente stärker. Nach 5,45 entscheidet sich das eschatologische δίκαιος-Sein an der Erfüllung des Feindesliebegebotes (5,43f.). Das Wortpaar δίκαιοι καὶ ἄδικοι steht daher chiastisch parallel zum Wortpaar πονηροί καὶ ἀγαθοί (5,45)[104]. Ebenso akzentuiert 13,49 den Gegensatz von πονηρός und δίκαιος. Das δίκαιος-Sein in 13,43 hat sein negatives Pendant an denen, die σκάνδαλα und ἀνομία hervorbringen (13,41). Schon die Wendung "ποιεῖν τὴν ἀνομίαν" zeigt, daß das eschatologische Gericht sich am *Verhalten* des Menschen orientiert! Wie Mt 13,49 stehen auch Mt 25,37.46 im Gerichtszusammenhang. Das δίκαιος-Sein definiert sich hier durch das Verhalten gegenüber den "geringsten Brüdern" (V40.45). Das Tun bzw. Unterlassen der Liebeswerke (VV35-37.42-44) entscheidet über das eschatologische Gerichtsschicksal; "δίκαιοι" sind diejenigen, die diese Werke getan haben. Dieser ethisch akzentuierte δίκαιος-Begriff ist damit im Kontext des ebenfalls ethisch bestimmten δικαιοσύνη-Begriffs bei Mt zu sehen. Die "bessere Gerechtigkeit" (5,20) entscheidet sich am Hören und Tun der von Jesus in der Bergpredigt dargelegten λόγοι (7,24), die die mt. Gemeinde als bindende Gebote des erhöhten Herrn verstanden hat (28,20).[105]

Die eben genannten Ausführungen zum petrinischen und matthäischen δίκαιος-Begriff bestätigen unsere These, daß 1.Petr 3,14 und Mt 5,10 im engen Zusammenhang stehen: Verfolgung und Leiden geschehen wegen des gerechten Verhaltens der Glaubenden.[106]

Möglich ist, daß Mt in 10,41 auf ein Logion aus dem Wanderradikalismus-Milieu zurückgreift. Die Rede vom "Gerechtenlohn" legt es nahe, an eine besondere Gruppe von Frommen zu denken (vgl. U. Luz, Mt II, 151). V42 greift auf V40 zurück und thematisiert die Jünger. Der Zusammenhang von V41 und V42 hätte dann die Funktion, den Lohn der Jüngeraufnahme in Entsprechung zum Lohn der "Propheten" und "Gerechten" des alten Bundes zu sehen.

[104] Vgl. A. Kretzer, Herrschaft, 295; G. Strecker, Bergpredigt, 94 Anm. 70.

[105] Zum Gebrauch des δίκαιος-Begriffs bei Mt vgl. H. Giesen, Christliches Handeln, 179-196; B. Przybylski, Righteousness, 101-104; W. Schrage, Die Sprache des Matthäus, 192-194.

[106] Vgl. K.C.P. Kosala, Taufverständnis, 148-151.

(3) Da Mt 5,10 vom Evangelisten selbst formuliert worden ist (s.o.), kann es nur eine traditionsgeschichtliche Abhängigkeit des 1.Petr von Mt geben.[107] Eine Eigenformulierung des petrinischen Makarismus unabhängig von Mt 5,10 ist unwahrscheinlich, da der Verf. des Briefes keine zwingenden Gründe hatte, das Gerechtigkeitsmotiv von selbst einzuführen, wenn es ihm stets in traditionellem Material vorgegeben war. Anders verhält es sich mit Mt, bei dem die "Gerechtigkeit" zentrales theologisches Motiv redaktioneller Herkunft ist (s.o.). Wenn 1.Petr und Mt eine gemeinsame Tradition dieses Makarismus vorgelegen hätte, auf die sich beide unabhängig voneinander beziehen[108], so dürfte man mit dem Vorhandensein dieses Makarismus auch in anderen urchristlichen Schriften rechnen können, und zwar da, wo der matthäischen und petrinischen Schrift entsprechend von Verfolgung und Bedrängnis die Rede ist. Dies ist allerdings nicht der Fall.

Zu nennen wären hier z.B. die Paränesen in Röm 12,9ff. (Ermahnung zur Geduld in Bedrängnis [V12], die Ermahnung zur Segenshandlung gegenüber den Verfolgern (V14!), 1.Kor 4,12 ("λοιδορούμενοι εὐλογοῦμεν, διωκόμενοι [!] ἀνεχόμεθα") oder noch eher der Jakobusbrief, der mit 1.Petr in vielen Gedanken und Traditionen auffällig übereinstimmt und wie 1.Petr mit Evangelientraditionen vergleichbares Gut verwendet.[109] So kennt Jak auch die Seligpreisung im Fall des Leidens (1,12) und nimmt wie 1.Petr Motive aus der jüdisch-urchristlichen Tradition mit dem Thema "Freude im Leiden" auf (vgl. Jak 1,2.12; 5,11).[110] Zu dieser Tradition gehört auch der Makarismus der Leidenden.[111] - Methodisch gesehen ist ein *argumentum e silentio* wie dieses natürlich fragwürdig, da es für sich genommen nicht beweiskräftig ist. Es unterstützt aber unsere Annahme einer traditionsgeschichtlichen Verknüpfung des 1.Petrusbriefes mit dem Matthäusevangelium. Im strengen Sinn besagt das Fehlen des Makarismus in anderen urchristlichen Schriften noch nicht viel.[112] Positiv gewertet hätte er sich zumindest aber angeboten, wenn er tatsächlich Bestandteil einer gemeinsamen urchristlichen Tradtion gewesen wäre.

---

[107] Vgl. E. Best, Gospel Tradition, 109: "If Matthew himself added it (sc. δικαιοσύνη), all possibility of dependence by I Peter disappears."

[108] Vgl. W. Nauck, Freude im Leiden, 70; H. Millauer, Leiden, 145f. (mit Verweis auf Naucks Argumente); ähnlich auch G. Braumann, Seligpreisungen, 257f.; F. Schröger, Gemeinde, 185f. Nauck begründet seine Ablehnung einer direkten Abhängigkeit der Makarismen 1.Petr 3,14; 4,14 von Mt 5,10-12 mit der unterschiedlichen Reihenfolge der Makarismuselemente untereinander und der voneinander abweichenden Wortwahl. Dieses Argument ist aber nur dann plausibel, wenn die jeweiligen Veränderungen nicht als redaktionelle Arbeit des 1.Petr erwiesen werden können. Daß dies jedoch der Fall ist, soll gerade das Ziel dieser Arbeit sein.

[109] Vgl. hierzu F. Mußner, Komm. Jak., 33ff. 47ff.; W. Popkes, Adressaten, 146ff. 156-176.

[110] Vgl. W. Nauck, Freude im Leiden, 68-80.

[111] a.a.O., 69ff.

[112] Vgl. aber in der nachneutestamentlichen Literatur Polyc 2,3b (s.o.).

Die zwischen 1. Petr und Mt übereinstimmenden drei Traditionselemente: μακάριοι, διώκειν bzw. πάσχειν und "um der Gerechtigkeit willen" schließen eine zufällige Gleichheit aus und legen eine traditionsgeschichtliche Abhängigkeit nahe.[113]

(4) Beide Makarismen lassen ein gleiches Verständnis des Leidens erkennen. Aus der formalen Analyse von Mt 5,10 im Zusammenhang der Makarismenreihe ist ersichtlich geworden, daß V10 nicht nur den Abschluß für die zwei Strophenpaare (VV3-6 und VV7-10) bildet, sondern zugleich Überleitung zu V11f. ist (s.o.). Hier wird gesagt, daß die Jünger Jesu von der Mitwelt Schmähung, Beschimpfung und Verlästerung zu ertragen haben (ὀνειδίζειν, λέγειν πᾶν πονηρὸν καθ᾽ ὑμῶν, ψεύδεσθαι). Auch 1.Petr rechnet mit vergleichbaren aggressiven Handlungen. Aus 3,16 ist ersichtlich, daß das Leiden "um der Gerechtigkeit willen" keine gewaltsame, behördlich angeordnete Verfolgungsaktion anspricht, sondern sich auf die öffentliche Verschmähung und Beschimpfung der Glaubenden auf Grund ihres Christseins bezieht (vgl. auch 2,12; 4,14; s. Teil 2.2. und 2.3.).[114] "'Leiden' ist ... der Begriff für negative Erfahrungen von Mißtrauen, Verdächtigung, Haß, Feindseligkeit, Aggression, die die Christen sich darum, weil sie Christen sind, von nichtchristlichen Zeitgenossen zuziehen."[115] Da also Mt und 1.Petr ein gleiches Verständnis des Leidens voraussetzen (Beschimpfung und Verschmähung der Christen auf Grund der Zugehörigkeit zu Christus mit der Perspektive gerichtlicher Verantwortung vor den Behörden[116]), bestärkt sich darin die Annahme einer traditionsgeschichtlichen Abhängigkeit der Makarismen voneinander. "Διώκειν" (Mt) ist gegenüber "πάσχειν" (1.Petr) keine konkretere Vokabel. Mt hat gegenüber Lk 6,22 (Synagogenausschluß, s. Anm. 3) durch Einführung von "διώκειν" verallgemeinert.[117] Konkretisiert wird die Lage erst durch die Folgebestimmungen: λέγειν πᾶν πονηρὸν καθ᾽ ὑμῶν; ψεύδεσθαι.[118] Die matthäische Formulierung läßt

---

[113] Methodisch gesehen ist es m.E. jedenfalls unzureichend, aus der Parallelität von Mt 5,10 und 1.Petr 3,14 ohne weiteres auf eine ältere Tradition vor Mt schließen zu wollen. Die Möglichkeit einer direkten Abhängigkeit, besonders wenn sie sich zwischen Mt und 1.Petr nahelegt, wird dadurch von vornherein ausgeschlossen. Vgl. H. Millauer, Leiden, 160f., der aus der Faktizität der Parallelüberlieferung in 1.Petr 3,14 für Mt 5,10 vormatthäische Tradition apostrophiert; vgl. auch W. Grundmann, Mt, 133.

[114] Zur historischen Einordnung und Bestimmung der Situation der Adressaten im 1.Petr vgl. die Diskussionsbeiträge bei L. Goppelt, Komm. 1.Petr, 56-64; ders., Theologie II, 491-493; N. Brox, Komm. 1.Petr, 24-34; A. Reichert, Praeparatio, 73-95; H. Frankemölle, Komm. 1.Petr u.a., 13-17; K.H. Schelkle, Komm. 1.Petr u.a., 7-11; N. Brox, Situation und Sprache der Minderheit im ersten Petrusbrief, Kairos NF 19 (1977), 1-13; E. G. Selwyn, Persecutions, 39-50; F.-R. Prostmeier, Handlungsmodelle, 51ff.; jetzt vor allem R. Feldmeier, Fremde, 105-132. In soziologischer Hinsicht vgl. J.H. Elliott, Home, 59-100, bes. 78-84. Treffend erkennt F. Neugebauer, Deutung, 110: "Es fehlt jeder Hinweis auf eine allgemeine Verfolgung oder auf Lebensgefahr, wie auch die starken Ausdrücke διωγμός und θλῖψις nicht vorkommen."

[115] N. Brox, Komm. 1.Petr, 24; vgl. auch L. Goppelt, Komm. 1.Petr, 56ff.; R. Schnackenburg, Botschaft. Bd. 2, 228f.; E.G. Selwyn, Epistle, 52-56; ders., Persecutions, 39-50; K.C.P. Kosala, Taufverständnis, 26ff.

[116] Vgl. Mt 10,17ff.; 23,34; 1.Petr 3,15; 4,15f.

[117] Vgl. U. Luz, Mt I, 214.

[118] J. Dupont, Béatitudes I, 232-238.

sich auf sehr verschiedene Situationen anwenden.[119] Eine konkrete Verfolgung durch Juden oder den heidnischen Staat ist nicht erkennbar. Ebenso ist auch in 1.Petr keine behördlich angeordnete Verfolgung der Christen vorausgesetzt, sondern es geht um Beschimpfung und Verschmähung durch die heidnische Bevölkerung.[120] Es handelt sich um eine gesellschaftliche Diskriminierung.

Freilich muß man mit der Möglichkeit rechnen, daß die Aggressionen der Bevölkerung gegen die Christen auch die jeweiligen staatlichen bzw. örtlichen Behörden in Aktion treten ließen. Der Hinweis auf gerichtliche Verantwortung (1.Petr 3,15) und die Gleichstellung der Christen mit Verbrechern (4,14-16) geben dies zu bedenken. So werden auch in der Apostelgeschichte die einzelnen (Polizei-)Behörden aktiv gegen die Christen auf Grund von Denunziationen der Bevölkerung bis hin zur Verurteilung (vgl. Act 13,50; 16,19-40; 17,6-10; 19,23-40). Auf diesen Sachverhalt macht zu Recht R. Feldmeier aufmerksam.[121] Aber als behördlich angeordnete Verfolgungsaktion kann man auch dies nicht bezeichnen. Es handelt sich vielmehr um jeweilige Konkretionen einer allgemeinen und verbreiteten Aversion, die weite Kreise der heidnischen (und jüdischen) Bevölkerung den Christen entgegenbrachten.[122] Interessant für die Bestimmung des Verhältnisses zwischen Mt und 1.Petr ist die Beobachtung, die R. Feldmeier bezüglich der sich in Mt 10,34-37, 1.Petr 3,1ff. und 4,3f. aussprechenden Erfahrung der Zerstörung sozialer Beziehungen erörtert.[123] Sie bestärkt unsere Annahme einer Nähe zwischen Mt und 1.Petr. Die genannten Belegstellen zeigen, daß das Bekenntnis zu Christus einschneidende Veränderungen für Familie und Nachbarschaft zur Folge hat. Entscheidend ist, daß Mt "dieses Wort gezielt an das Ende der von ihm konzipierten und über die Jünger an die ganze Gemeinde gerichteten Aussendungsrede gestellt hat. Auch der 1 Petr deutet an, daß durch die Hinwendung zum Christentum familiäre (vgl 3,1ff.) und nachbarschaftliche Bindungen (4,3f) gefährdet bzw zerstört wurden."[124] Mt und 1.Petr sprechen also gleiche (Leidens-) Erfahrungen an, die sich infolge des Bekenntnisses zu Christus ergeben.

---

[119] Vgl. J. Dupont, Béatitudes I, 231; III, 331; W. Grundmann, Mt, 133. E. Lohmeyer, Mt, 94 Anm. 1, erhebt für "διώκειν" einen doppelten Sinn: a) "Verfolgen" eines Feindes im Kampf oder eines Tieres auf der Jagd; b) "Verklagen" vor Gericht. Sollte eine der beiden Deutungen für Mt zutreffend sein, dann sicherlich die zweite, da die drei anderen Parallelbegriffe in Mt 5,11 (ὀνειδίζειν κτλ.; zu ψεύδεσθαι vgl. Jesu Prozeß vor dem Synhedrium Mt 26,59f.: ψευδομαρτυρία!) gut auf eine gerichtliche Situation anwendbar sind. Lohmeyer führt dafür zwei außerbiblische Belege an (Aesch. Eum. 583; P. Lond. V 1708, 25; vgl. auch A. Oepke, διώκω, ThWNT II, 232f.). Die Bedeutung "Verklagen" vor Gericht (= term. techn. der Gerichtssprache; vgl. A. Oepke, a.a.O., 232) würde sich durch Mt 5,11 und 1.Petr 3,15f.; 4,14f. - die Annahme einer gerichtlichen Situation ist hier freilich nicht ganz sicher (vgl. N. Brox, Komm. 1.Petr, 159f. 217; L. Goppelt, Komm. 1.Petr, 236f.) - bestätigen lassen. Auf jeden Fall paßt sie eher mit der Situation: "Schmähen, Beschimpfen, Verlästern" zusammen, als mit der Annahme einer konkreten, behördlich angeordneten Verfolgung. Das Verklagen vor Gericht wäre freilich nur ein - wenn auch paradigmatischer - Spezialfall der grundsätzlich marginalisierten Existenz der Christen. E. Lohmeyer, Mt, 95, erwägt auch für εἰπεῖν κτλ. (Mt 5,11) eine juridische Bedeutung: "vor Gericht verklagen". Die Präposition κατά lege dies nahe. Auszuschließen ist dies nach dem eben Gesagten freilich nicht. Allerdings kann die Phrase auch allgemeiner verstanden werden: üble Nachrede und Beschimpfung.

[120] Näheres dazu vgl. Teil 2.2.

[121] R. Feldmeier, Fremde, 108-110.

[122] Vgl. dazu die differenzierte Darstellung bei R. Feldmeier, Fremde, 105-132.

[123] ders., Fremde, 118.

[124] a.a.O.

(5) Ein weiteres Indiz dafür, daß 1.Petr auf Mt zurückgreift, ist das Stichwort πραΰτης in 1.Petr 3,16. Das Adjektiv πραΰς kommt im NT nur bei Mt und 1.Petr vor: Mt 5,5; 11,29; 21,5; 1.Petr 3,4. Im Zusammenhang mit 1.Petr 3,4 ist es erwägenswert, ob die Wendung "ὁ κρυπτὸς τῆς καρδίας ἄνθρωπος κτλ." eine Nähe zu Mt 6 verspüren läßt.

Das Problem ist, in welcher Weise "πραΰς" zu verstehen ist. Benennt "πραΰς" nach grch.-hell. Vorstellung das Ideal der Freundlichkeit, Milde und Nachsicht oder geht es um die atl. Anawim-Vorstellung, wonach mit "πραΰς" der Demütige, Gottergebene, Machtlose und Ohnmächtige angesprochen ist (vgl. Ps [LXX] 24,9; 33,3; 36,11; 75,10; 146,6; 149,4)?[125] Mt 21,5 und 11,29 könnten für die erste Bedeutung herangezogen werden. Mt 21,5: Das Zitat aus Sach 9,9f. zeichnet den Gegensatz zwischen dem auf einem Esel einreitenden Messias und den kriegerischen Rossen Jerusalems. "Πραΰς" benennt den gewaltlosen, unkriegerischen Heilskönig und Friedefürst. Der Aspekt der Friedfertigkeit legt sich hier also nahe.[126] Dies könnte auch in Mt 11,29 der Fall sein, da der Aspekt der Demut und Niedrigkeit schon durch "ταπεινός" abgedeckt ist.[127] "Πραΰς" hätte dann den umfassenden Sinn von Zurückhaltung, Milde, Nichtüberheblichkeit, Großmut. Die Kontextbelege legen also auch für Mt 5,5 die Bedeutung von Freundlichkeit, Milde und Nachsicht nahe. Allerdings bezieht sich Mt 5,5 deutlich auf Ps 36,11 LXX. Hier scheinen sich beide Bedeutungen von πραΰς zu überschneiden. Ps 36 LXX geht es um des Recht des δίκαιος, das dieser von Gott erwartet. Es ist der atl. Gerechte und Fromme (vgl. V14 εὐθεῖς τῇ καρδίᾳ), der alle Hilfe von Gott erwartet (vgl. VV 3-6.9.17f. u.ö.). Insofern ist deutlich der atl. "Anaw" angesprochen. Da dieser sich aber durch Milde, Freundlichkeit, Nachsicht und Barmherzigkeit auszeichnet (vgl. V7f.; V11b [Freude am Frieden]; V21.26 [barmherzig]), sind beide Bedeutungen in engem Zusammenhang zu sehen. Diesen Zusammenhang scheint Mt verspürt zu haben, wenn er πραΰς und ταπεινός in 11,29 eng zusammenzieht. Man wird also beide Bedeutungen für Mt 5,5 voraussetzen können.[128] So hebt sich Mt 5,5 von 5,3 ab und steht zugleich mit dem Vers in enger Beziehung. Damit ist zugleich gesagt, daß V5 keine Dublette zu V3 ist[129], sondern vom Kontext des gesamten Ps 36 her verstanden werden muß.

Auch 1.Petr denkt bei πραΰς, πραΰτης an die "Sanftmut" als sanftmütige Freundlichkeit und Milde.[130] Diese wurde vor allem an der Frau als soziale Tugend gelobt (1.Petr 3,4).[131] Dennoch ist auch für den 1.Petr eine direkte Trennung beider Bedeutungskreise nicht anzunehmen. Nach 3,15f. soll die Rechenschaftslegung der Christen gegenüber der heidnischen

---

[125] Vgl. F. Hauck/S. Schulz, πραΰς κτλ., ThWNT VI, 645f. 647; H.-T. Wrege, Überlieferungsgeschichte, 7.11; U. Luz, Mt I, 209; J. Gnilka, Mt I, 123; H. Weder, Rede, 59ff.; I. Broer, Seligpreisungen, 79-87; C. Michaelis, Π-Alliteration, 152f.; N. Lohfink, Messiaskönig, 194f.; H. Frankemölle, πραΰτης κτλ., EWNT III, 351-354; W. Grundmann, Mt, 125f.; G. Strecker, Makarismen, 264.

[126] Vgl. I Broer, Seligpreisungen, 82ff.; U. Luz, Mt I, 209; W. Schenk, Die Sprache des Matthäus, 419f.

[127] I. Broer, a.a.O., 86. W. Schenk, a.a.O.

[128] Vgl. U. Luz, Mt I, 209, zu Mt 5,5: "Πραΰς bekam für Menschen, die im Umkreis semitischer Sprachen lebten, die Bedeutung 'demütig'. Sie ist auch Matthäus nicht unbekannt; das zeigen 11,29 und 21,5. In 21,5 schwingt das Moment der Gewaltlosigkeit, in 11,29 das der Freundlichkeit mit. Ein Blick in die jüdische Paränese zeigt, daß dort die Nuancen der Demut und der Freundlichkeit kaum voneinander getrennt werden können. So ist πραΰτης Demut, die sich in Freundlichkeit äußert."

[129] So z.B. F.W. Beare, Gospel Matthew, 130; C. Michaelis, Π-Alliteration, 153.

[130] Vgl. H. Frankemölle, πραΰτης κτλ., EWNT III, 353.

[131] Vgl. F. Hauck/S. Schulz, πραΰς κτλ., ThWNT VI, 646; O. Knoch, Komm. 1.Petr u.a., 90

Bevölkerung und ihren Behörden "mit Sanftmut" erfolgen. Gemäß der grundsätzlichen Verhaltensregel in 3,9 bedeutet dies nicht nur Freundlichkeit, sondern auch Verzicht auf Gewalt und Wiedervergeltung. In diesem Verhalten stehen die Christen aber in der Nachfolge Jesu, der in Demut und Gehorsam gegenüber Gott auf sein Recht verzichtete (2,23). Sanftmut und Freundlichkeit ist daher für den Verf. des 1.Petr - wie auch für Mt (s. Anm. 128) - nicht ohne die Demut vorstellbar, in der der Mensch auf Gewalt und Wiedervergeltung verzichtet und darin gehorsam dem Willen Gottes folgt (vgl 2,15; 4,19; 3,17).

Bemerkenswert ist weiterhin, daß die Wendung "ὁ κρυπτὸς τῆς καρδίας ἄνθρωπος κτλ." (1.Petr 3,4) in Mt (vgl. auch Röm 2,29) eine sachliche Parallele hat. "Die Stichworte dieser singulären Wendung begegnen im übrigen NT nur in Röm 2,29 und bei Matthäus."[132] Die Nähe eher zu Mt verspürend fährt Goppelt fort: "Dort wird dem, was der Mensch seiner Umwelt vormacht, das 'Verborgene' entgegengestellt (Mt 6,3f.), das 'aus dem Herzen' kommt (Mt 6,21; 15,8.18f.) und vor Gott allein gilt (Mt 6,4.6.18)." (a.a.O.)[133] Ein direkter traditionsgeschichtlicher Einfluß des Mt-Sondergutes in Kap 6 auf 1.Petr 3,4 ist freilich nicht nachzuweisen, denn was Mt in 6,1ff. weitläufig ausgestaltet, wird in 1.Petr 3,4 nur innerhalb einer gedanklich komprimierten Wendung ausgesagt. Da nach unserer Auffassung aber 1.Petr das Matthäusevanglium gekannt hat, ist ein gedanklicher Einfluß von Mt 6 in 1.Petr 3,4 in Form einer - mehr beiläufigen - Reminiszenz auch nicht auszuschließen.

2.1.3. Erklärung der formalen und sachlichen Unterschiede zwischen Mt 5,10 und 1.Petr 3,14

Wenn eine traditionsgeschichtliche Abhängigkeit der beiden Makarismen behauptet wird, dann muß auch erklärt werden können, wie es zu den formalen und sachlichen Unterschieden gekommen ist. Dafür ist folgendes vorweg zu beachten.

H. Millauer hat in seiner Dissertation (Leiden als Gnade, Frankfurt/M. 1976, 147ff.) bezüglich der Form der Makarismen darauf hingewiesen, daß Makarismen aus dem hellenistischen, jüdischen und neutestamentlichen Schrifttum in der 3.Person eher an eine feststehende "Formel" (klassisches Schema: μακάριος, ὅς bzw. אַשְׁרֵי הָאִישׁ אֲשֶׁר)[134] angelehnt sind, als Makarismen, die in der 2.Person abgefaßt sind, wobei hier "die Formen der einzelnen Sprüche so mannigfaltig (sind), daß man von einer feststehenden Formel wie bei den Makarismen in der 3.Person nicht reden kann."[135] Millauer verweist z.B. auf Mt 13,16 ("ὑμῶν δὲ μακάριοι οἱ ὀφθαλμοί") und auf die ungewöhnliche Nachstellung des μακάριοι in 1.Petr 3,14; 4,13.[136] Diese größere Variabilität in der Form der Makarismen, die in der 2.Person abgefaßt sind, gegenüber den Makarismen in der 3.Person, erklärt Millauer sachgerecht so: "Stellt man beide Formen nebeneinander, so erscheint die eine als literarische, von der Weisheit oder Glaubenserkenntnis geprägte feststehende Sentenz, die andere als eine ad

---

[132] L. Goppelt, Komm. 1.Petr, 216.

[133] K. Berger, Exegese NT, 227, rechnet im Fall von Röm 2,28f., Mt 6 und 1.Petr 3,3f. mit gemeinsamer Tradition. Vgl. auch E. Schweizer, Matthäus und seine Gemeinde, 86-97.

[134] H. Millauer, Leiden, 151.

[135] a.a.O., 149f.

[136] a.a.O., 150.

hoc formulierte, für einen einzelnen oder eine bestimmte Gruppe gültige Seligerklärung."[137]

Aus dieser Erkenntnis ist für uns die Schlußfolgerung zu ziehen, daß unabhängig von den internen Motiven der Abänderung formaler Eigentümlichkeiten
zwischen den Seligpreisungen bei Mt und 1.Petr schon anhand der Gattung der
Seligpreisungen in der 2.Person eine größere Leichtigkeit zur Variabilität formaler Eigentümlichkeiten festgestellt werden kann, als dies für Seligpreisungen
in der 3.Person der Fall ist. Wenn 1.Petr also - motiviert durch das Anliegen, die
Situation der Adressatengemeinden sachgerecht zur Geltung zu bringen - die
Makarismen Mt 5,10.11f. formal verändert hat, ist dies im Zuge der größeren
Variabilität formaler Eigentümlichkeiten bei den Makarismen der 2.Person
gegenüber denen der 3.Person durchaus erklärlich und nichts Ungewöhnliches.
Dies gilt es im Zuge der nachfolgenden Beobachtungen zu bedenken.

(1) Die Nachstellung des μακάριοι ist stilistisch für Makarismen ungewöhnlich[138], aber nicht singulär, wie 4.Makk 7,22 zeigt.[139] Sie erklärt sich hier aus
dem Satzbau des Verses. Es wird innerhalb einer Frage argumentiert.[140] Das
Hauptgewicht liegt auf den Partizipien φιλοσοφῶν, πεπιστευκώς, εἰδώς, nicht
aber auf der Seligpreisung als solcher; daher die Nachstellung des μακάριος.

Ähnlich verhält es sich mit 1.Petr 3,14. Der Makarismus steht innerhalb
einer Paränese, die mit 3,8 beginnt und sich nach Abschluß der Haustafelparänesen (2,13-3,7) wieder pointiert an "alle" (πάντες 3,8) richtet. Mit V13ff.
kommt ein argumentativer Ton in die Paränese.[141] Es geht um den Erweis
eines guten Lebenswandels vor den Heiden trotz erlittener Schmähungen, Beschimpfungen usw. (vgl. 3,15f.). Darin ist V14 ein Argumentationsglied mit der
Intention: Auch im Leiden soll das Gute getan werden (vgl. V17). Der Ton liegt
in V14 also nicht auf dem Makarismus als solchen, etwa als unmittelbarem
Heilszuruf wie in Lk 6,22f., sondern der Verf. des 1.Petr erklärt den Hörern, daß
trotz des Leidens eine Furcht vor den Bedrängern nicht nötig ist, da es nichts
gibt, was ihnen wirklich schaden könnte (VV13.14b). Das prädikativ nachgestellte μακάριοι hat so mehr den Sinn einer nachträglichen Feststellung eines
schon geschehenen Heilswiderfahrnisses, das in 1,3 als Wiedergeburt durch
Jesu Auferstehung beschrieben wird. Man wird den Makarismus also
folgendermaßen übersetzen müssen: "Wenn ihr auch um der Gerechtigkeit
willen leiden solltet, so *seid* ihr selig."[142] Der Unterschied zu den Lk-Makaris-
men liegt auf der Hand: "Selig seid ihr ..." ist in Lk 6,20f. ein unmittelbarer
Heilszuruf, keine nachträgliche Feststellung eines schon erklärten Faktums. Die
Makarismen bei Mt (5,3ff.) lassen auch trotz der 3.Person und der ethisierenden
Bearbeitung (s.o.) noch den Charakter unmittelbarer Heilszurufe erkennen (s.

---

[137] a.a.O., 151.

[138] Vgl. H. Millauer, Leiden, 150.

[139] Vgl. auch Herm(m) 8,9: ἐάν ..., μακάριος ... Hier ist eine 1.Petr 3,14 und 4,14 analoge
Struktur erkennbar: Einleitung durch einen Bedingungssatz + nachgestelltes μακάριος.

[140] Der Sinn ist: Wer weiß, daß "um der Tugend willen alle Last (= Mühsal; Schmerz
[πόνος]) zu ertragen, selig ist", wird auch das Leiden annehmen.

[141] Vgl. K.C.P. Kosala, Taufverständnis, 97ff

[142] Einige Handschriften (א C pc t vg mss) haben diesen indikativischen Sinn von
μακάριοι verspürt und sachgerecht ergänzt: "ἐστέ".

Teil 2.1.1.3.). Das Gewicht der Aussage liegt auf dem prädikativ vorangestellten μακάριοι.

Zum anderen will der Verf. des 1.Petr Mut machen, um den guten Lebenswandel mit gutem Gewissen durchzustehen (3,16). Durch die Nachstellung des μακάριοι ordnet sich der Vers in die Argumentation ein. Formal ist der Argumentationszusammenhang erkennbar durch die Umformung des ursprünglichen Makarismus in einen potentiellen Bedingungssatz (s.u.). Es handelt sich also um keinen stilgerechten Makarismus poetischer Form wie Mt 5,3-12, denn 1.Petr formuliert hier nicht poetisch, sondern "prosaisch"-argumentierend. Er ermahnt, ermutigt und begründet. Der Makarismus hat nicht die Funktion eines unmittelbaren Zuspruchs, sondern ist eine Seligerklärung. - Diese Faktoren erklären, warum 1.Petr nicht die übliche Stilform des Makarismus bietet.[143]

(2) Die Änderung von der 3.Ps.Pl. (Mt) in die 2.Ps.Pl. (1.Petr) ist bedingt durch die unmittelbare Anrede der Gesamtgemeinde in der 2.Ps.Pl. seit 1.Petr 3,8.

(3) Das Fehlen der mt. Lohnverheißung (Mt 5,12) in 1.Petr 3,14 erklärt sich dadurch, daß der Verf. des 1.Petr schon in 3,9 die Lohnverheißung der Segenserbschaft gegeben hatte, so daß sie in 3,14 nicht noch einmal genannt werden mußte. 1.Petr ersetzt die Basileia-Verheißung durch die Erbe-Verheißung, da der Basileiagedanke im 1.Petr keine Rolle spielt, wohl aber die Verheißung der κληρονομία (vgl. 1,4). Da selbst nach Mt (vgl. 25,34) der Basileia- und Erbgedanke miteinander verwandt sind (vgl. auch 1.Kor 6,9; 15,50; Gal 5,21), ist der Wechsel in 1.Petr nicht ungewöhnlich.[144] Anstelle der mt. Basileia-Verheißung setzt 1.Petr ein Zitat aus Jes 8,12, um die Adressaten zu trösten. Dieses Zitat entspricht der Situation der Adressaten eher als die Verheißung der Basileia. Es geht ja in Jes 8,12f. und 1.Petr 3,14f. darum, daß nicht Menschen bzw. Mächte der Politik und Gesellschaft - in Jes 8,12 die assyrische Großmacht, in 1.Petr die heidnische Bevölkerung und ihre Behörden - gefürchtet werden sollen, sondern daß Gott (Jes 8,12f.) bzw. Christus (1.Petr 3,14f.) die Ehrfurcht und Heiligung zukommt. Die Einführung dieser Paraklese im 1.Petr unterstützt unsere Annahme, daß das nachgestellte μακάριοι nicht den Sinn eines unmittelbaren Heilszurufes hat, sondern daß es dem Kontext der argumentativ geführten Paränese und Paraklese seit 3,8 entspricht, etwa in dem Sinn: "Ihr seid doch (schon) selig, darum braucht ihr euch nicht mehr zu fürchten."

(4) Der Wechsel von "διώκειν" zu "πάσχειν" erklärt sich aus der petrinischen Terminologie: "πάσχειν" ist petrinische Vorzugsvokabel zur Beschreibung des Leidens Christi und der Gemeinde. "Διώκειν" (= mt. terminus technicus, s.o.) fehlt dagegen gänzlich im 1.Petr als Leidensvokabel.[145] 1. Petr

---

[143] Die Elemente sind: prädikativ vorangestelltes μακάριος + Relativsatz (bzw. Partizip); Beschreibung von Fähigkeit und Eigenschaft des Glücklichgepriesenen; gelegentlich extra Begründung mit einem ὅτι- oder γάρ-Satz. Vgl. Anm. 67 mit Literaturangaben.

[144] Vgl. dazu näher Teil 3.4.4.

[145] Vgl. auch E. Best, Gospel Tradition, 109 Anm. 2: "The change from διώκειν (Matt. V.10) to πάσχειν (I Pet. III. 14) is probably not important since the meaning is not greatly affected and the latter word is a particular favourite in I Peter." Vgl. auch R.H. Gundry, Verba Christi, 342; L. Goppelt, Komm. 1.Petr, 56. Im Begriff διώκειν kulminiert die Erfahrung der Isolierung, Ausgrenzung und Diffamierung. Er steht daher in Mt 5,11 im engen Kontext der

bietet bereits 12mal πάσχειν von 30 Belegen im NT insgesamt. Der Begriff benennt vorwiegend das "Verfolgungsleiden" der Christen (2,19; 3,14.17; 4,1. 15.19; 5,10), wobei dieses Leiden in Beziehung zum Todesleiden Jesu gesetzt wird (2,12; 3,18; 4,1).[146]

(5) Auf Grund des petrinischen Argumentationszusammenhanges ist auch die Einführung des potentialen Bedingungssatzes (εἰ + Opt.) zu erklären. Der Potentialis stellt etwas als gedacht hin ohne Rücksicht auf Wirklichkeit oder Nichtwirklichkeit des Angenommenen.[147] Der ganze Briefzusammenhang zeigt aber deutlich, daß die reale Erfahrung des Leidens vorausgesetzt ist (vgl. 1,6; 2,19f.; 3,16.17; 4,1ff.; 4,12ff.; 5,8f.).[148] 1.Petr sagt mit Hilfe des potentialen Falles aus, daß auch unter der Bedingung, unter der angenommenen Voraussetzung des Leidens, die Adressaten Anteil am Heil haben, weil sie nicht ohne Hoffnung sind (V15) und darum das Leiden ertragen können. Auf Grund der Hoffnungsgewißheit ist es für den Verf. des 1.Petr möglich, die Glaubenden zum guten Lebenswandel zu ermahnen (3,16f.) und zur Furchtlosigkeit zu ermutigen (V14b).

Da der optative Fall eine Annahme bzw. eine Vorstellung formuliert ohne über die Wirklichkeit oder Nichtwirklichkeit des Angenommenen zu reflektieren, ist es im Sinn von A. Reichert, Praeparatio, 180-185 möglich, den Bedingungssatz konzessiv zu fassen ("Sondern wenn ihr auch leidet..." oder "Selbst wenn..."). Da aber der 1.Petr im ganzen die Realität des Leidens voraussetzt, ist es von geringem Belang, zwischen konditionalem ("Aber wenn...") und konzessivem Verständnis ("Wenn auch..."; "Selbst wenn...") zu unterscheiden. Gemeint ist: "Gesetzt dem Fall, daß ihr leidet - was ja in der Tat zutrifft -,... so seid ihr selig." Deshalb geschieht die Seligpreisung nicht nur "im Fall eines möglichen Leidens" (a.a.O.,183), sondern auch im Fall des faktischen Leidens. Der zweite Fall eines potentialen Bedingungssatzes im 1.Petrusbrief - 3,17 - bestätigt unsere Deutung. Der Zusammenhang von "Leiden" und "Wille

---

Begriffe, die die Schmähung und Beschimpfung der Christen benennen. Διώκειν benutzt 1.Petr nur in einem atl. Zitat (3,11; vgl. Ps 33,15 LXX), jedoch in einem metaphorischen Sinn (= "streben, trachten nach"; vgl. E.G. Selwyn, Persecutions, 40).

[146] Zur πάσχειν-Terminologie im 1.Petr vgl. J. Kremer, πάσχειν, EWNT III, 123; W. Michaelis, πάσχω κτλ., ThWNT V, 915ff.920f.; L. Goppelt, Komm. 1.Petr, 199f.; H. Manke, Leiden, 208ff.; vgl. auch Teil 3.3.1. der Arbeit.

[147] Vgl. B.-D.-R. § 371, 2; A. Reichert, Praeparatio, 51. M. Zerwick, Biblical Greek, 110f. (Nr. 323.324) zeigt, daß der Optativmodus auch zur Bezeichnung einer schon gegebenen Realität gebraucht werden kann.

[148] Vgl. auch N. Brox, Komm. 1.Petr, 158, für den "der Optativ aufgrund der Einheitlichkeit des 1.Petr und der Identität der vorausgesetzten Situation im ganzen Brief ... trotz zahlreicher Befürworter des Gegenteils nicht im Sinn einer Eventualität verstanden werden kann ...". Daß die oft zur Begründung von Teilungshypothesen herangezogenen Belege 1,6; 2,19f.; 3,13.14.17 nur hypothetisch das Leiden in Aussicht stellen - im Unterschied zu 4,12f. 15f.19; 5,8f.10, die angeblich eine real verschärfte Leidenssituation widerspiegeln -, hat zu Recht A. Reichert, Praeparatio, 48-61, detailliert zurückgewiesen. "Es läßt sich nicht bestätigen, daß im zweiten Teil (sc. 4,12-5,14) eine grundlegend andersartige, bedrohlichere Situation im Blickfeld ist als im ersten (sc. 1,3-4,11). Innerhalb von 4,12-5,11 finden sich keine Hinweise auf eine plötzlich ausgebrochene, die Welt (bzw. das römische Reich) umfassende Verfolgungsaktion." (S. 60). Vgl dazu auch N. Brox, Komm. 1.Petr, 24-34, bes. 31ff.; ebenso E. Lohse, Paränese und Kerygma, 81 Anm. 68; E.G. Selwyn, Persecutions, 44f.; F.-R. Prostmeier, Handlungsmodelle, 71f. Wirkliche Leidenserfahrung ist im angeblich ersten Teil des Briefes auch vorausgesetzt, vgl. 1,6 (λυπηθέντες Aor. Pass.!); 3,16; 4,4.

Gottes" begegnet außer 3,17 noch in 4,19: Das Leiden geschieht κατὰ τὸ θέλημα τοῦ θεοῦ. Es ist also real erfahrene Wirklichkeit. Der Potentialis präzisiert aber in bestimmter Hinsicht, nämlich daß das Leiden - im Fall seines Eintretens - von Gott gewolltes Widerfahrnis ist (3,17), dem die Verheißungen der Seligpreisung gelten. Vgl. auch R. Feldmeier, Fremde, 147f.

Die Verwendung des Potentialis, der im NT nur noch selten vorkommt und in der Volkssprache verschwunden ist, zeigt, daß 1.Petr ein gehobeneres Griechisch spricht als Mt. Der Potentialis ist Kennzeichen der künstlichen Literatursprache.[149]

(6) Der Wechsel von ἕνεκεν + Gen. zu διά + Akk. ist unerheblich.[150] Ἕνεκεν ist die gebräuchliche hellenistische Form und von διά τινα kaum zu unterscheiden - in der Bedeutung: propter ("wegen").[151] Die Präposition ἕνεκεν kommt nur in den Synoptikern, der Apostelgeschichte, dem Römerbrief und dem 2.Korintherbrief vor. 1.Petr benutzt ἕνεκεν also gar nicht. Διά + Akk. (= propter - zur Angabe des Grundes bzw. final zur Angabe des Zweckes) begegnet im 1.Petr noch an drei weiteren Stellen: 1,20; 2,13.19.

Die vorangehenden Überlegungen zum literarischen Einfluß von Mt 5,10 auf 1.Petr 3,14 zeigen, daß der Verf. des Briefes den matthäischen Makarismus gekannt, aufgenommen und im Hinblick auf die Situation seiner Adressaten verändert hat. Diese Variation ist begründet in der Motivation zur Tröstung und Ermahnung der Adressaten (vgl. 5,12). Damit zeigt der Verf. des Briefes einerseits, daß er der theologischen Tradition des Mt gegenüber treu bleibt, insofern die zentralen Begriffe und Motive des Makarismus rezipiert werden, andererseits, daß er die Tradition angesichts der Probleme, Fragestellungen und Bedürfnisse seiner Hörer neu verstehen und vergegenwärtigen kann. Daß dies auch für den zweiten im Brief rezipierten Makarismus gilt, soll der nächste Teil unserer Arbeit zeigen.

---

[149] Vgl. B.-D.-R. § 385, 1.2.
[150] Vgl. auch R.H. Gundry, Verba Christi, 342.
[151] Vgl B.-D.-R. § 216 Anm. 1.

2.2. Mt 5,11f. im Vergleich mit 1.Petr 4,13f.

2.2.1. Der traditionsgeschichtliche Einfluß von Mt 5,11f. auf 1.Petr 4,13f.

(1) W. Nauck (Freude im Leiden, ZNW 46 [1955], 68-80) hat eine jüdisch-ur-christliche Tradition mit dem gemeinsamen Thema "Freude im Leiden" nach-gewiesen.[1] Zu dieser Tradition zählen auch Mt 5,11f. und 1.Petr 4,13f. Mt 5,11f. gibt nach Nauck ein unter vielen Texten erkennbares Schema im Aufbau am reinsten wieder:

11a:	Zuruf (Heil)	μακάριοί ἐστε ...
b:	Bedingung (Verfolgung)	ὅταν ὀνειδίσωσιν ...
12a:	Aufruf zur Freude	χαίρετε καὶ ἀγαλλιᾶσθε ...
b:	Begründung (Lohn)	ὅτι ...

1.Petr vertauscht zwar die Reihenfolge der Elemente und hat gegenüber Mt 5,11f. eine z.T. abweichende Wortwahl[2], jedoch bietet 1.Petr alle Elemente des Schemas und stimmt in der Terminologie mit Mt 5,11f. zum großen Teil überein. Freilich gibt es auch Veränderungen, die erklärt werden müssen (s.u.).

V13aβ:	Aufruf zur Feude	χαίρετε ...
b :	Lohn (als Verheißung stilisiert)	ἵνα ... χαρῆτε ἀγαλλιώμενοι
V14a :	Bedingung (Verfolgung)	εἰ ὀνειδίζεσθε ...
b :	Heilszuruf + Begründung	μακάριοι, ὅτι ...

Im ganzen ist die gemeinsame Grundstruktur erkennbar.

Die von Nauck herangezogenen Belege[3] mit der gemeinsamen jüdisch-ur-christlichen Thematik: "Freude im Leiden" sind zwar motivgeschichtlich ver-

---

[1] Eine detaillierte Untersuchung dazu mit der Auswertung umfangreichen Belegmaterials bietet H. Millauer, Leiden, passim, bes. 165ff.; vgl. auch L. Goppelt, Komm. 1.Petr, 299ff. Zum Leidensverständnis im atl.-jüd. Schrifttum vgl. H. Millauer, a.a.O., 17-32. Das Thema "Freude im Leiden" bestimmt das Existenzverständnis des gesamten 1.Petrusbriefes; vgl. dazu auch R. Schnackenburg, Botschaft. Bd.2, 230-232.

[2] Nauck, a.a.O., 70, schloß daraus, daß eine direkte Abhängigkeit des 1.Petr von Mt nicht anzunehmen sei, sondern nur eine gemeinsame urchristliche Tradition beiden Texten zu-grunde liege. Im Anschluß an Nauck vgl. auch H. Millauer, a.a.O., 145f.157; F. Schröger, Gemeinde, 185f. Millauer (157) folgert aus der Selbständigkeit von 1.Petr 4,13f. "im Satzbau und im Kontext" gegenüber Mt 5,11f.par sogar, "daß die Seligpreisung in 1.Petr. in ursprüng-licherer Form wiedergegeben ist, als bei den Evangelisten ...". Dies ist allerdings keineswegs zwingend, wenn anders diese "Selbständigkeit" des 1.Petr als bewußte Variation einer Evange-lienüberlieferung, nämlich der des Mt, erklärt werden kann.

[3] Jak 1,2.12; 1.Petr 1,6; Hebr 10,32-36; 2.Kor 8,2; 1.Thess 1,6; Act 5,41; 2.Kor 4,17f.; 2.Thess 1,4-6; Apc Bar(syr) 48,48-50; 52,5-7; 54,16-18; Jud 8,25-27; Sap 3,4-6.

wandt, jedoch bietet keiner dieser Texte vollständig das Mt 5,11f. und 1.Petr
4,13f. parallele Schema im Stil eines Makarismus. Im Jakobusbrief ist dieses
Schema nur sichtbar, wenn man 1,2 und 1,12 zusammenzieht. V2 spricht in der
2.Ps.Pl. alle Glaubensbrüder an, V12 jedoch nur den "ἀνήρ" (3.Ps.Sg.). Zudem
weicht Jak 1,2.12 von Mt und 1.Petr in der Terminologie an zentralen Stellen ab:
χαρὰν ἡγήσαθε statt χαίρετε, πειρασμοῖς περιπίπτειν statt ὀνειδίζεσθε,
ὑπομένειν πειρασμόν statt ὀνειδίζεσθε, μακάριος (Sg.) statt μακάριοι (Pl.).
Eine traditionsgeschichtliche Abhängigkeit ist also unwahrscheinlich. - 1.Petr
1,6 ist kein Makarismus, sondern gehört zur in 1,3 einsetzenden Eulogie und
weicht ebenso in der Terminologie ab: λυπεῖν, πειρασμός, κληρονομία. -
ApcBar(syr) 48,48-50; 52,5-7; Jud 8,25-27; Sap 3,4-6 sind ebenfalls keine
expliziten Makarismen und mit Mt 5,11f./1.Petr 4,13f. nur in der gemeinsamen
Thematik "Freude im Leiden" parallel, ansonsten aber lediglich im weiteren Sinn
verwandt.

ApcBar(syr) 52,6f.: "Freuet euch in dem Leiden, das ihr jetzt leidet! Denn warum schaut
ihr auf die Beugung eurer Feinde? Rüstet euch auf das, was für euch bereitliegt, und bereitet
euch für den Lohn, der für euch hinterlegt ist." (Übersetzung nach W. Nauck, Freude im
Leiden, 75). Diese Stelle kommt Mt 5,11f./1.Petr 4,13f. noch am nächsten, ist aber, wie gesagt,
keine Seligpreisung der jetzt Leidenden, sondern ein Aufuf zur Freude. - ApcBar(syr) 48,48-50
ist eine Verheißung des Endheils ("Ich will erzählen ihr Heil ..." 48,49), weder eine Seligpreisung noch ein Freudeaufruf. - Jud 8,25-27: "Laßt uns dem Herrn, unserm Gott danken, der
uns versucht (πειράζει) wie auch unsere Väter. Gedenkt, was er Abraham getan hat und
wieviel er Isaak versucht hat und was alles Jakob begegnete ... Denn wie er jene geprüft hat zur
Erforschung ihres Herzens, so hat er auch uns geprüft, nicht gestraft" (Übersetzung nach
W.Nauck, a.a.O., 77). Diese Stelle spricht den Dank gegenüber Gott aus, der prüft zur
"Erforschung der Herzen", weniger die Freude im Leiden. Gleiches gilt für Sap 3,4-6. Hier ist
von der Hoffnung, nicht aber von der Freude die Rede: "Denn wenn sie auch nach mensch-
licher Ansicht gestraft wurden, so war doch ihre Hoffnung von Unsterblichkeit erfüllt. Und
nachdem sie ein wenig Züchtigung erfahren haben, werden ihnen große Wohltaten zuteil
werden. Denn Gott hat sie nur versucht und hat sie seiner für würdig befunden. Wie Gold im
Schmelztiegel hat er sie erprobt." (Übersetzung nach W. Nauck, a.a.O., 78).

Makarismen mit dem Thema "Freude im Leiden" finden sich des weiteren in
Tob 13,16; 4.Makk 7,22; Dan 12,12; Hi 5,17; Ps 94,12 und Jak 5,11.[4] Aber
auch hier sind die Elemente: Heilszuruf; Bedingung (Verfolgung); Aufruf zur
Freude und Lohn (Begründung) von keinem der Texte vollständig überliefert.
Zudem begegnet vielfach andere Terminologie mit eigenen Vorstellungshinter-
gründen. Tob 13,16[5] wäre die einzige echte Parallele zu Mt 5,11f. und 1.Petr

---

[4] Für die nachneutestamentliche Zeit sind als Belege anzuführen: Polyc 2,3 (s. Teil 2.1.2.),
EvThom 58; 68; 69. Log. 68 dürfte durch Kontamination von Lk 6,22 ("hassen") und Mt 5,11
("verfolgen") entstanden sein. Log. 69 spiritualisiert die Verfolgungsthematik: "Selig sind die,
welche verfolgt wurden in ihren Herzen!". Log 58 steht im Kontext der jüd.-urchristlichen Tradition "Freude im Leiden". Eine Anlehnung an 1.Petr 3,14 dürfte trotz der Parallelität des
Begriffs "Leiden" auf Grund formaler und sachlicher Unterschiede unwahrscheinlich sein.
Näheres zu diesen Logien aus dem Thomasevangelium vgl. bei G. Strecker, Makarismen, 258
Anm. 1.
[5] "μακάριοι ὅσοι ἐλυπήθησαν ἐπὶ πάσαις ταῖς μάστιξίν σου, ὅτι ἐπὶ σοὶ
χαρήσονται θεασάμενοι πᾶσαν τὴν δόξαν σου καὶ εὐφρανθήσονται εἰς τὸν αἰῶνα".

4,13f. Aber es fehlt das Element des direkten Aufrufs zur Freude. Die anderen drei Elemente sind vorhanden: Seligpreisung (Heilszuruf); Begründung (Plage durch Gott); Lohn (als Verheißung stilisiert). Das Freudemotiv ist in die Lohnverheißung eingearbeitet, jedoch nicht als eigener Freudeaufruf. Die Lohnverheißung begründet den Makarismus. Anders verfahren 1.Petr und Mt. 1.Petr motiviert den Makarismus nicht mit der Verheißung der zukünftigen Freude, sondern mit der Gewißheit der Gegenwart des Geistes (V14b). Für Mt ist der zu erwartende Lohn im Himmel Motiv zum Aufruf zur Freude (5,12). Zudem unterscheidet sich Tob 13,16 von Mt und 1.Petr dadurch, daß Tob 13,16 in der 3.Ps.Pl. formuliert ist, Mt und 1.Petr aber die 2.Ps.Pl. verwenden. Hinzu kommen inhaltliche Unterschiede. Mt und 1.Petr reden von Schmähungen und Beschimpfungen, die den Christen von der Mitwelt zugefügt werden, Tob 13,16 aber von Betrübnissen (λυπεῖν), die von Gottes Plagen (ἐπὶ πάσεις ταῖς μάστιξίν σου) verursacht werden. Tob 13,16 spricht nur von der zukünftigen Freude, Mt und 1.Petr aber auch von der gegenwärtigen. Zwar verknüpft Tob die Seligpreisung der Leidenden mit dem Hinweis auf die zukünftige Herrlichkeit, eine direkte traditionsgeschichtliche Verbindung zu Mt und 1.Petr ist aber aus den genannten Gründen auszuschließen. - Hinsichtlich der genannten vier Schemenelemente stehen also Mt 5,11f. und 1.Petr 4,13f. in wesentlich engerer Beziehung zueinander als zu Tob 13,16.

(2) Die zentralen theologischen Termini in Mt 5,11f. werden im wesentlichen von 1.Petr wieder aufgenommen: χαίρετε, χαρῆτε ἀγαλλιώμενοι, εἰ ὀνειδίζεσθε, ἐν ὀνόματι Χριστοῦ (= ἕνεκεν ἐμοῦ Mt 5,11 s.u.), μακάριοι, ὅτι. Die formalen Veränderungen, die sich auf Grund des Satzbaus und der spezifisch petrinischen Theologie in 1.Petr 4,13f. ergeben, bedürfen der Erklärung (s. Teil 2.2.2.). Die terminologischen Übereinstimmungen, vor allem der wichtigen theologischen Begriffe, können kein Zufall sein. Die oben erwähnten jüdisch-urchristlichen Belege mit der gleichen Thematik "Freude im Leiden" bieten vielfältige terminologische Varianten (vgl. ὑπομένειν Jak 1,12; 5,11; πειράζειν, πειρασμός Sap 3,4; στέφανος τῆς ζωῆς Jak 1,12; δόξα Tob 13, 16; 1.Petr 4,13 etc.). Die gemeinsame Thematik zwingt also nicht zur gleichen Terminologie. So ist es doch auffällig, daß Mt 5,11f. und 1.Petr 4,13f. terminologisch zentral übereinstimmen.

(3) Gegenüber Lk 6,22 par konkretisiert Mt in 5,11 die Aussage des Schmähens und Verfolgens durch die Feststellung, daß man alles Böse (πᾶν πονηρόν) gegen die Christusanhänger vorbringt. Lk spricht an gleicher Stelle vom Synagogenbann.[6] In der Sicht des Mt ist der Vorwort eine Lüge (ψευδόμενοι), da er dem ethisch rechtschaffenen Leben der Christen widerspricht (vgl. 5,14.16: "Licht"-Existenz; V16: "gute Werke", die die Nichtchristen von der Integrität der Christen überzeugen sollen). 1.Petr nimmt diesen Teil der mt. Seligpreisung im direkten Anschluß an den Makarismus in 4,15 sachlich auf und spezifiziert den Vorwurf des "bösen" Lebenswandels durch Termini aus dem Bereich der Kriminalität (Mörder, Diebe usw.). Offenbar hat der den heidnischen Sitten nonkonforme Lebenswandel der Christen (vgl. 4,1-4) in der heidnischen Bevölkerung

---

[6] Vgl Teil 2.1. Anm. 3.

den Verdacht des Obskuren und Illegalen christlicher Lebensweise erweckt.[7] 1.Petr ist jedenfalls wie Mt daran interessiert, daß der Vorwurf des "bösen" Lebenswandels nicht aufrecht erhalten wird.[8] Es bedarf daher der "guten Werke" (vgl. 1.Petr 2,12 mit Mt 5,16! Teil 2.3.), des "guten Lebenswandels" und des "Gehorsams gegenüber der *Wahrheit*" (1,22), der den *lügnerischen* Vorwurf des Kriminellen entkräften soll, um die nichtchristliche Bevölkerung von der ethischen Integrität der Christen zu überzeugen (2,12!). 1.Petr hat also mit der Aussage von 4,15 sachlich die Intention von Mt 5,11b (Vorwurf des Bösen; Lüge) aufgenommen. Auf Lk 6,22 kann sich dagegen der Makarismus in 1.Petr 4,14 nicht stützen, da das Problem des Synagogenbannes für 1.Petr (wie auch für Mt 5,11f.) keine Rolle spielt.

Das Partizip ψευδόμενοι in Mt 5,11 dürfte auf Grund der guten Textüberlieferung ursprünglich sein.[9] Für mt. Redaktion sprechen Mt 15,19; 26,59 (Motiv der Lüge bzw. des Falschzeugnisses).[10] Mt wird das Partizip redaktionell eingefügt haben, um die Aussage, daß man alles Böse gegen die Christen vorbringt, zu spezifizieren und zu bewerten.[11] Auf die inhaltliche Parallele zu 1.Petr 4,15 wird bisweilen zu Recht hingewiesen,[12] da 1.Petr 4,15 analog

---

[7] "Die Heiden fühlen sich betroffen, daß die jetzt Christen Gewordenen plötzlich nicht mehr mit ihnen 'zusammenlaufen' (vielleicht in der Arena, beim Götzenopfermahl, in Gasthäusern, Bädern dgl.)." F. Schröger, Gemeinde, 172. - Heidnische Autoren wie Minucius Felix, Tacitus, Sueton oder Celsus äußern sich kritisch zur christlichen Lebenshaltung. Vgl. dazu R. Freudenberger, Das Verhalten der römischen Behörden gegen die Christen im 2. Jahrhundert dargestellt am Brief des Plinius an Trajan und den Reskripten Trajans und Hadrians (MBPF 52), München ²1969; A. Wlosok, Rechtsgrundlagen, 275-301; R. Feldmeier, Fremde, 105-132 mit Belegen.

[8] Ein gewisses Gespür für die Integrität des christlichen Lebenswandels ist wohl auch auf heidnischer Seite vorhanden gewesen. In einem Brief des Plinius an Trajan (Plinius d.J., Ep X, 97) wird auf gerichtliche Vernehmungen zurückgeschaut und bemerkt: "Es versicherten alle, ihre größte Schuld oder auch Verirrung sei es gewesen, daß sie an bestimmten Tagen schon vor dem Hellwerden zusammengekommen seien und Christus als einen Gott zu Ehren einen Wechselgesang angestimmt hätten. Durch einen Eid waren sie untereinander gebunden, nicht etwa zu etwas Verbrecherischem, sondern zu folgendem: weder Diebstahl noch Raub noch Ehebruch zu begehen, niemals ein gegebenes Wort zu brechen, niemals hinterlegtes Gut abzuleugnen, wenn es zurückverlangt wird. Danach wären sie gewohnheitsmäßig auseinandergegangen, dann aber wieder zu einem ganz einfachen und harmlosen Mahle zusammengekommen." (zitiert nach F. Schröger, Gemeinde, 107). Vgl. auch 1.Petr 3,15: Eine gewisse "Neugier" (vgl. J.H. Elliott, Home, 79: "curiosity" zu 3,15) bezüglich der christlichen Hoffnung (περὶ τῆς ἐν ὑμῖν ἐλπίδος) wird die Nicht-Christen bewegt haben, nach Rechenschaft zu fragen.

[9] Es fehlt nur in einigen unbedeutenderen Handschriften (D it sy^S; Tert). Zum Problem vgl. B.M. Metzger, Textual Commentary, 12f.; H. Giesen, Christliches Handeln, 110; bes. M.W. Holmes, The Text of Matthew 5.11, NTS 32 (1986), 283-286, der nach eingehender textkritischer Untersuchung für die Ursprünglichkeit von ψευδόμενοι plädiert.

[10] Vgl. U. Luz, Mt I, 202 Anm. 24; H. Giesen, a.a.O., 111f.; G. Baumbach, Verständnis, 66f.

[11] Die Art des Redens alles Bösen "gegen euch" ist eine solche der Lüge oder der Inhalt der vorgebrachten Vorwürfe ist Lüge. Beide Möglichkeiten sind erwägenswert.

[12] Vgl. G. Strecker, Weg, 154 Anm. 6; H. Giesen, a.a.O., 110; U. Luz, a.a.O., 214f.

zu Mt 5,11 (ψευδόμενοι) die Situation der Schmähung konkretisiert.[13] Daß ein späterer Glossator das Partizip in Anlehnung an 1.Petr 4,15 eingefügt habe, ist allerdings unwahrscheinlich, da 1.Petr 4,15 auf Grund der Benennung der jeweiligen - aus der Sicht der Christen - ungerechtfertigten Vorwürfe gegenüber Mt 5,11 (ψευδόμενοι) die konkretere Entfaltung ist, die die spezifische Situation der Adressaten des Briefes widerspiegelt. Da ψευδόμενοι in Mt 5,11 aber selbst eine Spezifizierung des Verfolgungsgedankens ist (s. Teil 2.1.3.), müßte man bei der Annahme einer Glosse - veranlaßt durch 1.Petr 4,15 - einen in sich widersprüchlichen Gedanken annehmen: einerseits Konkretisierung, andererseits Verallgemeinerung. Zudem läßt sich im ganzen die traditionsgeschichtliche Abhängigkeit der Makarismen des 1.Petr von Mt erweisen, nicht aber umgekehrt. Auf den Zusammenhang des ψευδόμενοι (Mt 5,11) mit 1.Petr macht auch H.-T. Wrege, Überlieferungsgeschichte, 18, aufmerksam: "1Pt 3,13ff zeigt, daß 'Gerechtigkeit' Unschuld im Zusammenhang mit Verfolgung bedeutet, also dem ψευδόμενοι Mt 5,11 entspricht." - Die Annahme der Redaktion von "ψευδόμενοι" durch Mt läßt sich durch weitere mt. Belegstellen erhärten, in denen der Stamm ψευδο- begegnet: Mt 7,15; 19,18; 24,11.24.[14] Wie Mt 15,19 und 26,59 (ψευδομαρτυρία) sind 7,15 und 24,11 redaktionell. Mt 24,24 und 19,18 begegnen in den entsprechenden Mk-und Lk-Parallelen. Es zeigt sich aber anhand der Belege ein deutliches Interesse des Mt am Lügenmotiv.

(4) Für traditionsgeschichtliche Abhängigkeit von Mt 5,11f. spricht schließlich auch, daß für den einzigen anderen im 1.Petr begegnenden Makarismus (3,14) die Aufnahme von Mt 5,10 nachgewiesen werden konnte (s. Teil 2.1.). Wenn 1.Petr Mt 5,10 gekannt hat, spricht vieles dafür, daß er auch Mt 5,11f. in seiner mt. Gestalt gekannt hat, zumal Mt 5,10 für den Evangelisten die Überleitung zu Mt 5,11f. bildet (s. Teil 2.1.1.2.), also engstens thematisch mit 5,11f. zusammenhängt. Es ist bezeichnend, daß der Brief explizit nur diese beiden Makarismen aus Mt aufnimmt, deren Thema mit dem Problem der Adressaten des Briefes übereinstimmt: Es geht um durch Schmähung und Beschimpfung hervorgerufenes Leiden.[15]

---

[13] Vgl. G. Strecker, a.a.O., 154: Mit "ψευδόμενοι" interpretiere Mt die von Lk in der ursprünglicheren Fassung vorliegende Vorlage. Vgl. ders., Makarismen, 269 Anm. 4; G. Baumbach, Verständnis, 66f.

[14] Vgl H. Giesen, a.a.O. 111f.

[15] Die enge Verwandtschaft der Makarismen in Mt und 1.Petr wird oft gesehen. H.-T. Wrege, Überlieferungsgeschichte, 26, bemerkt: "Aber das Nebeneinander von Mt 5,10.11f. spiegelt sich noch 1 Pt 3,14; 4,13f ...". Allerdings wird das Nebeneinander auf "freie Anspielungen auf die paränetische Tradition der Herrenworte ..." (a.a.O., 21 Anm.1) zurückgeführt. In diesem Sinn urteilen auch E. Lohse, Paränese und Kerygma, 68-89; W. Nauck, Freude im Leiden, 69f.; L. Goppelt, Komm. 1.Petr, 53f.; H. Millauer, Leiden, 145f.160f.; F. Schröger, Gemeinde, 185f.; G. Braumann, Seligpreisungen, 257f.; N. Brox, Der erste Petrusbrief in der literarischen Tradition des Urchristentums, Kairos NF 20 (1978), 187-190; J.P. Brown, Synoptic Parallels, 30f.; W.Grundmann, Mt, 133; E. Best, Gospel Tradition, 105.109; F.-R. Prostmeier, Handlungsmodelle, 34-37. Anders und nach unserer Meinung zu Recht urteilen U. Luz, Mt I, 76: "Man muß m.E. ernsthaft damit rechnen, daß 1 Petr Mt voraussetzt ... -, so hätten wir hier das erste Zeugnis für Mt." Im Fall der Makarismen erwägt auch J. Gnilka, Mt I, 118 Anm. 15, einen Einfluß des Mt auf 1.Petr: "Eher ist an Abhängigkeit des 1 Petr von Mt zu denken ...". (vgl. auch ders., Mt II, 519).

2.2.2. Erklärung der formalen und sachlichen Unterschiede zwischen Mt 5,11f. und 1.Petr 4,13f.

(1) Wie im Fall von 1.Petr 3,14 wird in 4,14 der Makarismus (Mt 5,11f.) in einen Bedingungssatz umgeformt.[16] Formell und kontextuell ist auch hier eine Veränderung der klassischen Stilform des Makarismus auf Grund des Argumentationszusammenhanges erkennbar. Der Kontext VV12-19 ist paränetisch stilisiert - mit parakletischem Unterton: Mahnung zum Tun des Guten (V19)[17] angesichts des Trostes kommender Herrlichkeit für die Leidenden (V13f.). Die Stilform des Makarismus wird verändert (Nachstellung des μακάριοι), weil es wie in 3,14 nicht um einen unmittelbaren Heilszuruf an konkret Leidende geht (s. Teil 2.1.3.), sondern um den argumentativ geführten Trost[18], mit dem der Verf. des Briefes die Adressaten in ihrem Leiden stärkt. 1.Petr sieht eine Folgerichtigkeit. Deshalb wird der reale Fall benutzt.[19] Paraphrasierend könnte man umschreiben: "Wenn ihr - wie es tatsächlich geschieht - geschmäht werdet im Namen Christi, dann gilt euch auch (folgerichtig - wie es euch zukommt) die Seligpreisung". Die Umformung des stilgerechten Makarismus bei Mt durch 1.Petr ist also auf Grund des seelsorgerischen Anliegens und der theologischen Argumentation des Briefes im Kontext von 4,14 her zu erklären.[20]

(2) Eine Akzentverschiebung von 1.Petr zu Mt 5,11f. ergibt sich, indem der Brief den Temporalsatz (ὅταν...) in einen Bedingungssatz (εἰ...) umformt. Diese Veränderung ist begründet in dem oben hervorgehobenen Argumentationszusammenhang 4,12-19. Der reale Fall dient vor allem dazu, in der Beweisführung die unbedingte Strenge des Folgerns hervorzuheben.[21] Es geht um die Beziehung auf eine vorliegende oder behauptete Wirklichkeit.[22] In Mt 5,11 leitet ὅταν aber einen Temporalsatz ein: ὅταν + Konjunktiv akzentuiert die Zukünftigkeit bzw. häufige Wiederkehr einer Handlung.[23] Die Veränderung von ὅταν zu εἰ in 1.Petr 4,14 ist also aus dem Argumentationszusammenhang des 1.Petr zu erklären. Der Verf. des Briefes betont mit Hilfe des Bedingungssatzes die Tatsache des Leidens, Mt mehr den zeitlichen Aspekt der erfolgten Schmä-

---

[16] Realer Fall: εἰ + Indikativ Präsens; vgl. B.-D.-R. § 371f.

[17] Der ethisch integre Lebenswandel der Christen wird in VV15f. gefordert: Kriminelles Verhalten ist für Christen ausgeschlossen. VV17f. mahnt (implizit) mit Hilfe des Gerichtsgedankens. V19 zieht die Konsequenz aus beidem: Das gesamte Leben der Christen ("mit Leib und Seele" = ψυχή) gehört Gott. Ausdruck dieses Gehorsams ist der ethisch rechtschaffene und integre Lebenswandel (ἀγαθοποιΐα).

[18] Vgl. auch N. Brox, Komm. 1.Petr, 157,: "... es geht in diesem Satz primär um eine Verstärkung des Trostes." Trost ist neben der Ermahnung auch sonst im 1.Petr ein Hauptanliegen; vgl. F.W. Danker, I Peter 1,24-2,17 - A Consolatory Pericope, ZNW 58 (1967), 93-102.

[19] Vgl. B.-D.-R. § 371, 1.

[20] Zur Abfassung eines Makarismus mit Hilfe eines Bedingungssatzes vgl. auch Joh 13,17.

[21] B.-D.-R. § 372, 1.

[22] a.a.O., § 371, 1; 372 ,1.

[23] a.a.O., § 382, 3. Nach G. Steyer, ΠΡΟΣ ΠΗΓΗΝ ΟΔΟΣ. Handbuch für das Studium des neutestamentlichen Griechisch II, Berlin 1968, 86, fallen in Mt 5,11 der futurische und der iterative Fall zusammen.

hungen. Während 1.Petr 4,14 im Kontext einer prosaisch geformten Argumentation zu sehen ist, sind die Makarismen bei Mt (5,3-12) poetischer Stil. Sie tragen ihren Aussagegehalt in sich selbst.

(3) Durch die Einbettung des Makarismus in einen Bedingungssatz ist nicht nur das prädikativ vorangestellte "μακάριοι" verändert worden, sondern auch der sonst üblich folgende Relativ- bzw. Partizipialsatz.[24] 1.Petr setzt "ὀνειδίσωσιν" aus Mt 5,11 in das Passiv um: "ὀνειδίζεσθε". Durch diese Veränderung erreicht 1.Petr, daß der Akzent der Aussage nicht auf dem Modus der Schmähung oder den Tätern derselben liegt, sondern auf dem Faktum der Schmähung und auf den Personen, die ihr ausgesetzt sind. Aus diesem Grunde ist auch die Auslassung der drei anderen Bestimmungen in Mt 5,11 (διώξωσιν, εἴπωσιν πᾶν πονηρόν, ψευδόμενοι) zu verstehen. Bei Mt könnte man immer noch fragen: Wie vollzieht sich die schlechte Behandlung der Nachfolger Jesu? Wer sind diese Verfolger? Für 1.Petr 4,14 spielt das keine Rolle. Ihm geht es um die Schmähung als solche im Zusammenhang des Leidens um Christi willen. Die Betonung liegt in 1.Petr 4,14a nicht auf den Schmähungen in ihrer Vielfältigkeit, sondern auf der "Begründung" der Schmähung "im Namen Christi". So erklärt es sich, daß das "ὀνειδίζεσθε" durch die Passivformulierung verblaßt und die Aussage "im Namen Christi" an Gewicht gewinnt: Es geht um das Leiden auf Grund der Christuszugehörigkeit (vgl.V16 ὡς Χριστιανός). Um dieses Akzentes willen verändert 1.Petr das bei Mt hinter den vorangehenden Bestimmungen nachklappende ἕνεκεν ἐμοῦ und verleiht ihm mehr Gewicht, indem er es als "ἐν ὀνόματι Χριστοῦ" präzisiert. Die bei Mt auftretenden Verbformen (διώκειν, λέγειν πᾶν πονηρόν, ψεύδεσθαι) kann 1.Petr auslassen, da sie einerseits gegenüber ὀνειδίζειν nichts Neues aussagen,[25] zum anderen in 4,15f. thematisch entsprechend verarbeitet werden (s.o.).

(4) 1.Petr stellt im Gegensatz zu Mt das Freudemotiv vor den Makarismus (V13). Diese Veränderung ist darin begründet, daß der Brief das Freudemotiv in einen gegenüber Mt weiterentwickelten Deutungsrahmen stellt. Während in Mt 5,12 der Freudeaufruf durch die Verheißung des himmlischen Lohnes motiviert wird, begründet 1.Petr 4,13a den Freudeaufruf (christologisch) in der Teilhabe am Leiden Christi[26] (s.u.). Dieses Motiv konnte 1.Petr aber vor den Makarismus stellen, um vorweg klarzumachen, daß die Schmähungen ἐν ὀνόματι Χριστοῦ als Teilhabe am Leiden Christi zu verstehen sind (vgl. 5,1).[27] Insofern

---

[24] S. Teil 2.1. Anm. 143.

[25] Vgl 1.Petr 3,16: Die negative Behandlung der Christen wird gleichfalls mit Begriffen benannt, die eine Verächtlichmachung und Beschimpfung zum Inhalt haben: καταλαλεῖν und ἐπηρεάζειν - sachlich synonym mit ὀνειδίζειν (καταλαλεῖν = "Übles nachreden", "schlecht machen", "verleumden"; vgl. H. Balz, καταλαλέω, EWNT II, 642; ὀνειδίζω = "[be]schimpfen", "schmähen"; vgl. M. Lattke, ὀνειδίζω κτλ., EWNT II, 1265; ἐπηρεάζειν = " bedrohen", "mißhandeln", "schmähen"; vgl. W. Köhler, ἐπηρεάζω, EWNT II, 54).

[26] "Καθό" = "in dem Maße wie" (Bauer/Aland, WNT, καθό, 793) oder verblaßt: "wie" (B.-D.-R. § 453), wird hier mehr nach der kausalen Komponente dominieren (vgl. B.-D.-R. § 456,4 und Anm. 9; L. Goppelt, Komm. 1.Petr, 298 Anm. 8). Die Teilhabe am Leiden Christi verbürgt die Teilhabe an der kommenden Doxa (vgl. 5,1).

[27] Dies ist hier gegen H. Millauer, Leiden, 156ff., zu sagen, der es - allerdings an Q gemessen - für unwahrscheinlich hält, daß 1.Petr den Textzusammenhang von Seligpreisung und Aufruf zur Freude umgestellt hat (S. 156f.), obwohl Millauer selbst den gedanklichen Zusam-

ist V13a die (vorwegnehmende) theologische Interpretation zum Verständnis von V14: Das Leiden der Christen ist Teilhabe am Leiden Christi.

(5) In 1.Petr 4,13 wird gegenüber Mt 5,12 das Motiv der Freude verdoppelt: die gegenwärtige Freude (Mt und 1.Petr) hat ihre Entsprechung in der zukünftigen Freude (1.Petr). Für den Brief gehören gegenwärtiges Leiden und zukünftige Herrlichkeit sachgerecht zusammen (vgl. 5,1). Mit der zukünftigen Herrlichkeit ist der eschatologische Jubel der Erlösten verbunden (vgl 1,6.8 ἀγαλλιᾶσθε = futurisches Präsens; s.u.). 1.Petr konnte also von seinem theologischen Ansatz her das von Mt übernommene Motiv der gegenwärtigen Freude mit dem Motiv der zukünftigen Freude verbinden, weil das gegenwärtige Leiden als Teilhabe am Leiden Christi die Verheißung zukünftiger Herrlichkeit hat. Für diese Grundüberzeugung seiner Theologie steht der Verf. des Briefes selbst ein (5,1). - V13 wird als Parallelismus membrorum stilisiert:

13aα Teilhabe am Leiden Christi	bα Teilhabe an der zukünftigen Doxa
13aβ gegenwärtige Freude	bβ zukünftige Freude.

Im Freudeverständnis zeigt sich durch die Verdoppelung des Motivs eine Akzentverschiebung. Freude und Jubel sind in Mt 5,12 präsentisch gedacht (vgl. Act 2,46; 16,34; Lk 10,21). 1.Petr folgt aber mehr der apokalyptischen Tradition, wonach Freude und Jubel erst Kennzeichen der Heilszeit sind (vgl. Apk 19,7; Jud 24). Ἀγαλλιᾶσθαι (ἀγαλλίασις) ist schon in der LXX und im Judentum Terminus für den endzeitlichen Jubel der Erlösten (Ps 95,12; 96,1.8; 125,2.5f. LXX; Jes 12,6; 25,9; 66,10; Zeph 3,14; TestXII.Lev 18,5.14; Test XII.Ben 10,6; TestXII.Jud 25,5 u.ö.).[28]

Das Verb ἀγαλλιάομαι begegnet im 1.Petr 3mal: 1,6.8; 4,13. Der letzte Beleg ist auf Grund der Zeitbestimmung ἐν τῇ ἀποκαλύψει τῆς δόξης αὐτοῦ deutlich futurisch verstanden. In 1,6.8 ist die Lage nicht so eindeutig, da hier präsentische Verbformen begegnen. Zu überlegen ist aber, ob die drei Belegstellen nicht zeitlich einheitlich zu bestimmen sind. Die präsentische Verbform an sich spricht noch nicht für eine präsentische Intention. Die Möglichkeit des futurischen Präsens ist ja zu erwägen, vor allem dann, "wenn eine Temporalbestimmung den Zeitbezug klarstellt."[29] Sowohl 1,6 als auch 1,8 lassen eine futurischen Zeitbezug erkennen. Dafür sprechen folgende Argumente[30]:
　　1. Ἐν ᾧ in 1,6 wird temporaler Anschluß an ἐν καιρῷ ἐσχάτῳ (1,5) sein. Dies legt sich deshalb nahe, weil ἄρτι die Gegenwart der λύπη-Existenz (1,6) bestimmt und λυπηθέντες in Opposition zu ἀγαλλιᾶσθε steht. Diese Opposition des gegenwärtig bestimmten λυπηθέντες mit der Zeitbestimmung ἄρτι (vgl. auch ὀλίγον = "eine kurze Zeit") fordert zur Annahme eines von der Gegenwart unterschiedenen ἀγαλλιᾶσθε heraus. - 2. Ἀγαλλιᾶσθε in 1,6 steht parallel zu ἀγαλλιᾶσθε in 1,8. Der Vers beginnt zwar mit einem eindeutig präsentisch gefaßten ἀγαπᾶτε, jedoch kann die Präsensform nicht durchgehalten werden. Wie in 1,6 wird

---

menhang von Teilhabe am Christusleiden (V13) und Schmähungen der Adressaten (V14) für den Brief festgestellt hat (S.158).

[28] Vgl. R. Bultmann, ἀγαλλιάομαι κτλ., ThWNT I, 19f.

[29] A. Reichert, Praeparatio, 217.

[30] Zum folgenden vgl. A. Reichert, Praeparatio, 217; H. Millauer, Leiden, 183f.; T.W. Martin, Metaphor, 59ff.

die Gegenwart mit ἄρτι[31] fixiert: Jetzt ist die Zeit des Nicht-Sehens und des Glaubens. Mit δέ tritt oppositionell wieder das Verb ἀγαλλιᾶσθε ein (wie in 1,6). Die nähere Bestimmung "χαρᾷ ἀνεκλαλήτῳ καὶ δεδοξασμένη" kann auf Grund der Partizipien nur futurisch verstanden werden. Zudem wird V8 in V9 mit einem präsentischen Partizip weitergeführt, das bekanntlich die gleichzeitige Handlung mit dem übergeordneten Verb zum Ausdruck bringt. Das nächstliegende Verb ist ἀγαλλιᾶσθε, und V9 ist deutlich futurisch akzentuiert (Die σωτηρία ψυχῶν wird ἐν καιρῷ ἐσχάτῳ offenbart; vgl 1,5). - 3. V7fin und V9 stehen im unmittelbaren Kontext zu V8 und geben dem Vers einen eschatologischen Rahmen. Bemerkenswert ist, daß die Zeitbestimmung ἐν (τῇ) ἀποκαλύψει ... (V7b) auch in 4,13 begegnet, wo ἀγαλλιάομαι deutlich futurisch gefaßt ist. Auch kontextuell wird die futurische Interpretation von ἀγαλλιᾶσθε gestützt. - 4. Das futurische Präsens legt sich dann nahe, wenn eine Temporalbestimmung den Zeitbezug klarstellt.[32] Dies ist für ἀγαλλιᾶσθε durch ἐν καιρῷ ἐσχάτῳ (V5) gewährt. - Die präsentische Deutung von ἀγαλλιᾶσθε in 1,6.8[33] ist daher abzulehnen.

(6) 1.Petr führt gegenüber Mt das Doxa-Motiv ein. Dieses Motiv begegnet im 1.Petr öfter im Zusammenhang mit dem Leidens-Motiv[34]: 1,6f.11; 4,13f.; 5,1.10 (1,11f; 5,1.10: δόξα - παθήματα, παθεῖν; 1,6f.: δόξα - λυπεῖν, πειρασμός; 4,13.14: δόξα - παθήματα, ὀνειδίζεσθε). Leiden und zukünftige Herrlichkeit gehören für 1.Petr thematisch zusammen.[35] Darum führt der Verf. des Briefes das Doxa-Motiv in V13 ein. Die Deutung der Schmähungen im Zusammenhang der Leiden und der Doxa Christi vertieft den Makarismus: Die Erfahrungen ablehnender und feindlicher Haltung der Mitwelt stehen unter dem Zeichen des Leidens und der Herrlichkeit Christi. Es handelt sich also um weitere Interpretamente, die den mt. Makarismus deuten. Die gegenwärtig Leidenden empfangen die Verheißung, an der zukünftigen Doxa teilzuhaben. Es ist die Doxa Gottes (1,21; 4,14; 5,10), die er Jesus Christus bei der Auferstehung gegeben hat (1,21; 5,10) und die er bei der Offenbarung Jesu Christi an ihm zur Erscheinung bringen wird (1,7.11.21; 4,13; 5,1). So wird es Christi eigene Doxa (1,1; 4,13; 5,1). - Die Doxa in diesem spezifisch theologischen Sinn als Offenbarungsmacht und -wirklichkeit Gottes bzw. Christi begegnet im Brief meistens im Kontext von Leidensaussagen.[36] Es handelt sich also im ἵνα-Satz um ein typisch petrinisches Interpretament. Dies wird durch die Einfügung des atl. Zitates aus Jes 11,2 bestätigt.

---

[31] Ἄρτι kommt im 1.Petr nur an diesen beiden Stellen vor, gerade da, wo es um die *Zukunft* der Freude geht!

[32] Vgl. B.-D.-R. § 323, bes. Anm. 1.

[33] Vgl. z.B. Windisch-Preisker, Katholische Briefe, 53; R. Bultmann, ἀγαλλιάομαι κτλ., ThWNT I, 20; H. Manke, Leiden, 27f.; G. Wohlenberg, Komm. 1.Petr u.a., 14; E.G. Selwyn, Eschatology, 396; K.H. Schelkle, Komm. 1.Petr u.a., 34.37; R. Feldmeier, Fremde, 139 Anm. 29.

[34] Vgl. auch Röm 5,2f.; 8,17.18; 2. Kor 4,17 in ähnlicher Verbindung.

[35] Vgl. O. Knoch, Komm. 1.Petr u.a., 16, der den 1.Petrusbrief als "soteriologische Hoffnungs- und Leidensparänese" charakterisiert. Vgl. auch E.G. Selwyn; Epistle, 253-258, zum Doxa-Begriff im 1.Petr.

[36] Anders verhält es sich in 1,21 und 4,11. Hier steht die christologische Aussage im Vordergrund. In 5,4 ist nur das eschatologische Ziel thematisiert.

Der Zusammenhang von πνεῦμα (Gottes) und δόξα ist in der Weise, wie sie hier begegnet, im Brief singulär. In 1,11 stehen πνεῦμα und δόξα im Zusammenhang, jedoch in einer gegenüber 4,14 anderen Funktion. In 1,11 geht es um Christi πνεῦμα, das eine gnoseologische Aufgabe hat. Es hat den Propheten von Leiden und Herrlichkeit Christi geweissagt und auf die eschatologische Zeit verwiesen. In 4,14 hat das Pneuma gegenüber 1,11 soteriologische Funktion. Die Gegenwart dieses Pneumas begründet die Gegenwart des Heils, indem die Christen selig gepriesen sind (μακάριοι, ὅτι ...). Kündet Jes 11,1ff. die messianische Heilszeit als zukünftig an (ἀναπαύσεται 11,2 LXX), so ist sie für 1.Petr bereits gegenwärtig (ἀναπαύεται!). Die Geistbegabung, die in Jes 11,2 dem Messias verheißen wird, ist in der Sicht des 1.Petr für *alle* Christen bereits jetzt gültig gegenwärtig. Deshalb ändert der Verf. des Briefes von ἐπ' αὐτόν (Jes 11,2 LXX) zu ἐφ' ὑμᾶς. Mit der Einfügung des Doxa-Motivs (red.) wird die messianische Verheißung des Jes präsentisch gedeutet. Der 4,14 vorangehende V13 erwartet zwar die Offenbarung der Doxa Christi erst in der Zukunft, jedoch hat Gott Jesus Christus mit dessen Auferweckung auch seine eigene Doxa mitgeteilt (vgl. 1,21), so daß mit Christi Auferstehung die zukünftige Doxa Gottes bereits in ihm gegenwärtig wirkt. Das Motiv für die Einfügung des Doxa-Begriffs in das atl. Zitat ist also in dem Anliegen begründet, die Gegenwart des messianischen Heils anzukündigen. Dem entspricht, daß die Christen Gott bereits jetzt loben (δοξάζειν), wenn sie um Christi willen leiden (V16). An dessen Doxa werden sie Anteil bekommen (4,14; 5,1). - Der Makarismus wird mit Hilfe von Jes 11,1 begründet. Hier dürfte die im Urchristentum und der frühen Kirche bekannte Deutung eine Rolle spielen, den Mut und die Kraft zu leiden sowie in Bedrängnis und Verfolgung standzuhalten auf die Wirksamkeit des Geistes zurückzuführen. Vgl. z.B. Mt 10,19f. parr; Act 7,55f.; Mart Pol 2,2.[37] Vor allem 1.Petr 4,13f. und Mt 10,19f. parr sind insofern eng verwandt, als an beiden Stellen das gleiche Motiv erkennbar ist: Der Geist steht in der Situation der Verfolgung helfend bei![38]

(7) 1.Petr stellt die Begründung, die bei Mt nach dem Freudeaufruf folgt, um, indem er sie nach dem Makarismus anführt (V14b ὅτι...). Im Unterschied zu Mt empfängt also der Makarismus eine Begründung, nicht der Freudeaufruf. Dies ist darin begründet, daß für den Verf. des Briefes nicht die eschatologische Heilsgabe (Mt: Lohn), sondern die präsentische Heilsgabe des Geistes die Gewißheit der Seligpreisung garantiert. Das führt zwar zu einer Akzentverschiebung gegenüber dem traditionellen Motiv, den Freudeaufruf durch den eschatologischen Lohn zu begründen. Da aber 1.Petr in V13b den Freudeaufruf schon mit der Verheißung der eschatologischen Freude verbunden hatte, konnte die Begründung aus dem Freudeaufruf herausgenommen und dem Makarismus beigefügt werden. So hat der Brief den Makarismus des Mt in seinem Sinn gedeutet: Die Seligpreisung geschieht im Fall des Leidens und ist ermöglicht durch die gegenwärtige Wirksamkeit des Geistes.

(8) Die Veränderung von ἕνεκεν ἐμοῦ (Mt 5,11) zu ἐν ὀνόματι Χριστοῦ kann folgendermaßen erklärt werden. Der Verf. des Briefes deutet das Leiden der Glaubenden im Zusammenhang des Leidens Christi (vgl. 2,21; 4,1.13). Darum wird der Name "Christus" gegenüber Mt 5,11 ausdrücklich erwähnt. Er ist für den Brief von Bedeutung, weil er Grundlage für die Bestimmung der Identität der Christen ist (vgl. ὡς Χριστιανός 4,16). Von V16 her (ὡς Χριστιανός) ist die Wendung ἐν ὀνόματι Χριστοῦ zu deuten: Die Schmä-

---

[37] Weiteres Belegmaterial vgl. bei R. Knopf, Komm. 1.Petr u.a., 180; K. H. Schelkle, Komm. 1.Petr u.a., 124; F. Schröger, Gemeinde, 187f.; N. Brox, Komm. 1.Petr, 215 Anm. 678.

[38] Vgl. E. Käsemann, Anfänge, 91, zu Mt 10,19f.: der Geist "... im Zusammenhang von Leidensankündigungen."

hungen erfolgen auf Grund der Christuszugehörigkeit.[39] Christus selbst gibt den Glaubenden ihre Identität. Ἐν ὀνόματι ist demnach als Kategorie zu fassen. Es entspricht dem rabb. "in Rücksicht auf", "im Blick darauf"; "um - willen" (vgl. Mk 9,41; Ign Eph 3,1). Dann ist es sachgerecht, ἐν ὀνόματι Χριστοῦ zu übersetzen mit: "um Christi willen" oder: "im Hinblick darauf, daß ihr Christus angehört".[40] Die Wendung ἐν ὀνόματι Χριστοῦ ist also sachlich identisch mit der mt. Wendung ἕνεκεν ἐμοῦ.[41] Die explizite Erwähnung von ὄνομα Χριστοῦ ist motiviert durch die petrinische Deutung des Leidens, die durch eine christologische Zentrierung und Zuspitzung gekennzeichnet ist: 1. Christus ist das Vor- bzw. Leitbild des Leidens (2,21; 4,1). 2. Das Leiden der Christen wird verstanden als Anteilhabe am Leiden Christi (4,13). 3. Das Leiden erfolgt auf Grund der Zugehörigkeit und des Bekenntnisses zu Christus. (Mit "ὄνομα" spezifiziert 1.Petr die Leidenssituation: das Tragen des Namens Christi verursacht in der heidnischen Umwelt Schmähungen und Beschimpfungen; ἐν ὀνόματι Χριστοῦ ist inhaltlich identisch mit ὡς Χριστιανός [4,16a; vgl. auch V16b ἐν τῷ ὀνόματι τούτῳ]).

---

[39] Vgl. A. Reichert, Praeparatio, 55; L. Goppelt, Komm. 1.Petr, 58. 309; J. Knox, Pliny, 187-189; D.G. Stöckhardt, Komm. 1.Petr, 212; F.W. Beare, Epistle, 192; H. Frankemölle, Komm. 1.Petr u.a., 14; Windisch/ Preisker, Katholische Briefe, 78; R. Knopf, Komm. 1.Petr u.a., 181; J.H. Elliott, Home, 73f. 95f.; A.v. Harnack, Mission, 426. A. Reichert, a.a.O., führt zwei Argumente für dieses Verständnis von ὡς Χριστιανός an: "Einmal korrespondiert ὡς Χριστιανός ... der ebenfalls Straftatbestände nennenden Aufzählung in V.15. Zum anderen kommt der als Fremdbezeichnung entstandene und in den beiden andern neutestamentlichen Belegen (Apg 11,26; 26,28) ebenfalls nicht als Selbstbezeichnung verwendete Ausdruck Χριστιανός dieser Lösung entgegen." - Wie 1.Petr 4,16 zeigt, ist das Leiden um Christi willen Folge urchristlicher Verfolgungserfahrung. Dies belegen Lk 9,26; Mt 10,32f.; 2.Tim 1,8.12, Stellen, in denen zum mutigen Bekenntnis zu Christus aufgefordert, vor der Scham wegen der Zugehörigkeit zu Christus und des Bekenntnisses zu ihm gewarnt wird. - Zum historischen Problem der "Christenverfolgungen" vgl. R. Freudenberger, Christenverfolgungen (Abschnitt 1), TRE 8, 23-29. Freudenberger zeigt, daß mindestens bis 249 n.Chr. die *confessio nominis*, das Bekenntnis des einzelnen Christen, daß er Christ sei, als strafbarer Tatbestand galt, der die Kapitalstrafe zur Folge hatte. Bis zum ersten Edikt Kaiser Valerians (August 257), das die Kirche zum ersten Mal staatlicherseits anerkannte, galt das Christsein, das *nomen Christianum*, als individuelles Verbrechen.

[40] Vgl. Bauer-Aland, WNT, ὄνομα II, 1162; L. Goppelt, Komm. 1.Petr, 305.

[41] Vgl. auch H. Millauer, Leiden, 156; N. Brox, Komm. 1.Petr, 216. - Zu vergleichen sind hier auch mit Mt 5,11 und 1.Petr 4,14 verwandte Wendungen wie die aus dem mt. Nachfolgewort 19,29: ἕνεκεν τοῦ ὀνόματός μου (in dieser Form nur bei Mt !) und die aus dem synoptischen Logion vom Gehaßtwerden "um meines Namens willen" (διὰ τὸ ὄνομά μου, vgl. Mt 10,22; 24,9; Mk 13,13; Lk 21,17; vgl. auch Joh 15,21). - Das mt. "ἕνεκεν ἐμοῦ" (vgl. auch Mt 10,18.39; 16,25) kann gegenüber Lk 6,22 par gut als redaktionelle Bildung des Evangelisten verstanden werden. Dafür spricht zum einen, daß Lk mit dem Menschensohntitel der in Q bevorzugten Christustitulatur folgt, zum anderen, daß Mt auch sonst christologische Prädikationen durch ein Pronomen der 1.Ps.Sg. ersetzen kann: vgl. Mt 10,32 (Mt ersetzt υἱὸς τοῦ ἀνθρώπου Lk 12,8 durch ἐγώ (κἀγώ); in Mt 23,34 tritt ἰδοὺ ἐγώ an die Stelle von ἡ σοφία τοῦ θεοῦ (Lk 11,49); vgl auch Mt 16,21 mit Lk 9,22 und Mk 8,31).

Der Zusammenhang zwischen Mt und 1.Petr wird durch das Verständnis von "ἐν ὀνόματι Χριστοῦ" = "um Christi willen" (1.Petr 4,14) erhärtet. Denn 1.Petr folgt so der Deutung des Mt: Das Leiden bzw. Verfolgtwerden um Christi willen ist zugleich ein Leiden bzw. Verfolgtwerden "um der Gerechtigkeit willen" (Mt 5,10; 1.Petr 3,14 s. Teil 2.1.).[42] Das Bekenntnis zu Christus (vgl. auch Mt 10,18.22.32f.39; 24,9; 1.Petr 4,16 ὡς Χριστιανός) und das sich daraus ergebende ethisch gute, rechtschaffene Verhalten, das Unverständnis, Haß und Verfolgung bei den Nichtchristen auslöst (Mt 10,17ff.34ff.; 24,9ff.; 1.Petr 3,13ff.; 4,1-4.12ff.), sind eng aufeinander bezogen. Die parallele Deutung des Leidens und der Wirkung der Christus nachfolgenden Gemeinde auf die nichtchristliche Umwelt kann in der Frage der Beziehung von Mt und 1.Petr kaum ein Zufall sein. Viel wahrscheinlicher ist eine explizite Bezugnahme. Der Schlußfolgerung H. Giesens, Christliches Handeln, 110, ist in diesem Sinn zuzustimmen: "Das Gerechtigkeitsverständnis des Mt berührt sich also sehr mit dem von 1.Petr. Wie dort die Gerechtigkeit des Christen christologisch-soteriologisch begründet wird und sich in einem christlichen Lebenswandel auswirkt, so auch im Mt."

(9) Die in Mt 5,12 vorhandene Erwähnung des vorbildlichen Leidens der Propheten kann 1.Petr ausfallen lassen, da für ihn ausdrücklich Christus das einzige und maßgebende Vorbild des Leidens ist (vgl. 2,21; 3,17f.; 4,1). Daher ist auch die Anführung des Motivs der Leiden Christi (V13a) in der Tradition verständlich. Das vorbildliche Leiden Christi stellt das Leiden der Propheten in den Hintergrund. Die Propheten haben eine auf Christus verweisende Funktion (vgl. 1,10-12).

(10) Das Motiv der ἀποκάλυψις Ἰησοῦ Χριστοῦ ist typisch petrinisch.[43] Es benennt wie in 1,7 und 1,13 die eschatologische Parusie Jesu Christi.[44] Ἀποκαλυφθῆναι ist ein endzeitlicher Vorgang (vgl. 1,5: ἐν καιρῷ ἐσχάτῳ 1,7; 5,1). Für petrinische Interpretation spricht, daß alle drei ἀποκάλυψις-Belege in der gleichen Weise sprachlich gestaltet sind: ἐν + (τῇ) ἀποκαλύψει. Eine grammatische Parallele zu diesem Gebrauch von ἀποκάλυψις findet sich im NT nur noch 2.Thess 1,7 (auch hier mit dem Bezug auf die Parusie). Der Zusammenhang mit der Parusie ist auch in 1.Petr 1,7 deutlich: vgl. 1,5 ἀποκαλυφθῆναι ἐν καιρῷ ἐσχάτῳ. Deshalb ist ἐν + Dat. wohl in allen Belegen des 1.Petr temporal zu fassen.[45] Diese gleichförmige Ausbildung des ἀποκάλυψις-Motivs im 1.Petr spricht dafür, daß es um ein petrinisches Anliegen geht, das der Verf. des Briefes in die mt. Makarismentradition interpretierend eingebaut hat.

(11) Petrinisches Interpretament im Zusammenhang des Makarismus ist auch der Gedanke der Teilhabe am Leiden Christi (κοινωνεῖτε τοῖς τοῦ Χριστοῦ παθήμασιν).[46] Dieses Motiv begegnet in ähnlicher Weise auch in 5,1 in Verbindung mit dem Motiv der Teilhabe an der zukünftigen Doxa.[47] Wenn sich der

---

[42] Vgl. dazu G. Strecker, Makarismen, 270; ders., Bergpredigt, 47f.; H. Giesen, Christliches Handeln, 109; U. Luz, Mt I, 214; G. Barth, Gesetzesverständnis, 98; A. Sand, Gesetz, 172.

[43] Vgl. dazu E.G. Selwyn, Epistle, 250-252.

[44] Vgl. L. Goppelt, Komm. 1.Petr, 115; vgl. Teil 3.4.2.2. der Arbeit.

[45] Vgl. Bauer-Aland, WNT, ἐν II. 2, 524f.

[46] Zum Begriff vgl. F. Schröger, Gemeinde, 184f., der κοινωνία + Gen. sachgerecht mit "Gemeinschaft der Teilhabe an ..." wiedergibt.

[47] Vgl. auch Röm 6,5; 8,17.18

Verf. des Briefes hier ausdrücklich selbst ins Spiel bringt, dann ist deutlich, daß ihm der Gedanke der Teilhabe wichtig ist. Die Leidensterminologie ist ohne Zweifel für den 1.Petr charakteristisch (vgl. 1,11; 2,19f.21; 3,17f.; 4,1.15f.19; 5,9). Der Gedanke der κοινωνία in Verbindung mit einem Genitiv der Sache begegnet vor allem bei Paulus (1.Kor 1,9; 10,16f.; 2.Kor 1,7; 8,4; 13,13; Phil 2,1; 3,10; Phlm 6), in Verbindung mit dem Leidensgedanken explizit aber sonst im NT nur noch 1.Kor 10,16 (κοινωνία τοῦ αἵματος τοῦ Χριστοῦ), 2.Kor 1,7 (κοινωνοί τῶν παθημάτων) und Phil 3,10 (κοινωνία παθημάτων αὐτοῦ).

Der Sache nach vergleichbar sind aber auch 2.Kor 1,5 (die παθήματα τοῦ Χριστοῦ sind über Paulus reichlich gekommen); Röm 6,5 (σύμφυτοι γεγόναμεν τῷ ὁμοιώματι τοῦ θανάτου αὐτοῦ); Röm 8,17 (συμπάσχειν - συνδοξασθῆναι) und 2.Kor 4,10 (Paulus trägt die νέκρωσις τοῦ Ἰησοῦ ἐν τῷ σώματι). Die deutliche Nähe des 1.Petr zu Paulus in dieser Frage ist des öfteren festgestellt worden.[48]

(12) Der konjunktionale Nebensatz 1.Petr 4,14b (ὅτι...) ist ebenfalls petrinisches Interpretament. Dafür spricht zum einen, daß 1.Petr in das atl. Zitat Jes 11,2 "τῆς δόξης" eingefügt hat[49], zum anderen, daß 1.Petr des öfteren atl. Zitate zur Verdeutlichung seiner Ausführungen begründend anführt (meist mit ὅτι eingeleitet: 1,16; 1,24f. [διότι]; 4,8; 4,14; 5,5; 3,10ff. [γάρ]).[50]

Die durch 1.Petr vorgenommenen Veränderungen gegenüber Mt verdeutlichen, daß der Verf. des Briefes die in Mt 5,11f. vorhandenen Elemente (Aufruf zur Freude; Lohn; Verfolgungsbedingung; Heilszuspruch) aufgenommen hat, sie aber zugleich durch Anreicherung weiterer Motive theologisch vertiefend gedeutet hat: Teilhabe am Leiden Christi; eschatologische Freude bei der Offenbarung der Doxa Christi; Gegenwart der Heilsgabe des Geistes. Im ganzen zeigt sich durch diese zusätzlichen Interpretamente und Motive eine gegenüber Mt 5,11f. stärker christologisch gedeutete Leidenstheologie. In ihrem Zusammenhang konnte 1.Petr die Vorgabe von Mt 5,11f. verändern, sowohl in der Reihenfolge der Glieder als auch in Wortwahl, Neuformulierungen und Auslassungen. Die Tradition wurde durch die eigenen Interpretamente des 1.Petr theologisch bereichert. - Auf zwei Probleme ist noch einzugehen.

Die mt. Lohnverheißung (5,12b) scheint sachlich und terminologisch im Makarismus des 1.Petr zu fehlen. Vielleicht spielen hier unterschiedliche traditionsgeschichtliche Herkünfte der Verfasser beider Schriften eine Rolle. Die jüdische Vorstellung vom eschatologischen Lohn im Himmel, den die Frommen im Gericht zu erwarten haben,[51] ist für den ausschließlich an Heidenchristen

---

[48] Vgl. K.H. Schelkle, Komm. 1.Petr, 123 H. Millauer, Leiden, 84ff.; L. Goppelt, Komm. 1.Petr, 297f.; F. Schröger, Gemeinde, 184; K. Berger, Exegese, 55-58.

[49] Δόξα ist ein vom Verf. des Briefes bevorzugter Begriff (vgl. 1,11.21; 4,11[vgl. 4,16]13.14; 5,1.4.10).

[50] Zur Verabeitung der vielfältigen atl. Quellen und Anspielungen im 1.Petr vgl. W.L. Schutter, Hermeneutic and Composition in I Peter, Tübingen 1989, 35ff. 85ff.

[51] Zur jüdisch-apokalyptischen Lohnvorstellung vgl. Str.-Bill.I, 231f.; IV, 484-500; G. Strecker, Bergpredigt, 48f.; S. Schulz, Q, 456, mit Belegen aus der apokalyptischen Literatur: Hen(aeth) 103,3; 104,13;108,10; 4.Esr 4,35; 7,35.83; 8,33.39; 13,56; ApcBar(syr) 52,7; 54,16.

schreibenden und mit der Bedrängnis durch die heidnische Bevölkerung sich auseinandersetzenden Brief kaum zu erwarten. Der Begriff μισθός begegnet im 1.Petr nicht, ist aber bei Mt terminus technicus für die himmlische, jenseitige Belohnung.[52] Mt bietet allein 10 von 29 Belegen im NT insgesamt.[53] 1.Petr hat inhaltlich das Lohnmotiv durch Nennung der δόξα in 4,13.14 (vgl. 1,7.11.21; 5,1.10) vergegenwärtigt. Auch sonst benutzt er Vorstellungen, die den eschatologischen Lohn umschreiben, z.B. κληρονομία (1,4; 3,9) und σωτηρία (1,5.9).

Die Erwähnung von ὄνομα in 1.Petr 4,14 könnte die Vermutung nahelegen, daß der Verf. des Briefes Lk 6,22 zur Vorlage genommen hat.[54] Aber die Wendung ἐκβάλλειν τὸ ὄνομα wie auch ἀφορίζειν ist Terminologie des Synagogenausschlusses.[55] Diese Situation ist weder aus Mt noch aus 1.Petr zu entnehmen. Die Schmähungen erfolgen nicht im Zusammenhang des Synagogenausschlusses, sondern auf Grund der Anfeindungen der Mitwelt (vgl. Mt 10,18; 24,9; 1.Petr 2,12; 4,3f. u.ö.). Zum anderen geht es in Lk 6,22 um die Eigennamen der Angeredeten (nomen proprium: τὸ ὄνομα ὑμῶν), nicht um den von den Glaubenden getragenen Namen Christi (nomen relationis - so 1.Petr 4,14.16a.b).[56] Schließlich benennt Lk 6,23 den Freudeaufruf nur mit einem einfachen χάρητε, Mt aber mit einer Doppelung: χαίρετε καὶ ἀγαλλιᾶσθε. Letzterer steht also 1.Petr näher, der ebenfalls den Freudeaufruf verdoppelt wiedergibt: χαρῆτε ἀγαλλιώμενοι (4,13).[57] Dazu kommt, daß Lk im Unterschied zu Mt und 1.Petr die präsentische Fassung des Freudeaufrufes nicht kennt, sondern die Freude zukünftig versteht (6,23a).[58] Lk scheidet also als Vorlage für 1.Petr 4,14 aus.

Das Faktum der Veränderung und Anreicherung der Tradition von Mt zu 1.Petr legt ein weiteres Argument für die Annahme nahe, daß 1.Petr von Mt traditionsgeschichtlich abhängig ist, eine umgekehrte Abhängigkeit aber unwahrscheinlich ist: Das "Wachstumskriterium"[59] besagt, daß eine ursprüngliche Tra-

---

[52] Vgl. G. Strecker, Weg, 162; zum Lohn-Motiv bei Mt vgl. auch S. Schulz, Stunde, 195ff.; A. Sand, Gesetz, 115ff.; vgl. auch G. Bornkamm, Der Lohngedanke im Neuen Testament, in: ders., Studien zum Neuen Testament, Berlin 1985, 72-95.

[53] Vgl. W. Schenk, Die Sprache des Matthäus, 364; Mt 5,12.46 (= Q Lk); 6,1 (red.); 6,2.5.16; 10,41 (2mal, red.?); 10,42 (vgl. Mk par) 20,8 (Mt S). Vgl. auch 19,27fin: Mt hat gegenüber Mk 10,28 par das Nachfolgewort des Petrus ("Siehe, wir haben alles verlassen und sind dir nachgefolgt.") durch die Frage nach dem Lohn der Nachfolge verdeutlicht ("τί ἄρα ἔσται ἡμῖν;"). Vgl. auch A. Schulz, Nachfolgen, 117. 122f.; G. Strecker, Weg, 164.

[54] So R.H. Gundry, Verba Christi, 343.

[55] S. Teil 2.1. Anm. 3.

[56] Vgl. auch N. Brox, Komm. 1.Petr, 216.

[57] Zur Verbindung von ἀγαλλιᾶσθαι und χαίρειν vgl. auch Lk 1,14; Joh 8,56; 1.Petr 1,8; Apk 19,7. In der LXX steht ἀγαλλιᾶσθαι häufig mit εὐφραίνεσθαι und verwandten Verben; vgl. R. Bultmann, ἀγαλλιάομαι κτλ., ThWNT I, 19.

[58] Zum Unterschied der Tempora in der mt. und lk. Fassung vgl. S. Schulz, Q, 453. Lk setzt Gegenwart und Zukunft schon in den vorangegangenen Seligpreisungen deutlich ab (vgl. den Gegensatz von "jetzt" [νῦν!] 6,21a.b und den futurischen Apodosissätzen).Vgl. dazu auch O.H. Steck, Israel, 25.

[59] Vgl. dazu G. Strecker, Bergpredigt, 11.

dition im Laufe der Entwicklung durch weitere Elemente angereichert wird. Für
1.Petr 4,13f. ist deutlich geworden, daß der Verf. des Briefes die Mt-Tradition
mit Hilfe seiner eigenen Interpretamente angereichert und so in seinem Sinn
ausgelegt hat. Die petrinischen Veränderungen, Erweiterungen, Umstellungen
und Auslassungen konnten im Kontext von 4,13f. erklärt werden, so daß die
traditionsgeschichtliche Abhängigkeit von Mt 5,11f. als wahrscheinlich zu gelten
hat.

2.3. Mt 5,16 im Vergleich mit 1.Petr 2,12

2.3.1. Der redaktionelle Charakter von Mt 5,16

Mehrere Gründe sprechen dafür, den Vers Mt 5,16 auf den Evangelisten zurückzuführen.[1]

2.3.1.1. Redaktionelles Vokabular

Vorzugsvokabular des Evangelisten ist deutlich festzustellen:

(1) Οὕτως kommt bei Mt 32mal vor (bei Mk nur 10mal; Lk 21mal), ist mt. Schlüsselwort und wird ca. 22mal redaktionell gebraucht.[2] Das Wort verbindet bei Mt häufig in einer Gleichniserzählung das Bild mit der Deutung; so nicht nur in 5,16, sondern auch in 12,45; 13,49; 18,14.35 und 20,16.[3]

(2) Λαμψάτω wird in V16 aus dem Bildwort V15 (λάμπει) zur Deutung des Bildwortes herübergezogen. Es ist also Reminiszenz an V15. V15b ist ebenfalls redaktionell. Mk 4,21 bietet die Aussage nicht. Lk par verwendet andere Begrifflichkeit (8,16;11,33[βλέπουσιν]). Zudem entspricht die Aussage λάμπει πᾶσιν dem mt. Universalismus (vgl. Mt 24,14; 26,13; 28,19). Λάμπω begegnet ebenfalls redaktionell in 17,2 (fehlt in Mk/Lk par). Mk benutzt λάμπω nicht, Lk bietet es nur einmal (17,24).

(3) Ἔργον kommt gegenüber Mk/Lk (je 2mal) bei Mt 6mal vor und ist davon 3mal redaktionell.[4]

(4) Ἔμπροσθεν hat Mt 18mal (Mk: 2mal; Lk: 10mal) und ist ca. 7mal redaktionell (= LXX-Sprache).[5] Die Wendung ἔμπροσθεν τῶν ἀνθρώπων bietet Mt allein 5mal (Mk: keinmal; Lk: 1mal), davon 3mal in redaktioneller Hin-

---

[1] Der Vers wird des öfteren dem Mt-Redaktor zugewiesen: vgl. E. Schweizer, Mt, 59; U. Luz, Mt I, 220. 224f.; G. Strecker, Bergpredigt, 51; W. Grundmann, Mt, 140; R. Heiligenthal, Werke als Zeichen, 117; R. Bultmann, GST, 96.100; G. Barth, Gesetzesverständnis, 56; J. Gnilka, Mt I, 134; W.D. Davies/D.C. Allison, Gospel Matthew I, 470f. 480; G. Künzel, Gemeindeverständnis, 134.

[2] Vgl U. Luz, Mt I, 47; W. Schenk, Die Sprache des Matthäus, 390; A. Sand, Gesetz, 95ff.

[3] Vgl. G. Strecker, Bergpredigt, 54; W. Grundmann, Mt, 136. Die entsprechenden Lk-Parallelen bieten diese οὕτως-Verbindung dagegen nicht (vgl. Mt 12,45/Lk 11,26). Mt 13,47-50 und Mt 20,1-16 haben in Lk keine direkte Parallele. Das hinter Mt 20,16 stehende gemeinsame synoptische Logion steht bei Mk und Lk in keinem Gleichniszusammenhang und ist nicht durch οὕτως eingeleitet. Mt 18,14 ist mit Lk 15,7 nur in bedingtem Maß vergleichbar. Mt 18,35 ist gerichtsparänetische Abschlußwendung für das aus dem Sondergut stammende Gleichnis vom Schalksknecht.

[4] U.Luz, Mt I, 41; W. Schenk, Die Sprache des Matthäus, 246. - Die "Werke" haben bei Mt meist einen positiven Sinn. Außer 5,16 sind zu nennen 11,2 (ἔργα τοῦ Χριστοῦ), 11,19fin (die Rechtfertigung der Weisheit [σοφία] ἀπὸ τῶν ἔργων αὐτῆς), 26,10 (die Salbung durch die Frau in Bethanien als "gutes Werk" [ἔργον καλόν]). Der Begriff der "Werke" kann aber auch negativ verwendet werden (23,3.5: die "Werke" der Schriftgelehrten und Pharisäer).

[5] Vgl U. Luz, a.a.O., 40; W. Schenk, Die Sprache des Matthäus, 238.

sicht.[6] (Vgl. besonders Mt 6,1, wo der redaktionelle Zusammenhang durch das für Mt typische δικαιοσύνη bestärkt wird).

(5) Ὅπως bietet Mt 17mal (Mk: 1mal; Lk: 7mal) und ist ca. 9mal redaktionell.[7]

(6) Πατὴρ ὁ ἐν (τοῖς) οὐρανοῖς ist typisch mt. Gottesbezeichnung: 12mal (nur 1mal bei Mk; Lk: keinmal), davon ca. 11mal redaktionell.[8]

2.3.1.2. Kontext

(1) V16 zieht aus den in VV13-15 vorgestellten Bildern die Schlußfolgerung (οὕτως, s.o.) für das Leben der Glaubenden.[9]

(2) V16 hat überleitende Funktion.[10] Mit dem Motiv des Erweises guter Werke leitet der Vers die folgenden Abschnitte ein: "bessere Gerechtigkeit" VV17-20; Antithesenreihe VV21-48. So wird das Hauptmotiv der Bergpredigt von der "besseren Gerechtigkeit" (5,20) in V16 vorweggenommen.[11] Zum anderen faßt V16 durch die Schlußfolgerung in Anwendung der Bildvorstellungen VV13-15 zusammen und verleiht den Bildern eine paränetische Spitze.[12]

(3) V16 nimmt die zentralen Stichworte aus VV13-15 auf und ordnet sie chiastisch an:[13]

V13	ἀνθρώπων	V16	λαμψάτω
V14	φῶς		φῶς
V15	λάμπει		ἀνθρώπων.

Der Chiasmus verdeutlicht ein kompositorisches Vorgehen.

(4) Durch ὑμεῖς ἐστε (V13.14) stellt Mt eine unmittelbare Verbindung zu V11f. her (2.Ps.Pl.).[14] Mit V16 wechselt Mt aber Person und Tempus

---

[6] U. Luz, a.a.O.; W. Schenk, a.a.O., 239.

[7] U. Luz, a.a.O., 46; W. Schenk, a.a.O.,309f. Vgl. auch D. Zeller, Mahnsprüche, 102 Anm. 356, mit Beispielen wie Mt 2,23;5,16; 8,17.34; 13,35; 22,15; 26,59; B.-D.-R. § 369 Anm.8.

[8] U. Luz, a.a.O., 48.59f.; W. Schenk, a.a.O., 291f. - Zur Herkunft und Bedeutung der vorwiegend von Mt gebrauchten Formel πατήρ μου (σου, ὑμῶν, ἡμῶν) ὁ ἐν τοῖς οὐρανοῖς vgl. A. Kretzer, Herrschaft, 29-31; H. Frankemölle, Jahwebund, 161-165; G.v. Rad/ H. Traub, οὐρανός κτλ., ThWNT V, 512f. 520.

[9] Vgl. R. Bultmann, GST, 96.

[10] Anders, jedoch m.E. zu Unrecht, urteilt P. Gaechter, Mt, 154: "Mt 5,13-16 steht in keiner inneren Beziehung weder zum Vorausgehenden noch zum Nachfolgenden (V.17-20)."

[11] U. Luz, Mt I, 219, sieht in V16 einen "Titel" für VV 17-48.

[12] Nach G. Strecker, Bergpredigt, 55, gibt V16 schon den Seligpreisungen eine paränetische Spitze. Zu Recht stellt H. Weder, Rede, 88, heraus, daß die "guten Werke" ihre inhaltliche Füllung durch die vorangehenden Seligpreisungen und die nachfolgenden Antithesen erhalten.

[13] Vgl. U. Luz, Mt I, 220; R. Heiligenthal, Werke als Zeichen, 117; H.-T. Wrege, Überlieferungsgeschichte, 33; W. Grundmann, Mt, 140; E. Lohmeyer, Mt, 102.

[14] Dadurch sind die Adressaten in VV13-16 identisch mit den Verfolgten aus 5,11f. Diesen Zusammenhang stellt F.W. Beare, Gospel Matthew, 136, so heraus, daß er 5,11-16 als Einheit zusammenzieht. Vgl. auch U. Luz, Mt I, 221; R. Heiligenthal, Werke als Zeichen, 115; H. Weder, Rede, 86; G. Barth, Gesetzesverständnis, 95 Anm. 1; E. Lohmeyer, Mt, 97; J. Gnilka, Mt I, 134; W.D. Davies/D.C. Allison, Gospel Matthew I, 472; E. Schweizer, Mt, 56; R.

(λαμψάτω 3.Ps.Sg. Imperativ Aorist). Dadurch erreicht der Evangelist eine direkte Anrede an die Leser und verleiht V16 ein besonderes Gewicht im Abschnitt VV13-16.[15]

(5) V16b.c erweist sich strukturell als "Überschuß"[16] (V16a hat mit den drei Stichworten λάμπει, φῶς und ἄνθρωποι bereits VV13-15 sachlich aufgenommen). Er gibt dem ganzen Abschnitt eine missionarische Tendenz (VV13-16).[17]

(6) Der redaktionelle Einfluß des Evangelisten ist auch schon in VV13-15 erkennbar; vgl. das betont vorangestellte ὑμεῖς ἐστε V13a.14a.[18] Die beiden Versteile sind syntaktisch gleich konstruiert. V14 und V15 haben eine gleiche poetische Struktur.[19] Die betonte Hervorhebung von "πᾶσιν" (fehlt bei Lk) verdeutlicht den mt. Universalismus (vgl. Mt 24,14; 26,13; 28,19: πάντα [τὰ ἔθνη]).[20]

2.3.1.3. Matthäische Theologumena

(1) Die Forderung der "guten Werke" paßt in das Gesamtkonzept des Evangelisten Matthäus. Sie entspricht dem ethischen Engagement des Mt (vgl. Mt 5,7-9 [s. Teil 2.1.1.3.]; 5,20 [die "bessere Gerechtigkeit" als Leitfaktor des Jüngerverhaltens]; die Antithesenforderungen 5,21-48; die Forderung der "guten Früchte" 7,15ff.; 21,43; die Erfüllung des Vaterwillens 7,21; 12,50; 18,14; 21,31 u.ö.; vgl. Teil 3.2.2.).

(2) Das Motiv des Erlangens von Ehre und Lob (δοξάζειν) durch den Erweis guter Werke begegnet bei Mt über 5,16 hinaus auch in 6,2, hier aber mit einem negativen Unterton. Ebenso negativ akzentuiert ist die in 6,1 mit 5,16 gleichlautende Formulierung ἔμπροσθεν τῶν ἀνθρώπων. Das Tun des Guten darf nach Mt nicht zur Selbstverherrlichung führen, sondern dient dem Erweis der Ehre Gottes. Darum gehören 5,16 und 6,1-3 sachlich zusammen.

(3) Mt hebt in seinem Evangelium besonders die Dringlichkeit universaler Mission hervor. Dies legt nicht nur 5,16 nahe, sondern auch der Schlußbefehl des Auferstandenen (28,16-20), Evangelium und Taufe der Welt (πάντα τὰ ἔθνη) zukommen zu lassen. Die pointierte Stellung am Schluß des Evangeliums

---

Schnackenburg, Mt, 50; W. Grundmann, Mt, 133; G. Künzel, Gemeindeverständnis, 135.138; H. Giesen, Christliches Handeln, 86f.; I. Broer, Freiheit vom Gesetz, 61 Anm. 143; P. Hoffmann, Selig sind die Armen. Auslegung Bergpredigt II, 121. H.-T. Wrege, Sondergut, 31, führt dagegen die Verbindung der Bildworte mit den vorangehenden Seligpreisungen schon auf eine Traditionsschicht des Mt-Sondergutes zurück.

[15] Vgl. R. Heiligenthal, Werke als Zeichen, 118.

[16] Vgl. U. Luz, Mt I, 220.

[17] Vgl. U. Luz, a.a.O.; R. Heiligenthal, a.a.O., 117f.

[18] Die Einleitung der Sprüche Mt 5,13.14 wird in der Regel dem Evangelisten zugeschrieben; vgl. E. Schweizer, Mt, 58; S. Schulz, Q, 470; R. Bultmann, GST, 95f.100; M. Dibelius, Formgeschichte, 248; U. Luz, Mt I, 220; W. Grundmann, Mt, 136; A. Sand, Mt, 104; E. Lohmeyer, Mt, 101; R. Heiligenthal, Werke als Zeichen, 117; G. Bornkamm, Enderwartun, 14; J. Gnilka, Mt I, 133; W.D. Davies/D.C. Allison, Gospel Matthew I, 470f. 472. 475.

[19] Zur näheren Begründung vgl R. Heiligenthal, a.a.O., 117; E. Lohmeyer, Mt, 100; U. Luz, Mt I, 220f.; W. Grundmann, Mt, 139.

[20] "Matthäus hebt bewußt die Universalität der Ausstrahlung des Lichtes hervor. Die gemeinte Sache wirkt in das Bild hinein." G. Strecker, Bergpredigt, 54.

zeigt, daß der Evangelist die universale Reichweite und Wirkung des Evangeliums zu seinem besonderen Anliegen gemacht hat. Zugleich ist die universale
Bedeutung des Evangeliums schon zu Beginn festgehalten (1,1.3.5.6; 2,1ff.;
4,15f.23-25).[21] Der missionarische Akzent des Mt liegt darin begründet, daß
das Evangelium vom Reich verkündet werden wird ἐν ὅλῃ τῇ οἰκουμένῃ εἰς
μαρτύριον πᾶσιν τοῖς ἔθνεσιν (24,14).[22] Weitere universalistische Tendenzen sind erkennbar in 8,5-13(12); 10,18; 12,18-21; 13,24-30.31f.36-43.47-50;
15,21-28; 21,43; 22,9; 26,13 u.ö.

2.3.2. Der traditionsgeschichtliche Einfluß von Mt 5,16 auf 1.Petr 2,12

(1) Die beiden Motive "gute Werke tun" und "Verherrlichung Gottes durch
Außenstehende" finden sich in dieser engen Verbindung im Neuen Testament
nur in Mt 5,16 und 1.Petr 2,12. Zwar ließen sich als sachliche Parallelen noch
Röm 2,24; 2.Petr 2,2 und Joh 17,22f. nennen, jedoch sind diese nur bedingt
vergleichbar. In Röm 2,24 und 2.Petr 2,2 ist das Motiv des vorbildlichen
Lebenswandels negativ formuliert und steht in keiner Verbindung mit dem
Motiv der Verherrlichung Gottes.[23] In Joh 17,22f. geht es nicht um den guten
Lebenswandel und die dadurch erfolgende Verherrlichung Gottes, sondern um
die in Christus geschenkte Einheit der Gemeinde, durch die Christus sich vor
der Welt auszeichnet.

R. Heiligenthal hat in seiner Untersuchung (Werke als Zeichen, Tübingen
1983) gezeigt, daß die in Mt 5,16 und 1.Petr 2,12 erfolgte Verbindung von
sittlichem Handeln und Verherrlichung Gottes bereits traditionell in der jüdisch-
hellenistischen Missionspredigt vorgebildet ist.[24] Vor allem zwei Belege stützen
diese These: TestXII.Naph 8,4 und TestXII.Ben 5,1-5.[25] - TestXII.Naph 8,4

---

[21] Vgl. dazu H. Frankemölle, Mission, 111f.;ders., Jahwebund, 200f.311-321.360-365. u.ö.

[22] Zu dieser für das Missionsverständnis des Mt bedeutenden Stelle vgl. F. Hahn, Mission,
103ff.

[23] Dagegen ist das negative Motiv der Verlästerung Gottes genannt. Vgl. neben 1. Tim 6,1
auch 2.Clem 13,1: "... und lasset uns nicht Menschen gefällig werden und nicht nur uns einander zu gefallen wünschen, sondern auch denen draußen in Rücksicht auf die Gerechtigkeit,
damit der Name (Gottes) unsertwegen nicht gelästert werde." Zu diesem Gesichtspunkt
"negativer Motivierung" christlichen Handelns vgl. W.C. van Unnik, Rücksicht, 226; R.
Heiligenthal, Werke als Zeichen, 120.

[24] ders., a.a.O., 120ff.

[25] TestXII.Naph 8,4: "Wenn ihr das Gute tut (τὸ καλόν), werden euch die Menschen und
Engel segnen, und Gott wird durch euch unter den Völkern (ἐν τοῖς ἔθνεσιν) verherrlicht
werden (δοξασθήσεται), und der Teufel wird von euch fliehen und die Tiere werden euch
fürchten und die Engel werden sich euer annehmen." TestXII.Ben 5,1-3: "Wenn ihr eine gute
Gesinnung habt, Kinder, werden auch die bösen Menschen mit euch Frieden haben, und die
ausschweifenden (Menschen) werden ehrfürchtige Scheu vor euch haben und sich zum Guten
umwenden (ἐπιστρέψουσιν εἰς ἀγαθόν). Und die Habsüchtigen werden nicht nur von der
Leidenschaft Abstand nehmen, sondern auch das von der Habsucht herkommende Gut werden
sie den Bedrängten geben. (2) Wenn ihr Gutes tut (ἐὰν ἦτε ἀγαθοποιοῦντες), werden auch
die unreinen Geister von euch fliehen, und selbst die Tiere werden vor euch fliehen und sich
fürchten. (3) Denn wo das Licht der guten Werke (φῶς ἀγαθῶν ἔργων) bezüglich der
Besinnung ist, da flieht die Finsternis von ihm ..." - Das Problem der "Testamente der Zwölf

belegt deutlich die enge Verbindung der Motive "Gutes tun" und "Verherrlichung Gottes". Hier ist ersichtlich, daß Mt 5,16 und 1.Petr 2,12 motivgeschichtlich in der jüdisch-hellenistischen Missionspredigt vorgebildet sind. In
TestXII.Ben 5,1-3 ist auch die bei Mt vorhandene Kombination von "Licht"
(φῶς) und "gute Werke" (καλὰ ἔργα) erkennbar. Jedoch kann trotz der motiv-
geschichtlichen Verwandtschaft beider Texte mit Mt und 1.Petr keine direkte
traditionsgeschichtliche Abhängigkeit festgestellt werden. In TestXII.Ben 5,1-5
fehlt das Motiv der Verherrlichung Gottes gänzlich. - Nach Mt 5,16 und 1.Petr
2,12 erlangt das Tun des Guten seine Qualität durch die dadurch erfolgende Verherrlichung Gottes. Nach TestXII.Ben 5,1-5 bewirkt das Tun des Guten aber
(nur) eine verhaltensändernde Qualität der "bösen Menschen" (5,1).[26] - In Test
XII.Naph 8,4 begegnet der Begriff "καλὰ ἔργα" nicht, sondern nur "τὸ
καλόν". Das Motiv der Verherrlichung ist im Unterschied zu Mt 5,16 und
1.Petr 2,12 passivisch formuliert, zudem ohne den deutlichen eschatologischen
Bezug wie in 1.Petr 2,12.[27] Auffällig ist auch, daß die Verherrlichung Gottes
nicht das einzige herausgehobene Ziel der guten Werke ist wie bei Mt und
1.Petr, sondern nur ein Teil unter anderem. Erwähnt werden noch die Wirkungen auf Engel, Menschen, Tiere und Teufel. - Ein weiterer Unterschied besteht darin, daß sowohl TestXII.Naph 8,4 als auch Test XII.Ben 5,1-5 das Tun
der guten Werke im Zusammenhang eines Bedingungssatzes formulieren:
"Wenn ihr das Gute tut..." TestXII.Naph 8,4; TestXII.Ben 5,2 (vgl. auch Test
XII.Ben 5.1.4: "wenn..."). In Mt 5,16 und 1.Petr 2,12 sind aber die Motive
"Gutes tun" und "Verherrlichung Gottes" innerhalb eines Finalsatzes ausgesagt
(Mt 5,16: ὅπως...; 1.Petr 2,12: ἵνα...), der durch die Ermahnung zum guten
Lebenswandel begründet ist (Mt 5,16a; 1.Petr 2,12a). So sind die beiden ntl.
Texte stärker paränetisch gefaßt als TestXII.Naph 8,4 und TestXII.Ben 5,1-5. -
Schließlich spricht gegen eine direkte traditionsgeschichtliche Abhängigkeit, daß
das Motiv des "Sehens" der guten Werke durch die Außenstehenden (Mt 5,16:
ἴδωσιν...; 1.Petr 2,12: ἐποπτεύοντες...) sowohl in TestXII.Naph 8,4 als auch in
TestXII.Ben 5,1-5 fehlt. Die unmittelbar "augenscheinliche" Wirkung der guten
Werke auf die Umwelt ist durch die beiden ntl. Texte stärker akzentuiert als
durch die beiden jüdisch-hellenistischen Belege.

Das alles spricht dafür, daß eine direkte traditionsgeschichtliche Abhängigkeit der beiden ntl. Texte von diesen jüdisch-hellenistischen Belegen kaum
anzunehmen ist. Dennoch ist eine motivgeschichtliche Beeinflussung durch das
entsprechende jüdisch-hellenistische Gedankengut vorauszusetzen. Die enge
Verwandtschaft nicht nur der Motive, sondern auch einiger Formulierungen

---

Patriarchen" besteht freilich in der späteren christlichen Überarbeitung. Für die hier angegebenen Texte ist aber eine christliche Überarbeitung nicht festzustellen; vgl. dazu J. Becker,
Untersuchungen zur Entstehungsgeschichte der Testamente der Zwölf Patriarchen (AGJU 8),
Leiden 1970. Nach Becker ist in TestXII.Naph nur 4,5c und 8,2-3 christlich überarbeitet
worden (S. 220.226). Zu TestXII.Ben 5,1-3 vgl. S.249f. Becker rechnet 5,1-3 zu einer einge-
schobenen Paränese, die im Stil einer hellenistischen Synagogenpredigt gehalten ist (S. 251).
[26] Zurückhaltend gegenüber einer traditionsgeschichtlichen Verbindung von Mt 5,16 und
TestXII.Ben (5,3) äußert sich auch W.-D. Köhler, Rezeption des Matthäusevangeliums, 322:
Das Motiv vom "Licht der guten Werke" in TestXII.Ben 5,3 ist gut "jüdisch".
[27] Vgl. W.C. v. Unnik, Teaching, 105.

(ἐργάζεσθαι τὸ καλόν, δοξάζειν TestXII.Naph 8,4; φῶς ἀγαθῶν ἔργων TestXII.Ben 5,3) beweist diesen Einfluß.

Ergebnis: Die oben genannten religionsgeschichtlichen Parallelen aus der jüdisch-hellenistischen Missionspredigt können keinen Hinweis geben auf eine traditionsgeschichtliche Verankerung der beiden ntl. Texte in der jüdisch-hellenistischen Literatur. Auch die von Heiligenthal[28] angeführten Parallelen aus der kynisch-stoischen Diatribe (Dio Chrys Or 1,22f.; 4,64f.; 4,46f.), aus Josephus' "Antiquitates" (JosAnt 6, 285; vgl. auch 4.Makk 7,9) und aus Philo Virt 218 sind nur in entfernter Weise mit den beiden ntl. Texten verwandt. Für das Motiv der Überzeugungskraft auf Grund guter Werke sind sie relevant. Das Motiv der Verherrlichung Gottes wird aber nicht genannt.

In der frühchristlichen und patristischen Literatur gibt es mehrere sich an Mt 5,16 und 1.Petr 2,12 anlehnende Variationen: Just Apol I 16,2c: "λαμψάτω δὲ ὑμῶν τὰ καλὰ ἔργα ἔμπροσθεν τῶν ἀνθρώπων, ἵνα βλέποντες θαυμάζωσι τὸν πατέρα ὑμῶν τὸν ἐν τοῖς οὐρανοῖς." Die unterstrichenen Partien machen die Abhängigkeit von Mt 5,16 wahrscheinlich.[29] - Ign Eph 10,1: "Doch auch für die anderen Menschen betet ohne Unterlaß! Denn es besteht bei ihnen die Hoffnung auf Umkehr, auf daß sie Gottes teilhaftig werden. Gewährt ihnen darum, wenigstens aus den Werken von euch belehrt zu werden (ἐκ τῶν ἔργων ὑμῶν μαθητευθῆναι)." - "Die Wendung ἐκ τῶν ἔργων erinnert an 1 Petr 2,12."[30] - Ps-Clem De Virg I 2,2: "... πίστιν φωτίσουσαν ἐν τοῖς καλοῖς ἔργοις, ἵνα δοξάσθη ὁ ὅλων θεός." - "Neu ist die Eintragung von πίστις als Bezeichnung der in den Werken sichtbar werdenden Grundhaltung."[31]

Das Ergebnis zeigt, daß eine traditionsgeschichtliche Abhängigkeit der beiden ntl. Texte von außerbiblischen Texten unwahrscheinlich ist. So liegt die Annahme näher, daß die beiden ntl. Texte in unmittelbarer traditionsgeschichtlicher Abhängigkeit stehen.[32] Dafür sprechen folgende Gründe:

(2) Die *Satzstruktur* von Mt 5,16 und 1.Petr 2,12 ist parallel aufgebaut. Eine Ermahnung (Mt 5,16a; 1.Petr 2,12a) leitet einen Finalsatz ein (Mt: ὅπως...; 1.Petr: ἵνα...), der je zwei parallele Aussagen enthält: 1. das Sehen der guten Werke; 2. das Verherrlichen Gottes. Die Ermahnung ist ebenfalls syntaktisch parallel: Mt - Licht leuchten lassen; 1.Petr - einen guten Lebenswandel führen;/ Mt - "vor den Menschen"; 1.Petr - "unter den Heiden". So ergibt sich eine parallele Satzstruktur mit je 4 Sinneinheiten:

---

[28] ders., a.a.O., 119-121.

[29] Vgl. dazu W.-D. Köhler, Rezeption, 180f.

[30] R. Heiligenthal, Werke als Zeichen, 126 Anm. 99.

[31] a.a.O.

[32] Diese These wird in der neueren ntl. Forschung nur selten vertreten; vgl. z.B. U. Luz, Mt I, 76.220. Mit einem "Traditionszusammenhang zurück sogar bis Mt 5,16" rechnet N. Brox, Komm. 1.Petr., 114.

	Mt 5,16		1. Petr 2,12
Paränese: a)	λαμψάτω τὸ φῶς ὑμῶν	a)	τὴν ἀναστροφὴν ὑμῶν...
			ἔχοντες καλήν
	b) ἔμπροσθεν τῶν ἀνθρώπων	b)	ἐν τοῖς ἔθνεσιν
Ziel:	c) ἴδωσιν ὑμῶν τὰ καλὰ ἔργα	c)	ἐκ τῶν καλῶν ἔργων
			ἐποπτεύοντες
	d) δοξάσωσιν τὸν πατέρα ὑμῶν	d)	δοξάσωσιν τὸν θεὸν (ἐν
	τὸν ἐν τοῖς οὐρανοῖς		ἡμέρᾳ ἐπισκοπῆς).

Die in 1.Petr 2,12 zusätzlich auftretenden Sinneinheiten ἐν ᾧ καταλαλοῦσιν ... κακοποιῶν und ἐν ἡμέρᾳ ἐπισκοπῆς sind Interpretamente des Verf. (s.u.).

(3) *Terminologisch* identisch sind: 1. "gute Werke" (τὰ καλὰ ἔργα) und 2. die Aorist-Konjunktiv Form δοξάσωσιν. Die Verwendung des Adjektivs καλός im 1.Petr ist auffällig. Sie begegnet außer 2,12 (2mal!) nur noch 4,10. In der weit überwiegenden Mehrzahl der Fälle benutzt 1.Petr aber das Adjektiv ἀγαθός und die damit zusammenhängenden Verben und Substantive zur Kennzeichnung des zentralen Themas des guten Lebenswandels unter den Heiden (vgl. 2,15.20; 2,14.18; 3,6.10.11.13.16f.21; 4,19). Es geht um das ἀγαθοποιεῖν (2,15.20; 3,6) bzw. die ἀγαθοποιΐα (4,19; vgl. ἀγαθοποιός 2,14).[33] Daher wird man καλός in 1.Petr 2,12 durch direkte Aufnahme von Mt 5,16 erklären können.[34] Andernfalls hätte 1.Petr das für ihn typische ἀγαθός verwenden können (vgl. auch 1.Tim 2,10; Apg 9,36). Anhand des Terminus "τὰ καλὰ ἔργα" (Mt 5,16) hat 1.Petr das prädikativ gestellte Adjektiv καλήν (2,12a) in Analogie zu der Wendung τὰ καλὰ ἔργα gebildet. Die Verwendung von καλός in 1.Petr 4,10 könnte dadurch motiviert sein, daß im nachfolgenden V11 wie in 2,12 das Motiv der Verherrlichung Gottes erscheint (auch in einem Finalsatz: ἵνα ... δοξάζηται ὁ θεός...), so daß in 4,10f. die Terminologie von 2,12 gedächtnismäßig präsent sein könnte. Vielleicht ist auch im Hinblick auf 1.Petr 4,10f. mit einem (indirekten, reminiszensartigen) Einfluß von Mt 5,16 zu rechnen. Dadurch würde sich die für 1.Petr sonst untypische Verwendung des Adjektivs καλός anstelle von ἀγαθός erklären.

Das Motiv der "guten Werke"[35] ist sowohl in der paganen als auch in der jüdischen Literatur weit verbreitet. Grundlage der jüdischen מעשים טובים sind die von der Thora nicht gesetzlich vorgeschriebenen Liebes- und Barmherzigkeitswerke.[36] An den begrenzten

---

[33] Vgl. dagegen κακοποιεῖν (3,17) und κακοποιός (2,12.14; 4,15). Ἀγαθοποιεῖν bezeichnet das Rechtverhalten in den Bindungen, Normen und Beziehungen der Gesellschaft. Es begegnet daher gehäuft in den Haustafelparänesen (vgl. 2,14.15.20; 3,6). Zum petrinischen Begriff ἀγαθοποιεῖν vgl. L. Goppelt, Komm. 1.Petr, 177-179; A. Reichert, Praeparatio, 347-350; W.C. v. Unnik, The Teaching of Good Works in I Peter, NTS 1 (1954/55), 92-110; W. Brandt, Wandel als Zeugnis, 17-25; F. Neugebauer, Deutung, 132ff.; C. Wolff, Christ und Welt, 340; H. Frankemölle, Komm. 1.Petr u.a., 65f.; C.F. Sleeper, Political Responsibility, 274f.; J.H. Elliott, 179-182.

[34] So auch E. Best, Gospel Tradition, 110.

[35] Vgl. dazu W.C.v. Unnik, The Teaching of Good Works in I Peter, NTS 1 (1954/55), 92-110.

[36] Vgl. W. Grundmann/G. Bertram, καλός, ThWNT III, 547f.; Str.-Bill. IV, 536-558.559-610; J. Friedrich, Gott im Bruder, 164 -173.

Umfang solcher Liebeswerke ist aber in Mt 5,16 und 1.Petr 2,12 nicht zu denken.[37] Beiderseits geht es um die gesamte (gute) Lebenshaltung.[38] Dies legen die generalisierenden Termini φῶς Mt 5,16 und ἀναστροφή 1.Petr 2,12 nahe.[39] Daher wird man bei den ἔργα καλά eher an die aus der hellenistischen Tugendlehre stammenden normgemäßen, tugendhaften Handlungen, die dem sittlichen Gesetz entsprechen, denken.[40] Freilich sind sie nach Mt und 1.Petr am Willen Gottes orientiert (vgl. Mt 5,17ff.; 7,21; 12,50; 21,31; 1.Petr 2,15; 3,17; 4,19). Die Verwendung des in hellenistischen Kreisen verständlichen Begriffs "gute Werke" zeigt deutlich, daß Mt und 1.Petr Handlungen fordern, die den allgemein annerkannten hellenistischen Wertvorstellungen entsprechen (vgl. Phil 4,8).[41] Nur deshalb können vorbildhafte Taten und vorbildlicher guter Lebenswandel der Christen den Heiden gegenüber Überzeugungskraft aufweisen.[42] Die motivgeschichtliche Verwandtschaft von Mt 5,16 und 1.Petr 2,12 mit Texten aus der jüdisch-hellenistischen Missionspredigt (vgl. TestXII.Naph 8,4; TestXII.Ben 5,1-5 s.o.) zeigt jedenfalls, daß die beiden ntl. Texte der Missionsprache zuzuordnen sind. Auch auf Grund dieses gemeinsamen "Sitzes im Leben" legt sich eine traditionsgeschichtliche Abhängigkeit beider Texte nahe.[43]

---

[37] Gegen J. Gnilka, Mt I, 137; K.H. Schelkle, Komm. 1.Petr u.a., 71; W. Grundmann/G. Bertram, καλός, ThWNT III, 547; P. Lippert, Leben als Zeugnis, 71 (für Mt 5,16).

[38] Vgl. P. Gaechter, Mt, 159; E. Lohmeyer, Mt, 102; T. Zahn, Mt, 206f.: "das gesamte Verhalten der Jünger als ein Wohlverhalten".

[39] Zudem haben beide Verse in ihrem jeweiligen Kontext eine überleitende Funktion (s.u.). Die "guten Werke" in Mt 5,16 weisen auf die in den Antithesen geforderte "bessere Gerechtigkeit" (5,20.21-48) hin, die das gesamte, ethisch rechtschaffene, von der Liebe (5,43ff.) geprägte Verhalten der Jünger in und für die Welt definiert. 1.Petr 2,12 ist Überleitung zu der mit 2,13 beginnenden "Ständetafel", die das ethisch rechtschaffene Verhalten der Christen in Staat (2,13-17), Haus (2,18ff.) und Familie (3,1ff.) fordert.

[40] Belege zur Verwendung von ἔργον καλόν bzw. ἔργον ἀγαθόν in der paganen Literatur bietet R. Heiligenthal, Werke als Zeichen, 21-23. Aus dem jüdisch-hellenistischen Bereich ist TestXII.Ben 5,3 (φῶς ἀγαθῶν ἔργων) zu nennen. Weiterhin vgl. 1.Clem 2,7; 33,1; 34,2. - Zur Sache vgl. auch W.C.v. Unnik, Teaching, 92-110. bes. 108.

[41] Vgl. auch N. Brox, Komm. 1.Petr, 113; W. Brandt, Wandel als Zeugnis, 13; W. Munro, Authority, 52f. 103-110; W.C.v. Unnik, Teaching, 107; F.-R. Prostmeier, Handlungsmodelle, 391; F. Neugebauer, Deutung, 133, spricht zu Recht von einer "Wertungskoinzidenz von Christen und Nichtchristen. D.h: Christliches ἀγαθοποιεῖν darf erwarten, daß auch die heidnische Umwelt ein solches Tun als gut und recht ansehen und anerkennen muß." Es kann also "eine Verständigung über Handlungsinhalte geben...".

[42] Vgl. L. Goppelt, Komm. 1.Petr, 162, der den Auftrag zu "guten Werken" in 1.Petr 2,12 mit einer Wendung von E. Käsemann als "Gottesdienst im Alltag der Welt" beschreibt.

[43] Zum missionarischen Anliegen von Mt 5,16 und 1.Petr 2,12 vgl. R. Heiligenthal, Werke als Zeichen, 122f. 126; E. Lohmeyer, Mt, 103; U. Luz, Mt I, 225; G. Strecker, Bergpredigt, 52; K.H. Schelkle, Komm. 1.Petr u.a., 70; R. Knopf, Komm. 1.Petr u.a., 102; P. Lippert, Leben als Zeugnis, 72; L. Goppelt, Prinzipien neutestamentlicher Sozialethik, 288; F.W. Beare, Gospel Matthew, 136; W.L. Schutter, Hermeneutic, 61; F. Schröger, Gemeinde, 139ff.; L. Goppelt, Komm. 1.Petr, 162; N. Brox, Komm. 1.Petr, 113; W. Bieder, Grund und Kraft, 6ff.; W. Brandt, Wandel als Zeugnis, 24; W.D. Davies/D.C. Allison, Gospel Matthew I, 472.478.; F.-R. Prostmeier, Handlungsmodelle, 391. Der missionarische Aspekt ist im 1.Petr auch aus 3,1f. zu erheben; κερδαίνω ist "echter Terminus der Missionssprache" (vgl. 1.Kor 9,19ff.22; Mt 18, 15; H. Schlier, κέρδος κτλ., ThWNT III, 672; vgl. auch R. Knopf, a.a.O., 102; L. Goppelt, Komm. 1.Petr, 215; D. Daube, κερδαίνω as a Missionary Term, HThR 40 [1947], 109-120; K. Berger, Exegese, 124f.). Zum Problem vgl. weiter W.C.v. Unnik, Die Rücksicht auf die Reaktion der Nicht-Christen als Motiv in der altchristlichen Paränese, in: Judentum-Urchristentum-Kirche (FS J. Jeremias), hrsg. von W. Eltester (BZNW 26), Berlin 1964, 221-234, bes. 231f. V. Unnik untersucht in seinem Aufsatz das in der frühchristlichen Literatur des

(4) Mt 5,16 und 1.Petr 2,12 haben in ihrem jeweiligen *Kontext* eine zentrale Funktion. Beide Texte bestätigen die grundsätzlich "ethisierende" (verhaltenseinweisende) Tendenz von Mt und 1.Petr, indem sie für die jeweils nachfolgenden Ausführungen eine Art Titel- oder Überschriftscharakter tragen.[44] Für Mt ist dies deutlich, indem die in Mt 5,17-20 thematisierte "bessere Gerechtigkeit" (5,20) in der dann folgenden Antithesenreihe (5,21-48) verifiziert wird.[45] In ähnlicher Weise beweist sich für 1.Petr der "gute Lebenswandel" (2,12) im rechten Verhalten gegenüber der Welt (2,13-3,12). Er betrifft die Loyalität gegenüber der Obrigkeit (im Staat), das rechte Verhalten der Knechte und Herren (im Haus), der Frauen und Männer (in der Familie).[46] Diese parallele kontextuelle Funktion beider Verse läßt darauf schließen, daß eine traditionsgeschichtliche Abhängigkeit zwischen beiden Texten besteht. Weitere kontextuelle Verbindungen bestätigen dies.

Mt schließt den Abschnitt 5,13-16 durch betont vorangestelltes ὑμεῖς ἐστε... (2.Ps.Pl.) eng an 5,11f. (2.Ps.Pl.!) an, d.h., daß die Adressaten in 5,13-16 identisch sind mit den in 5,11f. angesprochenen Verfolgten und Geschmähten.[47] Um die von der heidnischen Umwelt verfolgten geschmähten Adressaten handelt es sich auch in 1.Petr 2,12. Dies beweist der über Mt 5,16 hinausgehende Nebensatz: ἐν ᾧ καταλαλοῦσιν ... κακοποιῶν (2,12b). 1.Petr gibt mit diesem Nebensatz die entsprechende Interpretation von Mt 5,16, indem er den Zusammenhang von Mt 5,16 und 5,11f. inklusiv vergegenwärtigt und ihn mit Hilfe des Nebensatzes auf die Situation des Briefes anwendet. Καταλαλεῖν und κακοποιός sind typisch petrinische Vokabeln zur Beschreibung der feindlichen Haltung der heidnischen Umwelt gegenüber den Christen.[48] Dieser Zusammenhang läßt darauf schließen, daß 1.Petr nicht nur einzelne Logien aus Mt, sondern auch den Zusammenhang des entsprechenden Logions im Kontext des Mt gekannt hat, in diesem Fall Mt 5,11-16. Eine Kenntnis von Mt 5,17-48 ist ebenso wahrscheinlich, da 1.Petr 2,12 die gleiche titelartige Funktion im Kontext ausübt wie Mt 5,16 in seinem Kontext (s.o.).

1.Petr 2,12 stimmt mit Mt 5,16 auch in der Frage der Urheberschaft der feindlichen Haltung überein. Nach 1.Petr 2,12 sind es die "Heiden", die für die Schmähung und Verlästerung der Christen verantwortlich sind. Der Zusammenhang von Mt 5,13-16 mit 5,11f. legt dies auch für Mt 5,16 nahe. Die Wendung ἔμπροσθεν τῶν ἀνθρώπων wird sich in 5,16 auf Heiden beziehen, da die Annahme, Juden zur "Verherrlichung" und zum Lobpreis Gottes zu bewegen, kaum

---

öfteren auftretende Motiv der Rücksichtnahme auf die Reaktion der Nichtchristen (vgl. 1.Thess 4,11f.; Kol 4,5; Eph 5,8ff.15ff.; 1.Kor 10,32f.; Röm 14,16; 1.Tim 3,7; 6,1; u.ö. 1.Clem 13,1-4; Ign Trall. 8,2; Ign Eph 10,1 u.ö.).

[44] Vgl. P. Lippert, Leben als Zeugnis, 67.71; W.D. Davies/D.C. Allison, Gospel Matthew I, 471; T. Zahn, Mt, 206; U. Luz, Mt I, 219; W. Brandt, Wandel als Zeugnis, 11; W.L. Schutter, Hermeneutic, 60f.; F.-R. Prostmeier, Handlungsmodelle, 381f.393.

[45] Vgl. auch W. Trilling, Israel, 184.

[46] Vgl. dazu L. Goppelt, Prinzipien neutestamentlicher Sozialethik im 1.Petrusbrief, in: Neues Testament und Geschichte (FS O. Cullmann), hrsg. v. H. Baltensweiler u. B. Reicke, Zürich 1972, 285-296; F.-R. Prostmeier, Handlungsmodelle, 393.394ff.

[47] Vgl. R. Heiligenthal, Werke als Zeichen, 115.

[48] Καταλαλεῖν (1.Petr 2,12; 3,16) begegnet sonst im NT nur noch Jak 4,11. Κακοποιός wird im NT nur von 1.Petr (2,12; 2,14; 4,15) gebraucht!

sinnvoll wäre. Vielmehr ist es auch Ziel der jüdisch-hellenistischen Missionspredigt, die Heiden zum Lobpreis Gottes zu führen.[49] Die Wendung ἔμπροσθεν
τῶν ἀνθρώπων kann also sinnvoll nur von Heiden ausgesagt werden.[50] 1.Petr
interpretiert verdeutlichend durch die Wendung ἐν τοῖς ἔθνεσιν und wendet so
Mt 5,16 auf seine Adressatensituation an, nach der die heidnische Bevölkerung
verantwortlich für die Schmähung der Christen ist (vgl. 4,3f.).[51]

Die beiden ntl. Texte lassen in ihrem unmittelbaren Kontext ein entsprechendes theologisches Motiv erkennen: Die Identität der angesprochenen Christen
erweist sich in der Distanz zur Welt. Mt bringt dies durch den Begriff φῶς τοῦ
κόσμου (5,14) zum Ausdruck. Der Begriff wird in 5,16 abgewandelt wieder
aufgenommen: φῶς ὑμῶν ἔμπροσθεν τῶν ἀνθρώπων.[52] "Licht" ist die Gemeinde, indem sie sich von der "Welt" unterscheidet, zugleich aber durch ihr
Verhalten in der Welt Zeugnis für ihre "Licht"-Existenz gibt. Sie ist nicht mit
der "Welt" identisch, sie ist aber eine Gemeinde in und für die Welt (vgl. Jes
49,6; Mt 24,14; 26,13; 28,16-20).[53] - 1.Petr 2,11f. deutet diesen Gedanken mit
anderer Terminologie. Die Unterscheidung der Gemeinde von der Welt wird als
"Fremdlingschaft" (vgl. 1,1.17; 2,11) gedeutet. Der Gedanke der Distanz zu
dieser Welt ist in 1.Petr 2,11f. stärker ausgedrückt als in Mt 5,14-16, insofern
zur Abkehr von den heidnischen Leidenschaften aufgefordert wird. Diese
Paränese ist motiviert durch die Situation der Adressaten des Briefes, wonach
die christliche Minderheit der Bedrängnis durch die heidnische Bevölkerung
ausgesetzt ist. Das Interesse an der Bewahrung der Identität des Christ-Seins in
der Distanz zur Welt ist (aber) Mt 5,14-16 und 1.Petr 2,11f. gemeinsam.

---

[49] Vgl. R. Heiligenthal, Werke als Zeichen, 118.123; TestXII.Naph 8,4; vgl. auch Jes 49,3;
Str.-Bill. III, 118, gibt zu Röm 2,24 rabbinische Belege an, nach denen Heiden den Gott Israels
auf Grund ehrlicher Taten von frommen Juden mit den Worten preisen: "Gepriesen sei der
Gott der Juden!". - Zum Problem vgl. auch P. Lippert, Leben als Zeugnis, 104f.

[50] Vgl. auch Mt 10,18 und 24,9. Mt fügt gegenüber der Mk-Vorlage (Mk 13,9.13) den
Gedanken der Verfolgung durch die Heiden redaktionell ein. Zwar kennt Mt auch das Motiv
der Verfolgung durch jüdische Landsleute (vgl. 10,17.23; 5,12 ["Prophetenverfolgung"; vgl.
Apg 7,52!]; 21,33ff.; 22,6; 23,34-36; vgl. dazu D.R.A. Hare, The Theme of Jewish Persecution
of Christians in the Gospel according to St. Matthew [MSSNTS 6], Cambridge 1967; J.D.
Kingsbury, Matthew, 154), jedoch dürfte daran in Mt 5,16 (primär) nicht gedacht sein. Das
Thema der Prophetenverfolgung entnimmt Mt in 5,12 der Tradition (s. Lk 6,23; vgl. H.-T.
Wrege, Sondergut, 30) und deutet es im Rahmen des missionarischen Anliegens von 5,16.

[51] Vgl. auch E. Best, Gospel Tradition, 109f.: "... in Matthew it is 'men' who observe
Christians, in 1 Peter it is 'the Gentiles', (again) a possible adaption by 1 Peter to his Gentile
constituency."

[52] Der Begriff ἔμπροσθεν τῶν ἀνθρώπων begegnet auch in Mt 6,1. Hier ist der Gedanke
der Distanz zu den "Menschen" durch das negierende μὴ ποιεῖν deutlich ausgesprochen. Die
"Gerechtigkeit" der Jünger unterscheidet sich von der der "Heuchler" (6,2), insofern gerade
die "Heuchler" die Identität und Anerkennung mit der Menschen-Welt suchen (vgl.: "... ὅπως
δοξασθῶσιν ὑπὸ τῶν ἀνθρώπων." 6,2).

[53] Zur Licht-Vorstellung im Mt-Evangelium vgl. auch Mt 4,16f. Den sachlichen Zusammenhang zwischen Mt 4,16 und 5,14 hebt E. Lohmeyer, Mt, 101, hervor: "... so geben auch
die Jünger Jesu allen denen Licht und Leben, 'die in Finsternis und Schatten des Todes'
wohnen, wie Mt kurz zuvor (4,16) mit at.lichem Wort gesagt hatte." Das Licht-Motiv verleiht
dem Abschnitt 5,13-16 einen universalen Horizont. Jüngerschaft gestaltet sich verbindlich in
weltoffener Haltung. Vgl. dazu H.-T. Wrege, Sondergut, 32ff.

Schließlich ist zu bemerken, daß der Kontext von Mt 5,16 und 1.Petr 2,12 eine Indikativ-Imperativ-Struktur erkennen läßt.[54] In Mt 5,13.14 ist der Indikativ durch die Zusage: "Ihr seid ..." zur Sprache gebracht. So wird die Identität der Gemeinde als "Salz der Erde" und "Licht der Welt" definiert. In 1.Petr 2,12 ist die Identität der Gemeinde durch das einleitende ἀγαπητοί (vgl. 4,12) festgehalten. Zwar ist 2,11 ein Neueinsatz, doch weist die Anrede "Geliebte" auf 2,9f. zurück. Gott ist das Subjekt der Liebe, der sein erwähltes Volk "zu seinem wunderbaren Licht berufen hat." Die "Geliebten" sind zugleich die, die das Erbarmen Gottes erfahren haben.[55] Der Indikativ bemißt sich also - wie für Mt auch (5,14) - an der Lichtexistenz der Gemeinde. Zugleich erinnert die Anrede als "Fremdlinge" in V11 an das Motiv des erwählten Gottesvolkes (2,9f.). Der Indikativ geht in den Imperativ des vorbildlichen Lebenswandels vor der Welt über (Mt 5,16; 1.Petr 2,12). Sowohl Mt als auch 1.Petr benennen die gemeinsame missionarische Aktivität mit dem Ziel der Verherrlichung Gottes.

Der Vergleich zeigt, daß Mt 5,16 und 1.Petr 2,12 strukturell, terminologisch und kontextuell parallel aufgebaut sind, so daß sich eine traditionsgeschichtliche Abhängigkeit nahelegt.[56] Dennoch enthält 1.Petr 2,12 gegenüber Mt 5,16 einige Veränderungen, die erklärt werden müssen.

---

[54] Zum Verhältnis von Indikativ und Imperativ bzw. Kerygma und Paränese im 1.Petr vgl. E. Lohse, Paränese und Kerygma im 1. Petrusbrief, ZNW 45 (1954), 68-89; G. Delling, Der Bezug der christlichen Existenz auf das Heilshandeln Gottes nach dem ersten Petrusbrief, in: Neues Testament und christliche Existenz (FS H. Braun), hrsg. v. H.D. Betz/L. Schottroff, Tübingen 1973, 95-113; H. Goldstein, Gemeindeverständnis, 135-137; H. Manke, Leiden, 233ff.; L. Goppelt, Komm. 1.Petr, 110ff.; W. Schrage, Ethik, 220ff. - Zum Indikativ-Imperativ-Verhältnis in Mt 5,13-16 vgl. U. Luz, Mt I, 224.

[55] Vgl. die Parallelität in der Anrede: ἠλεημένοι (2,10) - ἀγαπητοί (2,11)!

[56] Dies vermutet zu Recht auch U. Luz, Mt I, 220 mit Anm. 8.

2.3.3. Erklärung der formalen und sachlichen Unterschiede zwischen Mt 5,16 und 1.Petr 2,12

(1) 1.Petr 2,12 hat Mt 5,16 zur Vorlage. Dafür spricht das "Wachstumskriterium", nach dem eine ursprüngliche Tradition im Laufe der Entwicklung durch weitere Elemente angereichert wird.[57] Dieser Vorgang läßt sich im NT des öfteren nachweisen.[58]

Bei der Analyse der Satzstruktur (s.o.) von Mt 5,16 und 1.Petr 2,12 konnten vier parallele Sinneinheiten festgestellt werden. 1.Petr 2,12 bietet darüber hinaus eine fünfte Sinneinheit: ἐν ᾧ καταλαλοῦσιν ὑμῶν ὡς κακοποιῶν. Dieser Nebensatz könnte theoretisch aus dem Satzgefüge entfernt werden und man erhielte einen Finalsatz, der dem Finalsatz von Mt 5,16 parallel wäre. Der Nebensatz enthält typisch petrinisches Vokabular:

a) "Ἐν ᾧ" begegnet im 1. Petr des öfteren: 1,6; 2,12; 3,16.19; 4,4. Der Sinn dieser präpositionalen Verbindung ist nicht einheitlich.[59]

In 3,19 dürfte sich ἐν ᾧ auf 3,18 (πνεύματι) zurückbeziehen.[60] Gleiches trifft für 1,6 zu (vgl. 1,5fin ἐν καιρῷ ἐσχάτῳ), sofern ἀγαλλιᾶσθε in 1,6a als futurisches Präsens verstanden wird (vgl. Teil 2.2.2.). 1.Petr 4,4 ist am besten kausal zu fassen: "darum" (vgl. auch Röm 8,3; Heb 2,18; 6,17).[61] In 1.Petr 2,12 und 3,16 ist die Entscheidung nicht eindeutig. Ἐν ᾧ könnte temporal ("während")[62], aber auch örtlich ("worin" = ἐν τούτῳ, ἐν ᾧ)[63] verstanden werden. Beide Stellen sind jedenfalls darin parallel, daß ἐν ᾧ und καταλαλεῖν unmittelbar beisammen stehen, so daß eine gleiche Übersetzung anzunehmen ist. Gegen die Annahme der temporalen Fassung spricht, daß sie den Akt des Geschmähtwerdens der Christen und des Verherrlichens Gottes durch die Heiden vergleichzeitigen würde, was der futurischen Applikation des Verherrlichens Gottes durch die Bestimmung ἐν ἡμέρᾳ ἐπισκοπῆς widerspricht (s.u.). Denn das Schmähen der Christen kann sich nur in der Jetztzeit vollziehen.[64] Die Übersetzung von ἐν ᾧ im Sinn eines Relativpronomens mit dem

---

[57] G. Strecker, Bergpredigt, 11.

[58] Ein naheliegendes Beispiel ist die Verarbeitung der Mt 5,13-16 vorliegenden Tradition. Die ursprünglich selbständig überlieferten Logien vom Salz (Mk 9,49f.; Lk 14,34f.) und vom Leuchter (Mk 4,21; Lk 8,16 [11,33]) sind von Mt zusammengezogen (5,13-15) und mit redaktioneller Einleitung umgeben worden (5,13a.14a.16). Dadurch hat Mt die Logien im Sinn der Jüngerunterweisung und Gemeindeparänese interpretiert.

[59] Eine eingehende Untersuchung der ἐν ᾧ-Stellen im 1.Petr bietet A. Reichert, Praeparatio, 214-224. Ihre Ergebnisse können für unseren Zweck vorausgesetzt werden.

[60] Vgl. Bauer-Aland, WNT, ἐν, IV.6. S.527; R. Schnackenburg, Christologie des Neuen Testaments, MySal 3/1, 268.

[61] Die kausale Fassung von ἐν ᾧ bedeutet, daß der frühere Lebenswandel der Christen (4,3) der Grund dafür ist, daß die Heiden über ein gegenwärtiges μὴ συντρέχειν εἰς τὴν αὐτὴν τῆς ἀσωτίας ἀνάχυσιν der Adressaten befremdet sind (4,4). Ἐν ᾧ kann aber auch Vorverweis auf die Genitiv-Absolutus-Konstruktion in 4,4 sein: "Darüber..., daß...". (Vgl A. Reichert, Praeparatio, 218.310-313). Der Zusammenhang läßt beide Möglichkeiten offen. Es geht beiderseits um das Befremden der Heiden über die veränderte Lebenshaltung der Christen.

[62] Vgl. K.H. Schelkle, Komm. 1.Petr u.a., 68; F. Schröger, Gemeinde, 52; N. Brox, Komm. 1.Petr, 114.

[63] Vgl. L. Goppelt, Komm. 1.Petr, 160; R. Knopf, Komm. 1.Petr u.a., 103; G. Wohlenberg, Komm. 1.Petr u.a., 68.

[64] Vgl. A. Reichert, Praeparatio, 216.

entsprechenden Demonstrativum ergäbe aber für das Verständnis von 2,12 und 3,16 einen guten Sinn. Für 2,12: Gerade die Handlungsweisen, auf Grund derer die Christen jetzt als "Verbrecher" verleumdet werden, werden den Heiden am Tag des Gerichts in einem anderen Licht erscheinen. Sie werden durch die guten Taten von der Integrität der Christen überzeugt sein und so Anlaß zum Lob Gottes haben. "Ausgedrückt ist also die Identität des Anlasses für das καταλαλεῖν und das δοξάζειν."[65] Ähnlich auch 3,16: Die Handlungsweisen, auf Grund derer die Christen von den Heiden verlästert werden (ἐν τούτῳ, ἐν ᾧ bezieht sich auf die ἀγαθὴ ἐν Χριστῷ ἀναστροφή 3,16fin), beschämen die schmähenden Heiden, denn - so wird man sinngemäß ergänzen können - die Heiden werden von der Integrität der Christen überzeugt werden, so daß sie Gott loben können ἐν ἡμέρᾳ ἐπισκοπῆς.

b) "Καταλαλεῖν" kommt im Neuen Testament nur 3mal vor, davon 2mal im 1.Petr: 1.Petr 2,12; 3,16; Jak 4,11. Das Substantiv καταλαλιά begegnet 1.Petr 2,1 und 2.Kor 12,20 (vgl. auch κατάλαλος Röm 1,30). Wörter des Stammes καταλαλ- gehören also zum Vorzugsvokabular des 1.Petr. Es wird im feindseligen Sinn gebraucht, "mit dem Nebensinn des Unwahren oder Übertriebenen: verleumden."[66] Das Wort wird im profanen Sprachgebrauch nicht sehr häufig verwendet.[67] Im 1.Petr ist der Sinn des Wortes aber klar. Der Verf. des Briefes beschreibt die feindliche Haltung der heidnischen Umwelt gegenüber der christlichen Minderheit. Die Verwendung des Wortes ist also durch die Situation der Adressaten motiviert.[68]

c) "Κακοποιός": Im Neuen Testament verwendet nur 1.Petr (außer Joh 18,30 v.l.) den Begriff: 2,12; 2,14; 4,15 (vgl auch 3,17 κακοποιοῦντες; 3,16 v.l.). Es handelt sich also um Vorzugsvokabular des 1.Petr. Gemeint ist der mit rechtlichen Mitteln anklagbare "Verbrecher", vor dem sich die staatlichen Gewalten gerichtlich schützen müssen; vgl. 2,14. In 4,15 steht κακοποιός in einer Reihe mit anderen Bezeichnungen aus der Strafjustiz. Die Christen werden also als κακοποιοί "im gesellschaftlich-rechtlichen Zshg. beschuldigt".[69]

---

[65] a.a.O.

[66] G. Kittel, καταλαλέω κτλ., ThWNT IV, 3.

[67] a.a.O.

[68] Vgl. auch L. Goppelt, Komm. 1.Petr, 160 Anm. 18, der den Zusammenhang der Tradition Mt 5,16 mit dem auf die aktuelle Lage des Briefes bezogenen Nebensatz ἐν ᾧ ... κακοποιῶν herausgestellt hat.

[69] H. Balz, κακοποιός, EWNT II, 587. Vgl. auch R. Knopf, Komm. 1.Petr u.a., 103 (mit Verweis auf Joh 18,30 v.l.; Spr 12,4; 24,19); C. Bigg, Epistles, 137; N. Brox, Komm. 1.Petr, 218; A. Reichert, Praeparatio, 54; W.C.v. Unnik, Teaching, 99; W.L. Schutter, Hermeneutic, 16 Anm. 74; H. Goldstein, Gemeindeverständnis, 177. 421 Anm. 123; C. F. Sleeper, Political Responsibility, 282; L. Goppelt, Komm. 1.Petr, 58. 307f.; F.W. Beare, Epistle, 193; G. Wohlenberg, Komm. 1.Petr u.a., 68; F.-R. Prostmeier, Handlungsmodelle, 391. - Die gesellschaftlich-rechtliche Konnotation des Begriffes bestätigt Joh 18,30. Jesus wird von den Volksscharen an Pilatus ausgeliefert mit der Begründung, ein κακὸν ποιῶν (v.l. κακοποιός), d.h. ein "Verbrecher" zu sein. Auch die lukanische Passionsgeschichte bestätigt diesen Befund mit einem zwar anderen, aber sinnverwandten Begriff: Jesus wird ans Kreuz geschlagen im Beisein der zwei "Verbrecher" (κακοῦργος Lk 23,32f.39). - Zur Sache vgl. auch Tac. Ann. XV. 44; Plin Epist X. 96.

Terminologie und Inhalt des Nebensatzes kennzeichnen ihn also deutlich als petrinisches Interpretament der Tradition Mt 5,16,[70] indem der Verf. des Briefes diese Tradition im Hinblick auf die gesellschaftliche Situation der Gemeinde spezifiziert.

(2) "τὴν ἀναστροφὴν ... ἔχοντες καλήν ":

In Mt 5,16 hat Mt die Lichtterminologie aus dem Bildwort 5,14f. übernommen. Mit φῶς umschreibt Mt das rechte Sein und Verhalten der Jünger, das positiv-missionarisch auf die Menschen wirkt und diese zur Verherrlichung Gottes führt. Im 1.Petr begegnet φῶς nur einmal (2,9). Im Unterschied zu Mt ist hier an die Gott eigene Licht-Existenz gedacht, die nach 5,10 als Gottes Doxa in Christus bestimmt wird.[71] Bei Mt ist es aber das Licht, das die Indikativ- und Imperativ-Existenz der Christen ausmacht (Licht sein und ausstrahlen für die Welt).[72] Der mt. Lichtbegriff in 5,14.16 ist also mit 1.Petr 2,9 nicht vergleichbar.[73] Dennoch ist das von Mt Gemeinte in 1.Petr präsent. Der Brief spricht von der ἀναστροφή und meint damit sachlich das gleiche wie Mt 5,16: Die Aufforderung zum "guten Lebenswandel" (ἡ ἀναστροφὴ καλή) entspricht der mt. Forderung: λαμψάτω τὸ φῶς ὑμῶν. Es geht um den gesamten, gesellschaftlich relevanten, rechtschaffenen Lebenswandel der Christen, durch den sich dieselben als "Heilige" auszeichnen (vgl. 1,15.18; 2,12; 3,1f.16).[74] Ἀναστροφή ist petrinische Vorzugsvokabel.[75] Meist wird ἀναστροφή durch ein entsprechendes Adjektiv, das das Verhalten als ethisch akzeptabel (καλός 2,12; ἀγαθός 3,16; ἁγνός 3,2) oder verwerflich (1,18 μάταιος, πατρο-παράδοτος) bezeichnet, näher bestimmt. Die häufige Verwendung von ἀναστροφή dürfte durch die Lage der Adressaten des Briefes motiviert sein. Anfeindung und Aggressionen der heidnischen Umwelt stellen die Existenz der christlichen Gemeinde in Frage. Darum ist die Qualität der ἀναστροφή von entscheidender Bedeutung.[76] Von dem nichtigen Lebenswandel der "Väter" (1,18) gilt es sich zu distanzieren (1,14; 2,11; 4,1ff.). Der Brief definiert die Existenz der Gemeinde im Hinblick auf die heidnische Umwelt. Darum benutzt er das in der hellenistischen Welt weit verbreitete "ἀναστροφή" (ἀνα-στρέφειν) im Sinn von "Wandel", "Lebensführung"[77], das mit dem bei Mt begegnenden φῶς sachlich identisch ist.

---

[70] Vgl. auch R. Heiligenthal, Werke als Zeichen, 126, der von einem "redaktionelle(n) Einschub" spricht.

[71] Beide Belege (1.Petr 2,9 und 5,10) nennen das Licht bzw. die Doxa Gottes als Ziel der Berufung !

[72] Vgl. auch G. Strecker, Bergpredigt, 52, der von einer "anthropologische(n) Anwendung" der Licht-Metaphorik in Mt 5,14 spricht.

[73] Gegen R.H. Gundry, Verba Christi, 340.

[74] Vgl. F.-R. Prostmeier, Handlungsmodelle, 390.

[75] Von den im NT vorhandenen 13 Belegen entfallen allein 6 auf den 1.Petr: 1,15.18; 2,12; 3,1.2.16 (vgl. auch ἀναστρέφειν 1,17); vgl. weiter Gal 1,13; Eph 4,22; 1.Tim 4,12; Hebr 13,7; Jak 3,13; 2.Petr 2,7; 3,11. Die Synoptiker verwenden das Wort nicht.

[76] Es ist bezeichnend, daß von heidnischen Kritikern des 1. und 2. Jhndts. gerade der an-geblich sittlich verwerfliche Lebenswandel der Christen beanstandet wurde. Vgl. N. Brox, Komm. 1.Petr, 30, und die hier angegebenen Belege sowie Teil 2.2. Anm. 7 unserer Arbeit.

[77] Vgl. G. Bertram, στρέφω κτλ., ThWNT VII, 715. - W. Brandt, Wandel als Zeugnis, 10 Anm. 1, weist darauf hin, daß ἀναστροφή (ἀναστρέφειν) im klassischen Griechisch die

(3) "ἐν τοῖς ἔθνεσιν ":
Es ist bereits festgestellt worden (s.o.), daß der Zusammenhang von Mt 5,13-16 mit 5,11f. die Deutung der ἄνθρωποι (5,13.16) auf die Heiden wahrscheinlich macht. 1.Petr interpretiert das mt. ἄνθρωποι also sachgerecht durch τὰ ἔθνη. Die heidnische Bevölkerung wird im Brief entweder direkt als Urheber der Feindlichkeiten gegenüber den Christen genannt (2,12; 4,3), oder es ist aus dem Zusammenhang deutlich zu erschließen, daß es sich um heidnische Aggressionen handelt (vgl. 1,14.18; 2,1.11; 3,1-4; 4,2-4). Das heidnische Wesen ist gekennzeichnet durch Begriffe wie ἐπιθυμίαι (1,14; 2,11; 4,2f.) und ἀγνωσία bzw. ἄγνοια (1,14; 2,15). Auffällig ist, daß der Verf. des Briefes den Begriff ἄνθρωποι synonym mit τὰ ἔθνη benutzen kann (2,15; vgl. 4,2: ἀνθρώπων ἐπιθυμίαι). Der Wechsel von ἄνθρωποι (Mt 5,16) zu τὰ ἔθνη (1.Petr 2,12) ist also nicht überraschend. Er weist auf die frühere Existenz der Bekehrten (1,18; 4,3) und die Feindschaft der heidnischen Bevölkerung hin (2,12; 4,2-4). Der Begriff τὰ ἔθνη indiziert demnach das aggressive Verhalten, das den christlichen Adressaten des Briefes entgegengebracht wird.

Die Wendung ἔμπροσθεν τῶν ἀνθρώπων (Mt 5,16) ist bereits der mt. Redaktionsarbeit zugeordnet worden (s.o.). Die uneigentliche Präposition ἔμπροσθεν ("vor")[78] ist im NT am häufigsten bei Mt anzutreffen.[79] Die petrinische Veränderung von ἔμπροσθεν zu ἐν ist ohne Bedeutung. Ἔμπροσθεν benutzt 1.Petr auch sonst nicht, und ἐν ist die im NT am häufigsten auftretende Präposition.[80] Ein Bedeutungsunterschied beider Präpositionen ist in diesem Fall nicht anzunehmen.[81]

(4) Die gegenüber Mt 5,16 (ὅπως...) veränderte Einleitung des Finalsatzes (ἵνα...) ist ebenfalls ohne größere Bedeutung. Ὅπως ist Vorzugsvokabular des Mt (s. Teil 2.3.1.1.). Der Verf. des Briefes verwendet in Finalsätzen aber meistens ἵνα (13mal!). Ὅπως begegnet nur 1mal (2,9). Ein bedeutender Unterschied zwischen ὅπως + Konj. und ἵνα + Konj. in Finalsätzen besteht nicht. Beide Konjunktionen können im gleichen Zusammenhang wechselseitig gebraucht werden (vgl. Lk 16,24.26.27.28; 1.Kor 1,28f.; 2.Kor 8,14; 2.Thess

---

Bedeutung von "Verweilen" (Polybius 4,82), "Verzögerung, Aufschub" (Polybius 1,66; 8,26) hat (vgl. auch W. Pape, Griechisch-Deutsches Handwörterbuch I, ἀναστροφή, 209). In 1.Petr 1,17 und 2,11.12 wird das Wort in Verbindung mit dem Hinweis auf die Fremdlingschaft der Christen gebraucht. "Die ἀναστροφή schlösse in diesem Fall den Gedanken ein: Die Fremdlinge verweilen an dem Orte, in dem sie πάροικοι sind. Auf das rechte Verweilen kommt es an! In diesem Sinne würde das Wort die Bedeutung: 'Lebensführung' bekommen." (W. Brandt, a.a.O.). Nach Bauer-Aland, WNT, ἀναστρέφω, 121, hat ἀναστρέφειν schon im klassischen Griechisch die übertragene Bedeutung "*wandeln, sich irgendwie betragen*, od. überh. *leben* im Sinne d. Betätigung bestimmter Grundsätze." N. Brox, Komm. 1.Petr, 80, übersetzt entsprechend mit "way of live". - Zum Begriff vgl. weiter F. Schröger, Gemeinde, 10f.; T. Spörri, Gemeindegedanke, 80-88; R. Feldmeier, Fremde, 151ff.; J.H. Elliott, Elect, 179-182.

[78] Vgl. B.-D.-R. § 214,1.
[79] Vgl. Teil 2.3.1.1.
[80] Vgl. B.-D.-R. § 218.
[81] Die Präposition ἐν kann auch die Bedeutung von ἔμπροσθεν abdecken - zur Bezeichnung der Anwesenheit einer Person - im Sinn von: "vor", "bei", "in Gegenwart von"; vgl. Bauer-Aland, WNT, ἐν I.3., 521f.

1,11f.).[82] Man wird also diesen Wechsel der Konjunktionen auf den gegenüber ὅπως bevorzugten Gebrauch von ἵνα im 1.Petr zurückführen können.

(5) "ἐκ τῶν καλῶν ἔργων ἐποπτεύοντες": Diese Wendung ist im Zusammenhang mit δοξάσωσιν schwierig zu übersetzen. Bezieht sich ἐκ τῶν καλῶν ἔργων auf ἐποπτεύοντες oder auf δοξάσωσιν? Die zweite Möglichkeit ist der ersteren wahrscheinlich vorzuziehen. In der Regel verlangt das im NT singuläre (nur noch 1.Petr 3,2!) ἐποπτεύω den Akkusativ als Ergänzung.[83] Auch 1.Petr 3,2 bietet eine akkusativische Ergänzung. Im Fall von 1.Petr 2,12 muß man also αὐτά zu ἐποπτεύοντες hinzudenken, wobei sich αὐτά auf die καλὰ ἔργα der Genitivkonstruktion beziehen würde.[84] Ἐκ τῶν καλῶν ἔργων ist also mit δοξάσωσιν[85], nicht mit ἐποπτεύοντες[86] zu verbinden. Die schwierige Konstruktion des Satzes ist wohl durch die Einfügung des Nebensatzes ἐν ᾧ ... κακοποιῶν in die Tradition von Mt 5,16 zustande gekommen.[87] Sie ist aber der petrinischen Intention nach zu erklären. Der gute Lebenswandel soll gerade in der Situation feindseliger Aggressivität der heidnischen Umwelt der entscheidende Missionsfaktor sein (vgl. auch 3,1f.). 1.Petr konnte noch stärker als Mt den Lobpreis Gottes im Beweis der guten Taten begründen (ἐκ = auf Grund von[88]). Jede Verleumdung soll auf Grund der guten Werke ins Unrecht gesetzt bzw. ausgeschlossen werden, um den Lobpreis Gottes zu ermöglichen. Die Veränderung des Satzbaus ist demnach dadurch motiviert, daß der Brief noch deutlicher als Mt den guten Lebenswandel als missionarischen Faktor akzentuiert. Dies ist in einer Situation verstärkter Bedrängnis und Existenzgefährdung notwendig geworden, um die Rechtschaffenheit und Integrität der christlichen Minderheit vor der heidnischen Bevölkerung beweisen zu können. Die sprachliche Gestaltung des Satzes 1.Petr 2,12 hängt also mit der konkreten Lage der Adressaten des Briefes zusammen.

Ἐποπτεύω hat gegenüber ὁράω (Mt) noch stärker den Sinn eines intensiven, engagierten Sehens: "betrachten", "beobachten"[89]. Nicht zufällig begegnet das entsprechende Substantiv in der Mysteriensprache, "um die Eingeweihten d.

---

[82] Vgl. B.-D.-R. § 369.

[83] Vgl. die Belege aus der paganen Literatur bei W. Pape, Griechisch-Deutsches Handwörterbuch I, ἐποπτεύω, 1008.

[84] So auch C. Bigg, Epistles, 138; R. Knopf, Komm. 1.Petr u.a., 103; E. G. Selwyn, Epistle, 171.

[85] So auch R. Knopf, Komm. 1.Petr u.a., 103; W. Brandt, Wandel als Zeugnis, 13; D.G. Stöckhardt, Komm. 1.Petr, 107.

[86] So L. Goppelt, Komm. 1.Petr, 160; Windisch-Preisker, Katholische Briefe, 62; H. Goldstein, Gemeindeverständnis, 42f.

[87] Vgl. auch L. Goppelt, Komm. 1.Petr, 160.

[88] Vgl Bauer-Aland, WNT, ἐκ, S. 3 unten. - In Mt 5,16 ist durch das kopulative καί der Zusammenhang von "guten Werken" und Lobpreis Gottes nicht so eng wie im 1.Petr erfaßt. Es kann bei Mt nur vom Sinnzusammenhang erschlossen werden, daß das Verherrlichen Gottes *auf Grund* des Sehens der guten Werke geschieht.

[89] Vgl. auch C. Wolff, Christ und Welt, 339. Für das von den Christen geforderte Verhalten bedeutet das ἐποπτεύειν: "ἀσαστροφή und ἀγαθοποιεῖν meinen das christliche Handeln in seiner Wahrnehmbarkeit und Wirksamkeit ..., das neue Leben ist an einer neuen Lebensführung erkennbar (1,15.18; 4,3f.)." F. Neugebauer, Deutung, 133.

höchsten Grades zu bez.(eichnen)."[90] Έποπτεύω akzentuiert also wie ἐκ τῶν καλῶν ἔργων ... δοξάσωσιν die starke missionarische Absicht des 1 Petr.[91] Durch "reflektierendes Beobachten"[92] soll die heidnische Welt von der Echtheit des Christseins überzeugt werden. Jede Verleumdungsmöglichkeit muß ausgeschlossen werden.

Wird die Wendung ἐκ τῶν καλῶν ἔργων ἐποπτεύοντες δοξάσωσιν τὸν θεόν im missionarischen Sinn verstanden, ergibt sich freilich eine gewisse Spannung zu dem wohl eschatologisch zu interpretierenden Zusatz ἐν ἡμέρᾳ ἐπισκοπῆς (s.u.). Denn die missionarische Überzeugungskraft guter Werke vollzieht sich in der Jetztzeit. Der Verf. des 1.Petr hat durch den Zusatz ἐν ἡμέρᾳ ἐπισκοπῆς nicht gut ausgleichen können. Denn durch diesen bezieht sich das Lobpreisen Gottes auf den eschatologischen Gerichtstag. - Man wird die Absicht des Verf. wohl in dem Sinn zu interpretieren haben, daß er meint: Die guten Werke der Christen sollen die Heiden jetzt schon von der Integrität der Christen überzeugen können (vgl. 3,1). Gelegentlich wird solch eine Überzeugung auch Erfolg haben (vgl. 3,1f.: καὶ εἴ τινες...). Zum endgültig verherrlichenden Lobpreis Gottes werden die Heiden dann am Gerichtstag auf Grund dieser guten Werke der Christen, die sie jetzt schon vernehmen, eschatologisch aber klar vergegenwärtigt haben, veranlaßt werden. Der Verf. des Briefes hat demnach den Lobpreis Gottes von der Jetztzeit auf das Ende hin verlegt, im Unterschied zu Mt, der nach 5,16 jetzt schon mit dem Lobpreis Gottes rechnet.[93]

(6) Die Veränderung von πατὴρ ὑμῶν ὁ ἐν τοῖς οὐρανοῖς zu θεός in 1.Petr 2,12 ist leicht zu erklären. Πατὴρ ὁ ἐν (τοῖς) οὐρανοῖς ist typisch mt. Gottesbezeichnung (s. Teil 2.3.1.1.), in dieser Wortverbindung aber im 1.Petr nicht vorhanden. Πατήρ kommt im Brief überhaupt nur 3mal vor (1,2.3.17). Die überwiegende Mehrheit der Gottesbezeichnungen bildet aber einfaches θεός (vgl. Konkordanz). Κύριος begegnet als Gottesbezeichnung außer in 2,13 (hier aber kontextbedingt) nur in atl. Zitaten (1,25; 3,12).

(7) "ἐν ἡμέρᾳ ἐπισκοπῆς":
Die Deutung dieses Begriffs ist in der Forschung umstritten. Er ist gegenüber Mt 5,16 deutlich interpretierender Zusatz. Wie auch der Nebensatz ἐν ᾧ ... κακοποιῶν (s.o.) geht er über die vier parallelen Sinneinheiten zwischen Mt 5,16 und 1.Petr 2,12 hinaus. Jes 10,3 (ἐν τῇ ἡμέρᾳ τῆς ἐπισκοπῆς LXX) steht im Hintergrund. - Zwei Möglichkeiten des Verständnisses sind gegeben: Έν

---

[90] Bauer-Aland, WNT, ἐπόπτης, 619; vgl. auch E. Fascher, Epoptie, RAC V, 975f.977. - Die Mysteriensprache ist im 1.Petr zwar nicht vorauszusetzen (E. Fascher, a.a.O., 975; C. Bigg, Epistles, 138; W. Bieder, Grund und Kraft, 8), dennoch ist der Vergleichspunkt das intensive, engagierte Erkennen.

[91] Für den missionarischen Akzent von ἐποπτεύω spricht auch die sprachliche Parallele in 3,1f.: "Gewinnen" (κερδαίνω) ist Ausdruck der Missionssprache (s. Anm. 44). Das Gewinnen der heidnischen Männer geschieht, nachdem (weil) sie den "heiligen Lebenswandel" der christlichen Frauen gesehen haben (V2 ἐποπτεύσαντες ...).

[92] L. Goppelt, Komm. 1.Petr, 160.

[93] Freilich kennt 1.Petr auch ein gegenwärtiges Verherrlichen Gottes. Nach 1.Petr 4,11 kommt Gott durch die rechte Ausübung der Charismen in der Gemeinde jetzt schon die ihm zustehende Doxa zu. Vgl. auch 4,16: Gott wird durch das Leiden ὡς Χριστιανός verherrlicht. "Die Verherrlichung Gottes, zu der letztlich, am 'Tag der Heimsuchung', die Heiden gelangen, vollzieht sich im Verhalten der Christen untereinander schon jetzt." A. Reichert, Praeparatio, 129; vgl. auch L. Goppelt, Komm. 1.Petr, 291.

ἡμέρα ἐπισκοπῆς benennt die gnadenhafte Heimsuchung, die den Heiden zur Bekehrung führt (vgl. Gen 50,24f.; Sap 3,7; 4,15; Lk 1,68.78; 7,16; 19,44)[94], oder das strafende Gericht Gottes am Ende der Zeit (vgl. Jes 10,3; 24,22; 29,6; Jer 6,15; 10,15 LXX; Sir 16,18; 18,20; 23,24; Sap 14,11; 1QS 4,18f.20.26).[95] Eine Entscheidung ist schwierig. Die einzige ntl. Parallele Lk 19,44 läßt vom Zusammenhang her (19,42) nur die Deutung auf die gnädige Heimsuchung zu. Hinzu kommt, daß die Möglichkeit der Verherrlichung Gottes durch den Lobpreis der Heiden nur dann gegeben ist, wenn Gottes Güte (vgl. 2,3; Ps 33,9 LXX) auch den Heiden zukommt, diese also die "gnädige Heimsuchung" Gottes erfahren.[96] Andererseits ist in Jes 10,3 deutlich der Tag des strafenden Gerichtes Gottes gemeint. Nach 1.Petr 4,17f. ist das strafende Gericht Gottes über die Heiden vorausgesetzt. So bleibt die Aussage hier ambivalent.[97] Dies könnte die Absicht der Zitation von Jes 10,3 sein. Nach 4,5 haben sich die Heiden vor Gott dem Richter zu verantworten. Das Gericht wird mit vollem Ernst durchgeführt (3,12; 4,5f. 17f.). Diesen Ernst will 1.Petr mit dem Jesaja-Zitat zur Sprache bringen: Die Möglichkeit, Gott am Ende loben zu dürfen und damit gerettet zu werden[98], bedeutet nicht, daß Gott sein strafendes Gericht über die Heiden abschwächt. 1.Petr spricht hier deutlicher als Mt (5,16) aus, daß das Verhalten der Heiden in dieser Welt für die eschatologische Verantwortung vor Gott von Bedeutung ist und daß die Möglichkeit des eschatologischen Lobpreisens Gottes mit der gerichtlichen Verantwortung vor Gott verbunden ist. So ist also der "Tag der Heimsuchung" sowohl Gerichts- als auch Gnadentag, jedoch nicht der individuelle Tag der Bekehrung, sondern der eschatologische Gerichtstag. Daß Gericht und Gnade im "Tag der Heimsuchung" verbunden sein können, zeigt Sir 18,20: Das Gericht (κρίσις), die "Stunde der Heimsuchung", gereicht dem sich selbst Prüfenden zur Vergebung (ἐξιλασμός). Für 1.Petr 2,12 bedeutet analog die Anerkenntnis der guten Werke der Christen durch die Heiden, daß letztere am Gerichtstag Gnade erfahren werden, indem sie zum

---

[94] So deuten J. Rohde, ἐπισκοπή, EWNT II, 88f.; P. Lippert, Leben als Zeugnis, 72f.; H. Frankemölle, Komm. 1.Petr u.a., 46; T. Spörri, Gemeindegedanke, 88; H. Goldstein, Gemeindeverständnis, 41f.; D.G. Stöckhardt, Komm. 1.Petr, 108f.; E.G. Selwyn, Epistle, 171; C. Spicq, Komm. 1.Petr u.a., 99; B. Reicke, Epistles, 94; R. Knopf, Komm. 1.Petr u.a., 103f.; G. Wohlenberg, Komm. 1.Petr u.a., 70; W. Bieder, Grund und Kraft, 9; W. Brandt, Wandel als Zeugnis, 13f.; C. Wolff, Christ und Welt, 339; O. Knoch, Komm. 1.Petr u.a., 73.

[95] Diese endzeitliche Deutung der ἡμέρα ἐπισκοπῆς vertreten R. Heiligenthal, Werke als Zeichen, 126; F. Schröger, Gemeinde, 122; D.L. Balch, Let Wives be Submissive, 87; N. Brox, Komm. 1.Petr, 114f.; F. Hahn, Mission, 124 Anm. 5; W.C.v. Unnik, Teaching, 103-105; F.W, Beare, Epistle, 138; A. Reichert, Praeparatio, 125-128 Anm. 2. - Beide Möglichkeiten der Deutung erwägen C. Bigg, Epistles, 138; Windisch-Preisker, Katholische Briefe, 62; H.W. Beyer, ἐπισκέπτομαι κτλ., ThWNT II, 604; W. Schrage, Komm. 1.Petr, 89; K.H. Schelkle, Komm. 1.Petr u.a., 72; L. Goppelt, Komm. 1.Petr, 161; J.B. Bauer, Komm. 1.Petr, 30.

[96] "Ein erzwungenes Lobpreisen wäre absurd." L. Goppelt, Komm. 1.Petr, 162 Anm. 26; Vgl. F.-R. Prostmeier, Handlungsmodelle, 392f. Interessant ist, daß 1.Petr in 3,10-12 mit der Zitierung von Ps 34,13-17a zwar den Gerichtsgedanken mit übernimmt, jedoch Ps 34,17b wegläßt: Daß Gott die Bösen im Gericht vernichten wird, kann offenbar nach Meinung des 1.Petr nicht die Absicht Gottes im Gericht sein!

[97] Vgl. L. Goppelt, Komm. 1.Petr, 161; F.-R. Prostmeier, Handlungsmodelle, 392f.

[98] Vgl. auch N. Brox, Komm. 1.Petr, 115: Die letzte "Heimsuchung" zum Gericht beinhaltet "freilich immer auch 'Heimsuchung' der (aller) Menschen durch Gottes Gnade ...".

eschatologischen Lobpreis Gottes geführt werden. Die Gnade geht aber durch
das Gericht hindurch (vgl. 1,17; 4,5f.17f.).

Gegen die Deutung auf den jeweiligen Tag der Bekehrung der Heiden spricht, daß ἐν
ἡμέρᾳ ἐπισκοπῆς allgemein formuliert ist als ein alle gleichzeitig betreffendes Ereignis.
"Wäre der jeweilige Tag der Bekehrung der Heiden gemeint, hätte sich das durch eine
Formulierung wie z.B. ἐν ἡμέρᾳ ἐπισκοπῆς αὐτῶν leicht andeuten lassen."[99] Auch 3,1f.
spricht nicht für diese Deutung, denn hier geht es nur um ein gelegentliches Gewinnen einiger
weniger heidnischer Männer durch die Frauen ("ἵνα καὶ εἴ τινες ἀπειθοῦσιν ...
κερδηθήσονται"), "anders formuliert 2,12b einen Ausblick, der ganz generell für alle gilt, die
sich dem guten Lebenswandel der Adressaten entgegenstellen."[100] - 1.Petr 5,2
(ἐπισκοποῦντες) trägt ebenso wenig für die Deutung von 2,12 aus, denn in 5,2 geht es um das
jetzt auszuübende Hirtenamt der Presbyter in der Gemeinde, ἐπισκοπή in 2,12 bezieht sich
aber auf das Handeln Gottes gegenüber den Heiden. Ἐπίσκοπος in 2,25 gehört einem anderen
Zweig der Begriffsgeschichte an.[101] Beide Begriffe, ἐπισκοπή (2,25) und ἐπισκοπεῖν (5,2),
haben im Kontext der Christologie und Ekklesiologie des 1.Petr eine fürsorgend-achtgebende
Nuance (s. Teil 3.2.1.3.). Dies läßt sich weder für den Gerichts- noch den Bekehrungs-
gedanken zu einer parallelen Interpretation verwenden. Auch ein mögliches Argument, diese
mit dem Wort ἐπισκοπή verwandten Begriffe hätten im 1.Petr "positiven" Sinn, so daß analog
auch ἐπισκοπή in 2,12 "positiv", d.h. als Bekehrungs- und Heilstag, zu verstehen sei, scheitert
an 4,15: Hier hat nämlich ein Wort mit dem Stamm ἐπισκεπτ- durch den Zusammenhang mit
ἀλλοτριο- eine negative Konnotation erhalten, unabhängig davon, wie der Inhalt des
Hapaxlegomenons ἀλλοτριεπίσκοπος konkret zu bestimmen ist (vgl. die Parallelworte
φονεύς, κλέπτης, κακοποιός). - Ähnlich hat C. Wolff, Christ und Welt im 1.Petrusbrief,
ThLZ 100 (1975), 333-342, als Argument für die Deutung der problematischen Wendung auf
den Bekehrungstag der Heiden angeführt, "daß ἐπισκοπή und ἐπισκέπτομαι im Neuen
Testament nicht in Gerichtsaussagen begegnen, dafür aber häufig Gottes rettende Zuwendung
zu den Menschen ausdrücken."[102] Jedoch bezieht sich ἐν ἡμέρᾳ ἐπισκοπῆς auf Jes 10,3
(LXX). Hier wird mit der Wendung "Tag der Heimsuchung" deutlich auf den "Tag des Herrn"
angespielt.[103] Für die Deutung auf diesen Gerichtstag in 1.Petr 2,12 spricht, daß im AT
(LXX) die Genitivverbindungen von ἐπισκοπή mit einer Zeitangabe in der Regel den
Gerichtstag benennen.[104] Eine Ausnahme scheint nur Sap 3,7 zu sein: der καιρὸς
ἐπισκοπῆς bezieht sich auf den Zeitpunkt der Gnadenheimsuchung; vgl. Lk 19,44. Da 1.Petr
2,12fin in der Bibel seine einzige explizite Parallele in Jes 10,3 LXX hat, scheint mir diese
Stelle im 1.Petr eher die Regel als die Ausnahme zu bestätigen. - Schließlich spricht auch

---

[99] A. Reichert, Praeparatio, 127.

[100] a.a.O., 128.

[101] Vgl. L. Goppelt, Komm. 1.Petr, 161 Anm. 23.

[102] a.a.O., 339; Lk 1,68.78; 7,16; 19,44; Act 15,14; vgl. dazu H.W. Beyer, ἐπισκέπτομαι
κτλ., ThWNT II, 601f.

[103] Vgl. H.W. Beyer, a.a.O., 603.

[104] Vgl. ἡμέρα τῆς ἐπισκοπῆς Jes 10,3; καιρὸς ἐπισκοπῆς Jer 6,15; 10,15; ὥρα
ἐπισκοπῆς Sir 18,20; ἐνιαυτὸς ἐπισκέψεως Jer 11,23. Zu vergleichen sind auch die Schriften aus Qumran. Die Wendung ("zur festgesetzten Zeit der Heimsuchung"; Übers. n. E. Lohse,
Die Texte aus Qumran, München [4]1986) bezieht sich in 1 QS 4,18f.26 (vgl. 4,11) auf den
Verderbnis über den Geist des Frevels bringenden Gerichtstag Gottes, wie die Parallel-
wendung מועד משפט in 4,20 und der gesamte Kontext von 1QS 4,9ff. bestätigen. Zwar ist in
1QS 4,1-8 auch für diejenigen, die den Geist der Wahrheit, Erkenntnis und Liebe haben, eine
"Heimsuchung" (פקודה) zur Heilung verheißen (1,6), jedoch ist hier nicht spezifisch von
einem "Tag" oder einer "festgesetzten Zeit der Heimsuchung" wie in 1.Petr 2,12, 1QS 4,18f.
26 und Jes 10,3 (LXX) die Rede.

1.Petr 5,6 für die Deutung auf den Gerichtstag. Einige Hss. lesen "ἐν καιρῷ ἐπισκοπῆς". Zwar ist es durchaus möglich, daß ἐπισκοπῆς in Anlehnung an 2,12 später angefügt worden ist, jedoch bestätigt die Beobachtung, daß 1.Petr hier analog zu 2,12 ein Jesuslogion eschatologisch - dazu mit Hilfe einer ähnlichen Wendung (2,12: ἐν ἡμέρα ἐπισκοπῆς; 5,6: ἐν καιρῷ ἐπισκοπῆς) - interpretiert hat (vgl. zu 1.Petr 5,6: Mt 23,12; Lk 14,11; 18,14), daß die entsprechenden Hss. ἐν καιρῷ richtig gedeutet haben. Καιρός ist, wie 1,5 und 4,17 bestätigen, im eschatologischen Sinn verstanden.[105]

Ergebnis: Die Veränderungen von 1.Petr 2,12 gegenüber Mt 5,16 zeigen, daß der Verf. des Briefes die Tradition Mt 5,16 im Hinblick auf die Lage seiner Adressaten (ἐν τοῖς ἔθνεσιν; ἐν ᾧ ... κακοποιῶν) interpretiert, den missionarischen Faktor stärker betont als Mt (ἐκ τῶν καλῶν ἔργων, ἐποπτεύοντες) und das Verhalten der Heiden gegenüber den Christen und die Möglichkeit des eschatologischen Lobpreises Gottes pointierter mit der eschatologischen Verantwortung im Gericht (ἐν ἡμέρα ἐπισκοπῆς) verbindet. So bestätigt 1.Petr 2,12 deutlich, daß und wie der Verf. des Briefes Mt (5,16) im Licht der Konflikte mit der heidnischen Umwelt gedeutet hat.

---

[105] Vgl. dazu W.C. v. Unnik, Teaching, 103f.

2.4. Mt 5,38-48 im Vergleich mit 1. Petr 3,9 und 1,15f.

Im Unterschied zu den bisher besprochenen Belegen sind für die Tradition vom Gewaltverzicht und der Feindesliebe nur geringe terminologische Parallelen zwischen Mt und 1.Petr festzustellen. Ein Zusammenhang wird eher durch gemeinsame Gedanken und Motive bestätigt. Jedoch scheint 1.Petr 3,8f. mit Röm 12,(10-17; vgl. auch 1.Thess 5,15) in einem Überlieferungszusammenhang zu stehen[1]. Auch könnte man geneigt sein, Lk 6,27f. vor Mt 5,44f. mit 1.Petr 3,9 in Verbindung zu bringen.[2] L. Goppelt schlußfolgert daraus, daß sich aus einem ursprünglichen Jesuslogion (Lk 6,27f. als Grundlage) zwei Überlieferungen entwickelten, die Evangelienüberlieferung (vgl. Lk 6,27f. par) und die Gemeindeparänese, die in 1. Petr 3,8f. und Röm 12 ihren Niederschlag gefunden hat.[3] In der Tat sprechen die deutlichen sprachlichen und inhaltlichen Parallelen zwischen Röm 12 und 1.Petr 3,8f. dafür[4], für beide Briefe die Kenntnis einer gemeinsamen paränetischen Gemeindetradition vorauszusetzen[5], die noch mit weisheitlichen Wendungen aufgefüllt (vgl. Spr 17,13; 20,22; 24,29; Hen[sl] 50,4) und "für den alltäglichen Umgang mit Gegnern des Glaubens einprägsam formuliert" worden ist.[6] Dennoch sprechen einige Argumente dafür, daß der Verf. des 1.Petr auch die beiden letzten Antithesen der mt. Bergpredigt gekannt und in seinem Sinn rezipiert hat. Dies werden die folgenden Ausführungen nahelegen. Zuvor soll aber der Nachweis erbracht werden, daß die beiden letzten Antithesen in ihrer Komposition auf die redaktionelle Hand des Evangelisten zurückgehen.[7]

---

[1] Vgl. L. Goppelt, Komm. 1.Petr, 223ff.; ders., Jesus und die "Haustafel"-Tradition, 100f.; J. Sauer, Traditionsgeschichtliche Erwägungen zu den synoptischen und paulinischen Aussagen über Feindesliebe und Wiedervergeltungsverzicht, ZNW 76 (1985), 1-28, S. 5 Anm. 15; W. Schenk, Segen, 73ff.

[2] Lk hat mit 1.Petr übereinstimmende Stichworte (εὐλογεῖν und ἐπηρεάζειν; vgl. 1.Petr 3,16). Vgl. E. Best, Gospel Tradition, 105f.

[3] Komm. 1.Petr, 225; ders., Jesus und die "Haustafel"-Tradition, 100f.

[4] Vgl. 1.Petr 3,8 ὁμόφρονες mit Röm 12,16a (15,5), συμπαθεῖς (εὔσπλαγχνοι) mit Röm 12,15, φιλάδελφοι mit Röm 12,10a, ταπεινόφρονες mit Röm 12,16b; 1.Petr 3,9 μὴ ἀποδιδόντες κακὸν ἀντὶ κακοῦ mit Röm 12,17a (1. Thess 5,15) τουναντίον ... εὐλογοῦντες mit Röm 12,14 (vgl. 1.Kor 4,12); vgl. auch 1.Thess 5,13b-15.

[5] So auch K.H. Schelkle, Komm. 1.Petr u.a., 95, mit Verweis auf die nachapostolische Lite-ratur: Did 1,3; Pol Phil 2,2. Vgl.auch J. Piper, Hope, 218ff.; E. Lohse, Paränese und Kerygma, 75.

[6] L. Goppelt, a.a.O., 225. Zu den vorpaulinischen Traditionselementen in Röm 12,9-21 vgl. J. Sauer, Traditionsgeschichtliche Erwägungen, 17-23.

[7] Vgl. dazu vor allem G. Strecker, Die Antithesen der Bergpredigt (Mt 5,21-48 par), ZNW 69 (1978), 36-75.

2.4.1. Der redaktionelle Charakter der 5. und 6. Antithese (Mt 5,38-42.43-48)

(1) Die *sechs Antithesen* der Bergpredigt sind von Mt strukturell formatiert worden: Antithese 1 und 4 bieten eine lange Einleitung (ἠκούσατε ὅτι ἐρρέθη τοῖς ἀρχαίοις 5,21.33), während die anderen eine kürzere Fassung bieten. Durch πάλιν (V33) werden die letzten drei Antithesen von den ersten drei abgehoben, so daß sich eine Komposition von 2 x 3 = 6 Antithesen ergibt. Die erste Dreiergruppe beginnt in der Gegenthese jeweils mit πᾶς ὁ (+ Partizip).[8] Innerhalb der beiden Dreiergruppen gehören die jeweils letzten beiden Antithesen formal und inhaltlich zusammen. Beide Antithesen-Doppel sind jeweils durch die kurze Einleitungsformel eingeführt und handeln von sachlich zusammengehörigen Themen: Ehebruch und Ehescheidung einerseits, Gewaltverzicht und Feindesliebe andererseits. Hier zeigt sich ein kompositorisches Interesse, das klar redaktionelle Arbeit verrät.[9] - Die ersten drei Antithesen nehmen Dekaloggebote auf[10] und werden von Mt 15,19 in der Reihenfolge der Antithesen wieder zitiert (φόνοι, μοιχεῖαι, πορνεῖαι). Während die Sondergutantithesen (1,2 und 4) atl. Gebote überbieten, werden durch die sekundären (redaktionellen) Antithesen (3, 5 und 6) atl. Gebote stark relativiert.[11] Man könnte hier einen Widerspruch zum mt. Interesse an der genauen Erfüllung des atl. Gesetzes (Mt 5,17-20) vermuten. Es muß aber bedacht werden, daß Mt mit der 6. Antithese den Höhepunkt der Antithesenreihe setzt. Im Gebot der Feindesliebe sieht er den Schlüssel zum Verständnis des atl. Gesetzes.[12] Zugleich werden die Antithesenreihen durch das Gebot der Feindesliebe gerahmt (V25!44).[13] Die Präzisierung des atl. Liebesgebotes im Sinn des Gewaltverzichts und der Feindesliebe (5. und

---

[8] Vgl. G. Strecker, Antithesen, 39.46; ders., Bergpredigt, 66f.; U. Luz, Mt I, 245; I. Broer, Freiheit vom Gesetz, 111; G. Theißen, Gewaltverzicht, 176; W.D. Davies/D.C. Allison, Gospel Matthew I, 504.

[9] Vgl. dazu G. Theißen, Gewaltverzicht, 176; J. Gnilka, Mt I, 179.

[10] G. Strecker, Antithesen, 44f.

[11] Des öfteren werden in der ntl. Exegese die 1., 2. und 4. Antithese als traditionelle von den sekundären, redaktionellen Antithesen 3, 5 und 6 unterschieden; vgl. z.B. R. Bultmann, GST, 143f.; G. Barth, Gesetzesverständnis, 87; R. Hummel, Auseinandersetzung, 72; P.Hoffmann/V.Eid, Jesus von Nazareth, 74; P. Hoffmann, Die bessere Gerechtigkeit. Auslegung Bergpredigt III, 180f.; H. Merklein, Gottesherrschaft, 253. 258ff. Diese These ist freilich nicht unbestritten geblieben. Für Traditionalität aller sechs Antithesen spricht sich H.-T.Wrege, Überlieferungsgeschichte, 57ff., aus. Dagegen versuchte I. Broer, Antithesen, 50ff. die redaktionelle Herkunft aller sechs Antithesen zu beweisen (vgl. ders., Freiheit vom Gesetz, 102-107). Inhaltlich unterscheiden sich die drei traditionellen von den drei redaktionellen Antithesen dadurch, daß erstere ein Verbot als These zitieren (5,21.27.33), letztere jedoch eine Anweisung, die durch eine neue, entgegengesetzte ersetzt wird (5,31.38.43); vgl. R. Bultmann, GST, 143f.; G. Strecker, Weg, 133.

[12] Vgl. dazu C. Dietzfelbinger, Die Antithesen der Bergpredigt im Verständnis des Matthäus, ZNW 70 (1979), 12-14; Dietzfelbinger entfaltet die These, daß der mt. Jesus in den Antithesen die ursprüngliche "Intention" der Thora in der Erfüllung des Liebesgebotes aufdeckt. Vgl auch H. Weder, Rede, 136; R. Schnackenburg, Mt, 60.

[13] Vgl. U. Luz, Mt I, 246.

6. Antithese[14]) bestätigt die Tendenz der mt. Interpretation der Antithesen. Sie müssen von ihrem Ende her gelesen werden. Dadurch erfährt das Leitthema der "besseren Gerechtigkeit" eine Präzisierung: Die in der Bergpredigt geforderte "bessere Gerechtigkeit" wird durch die (Feindes-)Liebe erfüllt.[15] In diesem Sinn ist die Relativierung einzelner atl. Gebote durchaus im Sinn der Erfüllung des atl. Gesetzes zu sehen (Lev 19,18).[16]

(2) Die Einleitung der 5. *Antithese* (5,38-39a) geht über das in derselben Antithese verwendete Q-Material hinaus (vgl. Lk 6,29f.). Wie im Fall der 3. und 6. Antithese, die nicht aus dem Sondergut des Mt stammen, sind die in den Antithesen enthaltenen Q-Logien ursprünglich selbständig überliefert und erst sekundär mit den Thesen verknüft worden.[17] Dagegen sind die Sondergut-Antithesen wesenhaft mit den Thesen verbunden. Alle sekundären Antithesen nehmen verbal die These in sich auf.[18] Dies ist (zumindest) bei der 1. und 4. (Sondergut-)Antithese nicht der Fall. Die betonte verbale Aufnahme der These in der Antithese spricht dafür, daß die Antithese mit der These sekundär verknüft worden ist. - Μὴ ἀντιστῆναι ist formal analog zu V34 gebildet (μή + Infinitiv). Der verneinte Infinitiv begegnet bei Mt auch weiterhin innerhalb des Redaktionsgutes (vgl. 2,12; 6,1).[19] Πονηρός (in 5,39a substantiviert, vgl. Mt 5,11) ist typisch mt. Vorzugsvokabular.[20]

Weitere sprachliche Merkmale sprechen für mt. Bildung der 5. Antithese. V39b.41: Veränderung der Partizipialkonstruktion gegenüber Lk par durch das von Mt bevorzugte ὅστις.[21] Δεξιός (V39b) könnte ebenfalls mt. Zufügung sein

---

[14] Mt gliedert das entsprechende Q-Material (Lk 6,27-36) in zwei Antithesen; vgl. E. Schweizer, Mt, 67; P. Hoffmann, Die bessere Gerechtigkeit. Auslegung Bergpredigt IV, 264 - 275; A. Sand, Gesetz, 49.

[15] So auch G. Barth, Gesetzesverständnis, 74; U. Luck, Vollkommenheitsforderung, 34; P. Hoffmann, Die bessere Gerechtigkeit. Auslegung Bergpredigt IV, 274; R. Schnackenburg, Mt, 60. - Bemerkenswert ist, daß Mt, der das Wort περισσεύειν/περισσόν von sich aus gern verwendet (vgl. Mt 13,12 diff. Mk 4,25; Mt 25,29 diff. Lk 19,26; Mt 14,20 diff. Mk 6,43; s. dazu Mk 8,8/Mt 15,37!; Mt 5,37 [S]), im Zusammenhang mit 5,20 (περισσεύειν) die Frage nach dem Lohn (vgl. Lk 6,33) abgeändert hat in: "τί περισσὸν ποιεῖτε;" (Mt 5,47). Dadurch wird deutlich, daß für Mt die Antwort auf die Frage der "besseren Gerechtigkeit" (5,20) die "besondere" (περισσόν) Tat der Feindesliebe ist.

[16] Vgl. dazu U. Luz, Mt I, 249f.

[17] Theoretisch ließen sich die entsprechenden Q-Logien aus den Zusammenhang mit den Antithesen lösen ohne ihren Sinn zu verlieren. Vgl. R. Bultmann, GST, 143f.; kritisch dazu G. Strecker, Antithesen, 40f.

[18] Deshalb steht auch in 5,39a "ἀντιστῆναι", das eigentlich bei Mt singulär ist, jedoch durch das Präfix ἀντι- auf die These zurückverweist (ὀφθαλμὸν ἀντὶ ὀφθαλμοῦ καὶ ὀδόντα ἀντὶ ὀδόντος)! Vgl. W.D. Davies/D.C. Allison, Gospel Matthew I, 543; E. Schweizer, Mt, 79.

[19] Vgl. U. Luz, Mt I, 291; G. Strecker, Antithesen, 46; ders., Bergpredigt, 86; J. Gnilka, Mt I, 180; J. Sauer, Traditionsgeschichtliche Erwägungen, 7.

[20] Der Begriff begegnet 26mal bei Mt (2mal bei Mk, 13mal bei Lk), davon 12mal redaktionell! Vgl. U. Luz, Mt I, 49; W. Schenk, Die Sprache des Matthäus, 161ff.; G. Strecker, Antithesen, 64; ders., Bergpredigt, 86; S. Schulz, Q, 122; A. Kretzer, Herrschaft, 132f.; G. Baumbach, Verständnis, 56-93; J. Sauer, Traditionsgeschichtliche Erwägungen, 7.

[21] Mt verwendet ὅστις 29mal (Mk: 5 mal; Lk: 18 mal), davon ca. 18mal redaktionell. Vgl. U. Luz, Mt I, 46; W. Schenk, Die Sprache des Matthäus, 377f.; S. Schulz, Q, 121; W.D. Davies/D.C. Allison, Gospel Matthew I, 543; J. Gnilka, Mt I, 180.

(vgl. 5,29f. und Mk 9,47par).[22] - Zwischen 5,38-39a und 5,39bf. findet ein Personenwechsel statt: von der 2.Ps.Pl. in die 2.Ps.Sg. Dies läßt auf sekundäre Anfügung der Einleitungsformel 5,38f. schließen.[23] - V39: Ῥαπίζει könnte Angleichung an Mt 26,67 sein. Ἄφες (ἀφίημι) - im Sinn von "überlassen" - ist mt. Vorzugswort.[24] Als Imperativ begegnet es 11mal bei Mt.[25] - In V42 können θέλω (42mal, davon ca.12mal red.) und ἀποστρέφω auf Mt zurückgeführt werden.[26]

(3) Für mt. Redaktionsarbeit im Fall der *6. Antithese* sprechen folgende Gründe: Das Gebot der Feindesliebe ist für Mt der Schlüssel zum Verständnis des atl. Gesetzes.[27] Mit ἀγαπήσεις wird betont das entsprechende Verb ἀγαπᾶτε aus der Q-Tradition (vgl. Lk 6,27) an den Anfang der These gesetzt. Am Ende wird das gesamte in den Antithesen geforderte Verhalten der Jünger unter das Motto des Vollkommenseins gestellt (5,48). Die 6. Antithese bildet den Höhepunkt der Antithesenreihe, so daß für Mt (Feindes-)Liebe und Vollkommenheit zu Synonyma werden.

Das deutliche mt. Interesse am Liebesgebot könnte der Grund dafür sein, daß Mt in V44 das bei Lk überlieferte viergliedrige Logion auf zwei Glieder reduziert hat. So erfährt das erste Glied des Logions eine betontere Stellung als in Lk 6,27. Die frühchristliche Literatur der ersten beiden Jahrhunderte zeigt, daß das viergliedrige Logion weiterhin tradiert wurde (vgl. Did 1,3; Just Apol I,15,9; Athenagoras, Suppl. 11,1), so daß auch dies die Annahme mt. Verkür-

---

[22] G. Strecker, Bergpredigt, 87; U. Luz, Mt I, 291; W.D. Davies/D.C. Allison, Gospel Matthew I, 543; D. Zeller, Mahnsprüche, 56 Anm. 17; W. Schenk, Die Sprache des Matthäus, 173f.

[23] So auch J. Gnilka, Mt I, 180; E. Schweizer, Mt, 67.

[24] 47mal bei Mt, davon ca. 5mal redaktionell (Leitwort in Mt 18,12-35: 5mal); vgl. U. Luz, Mt I, 37; W. Schenk, Die Sprache des Matthäus, 76ff.; W.D. Davies/D.C. Allison, Gospel Matthew I, 545; J. Gnilka, Mt I, 180.

[25] J. Gnilka, a.a.O.

[26] Vgl. U. Luz, Mt I, 42; W. Schenk, Die Sprache des Mathäus, 227.282f.; W.D. Davies/D.C. Allison, Gospel Matthew I, 545. - Weitere sprachliche Merkmale zur Identifizierung mt. Redaktionsarbeit bietet U. Luz, Mt I, 291f.

[27] Vgl. auch Mt 19,18f. Gegenüber Mk/Lk-Parallele wird das Liebesgebot im Zusammenhang der atl. Dekaloggebote zitiert. Mk und Lk par bieten an der entsprechenden Stelle das Nächstenliebegebot nicht. Der Zusammenhang von Mt 19,19b mit 5,43 bestätigt also, daß Mt - in Aufnahme von Lev 19,18 LXX - redaktionell eingefügt hat (vgl. H. Giesen, Christliches Handeln, 140; G. Künzel, Gemeindeverständnis, 241f. Anm. 67; E. Schweizer, Jesus Christus, 134 Anm. 21). Die Bedeutung, die das Gebot der Nächstenliebe für Mt hat, wird auch in der Perikope von der Frage nach dem höchsten Gebot (Mt 22,34-40) deutlich. Im Unterschied zur Vorlage (Mk 12,30f.) bezeichnet Mt das Gebot der Nächstenliebe "als dem ersten gleich". Auch hat Mt die Goldene Regel (7,12) im Sinn des Liebesgebotes verstanden. Darauf deutet der redaktionelle Schlußsatz in 22,40 hin, der sich in ähnlicher Weise in Mt 7,12b findet. Beiderseits steht das AT im Hintergrund (vgl. dazu G. Strecker, Weg, 135-137; M. Hengel, Zur matthäischen Bergpredigt, 390-395: "Liebesgebot und Goldene Regel sind für Matthäus praktisch identisch" [S. 394]; W. Schrage, Ethik, 122f.). In diesem Zusammenhang sind auch die beiden redaktionell eingefügten Gebote der Barmherzigkeit in Mt 9,13 und 12,7 zu erwähnen; ebenso Mt 12,12b (das Sabbatgebot wird dem Liebesgebot untergeordnet 12,9-14).Vgl. auch Mt 18,12-35; 23,23. Zum Zusammenhang der genannten Belege vgl. S. Schulz, Stunde, 179ff.; G. Barth, Gesetzesverständnis, 70-80; P.F. Ellis, Matthew, 150-154.

zung des Logions stützt.[28] Die pointierte Zuspitzung auf die Verfolgungssituation stammt wohl von Mt.[29] - Die antithetische Formulierung des Feindesliebegebotes ist sonst in der frühchristlichen Literatur nicht belegt, so daß
diese antithetische Einkleidung des Gebotes auf sekundäre redaktionelle Bearbeitung schließen läßt.[30] - Zwischen den beiden letzten Seligpreisungen (5,10-
12) und der letzten Antithese besteht ein sachlicher Zusammenhang durch das
Verfolgungsmotiv (διώκειν)[31], das sowohl in Mt 5,10 als auch in 5,11f. von Mt
redaktionell eingetragen worden ist (fehlt Lk 6,22f.). - V43f. wechselt von der
2.Ps. Sg. (V43b.c) in die 2.Ps.Pl. (V44b.c), ist also ähnlich wie 5,38f. mit der Q-
Tradition sekundär verankert worden. - Ἐχθρός (V43) verklammert rhetorisch
effekvoll den traditionellen V44 (ἐχθρούς) mit V43. - Mt 5,43-48 enthält viele
parallele Strukturelemente. Dies läßt auf kunstvolle Komposition des Q-
Materials schließen.[32] Vgl.:lieben/beten; Feinde/Verfolger (V44); Sonne/Regen;
Böse/Gute; Gerechte/Ungerechte (V45b Chiasmus!)[33]; ihr liebt/ihr grüßt; die
euch lieben/eure Brüder; Zöllner/Heiden (V46f.); ihr/euer Vater; vollkommen/
vollkommen (V48); Söhne/Vater (V45a).[34] - "Gute" und "Böse" in Verbindung
ist typisch matthäisch (vgl. noch Mt 7,18; 20,15; 22,10; jedoch keine Belege bei
Lk und Mk[35]). Die Sohnverheißung in V45a dürfte auch matthäisch sein. Die
Verheißung der Gottessohnschaft begegnet schon in 5,9 und geht dort gleichfalls
auf Mt zurück (vgl. Teil 2.1.1.2.). Ὅπως benutzt Mt bevorzugt (vgl. Teil
2.3.1.1.). Πατὴρ ὁ ἐν (τοῖς) οὐρανοῖς ist typisch mt. Gottesbezeichnung (vgl.
Teil 2.3.1.1.)[36]. Lk bietet dagegen ὕψιστος (6,35).[37] - V47: Περισσόν spiegelt deutlich περισσεύσῃ in 5,20 wider.[38] - Weiteres sprachliches Merkmal für

---

[28] Das viergliedrige Logion wird Lk schon aus der Tradition übernommen haben. Dafür
spricht die uniforme Struktur der viergliedrigen Reihe, die Annahme, daß Mt das Logion in
Analogie zur zweigliedrigen These V43 gekürzt hat, und die Beobachtung, daß Lk in 6,32ff.
den V28 nicht wieder thematisch aufnimmt, obwohl dies für V27b.c in V32f.35 der Fall ist.
Vgl. dazu J. Sauer, Traditionsgeschichtliche Erwägungen, 8; H. Merklein, Gottesherrschaft,
225; U. Luz, Mt I, 306; R. Hoppe, Vollkommenheit, 155; W. Schenk, Segen, 73ff.

[29] Διώκειν ist mt. Vorzugsvokabular. Vgl. Teil 2.1.1.1.

[30] J. Gnilka, Mt I, 188, spricht bezüglich dieser Annahme von einem "common sense in
der gegenwärtigen Forschung".

[31] Vgl. J. Gnilka, Mt I, 187; J. Becker, Feindesliebe - Nächstenliebe - Bruderliebe, 13; G.
Strecker, Bergpredigt, 93; D. Lührmann, Liebet eure Feinde, 415; R. Hoppe, Vollkommenheit,
155.

[32] Parallele Strukturen sind für Mt charakteristisch; vgl. J. Gnilka, Mt I, 188.

[33] Vgl. H. Giesen, Christliches Handeln, 131 Anm. 293.

[34] Vgl. J. Gnilka, Mt I, 188.

[35] Vgl. U. Luz, Mt I, 35; W. Schenk, a.a.O., 161ff.

[36] Vgl. weiterhin auch H. Merklein, Gottesherrschaft, 226; D. Zeller, Mahnsprüche, 103
Anm. 357; H. Giesen, Christliches Handeln, 131 Anm. 291; ders., Glaube und Handeln, 89; H.
Frankemölle, Jahwebund, 161ff.; A. Kretzer, Herrschaft, 29-31; W. Schenk, Die Sprache des
Matthäus, 291f.

[37] Es handelt sich um lukanische Spracheigentümlichkeit; vgl. weiter Lk 1,32.35.76; 6,35;
Act 16,17 u.ö. vgl. A. Schulz, Nachfolgen, 230 Anm. 20.

[38] Vgl. G. Theißen, Gewaltverzicht, 165; H. Merklein, Gottesherrschaft, 226; R. Hoppe,
Vollkommenheit, 155; W. Schenk, Die Sprache des Matthäus, 404f.

mt. Redaktionsarbeit ist der Gebrauch von Vorzugsvokabular wie "δίκαιος" (vgl. Teil 2.1.2.)[39] und "μισθός" (V46)[40]. Die 6. Antithese nimmt vielfältig sprachliches Material aus dem Vorangehenden der Bergpredigt auf: διώκειν (5,10.11.44); υἱοὶ θεοῦ (V9); πατὴρ ὁ ἐν τοῖς οὐρανοῖς (V16); μισθός (V12) und περισσόν (V20 περισσεύειν). Dies belegt, daß Mt dieses Material redaktionell verarbeitet hat.

V48 wird auf Mt zurückzuführen sein.[41] Οὖν (V48) gehört zum mt. Vorzugsvokabular.[42] Diese Konjunktion bewirkt, daß Mt das Logion zum wirksamen Abschluß des Ganzen macht.[43] Durch die betonte Schlußstellung am Ende der Antithesen erhält der Vers gegenüber Lk 6,36 stärkeres Eigengewicht.[44] Das Stichwort τέλειος[45] (Lk οἰκτίρμων) bindet den Vers mit dem Hauptthema der mt. Bergpredigt von der "besseren Gerechtigkeit" (5,20) zusammen[46] und indiziert die ethische Tendenz des Mt.[47] Zugleich leitet V48 zu 6,1 über (vgl. Stichwort "Gerechtigkeit"): Das vollkommene Verhalten der

[39] S. Schulz, Q, 129, stellt stellvertretend für viele fest: "... δίκαιος ist ein typisch mt. Wort.".

[40] Vgl. W. Schenk, Die Sprache des Matthäus, 364. Die Lohnvorstellung ist ein für Mt wichtiges Thema; vgl. dazu Teil 2.2.2. (12).

[41] Grundlage ist ein Q-Logion (vgl. Lk 6,36) mit atl. Hintergrund (vgl. Lev 19,2 LXX), das Mt abgewandelt hat (s. Teil 2.4.3.). Vgl. G. Strecker, Antithesen, 68f.; ders., Bergpredigt, 96; P. Hoffmann, Die bessere Gerechtigkeit. Auslegung Bergpredigt IV, 271; R. Schnackenburg, Vollkommenheit, 131-156; E. Lohse, "Vollkommen sein", 131ff.; D. Zeller, Mahnsprüche, 110; R. Hoppe, Vollkommenheit, 158; U. Luz, Mt I, 312-314; G. Barth, Gesetzesverständnis, 90; H. Merklein, Gottesherrschaft, 227.

[42] Οὖν begegnet 56mal bei Mt, davon ca. 28-46mal redaktionell; vgl. U. Luz, Mt I, 46; W. Schenk, Die Sprache des Matthäus, 38; S. Schulz, Q, 130; G. Strecker, Bergpredigt, 96.

[43] J. Gnilka, Mt I, 189.

[44] "Er (Mt) stellt die Vollkommenheitsforderung an den Schluß der Antithesenreihe. Dadurch bezieht sich die Forderung nun auf jedes in den sechs Antithesen geforderte Verhalten." G. Theißen, Gewaltverzicht, 162; vgl. auch R. Hoppe, Vollkommenheit, 158; R. Schnackenburg, Mt, 60.

[45] Τέλειος ist auch in Mt 19,21 redaktionell. Der Begriff läßt sich auf das hebr. Äquivalent שלם bzw.תמים zurückführen (vgl. LXX). Er meint "die Ganzheit im Sinn der Unversehrt- und Ungeteiltheit" (1.Kön 8,61; 11,4; 15,3.14; Dtn 6,5; 18,13 u.ö.) G. Barth, Gesetzesverständnis, 91 Anm. 1.2; vgl. auch R. Schnackenburg, Vollkommenheit, 131-156, bes. 133ff.; R. Bultmann, Jesus, 83f.; G. Delling, τέλος κτλ., ThWNT VIII, 72f. 74f.; H. Hübner, τέλειος, EWNT III, 822f.; F.W. Beare, Gospel Matthew, 163; G. Strecker, Bergpredigt, 96; T. Zahn, Mt, 257 Anm. 38; U. Luz, Mt I, 313; W Trilling, Israel, 194; H. Merklein, Gottesherrschaft, 227; G. Künzel, Gemeindeverständnis, 239f.240.247; H. Frankemölle, Jahwebund, 291; H. Giesen, Christliches Handeln, 124f.140f.; J. Gnilka, Kirche des Matthäus, 60-62; ders., Mt I, 195; E. Lohse,"Vollkommen sein", 134f.

[46] 5,48 schafft im Rückgriff auf 5,20 eine Inklusion. Die Antithesen stehen damit unter der Perspektive der "besseren Gerechtigkeit" und der Gott analogen Vollkommenheit. Vgl. H. Frankemölle, Jahwebund, 291; R. Schnackenburg, Vollkommenheit, 140; R. Hoppe, Vollkommenheit, 142.158; H. Giesen, Christliches Handeln, 123f. 136-140; W. Trilling, Israel, 195. 208f.; G. Strecker, Weg, 141 Anm. 2; ders., Bergpredigt, 98; H.-T. Wrege, Überlieferungsgeschichte, 87; W. Grundmann, Mt, 180.

[47] Vgl. A. Schulz, Nachfolgen, 234: "Der Begriff ist nach seinem semitischen Grundverständnis eine typische Qualität für menschliches Bemühen und daher als Anruf an die sittliche Verantwortung des 'Jüngers' besonders geeignet."

Jünger ist der Erweis der "besseren Gerechtigkeit" in und gegenüber der Welt.[48] Der Vers hat mt. Spracheigentümlichkeiten: τέλειος (3mal bei Mt) begegnet bei Lk und Mk nicht[49]. Οὖν und πατὴρ ὑμῶν ὁ οὐράνιος sind bereits als matthäisch gekennzeichnet worden (s.o.).[50] Die vorangehenden Ausführungen haben die mt. Redaktion und Komposition der beiden letzten Antithesen verdeutlicht[51]. Es soll nun gezeigt werden, daß 1.Petr 3,9 diese mt. Komposition sowohl gekannt als auch formal und sachlich - wenn auch nur geringfügig terminologisch - verarbeitet hat.

2.4.2. Die 5. und 6. Antithese im Verhältnis zu 1.Petr 3,9

(1) 1.Petr 3,9 ist strukturell parallel zu Mt 5,39a.44f. aufgebaut. Dies zeigt folgende Gegenüberstellung:

a) Eine negative Aussage: Mt 5,39a   μὴ ἀντιστῆναι τῷ πονηρῷ
                    1.Petr 3,9   μὴ ἀποδιδόντες κακὸν ἀντὶ κακοῦ.
b) Eine posititve Aussage: Mt 5,44   ἀγαπᾶτε ... καὶ προσεύχεσθε ...
                    1.Petr 3,9   εὐλογοῦντες ...
c) Aussage b) wird mit einer Verheißung strukturell verbunden:
                    Mt 5,45   ὅπως ... + Aor. Konj.
                    1.Petr 3,9   ἵνα ... + Aor. Konj.

Da die Komposition der 5. und 6. Antithese, die thematisch zusammengehören, auf Mt zurückgeführt werden kann und in 1.Petr strukturell nachempfunden ist, kann man schlußfolgern, daß der Verf. des Briefes die 5.und 6. Antithese - speziell Mt 5,39a und Mt 5,44f. - im Zusammenhang gekannt hat und 1.Petr 3,9 in einem Satzgefüge zusammengezogen hat. Diese Komposition des Mt hat aber in 1.Petr 3,9 charakteristische Veränderungen erfahren, die zu erklären sind.

Auf Grund des Stichwortes εὐλογεῖτε in Lk 6,28 könnte man gewillt sein, 1.Petr 3,9 näher mit der lk. Tradition zu verbinden[52]. Jedoch spricht Lk 6,28 nicht wie Mt 5,38.39a und 1.Petr 3,9 explizit den direkten Verzicht auf das ius talionis aus. Lk 6,29f. bietet nur die im Q-Material vorhandenen Beispiele für den Verzicht auf das ius talionis (vgl. Mt 5,39bf.), nicht aber das entsprechende übergeordnete Verbot (vgl. Mt 5,39a; 1.Petr 3,9a).

---

[48] Vgl. U. Luz, Mt I, 21.305f., der V48 als Kelal kennzeichnet.

[49] Vgl. W. Schenk, Die Sprache des Matthäus, 441.

[50] Vgl. auch H. Merklein, Gottesherrschaft, 227. Zu οὖν bei Mt vgl. J. Lange, Erscheinen, 306f.

[51] Für Redaktionalität der Antithesenform in der 5. und 6. Antithese sprechen sich u.a. aus: P. Hoffmann/V. Eid, Jesus von Nazareth, 151.157; W. Huber, Feindschaft und Feindesliebe, 133; G. Strecker, Antithesen, 42. 46f.; G. Theißen, Gewaltverzicht, 176; D. Lührmann, Liebet eure Feinde, 412f.; S. Schulz, Q, 122; J. Sauer, Traditionsgeschichtliche Erwägungen, 6f.

[52] So z.B. J. Piper, Hope as the Motivation of Love in I Peter, I Peter 3,9-12, NTS 26 (1980), 221f.

(2) Die *5. Antithese* Mt 5,38-39a spiegelt sich sachlich und z.T. auch terminologisch in der Formulierung von 1.Petr 3,9 wider: μὴ ἀποδιδόντες κακὸν ἀντὶ κακοῦ... Die terminologische Übereinstimmung mit Röm 12,17a und 1.Thess 5,15 spricht dafür, daß die Sprache aus der paränetischen Gemeindetradition entnommen ist[53], deren Ursprung aber schon in der atl.-jüd. Weisheit verankert ist und sich zu geprägter Terminologie entwickelt hat - im Sinn von: "etwas mit etwas anderem vergelten" (vgl. Spr 17,13: ὃς ἀποδίδωσιν κακὰ ἀντὶ ἀγαθῶν; vgl. auch Gen 44,4; Spr 20,22; 24,29; Ps 34,12; ApcSedr 7,7; JosAs 23,9; 28,4f.14; 29,3; Hen[sl] 50,3f.; 1QS 10,17f.)[54]. Diese Formulierungen enthalten die Präposition ἀντί.[55] Bemerkenswert ist, daß diese Präposition sowohl in der mt. Antithese (5,38-39a) als auch in 1.Petr 3,9 je dreimal begegnet (Mt: 2mal im atl. Zitat aus Ex 21,24 bzw. Lev 24,20; Dtn 19,21 und im Kompositum ἀντι-στῆναι[56]; 1.Petr 3,9: 2mal ἀντί und 1mal im Kompositum τοὐν-αντί-ον[57]).Wenn auch die Formulierung ἀποδίδωμι κακὸν ἀντὶ κακοῦ gemeindeparänetische Bildung ist (vgl. Röm 12,17a; 1.Thess 5,15), so steht in 1.Petr 3,9 der Sache nach mt. Evangelienüberlieferung im Hintergrund. Nicht nur das gemeinsame Motiv des Gewaltverzichts spricht dafür, sondern auch der mit Hilfe der Präposition "ἀντί" auf die mt. Antithese verweisende Gedanke des Gewaltverzichts. So erklärt es sich, daß 1.Petr nicht das mt. ἀντιστῆναι als Formulierung benutzt hat. Denn mit Hilfe der Wendung ἀποδίδωμι κακὸν ἀντὶ κακοῦ konnte er die mt. These 5,38 *und* die Antithese 5,39a *zusammenfassend* tradieren. D.h., der Brief verwendet Gemeindeparänese, die von der Sache her auf die mt. Antithese zurückweist. Das für Mt typische πονηρός (s.o.) begegnet im 1.Petr nicht. Die petrinische Variante "κακόν" ist also verständlich.[58]

Die Phrase λοιδορίαν ἀντὶ λοιδορίας dürfte petrinisches Interpretament der vorangehenden Phrase κακὸν ἀντὶ κακοῦ sein. Das Wort λοιδορία begegnet sonst im NT nur noch 1.Tim 5,14. Es hat im 1.Petr eine zweifache Funktion: Zum einen wird die geschichtliche Situation der petrinischen Ge-

---

[53] Vgl. dazu J. Sauer, Traditionsgeschichtliche Erwägungen, 17ff.

[54] Die Vorstellung von Gewalt- und Racheverzicht sowie von Feindesliebe (?) ist religionsgeschichtlich verbreitet. Zur Feindesliebevorstellung im antiken Judentum vgl. A. Nissen, Gott und der Nächste im antiken Judentum. Untersuchungen zum Doppelgebot der Liebe (WUNT 15), Tübingen 1974; vgl. auch D. Zeller, Mahnsprüche, 57f. 104ff.; I. Broer, Freiheit vom Gesetz, 85-91; H. Merklein, Gottesherrschaft, 230; P. Hoffmann/V.Eid, Jesus von Nazareth, 153; H. Weder, Rede, 141-143; G.Strecker, Bergpredigt, 92. Im paganen Bereich begegnet ein entsprechendes Motiv der φιλανθρωπία. Vgl. dazu U. Luck, φιλανθρωπία κτλ., ThWNT IX, 107-110; D. Zeller, Mahnsprüche, 104ff.; L. Schottroff, Gewaltverzicht, 204ff

[55] Vgl. B.-D.-R. § 208.

[56] Diese Verbindung der Präposition ἀντί hat auch E. Lohmeyer, Mt, 137, festgestellt, freilich ohne die Konsequenzen zu ziehen, die m.E. zu erheben sind. Vgl. auch E. Schweizer, Mt, 79.

[57] Τοὐναντίον = adv. ἐναντίον + Art. Vgl. Bauer-Aland, WNT, ἐναντίον, 527f.; W. Pape, Griechisch-Deutsches Handwörterbuch II, τοὐναντίον, 1132.

[58] Vgl. die vielen petrinischen Derivate vom Stamm κακο : 1.Petr 2,1.12.14; 3,9.10.11.12. 13.17; 4,15. Das Gegensatzpaar ἀγαθός - κακός verwendet der Brief in 3,8-17 auffällig häufig, so daß "κακόν" in 3,9 vom Kontext her abgedeckt ist.

meinden reflektiert. Diese erfahren ihre Bedrängnis von der heidnischen Umwelt als Schmähung und Beschimpfung (vgl. 3,16; 4,4). Zum anderen wird der Verzicht auf Gewalt und Wiedervergeltung durch Analogie zu 2,23 christologisch begründet. Christus ist das "Vorbild" der ihm nachfolgenden Gemeinde, indem er "Schmach" nicht mit "Schmach" erwiderte (ὃς λοιδορούμενος οὐκ ἀντελοιδόρει 2,23a). 1.Petr begründet also das Gebot des Verzichtes auf Wiedervergeltung mit dem vorbildlichen Leiden Christi.[59] So wird die nachösterliche Situation der Gemeinde mit der vorösterlichen Realität des irdischen Jesus verbunden. Die Präposition ἀντί ist in 2,23a im Kompositum ἀντελοιδόρει präsent. 2,23 und 3,9 gehören also sprachlich und thematisch eng zusammen.

Für Kenntnis der 5. und 6. Antithese spricht schließlich das stark adversative τοὐναντίον δέ ("im Gegenteil [aber]"), das im NT selten ist.[60] Es ist eine Reminiszenz an These und Antithese bei Mt. An sich hätte die adversative Konjunktion δέ oder noch stärker ἀλλά genügt, um den Gegensatz von V9a und V9b hervorzuheben. Mit Hilfe des betonten τοὐναντίον jedoch, das die Präposition ἀντί in sich enthält, ist eine Reminiszenz an These und Antithese aus Mt 5,38-39a indiziert, zumal die Aufnahme von ἀντί aus Mt 5,38.39a in "τοὐναντίον" erkennbar ist.

(3) Die 6. *Antithese* ist in 1.Petr 3,9 weniger offensichtlich. Formal wird sie wiedergegeben durch εὐλογοῦντες und den Finalsatz ἵνα... (Mt: ὅπως...). Terminologisch ist freilich keine direkte Entsprechung festzustellen. Als Parallelen zu 1.Petr 3,9b kämen daher eher Lk 6,28a; Röm 12,14; 1.Kor 4,12 in Frage[61]. Mit 1.Petr 3,9 stimmen sie darin überein, daß das Motiv "Segnen" verbunden ist mit dem Motiv der Anfeindung von außen her (Lk 6,28 ... τοὺς καταρωμένους ὑμᾶς; Röm 12,14 ...τοὺς διωκόντας [ὑμᾶς]; 1.Kor 4,12: λοιδορούμενοι ... διωκόμενοι). Formal sind die Unterschiede zu groß, als daß man traditionsgeschichtliche Abhängigkeiten voneinander annehmen könnte. Motivgeschichtliche Verbindungen jedoch sind deutlich. Sie haben sich als Gemeindeparänese ausgebildet (Röm 12,14; 1.Petr 3,9). Terminologisch ist also 1.Petr 3,9b nicht von Mt 5,44 abhängig. Die enge Verbindung des Feindesliebegebotes und des Segensgebotes in Lk 6,27f. spricht aber dafür, daß beide sachlich eng zusammengehören, so daß damit zu rechnen ist, daß das Segensgebot 1.Petr 3,9b sachlich das Feindesliebegebot mitenthält. Da 1.Petr 3,9a die 5. Antithese tradiert hat und diese bei Mt mit der 6. Antithese eng verbunden ist, wird man auch annehmen können, daß der Brief die 6. Antithese ebenfalls gekannt und mit dem Stichwort εὐλογοῦντες vergegenwärtigt hat. Daß dieses mit dem Feindesliebegebot eng zusammengehört, zeigt Lk 6,27f.

Wenn also 1.Petr 3,9 die 6.Antithese ebenfalls gekannt hat, warum zitiert er dann nicht Mt 5,44 und bietet stattdessen das Segensgebot? Einen ersten Hinweis auf die Antwort zu dieser Frage indizieren 1.Kor 4,12, Lk 6,28 und Röm 12,14: Die entsprechende Reaktion auf Beschimpfung und Schmähung

---

[59] Vgl. H. Manke, Leiden, 120; W. Schrage, Komm. 1.Petr u.a., 95.

[60] Τοὐναντίον begegnet nur noch 2.Kor 2,7 und Gal 2,7.

[61] Vgl. dazu J. Sauer, Traditionsgeschichtliche Erwägungen, 17ff.; W. Schenk, Segen, 73ff.

wird nicht mit dem Begriff "Lieben", sondern mit dem Begriff "Segnen" erfaßt (εὐλογεῖν in Verbindung mit καταράομαι Röm 12,14; Lk 6,28 [vgl. auch Mt 25,34.41][62] und λοιδορέω 1.Kor 4,12[63]). Mit Hilfe des imperativischen Partizips[64] εὐλογοῦντες hat 1.Petr also das entsprechende Motiv aus der paränetischen Gemeindetradition aufgenommen. Auffällig ist, daß der Verf. des Briefes das Gebot der Feindesliebe prägnant umgeht. Ἀγαπᾶν oder ἀγάπη begegnen nur im Verhältnis der Christen zueinander: 1,22; 2,17; 5,14 (1,8 zu Christus).[65] Ἐχθρός verwendet 1.Petr überhaupt nicht, trotz des Faktums feindlicher Aversionen der heidnischen Umwelt. Προσεύχομαι fehlt ebenfalls. Nur προσευχή kommt vor (3,7; 4,7), jedoch ohne explizite Spezifizierung im Sinn der Fürbitte (für Feinde) wie in Mt 5,44 (προσεύχεσθε ὑπέρ...). Διώκειν ist mt. terminus technicus und wird im 1.Petr als Verfolgungsvokabel nicht benutzt.[66] Wenn aber 1.Petr die 6. Antithese gekannt hat, warum hat er dann das präzise mt. Doppelgebot in Mt 5,44 umgangen und stattdessen durch "εὐλογοῦντες" ersetzt? - J. Becker hat in einem Aufsatz zur Liebesvorstellung im Urchristentum[67] hervorgehoben, daß die durch Jesus initiierte Liebesforderung, die die Feindesliebe zur Basisaussage hat (vgl. Mt 5,38-48par), von dem Liebesmotiv in den frühchristlichen Gemeinden, das auf der Grundlage der Bruderliebe definiert ist (vgl. 1.Thess 4,1-12; 1.Kor 13; Joh 13,34f.; 15,9f.; 1.Joh 3,14; 4,11f. u.ö.), zu unterscheiden sei.[68] Hier sind jeweils veränderte soziale Verhältnisse vorauszusetzen. Während die Jesusbewegung sich als lockere, nicht bodenständige Gruppe zusammengefunden hat[69], hat sich die stadtmissionarische Christenheit paulinisch-hellenistischer Mission auf der Grundlage liebespatriarchalischer Verhältnisse entwickelt.[70] Freilich ist das Motiv der Feindesliebe auch in den zuletzt genannten Gemeinden präsent (vgl.

---

[62] Vgl. auch 1QS II, 10: "Und alle, die in den Bund eintreten, sollen nach denen, die segnen, und denen die fluchen, sprechen: Amen, Amen." (Übersetzung nach E. Lohse, Die Texte aus Qumran, München [4]1986).

[63] Vgl. den ursprünglichen Zusammenhang von Fluch und Segen im AT: Dtn 11,26ff.; 30,1ff.15ff.; Lev 26,3ff.

[64] Vgl. B.-D.-R. § 468,2b.

[65] Vgl. G. Delling, Der Bezug der christlichen Existenz auf das Heilshandeln Gottes nach dem ersten Petrusbrief, in: Neues Testament und christliche Existenz (FS H. Braun), hrsg. v. H.D. Betz/L. Schottroff, Tübingen 1973, 110. Zur Beschränkung der Liebe auf das christliche Gemeinschaftsmitglied vgl. auch Did 2,7: "Hassen darf man niemanden; doch die einen soll man zurechtweisen, für noch andere beten; lieben - und zwar mehr als das eigene Leben - soll man nur den christlichen Bruder." (J. Becker, Feindesliebe - Nächstenliebe - Bruderliebe, 11).

[66] Διώκειν in 1.Petr 3,11 hat nicht die Bedeutung = "verfolgen", sondern steht für "etw. erstreben, nach etw. trachten"; vgl. Bauer-Aland, WNT, διώκω, 404; E.G. Selwyn, Persecutions, 40.

[67] J. Becker, Feindesliebe - Nächstenliebe - Bruderliebe. Exegetische Beobachtungen als Anfrage an ein ethisches Problemfeld, in: ZEE 26 (NF 1975), 50-63.

[68] Vgl. a.a.O., 6ff.10ff.

[69] Vgl. dazu G. Theißen, Wanderradikalismus, 79-105.

[70] gl. dazu die unter der Rubrik "III. Paulus" gesammelten Aufsätze von G. Theißen, Studien zur Soziologie des Urchristentums, Tübingen [3]1989, 201ff.; ebenso ders., Zur forschungsgeschichtlichen Einordnung der soziologischen Fragestellung, a.a.O., 23ff.

Röm 12,14.17-21; 1.Petr 3,9), jedoch nicht explizit als "Feindesliebe", sondern als Gewaltverzicht (Röm 12,17-21; 1.Thess 5,15; 1.Petr 3,9a) oder Segenshandlung (Röm 12,14; 1.Kor 4,12; 1.Petr 3,9b). Die Gründe für diese Akzentverschiebung können vielfältig sein. Vielleicht war die Realisierung radikaler Feindesliebe nur unter den Bedingungen der Jesusbewegung möglich: Die wandernden Jesusanhänger waren Feinden mittellos ausgeliefert und konnten deren Feindschaft nur mittels bedingungsloser Feindesliebe entgegnen, einschränken oder verändern. Unter den Bedingungen stadtmissionarischer Christenheit aber war die Realisierung der Feindesliebe in der jesuanischen Form nicht mehr existenznotwendig, sondern es bedurfte eines ethisch rechtschaffenen und loyalen Verhaltens, um die nichtchristliche Bevölkerung und deren Behörden von der Integrität der Christen zu überzeugen. Das würde erklären, warum Gemeindeermahnungen in dieser Hinsicht ethisch rechtschaffenen und loyalen Verhaltens vor allem in der ntl. Briefliteratur des öfteren begegnen (vgl. Röm 12,14ff.; 13,1ff.; 1.Thess 5,15; Phil 4,8; 1.Petr 3,9; 2,13-17; 1.Tim 2,1f. u.ö.). Der 1.Petrusbrief legt besonderen Wert auf dieses ethisch rechtschaffene, integre und politisch loyale Verhalten. Hier sind vor allem die ständigen Mahnungen zum Tun des Guten (vgl. 2,12.14.15.20; 3,6; 4,19 u.ö.; vgl. dazu Teil 2.3. 2.[3])[71] zu vergleichen. Vom Ton der Nüchternheit sind die Ständetafelperikopen geprägt: Außer der eben erwähnten Mahnung zum Tun des Guten wird zur Unterordnung (2,13.18; 3,1) und zum ehrbaren Lebenswandel (2,17; 3,1ff.7) aufgefordert.[72]

Ein weiteres Motiv der Verdrängung des expliziten Feindesliebegebotes könnte mit dem oben erwähnten Fehlen des Ἐχθρός-Begriffes im 1.Petr zusammenhängen. Die Begriffe "Lieben" und "Feind" sind offensichtlich - wie Lk 6,27 par Mt 5,44 zeigt - in der Q-Überlieferung traditionell miteinander verbunden. Wenn es für den Verf. des 1.Petr einen Grund gab, den Begriff "Feind" zu umgehen, dann ist wohl in diesem Zusammenhang auch der Korrespondenzbegriff "Lieben" vermieden worden. Dies ist für den 1.Petr durchaus wahrscheinlich, denn das missionarisch-positive Anliegen des Briefes (vgl. 2,12; 3,1), die Aufforderung zu gutem, rechtschaffenem und politisch loylem Verhalten gegenüber der nichtchristlichen Umwelt (vgl. 2,12; 2,13-3,7) wäre durch die "Feind"-Benennung der nichtchristlichen Mit-Bürger konterkariert worden. Indem der Verf. des Briefes also jegliche Disqualifizierung der nichtchristlichen Umwelt als "Feind" umgangen hat, ist zugleich auch der traditionell mit dem Feind-Begriff gekoppelte Begriff des Liebens vermieden worden. Dieser hat auch für die Bestimmung des Verhältnisses der Adressaten des Briefes zur nichtchristlichen Umwelt keinen Anhaltspunkt. Wenn das nüchterne, ethisch rechtschaffene, politisch loyale Verhalten die Beziehungen beider Kreise bestimmen sollte, dann sind Liebe - oder das entsprechend negative Pendant des Hasses - keine angemessenen Verhaltensweisen. Um jedes Mißverständnis eines

---

[71] Vgl. auch 2,17: Der heidnischen Bevölkerung und dem König gilt es, "Ehre" zu erweisen. Dagegen ist die Liebe der christlichen Bruderschaft vorbehalten; vgl. auch 3,8; 4,8.12; 5,14.

[72] Von Liebe ist nicht einmal im Verhältnis der Frauen und Männer zueinander die Rede, obwohl diese Möglichkeit in der entsprechenden Haustafeltradition auch gegeben ist (vgl. Kol 3,18f.). 1.Petr spricht dagegen nur von "Unterordnung" und ehrwürdiger Behandlung (3,1.7).

feindlichen, die Atmosphäre belastenden Verhältnisses der Adressaten des Briefes zur nichtchristlichen Umwelt zu vermeiden, war die Wahl eines entsprechenden "neutraleren" Begriffes wie der des Segnens passender. Mit seiner Hilfe konnte zum Ausdruck gebracht werden, daß die christliche Bruderschaft sich in keinem Feindschaftsverhältnis zur nichtchristlichen Umwelt befinden möchte, daß sie alle feindschaftlichen Handlungen ihr gegenüber durchbrechen will, indem sie vor aller negativen Reaktion schon ein Verhalten positiver Aktion stellt, um die feindliche Reaktion präventiv zu durchbrechen.[73] In diesem Sinn ist auch das Ziel missionarischer Aktivität zu verstehen, daß durch Rechtverhalten die nichtchristliche Umwelt überzeugt werden kann (2,12; 3,1; vgl. auch 3,15). So sind die Verhaltensweisen, die der Verf. des Briefes seinen christlichen Adressaten empfiehlt, so ausgerichtet, daß die nichtchristliche Umwelt erkennen soll, daß sie es nicht mit Feinden zu tun hat, sondern mit Bürgern der gleichen Gemeinschaft, die sich durch ihr Verhalten der Anerkennung dieser Gesellschaft für würdig erweisen.

Der 1.Petr konnte aus diesen Gründen das explizite Feindesliebegebot der Jesusbewegung nicht uninterpretiert übernehmen. Ganz gleich, ob dieses nur auf den persönlichen Feind oder auf alle Feinde im Rahmen gesellschaftlicher Gruppen bezogen ist[74], im Sinn der Feindschaft wollte der Brief das Verhältnis der Christen zu den Nichtchristen bzw. umgekehrt nicht definiert sehen. 1.Petr zeigt, daß stattdessen das ethisch korrekte und politisch loyale Verhalten das angemessene, weil auch praktikable Verhalten ist, das beiden Seiten gerecht wird. Dennoch hat der Verf. des Briefes das Feindesliebegebot nicht grundsätzlich aufgegeben. Er hat es vielmehr interpretiert und so für die konkrete Situation der Christen in Kleinasien ausgelegt. Es geht grundsätzlich um das Segnen. Mit Hilfe dieses aus der Tradition entlehnten Begriffes (vgl. Lk 6,28; Röm 12,14; 1.Kor 4,12; weiterhin Did 1,3; Just Apol I,15,9; Athenagoras Suppl. 11,1) bringt 1.Petr zum Ausdruck, daß Segnen heilsames Verhalten ist, das den Unheilszusammenhang von Gewalt, Feindschaft und Wiedervergeltung des Bösen bricht und somit Gemeinschaftsbeziehungen aufbaut, die in der überzeugenden Lebensweise der Christen (2,12; 3,1f.; 3,15) ihren Anfang nehmen. In diesem Kontext sind die im Brief des öfteren begegnenden Aufforderungen zum Ertragen von Unrecht und Gewalt zu verstehen.[75]

---

[73] Durch das Segnen wird der Unheilszusammenhang von Gewalt und Feindschaft überwunden und statt des Todes Leben gestiftet. L. Schottroff/W. Stegemann, Jesus von Nazareth, 82, betonen, daß Segen Gemeinschaftsbeziehungen begründet, Fluch dagegen dem Tod ausliefert. Vgl. auch L. Schottroff, Gewaltverzicht, 213f.

[74] Die besseren Gründe sprechen aber dafür, ἐχθρός nicht nur auf den persönlichen Gegner zu beschränken, sondern auch auf den nationalen und religiösen Feind zu beziehen. Vgl. dazu W. Huber, Feindschaft und Feindesliebe, 135f.; H.-R. Reuter, Liebet eure Feinde, 176; G. Strecker, Bergpredigt, 91; H. Merklein, Gottesherrschaft, 235; U. Luz, Mt I, 309; P. Hoffmann/V. Eid, Jesus von Nazareth, 153; P. Hoffmann, Die bessere Gerechtigkeit. Auslegung Bergpredigt IV, 269; G. Theißen, Gewaltverzicht, 179 Anm. 37; W. Schrage, Ethik, 67f.; dagegen D. Zeller, Mahnsprüche, 107.

[75] Zur Rolle der im 1.Petr zwischen Christen und Umwelt bestehenden Konfliktsituation vgl. J.H. Elliott, Home, 107-118: "The Christian's role in the conflict should not be one, however, of 'meeting violence with violence'. To the contrary, the Christian conflict is an opportunity for confronting evil with good (2,18-20; 3,9.13-17; 4,12-19) and recalcitrance with

(4) Der Nebensatz ὅτι εἰς τοῦτο ἐκλήθητε ist wie in 2,21 petrinische Übergangsformulierung. In 2,21 verbindet dieser Begründungssatz die vorangehende Paränese mit der nachfolgenden christologischen Begründung.[76] Ähnliches ist in 3,9 vorauszusetzen. Die Wendung verbindet mit dem vorangehenden εὐλογοῦντες und leitet gleichzeitig zum Finalsatz über: ἵνα εὐλογίαν κληρονομήσητε.[77] Wie Mt 5,44 mit einer Verheißung (V45) weitergeführt wird, so auch 1.Petr 3,9: εὐλογοῦντες + Verheißung. Mt 5,45a ist von seiner Terminologie her matthäisch (s.o.), so daß in 1.Petr 3,9 der Finalsatz (nur) formal parallel zu sehen ist. Diese Parallelität zu Mt 5,44 ist aber festzuhalten. Die bei Mt vorliegende Verbindung des Feindesliebegebotes mit der eschatologischen Verheißung (vgl. Mt 5,9) - Lk par bietet diese Verbindung nicht! - hat 1.Petr 3,9 nachvollzogen, freilich in seiner theologischen Perspektive gedeutet: Das Erbe ist die eschatologische Eulogia, die der jetzt in der Fremde lebenden christlichen Minderheit zuteil werden wird.

Die Verbindung von "Segen" und "Erbe" ist dem 1.Petr motivgeschichtlich vorgegeben: "Segen" bedeutet für Israel, das verheißene Erbe (= das verheißene Land) in Besitz zu nehmen (vgl. Dtn 11,26-32; 30,1ff.16; Ps 27,22) und so das "Leben" zu erlangen (Dtn 30,19). So erklärt sich die Einführung der Erbvorstellung im 1.Petr aus der atl. Motivverbindung von "Segen" und "Erbe"-Verheißung (vgl. 1,3-5), während die Wahl des Eulogia-Begriffes als Heilsziel sich aus der Paronomasie mit εὐλογεῖν, das 1.Petr aus der urchristlichen Tradition entnommen hat (s.o.), herleiten läßt.[78] 1.Petr interpretiert in 3,9 also die 5. und 6. Antithese des Mt mit Hilfe urchristlicher Traditionen sowie der atl. Motivkombination von "Segen" und "Erbe". Diese Interpretation ist durch die von der heidnischen Umwelt ausgehenden Schmähungen der Christen motiviert.

(5) Die beiden letzten Antithesen bilden bei Mt die thematische Spitze innerhalb der Antithesenreihe. Formal wird dies dadurch deutlich gemacht, daß V48 die Antithesenreihe abschließt und damit die beiden letzten Antithesen zum Interpretationshöhepunkt der Reihe stilisiert. V48 ist einer der bei Mt öfter begegnenden Kelalim.[79] In der Verwirklichung der Feindesliebe erfährt die "bessere Gerechtigkeit" (5,20) ihre Konkretion.[80] Die Antithesen, die aus der mt. Sicht als Gemeindeparänese zu verstehen sind[81], erhalten also von den beiden letzten, besonders der 6. Antithese, her ihren Sinn. So konstatiert G. Theißen zu Recht: "Die Antithesen veranschaulichen als Ganzes die Erfüllung

---

patience, humility and a 'good conscience' (2,15; 3,1-4.15-16.21) in emulation of the Lord (2,21-24; 3,18; 4,1-3.12-16)."

[76] Εἰς τοῦτο nimmt τοῦτο aus V20b (vgl. V19a) auf. Vgl. L. Goppelt, Komm. 1.Petr, 199; J. Piper, Hope, 225; T.P. Osborne, Guide Lines, 389f.; H. Frankemölle, Komm. 1.Petr u.a., 50.

[77] Anders A. Reichert, Pareparatio, 130, die εἰς τοῦτο ausschließlich als Rückverweis auf das in 3,8 (wohl auch 3,9a.b) geforderte Verhalten versteht. Als Rückverweis auf 3,9 verstehen auch R. Knopf, Komm. 1.Petr u.a., 134; J. Piper, Hope, 224f.

[78] So auch W. Schenk, Segen, 63.

[79] Ein Kelal ist ein zusammenfassender Zentralvers mit Überleitungsfunktion; vgl. weiter Mt 5,17.20; 6,1; 7,12 u.ö.; vgl. dazu U. Luz, Mt I, 21.305f.

[80] Vgl. C. Dietzfelbinger, Die Antithesen der Bergpredigt im Verständnis des Matthäus, ZNW 70 (1979), 2.

[81] Dies legt unter anderem die ethisierende Tendenz von V48 nahe.

des Gesetzes (Mt 5,17), die bessere Gerechtigkeit (5,20), die geforderte Voll-kommenheit (5,48), wobei eine deutliche Klimax vorliegt: von der Überwin-dung innerer Aggressivität (5,21ff) bis zur Übung der Feindesliebe (5,43ff)."[82] Formal hat Mt das entsprechende Q-Material (vgl. Lk 6,27-36) in zwei Anti-thesen systematisiert zusammengefaßt und dadurch das Thema "Gewaltver-zicht" deutlicher als Lk par im Zusammenhang der "Feindesliebe" erfaßt. Dies deutet die Wichtigkeit der beiden Antithesen für Mt an.[83]

1.Petr 3,(8)9 hat wie Mt 5,38-48 die gleiche Funktion im Kontext. 1.Petr 3,(8)9(10-12) schließt die Ständetafelperikopen ab (2,13-3,7). Die Unterord-nungsforderungen (2,13.18; 3,1) erfahren ihre sachgerechte Interpretation und Zusammenfassung in 3,9: Der ethisch gute Lebenswandel der Christen inner-halb der heidnischen Bevölkerung (vgl. 2,12) ist Konkretion des Verzichts auf Gewalt und des segnenden Handelns der Gemeinde. Mt 5,38-48 und 1.Petr 3,9 haben also jeweils das Vorangehende bündelnde und *rückwärtig* interpre-tierende Funktion. Formal wird die Spitzenstellung und zusammenfassende Funktion von 1.Petr 3,8f. durch "τὸ δὲ τέλος" angedeutet (vgl. bei Mt in 5,48 das vom Evangelisten des öfteren gebrauchte zusammenfassende οὖν !).

Mt hat die VV21-48 als große Gemeindeparänese stilisiert.[84] Entsprechend verfährt 1.Petr 2,13-3,9(10-12)[85]: Der Verf. des Briefes gibt der christlichen Minderheit Anweisung für das grundsätzliche (und konkrete) Verhalten der heidnischen Welt gegenüber. Diese auffällig übereinstimmende Funktion von 1.Petr 3,9 im Kontext des 1.Petr mit der Funktion von Mt 5,38-48 im Kontext der Antithesenreihe ist ein Indiz dafür, daß der Verf. des Briefes nicht nur die beiden letzten Antithesen von Mt gekannt hat, sondern vermutlich auch die gesamte mt. Antithesenreihe. 1.Petr hat erkannt, daß die 5.und 6. Antithese der Interpretationsschlüssel zum Verständnis der als Gemeindeparänese formu-lierten Antithesenreihe sind. Indem er in 3,9 formal die 5. und 6. Antithese auf-nimmt, bündelt er die vorangehenden Ständetafeln - wie Mt seine Antithesen-reihe als Gemeindeparänese - in der zusammenfassenden Regel 3,9 zusammen.

(6) In der frühchristlichen Literatur wird das Material der beiden letzten Antithesen in vielfältig variierender Form geboten.[86] Sowohl die Mt- als auch die Lk-Fassung wird rezipiert. Es gibt aber auch Abweichungen von beiden Fassungen. Ein treffendes Beispiel ist Did 1,3: "εὐλογεῖτε τοὺς καταρω-

---

[82] G. Theißen, Gewaltverzicht, 163. Theißen erkennt zu Recht, daß bei Mt "die Feindesliebe am Ende einer bewußt durchgeführten Komposition" steht (a.a.O.).

[83] Das Verhältnis der 5. und 6. Antithese zueinander läßt sich wie folgt bestimmen: Die Ausübung von Gewaltverzicht ermöglicht die Feindesliebe. Die Feindesliebe ist rückwirkend die Konkretion für das Thema "Gewaltverzicht". Vgl. J. Gnilka, Mt I, 190.

[84] Vgl. R. Bultmann, GST, 144: "Die antithetische Form empfahl sich durch ihren kate-chismusartigen Charakter."

[85] Die aus Ps 33,13-17 (LXX) entnommenen Verse begründen (vgl. γάρ V10a) V9 mit Hilfe der Schrift. Sie belegen den in V9 zur Geltung gebrachten Zusammenhang von Tun des Guten (V10c.d.11.12.) und eschatologischem Heil (V10a.b). Insofern haben sie keine grundsätzlich über V9 hinausgehende Funktion. Allenfalls der Gerichtsgedanke (V13) ist in V9 nicht motiviert. Er ist bedingt durch den Zusammenhang des atl. Zitates.

[86] Einen Überblick über die Entwicklung des Feindesliebegebotes in der frühchristlichen Literatur bietet W. Bauer, Das Gebot der Feindesliebe und die alten Christen, in: ders., Aufsätze und kleine Schriften, hrsg. v. G. Strecker, Tübingen 1967, 235-252.

μένους ὑμῖν (= Lk 6,28) καὶ προσεύχεσθε ὑπὲρ τῶν ἐχθρῶν ὑμῶν (ἐχθρός aus Mt?), νηστεύετε δὲ (woher?) ὑπὲρ τῶν διωκόντων (= Mt 5,44) ... φιλεῖτε (woher?) τοὺς μισοῦντας ὑμᾶς (= Lk 6,27) ...". Das Material ist also in sehr unterschiedlicher Weise überliefert worden.

Eine kurze Übersicht über das entsprechende Material soll dies verdeutlichen.[87] Einen inhaltlichen Bezug zur *5. Antithese* lassen erkennen: Did 1,4f.: Wort vom Schlag auf die Wange, vom erzwungenen Meilengeleit, vom gestohlenen Mantel/Kleid, von der Gebebereitschaft gegenüber den Bittenden. - Just Apol I,15,10-12: Wort von der Gebebereitschaft gegenüber den Bittenden. - Apol I,16,1-2: Wort vom Schlag auf die Wange, vom gestohlenen Mantel/Kleid, vom erzwungenen Meilengeleit. - EvThom Log. 95: Wort von der bedingungslosen Gebebereitschaft (inhaltlich aber besser zu Lk 6,34f. passend). - Vgl. auch Act 20,35 und 1.Clem 2,1: "Besser geben als nehmen." - Einen inhaltlichen Bezug zur *6. Antithese* lassen erkennen: EvNaas. (Hippolytus, Ref. omn. haer. V, 7,25-26): Wort vom Aufgehen der Sonne über Gerechte und Ungerechte. - Pap. Oxyrhynch. 654, nr.2: "... daß ihr Söhne des lebendigen Vaters seid." - Pap. Oxyrhynch. 1224 (fol. 2 r., col. 1): Gebet für die Feinde. - IgnPol 2,1: "Wenn du die guten Jünger liebst, ist dir das keine Gnade." - 2.Clem 13,4: "Keine Gnade ist es für euch, wenn ihr die liebt, die euch lieben, sondern Gnade ist es für euch, wenn ihr die Feinde liebt und die, die euch hassen." - Polyc 12,3: Gebet "für die, die euch verfolgen und hassen." - Did 1,3: s.o. und: "Denn was ist das für eine Gnade, wenn ihr die liebt, die euch lieben; tun nicht solches auch die Heiden?" - Just Apol I,15,9-13: "Wenn ihr die liebt, die euch lieben, was tut ihr Neues? Denn auch die Huren tun dieses. Ich aber sage euch: Betet für eure Feinde und liebt die, die euch hassen und segnet die, die euch fluchen und betet für die, die euch schmähen ... Dieses tun auch die Zöllner ... Seid aber gütig und barmherzig, wie auch euer Vater gütig und barmherzig ist, und seine Sonne geht auf über Sünder, Gerechte und Böse." - Dial. 96,3: Gebet für die Feinde. "Seid gütig und barmherzig, wie auch euer himmlischer Vater." Wort von der über Sünder und Gerechte aufgehenden Sonne. - Athenagoras Suppl. 11,1: "Liebet eure Feinde und segnet die, die fluchen, betet für eure Verfolger..." - 12,3: "Denn wenn ihr die liebt..., die euch lieben und denen leiht, die euch leihen, welchen Lohn werdet ihr haben?" - Theoph (Ant) ad Autol III, 14: "Liebet eure Feinde und betet für die, die euch schmähen. Denn wenn ihr die liebt, die euch lieben, was habt ihr für einen Lohn? Dieses tun auch die Räuber und Zöllner."

Unter den angeführten Belegen bieten nur Did 1,3-5 und Just Apol I,15,9-13 das Material der 5. und 6. Antithese im Zusammenhang. Auffällig ist, daß beide Belege zuerst inhaltlich die 6. Antithese anführen und dann Teilmaterial der 5. Antithese.[88] Lk- und Mt-Fassungen sind gemischt vorhanden. 1.Petr 3,9 gibt dagegen als einziger urchristlicher Beleg die bei Mt überlieferte Reihenfolge der 5. und 6. Antithese sachlich wieder: 3,9a - Verzicht auf Wiedervergeltung; 3,9b - Feindesliebegebot (in der Form des Segensgebotes).

Zum anderen fällt auf, daß die antithetische Rahmung Mt 5,38-39a bei beiden frühchristlichen Belegen weder terminologisch noch sachlich entspre-chend aufgenommenen ist, sondern nur das bei Lk auch überlieferte Q-Material der 5. Antithese. Dagegen ist in 1.Petr 3,9 die Rezeption von These und Anti-these erkennbar (s.o.). Der Brief zeichnet seine Nähe zu Mt also gegenüber den beiden frühchristlichen Belegen dadurch aus, daß er die mt. Antithesen in der bei Mt

---

[87] Vgl. auch H.-T. Wrege, Überlieferungsgeschichte, 84f.

[88] Did 1,3 = 6. Antithese; 1,4f. = 5. Antithese; Just Apol I,15,9 = 6. Antithese; I,15,10: Material der 5. und 6. Antithese vermischt; I,15,13 = Material der 6. Antithese.

überlieferten Reihenfolge bietet und die antithetische Rahmung Mt 5,38-39a
sachlich und z.T. terminologisch analog rezipiert. So kommt 1.Petr der mt.
Intention der beiden Antithesen näher als die frühchristlichen Parallelüber-
lieferungen.

(7) Mt deutet in der 5. Antithese den Verzicht auf Gewalt expressis verbis als
Verzicht auf das archaische ius talionis. Dies geht aus der Beziehung von 5,39a
auf die atl. ius-talionis-Regel hervor (vgl. Ex 21,24f.; Lev 24,20), die in 5,38
zitiert wird. 1.Petr 3,9a bezieht sich auf die Mt-Fassung, denn der Vers fordert
den Verzicht auf das ius talionis. Dagegen hat Lk 6,27-36 den Verzicht auf das
ius talionis nicht expressis verbis thematisiert. Das bei Mt 5,39b-42 enthaltene
Material ist bei Lk vom Feindesliebegebot (6,27f.32.35) und von der Goldenen
Regel (6,31) gerahmt. Während Mt also das entsprechende Material 5,39b-42 als
Ausdruck des Verzichts auf das ius talionis versteht (5,38-39a), interpretiert Lk
dieses Material (6,29f.) im Zusammenhang der Feindesliebe, diese aber "als
Ausdruck der Goldenen Regel, d.h. als Ausdruck einer prinzipiellen Reziprozität
menschlichen Verhaltens. Man erwartet im Grunde vom anderen dasselbe Verhalten."[89] Lk 6,27-36 kann also im Sinn einer ius-talionis-Interpretation gar
nicht in Frage kommen. Dies verdeutlicht, daß Lk kaum die literarische Vorlage
für 1.Petr 3,9 gebildet haben kann, dagegen aber Mt 5,38-48, da hier wie in
1.Petr 3,9 das Thema Feindesliebe mit dem Thema Gewaltverzicht - als Verzicht
auf das ius talionis - kombiniert ist.

(8) G. Theißen[90] hat für Mt 5,43-48 zwei grundlegende Motive herausgearbeitet:
a) Das "Imitationsmotiv": Das Motiv, durch Feindesliebe Gott gleich zu sein,
kennzeichnet das souveräne Verhalten des Menschen. Dieses ist durch den
Sohn-Gottes-Begriff definiert. Es verleiht dem Menschen einen königlichen
Rang, nach Mt auf Grund des ethischen Verhaltens des Menschen, Sohn Gottes
zu sein. Theißen erhebt dieses Motiv aus Mt 5,45a.[91]
b) Damit hängt unmittelbar das "Abhebungsmotiv" zusammen: Der Mensch, der
Feindesliebe übt, hebt sich von den Zöllnern und Heiden durch sein souveränes
Handeln ab (Mt 5,46f.).[92]
Bemerkenswert ist, daß das mt. Abhebungs- und Imitationsmotiv sowie m.E.
das eschatologische Motiv auch in 1.Petr 3,9 festzustellen ist, freilich mit
anderer Terminologie. Der Brief bringt dies in dem Nebensatz: "ὅτι εἰς τοῦτο
ἐκλήθητε ἵνα εὐλογίαν κληρονομήσητε" zur Sprache. Der Berufungsge-

---

[89] G. Theißen, Gewaltverzicht, 166. Zur ausführlichen Begründung dieses "Gegenseitig-
keitsmotivs" bei Lk vgl. ders., a.a.O., 166ff.
[90] ders., Gewaltverzicht und Feindesliebe (Mt 5,38-48/Lk 6,27-38) und deren sozialgeschichtlicher Hintergrund, in: ders., Studien zur Soziologie des Urchristentums, Tübingen
³1989, 160-197.
[91] a.a.O., 161-164. Vgl. auch H. Frankemölle, Jahwebund, 172. Der ethisch bestimmte
Sohn-Gottes-Begriff ist in der Weisheitsliteratur vorgebildet. G. Theißen, a.a.O., 161f. (vgl.
auch S. Schulz, Q, 134; P. Hoffmann/V.Eid, Jesus von Nazareth, 154f.) weist auf Sir 4,10; Sap
2,18; 5,5; 6,31; Ps 2,7; 2.Sam 7,14; Spr 4,8f.; 8,15 und Aristeas 207 hin. - Zum
eschatologischen Gottesbegriff vgl. dagegen PsSal 17,27.30; Jub 1,24f.; Hen(aeth) 62,11; Ass
Mos 10,3; TestXII. Jud 24,3.
[92] a.a.O., 164 -166.

danke spielt im 1.Petrusbrief eine prägnante Rolle. In 1,15f. wird die Verbindung von Berufung und Imitationsmotiv deutlich: Gott, der selbst heilig ist,
hat uns zu einem entsprechenden "heiligen" Lebenswandel berufen. In dieser
Heiligkeit unterscheiden sich die Christen von den Vorstellungen und dem
Lebensvollzug der Heidenwelt (1,14; 2,11f.; 4,4). Durch Berufung werden sie
"heilig" wie Gott (= *Imitationsmotiv*) und zugleich aus der "Finsternis" der Welt
entnommen (vgl. 2,9 = *Abhebungsmotiv*), sofern sie das "auserwählte Geschlecht" bilden (γένος ἐκλεκτόν 2,9). Die Exklusivität[93] der Berufung beinhaltet aber keine Elitevorstellung, sondern sie ist eine Berufung zum Leiden hin,
in die Leidensnachfolge Christi (2,21; 4,1). Sie erfährt zugleich die Verheißung
der ewigen Verherrlichung in Jesus Christus (1,7; 4,13f.; 5,10). Ausdruck dieser
Exklusivität der berufenen Gemeinde ist ihr Bestimmtsein als Fremdling in der
Welt (1,1.17; 2,11).

1.Petr 3,9 hat also mit Hilfe des Berufungsgedankens das mt. Imitations- und
Abhebungsmotiv der 6. Antithese sachlich parallel aufgenommen und zugleich
mit dem eschatologischen Motiv kombiniert. Wie bei Mt (vgl. 5,9) die Gottessohnschaft zugleich künftige Heilsteilhabe ist, so definiert der Brief das zukünftige Heil mit Hilfe der Erb- und Segensvorstellung.[94] 1.Petr erfaßt in
Analogie zu Mt das Verhalten der sich von der Welt unterscheidenden ("ab-
hebenden"), Gott in Heiligkeit entsprechenden (imitatio[95]) und mit der Verheißung des zukünftigen Heils (eschatologische Verheißung) lebenden Gemeinde.

Diese Parallelität der drei Motive zwischen Mt 5,43-48 und 1.Petr 3,9 spricht
dafür, daß der Brief die mt. Version der Feindesliebe (6. Antithese) mit deren
theologischen Implikationen gekannt und mit Hilfe seiner eigenen Terminologie
sachlich parallel zur Sprache gebracht hat. Die Lk-Fassung der Feindesliebeworte fällt dagegen als Parallele aus. Das von G. Theißen für Lk charakteristisch
herausgearbeitete "Gegenseitigkeitsmotiv" (Lk 6,31: Goldene Regel) kann in
1.Petr 3,9 nicht als Leitfaden zum Verständnis der Feindesliebeworte (vgl. Lk
6,27ff.) herangezogen werden. Fordert Lk 6,27ff. mit dem Gebot der Feindes-

---

[93] Ich fasse das bei G. Theißen definierte Imitations- und Abhebungsmotiv mit dem
Begriff "Exklusivität" zusammen. Theißen spricht stattdessen von "Souveränität" (ders.,
Gewalt-verzicht, 163) oder "soziale(r) Überlegenheit" (a.a.O., 173). Beabsichtigt ist wohl das
Gleiche. Es geht um die Besonderheit derer, die Feindesliebe üben, gegenüber denen, die dies
nicht tun. Theißens Kategorien enthalten vielleicht etwas Elitäres. Hier ist freilich Vorsicht
geboten. Die Besonderheit Feindesliebe übender Aktivität erwächst nicht aus einem elitären
Bewußtsein, sondern ist Ausdruck der Berufung zur Nachfolge.

[94] Die Verknüpfung der eschatologischen Motive: Segen und Erbe ist auch in Mt 25,34
gegeben. Vgl. dazu Teil 3.4.4.1. der Arbeit.

[95] Eine an sich notwendige Unterscheidung der Begriffe "imitatio" und "Entsprechung" -
auch bezüglich des Heiligkeitsbegriffes in 1.Petr 1,15f. und der Sohn-Gottes-Vorstellung in Mt
5,45 - wird hier um der Erfassung der Motivik willen unterlassen. Im strengen Sinn kann
freilich von einer "Nachahmung", "Ähnlichwerdung" bzw. "Gleichwerdung" Gottes nicht die
Rede sein. Der Unterschied zwischen Gott und Mensch ist sowohl bei Mt als auch im 1.Petr
z.B. durch den Gedanken Gottes als des Richters (Mt 18,35; 21,40f.; 22,1-14; 1.Petr 1,17;
2,23; 4,5.17) deutlich festgehalten. Erhebt Mt das Imitationsmotiv mit Hilfe des Sohn-Gottes-
Begriffes, so benutzt 1.Petr dafür den Berufungs- und Erwählungsgedanken. Beiderseits steht
das Exklusivitätsverhältnis in der Beziehung zu Gott im Vordergrund.

liebe gerade auch von allen anderen Menschen, daß sie sich reziprok ebenso verhalten, so rechnet 1.Petr mit solch einem reziproken Verhalten nicht. Er hofft zwar, daß der gute Lebenswandel die Heiden von der Integrität der Christen überzeugen kann, vereinzelt (εἴ τινες) eine Bekehrung bewirkt (3,1) und sie dann zu einem eschatologischen Lob Gottes führt (2,12), eine veränderte (bessere) Behandlung der christlichen Minderheit durch die Heiden ist aber im Brief nirgendwo ausgesprochen noch erwartet. Vielmehr ist die Annahme einer bereits erfolgten und weiterhin stattfindenden Schmähung und Beschimpfung der Christen durchgängig vorausgesetzt (2,12; 2,18ff.; 3,13ff.; 4,4.12ff.).

(9) Die redaktionelle Einleitung zur 5. Antithese (Mt 5,38-39a) fordert den *Verzicht* von Gewalt. Bemerkenswert ist, daß die in 5,39b-42 genannten vier Beispiele nicht nur den (passiven) Verzicht auf Widerstand aussagen, sondern ein gewisses "Mehr" (vgl. περισσεύειν Mt 5,20; περισσόν Mt 5,47), eine besondere Aktivität, ein "paradoxes Entgegenkommen" verlangen.[96] Formal wird dieser Übergang durch ἀλλά (5,39; nach Verneinung: "sondern", "vielmehr"[97]) eingeleitet. "Die negative Forderung, nicht Widerstand zu leisten, wird durch eine positive ergänzt und übertroffen."[98] Die Sprüche leiten sachlich also schon zur letzten Antithese über, insofern die Feindesliebe immer ein "Mehr", eine Feindschaft überwindende Aktivität verlangt und das Gebot vom (passiven) Widerstandsverzicht im Blick auf die Aktivität der Feindesliebe interpretiert wird.[99]

Bemerkenswert ist für unseren Zusammenhang, daß 1.Petr 3,9 genau wie Mt 5,38-48 das Gebot vom (passiven) Widerstandsverzicht mit einem Gebot aktiver, den Unheilszusammenhang brechender Haltung und Tat (des Segnens) interpretiert: 1.Petr 3,9a fordert den Verzicht auf Wiedervergeltung. Er beinhaltet eine Passivität in bezug auf das Tun des Bösen. 1.Petr 3,9b ruft zum Segnen auf. Dies bedeutet eine Aktivität in bezug auf Feindschaft überwindende Haltung und Tat. Sowohl Mt als auch 1.Petr beziehen Gewaltverzicht und Feindesliebe aufeinander, indem sie letztere als eine Steigerung gegenüber der ersteren verstehen. Dies wird durch die adversativen Kopula zum Ausdruck gebracht (1.Petr 3,9: μὴ ἀποδιδόντες ... τοὐναντίον δέ ...; Mt 5,39: μὴ ἀντιστῆναι ... ἀλλ' ὅστις...). Die Feindschaft überwindende Haltung und Tat ist kein passiver, resignierender Widerstandsverzicht, auch nicht Reaktion Ressentiment übender

---

[96] G. Theißen, Gewaltverzicht, 177.

[97] Vgl. B.-D.-R. § 447[1]; 448.

[98] G. Theißen, a.a.O., 177. P. Hoffmann/V. Eid, Jesus von Nazareth, 159, sprechen von einer "paradoxen Aktivität". Vgl. auch P. Hoffmann, Die bessere Gerechtigkeit. Auslegung Bergpredigt IV, 266.

[99] J. Becker, Feindesliebe - Nächstenliebe - Bruderliebe, 9, stellt zu Recht heraus, daß Feindesliebe nicht nur ein "passives Nachgeben" bedeutet, sondern eine Veränderung beim Feind bewirkt, indem der "Unterlegene beim Bedränger Offenheit zum Nachdenken" schafft und somit "durch Unerwartetes Veränderungspotential" freisetzt. Insofern ist Widerstandsverzicht nur als eine Situation und Feind verändernde Aktion recht verstanden. Vgl. dazu auch H.-R. Reuter, Liebet eure Feinde, 166.169; H. Weder, Rede, 151; F.W. Beare, Gospel Matthew, 163; H. Merklein, Gottesherrschaft, 272; L. Schottroff, Gewaltverzicht, 215; P. Hoffmann/V. Eid, Jesus von Nazareth, 170.178ff.

Unterdrückter[100], sondern sie ist Aktion einer "königlichen Gesinnung", die aus der Liebe zum Menschen resultiert. Die passive Haltung gilt nur gegenüber dem Tun des Bösen, der Rache und der Gewalt. Mt und 1.Petr stimmen eben darin überein, daß die *negative Forderung*, nicht Widerstand zu leisten, durch die *positive Forderung* Feindschaft überwindender Haltung und Tat interpretiert wird, indem sie von der positiven Forderung "ergänzt und übertroffen" wird.[101]

Die Lk-Parallele (6,27-36) zeigt, daß die bei Mt in der 5. Antithese angeführten Beispiele für das Gebot des Gewaltverzichts ursprünglich im Zusammenhang der Feindesliebe verankert waren.[102] Lk wird damit dem ursprünglichen Zusammenhang näher sein[103], denn die bei Mt in der 5. Antithese überlieferten Beispiele sind von der Sache her Beispiele für die aktive Haltung der Feindesliebe, nicht aber für den Verzicht einer Handlung.[104] Mt aber hat diese Beispiele in die 5. Antithese vom Gewaltverzicht hineingenommen, um klarzustellen, daß die (passive) Haltung des Gewaltverzichts ihre Erfüllung in der aktiven Haltung der Feindesliebe hat. Gerade in dieser Interpretation stimmen Mt und 1.Petr überein, nicht aber Lk, der das Gebot des (passiven) Widerstandsverzichts in keiner Weise expressis verbis im Zusammenhang der Feindesliebeforderung zur Sprache bringt.

Gleiches gilt auch dür die frühchristlichen Belege, die das bei Mt und Lk vorhandene Material zusammenhängend bieten (s.o.[6]): Did 1,3-5; Just Apol I, 15,9-13. Nirgends wird hier im Zusammenhang des Gebotes der Feindesliebe *expressis verbis* das Gebot formuliert, auf Widerstand und Gewalt zu *verzichten*.[105] Mt 5,38-48 ist mit 1.Petr 3,9 deutlich enger verwandt. Das bestätigt auch der Kontext des Briefes. Es ist Zeichen "königlicher", der Liebe zum

---

100 Dies hat zu Recht G. Theißen, Gewaltverzicht, 163f., gegen Nietzsches Deutung der Feindesliebe zur Geltung gebracht.

101 G. Theißen, a.a.O., 177. Diesen Zusammenhang der Ethik des 1.Petr mit der Ethik der Bergpredigt stellt auch H. Frankemölle, Komm. 1.Petr u.a., 50, heraus: "Christen haben die Spirale der Gewalt durch das Tun des Guten, das für den anderen überraschend ist und ihn deshalb 'entwaffnet', zu überwinden. 1.Petr vertritt die Ethik der Bergpredigt (vgl. Mt 5,38-48 par Lk 6,27-36)."

102 Vgl. Lk 6,29f. im Kontext von V27f. und V32.35a - ausgenommen das in Mt 5,41 überlieferte Beispiel, das sich bei Lk nicht findet.

103 Für Ursprünglichkeit der lk. Reihenfolge gegenüber Mt spricht, daß Mt die "Goldene Regel" aus ihrem ursprünglichen Q-Kontext gelöst hat und sekundär ans Ende des Bergpredigtkorpus' gestellt hat (7,12). Vgl. dazu G. Strecker, Antithesen, 42; S. Schulz, Q, 121; D. Lührmann, Liebet eure Feinde, 419; vgl. U. Luz, Mt I, 387, zur Stellung der Goldenen Regel in Mt 7,12: "Der Nachsatz 'denn dies ist das Gesetz und die Propheten' stammt von ihm (sc. Mt); er weist damit zurück auf die Erfüllung des Gesetzes und der Propheten durch Jesus in 5,17 und schafft eine Klammer um den Hauptteil der Bergpredigt." - Allerdings muß bemerkt werden, daß die Goldene Regel ursprünglich eine selbständige Einheit bildete, denn auch bei Lk macht der Wechsel von der 3.Ps.Sg. (Lk 6,30) in die 2.Ps.Pl. (Lk 6,31) die Verbindung brüchig. Vgl. dazu D. Zeller, Mahnsprüche, 118.

104 Vgl. G. Theißen, Gewaltverzicht, 177.

105 Gegen diese Behauptung könnte Did 1,4 angeführt werden."Enthalte dich von den fleischlichen und leiblichen Begierden!" Aber die pointierte Rede vom Gewalt- und Racheverzicht ist doch etwas anderes als das Zurückstellen innerer Begierden. Letzteres geht von einer Bändigung innerer Triebkräfte aus, ersteres aber ist Sache der Einsicht und der dem Feind entgegengebrachten Haltung der Liebe. Did 1,4 scheidet also als sachliche Parallele aus.

Gegenüber entspringender Haltung des Christen, im Tun des Guten Leid ertragen zu können - was freilich in der Nachfolge Christi begründet ist (2,18ff.;
4,1) - und so der Gnade Gottes gewiß zu werden (1.Petr 2,20; 3,17). Der Brief
bringt die bei Mt geforderte "bessere Gerechtigkeit" (5,20), das "Mehr" im Tun
der Feindesliebe, mit Hilfe seiner typischen Mahnung zum Tun des Guten zur
Sprache (2,12.15.20; 3,11.13.16f.; 4,19). Auf die Problematik des Gewaltverzichts weist er auch dadurch hin, daß er die Christen davor warnt, ihre Freiheit
zum Tun des Bösen auszunutzen und sich so als "Verbrecher" zu erweisen (vgl.
2,12; 2,13-17.19f.; 3,17; 4,15f.). Es ist Ausdruck christlicher Freiheit, durch Tun
des Guten sich vor der Welt hervorzutun und zu unterscheiden (vgl. 2,12.15;
3,15f.[106];4,3f.). Mt benennt diesen Aspekt mit Hilfe des Feindesliebegebotes. -
1.Petr stimmt also in der Interpretation von Gewaltverzicht und Feindesliebe mit
Mt 5,38-48 überein, so daß eine Abhängigkeit von Mt sehr wahrscheinlich ist.

(10) G. Theißen[107] hat auf Grund verschiedener Beobachtungen feststellen
können, daß Mt judenchristliche Traditionen verarbeitet hat, die die Situation
nach dem jüdischen Krieg zur Voraussetzung haben und gerade mit dem
pointierten Gebot des Gewaltverzichts antizelotische Tendenz aufweisen. Der
sozial und politisch Unterworfene bringt mit Hilfe der Tradition von Feindesliebe und Gewaltverzicht das Bewußtsein zum Ausdruck, daß er "seine Würde
dadurch bewahrt, daß er sich dem Sieger innerlich überlegen weiß."[108]

Die antizelotische Tendenz bei Mt wird mit der pointierten Voranstellung des Gebotes, auf
Widerstand zu verzichten, mit der Annahme, daß Rachegedanken und Feindeshaß gerade in
der Nachkriegszeit aktuelle Themen waren, mit dem unpolitischen Messiasbild des Mt (Mt
9,27; 12,19f.23; 15,22; 21,5) mit 22,7; 23,35 (Distanzierung vom jüdischen Aufstand) und vor
allem Mt 5,9 (εἰρηνοποιός) belegt. Freilich ist zu bedenken, daß die Traditionen vom Gewaltverzicht im Sinn des Verzichts auf Widerstand nicht unbedingt an die Nachkriegszeit des
jüdischen Krieges gebunden sein müssen. Röm 12,17a; 1.Thess 5,15 und 1.Petr 3,9 (vgl. auch
Röm 13,1-7; 1.Petr 2,13-17) können kaum in einen Zusammenhang mit dem jüdischen Krieg
gebracht werden. Es muß also auch eine davon unabhängige, selbständige Entwicklung der Ge-
waltverzichtsworte gegeben haben.

Die soziologische Schlußfolgerung Theißens aus Mt 5,38-48 ist, daß die mt.
Tradition der Gewaltverzichts- und Feindesliebeworte auf asymmetrische Verhältnisse zwischen sozial und politisch Privilegierten (= Römer) und sozial und
politisch Untergeordneten (= christliche Minderheit) schließen läßt, so daß sich

---

[106] Die 3,15f. geforderte Rechenschaftslegung vor der heidnischen Bevölkerung und deren
Gerichten (?) soll nach 3,16 ausdrücklich (vgl. V16a: betontes ἀλλά) mit Sanftmut (= Milde
und Freundlichkeit) und (Gottes)Furcht geschehen, d.h. gerade nicht in aggressiver und
drohender Antwort auf die aggressiv gestellten Beschimpfungen der heidnischen Bevölkerung
(vgl. Windisch/Preisker, Katholische Briefe, 70: "ἀλλὰ μετὰ πραΰτητος καὶ φόβον: ohne zu
schelten und zu drohen ..."). In diesem Verzicht auf entsprechende Wiedervergeltung äußert
sich das "gute Gewissen", das Spiegel des "guten Lebenswandels in Christus" ist (3,16).

[107] ders., Gewaltverzicht, 176-180.

[108] a.a.O., 179. Der Begriff der "inneren Überlegenheit" ist freilich problematisch. Er benennt das Bewußtsein einer tiefen Distanz zum Feind. Die Feindesliebe will diese Distanz aber
gerade überwinden, sonst könnte sie nicht die Haltung und Tat Feindschaft brechender Aktion
sein. Besser ist es daher, von einer "inneren" Freiheit und Aufgeschlossenheit dem "Feind"
gegenüber zu reden.

die christliche Minderheit mit Hilfe dieser Tradition das Bewußtsein gibt, "durch Gewaltlosigkeit und Feindesliebe über der Situation zu stehen und den Gegnern, den Heiden, überlegen zu sein."[109]

Eine analoge soziale Situation asymmetrischer Verhältnisse ist aber auch aus dem 1.Petrusbrief zu entnehmen: Die christliche Minderheit ist sozial und politisch den Aggressionen der heidnischen Mehrheit ausgesetzt.[110] Die pointierte Voranstellung des Gebotes, auf Vergeltung und Widerstand (mit Gewalt) zu verzichten, läßt sich gerade im 1.Petr gut verstehen: Den Schmähungen der heidnischen Bevölkerung sollen die Christen nicht mit Vergeltung begegnen, sondern durch Tun des Guten sollen die Heiden beschämt werden (3,16; 2,20; 3,17 u.ö.). In der vorausgesetzten Asymmetrie der sozialen Verhältnisse entspricht 1.Petr dem Mt-Evangelium. Anders ist es bei Lk. G. Theißen hat hervorgehoben, daß die Feindesliebe-Traditionen bei Lk (6,27ff.) sozial symmetrische Verhältnisse zwischen Christen und Heiden voraussetzen.[111] Theißen schlußfolgert dies vor allem daraus, daß Lk die Feindesliebetraditionen stärker mit Geldproblemen (Geldverleihen) kombiniert hat. Lk spricht solche Leute an, die finanziell besser stehen und sozial mit der heidnischen Umwelt konkurrieren können (Lk 6,30.34f.37f.).[112] Es ist deutlich, daß soziologisch gesehen der 1.Petrusbrief mit der lukanischen Tradition nicht kompatibel ist. Geld- und Leihprobleme spielen in der mt. und petrinischen Feindesliebetradition keine Rolle. Vielmehr ist im 1.Petr wie im MtEv vorausgesetzt, daß die christliche Minderheit sozial und politisch der heidnischen Bevölkerung unterlegen ist.[113] So hat sie von ihr Schmähungen, Beschimpfungen und gerichtliche Nachstellungen zu erleiden. Der Brief ist also auch soziologisch gesehen Mt näher als Lk, so daß eine Abhängigkeit bzw. Kenntnis des Mt durch 1.Petr viel wahrscheinlicher ist als eine Beziehung zwischen 1.Petr und Lk.

---

[109] G. Theißen, Gewaltverzicht, 179. Zur Problematik des Begriffes der "Überlegenheit" vgl. Anm. 93 u. 108. - Die benannte Asymmetrie betrifft freilich nicht nur die sozialen und politischen Verhältnisse, sondern auch das Verhalten selbst. W. Huber, Feindschaft und Feindesliebe, 132, spricht von einem "asymmetrischen Verhalten" der Feindesliebe: "nicht nur den zu lieben, der mich auch liebt ...".

[110] Zur sozialen Situation des 1.Petr vgl. J.H. Elliott, A Home for the Homeless, Philadelphia 1981, 21-58.59-100. Die rein soziologische Deutung des Fremdlingschaftsbegriffs im 1.Petr ist allerdings unzureichend. Zur Kritik an Elliott vgl. R. Feldmeier, Fremde, 203ff.; C. Wolff, J.H. Elliott, A Home for thr Homeless, Philadelphia 1981 (Rezension), ThLZ 109 (1984), 443-445.

[111] a.a.O., 180-183.

[112] Diesen Aspekt sozialer und wirtschaftlicher Gleichstellung bei Lk arbeiten auch L. Schottroff/W. Stegemann, Jesus von Nazareth, 144ff., heraus. Adressaten der lk. Feindesliebeworte sind wohlhabende und angesehene Christen, die ihren Mitchristen Gutes tun sollen durch Erweis ihrer Wohltätigkeit (6,27.30.33.34.35: "Gutes tun" und Darlehensgewährung).

[113] Vgl. auch die Haustafeltradition im 1.Petr. Im Gegensatz zu anderen entsprechenden Texten (vgl. Eph 6,9; Kol 4,1) werden keine "Herren" angesprochen. Zwar kann es vereinzelt besser begüterte Christen in den petrinischen Gemeinden gegeben haben (vgl. 3,1ff.: Mahnung an die Frauen, auf glänzenden Schmuck (!) zu verzichten), im ganzen zeigt der Brief aber, daß sich die christliche Minderheit als Fremdling in der heidnischen Welt empfand (1,1.17; 2,11) und am öffentlich-gesellschaftlichen Leben der heidnischen Kultur nur bedingt oder gar nicht teilnehmen konnte (vgl. 1,14; 2,11;4,1ff., bes. 4,4!; 4,12ff.).

2.4.3. Mt 5,48 im Verhältnis zu 1.Petr 1,15f.

Bemerkenswert ist im Zusammenhang des Heiligkeitsbegriffes die Aufnahme von Lev 19,2 (LXX; vgl. auch Lev 11,44f.; 20,7.26) durch 1.Petr 1,15f., da offensichtlich auch Mt 5,48 auf dem Hintergrund von Lev 19,2 formuliert ist[114]. Die Herkunft des τέλειος-Begriffes bei Mt dürfte durch Verbindung von Lev 19,2 (LXX) und Dtn 18,13 (LXX) zu erklären sein.[115] Wie τέλειος bei Mt die Ganzheit und Ungeteiltheit in der Beziehung zu Gott zum Ausdruck bringt[116] und somit 5,48 als Zusammenfassung der Antithesen auf 5,20 ("bessere Gerechtigkeit") zurückgreift (vgl. Teil 2.4.1.), so hält 1.Petr in 1,15f. analog dazu fest, daß durch die Beziehung der Heiligkeit zwischen Gott und Gemeinde eine enge Verbindung zwischen beiden konstituiert wird und demnach eine ganze und ungeteilte Verpflichtung Gott gegenüber besteht. Diese Heiligkeit drückt sich darin aus, daß sie "im ganzen (!) Lebenswandel" (ἐν πάσῃ [!] ἀναστροφῇ) zur Geltung kommt, so daß es keinen Bereich gibt, der von der Heiligkeitsbeanspruchung ausgeklammert werden könnte.[117] Das entspricht deutlich dem mt. τέλειος-Begriff, der die Ganzhingabe und Ungeteiltheit der Beziehung zwischen Gott und Mensch definiert. So nimmt 1.Petr 1,15f. sachlich die Intention des τέλειος-Begriffes von Mt 5,48 auf. Im einzelnen ergeben sich folgende Entsprechungen.

(1) "Vollkommenheit" ist nach Mt nicht nur eine Forderung neben anderen, sondern steht im Zusammenhang der Feindesliebe als "Mitte und Spitze aller Gebote".[118] Mt 5,48 greift in der Antithesenreihe inklusionsartig auf das Thema der "besseren Gerechtigkeit" (5,20) zurück (s.o.). Auch im 1.Petr ist die entsprechende Forderung der "Heiligkeit" nicht eine Forderung neben anderen, sondern benennt grundsätzlich das Verhältnis zu Gott. Daher wird auch die erste (!) Mahnung des Briefes (1,13ff.) mit der Heiligkeitsforderung kombiniert und in der Heiligkeit Gottes begründet. D.h., der Brief verfährt kompositorisch umgekehrt zu Mt: Steht bei Mt die zusammenfassende Mahnung am Ende (der Antithesen),

---

[114] Vgl. R. Schnackenburg, Vollkommenheit, 140f.; E. Lohse, "Vollkommen sein", 136. Basis von Mt 5,48 ist das Q-Logion Lk 6,36. Das Imitatio-Prinzip wird hier aber - im Hinblick auf das Verbot des Richtens (6,36-42) - auf die Barmherzigkeit eingegrenzt. Mt ist mit dem Begriff der Vollommenheit (= Ganzheit; Ungeteiltheit; vgl. Anm. 45) dem in Lev 19,2 geäußerten Imitatio-Prinzip jedoch näher, da es auch hier um die ganze und ungeteilte Hingabe zu Gott (in Abgrenzung zu den heidnischen Lebensformen der Völker [vgl. 18,1-5.30; 19,4.26ff.]) geht. Die Nähe von Mt 5,48 zu Lev 19,2 (LXX) bestätigt sich dadurch, daß die These der 6. Antithese (Mt 5,43; vgl. auch Mt 19,18f.!) explizit auf Lev 19,18 (LXX) zurückgreift, die Antithese mit dem Gebot der Feindesliebe vielleicht auch Lev 19,34 mitbedenkt (Forderung der Liebe dem Fremden gegenüber).
[115] Vgl. H. Giesen, Christliches Handeln, 126f.; W. Grundmann, Mt, 180; W. Trilling, Israel, 194f.; H. Frankemölle, 288f.; H.-T. Wrege, Überlieferungsgeschichte, 87 f. Anm. 5.
[116] Vgl. Anm. 45.
[117] "Seine (sc. Gottes) Heiligkeit aber ist Grund und Motiv der Mahnung, daß nun auch die Christen 'in der ganzen Lebensführung' heilig sein sollen (vgl. 1.Thess. 4,3; 1.Klem. 30,2); das aber heißt: ganz und gar Gott gehören, sich auch inmitten der Welt ungeteilt von ihm in Anspruch nehmen lassen." H. Balz/W. Schrage, Katholische Briefe, 75; Vgl. auch F.-R. Prostmeier, Handlungsmodelle, 390.
[118] U. Luz, Mt I, 313. Vgl. auch G. Strecker, Bergpredigt, 97f.

so ist sie im 1.Petr an den Anfang der Paränesen des Briefes gesetzt. Allein von der Stellung her lassen beide Schriften die Bedeutung der jeweiligen Mahnung er-kennen.

(2) Beide Verse begründen den Imperativ im Indikativ Gottes. Das Prinzip der imitatio Gottes bestimmt den Inhalt, allerdings nicht im Sinn der griechischen ὁμοίωσις–Vorstellung, sondern im Sinn eines Entsprechungsverhältnisses.[119]

(3) Die Forderung der Vollkommenheit hat - wie gesagt - im weiteren Kontext eine die gesamte Antithesenreihe zusammenfassende Funktion und schließt sich inklusionsartig mit dem Thema der "besseren Gerechtigkeit" (5,20) zusammen. Geht es im 1.Petr zunächst vom engeren Kontext her um die Abgrenzung vom alten heidnischen Lebenswandel, so hat 1,15f. im weiteren Kontext wie Mt 5,48 eine *grundsätzliche Bedeutung.* Der *gesamte* (!) Lebenswandel (1,15) soll heilig sein, womit das gesamte Rechtverhalten der Christen sowohl in der Gemeinde (vgl. 1,22; 4,7-11; 5,1-5) als auch in der Gesellschaft (vgl. 1,13ff.; 2,11f.13ff.; 4,12ff.) gemeint ist.[120] 1.Petr 1,15f. hat also wie Mt 5,48 eine *grundsätzliche Bedeutung für die Ethik der Gemeinde.*

Das Wort ἀναστροφή (ἀναστρέφειν) begegnet in 1,15 das erste Mal und nur hier durch das Adjektiv πᾶσα in diesem grundsätzlichen Sinn definiert. Ansonsten benutzt der Brief das Wort zur Konkretisierung des Verhaltens der Christen in der nichtchristlichen Gesellschaft (1,17; 2,12; 3,1f.16) bzw. des Verhaltens der heidnischen Vergangenheit der Christen (1,18). Jedoch geht es nicht nur um das Verhalten denen "draußen" gegenüber. Die Heiligkeit muß auch nach "innen" wirksam sein. Durch ἀναστρέφειν ist V17 mit V15f. verbunden (vgl. auch καὶ εἰ ... V17a). Das Gebet zum Vater (V17a) ist aber ein Vorgang in der Gemeinde. Ebenso wirkt sich die "Heiligkeit" in der "Reinheit" der ungeheuchelten Bruderliebe der Gemeinde aus (1,22; vgl. 2,17; 3,8; 4,8; 5,14). Ἀναστροφή benennt zwar vorwiegend das Verhalten zur nichtchristlichen Gesellschaft, schließt jedoch in dem grundsätzlichen Sinn eines: "im ganzen Lebenswandel" auch das innergemeindliche Leben ein. Dafür spricht, daß der in 1,15f. prägende Begriff der "Heiligkeit" für die Identität des Gottesvolkes konstitutiv ist (vgl. "heilige Priesterschaft"; "heiliges Volk" 2,5.9; 3,15: "Heiligung" Christi in unseren Herzen). - Ähnliches ist für Mt 5,48 zu sagen. Durch den engeren Kontext (5,38-48: Gewaltverzicht; Feindesliebe) ist deutlich das "Vollkommensein" gegenüber denen "draußen" gefordert. Deshalb gilt es, sich vom Verhalten der Zöllner und Sünder zu unterscheiden (5,46f.). Zum einen aber haben die Antithesengebote, die V48 zusammenschließt, grundsätzliche Bedeutung auch für das Verhalten nach "innen"[121], zum anderen ist durch den Vergleich mit dem himmlischen Vater deutlich eine Brücke zum Vaterunsergebet geschlagen (Mt 6,9a), das Kennzeichen innergemeindlicher Aktivität ist.

(4) "Heiligkeit" und "Vollkommenheit" werden sowohl im Mt als auch im 1.Petr im Hinblick auf den *Vater-Gott* ausgesagt. Sowohl Mt 5,45a als auch 5,48 sprechen von einem "Werden": "Söhne eures Vaters im Himmel werden" (V45); "vollkommen werden" (V48). Die Beziehung zwischen V45a und V48 wird auch formal durch den mt. Vaterbegriff hergestellt: υἱοὶ τοῦ πατρὸς ὑμῶν τοῦ

---

[119] Insofern kann man im strengen Sinn nicht von einer "imitatio Dei" sprechen (so A. Schulz, Nachfolgen, 238-243). Vgl. Anm. 95.

[120] Vgl. F.-R. Prostmeier, Handlungsmodelle, 390.

[121] Vgl. z.B. das geforderte Verhalten gegenüber dem "Bruder" 5,21ff. (vgl. 7,1ff.).

ἐν οὐρανοῖς (V45a); ὁ πατὴρ ὑμῶν ὁ οὐράνιος (V48)[122]. Schließlich
verweist der Vaterbegriff auf die entsprechende Gebetsanrede im Vaterunser
(Mt 6,9a)[123]. Der Vollkommenheitsbegriff steht bei Mt also im Kontext der
Vater-Sohn-Relation. - Analog dazu denkt 1.Petr 1,15f. den Heiligkeitsbegriff im
Zusammenhang der im Gebet vollzogenen Vateranrede der Söhne Gottes
(1,17a).[124] Das Sohnschaftsverhältnis ist durch die Vater-Anrede in 1,17a
vorauszusetzen. In dieser engen Bezugnahme auf die Heiligkeit und Vaterschaft
Gottes steht 1.Petr deutlich auch in sachlicher Nähe zu Mt 6,9b.c[125]. Der Brief
hat den engen Zusammenhang der Konstitutiva des heiligen Lebenswandels (Mt:
"Vollkommenheit"), der Heiligkeit Gottes und der Gebetsanrede des Vaters
verspürt. Das kann kaum auf Zufall beruhen!

(5) Der engere Kontext von 1.Petr 1,15f. fordert zur Abgrenzung vom heidnischen Lebenswandel auf (V14; vgl. auch V18: der von den Vätern überlieferte
nichtige Lebenswandel). In Mt 5,38ff.43ff. geht es zwar speziell um den
Verzicht auf Gewalt und die Feindesliebe, jedoch wird auch dieses Verhalten
gegen die heidnische Lebensform abgegrenzt. Die Feindesliebe ist eine
Handlung, die sich vom Verhalten der Heiden unterscheidet (V47). Sowohl Mt
als auch 1.Petr definieren also das Gott entsprechende Verhalten (Vollkommenheit, Heiligkeit) als ein solches in der Abkehr von der heidnischen
Lebensform.

Diese Parallelen lassen vermuten, daß 1.Petr auch Mt 5,48 gekannt und benutzt hat. Bestätigt wird dies dadurch, daß der Brief die 5. und 6. Antithese
(5,38f.43f.), die in V48 gebündelt wird, gekannt und in 3,9 aufgenommen hat
(s.o.). Ein Motiv für den gegenüber Mt 5,48 erfolgten expliziten Rückgriff auf
Lev 19,2 (LXX) könnte darin liegen, daß der Brief mit dem in Lev 19,2 begegnenden ἅγιος-Begriff die für ihn wichtige Pointe der Abkehr vom heidnischen
Lebenswandel (vgl. 1,13ff.) stärker ausgedrückt sah. Da es 1.Petr in 1,13ff. um
diesen Aspekt geht, hat sich textlich Lev 19,2 (LXX) besser als Begründung für
die Notwendigkeit des heiligen Lebenswandels geeignet als die mit τέλειος
abgewandelte Mt-Version 5,48. Denn die von Mt geforderte "Vollkommenheit"
bezieht sich im engeren Kontext auf die beiden letzten Antihesen der Gewalt-
verzichts- und Feindesliebeforderung (Mt 5,38-48)[126], einer Thematik, auf die

---

[122] Vgl. H. Giesen, Christliches Handeln, 133.

[123] Vgl. U. Luz, Mt I, 314, im Hinblick auf die Vater-Bezeichnung Gottes in Mt 5,48:
"Diese Gottesbezeichnung ist hier vielmehr als eine geläufige Floskel: Sie steht am Anfang des
zentralen Teils der Bergpredigt, wo der Evangelist vom Gebet zum Vater spricht ...".

[124] 1.Petr 1,17 ist thematisch mit 1,15f. duch das ἀναστρέφειν-Motiv verbunden.
Schließlich verknüpft das kopulative καὶ (εἰ) ...den Vers eng mit 1,15f.

[125] 1.Petr 1,16fin.17a: "... denn ich bin *heilig*. Und wenn ihr als *Vater* anruft...". Den
Zusammenhang von 1.Petr 1,17a mit Mt 5,9 hebt auch H. Frankemölle, Komm. 1.Petr u.a., 38
hervor.

[126] Konkret im Zusammenhang des Feindesliebegebotes (5,43-48) beschreibt τέλειος das
Handeln der Feindesliebe (V44.46f.), die in Entsprechung zur τελειότης Gottes, nämlich der
unbegrenzten Güte Gottes über "Böse und Gute" (V45) vollzogen wird. Vgl. H. Giesen, Christliches Handeln, 129ff.; G. Künzel, Gemeindeverständnis, 241-250; W. Trilling, Israel, 195f.;
U. Luz, Mt I, 313; G. Delling, τέλος κτλ., ThWNT VIII, 74f.

1.Petr in 1,13ff. nicht eingeht, sondern erst in 3,9. Die Abgrenzung von der heidnischen Lebensform (5,47) ist bei Mt dem Gewaltverzichts- und Feindes- liebethema eingeordnet. Dagegen bot sich dem Brief der Text von Lev 19,2 (LXX) in diesem Kontext der Abgrenzung vom alten heidnischen Lebenswandel (1,13ff.) besser an, da es auch in Lev 19 um die Heiligkeit des Gottesvolkes in der Abkehr vom heidnischen Lebenswandel geht (Lev 19,4.11ff.19ff.; vgl. auch 11,44f. im Kontext von 11,41-45; 20,7 im Kontext von 20,6-8.11ff.). Man wird also mit einer doppelten Beeinflussung von Lev 19,2 und Mt 5,48 in 1.Petr 1,15f. rechnen müssen.

2.5. 1.Petr 5,6-9 im Verhältnis zur matthäischen Versuchungsgeschichte (Mt 4,1-11) und dem synoptischen Logion vom Sorgen (Mt 6,25-34 par)

Zum Ende des Briefes hin kommt der Verf. auf die Gefahr der diabolischen Versuchung zu sprechen (5,6ff.). In diesem Teil benutzt der Brief Traditionselemente, die in ähnlicher Weise auch in Jak 4,6-10 enthalten sind. Die Vermutung legt sich nahe, daß beide Schriften eine gemeinsame paränetische Tradition verarbeitet haben.[1] L. Goppelt hat auf Grund paralleler Aussagen (vgl. Jak 4,6b mit 1.Petr 5,5c[2]; Jak 4,7b mit 1.Petr 5,9; Jak 4,10 mit 1.Petr 5,6) die Schlußfolgerung gezogen: "Die beiden Verfasser haben (demnach) eine paränetische Tradition, die das Thema: Beugung unter Gott, Widerstand gegen den Teufel, schematisch ausgeformt hatte, ihrer Intention gemäß ausgeführt."[3] Dieses Urteil kann nach unserer Sicht bestätigt und modifiziert werden. Für die Frage des Einflusses von Mt auf 1.Petr wird die mt. Versuchungsgeschichte zu berücksichtigen sein.

---

[1] Vgl. L. Goppelt, Komm. 1.Petr, 335; M.-É. Boismard, Quatre hymnes, 133ff.; E. Best, Gospel Tradition, 107; N. Brox, Komm. 1.Petr, 236.

[2] Vgl auch 1.Clem 30,2; Ign Eph 5,3.

[3] a.a.O.

2.5.1. Vergleich zwischen 1.Petr 5,(5)6ff. und Jak 4,6ff.

Zunächst gilt es, die 1.Petr 5 und Jak 4 zugrundeliegende gemeinsame Tradition zu vergleichen. Dabei ergibt sich folgendes Bild:

1.Petr 5		Jak 4	
V5c:	ὁ θεὸς ὑπερηφάνοις ἀντιτάσσεται, ταπεινοῖς δὲ δίδωσιν χάριν.	V6b:	ὁ θεὸς ὑπερηφάνοις ἀντιτάσσεται, ταπεινοῖς δὲ δίδωσιν χάριν.
V6 :	ταπεινώθητε οὖν ὑπὸ τὴν κραταιὰν χεῖρα τοῦ θεοῦ, ἵνα ὑμᾶς ὑψώσῃ ἐν καιρῷ,	V7a: b:	ὑποτάγητε οὖν τῷ θεῷ, ἀντίστητε δὲ τῷ διαβόλῳ...
V7 :	πᾶσαν τὴν μέριμναν ὑμῶν ἐπιρίψαντες ἐπ' αὐτόν ... περὶ ὑμῶν.	V8:	ἐγγίσατε τῷ θεῷ ... δίψυχοι
V8a:	νήψατε, γρηγορήσατε.	V9:	ταλαιπωρήσατε...κατήφειαν.
b:	ὁ ἀντίδικος ὑμῶν διάβολος ... καταπιεῖν.		
V9:	ᾧ ἀντίστητε στερεοί ... ἐπιτελεῖσθαι.	V10:	ταπεινώθητε ἐνώπιον κυρίου καί ὑψώσει ὑμᾶς.

Deutlich ist die Verwandtschaft der beiden Texte (1.Petr 5,5c - Jak 4,6b; 1.Petr 5,6 - Jak 4,10; 1.Petr 5,9 - Jak 4,7b).

(1) Das Zitat aus Spr 3,34 (LXX) leitet die Tradition ein. Sowohl 1.Petr als auch Jak bieten die gleiche Abweichung von Spr 3,34 (LXX): ὁ θεός statt κύριος.

(2) Aus dem Zitat wird schlußfolgernd (οὖν!) die Unterordnung unter Gott apostrophiert (1.Petr 5,6a; Jak 4,7a.10). Jak rahmt mit Hilfe der Unterordnungs-forderung seine Ausführungen in VV7b-9. Er benutzt zwar gegenüber 1.Petr ein anderes Verb (ὑποτάγητε statt ταπεινώθητε), sachlich sind die Paränesen aber identisch.[4] 1.Petr 5,6 stimmt mit Jak 4,10 wörtlich in der Imperativfassung ταπεινώθητε überein. Bemerkenswert ist auch, daß beide Verse das weisheit-liche Q-Logion (vgl. Mt 23,12; Lk 14,11) in der gleichen Abweichung tradieren. "Das für das Logion typische Passivum divinum wurde entschlüsselt, aus dem umschreibenden Weisheitswort wurde der direkte Imp: 1.Petr 5,6: ταπεινώθητε ..., ἵνα ὑμᾶς ὑψώσῃ. Jak 4,10: ταπεινώθητε ..., καὶ ὑψώσει ὑμᾶς. Lk 14,11: ... ὁ ταπεινῶν ἑαυτὸν ὑψωθήσεται."[5] Die Forderung zur Demut ist nicht mehr reflexiv gefaßt, sondern hat Gott als Objekt (1.Petr 5,6: ὑπὸ τὴν κρατειὰν χεῖρα τοῦ θεοῦ; Jak 4,10: ἐνώπιον κυρίου). Die Erhöhungsaussage

---

[4] Vgl. 1.Petr 5,5: Der Brief vermerkt die enge Verwandtschaft von ὑποτάγητε und ταπει-νοφροσύνη bzw. ταπεινώθητε (V6a).
[5] L. Goppelt, Komm. 1.Petr, 337 Anm. 5.

hat gegenüber dem Q-Logion einen stärkeren finalen Sinn: 1.Petr 5,6: ἵνα ὑμᾶς ὑψώσῃ; Jak 4,10: καὶ ὑψώσει ὑμᾶς[6]).

Gegenüber der Jak-Parallele hat 1.Petr die Tradition mit einprägsamen atl. Bildern erweitert: "starke Hand Gottes" (vgl. Ex 3,19; 6,1; 13,3.9.14.16; Dtn 9,26.29; 26,8; Jes 5,12; Ps 111,7 u.ö.; vgl. auch 1.Clem 28,2; 60,3)[7]. In 5,8 hat 1.Petr den Diabolos mit Ps 22,14 als "brüllenden Löwen" charakterisiert (s.u.). Ἐν καιρῷ (5,6) ist ebenfalls petrinisches Interpretament.[8] Aus der Parallelität zu 1,5 ergibt sich, daß der Zeitpunkt der eschatologischen Offenbarung der σωτηρία gemeint ist. 1.Petr hat die Tradition der Unterodnung unter Gott stärker parakletisch formuliert als Jak. Dies bestätigen die parakletischen Sprachformen des Kontextes: V7 versichert die präsente Fürsorge Gottes. In V10 schließt der Brief mit einer Paraklese: Gott wird die bedrängte Gemeinde stärken und bewahren. So erklärt sich die Einführung von ἐν καιρῷ in 5,6. Das Schreiben antwortet auf die Bedürfnisse der Gemeinde mit Trost.

(3) Das Gebot des Widerstandes gegen den Diabolos ist in Jak 4,7 und 1.Petr 5,9 terminologisch parallel: ἀντίστητε + Dat. (τῷ διαβόλῳ Jak 4,7). 1.Petr 5,9 bezieht sich mit dem Dativrelativpronomen auf den in V8 genannten Diabolos zurück. Jak 4,7 wird die ursprüngliche Tradition besser bewahrt haben, insofern er die Antithese: "Widerstand gegen den Teufel - Unterordnung unter Gott" durch parallelen Aufbau strenger aufeinander bezogen überliefert: V7a: ὑποτάγητε ... τῷ θεῷ; V7b: ἀντίστητε ... τῷ διαβόλῳ. 1.Petr trennt die ursprünglich zusammengehörige Antithese. Dies ist auf Grund der erweiternden und interpretierenden Einschübe anzunehmen: V7 gehört sachlich mit V6 zusammen: Das Partizip ἐπιρίψαντες ist dem übergeordneten Imperativ (V6: ταπεινώθητε) koordinierend zugestellt.[9] Die Demütigung unter Gott zeigt sich darin, daß alle Sorge Gott überlassen wird. - Der Wachsamkeitsruf (V8a), der gemeinsames Gut urchristlicher Paränese ist[10], ist mit der folgenden Diabolos-Aussage zu verbinden. Auch wenn diese Verbindung im NT singulär ist[11], ist sie sachlich sinnvoll. Die diabolische Bedrängnis erfordert gespannte Aufmerksamkeit. - Gegenüber der mit Jak 4 gemeinsamen Tradition ist die Warnung vor dem Diabolos mit erweiterten Bestimmungen versehen, die die Bedrohungen und

---

[6] Da die Folge der Demütigung unter Gott die Erhöhung des Glaubenden ist, ist das καί an dieser Stelle als "καί finale" aufzufassen (= "damit"; vgl. B.-D.-R. § 442,3). Möglich wäre auch die Annahme eines "καί consecutivum", das man in Jak 4,7 vorauszusetzen hat (vgl. B.-D.-R. § 442,2c). Auf jeden Fall ist mit dem Ziel oder der Folge die Verheißung der Erhöhung stärker als im Fall des Q-Logions zur Sprache gebracht.

[7] Vgl. E. Lohse, χείρ κτλ., ThWNT IX, 416f. 420.

[8] Vgl 1,5: ἐν καιρῷ ἐσχάτῳ.

[9] "Das Part. ἐπιρίψαντες umschreibt hier wohl nicht den Imp., sondern zeigt die enge Verbindung mit dem vorhergehenden Satz an." L. Goppelt, Komm. 1.Petr, 337 Anm.6.

[10] Vgl. M.-É. Boismard, Quatre hymnes, 154ff.; Mk 13,33.35 par; Mt 24,42; 25,13; Lk 21,36; Mk 14,38 par; Mt 26,38.41; 1.Thess 5,6; 1.Kor 16,13; Kol 4,2; Apk 3,2f.; 16,15; vgl. auch Eph 5,14.

[11] In der Regel wird der Wachsamkeitsruf mit der Nähe der Parusie Christi begründet (vgl. Mk 13,33.35 par Mt 24,42; 25,13; Lk 21,36; 1.Thess 5,6.8[1-11]; vgl. auch Apk 3,2f.; 16,15; 1.Petr 1,13) oder steht in Verbindung mit dem Gebet (Mk 14,38 par Mt 26,38.41; Kol 4,2; 1.Petr 4,7). 1.Petr hat den Wachsamkeitsruf in die vorhandene Tradition eingearbeitet. Dadurch ergibt sich die singuläre Verbindung des Wachsamkeitsrufes mit dem Motiv der Gefahr durch den Diabolos.

Gefahren, denen die Gemeinden in Kleinasien ausgesetzt sind, erkennen lassen. Durch diese Erweiterungen ist der in Jak 4,7 erkennbare enge Zusammenhang der Gehorsamsforderung gegen Gott (V6) und des Gebotes des Widerstandes gegen den Diabolos (V9) getrennt worden. Die Aufforderung zur Unterordnung unter Gott (1.Petr 5,6) ist um die Sorge-Paränese (V7) erweitert worden. Gleiches ist von der Widerstandsforderung gegen den Diabolos (V9a) in bezug auf die Wachsamkeitsmahnung (V8a) und die den Diabolos näher charakterisierenden Bestimmungen V8b zu sagen. Diese umschreiben in einprägsamer Weise die Gefahr der von der heidnischen Umwelt bedrohten Gemeinde:

a) Als "ὁ ἀντίδικος" wird sonst im NT der Teufel nicht bezeichnet, jedoch im AT: ἀντίδικος ist der "Prozeßgegner", der "Ankläger" oder "Verleumder" (vgl. Sach 3,1f.; Hi 1f.).[12] Im Zusammenhang des Briefes ist diese Bezeichnung wohl bewußt gewählt worden. Sie reflektiert die Situation der Christen, sofern sie verleumdet, geschmäht, angeklagt und vor Gericht gezogen werden (vgl. 1,6; 2,12; 3,14.15.16.17; 4,4.12.14.15f.; 5,8f.). Mit dem Begriff "Widersacher" ist also angedeutet, daß "hinter der Aggression gegen die Christen nicht nur eine individuelle Verblendung und Bosheit, sondern eine überindividuelle Verfaßtheit der Gesellschaft steht."[13]

b) Das Bild vom "brüllenden Löwen" ist aus Ps 21,14 (LXX) entnommen. Der Psalm beschreibt das Leiden des Gerechten, der Gott um Hilfe in der Not anruft. Der Beter ist den Bedrängnissen, Verspottungen und Schmähungen des λαός ausgesetzt (V7f.). Mit VV13ff. werden verschiedene Tiere bildhaft eingeführt, die diese Bedrängnisse charakterisieren. Dazu gehört auch der "brüllende (und reißende) Löwe", der seinen Rachen über sein Opfer aufsperrt. Die Situation der Christen im Brief ist der des Gerechten im Psalm ähnlich: Schmähungen und Beschimpfungen bewirken die Ächtung und Not der Opfer. Aus diesem Grunde ist der Rückgriff auf Ps 21,14 (LXX) verständlich. Die Nachstellungen, Beschimpfungen und Schmähungen durch die heidnische Bevölkerung besitzen solch eine diabolische Macht, daß sie die elementare Existenz der Christen bedrohen.[14] Durch diese Gefahr ist die Wachsamkeitsmahnung (V8a) motiviert.

c) Das Gleiche trifft auch zu für den interpretierenden Zusatz "στερεοὶ τῇ πίστει" in der Widerstandsmahnung V9a: Der Widerstand gegen eine gefährliche diabolische Macht ist nur im festen und tiefen Glauben möglich.

(4) Mit V9b wird die Tradition verlassen. Deutlich geht der Verf. des Briefes auf die Leidensexistenz der Adressaten ein und parallelisiert diese mit der "Bruderschaft" in der ganzen Welt. Der Verf. bringt "die Verbundenheit der

---

[12] Vgl. G. Schrenk, ἀντίδικος, ThWNT I, 373-375, bes. 374f. Die genannten Grundbedeutungen schwingen auch in dem grch. Wort διάβολος (hebr. = שׂטן) mit (vgl. G.v. Rad/ W. Foerster, διαβάλλω κτλ., ThWNT II, 71). Der Qualifizierung des Diabolos als ἀντίδικος kommt die Bezeichnung κατήγωρ in Apk 12,10 nahe.

[13] L. Goppelt, Komm. 1.Petr, 341.

[14] Vgl. O. Knoch, Komm. 1.Petr u.a., 137. - Das Bild vom umherstreifenden und fressenden Löwen in 1.Petr 5,8 (vgl. Num 23,24; Hi 10,16; Ps 16,12 LXX; Ez 22,25; Sir 27,10.28 u.ö.; W. Michaelis, λέων, ThWNT IV, 258) unterstreicht den bedrohlichen Charakter der Situation der Adressaten.

Christen untereinander mit dem ihm eigenen Kollektivbegriff ἀδελφότης, Bruderschaft, zur Sprache (vgl. 2,17)."[15]

Es ist also deutlich, daß der Brief in Kap 5,(5c)6-9 die mit Jak 4 gemeinsame Tradition der Unterwerfung unter Gott und des Widerstandes gegen den Diabolos mit Zusätzen versehen hat, die die besondere Situation der Adressaten reflektieren. Die Tradition wird in bestimmter Hinsicht interpretiert: a) parakletisch: V6c: (ἐν καιρῷ); V7!; V9b (der Hinweis auf das gemeinsame Leiden der Bruderschaft in der Welt), b) paränetisch: V8a (νήψατε, γρηγορήσατε); V9a (στερεοὶ τῇ πίστει), c) kontradiktorisch: Der Widerspruch zwischen Gott und Diabolos wird durch die Einführung prägnanter atl. Bilder verstärkt: V6a (ἡ κραταιὰ χείρ); V8b (ὡς λέων ὠρυόμενος), d) soziologisch: Mahnungen und Aussagen sind Reflex der bedrohten Existenz der Gemeinde: V7(Mahnung zur Sorge); V8b (der "Widersacher", der wie ein "brüllender Löwe" umhergeht und zu "verschlingen" sucht); V9b (der Hinweis auf das gleiche Leidensschicksal der Bruderschaft in der Welt).[16]

(5) Jak 4,6b.7a beginnt wie 1.Petr 5,5cf. mit der Gehorsamsforderung gegenüber Gott und der vorangestellten Begründung anhand des Zitates aus Spr 3,34. Darauf folgt das Gebot des Widerstandes gegen den Diabolos, das durch das Fluchtmotiv erweitert ist.[17] Das Unterordnungsmotiv bietet Jak 2mal: V7a und V10. Dazwischen sind Paränesen enthalten, die im 1.Petr nicht begegnen. Sie müssen also ihre Existenz aus dem Umfeld des Jak selbst herleiten können. Entsprechend sind auch die in 1Petr 5,5ff. über die Tradition hinausgehenden Interpretamente als Reflex der Gemeindesituation und des Anliegens des Verf. erkannt worden (s.o.). Der Jakobusbrief geht davon aus, daß Streit und Auseinandersetzungen die Adressaten in Spaltung und Unfrieden stürzen (vgl. 3,16; 4,1.11).[18] Die Konsequenz ist, daß die Liebe zur Welt Feindschaft gegen Gott hervorruft (4,4). In diesem Zusammenhang führt Jak die mit 1.Petr 5 gemeinsame Tradition an. In einer die Gemeinde gefährdenden Lage der Zerrissenheit und des Unfriedens fordert er zur Unterordnung unter Gott[19] und zum Widerstand gegen den Diabolos auf. Die in V8 und V9 enthaltenen Paränesen beschreiben aus der Sicht des Verf., wie diese Unterordnung unter Gott und der Widerstand gegen den Diabolos geschieht: Gefordert ist die Hinwendung zu Gott (V8a), die "Reinigung" und "Heiligung" (sc. Bekehrung) der "Sünder" (V8b) und die Buße (V9).[20] Jak hat also im Unterschied zu 1.Petr die zugrunde

---

[15] L. Goppelt, Komm. 1.Petr, 342.

[16] Die z.T. vorhandenen Überschneidungen in der parakletischen, kontradiktorischen und soziologischen Interpretation sind durch eine jeweils verschiedene Perspektive bedingt.

[17] Vgl. dazu TestXII.Naph 8,4: ὁ διάβολος φεύξεται ἀφ' ὑμῶν. Vgl auch TestXII.Iss 7,7; TestXII.Dan 5,1.

[18] Zum kirchen- und theologiegeschichtlichen Ort des Jakobusbriefes vgl. F. Mußner, Komm. Jak., 12-23. bes. 22; W. Popkes, Adressaten, Situation und Form des Jakobusbriefes (SBS 125/126), Stuttgart 1986, bes. 91ff.; F. Schneider, Komm. Jak., 14ff. 89ff. 97ff

[19] Verständlich ist, daß in solch einer Situation die Forderung des Gehorsams gegen Gott besonders dringend war. Der Brief erwähnt die entsprechende Mahnung deshalb gleich 2mal (V7a und V10) !

[20] V9 ist Bußsprache; vgl. Jer 4,8a; Jes 32,11ff.; Mi 1,8; Joel 2,12; Ps 6,9; 1.Makk 7,36; 4. Esra 5,20. Vgl. dazu F. Mußner, Komm. Jak., 186; F. Schnider, Komm. Jak., 103f.; H. Balz, ταλαιπωρέω, EWNT III, 794f.; ders., πενθέω, EWNT III, 162f.; K. Berger χαρά, EWNT III, 1090; H. Balz, κλαίω, EWNT II, 727.

liegende Tradition angesichts der Zerstrittenheit der Gemeinde im Hinblick auf Bekehrung und Umkehr interpretiert. Beide Schriften haben auf die ihnen je eigene Weise Tradition und Gemeindeproblematik miteinander verbunden.

2.5.2. Der Einfluß der matthäischen Versuchungsgeschichte auf 1.Petr 5,6ff.

Der oben gegebene Vergleich zwischen 1.Petr 5,(5)6ff. und Jak 4,6-10 hat gezeigt, daß beide Schriften auf eine urchristliche paränetische Tradition zurückgreifen, die im Hinblick auf die jeweils unterschiedlichen Gemeindeverhältnisse auch entsprechend verschieden ausgebildet worden ist. Läßt sich etwas über die Herkunft dieser Tradition sagen?

Möglich wäre, daß ein Brief den anderen gekannt und benutzt hat. Immerhin gibt es einige auffällige Parallelen zwischen beiden Schriften,[21] so daß in der Forschung auch eine literarische Abhängigkeit angenommen worden ist. Diese ist freilich mit dem Hinweis auf gemeinsame urchristliche Traditionen bestritten worden.[22] Bemerkenswert ist jedoch, daß sowohl 1.Petr als auch Jak im Gegensatz zu anderen urchristlichen Schriften auffällig viel Material aus der Evangelienüberlieferung verarbeitet haben.[23] Mußners Übersicht zeigt, daß Jak zum größten Teil Material verwendet hat, das aus der mt. Bergpredigt, aus Q, aber auch aus Mt(S) und Lk(S) stammt.[24] Man kann also damit rechnen, daß die Jak und 1.Petr gemeinsame Tradition vom Widerstand gegen den Diabolos und dem Gehorsam gegenüber Gott ebenfalls auf solch eine Evangelientradition zurückgreift. Sachlich bietet sich die in Q überlieferte Perikope von der Versuchung Jesu an (Mt 4,1-11par). Beide Motive der Tradition sind für sie prägend: 1. Widerstand gegen den Diabolos (vgl. Jesu Zwiegespräch mit dem Satan und die dreifache Abwehr der Versuchung [Mt 4,3-11par]). 2. Gehorsam gegenüber Gott (vgl. Jesu Abwehr der Versuchungen mit Hilfe eines atl. Wortes, das die strenge Bindung an Gott und den Gehorsam gegenüber seinem Willen fordert [Mt 4,4.7.10 par]).

In bezug auf den Zusammenhang des 1.Petr mit Mt sind folgende Überlegungen wichtig: Die Tradition "Widerstand gegen den Diabolos - Unterordnung unter Gott" ist Ausdruck eines bestimmten Verständnisses der Versuchungsgeschichte, das Mt besonders betont hat: Jesus ist der Gott *gehorsame*

---

[21] Die Parallelen sind aufgeführt bei F. Mußner, Komm. Jak., 34; vgl. auch F. Schröger, Gemeinde, 217f.; N. Brox, Der erste Petrusbrief in der literarischen Tradition des Urchristentums, Kairos 20 (1978), 186; E.G. Selwyn, Epistle, 462f.; W. Popkes, Adressaten, 146ff.

[22] Vgl. dazu F. Mußner, Komm. Jak., 33ff.; E. Lohse, Paränese und Kerygma, 80 Anm. 64; N. Brox, a.a.O.: "Alle Berührungen sind ... denkbar auf dem Boden eines katechetischen Stichwortschatzes und eingeübter paränetischer und homiletischer Sequenzen von Gedanken, Bildern, Imperativen, Formeln."

[23] Eine Übersicht über die Parallelen in Jak bietet F. Mußner, Komm. Jak, 47-52; W. Popkes, Adressaten, 156-176. Zur Diskussion hinsichtlich des 1.Petrusbriefes vgl. Teil 1 unserer Arbeit.

[24] Vgl. Mußners Zusammenfassung S.51. Zur Verarbeitung der Bergpredigttraditionen im Jak vgl. besonders W. Popkes, Adressaten, 156-176.

Gottessohn.[25] Dieser Aspekt des *gehorsamen* Gottessohnes verbindet die Christologie des 1.Petr mit der des Mt (vgl. Teil 3.3.). Die Forderung zum Widerstand gegen den Diabolos in Verbindung mit der Forderung zur gehorsamen Unterordnung unter Gott ist also sachgerechte Rezeption der mt. Versuchungsgeschichte - freilich in paränetischer Anwendung (s.u.). Der Gehorsamsaspekt wird in Mt 4,1-11 mehrfach deutlich gemacht:

"Die Versuchung ist im Grund Versuchung des Gehorsams des königlichen Messias, und das zeigt sich auch in den Antworten Jesu, die alle darauf hinausgehen: man soll den Willen Gottes tun."[26] In der Antwort auf die erste Versuchung bietet Mt (4,4) gegenüber Lk par (4,4) eine längere Version des Zitates aus Dtn 8,3 (LXX), die die Aussage enthält, daß der Mensch von jedem Wort, das aus Gottes Mund kommt, lebt[27]. Deutlich ist, daß die Mt-Version mit dieser längeren Fassung des Dtn-Wortes gegenüber Lk stärker den Gehorsam gegenüber dem Willen Gottes zum Ausdruck bringt. Gottes Wort ist in jeder Hinsicht ("jedes Wort") einzuhalten.[28] Dies wird durch Dtn 8,1ff bestätigt. Hier wird der Gehorsam gegenüber den Geboten Gottes gefordert. "Dtn 8,2-5 ging es um den Weg, den Gott das Volk Israel während 40 Jahren (!) in der Wüste führte (ἤγαγεν), indem er es versuchte (ἐκπειράσῃ), ob es seine Gebote halte, um es zu erziehen wie (!) einen *Sohn*. Jesus besteht im Unterschied zu Israel seine Versuchung und ist so der Sohn Gottes, der 'von jedem Wort, das aus Gottes Mund kommt, lebt', d.h. der gehorsam ist."[29] - Auch die mt. Anordnung der 3 Versuchungen - die Anbetung des Satans bildet bei Mt den Höhepunkt der Versuchungen im Unterschied zu Lk - zeigt, daß Mt am Gehorsam gegenüber Gott interessiert ist: ihm allein gilt die (gehorsame)Verehrung (V10). - Versuchung und Gehorsam des Gottessohnes werden durch Mt im Laufe des Evangeliums mehrfach deutlich gemacht. Die Versuchung scheint sich in der Kreuzigungsszene zu wiederholen: Der "König Israels" (27,42) widersteht im gehorsamen Vertrauen auf Gott (27,43) der Forderung der Spötter, als Sohn Gottes vom Kreuz herabzusteigen (27,39ff.). Gerade als Sohn Gottes (vgl. 27,39 mit 4,3.6!) erfüllt er gehorsam den Willen Gottes.[30] - Auch bei der Ver-

---

[25] Vgl. dazu H. Mahnke, Versuchungsgeschichte, 102f.124ff.151f.190ff. u.ö.; U. Luz, Mt I, 158-167; E. Schweizer, Mt, 35f.; J.D. Kingsbury, Matthew, 51; W. Grundmann, Mt, 100. Die Versuchungsgeschichte ist in der kirchlichen Tradition verschieden gedeutet worden (vgl. dazu K.-P. Köppen, Die Auslegung der Versuchungsgeschichte unter besonderer Berücksichtigung der Alten Kirche [BGBE 4], Tübingen 1961; U. Luz, Mt I, 160f.165f.). Die antiochenische und die reformatorische Auslegung haben diese mt. Intention des gehorsamen Gottessohnes zur Sprache gebracht (vgl. dazu U. Luz, Mt I, 165f.; K.-P. Köppen, Auslegung, 85-89; V. Kesich, The Antiocheans and the Temptation Story, StPatr 7, 1966 [TU 92], 496-502; ders., Hypostatic and Prosopic Union in the Exegesis of Christ's Temptation, SVSQ, Crestwood 1965, 118-137, bes. 133).

[26] T. de Kruijf, Sohn Gottes, 56. - J. Dupont, Versuchungen, 10-21, hat die mt. Versuchungsgeschichte auf dem Hintergrund der Versuchungen Israels in der Wüste interpretiert (1.Versuchung: Dtn 8,2-5; Ex 16[,4]: Manna; 2.Versuchung: Dtn 6,16; Ex 17,7: Massa; 3. Versuchung: Dtn 6,13; Dtn 6,12-15; Ex 23,20-33; 34,11-14: Einzug ins Land Kanaan). Im Gegensatz zu Israels Versuchungen in der Wüste hat Jesus als gehorsamer Sohn Gottes die Versuchungen bestanden. "In der Wüste erlebt Jesus (nun) auch die Versuchungen, die das auserwählte Volk nach dem Auszug aus Ägypten heimsuchten; doch wo Israel versagte, siegt dieser Sohn Gottes." (S. 20).

[27] Für Ursprünglichkeit der Langform von Dtn 8,3 in Mt 4,4 gegenüber Lk 4,4 plädieren H. Mahnke, Versuchungsgeschichte, 60f., und J. Dupont, Versuchungen, 33.

[28] Vgl. P.F. Ellis, Matthew, 31.

[29] U. Luz, Mt I, 163.

[30] Vgl. J.D. Kingsbury, Matthew, 75f.; W. Wilkens, Versuchung, 484f.; W. Schenk, Die Sprache des Matthäus, 159f.; J. Dupont, Versuchungen, 36.

haftung Jesu ist der Bezug zur Versuchung erkennbar: Jesus verzichtet darauf, Gottes Engel zur Hilfe herbeizuholen (vgl. 4,6 mit 26,53!) und erweist sich darin gehorsam gegenüber dem Wort Gottes in der Schrift (vgl. 4,7 mit 26,54!). - Mt 16,23 ("Geh hinweg ... Satan!") ist ebenfalls eine Assoziation zur Versuchungsgeschichte (vgl. Mt 4,10)[31]: Beiderseits ist der Gottessohn gehorsam. Er verzichtet auf irdische Macht (4,8-10) und geht gehorsam den Weg des Leidens (16,21-23). - Zur zweiten Versuchung (Mt 4,5-7) ist Mt 21,1-17 zu vergleichen. Ort ist der Tempel: Jesus verzichtet auf die Beglaubigung seiner Gottessohnschaft durch Wunderzeichen vom Himmel (4,5-7). "In den Tempel wird er das nächste Mal 21,1-17 einziehen als gewaltloser König ohne Machtdemonstration."[32] - Zwar ist der Gehorsamsaspekt das Zentrum aller drei Versuchungen auch schon in der Q-Version, doch hat Mt diesen gegenüber Lk noch stärker akzentuiert. Dafür spricht zum einen die gegenüber Lk 4,4 längere Version des Wortes aus Dtn 8,3 in Mt 4,4 (s.o.), zum anderen die veränderte Reihenfolge der Versuchungen. Mt hat im Unterschied zu Lk die Versuchung auf dem Berg ans Ende gesetzt (vgl. dazu Mt 28,16-20). Diese ist somit für Mt die entscheidende Versuchung, der Jesus widersteht: Den Herrn "allein" anbeten und ihm dienen (V10b) ist Ausdruck vollendeten Gottesgehorsams.

Wenn 1.Petr 5,6ff. also den Widerstand gegen den Diabolos als Gehorsam gegenüber Gott deutet, so ist das die sachgerechte Rezeption der mt. Versuchungsgeschichte. Freilich ist durch 1.Petr (und Jak) eine paränetische Interpretation derselben vollzogen worden. Aber auch hier ist 1.Petr mit Mt vergleichbar. Denn beide vertreten eine Vorbildchristologie: Christus ist der gehorsame Sohn Gottes, dem es im Gehorsam ihm gegenüber nachzufolgen gilt (vgl. Teil 3.3.). Dementsprechend muß der "Versuchung" (vgl. Mt 26,41 πειρασμός mit 4,3 ὁ πειράζων) und dem Diabolos "fest im Glauben" (1.Petr 5,9) widerstanden werden. Zwar ist die Paränese nicht die primäre Intention der mt. Versuchungsgeschichte, sondern der Gehorsam des Gottessohnes, auch wenn die paränetische Interpretation eine verbreitete Auslegung der Kirchengeschichte geworden ist[33]. Doch ist die Perikope für eine paränetische Interpretation offen. Sie gewinnt "indirekt paränetischen Charakter, indem der Gehorsam des Gottessohnes gegenüber Gottes Wort grundsätzlich auch von den Christen gefordert ist. Alle drei Sätze aus dem Deuteronomium, die Jesus dem Teufel antwortet, haben eine grundsätzliche Bedeutung für das Leben der Christen, die über die konkrete Situation der einzelnen Versuchungen hinausreicht."[34] Dies schließt die christologische Interpretation (der gehorsame Gottessohn) nicht aus, sondern hat sie zur Voraussetzung. Aus ihr bezieht die paränetische Interpretation ihre

---

[31] Vgl. H. Mahnke, Versuchungsgeschichte, 168; J. Dupont, Versuchungen, 35.

[32] U. Luz, Mt I, 164.

[33] Vgl. dazu U. Luz, Mt I, 160f.; E. Fascher, Jesus und der Satan, 20f.

[34] U. Luz, a.a.O., 162; vgl. auch A. Sand, Mt, 74; R. Bultmann, GST, 274; S. Schulz, Q, 188. Ablehnend gegenüber einer paradigmatischen bzw. paränetischen Interpretation der Versuchungsgeschichte verhält sich H. Mahnke, Versuchungsgeschichte, 199-201. Christologische Begründung und paradigmatische Konsequenzen schließen sich m.E. aber nicht aus. G. Baumbach, Verständnis, 106-111, hält eine Kombination messianischer und paränetisch-didaktischer Deutung der mt. Versuchungsgeschichte für möglich. J. Dupont, Versuchungen, 38-41, lehnt zwar eine paränetische Deutung ab, gesteht aber in vereinzelten Andeutungen (vgl. S.21 Anm. 25; S. 34 Anm. 49) die Offenheit für eine paränetisch-didaktische Deutung zu. Er verweist auf die Katechese von 1.Kor 10,1-10 (S. 21 Anm. 25). Paulus deutet typologisch die Versuchungen der Wüstengeneration als warnendes Beispiel für die christliche Gemeinde (vgl. bes. VV6.11).

Intention. Denn die 1.Petr und Jak gemeinsame Tradition hat die mt. Intention der Versuchungsgeschichte (= Gehorsam gegenüber Gott) explizit zur Sprache gebracht.

Einige weitere *Indizien* weisen auf einen Zusammenhang von 1.Petr 5,6ff. mit der mt. Versuchungsgeschichte hin:

1. Der enge Zusammenhang von Wachsamkeit und Versuchung in 1.Petr 5,8f. (s.o.) wird auch in der Evangelientradition deutlich gemacht. In der Gethsemaneszene werden die Jünger zur Wachsamkeit gerufen, um nicht in Versuchung zu fallen (Mt 26,41par; vgl. πειρασμός). In der Versuchungsgeschichte ist es gerade der Diabolos, der als "Versucher" (ὁ πειράζων vgl. Mt 4,3par) definiert wird.[35] Wie Jesus der Versuchung des Diabolos widerstanden hat, so sind die Jünger in der Stunde der Entscheidung gefordert, der Versuchung in Wachsamkeit zu widerstehen. Mit Hilfe des Wachsamkeitsrufes verstärkt 1.Petr die schon bei Mt erkennbare paränetische Nuance in der Versuchungsgeschichte (s.o.). So sind auch nach Mt die Jünger selbst explizit gefordert, der Versuchung in Wachsamkeit zu widerstehen (Mt 26,41).

2. In Mt 4,3 hat der Evangelist ὁ πειράζων (diff. Lk par: ὁ διάβολος) im Hinblick auf das Stichwort πειρασθῆναι aus V1 aufgenommen.[36] Es geht Mt um das Versucherische im Handeln des Diabolos.[37] Das Stichwort "Versuchen" erscheint wieder in Mt 16,1 (Mk 8,1par); 19,3 (Mk 10,2par); 22,18 (Mk 12, 15par); 22,34f. (diff. Mk 12,28 par).[38] - Auch im 1.Petr ist der Diabolos der Versucher, wenn auch nicht als solcher explizit genannt. Das Bild vom brüllenden Löwen, der umherstreift und zu verschlingen versucht, unterstreicht den bedrohlichen Charakter der diabolischen Versuchung (vgl. Anm. 14). Reflektiert wird die Gefahr, die den Adressaten des Briefes durch die heidnischen Aggressionen zukommt. So ist es schließlich explizit eine "Versuchung" (πειρασμός), der sie ausgesetzt sind (1,6; 4,12!).

3. Die nähere Bestimmung des Imperativs ἀντίστητε durch "στερεοὶ τῇ πίστει" (1.Petr 5,9a) ist ein Hinweis auf die Standhaftigkeit Jesu im Widerstand gegen den Diabolos: Wie Jesus durch seinen festen Glauben im Vertrauen auf Gottes Wort der Versuchung des Diabolos widerstanden hat, so sollen auch die Adressaten des Briefes der Bedrängnis des Diabolos "im festen Glauben" widerstehen.

---

[35] Vgl. auch Hebr 3,8; Apk 2,10; 1.Kor 7,5.

[36] Vgl. W. Wilkens, Versuchung, 483; H. Mahnke, Versuchungsgeschichte, 58f.; W. Schenk, Die Sprache des Matthäus, 159. - Das semitische Wort σατανᾶς benutzt Mt nur in Jesusworten, die aus der Markustradition stammen (vgl. Mt 4,10 und 16,23 mit Mk 8,33; Mt 12,26 [Lk 11,18] mit Mk 3,23.28). Dagegen begegnet der Begriff διάβολος in der aus Q kommenden Versuchungsgeschichte (Mt 4,1-11par) und sonst nur im matthäischen Sondergut (Mt 13,39; 25,41). Vgl. G. Baumbach, Verständnis, 105f.

[37] "Das Versuchen ist sein Amt". E. Fascher, Jesus und der Satan, 31. Für Mt ist der Diabolos der "Versucher kat' exochén" (G. Baumbach, Verständnis, 106).

[38] Die Pharisäer fungieren als Handlanger des Teufels, wenn sie Jesus "versuchen". Einen kompositorischen Zusammenhang dieser Stellen mit Mt 4,1.3 erkennen W. Wilkens, Versuchung, 481ff. und H. Mahnke, Versuchungsgeschichte, 165ff.; W. Schenk, Die Sprache des Matthäus, 160; G. Baumbach, Verständnis, 107f.

In Jak 4,7 ist das Motiv der Flucht des Teufels vor den Glaubenden (vgl. TestXII.Naph 8,4) vielleicht auch ein Hinweis auf die Flucht des Diabolos vor Jesus (vgl. Mt 4,11 par).

Der 1. Petrusbrief hat also die mt. Versuchungsgeschichte gekannt und die schon bei Mt erkennbare Tendenz zur paränetischen Interpretation, die auf der Grundlage der christologischen Akzentuierung des gehorsamen Gottessohnes beruht, verstärkt. Dafür hat er eine mit Jak 4 gemeinsame Tradition von der Unterordnung unter Gott und dem Widerstand gegen den Diabolos benutzt, die die sachgerechte paränetische Interpretation der mt. Versuchungsgeschichte ist. Der Wachsamkeitsruf, die Bestimmung der diabolischen Gefahr als "Versuchung" sowie die Qualifikation "fest im Glauben" (1.Petr 5,8f.) sind weitere Indizien für die Annahme eines Zusammenhanges von 1.Petr 5,6ff. mit Mt 4,1-11. Situation und Problem der Adressatengemeinden hat der Verf. des Briefes mit Hilfe atl. Anspielungen (vgl.V7.8b) und eigener Interpretamente (V6: ἐν καιρῷ; V9: "fest im Glauben"; das Leiden der Bruderschaft in der Welt), die z.T. auf atl. Sprache beruhen (vgl. V7), verarbeitet.

2.5.3. 1.Petr 5,7 und das synoptische Logion vom Sorgen (Mt 6,25ff. par)

In die 1.Petr 5,(5)6ff. und Jak 4,6ff. gemeinsame Tradition hat der Verf. des 1.Petr ein Wort über die Sorge aufgenommen, das deutlich an Mt 6,25ff. par erinnert.[39] Es ist bereits (s.o.) als Interpretament bestimmt worden. Ein direktes Jesuslogion ist als Grundlage des Wortes jedoch nicht zu ermitteln. Es ist vielmehr aus atl. Worten zusammengesetzt. V7a hat seine Grundlage in Ps 54,23 (LXX): "ἐπίρριψον ἐπὶ κύριον τὴν μέριμνάν σου...". V7b läßt sich auf Sap 12,13 zurückführen: "οὔτε γὰρ θεός ἐστιν πλὴν σοῦ, ᾧ μέλει περὶ πάντων...". Für einen direkten Einfluß der beiden LXX-Stellen auf 1.Petr 5,7 sprechen folgende Gründe:

(1) 1.Petr bietet nicht nur in Kap 5 vielfältiges LXX-Material aus der Weisheitsliteratur (vgl. 5,5 mit Spr 3,34; 5,8 mit Ps 21,14 [LXX]; 5,7a mit Ps 54,23 [LXX]; 5,7b mit Sap 12,13), sondern auch in den anderen Teilen des Briefes: vgl. 2,3 mit Ps 117,22 [LXX]; 1,13 mit Spr 31,17; 1,7 mit Spr 17,3; 4,8 mit Spr 10,12; 4,18 mit Spr 11,31. Die Weisheitsliteratur war also dem Verf. des Briefes vertraut.

(2) Ps 54,23 (LXX) ist im AT singulär. Die deutliche Parallelität der Wortverbindung: ἐπιρίπτειν ἐπὶ ... und μέριμνα läßt auf traditionsgeschichtliche Abhängigkeit schließen. Die Wortverbindung begegnet in der atl. und frühchristlichen Literatur außer in Herm(v) 3,11,3; 4,2,4; 4,2,5 ("ἐπιρίψατε τὰς

---

[39] "Ausgangspunkt für die nt. Worte gegen das Sorgen - der Begriff wird abgesehen von unserer Stelle nur in den Synoptikern und bei Paulus verwendet - bietet sich das synoptische Logion an, das den Begriff nicht absolut, sondern dem hebr. Hintergrund gemäß umschreibend verwendet: μὴ μεριμνᾶτε τῇ ψυχῇ ὑμῶν τί φάγητε κτλ. Vgl. Mt 6,25.27f.31(34) par Lk, Mt 10,19; Lk 10,41." (L. Goppelt, Komm. 1.Petr, 338 Anm. 7).

μέριμνας ὑμῖν ἐπὶ τὸν κύριον ...") - hier als stehende christliche Paränese - sonst nicht mehr.[40]

(3) Ebenso singulär im AT und NT ist die Wendung: "Er (sc. Gott) kümmert sich um ..." (Sap 12,13; 1.Petr 5,7). Ähnliche Wendungen begegnen zwar noch in Mt 22,16; Mk 12,14; Joh 10,13; 12,6; Act 18,17. Jedoch sind hier andere Subjekte der Handlung vorausgesetzt und vom Aussagegehalt nur bedingt Vergleichsmöglichkeiten mit Sap 12,13 und 1.Petr 5,7 gegeben.[41] - Wenn also kein direkter traditionsgeschichtlicher Einfluß der Logien vom Sorgen (Mt 6,25-34 par) anzunehmen ist[42], so ist doch zu fragen, ob 1.Petr 5,7 sachlich die Intention der Logien vom Sorgen wiedergibt.

Zunächst ist der Unterschied festzustellen, daß Mt 6,25ff.par den Sorgebegriff an elementare Lebensfunktionen bindet (vgl. Mt 6,31: Nahrung und Kleidung).[43] Im Kontext von 1.Petr 5,7 und im ganzen Brief geht es dagegen um die Bedrohung der christlichen Existenz durch die heidnischen Aggressionen (vgl. 1,6; 2,12; 3,13ff.; 4,1ff.12ff.; 5,8f.10 u.ö.). Die elementaren Sorgen der Nahrungsbeschaffung (Essen, Trinken) und der Kleiderversorgung spielen hier keine Rolle. Der Gegenstand der Sorge ist also jeweils ein anderer. Jedoch ist die Begründung für den Aufruf zur Sorglosigkeit zwischen Mt und 1.Petr vergleichbar. 1.Petr 5,7 begründet die Zuversicht, alle Sorgen Gott anheimstellen zu können, mit der präsenten Fürsorge Gottes für die bedrängten Christen (ὅτι αὐτῷ μέλει περὶ ὑμῶν). In Mt 6,25ff. sind die in weisheitlicher Sprache geformten Begründungen für den Aufruf zur Sorglosigkeit (Mt 6,25d.e.26.28-30 par)[44] Ausdruck der bleibenden Fürsorge Gottes für die Adressaten der Rede Jesu. Der Fürsorgegedanke ist auch aus Mt 6,33bpar zu erheben ("καὶ ταῦτα πάντα προστεθήσεται ὑμῖν"), ebenso aus dem Gedanken, daß Gott alles kennt, was wir nötig haben (Mt 6,32bpar). So legt sich die Schlußfolgerung nahe, daß der in 1.Petr 5,7 ausgesprochene Gedanke der umfassenden und bleibenden Fürsorge Gottes die prägnante Zusammenfassung des Leitgedankens der angeführten Logien ist (Mt 6,25d.e.26.28-30.32b.33b).[45] Der Verf. des Briefes deutet die Logien vom Sorgen im Lichte der konkreten Situation der Adressaten. Das Motiv der bleibenden Fürsorge Gottes, das sich in Mt 6,25ff. ausspricht und

---

[40] Vgl. R. Bultmann, μεριμνάω κτλ., ThWNT IV, 593-598; W. Bieder, ῥίπτω κτλ., ThWNT VI, 991-993. Das paränetisch verarbeitete Motiv vom Sorgen begegnet freilich auch des weiteren in der urchristlichen Literatur (vgl. 1.Kor 7,32f.; 1.Tim 6,6-11; Phil 4,6; Mt 10,19; Lk 10,41; 21,34) Vgl. dazu H. Riesenfeld, Vom Schätzesammeln und Sorgen - ein Thema urchristlicher Paränese, in: Neotestamentica et Patristica, FS O. Cullmann, hrsg. v. W.C. v. Unnik, NT.S. 6, 1962, 47-58; D. Zeller, Mahnsprüche, 82-94.

[41] Die Bestimmung der umfassenden Sorge als "Fürsorge" in 1.Petr 5,7 und Sap 12,13 ist in den angegebenen ntl. Belegen nicht vorhanden. Joh 10,13 und 12,6 kämen der Sache noch am nächsten, implizieren aber ein negatives Urteil über den μισθωτός und Judas Ischarioth.

[42] Vgl. auch E. Best, Gospel Tradition, 103.

[43] L. Schottroff /W. Stegemann, Jesus von Nazareth, 55f. 59ff., erheben als soziologischen Hintergrund der Q-Logien vom Sorgen die "Sorgen der kleinen Leute" (S. 55), die um ihre bloße Existenz zu kämpfen haben.

[44] Zum weisheitlichen Hintergrund von Mt 6,25-34 vgl. D. Zeller, Mahnsprüche, 83-86. 87-94; R. Bultmann, GST, 85. Der lehrhafte Hinweis auf Flora und Fauna ist ein in der Weisheitsliteratur verbreiteter Topos (vgl. Spr 6,6-8; Hi 12,7f.; 40,15f.; Ps 8; 104; 147; Sir 40,22; 42,15-43,33; PsSal 5,9f. u.ö.).

[45] Vgl. auch das in Anm. 39 genannte Zitat von L. Goppelt.

in den Worten von Sap 12,13 prägnant zusammengefaßt ist, bot sich dem Verf. des Briefes an, um den Adressaten Trost zu spenden.

So ergibt sich folgendes Bild: 1.Petr nimmt mit 5,7 sachlich die Intention der Q-Logien von der Sorge auf, benutzt dafür LXX-Sprache, die diese Intention kurz und prägnant verdeutlicht (Ps 54,23; Sap 12,13), und deutet die Logien von der Sorge im Horizont der Adressatensituation. Eine größere Nähe von 1.Petr 5,7 zur Mt-Version (Mt 6,25-34) gegenüber der Lk-Version (Lk 12,22-32) ist nicht mit Sicherheit zu behaupten, da beide Fassungen - abgesehen von Mt 6,33 (Lk 12,31par) - nur unerheblich voneinander abweichen.[46] Da 1.Petr aber auch sonst auf Mt zurückgreift, ist mit einer Kenntnis von Mt 6,25ff. zu rechnen.

Zwei Indizien, die eine Affinität zu *Mt* nahelegen können, sollen hier noch genannt werden:
1. "Matthäus hat den Text, wie z.B. die Stichworte 'kleingläubig' und 'Gerechtigkeit' implizieren, als zur ganzen Gemeinde gesagt verstanden."[47] - "Wer sich für die Gottesherrschaft entschieden hat, darf sich nicht von der Sorge anfechten lassen (vgl. 1Petr 5,7)."[48] Während Jesus konkret Männer und Frauen angesprochen hat, die um das Gottesreich wissen und davon ergriffen werden[49], die Logienquelle den Text vermutlich auf Wanderradikale bezogen hat (vgl. den Zusammenhang mit Lk 12,2-12, bes. mit Lk 12,11f.)[50], wird der Text bei Mt "innerhalb der Komposition Mt 6,19-34 wenigstens indirekt wieder zur Forderung, die mit dem Zuspruch von Gottes Hilfe verbunden ist."[51] - Analoges gilt auch für 1.Petr 5,7. Bereits ab 5,5 (vgl. πάντες δέ ...) ist die gesamte Gemeinde angesprochen. Der mit 5,6 einsetzende Imperativ bestimmt auch V7: Die Demut gegenüber Gott beweist sich im vertrauensvollen Überlassen der Sorge. Gottes Hilfe wird in V7b ("er kümmert sich um euch") hervorgehoben. V7 ist Teil der die gesamte Adressatengemeinde betreffenden Gemeindeparänese. Dies wird durch den Hinweis auf das die gesamte Bruderschaft in der Welt betreffende Leiden (V9) bestärkt.
2. Für Mt sind Sorge und "Kleinglaube" parallel (Mt 6,30). Der "Kleinglaube" - hier bereits in Q vorgegeben (vgl. Lk 12,28) - ist ein typisch mt. Motiv, das Schwacheit und Versagen der Jünger benennt.[52] Im Gegensatz dazu fordert Mt den (festen) Glauben, der im Evangelium allgemein als "Vertrauen" definiert ist (8,10; 9,2.22.29; 15,28 u.ö.).[53] Dieser feste Glaube spricht sich im Text in den Imperativen aus: "Sehet auf ..." (V26); "Lernet von ..." (V28); "Suchet zuerst ..." (V33). "Gefordert ist die Tat des Vertrauens, eine Haltung, die sich heute für den Dienst bereithält (V.24) und die Sorge für das Morgen dem übereignet, der das Gute wie auch die Plage des Tages schenkt und sein Reich heraufführen wird."[54] - Analoges gilt auch für 1.Petr. Das Gegenüber der

---

[46] Vgl. zum einzelnen S. Schulz, Q, 149-152; U. Luz, Mt I, 364f.: "Im übrigen sind die wenigen redaktionellen Veränderungen stilistische Glättungen. Eine wirkliche inhaltliche Veränderung geschieht nur durch den Einschub von δικαιοσύνη in V33. Gerade weil hier die einzige 'Neuerung' im Text vorliegt, fällt sie auf." (S. 365).
[47] U. Luz, Mt I, 371; vgl. auch G. Strecker, Bergpredigt, 141.145f.
[48] G. Strecker, Bergpredigt, 141. Beachte den Hinweis auf 1.Petr 5,7 durch Strecker!
[49] Vgl. H. Merklein, Gottesherrschaft, 180.182.
[50] Vgl. P. Hoffmann, Logienquelle, 327f.; G. Theißen, Wanderradikalismus, 85; L. Schottroff/W. Stegemann, Jesus von Nazareth, 55-62; U. Luz, Mt I, 371.
[51] U. Luz, Mt I, 371.
[52] Vgl. dazu Teil 3.1. Anm. 123.
[53] Vgl. G. Strecker, Bergpredigt, 146. Zum mt. Glaubensbegriff vgl. bes. G. Barth, Gesetzesverständnis, 105-108; G. Bornkamm, Enderwartung, 23ff.
[54] G. Strecker, a.a.O.

Sorge ist der "feste Glaube" (5,9). In ihm gilt es, die Sorge zu überwinden. Die Sorge soll auf Gott "geworfen" werden, d.h. von ihr loszukommen, um Kraft und Standhaftigkeit im Kampf gegen den Diabolos zu erhalten. Der "feste Glaube" im Kampf gegen den Diabolos ist Ausdruck und Resultat des Vertrauens, in dem die Sorge Gott überantwortet wird.

3. Der theologische Einfluß des Matthäusevangeliums auf den 1.Petrusbrief

3.1. Das Petrusbild

Wenn, wie bisher zu zeigen versucht worden ist, der 1.Petrusbrief Mt-Gut gekannt und rezipiert hat, dann entsteht auch die Frage, ob der Brief im Verständnis der Petrusfigur von dem Petrusbild des Evangelisten beeinflußt ist. Dies legt sich deshalb nahe, weil Mt gegenüber Mk oder Lk die Petrusfigur in besonderer Weise akzentuiert hat (vgl. bes. die mt. Sonderguttraditionen Mt 14,28-31; 16,17-19[1]; 17,24-27)[2]. Unter der Voraussetzung der Pseudonymität des 1.Petr[3] ist es von besonderer Bedeutung, daß der Verf. des Briefes gerade "Petrus" als Absender des Briefes deklariert. Hier wäre zu fragen, ob - und wenn ja - in welcher Weise im Petrusbild des Mt und des Briefes Beziehungen erkennbar sind. Sollten sich Parallelen in dieser Hinsicht ergeben, dann wäre dies ein weiteres Indiz dafür, daß der Brief Mt nicht nur gekannt, sondern auch spezifisch verarbeitet hat. Allerdings ist der Brief mit Angaben zur Person des "Petrus" äußerst sparsam. Außer der Absenderangabe 1,1 gibt es keine weiteren expliziten Hinweise, daß der Brief mit der Person des Apostels in Beziehung steht.[4] Dennoch ist es auffällig, daß gerade Petrus, an erster Stelle des Briefes genannt, die Autorität bietet, auf die der Brief sich beruft. Gibt es weitere Indizien, die auf eine Beziehung zu einem bestimmten Petrusbild hinweisen?

---

[1] Zur Diskussion über Mt 16,17-19 vgl. G. Maier, Kirche im Matthäusevangelium, 171-188. Zur traditions- und redaktionsgeschichtlichen Diskussion vgl. F. Mußner, Petrus und Paulus, 14ff.; R.E. Brown u.a., Der Petrus der Bibel, 76ff.; P. Hoffmann, Petrus-Primat, 95ff.; H. Thyen, Sündenvergebung, 224ff.; U. Luz, Mt II, 452-459; J. Gnilka, Mt II, 50-57; R. Pesch, Simon-Petrus, 97ff.; H. Frankemölle, Jahwebund, 232ff.; C. Kähler, Zur Form- und Traditionsgeschichte von Matth. XVI. 17-19, NTS 23 (1976/77), 36-58; A.Vögtle, Messiasbekenntnis und Petrusverheißung, 137-170; ders., Problem der Herkunft, 372-393; M. Wilcox, Peter and the Rock. A Fresh Look at Matthew XVI.17-19, NTS 22 (1976), 73-88; R. Schnackenburg, Das Vollmachtswort vom Binden und Lösen, 141-157; R. Bultmann, Echtheit, 255-277; O. Cullmann, Petrus, 190-206.

[2] Zur gundsätzlichen Sonderstellung des Petrus in der Evangelienüberlieferung vgl. O. Cullmann, Petrus, 18-29; R. Pesch, Simon-Petrus, 21-37.

[3] Vgl. dazu N. Brox, Zur pseudepigraphischen Rahmung des ersten Petrusbriefes, BZ NF 19 (1975), 78-96; ders., Tendenz und Pseudepigraphie im ersten Petrusbrief, Kairos NF 20 (1978), 110-120. Die Argumente gegen eine petrinische Verfasserschaft des Briefes sind jetzt noch einmal - unter Abwägung des "für" und "wider" - zusammengefaßt bei R. Feldmeier, Fremde, 193-198, und F.-R. Prostmeier, Handlungsmodelle, 130ff.

[4] Daraus folgt natürlich nicht, daß das Briefcorpus implizit keine Beziehung zu einer - wie auch immer verstandenen - Petrusfigur hätte (vgl. W. Marxsen, Der Mitälteste und Zeuge der Leiden Christi, 379: "Es findet sich keine Andeutung, die eine Beziehung zu Petrus auch nur nahelegen könnte."). Dies gilt es gerade zu erfragen. Die vorliegende Untersuchung wird das Gegenteil erweisen. - 1.Petr 5,1 (s.u.) deutet nur im Zusammenhang mit 1,1 auf Petrus. Wenn dies in 1,1 nicht von Anfang an klar gewesen wäre, hätte man in 5,1 auch auf Paulus schließen können (vgl. Phil 3,10: κοινωνία τῶν παθημάτων αὐτοῦ). In der fühchristlichen Tradition ist das "Zeugnis" des Leidens von Petrus und Paulus gleicherweise ausgesagt bzw. angedeutet worden (vgl. 1.Clem 5,4-7; Ign Röm 4,3).

Bei dieser Fragestellung wird das Problem der apostolischen Urheberschaft des Briefes weniger berücksichtigt.[5] Es soll vielmehr das Petrusbild des 1.Petr und des Mt verglichen werden, um zu ermitteln, ob der Brief mit Mt auch in dieser Hinsicht verwandt ist.

3.1.1. "Petrus" und Apostolat

Die knappe Absenderangabe in 1.Petr 1,1 (Πέτρος ἀπόστολος Ἰησοῦ Χριστοῦ) ist der einiger paulinischer Briefe ähnlich.[6] Der Name und die "ἀπόστολος"-Funktion stehen in enger Beziehung zueinander. Die Bindung an Jesus Christus wird festgehalten (vgl. 1.Kor 1,1; 2.Kor 1,1; Gal 1,1; Röm 1,1).[7] Der Verf. tritt an wenigen Stellen des Briefes hervor (1,1; 5,1.12), namentlich jedoch nur in 1,1.[8] Wenn es im 1.Petr außer 1,1 keine weiteren eindeutigen Hinweise auf eine angebliche petrinische Verfasserschaft gibt, dann muß in der kurzen Absenderangabe eine gewisse Bedeutung liegen. Welches Gewicht hat Πέτρος als erstes Wort des Briefes ?

Es fällt auf, daß der Verf. des Briefes mit dem absoluten Πέτρος[9] keine unmittelbare Identität zum Jesusjünger Simon bzw. Simeon (Lk 5,3; Act 15,14) hergestellt hat. Nach der synoptischen Überlieferung wurde Simon der Name Κηφᾶς[10] = "Stein" oder "Fels" (grch.: Πέτρος[11]) übertragen (vgl. Mk 3,16;

---

[5] Von dieser Fragestellung ist der Aufsatz F. Neugebauers, Zur Deutung und Bedeutung des 1.Petrusbriefes, in: Petrusbild (hrsg. v. C.P. Thiede), 1987, 109-136, geleitet.

[6] Vgl. dazu F. Schnider/W. Stenger, Briefformular, 4-14.

[7] Paulus kann je nach der Situation und den Erfordernissen noch zusätzliche Bestimmungen verwenden, z.B. δοῦλος (Röm 1,1; vgl. Phil 1,1), κλητός (1.Kor 1,1) oder ἀφωρισμένος (Röm 1,1).

[8] Vgl. F.-R. Prostmeier, Handlungsmodelle, 119.

[9] Absoluter Gebrauch von Πέτρος begegnet im NT weiterhin nur noch in der Apostelgeschichte (1,15; 2,14.37f.; 3,1.3f.11f.; 4,8.13.19; 5,3.8.9.15 u.ö.) und im Galaterbrief (2,7f.); vgl. auch 1.Clem 5,4; 2.Clem 5,3.

[10] Κηφᾶς ist die gräzisierte Form des aramäischen כיפא. Vgl. dazu R. Pesch, Κηφᾶς, EWNT II, 721f.; ders., Simon-Petrus, 25; O. Cullmann, Petrus, 12f.; ders., Πέτρος κτλ., ThWNT VI, 99f.; M.J. Wilkins, Concept of Disciple, 19.

[11] Zur Bedeutung des "Petrus"-Namens vgl. R. Pesch, Simon-Petrus, 25ff.; U. Luz, Mt II, 457f.; M.J. Wilkins, Concept of Disciple, 189ff. - Strenggenommen ist zwischen Κηφᾶς, grch. Πέτρος = "Stein", und πέτρα = "Fels" zu unterscheiden; vgl. dazu R. Pesch, a.a.O., 29f.; U. Luz, a.a.O., und P. Lampe, Das Spiel mit dem Petrusnamen MATT. XVI.18, NTS 25 (1978/79), 227-245.

Mt 4,18; 10,2; Lk 6,14; Joh 1,42). In archaisierender Form bietet 2.Petr 1,1 den aramäischen Eigennamen Συμεών (vgl. Act 15,14)[12]. Hier ist die Tendenz deutlich, den Jesusjünger als irdischen Begleiter und Zeugen Jesu für die Autorität des Briefes nutzbar zu machen. (vgl. 2.Petr 1,16-18; 1,13f.; 3,1)[13]. Demgegenüber vermeidet der 1.Petr solche Hinweise auf den Jesus begleitenden Jünger. Er verzichtet auf die Argumentation mit Hilfe "biographischer" Notizen und Begebenheiten, die nach der synoptischen Überlieferung das Verhältnis zwischen Jesus und Petrus benennen und beschreiben.[14] Er ist vielmehr an der apostolischen Autorität des Apostels interessiert (1,1). Der Name "Petrus" ist durch die Apposition ἀπόστολος Ἰησοῦ Χριστοῦ funktional definiert. Der Charakter des Eigennamens tritt zurück. "Petrus" wird ein Funktionsname, der die apostolische Autorität und Legitimation des Verf. des Briefes benennt.[15]

---

[12] Vgl. dazu F. Mußner, Petrus und Paulus, 58; H. Frankemölle, Komm. 1.Petr u.a., 89; K.H. Schelkle, Komm. 1.Petr u.a., 184.

[13] Vgl. dazu F. Mußner, Petrus und Paulus, 58-68; R.E. Brown u.a., Der Petrus der Bibel, 134-136; R. Pesch, Simon-Petrus, 151f.; O. Knoch, Komm. 1.Petr u.a., 199.234 u.ö. Vgl. auch die gegen Ende des 2. Jahrhunderts entwickelte antipaulinische Polemik der Κηρύγματα Πέτρου, nach der die Apostolizität an die Verbundenheit mit dem irdischen Jesus gekoppelt wird. "Der *Augenzeuge* Petrus, der mit dem 'Lehrer' Jesus 'ein ganzes Jahr' zusammen war, wird hier gegen den 'Visionär' Paulus ausgespielt." (F. Mußner, a.a.O., 18f.; vgl. R. Pesch, a.a.O., 157; H. Köster, Einführung, 646f.).

[14] Auch 5,1 kann hier nicht angeführt werden, da es nicht um die Augenzeugenschaft, sondern die Tatzeugenschaft eigen erfahrenen Leidens geht (s.u.).

[15] Der Beiname "Kepha" hat sich nachösterlich zum Eigennamen entwickelt, wie Joh 1,42, Gal 2,7-9 und 1.Kor 15,5 zeigen (neben der Übersetzungsform "Petros", vgl. Gal 2,7-9). R. Pesch, Simon-Petrus, 33, sieht die Entwicklung so, daß Simon "nach Ostern in der Urkirche eine solche Bedeutung gewann, daß sein Beiname als 'Amtsname' zum Eigennamen wurde." Κηφᾶς bzw. Πέτρος hat so die Bedeutung eines "Amts-Eigennamens" erhalten. J. Blank, Neutestamentliche Petrus-Typologie, 174, spricht von einem "Symbol-Name(n)". Treffend auch O. Knoch, Komm. 1.Petr u.a., 13, zu 1.Petr 1,1: "Da die Briefzuschrift den Eigennamen des Vf. wegläßt und allein seinen Titel Petros (Fels) nennt, neben dem Hinweis auf sein Apostolat, ist deutlich auf die amtliche Stellung des Absenders abgehoben...". Vgl. weiter W. Trilling, Israel, 158; R. Pesch, Simon-Petrus, 99; A. Schlatter, Mt, 507, im Blick auf Mt 16,18.

Ähnliches ist auch von Mt zu sagen. Die Petrusfigur wird auf ihre apostolische Funktion hin ausgelegt. Dies geschieht nicht erst in 16,17f. - Petrus erhält
die *Funktion*, "Fels" für die Kirche Jesu Christi zu werden -, sondern durch-
gehend im gesamten Evangelium. Von Anfang an, schon bei der Berufung, wird
Simon "Petrus" genannt: 4,18 (vgl. Mk 1,16 diff.; Mt 10,2). Auch in Mt 8,14f.
begegnet der Jünger "Petrus". Mk 1,29f. par bietet nur "Simon". "Bei Mattäus
wird 'Petrus' ungefähr fünfmal so häufig wie 'Simon' verwendet, und das geschieht schon, bevor der Name 'Petrus' in 16,18 gegeben oder erklärt wird."[16]
Dieses sachliche Übergewicht der Funktions- und Würdebezeichnung erklärt
sich freilich von Mt 16,18 her - im Rückblick auf 4,18: Mt will festhalten, daß
das Felsenamt schon mit der Berufung des Petrus in Verbindung steht. Der in
die Nachfolge berufene Simon ist identisch mit dem Simon, der von Jesus das
Felsenamt übertragen bekommt.

Mt legt also Wert auf die apostolische Funktion und Würde des "Petrus".
Darin korrespondiert 1.Petr. Nicht der Fischer Simon, sondern der apostolische
"Petrus" verfaßt den Brief (1,1). Dieses Konzept der Autorität und Würde des
Apostels verbindet den Brief mit Mt. Es ist deshalb von Belang, weil pseudo-
nyme Literatur dazu neigt, "historische" Begebenheiten zur Untermauerung der
Echtheit des Verfassers heranzuziehen.[17] Im Unterschied zu 2.Petr (vgl. 1,1.3;
1,13f.; 1,16-18) vermeidet der 1.Petr solche Tendenzen und definiert Petrus
ausschließlich über seine Funktion als Apostel Jesu Christi.

---

[16] R.E. Brown u.a., Der Petrus der Bibel, 211 Anm. 172. Den "Petrus"-Namen bietet Mt
23mal, "Simon" aber nur 5mal, davon 3mal "Simon" in Verbindung mit dem Würdenamen
"Petros" (4,18; 10,2; 16,16). 2mal nur erscheint der Eigenname ohne Würdename (16,17;
17,25). W. Schenk, Das "Matthäusevangelium" als Petrusevangelium, BZ NF 27 (1983), 68,
sieht darin eine gegenüber Mk erkennbare "Anknüpfungs- wie Überleitungsabsicht." Zur
Sache vgl. auch R. Pesch, Πέτρος κτλ., EWNT III, 155; ders., Simon-Petrus, 26; G. Künzel,
Gemeindeverständnis, 192.

[17] Vgl. z.B. die Petrusbilder des apokryphen Schrifttums. EvPe 26; 59f.: "Wir aber, die
zwölf Jünger des Herrn, weinten und trauerten, und ein jeder, voller Trauer über das Geschehene, ging nach Hause. Ich aber, Simon Petrus, und mein Bruder Andreas nahmen unsere
Netze und gingen ans Meer." - Act.Verc. 3: "Und ich bin über die Wasser gewandelt, wofür
ich selbst Zeuge bleibe; ich bekenne, daß ich dabei gewesen bin, als er damals in der Welt
durch Zeichen und alle Wunder, die er getan hat, gewirkt hat. Teuerste Brüder, ich habe
unsern Herrn Jesus Christus verleugnet, und nicht nur einmal, sondern dreimal...". Vgl. dazu
R. Pesch, Simon-Petrus, 152ff. mit den angegebenen Belegen.

3.1.2. Apostolat und Leiden Christi

Der Verf. des 1.Petr führt Petrus als Apostel Jesu Christi ein. Im Unterschied zu Paulus wird dieser Apostolat nicht auf eine Offenbarung Jesu Christi zurückgeführt (Gal 1,16). Der Verf. nennt sich "Mitältester und Zeuge der Leiden Christi" (5,1), d.h. er bindet seine Identität an das Leiden Christi (vgl. auch 2,21; 3,18; 4,1). Die Teilhabe an der Offenbarung der Doxa (5,1b) erwartet der Brief zum Zeitpunkt der Parusie (1,7.13; 4,13). Als Apostel Jesu Christi ist es die Aufgabe des "Petrus", Christi Leiden zu bezeugen (5,1). Das Leiden der Adressaten wird im Horizont dieses Leidens gedeutet. So ist Christus in seinem Leiden das "Vorbild" der Adressaten (2,21; 3,17f.; 4,1), zugleich aber auch ihre Hoffnung, weil das Leiden um Christi willen die Teilhabe an der eschatologischen Herrlichkeit zur Verheißung hat (4,13f.). Die enge Verknüpfung des Apostolats des Petrus mit den Leiden Christi ist für den Zusammenhang mit Mt insofern relevant, als auch der Evangelist das Petrusamt (vgl. Mt 16,17f.) im engen Zusammenhang mit der Leidensankündigung Jesu (16,21ff.) definiert: Petrus, der zunächst mit dem Felsenamt betraut und seliggepriesen wird (16,17f.), ist im nächsten Moment der Versager, wenn es um die Anerkenntnis der Notwendigkeit des Leidens Christi geht (16,22f.). Der Zusammenhang von Christusbekenntnis und Leidensankündigung ist zwar auch von Mk und Lk festgehalten worden, Mt hat aber den Tadel gegen Petrus noch verstärkt (σκάνδαλον εἶ ἐμοῦ 16,23) und damit den Widerspruch zwischen apostolischer Beauftragung und dem Versagen des Petrus gegenüber den synoptischen Parallelen verschärft. Es wird darin zur Sprache gebracht, daß die Echtheit des petrinischen Apostolats an die kompromißlose Anerkennung des Leidens Christi gebunden ist.[18]

Wenn der Brief also das Apostelamt des "Petrus" eng an das Leiden Christi bindet, und die Kenntnis des Mt durch den 1.Petr vorauszusetzen ist, dann ist damit zu rechnen, daß der Verf. des Briefes den Widerspruch in der Figur des Petrus bei Mt bemerkt und mit seinem Petrusbild zu korrigieren versucht hat, indem er das mt. Anliegen, Apostolat und Leiden Christi positiv zu verbinden, zur Geltung bringt. Dafür spräche, daß 1.Petr das bei Mt verstärkte σκάνδαλον-Motiv (Mt 16,23) kennt und - wenn auch im Unterschied zu Mt 16,23 - christologisch zentriert aufnimmt (1.Petr 2,8). Zum anderen ist Jesu Leiden mit dem gleichen Grundbegriff beschrieben: πάσχειν, πάθημα (Mt 16,21; 1.Petr 1,11; 2,21; 3,18; 5,1). Indem 1.Petr das Leiden Christi positiv auf die Leiden der Adressaten des Briefes bezieht, wird das mt. Anliegen, Apostolat und Leiden Christi in eine positive Beziehung zu setzen, aufgenommen. Petrus ist als Apostel Jesu Christi (1,1) gerade der, der an Christi Leiden teilhat, sie bezeugt und für die Gemeinden in Kleinasien aktualisiert zur Geltung bringt. Die ständig wiederkehrende Leidensterminologie im 1.Petr wäre somit nicht nur ein Reflex der bedrängten Situation der Adressaten, sondern auch ein Indiz für das Geprägtsein des Briefes vom mt. Petrusbild (Mt 16,22f.).

---

[18] Dies dürfte die Intention des Evangelisten in Mt 16,21-23 und 26,31-35 widerspiegeln: De facto akzeptiert Petrus Jesu Leiden nicht. Nach Meinung des Evangelisten muß sich aber in der kompromißlosen Anerkennung des Leidens der Apostlotat des Felsenmannes bewähren.

3.1.3. Autorität und Kollegialität

Das *mt. Petrusbild* verdeutlicht eine ambivalente Position des Apostels. Im Vergleich mit Mk läßt Mt die Petrusfigur an einigen Stellen zurücktreten und ordnet sie in den Kreis der Jünger ein. Im Unterschied zu Mk 13,3 bietet Mt 24,3par nur das allgemeine οἱ μαθηταί. Gleiches gilt für Mk 11,21par: Mt 21,20 ersetzt ὁ Πέτρος durch οἱ μαθηταί. Auffällig ist auch, daß die in Mk 16,7 überlieferte Ansage einer Protophanie des Auferstandenen vor den Jüngern "und Petrus" in Mt 28,7 verändert wird. Hier werden nur die Jünger angeredet.[19] Während in Mt 16,19 nur Petrus die Binde- und Lösegewalt übertragen wird, ist diese in Mt 18,18 auf alle Jünger bezogen. Ebenso werden im Missionsbefehl des Auferstandenen (Mt 28,19) alle Jünger beauftragt, nicht nur Petrus.[20]

Andererseits ist das mt. Petrusbild durch eine nicht zu übersehende Hervorhebung der Person des Apostels gekennzeichnet. Bei der Berufung ist er der πρῶτος der Jünger (Mt 10,2). Unzweifelbar ist er ihr Sprecher (15,15; 16,15f.; 16,22; 17,4; 18,21f.; 19,27; 26,33.35)[21], aber auch der primär Handelnde (Mt 14,28-31). Für Außenstehende ist er die Vermittlungsperson zu Jesus (Mt 17,24-27).[22] Er bekommt einen besonderen Auftrag, das Felsenamt (Mt 16,18). An seinen Herrn bleibt er gebunden (Mt 14,29). Mt streicht nach Möglichkeit die engere Jüngertruppe der drei oder vier Vertrauten aus Mk zugunsten einer Alleinerwähnung des Petrus.[23]

---

[19] Mt verfährt an den drei genannten Stellen schriftstellerisch konsequent: "Daß die Jünger statt Petrus (Mt 21,20) bzw. der vertrauten Vier (Mt 24,3) als Fragesteller eingeführt sind, hängt mit Jesu Antworten zusammen, die an alle Jünger gerichtet waren (Mk 11,22 = Mt 21,21; Mk 13,37); Mattäus redigiert logisch konsequent. Dies zeigt sich auch in Mt 28,7 (diff Mk 16,7): die Engelsbotschaft ist an die Jünger gerichtet, weil Jesus den Elfen (und nicht zusätzlich Petrus) auf dem Berg in Galiläa erscheint (Mt 28,16-20)." R. Pesch, Simon-Petrus, 141.

[20] Weiterhin zu nennen ist hier auch Mk 5,37; Mt läßt in der Parallele den Hinweis auf Petrus und die anderen Jünger weg. Die Perikope von der Auferweckung der Tochter des Synagogenvorstehers (Mk 5,21-43par Mt 9,18-26) ist bei Mt kürzer gehalten, indem die markinische Fülle an Einzelheiten eingeschränkt ist. - Die Szene Mk 1,35-38, in der Mk "Simon und die bei ihm waren" Jesus suchen läßt, wird von Mt nicht berichtet. - In der mt. Gethsemaneszene wird der schlafende Petrus geschont, indem Jesus nicht ihn allein (so Mk 14,37), sondern alle drei Vertrauten ermahnt: "So vermochtet ihr nicht eine Stunde mit mir zu wachen?" (Mt 26,40).

[21] Vgl. J.D. Kingsbury, The Figure of Peter, 71f.

[22] Vgl. W.G. Thompson, Matthew's Advice, 50-68.

[23] Mk 1,29.36; 5,37; 9,38 entfallen. In Mt 24,3 wird der engere Kreis von Mk 13,3 durch Verallgemeinerung aufgelöst. In Mt 15,15 tritt Petrus anstelle der Jünger auf. Die Namensgebung der Donnersöhne (Mk 3,17), die der Namensgebung des Petrus analog ist, entfällt in Mt 10,2f. Nach Mt 17,4 fragt Petrus gegen Mk 9,5 im Singular. Petrus hat in diesen Stellen deutlich Sprecher- und Handlungspriorität gegenüber den anderen Jüngern.

Wird Petrus einerseits als ein Glied im "Kollegium" der Jüngerschaft gesehen, so ist er andererseits der erstberufene Jünger, der mit dem besonderen Felsenamt betraut ist. Es zeigt sich also, daß Mt eine strukturelle Ambivalenz von Gleichordnung und Exklusivität hinsichtlich der Petrusperson festgehalten hat.

W. Schenk hat in seinem Aufsatz (Das "Matthäusevangelium" als Petrusevangelium, BZ NF 27 [1983], 58-80) die Hypothese vertreten, daß Mt 16,17f. die Legitimation des Petrus als exklusiven Offenbarungstradenten des Mt-Buches gebe (S.75). In diesem Zusammenhang beruft sich Schenk auf die von C. Kähler, Zur Form- und Traditionsgeschichte von Mt XVI.17-19, NTS 23 (1976/77), 36-58, vertretene These, daß Mt 16,17 auf Grund des unkonditionierten Makarismus die Investitur des Offenbarungstradenten hervorhebe (S.71f.). Jedoch: Mt 11,25-27 und 13,16 sprechen gegen diese These. In Mt 11,25ff. ist von der ausgezeichneten göttlichen Offenbarung den νήπιοι gegenüber die Rede. In Mt 13,16 werden alle Jünger auf Grund des Verstehens der "Geheimnisse der Basileia der Himmel" (13,11) seliggepriesen. Das göttliche Bekenntnis zur Gottessohnschaft, das Petrus in 16,16 allein abgelegt hat, ist nach mt. Komposition vorher schon von allen Jüngern abgelegt worden (14,33).[24] Zudem ist nach Mt 28,18ff. nicht nur Petrus allein der autorisierte Offenbarungstradent der Jesustradition, sondern die durch die Offenbarung des Auferstandenen autorisierte Jüngergemeinde insgesamt.[25] Die Bewertung von Mt 16,17 gelingt nur im Zusammenhang mit Mt 11,25-27, 13,16f. und 28,18ff.[26]

Im Vergleich mit dem *1.Petrusbrief* ist die mt. Ambivalenz im Petrusbild aufschlußreich. Die Verfasserangabe (Πέτρος ἀπόστολος 1,1) zeigt, daß "Petrus" die apostolische Autorität des Briefes ist.[27] Πέτρος ist die Funktions- und Würdebezeichnung, ἀπόστολος die damit verbundene urchristliche Autoritätsbezeichnung. Das Mittel der "Autorenfiktion" dient im Brief (vgl. auch 2.Petr und Jud), die Autorität des fingierten Autoren abzusichern. Der segnende Eingangsgrußwunsch (1,2) unterstützt dieses Anliegen, insofern der fiktive Briefautor in den Rang von Offenbarungsempfängern gehoben wird und der Text

---

[24] Vgl. dazu T.de Kruijf, Der Sohn des lebendigen Gottes, 76-88, bes. 77f.

[25] "Peter is by no means the only disciple in the first gospel to be the recipient of divine revelation (cf. 13,10-11.16-17; 11,27; 28,16-20)." J.D. Kingsbury, The Figure of Peter, 75 Anm. 26.

[26] Vgl. U. Luz, Mt II, 461; P. Hoffmann, Bedeutung des Petrus, 13f.; M.J. Wilkins, Concept of Disciple, 187-189. Zur Kritik an der These einer Investitur des Offenbarungstradenten vgl. auch J.D. Kingsbury, The Figure of Peter, 75 Anm. 26. Kingsbury legt in seinem Aufsatz starken Wert auf die repräsentative und typische Rolle des Petrus in Mt.

[27] Vgl. N. Brox, Tendenz, 118f.; ders., Komm. 1.Petr, 56; L. Goppelt, Komm. 1.Petr, 76f.; F. Schnider/W. Stenger, Briefformular, 38f.

Offenbarungsqualität bekommt. Der Autor tritt als von Gott legitimierter Sprecher auf.[28] In 1,10-12 gibt er eine Art "briefliche Selbstempfehlung", insofern
er sich selbst zu den in die Schriften eingeweihten Aposteln und Propheten
zählt.[29] Diese Selbstempfehlung dient "der Absicherung des Glaubwürdigkeits-
charakters des brieflichen Redners ...".[30] Jedoch: "Nur insofern, als der fiktive
Briefschreiber zu dem Kreis der apostolischen Evangeliumsverkünder gehört,
deren maßgebende Autorität als vom Geist inspirierte Offenbarungsempfänger
durch die 'briefliche Selbstempfehlung' herausgestellt und zur begründenden Basis für die im Briefcorpus folgende Paränese gemacht wird, wird auch die
Autorität des fiktiven Briefschreibers mitaufgebaut."[31] Die universale Adresse
an die Diaspora (1,1) sowie das Briefende (5,12: Einsicht in die "wahre Gnade
Gottes") sichern zusammen mit diesem Briefeingang die Autorität des Briefschreibers. Diese Autorität beweist der Verf. im Verlauf des Briefes darin, daß
er die Adressatengemeinden ermahnt, belehrt und tröstet. Dabei hat die ermah-
nende Autorität einen gewissen Vorrang. Die wenigen Belege, in denen der
Verf. des Briefes sich in der 1.Ps.Sg. einführt, lauten "παρακαλῶ" (2,11;
5,1.12 [ἐπιμαρτυρῶν]). Oft wird die Ermahnung mit einer Lehraussage begründet: vgl. 2,18ff. und 2,21ff.; 3,8f. und 3,10-12; 4,1; 4,7; 4,8 u.ö. Der Verf. setzt
seine besondere Lehrautorität ein. Als Apostel hat er auch die Vollmacht, den
leitenden Gemeindegliedern der Adressatengemeinden Anweisungen zu geben
(5,1-4). Er hebt also wie Mt die besondere Autorität des Petrus hervor.

Andererseits kennt 1.Petr auch die kollegiale Rolle des Apostels. Wie bei Mt
Petrus gleichwertiger Teil der Jüngerschaft ist, so kollegialisiert sich der Verf.
des Briefes (d.h. "Petrus") mit den Gemeinden.[32] In 5,1 führt er sich als "Mitältester" ein, hier zwar nur auf der Ebene des Presbyterkollegiums, in 5,1b.c
aber auf der Ebene der Gesamtgemeinde; denn die Leiden Christi zu bezeugen
ist nach 1.Petr auch Aufgabe der Gesamtgemeinde, wenn sie in der Nachfolge
Christi steht (vgl. 2,21; 3,17f.; 4,1; 4,13f.16). Dabei ist wohl bemerkenswert,
"daß bei den Christen in Kleinasien, die zunehmend in Bedrängnis geraten, ein
Trostschreiben aus Rom, wo auch Petrus gelitten hat und gemartert wurde, (als)
einen besonderen Akt der Solidarität und Verbundenheit bewirken mußte."[33]
Zum anderen ist die Verheißung der Teilhabe an der kommenden Doxa Christi

---

[28] Zu diesem Gedanken vgl. F. Schnider/W. Stenger, Briefformular, 38f.: "Die Segens-
sprache eignet sich gut dazu, die Autorität und Offenbarungsempfängerqualität der fiktiven
Briefschreiber und den Rang ihrer Briefe als Offenbarungsmitteilung weiter abzusichern."
(S.39).

[29] Vgl. dazu F. Schnider/W.Stenger, a.a.O., 64f.

[30] a.a.O., 65.

[31] a.a.O.

[32] Vgl. F. Mußner, Petrusgestalt und Petrusdienst, 39; H. Goldstein,
Gemeindeverständnis, 243f.

[33] F. Schröger, Gemeinde, 229. Den Aspekt der Verbundenheit zwischen Verf. und Adres-
saten des 1.Petr in der gemeinsamen Erfahrung der Teilhabe am Leiden betont auch W.
Marxsen, Der Mitälteste und Zeuge der Leiden Christi, 389f. Vgl. auch F.-R. Prostmeier,
Handlungsmodelle, 461.

(5,1 für "Petrus") allen Gemeindegliedern gegeben: 1,7; 4,13f.; 5,10.[34] Kollegial erweist sich "Petrus" in der Ermahnung zur "Bruderliebe" als Ausdruck gemeinschaftlicher Gesinnung und Gruppenidentität (1,22; 2,17; 3,8; 4,8; 5,14) sowie in dem Bemühen, seinen leidenden Brüdern in Kleinasien Trost zu gewähren (vgl. 1,3ff.; 2,9f.; 4,12ff.; 5,9.10.12ff. u.ö.). Auch der Briefschluß zeigt die brüderliche Gesinnung des Verfassers, insofern er die Absendergemeinde ("die Miterwählte"), Mitarbeiter (Silvanus) und ihm Nahestehende ("mein Sohn Markus") an seinem brieflichen Unternehmen beteiligt sein läßt.[35]

Die bei Mt erkannte strukturelle Ambivalenz im Petrusbild ist also auch im 1.Petr zu beobachten: Einerseits Besonderung, Exklusivität, Autorität, Apostolizität, andererseits Kollegialität, Bruderschaft und Gemeinschaftssinn.

Die reale kollegiale Komponente des Ausdrucks "Mitältester" in 1.Petr 5,1 wird m.E. bei R.E. Brown u.a., Der Petrus der Bibel, 132, verkannt. Demnach könne der Ausdruck "Mit-Ältester" nicht bedeuten, daß sich der Verf. mit den Presbytern der Gemeinden in Kleinasien "auf die gleiche Stufe" stelle, sondern bedeute "eine höfliche Werbung um Wohlwollen, so etwa wie wenn ein moderner Diözesanbischof seine Geistlichen als 'Mitbrüder' anspricht." Dagegen ist festzuhalten, daß die Präposition σύν in Verbindung mit dem Dativ der Person "zur Bez. von Gemeinschaft u. Begleitung" steht.[36] Als "Mitältester" bezeichnet der Verf. sich also nicht im sicheren Distanzgefühl herabschauender Autorität, sondern in der deutlichen Gewißheit, "auf einer Stufe" mit den angesprochenen Presbytern und Gemeinden zu stehen, an ihrem (Leidens-)Schicksal teilzuhaben.[37] Der Ausdruck συμπρεσβύτερος ist Hapaxlegomenon im NT und in der frühchristlichen Literatur.[38] Er dürfte daher in dieser kompositionellen Form vom Verf. des Briefes bewußt gewählt worden sein. "Der Sprechende will seine Zuständigkeit, diese Ermahnungen zu erteilen, und gleichzeitig seine Verbundenheit mit den Angesprochenen versichern."[39]- Auf die charakteristische Rolle der Komposita mit dem Präfix "σύν" im 1.Petr macht J.H. Elliott, Home, 135-137, aufmerksam. Von 8 Begriffen (μὴ συσχηματίζομαι 1,14; συνοικοῦντες 3,7; συνκληρονόμοι 3,7; συμπαθεῖς 3,8; συντρεχόντων 4,4; συμβαίνοντος 4,12; συμπρεσβύτερος 5,1 und συνεκλεκτή 5,13) sind vier Hapaxlegomena im NT (συνοικεῖν, συμπαθής, συμπρεσβύτερος, συνεκλεκτός). Alle Begriffe sind Ausdruck der im 1.Petr hervorgehobenen Intention der Stärkung von Solidarität und sozialem Zusammenhalt (solidarity; social cohesion) in der Gemeindegruppe.

---

[34] Vgl. J.H. Elliott, Home, 137: "The second and third clauses, 'a witness to the sufferings of the Christ' and 'the sharer (koinonos) in the glory about to be revealed' (au.), affirm the experiences which Peter and the recipients of the letter have in common."

[35] F. Schnider/W.Stenger, Briefformular, 110f., haben den in 5,12 gegebenen Hinweis, daß der Brief "in Kürze" geschrieben wurde, als "Höflichkeitsfloskel" bzw. "Bescheidenheitsfloskel" gewertet. "Gerade weil der Brief pseudonym ist, hat der Autor höflich aufzutreten, um die Rezipierbarkeit des Briefes zu erleichtern ...". Sollte diese Annahme zutreffen, wäre auch dieser Hinweis ein Kennzeichen der kollegialen Gesinnung des Briefschreibers. Briefanfang (s.o.) und Briefende ständen so in der Spanne von apostolischer Autorität und apostolischer Kollegialität.

[36] Bauer-Aland, WNT, σύν - 1., 1559.

[37] "The point of 5,1 is to underline not so much Peter's authority as his *solidarity* with the Presbyters and the flock of God." J.H. Elliott, Home, 137. Vgl. auch H. Goldstein, Paulinische Gemeinde, 19; E. Schweizer, Jesus Christus, 181; R. Schnackenburg, Das Petrusamt, 296f.

[38] Vgl. Bauer-Aland, WNT, συμπρεσβύτερος, 1557.

[39] N. Brox, Komm. 1.Petr, 229.

3.1.4. Petrus und die Behörden

Das bei *Matthäus* überlieferte Sondergut über die Tempelsteuer (Mt 17,24-27)[40] zeigt zum einen Petrus als Ansprechpartner der Behörden, wenn es um Jesus geht, zum anderen als den von Jesus autoritativ belehrten Jünger, wenn es um Fragen des Umgangs mit den Behörden geht[41]. Die Perikope begegnet im sog. "Vierten Buch" (13,53-18,35), einem Teil des Evangeliums, der Fragen der Gemeindeordnung und des kirchlichen Verhaltens der mt. Gemeinde widerspiegelt.[42] Petrus ist für sie die Autorität, die die richtige Antwort auf die Frage des Steuerzahlens geben kann, weil er von Jesus selbst darüber unterrichtet worden ist.[43] Gleich ob die hier vorausgesetzte Situation sich auf die jedem Juden auferlegte Tempelsteuer bezieht, die man bis zur Zerstörung des Tempels 70 n. Chr. zahlte, oder auf den fiscus judaicus, der nach 70 von den Juden zum Unterhalt des Jupiter Capitolinus-Tempels verlangt wurde[44], es geht um das grundsätzliche Verhalten der Christengemeinde zu den leitenden Behörden. An sich sind die Christen "frei" und damit zu einer Steuerzahlung nicht verpflichtet

---

[40] Das Stück wird in der Regel auf vormatthäische Überlieferung zurückgeführt; vgl. dazu W. Trilling, Israel, 159; G. Strecker, Weg, 200f.; R. Bultmann, GST, 34f.; E. Lohmeyer, Mt, 276; W. Grundmann, Mt, 409f.; R.E. Brown u.a., Der Petrus der Bibel, 90f.; E. Schweizer, Mt, 231f.; R. Hummel, Auseinandersetzung, 103ff.; W.G. Thompson, Matthew's Advice, 63-66; G. Dautzenberg, Jesus und der Tempel, 223. 227ff. Matthäische Spracheigentümlichkeiten werden von U. Luz, Mt II, 528f.; H. Frankemölle, Jahwebund, 175 und J. Gnilka, Mt II, 114, erkannt.

[41] Vgl. G. Künzel, Gemeindeverständnis, 179f.; H.-T. Wrege, Sondergut, 84-86; M.J. Wilkins, Concept of Disciple, 199f.; E. Schweizer, Mt, 232, zu Mt 17,24: "... daß Petrus, nicht Jesus gefragt wird, entspricht der Situation der Gemeinde, in der Petrus als der eigentliche Interpret des Willens Jesu gilt ...". Mt verstärkt mit dieser Perikope die in der synoptischen Tradition schon ausgeprägte Führungsrolle des Petrus, wenn es um die Auseinandersetzung mit den staatlichen und religiösen Behörden bzw. deren Handlangern geht: Vgl. die Verleugnung des Petrus Mt 26,69ff. par; Vgl. auch Joh 18,10: Petrus als Beschützer Jesu vor seiner Gefangennahme. Als Kontaktperson und Autorität im Umgang mit den leitenden Behörden wird Petrus auch in der Apostelgeschichte gesehen (vgl. Act 4,8; 5,29).

[42] Vgl. F. Mußner, Petrus und Paulus, 12 Anm. 9; R.E. Brown u.a., Der Petrus der Bibel, 71f.

[43] Daß Mt 17,24-27 ein innergemeindlicher Reflex auf die Frage der Bereitschaft zur Steuerzahlung ist, wird des öfteren angenommen. Vgl. R. Bultmann, GST, 34f.; W. Grundmann, Mt, 410; R.E. Brown u.a., Der Petrus der Bibel, 91f.; E. Schweizer, Mt, 233; ders., Matthäus und seine Gemeinde, 106f.; U. Luz, Mt II, 531; J. Gnilka, Mt II, 116.117f.; H.-T. Wrege, Sondergut, 84-86; K. Berger, Formgeschichte, 86.91. Kritisch dagegen G. Dautzenberg, Jesus und der Tempel, 224-227.

[44] Zum Problem der Tempelsteuer vgl. R. Bultmann, GST, 34f.; R.E. Brown u.a., Der Petrus der Bibel, 90f.; U. Luz, Mt II, 529-531; J. Gnilka, Mt II, 115f.; R. Hummel, Auseinandersetzung, 103ff.; W.G. Thompson, Matthew's Advice, 53f. 66-68; G. Dautzenberg, Jesus und der Tempel, 231ff. Das Bildwort V25f. legt freilich nahe, an die jüdische Doppeldrachmensteuer zu denken: Wie die irdischen Könige von ihren eigenen "Söhnen" (= die Landsleute im Gegensatz zu unterworfenen Gebieten?, so E. Schweizer, Mt 231f., oder: = die königlichen Prinzen?, so U. Luz, Mt II, 532) keine Steuern erheben, so auch der himmlische König (= Gott) nicht von seinen "Söhnen" (vgl. G. Dautzenberg, Jesus und der Tempel, 232). Das eschatologische Sohnverhältnis ermöglicht eine grundsätzliche Freiheit gegenüber der Pflicht zur Steuerzahlung.

(17,26).[45] Das Motiv, doch zur Steuerzahlung bereit zu sein, ist negativ begründet: Es soll kein Anstoß erregt werden (σκανδαλίζειν 17,27; vgl. auch Mt 22,15-22 par).[46] Das Verhältnis zu den leitenden (staatlichen) Behörden ist auch im *1.Petr* problematisiert. Gerade das Leiden der Gemeinden in Kleinasien zwingt zu einer grundsätzlichen Stellungnahme gegenüber der heidnischen Bevölkerung und deren leitenden Behörden. Diese Frage wird besonders in 1.Petr 2,13ff. besprochen. Wie in Mt 17,24ff. (vgl. 22,15-22 par) fällt die Antwort auf die Frage nach dem Verhalten gegenüber den Behörden positiv aus: Es gilt, keinen Anstoß zu erregen (vgl. Mt 17,27; Mt 22,21). Der Brief formuliert diesen Aspekt im Unterschied zu Mt zwar positiv - "Denn so ist es der Wille Gottes, daß ihr Gutes tut... (ἀγαθοποιοῦντας)"[47] -, von der intendierten Sache her aber sind Mt und 1.Petr vergleichbar: Der Christ bewährt seine in Gott begründete Freiheit durch Rechtschaffenheit in der Gesellschaft und gegenüber den leitenden Behörden.[48] Man kann also, was das Verhältnis der Christen zu den Außenstehenden betrifft, bei Mt und 1.Petr eine gemeinsame Tendenz erkennen: Gefordert ist die Rücksichtnahme auf die Außenstehenden, indem Ärgernisse vermieden werden und durch "gute Taten" überzeugend auf diese eingewirkt wird.[49]

Bemerkenswert ist auch die Übereinstimmung im Freiheitsbegriff: Die Glaubenden sind die ἐλεύθεροι (Mt 17,26; 1.Petr 2,16) - "Freie" im Verhältnis zu Gott: Als "Knechte Gottes" sind die Christen im 1.Petr die von Gott befreiten und daher "Freie" (1.Petr 2,16), die ihre Freiheit in der Bindung gegenüber Gott

---

[45] Zutreffend B. Reicke, Steuer, BHH III, 1869: "Gerade weil die Kinder des Gottesreiches von jeder menschlichen Obrigkeit unabhängig sind, können sie den jüd. und röm. Behörden fällige Gebühren freiwillig geben (Mt 17,25; 20,21p)." Auf die politische Relevanz des Freiheitsbegriffes in Mt 17,24ff. macht J. Gnilka, MT II, 118, aufmerksam: "Mt bezeichnet die Christen als freie königliche Söhne, läßt aber keine schrankenlose Freiheit zu."

[46] H. Klein, Christologie und Anthropologie, 209 Anm. 2, sieht in Mt 17,27 die eigentliche Tendenz des Mt: "Vermeidung von Ärgernis". Mit dem typisch mt. Begriff σκανδαλίζειν wird auf 18,6 verwiesen. Vielleicht hat das Ärgernismotiv in 17,27 die jetzige Stellung der Perikope von der Tempelsteuer mit verursacht, denn ab 18,6ff. tritt das Ärgernismotiv stärker hervor und bestimmt die in Mt 18 erkennbare Gemeindeethik: Ärgernisse und Anlässe dazu gilt es in der Gemeinde als einer Gemeinde unter Brüdern zu vermeiden (18,6ff.).

[47] Vgl. auch 1.Petr 2,12; 3,8f.13.14.17; 4,15f.; 2,13-3,12 insgesamt: Der gute Lebenswandel der Christen in der Welt. Die Mahnung zum guten Lebenswandel ist die entsprechende Form der Stellungnahme des Apostels "Petrus" zu den leitenden Behörden der heidnischen Gesellschaft.

[48] Vgl. F.-R. Prostmeier, Handlungsmodelle, 394ff.

[49] Der 1.Petr steht in der Frage des Verhältnisses gegenüber den leitenden (staatlichen) Behörden der Evangelientradition (vgl. bes. Mk 12,13ff. par Mt 22,15-22) wesentlich näher als z.B. die eine Verfolgungssituation unter Domitian voraussetzende Apokalypse (vgl. Apk 13). Ist hier die Dämonisierung des römischen Imperiums erkennbar (Apk 17f.), so rechnet "der 1. Petrusbrief noch mit der Überzeugungskraft des christlichen Lebens und einer daraus entstehenden Befriedung ..." (F. Neugebauer, Deutung, 112). Nur deshalb läßt sich die wiederholte Mahnung zum Tun des Guten in der Gesellschaft erklären (2,12 ; 2,13ff.; 3,13; 4,19 u.ö.).

und der Welt als "Zeugnis im Alltag der Welt" zur Geltung bringen.[50] In Mt 17,26 ist der Begriff ἐλεύθεροι metaphorisch gemeint. Zwar sind auf der Bildhälfte die Untergebenen des Königs genannt (17,25), jedoch ist die Schlußfolgerung: "So sind die Kinder frei." (17,26) nur dann sinnentsprechend voll ausgeschöpft, wenn sie übertragen wird auf die "Kinder Gottes", die dem König im Himmel als Freie und Befreite gegenüberstehen.[51]

So sind diese beiden Aspekte, das positive Verhältnis zu den Behörden und die Freiheit der "Kinder Gottes" bzw. der "Knechte Gottes", durchaus vergleichbare Anliegen zwischen Mt 17,24ff. und 1.Petr 2,13ff.[52] Es ist daher nicht auszuschließen, daß der Verf. des Briefes im Bewußtsein der Problematik, die sich in der Tempelsteuerperikope ausspricht, das Verhältnis des "Petrus" und der christlichen Gemeinden zu den staatlichen Behörden definiert hat.[53]

3.1.5. Das Fehlen einer Protophanietradition

Die urchristliche Verkündigung kennt die Tradition einer Erscheinung des Auferstandenen vor Petrus (1.Kor 15,5; Lk 24,34; Mk 16,7; Joh 21,15ff.).[54] Auffälligerweise ist Petrus in Mt 28,7 (vgl. Mk 16,7par) nicht erwähnt. Vielleicht kennt Mt eine solche Tradition der Erscheinung des Auferstandenen vor Petrus nicht. Einerseits wäre angesichts der bedeutenden Rolle, die Petrus sonst im Mt spielt, eine absichtliche Streichung der Petrusfigur aus der Mk-Vorlage eher unwahrscheinlich. Andererseits besteht die Möglichkeit, daß Mt Berichte von der Erscheinung des Auferstandenen vor Petrus in die Zeit des irdischen Jesus zurückprojiziert hat und somit auf eine extra Erwähnung der Osterer-

---

[50] 1.Petr 2,16 ist von F. Neugebauer, Deutung, 134, gut kommentiert: "In 2,16 darf man nicht sofort nach dem Deckel der Bosheit sehen, sondern muß zuerst den Paukenschlag ὡς ἐλεύθεροι gehört haben. Christen ordnen sich unter, nicht, obwohl sie frei sind, sondern weil sie frei sind." Vgl. auch L. Goppelt, Komm. 1.Petr, 186: "Die Christen sind ἐλεύθεροι, 'Freie', aber sie sind es nur als δοῦλοι θεοῦ, 'Knechte Gottes'." Vgl. auch H. Balz/W. Schrage, Katholische Briefe, 91f.; F.-R. Prostmeier, Handlungsmodelle, 401f.; T.W. Martin, Metaphor, 200ff.

[51] Vgl. F. Mußner, Petrus und Paulus, 13: Petrus wird über die "Freiheit des Christenmenschen" belehrt. Vgl. auch H. Klein, Christologie und Anthropologie, 211; H. Frankemölle, Jahwebund, 176. - Zu Recht R.H. Gundry, Further Verba, 230: "The distinction between freedom by familial relationship to an earthly king and the freedom of a Christian man is simply a distinction between a metaphor and its meaning." Anders E. Best, Gospel Tradition, 110, der die Unterscheidung zwischen Bild- und Sachhälfte nicht durchführt und dadurch keinerlei Verbindung zwischen Mt 17,25-27 und 1.Petr 2,13-17 sieht.

[52] Vgl. auch R.H. Gundry, Verba Christi, 340f.; ders., Further Verba, 230: "The freedom of the believer, the necessity of avoiding offence to unbelievers, and the political frame of reference constitute striking similarities."

[53] Daß hierbei auch andere traditionsgeschichtliche Einflüsse eine Rolle gespielt haben können, soll damit nicht ausgeschlossen werden (vgl. Röm 13,1-7 mit 1.Petr 2,13ff.). Deutlich ist aber, daß zwischen Mt und 1.Petr gemeinsame Tendenzen und Intentionen zur Sprache kommen, die kaum zufällig genannt werden können.

[54] Vgl. dazu R. Pesch, Simon-Petrus, 49-59.

scheinung vor Petrus verzichtet hat.[55] Mit der Tradition der Erscheinung des Auferstandenen vor den *Elf* hätte Mt die Petrusfigur in den Jüngerkreis integriert verstanden.[56] Bestätigt würde diese These dadurch, daß Mt im Missionsbefehl des Auferstandenen *alle* Jünger gleichermaßen beauftragt, der Auferstandene also über Petrus hinaus für alle Jünger relevant ist. Die besondere Rolle des Petrus ist nach Mt in der engen Beziehung zum (irdischen) Jesus gesehen. Dies bestätigt z.B. Mt 14,28-31[57] oder 17,24-27. Deutlich ist aber auch der Bezug zum erniedrigten und leidenden Christus (vgl. Mt 16,21ff.; 19,27ff.; 26,31ff. 69ff.). Mt stellt also keine besondere, gegenüber den anderen Jüngern hervorgehobene Beziehung des Auferstandenen zu Petrus her.

Die Tatsache, daß Mt im Zusammenhang der Osterberichte Petrus ungenannt läßt (vgl. dagegen Mk 16,7; Lk 24,34; Joh 20,1ff.; 21,1ff.; 1.Kor 15,5), ist für das mt. Verständnis der Petrusfigur nicht unbedeutend. Indem Petrus aus der Ostergeschichte ausgeblendet wird und ein gleichwertiger Teil des Jüngerseins im Auferstehungsbericht geworden ist (vgl. Mt 28,7.8. 13.16ff.), legt Mt das Schwergewicht auf die konstitutive Beziehung des Auferstandenen zu seiner Jüngergemeinde. Petrus ist als exemplarischer Jünger in der Ambivalenz von Auftrag und Gefährdung des Jüngerseins Teil der Jüngergemeinde, die in ihrer Beauftragung zur Weltmission (28,16ff.) zugleich auf die ständig präsente Gefährdung durch Zweifel, Kleinglaube und Versagen, Phänomene, die Mt anhand der Petrusfigur pointiert verdeutlicht (vgl. 14,28ff.; 15,15f.; 16,21ff.), warnend zurückgewiesen wird.[58]

Der *1. Petrusbrief* spricht von Leiden und Tod Christi (1,2.11.19; 2,21; 3,18; 4,1 u.ö) wie auch von seiner Auferstehung (1,3.7.13.21; 3,18.21 u.ö.). In 5,1 setzt sich der Verf. "Petrus" in Beziehung zu Leiden, Tod und Parusie Christi. Bemerkenswert ist, daß er sich als "Zeuge der Leiden Christi", nicht aber als

---

[55] Verbindungen zur Ostertradition ergeben sich im Vergleich von Mt 14,28-31 mit Joh 21,7f., Mt 16,16 ("Du bist Gottes Sohn." vgl. 14,33) mit Joh 20,31, Mt 16,18f. mit Joh 20,23 (Binde- und Lösegewalt) und Joh 21,15ff. (Vollmachtsübertragung auf Petrus) und Mt 16,17 mit Gal 1,15f. (Die Offenbarung des Auferstandenen "in mir"). Die relaten Futura οἰκοδομήσω, δώσω und das entsprechend zu verstehende ὅ ἐὰν δῄσης in Mt 16,18f. setzen die Auferstehung Jesu voraus (vgl. G. Bornkamm, Binde- und Lösegewalt, 47). Verbindungen zur Ostertraditon in diesem Sinn erkennen: R.E. Brown u.a., Der Petrus der Bibel, 73.77ff.; G. Strecker, Weg, 206f. Anm. 4; G. Künzel, Gemeindeverständnis, 188-191; H. Thyen, Sündenvergebung, 224ff.; R. Bultmann, GST, 277f.; G. Bornkamm, Enderwartung, 44f.; R. Pesch, Simon-Petrus, 96; K. Kertelge, Gemeinde und Amt im Neuen Testament, 53f.; K.H. Schelkle, Theologie 4/2, 95ff.; J. Gnilka, Mt II, 11f.; R. Schnackenburg, Petrus im Matthäusevangelium, 120-124; ders., Das Vollmachtswort vom Binden und Lösen, 141-157; E. Schweizer, Mt, 209. 218-221; A. Vögtle, Problem der Herkunft, 377ff.; C. Kähler, Zur Form- und Traditionsgeschichte von Matth. XVI. 17-19, NTS 23 (1976/77), 45f.

[56] G. Strecker, Weg, 97: "Die Erscheinung des Auferstandenen gilt den Elf, nicht Petrus allein."

[57] Vgl. F. Mußner, Petrus und Paulus, 12: "Der innere Vorgang der Sonderperikope ist wichtig: Petrus ginge unter, wenn er auf sich selbst angewiesen wäre; er ist ganz und gar auf Jesus verwiesen, und das vertrauensvolle Verwiesensein auf Jesus wehrt Zweifel und Kleinglauben ab." Vgl. auch H. Klein, Christologie und Anthropologie, 216; R. Pesch, Simon-Petrus, 142; R.E. Brown u.a., Der Petrus der Bibel, 72-75; M. J. Wilkins, Concept of Disciple, 179-183.

[58] Vgl. Mt 28,17: Anbetung und Zweifel finden sich gleichermaßen im Kreis der Jünger.

"Zeuge der Auferstehung Jesu Christi" versteht. Die Teilhabe an der Doxa Christi, die offenbart werden soll, ist erst für die Zukunft der Parusie angesagt (vgl. 1,5.7.13; 4,13). Im Zusammenhang von 5,1, einer der wenigen Selbstaussagen des Verf., muß auch das mitbedacht werden, was nicht gesagt ist. Hier fällt auf, daß sich der Verf. nur auf das Leiden Christi als Zeuge bezieht. Nach der angeführten Auferstehungstradition (1.Kor 15,5; Lk 24,34; Mk 16,7; Joh 21) war Petrus aber auch "Zeuge" des Auferstandenen. Diese Aussage vermeidet 1.Petr. Darin entspricht der Brief dem mt. Petrusbild, nach dem eine Beziehung des Auferstandenen zu Petrus zwar nicht ausgeschlossen ist (vgl. Mt 28: Erscheinung vor den Elf), angesichts der sonst in der urchristlichen Tradition berichteten exklusiven Erscheinung des Auferstandenen vor Petrus aber deutlich ausgeblendet ist. Mit der Formulierung: "Teilhaber an der Doxa, die offenbart werden soll" (5,1) meint 1.Petr nicht die Doxa des Auferstandenen, sondern die des in Herrlichkeit Wiederkehrenden (vgl. 1,7.13; 4,13).[59] Wie Mt 28 den Auferstandenen zu allen Jüngern in Beziehung setzt, so ist nach 1.Petr die Wirksamkeit des Auferstandenen auf alle Wiedergeborenen gleichermaßen bezogen (vgl. 1,3.21; 3,18).[60]

Der Aspekt des mt. Petrusbildes, nach dem Petrus auf (den irdischen) Jesus fixiert ist, ohne eine exklusive Beziehung zum Auferstandenen, würde sich im Petrusbild des Briefes insofern bestätigen lassen, als der Verf. sich, d.h. "Petrus", als "Zeuge der Leiden Christi" versteht und dieses Leiden im gesamten Brief zur Leidenssituation der Adressaten in Beziehung setzt. Es gibt somit für Mt und 1.Petr eine hervorgehobene Beziehung des Petrus zum erniedrigten und leidenden Christus, nicht aber zum Auferstandenen.

Der Begriff "Zeuge der Leiden Christ" (1.Petr 5,1) ist freilich nicht auf eine Augenzeugenschaft zu beziehen.[61] Μάρτυς definiert sich durch den Parallelbegriff κοινωνός in 5,1b (vgl. 4,13: "Teilhaben [κοινωνεῖν] an den Leiden Christi"). Es geht also um die Teilhabe an den Leiden Christi in der Form selbst erlittener Leiden im Sinn der Tatzeugenschaft[62], aber auch des bekennenden Wortzeugnisses, wie 1.Petr 3,15 nahelegt (vgl. auch 1,11 vom προμαρτυρεῖν der Leiden [und Herrlichkeiten] Christi durch die Propheten). - Der martyrologische Sinn

---

[59] Gegen R.E. Brown u.a., Der Petrus der Bibel, 133, die die Doxa in 5,1 auf die Auferstehungsdoxa Christi beziehen und so eine Erinnerung an die Erscheinung des Auferstandenen vor Petrus annehmen (s.u.).

[60] 1.Petr 1,3 ist für das genannte Problem insofern von Bedeutung als sich der Verf. "Petrus" neben 2,24 (im Traditionsstück) das einzige Mal im Brief mit den Adressaten in einer "Wir"-Aussage zusammenschließt. Sonst überwiegt die Anrede in der 2.Ps.Pl. Ist hier Absicht zu erkennen? Schließt sich der Verf., d.h. "Petrus" - in Analogie zu Mt 28 - absichtlich mit der übrigen Gemeinde zusammen, sofern ein exklusiver Bezug des Auferstandenen zum ersten Jünger gerade ausgeschlossen werden soll?

[61] Vgl. N. Brox, Komm. 1.Petr, 229; L. Goppelt, Komm. 1.Petr, 323; H. Millauer, Leiden als Gnade, 64 Anm. 9; W. Marxsen, Zeuge, 381; A. Reichert, Praeparatio, 541f.

[62] Vgl. N. Brox, a.a.O.; ders., Zeuge und Märtyrer, 36-40; H. Goldstein, Gemeindeverständnis, 182f.; ders., Paulinische Gemeinde, 19; H. Millauer, a.a.O.; H. Strathmann, μάρτυς κτλ., ThWNT, 499; W. Michaelis, πάσχω κτλ., ThWNT V, 934; F.-R. Prostmeier, Handlungsmodelle, 137.

von μάρτυς dürfte für die Zeit des 1.Petr noch nicht vorauszusetzen sein (vielleicht erst in 1.Clem 5,4.6).[63]

3.1.6. Petrus und die Gemeinde

Es ist in der Exegese des öfteren bemerkt worden, daß die Petrusfigur bei *Mt* besonders im sog. "Kirchengründungsteil" (Mt 13-18) hervortritt.[64] In diesem sog. "Vierten Buch" des Mt werden gehäuft Fragen des gemeindlichen Zusammenlebens und Verhaltens behandelt.[65] Nur hier (Mt 16,18; 18,17) begegnet der Begriff "ἐκκλησία" im Evangelium. Petrus ist der Sprecher der Jünger (vgl. Mt 15,15; 16,16.22; 17,4; 18,21; 19,27; 26,35.40)[66], wenn Gemeindeprobleme und Gemeindelehre im Vordergrund stehen: In Mt 15,15 erbittet Petrus von Jesus die Deutung des Gleichnisses, das Fragen von "Rein und Unrein" behandelt. In Mt 18,21 läßt Mt Petrus fragen, wie oft man dem sündigen Bruder vergeben soll. Es geht also um das Problem der Vergebung in der Gemeinde. In Mt 16,18f. ist Petrus das Felsenfundament für die Ekklesia Jesu, indem ihm das Schlüsselamt und die Binde- und Lösegewalt übertragen wird. In dieser von Petrus ausgeübten Vollmacht sieht die Gemeinde Ursprung und Urbild der von ihr geübten lehrmäßigen (vgl. Mt 28,19f.) und disziplinarischen (vgl. Mt 18, 15ff.) Vollmacht[67]. Mt 17,24-27 kann als eine Antwort auf "die in der Gemeinde auftretende Frage nach der Tempelsteuer" verstanden werden.[68] Die Petrusfigur selbst erscheint in der Ambivalenz von Glaubensstärke (Mt 16,16f.; 14,28f.; 17,24-27) und Glaubensschwäche (Mt 14,30f.; 15,15f.; 16,21ff.; 17,4f.; 18,21f.) und ist damit Repräsentant und Typos von Jüngerverständnis bzw. Jüngerunverständnis. Die mt. Gemeinde wird vom Problem der Glaubensschwäche bewegt ("Kleinglaube" Mt 6,30; 8,26; 14,31; 16,8; 17,20; 21,21; 28,17). Petrus ist der Typos bzw. die exemplarische Gestalt der Gemeinde, wenn es um

---

[63] Mit N. Brox, Zeuge und Märtyrer, 36-40; ders., Komm. 1.Petr, 229 Anm. 725; H. Strathmann, a.a.O., W. Michaelis, a.a.O.; J. Beutler, μάρτυς, EWNT II, 970.973; W.G. Kümmel, Einleitung, 372 Anm. 23; H. Balz/ W. Schrage, Katholische Briefe, 116f.; R. Feldmeier, Fremde, 194 Anm. 8; H. Schlier, Adhortatio, 71; J.N.D. Kelley, Commentary, 198f.; gegen R. Knopf, Komm. 1.Petr u.a., 198; R.E. Brown, Der Petrus der Bibel, 133; R. Pesch, Simon-Petrus, 115.151; F. Mußner, Petrus und Paulus, 51.57; O. Cullmann, Petrus, 97; A. Reichert, Praeparatio, 542f.; W. Marxsen, Zeuge, 383ff.; O. Cullmann, Petrus, 92f.; R.H. Gundry, Verba Christi, 347; E.G. Selwyn, Epistle, 30f.228f.; F.W. Beare, Epistle, 198; E. Best, 1 Peter, 168; O. Knoch, Komm. 1.Petr u.a., 145; J. Michl, Katholische Briefe, 149; K.H. Schelkle, Komm. 1.Petr u.a., 128; C. Spicq, Komm. 1.Petr u.a., 165. - N. Brox, Zeuge und Märtyrer, 196ff., erkennt auch in 1.Clem 5,3-7 noch keinen technisch-martyrologischen Sinn im Begriff des Bezeugens. Bei Ignatius und in Polyc 7,1 findet er die ersten Spuren, im "Martyrium des Polykarp" (156 n.Chr.) den Begriff voll ausgebildet.
[64] Vgl. U. Luz, Mt II, 468 ; H. Frankemölle, Jahwebund, 156.
[65] Vgl. R.E. Brown u.a., Der Petrus der Bibel, 71f.; F. Mußner, Petrus und Paulus, 12 Anm. 9.
[66] Vgl. dazu M.J. Wilkins, Concept of Disciple, 208f.
[67] Vgl. G. Bornkamm, Binde- und Lösegewalt, 49.
[68] R. Bultmann, GST, 34.

Fragen des Glaubens, der Lehre und des gemeindlichen Zusammenlebens geht.[69]

Für das Petrusbild des *1.Petrusbriefes* läßt sich in dieser Frage Analoges feststellen. Die apostolische Autorität des "Petrus" wird in Anspruch genommen, um die Gemeinden in Kleinasien durch Ermahnung, Lehre und Trost nicht nur auf das Verhältnis zur heidnischen Umwelt und deren Behörden hin, sondern auch auf das gemeindliche Zusammenleben hin anzusprechen. An sich ist schon das Faktum, daß der Apostel "Petrus" die Gemeinden ermahnt (1,11; 5,1.12), von ekklesiologischem Belang. Die apostolische Autorität äußert sich in dieser Hinsicht mehrfach: Ermahnung zum heiligen, den "Begierden" absagenden Lebenswandel (1,14-16.22; 2,1f.11; 3,2ff.; 4,2f.); zur Bruderliebe (1,22; 2,17; 3,8; 4,8; 5,14); zum gemeindlichen Aufbau (2,5; 3,8; 5,1-5); zu Wachsamkeit und Gebet (4,7; 5,8); zur Gastfreundschaft (4,9); zum rechten Umgang mit den Charismen (4,10f.); zur rechten Leitung der Gemeinde durch die Presbyter (5,1-4); zur Unterordnung unter die Presbyter (5,5); zur Demut (3,8; 5,9); zum Widerstand gegen den Diabolos (5,8f.) und zum rechtschaffenen Lebenswandel in der Gesellschaft (2,12; 2,13-3,12; 3,15f.17; 4,15f.). Das breite Spektrum der Ermahnungen ist eine Zeichen der Sorge des Verf. um die Gemeinde.[70]

Wenn also Petrus nach Mt Sprecher und Autorität in Fragen des gemeindlichen Zusammenlebens ist, aber auch exemplarische Gestalt des Jüngerseins, so gibt die apostolische Autorität "Petrus" im 1.Petr analog Weisungen für das gemeindliche Zusammenleben und identifiziert sich in Sorge und Fürsorge mit den Problemen der Adressatengemeinden. Die Rolle des Petrus ist also unter diesem Aspekt zwischen Mt und 1.Petr vergleichbar. Es lassen sich folgende konkrete Beziehungen feststellen:

(1) Mt 18,21 führt Petrus als Sprecher der Jünger ein. Es geht um die Frage der Sündenvergebung gegenüber dem sündigen Bruder. Jesu Antwort (18,22) intendiert die unbegrenzte und unbedingte Vergebungsbereitschaft der Glaubensbrüder untereinander.[71] Analog dazu verbindet 1.Petr 4,8a die Aufforderung zur Bruderliebe ("Habt Liebe zueinander...") mit dem Sprüchezitat 10,12, das zum Ausdruck bringt, daß die Liebe unbegrenzte und uneingeschränkte Ver-

---

[69] P. Hoffmann, Bedeutung des Petrus, 25: In der Rolle des Petrus sind "Wesen und Aufgabe der Jüngerschaft verdeutlicht." Zur typischen und exemplarischen Rolle des Petrus vgl. auch ders., Petrus-Primat, 107f.109f. u.ö.; M.J. Wilkins, Concept of Disciple, 173-216; G. Künzel, Gemeindeverständnis, 193.199f.; R. Pesch, Simon-Petrus, 144 (weitere Literatur s. Anm. 138).

[70] Vgl. J.H. Elliott, Home, 139, zur Bedeutung der Ermahnungen im 1.Petr: "(Finally), this concern for Christian solidarity and cohesion is amply evident in the explicit exhortations of the letter.The predominantly hortatory style and tone of 1 Peter are noted by all commentators. This brief letter contains no less than fifty-one imperatival exhortations." Vgl. auch H. Schlier, Adhortatio, 271-296.

[71] Dies verdeutlicht das anschließende Gleichnis vom Schalksknecht (18,23ff.). In der Ausübung der Barmherzigkeit und der Vergebung bekommt die Gemeinde Anteil an der sündenvergebenden Vollmacht Jesu (vgl. 1,21; 6,14f.; 26,28; vgl. auch 9,6 mit 9,8).

gebungsmöglichkeiten schenkt. Die Parallelität der Gedanken und Motive ist deutlich.[72]

Die Frage, ob das Sprüche-Zitat in 1.Petr 4,8b auf die eigenen Sünden (vgl. 2.Clem 16,4; Tert., Scorp.6; Clem. Alex, Quis div. salv. 38; Orig. Hom. in Lev 2,4; Jak 5,20; vgl. auch Lk 7,47) oder auf die der anderen (vgl. 1.Clem 49,5; TestXII.Jos 17,2) zu beziehen sei, wird man wohl im letzteren Sinn beantworten können.[73] Die Kontextformulierungen von 1.Petr 4,8 lassen ein jeweils transitives Verhalten erkennen: Die geforderte ἀγάπη soll εἰς ἑαυτούς wirksam werden (V8a); ebenso die Gastfreundschaft (εἰς ἀλλήλους V9a). Man wird dementsprechend auch für V8b ein transitives Verhalten bezüglich der Sündenvergebung annehmen müssen. 1.Kor 13,5 bestätigt diese Deutung: Die Liebe sucht nicht das Ihre und rechnet das Böse nicht an (vgl. auch Mt 6,12; 18,22). Für unsere Interpretation spricht die sachliche Parallele TestXII.Jos 17,2. Wie in 1.Petr 4,8 wird hier das Motiv der gegenseitigen Liebe mit dem Motiv der Vergebung der Sünden der *Anderen* kombiniert: "καὶ ὑμεῖς οὖν ἀγαπᾶτε ἀλλήλους· καὶ ἐν μακροθυμίαις συγκρύπτετε ἀλλήλων τὰ ἐλαττώματα." Vielleicht liegt beiden Stellen ein in der jüdisch-urchristlichen Tradition ausgebildeter Motiv-komplex: "Gegenseitige Liebe - Vergebung der Sünden" zugrunde. Genaueres läßt sich nicht sagen, da die überlieferungsgeschichtlichen Verbindungen zu undeutlich sind.

(2) Nach Mt 16,18 wird die Ekklesia Jesu auf Petrus als "Fels" auferbaut (οἰκοδομεῖν). Die gleiche Vorstellung vom "Aufbauen" (οἰκοδομεῖν) eines Hauses in bezug auf die Gemeinde begegnet auch in 1.Petr 2,5. Zwar ist hier der Grund- und Eckstein nicht Petrus, sondern Christus selbst (2,4.7), jedoch ist die Parallelität des Motivs: "Aufbau eines Hauses auf einem festen Grund (Funda-ment)" deutlich. Petrus ist die Autorität, die mit dem Aufbau der Gemeinde unmittelbar zu tun hat. Es geht um ein festgegründetes Bauwerk. Die Ekklesia (Mt 16,18) bzw. der οἶκος πνευματικός (1.Petr 2,5) erbaut sich auf dem tra-genden Fundament. Zwar ist im 1.Petr Christus das Fundament, bei Mt aber Petrus, doch ist der Widerspruch nur scheinbar. Denn auch nach Mt 16,18 ist Christus das eigentliche "Fundament" seiner Kirche. Petrus ist nur insofern "Fels", als er der von Jesus beauftragte Jünger ist. Der Initiator des Kirchenbaus ist Christus selbst. Es handelt sich um *seine* Kirche, die *er* auf Petrus als "Fels" erbaut (οἰκοδομήσω μου τὴν ἐκκλησίαν).[74] So ist also von der Intention her

---

[72] Die Beziehung zwischen 1.Petr 4,8 und Mt 18,22 hat auch F. Neugebauer, Deutung, 131, gut gesehen: "Eine seltsam enge Berührung besteht zwischen der Sünden Menge und dem Siebenmalsiebzigmal in der Antwort Jesu an Petrus (Matth 18,22)."

[73] Zum Problem von 1.Petr 4,8b vgl. L. Goppelt, Komm: 1.Petr, 284f.; K.H. Schelkle, Komm. 1.Petr u.a., 118; N. Brox, Komm. 1.Petr, 205; F. Schröger, Gemeinde, 192-194; F. Neugebauer, Deutung, 131; H. Balz/W. Schrage, Katholische Briefe,112; A. Oepke, καλύπτω κτλ., ThWNT III, 559f.; H.-J. Ritz, καλύπτω, EWNT II, 607f.

[74] Der Begriff "meine Kirche" (Mt 16,18) weist eine gewisse Parallelität zur atl. Vorstel-lung vom Eigentumsvolk Jahwes (λαὸς περιούσιος) auf, das eine beliebte Qualifizierung des Gottesvolkes des Deuteronomisten ist (Dtn 7,6; 14,2; 26,18; vgl. weiter Ex 19,5; 23,22 LXX; im NT: Tit 2,14 und 1.Petr 2,9: λαὸς εἰς περιποίησιν [vgl. Mal 3,17]). Mit dem Begriff "meine Kirche" (Mt 16,18) wird die Ekklesia also analog als das Eigentum des Kyrios Jesus Christus akzentuiert. Vgl. Mt 28,18ff.: Der Kyrios entsendet seine Jüngergemeinde, die durch seine bleibende Gegenwart (V20) konstituiert ist. Vgl. auch Mt 18,20: Die Ekklesia definiert sich als die Versammlung auf den Namen des erhöhten Herrn hin, der diese "Versammlung" der Ekklesia durch seine Gegenwart erhält.

auch in Mt 16,18 Christus das eigentlich tragende Fundament des Kirchenbaus.[75] Der Kontext des Mt bestätigt diese These. In Mt 7,24 wird Jesu Lehre
mit dem standhaften "Fels" verglichen, auf dem ein Hausbau unerschütterlich
steht.[76] Im Missionsbefehl Mt 28,18ff. wird die universale Kirche auf Befehl
und Lehre des Auferstandenen gegründet. Nach 1.Petr 2,4 ist es der "lebendige
Stein" (=der Auferstandene)[77],auf dem der οἶκος πνευματικός erbaut wird.[78]
Das entspricht Mt 28,18ff.: Der Auferstandene gründet im Missionsbefehl seine
Kirche.[79]Das Verständnis der Kirche als Bauwerk auf dem "Fundament" Christi
korrespondiert also zwischen Mt 16,18 und 1.Petr 2,5.

So ergibt sich die Schlußfolgerung, daß die in Mt selbst schon angelegte Ten-
denz, Jesus Christus und seine Lehre als das eigentliche, die Kirche tragende
Fundament anzusehen, in 1.Petr 2,4ff. konsequent entfaltet wird. 1.Petr deutet
Mt korrekt.

1.Petr 2,4ff. greift in der Steinmetaphorik auf Jes 28,16 und Ps 118,22 zurück. Der Unterschied zwischen λίθος (1.Petr 2,4.6f.) und πέτρα (Mt 16,18) ist nicht von entscheidender Bedeutung, da 1.Petr in 2,8 mit Hilfe von Jes 8,14 λίθος und πέτρα sinngemäß parallel setzt.[80]
Mit λίθος ist in 1.Petr 2,4 der Grundstein eines Baus gemeint. Das ergibt sich zum einen auf
Grund der Parallelität mit Jes 28,16 LXX (vgl. hier den Bezug von λίθος auf θεμέλια), zum
anderen auf Grund der Zitation von Jes 8,14 in 1.Petr 2,8, daß man über diesen Stein fallen
könne. In Ps 117,22 (LXX) und Jes 28,16 (LXX) ist mit κεφαλὴ γωνίας (bzw. ἀκρο-
γωνιαῖος) an einen "Eckstein in den Baufundamenten", also einen "Grundstein an der
äußersten (vordersten) Ecke" eines Baus gedacht, nicht an den Schlußstein eines Portals.[81]

---

[75] So schon deutlich betont von A. Schlatter, Mt, 506: "Ist der Christus da, so entsteht die
neue Gemeinde, das neue Haus Gottes. Sein Bau wird nicht dem Jünger übertragen; er gehört
selbst zum Bau und ist nicht der Schöpfer und Herr der Gemeinde. Diese baut Jesus selbst." -
Den Zusammenhang zwischen Mt 16,18 und 1.Petr 2,4-8 hebt auch K.H. Schelkle, Komm.
1.Petr u.a., 63, hervor: "Die beiden Aussagen interpretieren sich gegenseitig. Wohl ist Petrus
der Fels, auf dem die Kirche erbaut ist. Aber sie ist auch erbaut auf Christus als ihrem Grund.
Man spricht oft vom Felsen Petri, auf dem die Kirche erbaut ist. Sollte man nicht ebenso vom
Grundstein Christus sprechen, der die Kirche trägt ?"
[76] Die Beziehung von Mt 7,24ff. zu Mt 16,18 wird durch den Begriff "Fels" (πέτρα) und
die Metapher vom Bauen (οἰκοδομεῖν) nahegelegt. Petrus ist nur insofern Felsenfundament
der Ekklesia, als er die Worte des Herrn (7,24) zur Geltung bringt. Es sind "diese *meine*
Worte", die den Petrus-Felsen zum Fundament machen. Mt 7,24ff. bestätigt die in Mt 16,18
anzunehmende christologische Konzentration der Rede vom Petrus-Felsen."'Meine Worte' hält
diese christologische Basis klar fest (vgl. 28,20!)." U. Luz, Mt I, 414.
[77] Vgl. L. Goppelt, Komm. 1.Petr, 141.
[78] Das Medium οἰκοδομεῖσθε ("lasset euch erbauen") deutet an, daß der Gemeindebau
von Gott bzw. Christus erbaut wird.
[79] Der Bezug von 1.Petr 2,4 zu Mt wird auch durch das Verb προσέρχομαι nahegelegt.
Vor allem Mt drückt unter den Synoptikern das Hinzutreten der Jünger oder anderer zu Jesus
mit dem Begriff προσέρχομαι aus (vgl. Mt 5,1; 13,10.16; 18,1.21; 24,3 u.ö.). Vgl. E Palzkill,
προσέρχομαι, EWNT III, 394f.; W. Schenk, Die Sprache des Matthäus, 258-260.
[80] Λίθος kann im NT sowohl die Bedeutung "Stein" als auch "Felsen" tragen; vgl. J. Jeremias, λίθος κτλ., ThWNT IV, 272f.
[81] H. Krämer, γωνία κτλ., EWNT I, 646f.; vgl. auch P. Pokorný, Komm. Eph., 130f. zu
Eph 2,21.

(3) In der Exegese wird des öfteren hervorgehoben, daß es in Mt 16,19a und 16,19b.c in der mt. Interpretation um die Beauftragung des Apostels mit der Lehrvollmacht geht.[82] Mt 23,13 dient für Mt 16,19a als Auslegungskontext.[83] Die Pharisäer "verschließen" mit ihrer Lehre das Himmelreich.[84] Indem V19b.c mit V19a kombiniert ist[85], wird die Binde- und Lösegewalt[86] im pharisäischen Sinn gedeutet: Es geht um die Vollmacht zu Lehrentscheidungen.[87] Mt 18,18

---

[82] Vgl. G. Bornkamm, Binde- und Lösegewalt, 45-49; N. Walter, Kirchenverständnis, 29.35f.; K. Kertelge, Gemeinde und Amt, 52; U. Luz, Mt II, 465f.; R. Hummel, Auseinandersetzung, 59-64; R. Schnackenburg, Mt, 152f.; J. Roloff, Kirche, 163.

[83] Vgl. dazu P. Hoffmann, Bedeutung des Petrus, 16ff.; ders., Petrus-Primat, 98; U. Luz, Mt II, 465f.; N. Walter, Kirchenverständnis, 35f.; M.J. Wilkins, Concept of Disciple, 195; K.H. Schelkle, Theologie 4/2, 98; J. Gnilka, Mt II, 65. - Der Bezug zwischen 16,19a und 23,13 ergibt sich durch die Stichworte: "Schlüssel" - "schließen" und durch die Beziehung des Schließens auf die Basileia.

[84] Vgl. auch die unmittelbar im Kontext von Mt 16,18f. tradierte Stelle Mt 16,12: Jesus warnt vor der "Lehre der Pharisäer und Sadduzäer". Der Kontrast zwischen Mt 16,12 und Mt 16,18f. dürfte bewußte Komposition des Evangelisten sein. Das Gespräch vom Sauerteig ist gegenüber Mk par um Mt 16,11bf. erweitert. (vgl. R. Walker, Heilsgeschichte, 12; C. Kähler, Zur Form- und Traditionsgeschichte von Matth. XVI.17-19, NTS 23 [1976/77], 37). Zum Mißbrauch der Lehrvollmacht durch die Pharisäer vgl. Mt 23,1-4. - Hinzuweisen ist auch auf die in Lk 11,52 vorhandene sachliche Parallele zu Mt 23,13: Die νομικοί haben die "Schlüssel der Erkenntnis" genommen!

[85] Das Schlüsselwort Mt 16,19a und das von der Binde- und Lösegewalt dürften sekundär miteinander verbunden worden sein. Dafür spricht einmal die Verschiedenheit der Bildaussagen: Schlüssel (16,19a) - Binden, Lösen (16,19b.c) anstatt von: Öffnen, Schließen. So würde man im Zusammenhang mit V19a in V19b.c eher ein Wort mit "öffnen" und "schließen" vermuten wie in Jes 22,22 oder Apk 3,7. - Zum anderen spricht dafür die in Mt 18,18 vorhandene selbständige Variante zu 16,19b.c (vgl. Joh 20,23). Vgl. dazu P. Hoffmann, Bedeutung des Petrus, 16; ders., Petrus-Primat, 95ff.; U. Luz, Mt II, 465.

[86] Zur Diskussion um das Wortpaar "Binden - Lösen" vgl. P. Hoffmann, Petrus-Primat, 97.101; ders., Bedeutung des Petrus, 17f.; U. Luz, Mt II, 465; A. Kretzer, Herrschaft, 246ff.; J. Gnilka, Mt II, 66f.; H. Giesen, Glaube und Handeln, 44-54; F. Büchsel, δέω κτλ., ThWNT II, 59f.; G. Strecker, Weg, 224f.; R.E. Brown u.a., Der Petrus der Bibel, 86-88; E. Lange, Erscheinen, 116-120; A. Vögtle, Binden und Lösen, LThK² II, 480-482; M.J. Wilkins, Concept of Disciple, 194-197.

[87] Eine rabbinische Parallele dazu findet sich in Siphre Dtn 32,25 (Str.-Bill. I, 741): "Alle sitzen vor ihm (dem Schriftgelehrten) und lernen von ihm; nachdem er geöffnet hat, schließt niemand zu (bei seiner Lehrentscheidung behält es sein Bewenden), um zu erfüllen, was gesagt ist Jes 22,22: Er öffnet, und niemand schließt zu; er schließt zu, und niemand öffnet." Zum Akt des "Lösens" (λύω) vgl. auch Mt 5,19: Das "Lösen" der geringsten Gebote und das entsprechende "Lehren" stehen parallel. Das "Lösen" ist also eine lehrmäßige Handlung. Inhalt und Maßstab für die bindende und lösende Lehrvollmacht sind die "Gebote Jesu" (vgl. Mt 28,20). Die Bindung des Petrus und der Jünger an die autoritative Lehre Jesu macht Mt besonders anhand der Bergpredigt deutlich. Nur wer die Worte Jesu hört und tut, hat auf festem Grund gebaut (7,24-27). Auf die Verbindung von Mt 16,18f. mit dem Felsgleichnis Mt 7,24-27 macht zu Recht E. Lange, Erscheinen, 119f., aufmerksam. Sie spricht für die Auslegung der Binde- und Lösegewalt im Sinn der Lehrentscheidung. Wenn Petrus in 16,18 "Fels" genannt wird und die Bindung an die vollmächtige Lehre Jesu (Mt 5-7) mit der Gründung auf einen Fels verglichen wird (Mt 7,24-27), dann ist in der Petrus-Felsen-Funktion diese Bindung an die vollmächtige Lehre Jesu reflektiert und vergegenwärtigt. In Petrus ist das in Mt 7,24-27 genannte Anliegen präsent: "die vollmächtige Tradierung und Auslegung der alles entschei-

hebt diese Binde- und Lösegewalt als Aufgabe aller Jünger hervor. Der Kontext mit 18,15-17 legt nahe, daß es hier um die Binde- und Lösegewalt bezüglich der Sünden geht (vgl. Joh 20,23).[88] Allerdings ist im Rahmen der mt. Gemeindeordnung das Ausschlußverfahren vor allem gegen Gemeindeglieder gerichtet, die den Glauben der Jünger gefährden (Mt 18,6). Mt versteht also die Binde- und Lösegewalt in Mt 18 als Vollmacht zu "Lehrzuchtverfahren".[89] Demnach sind zwei Tendenzen festzustellen: 1. Die Binde- und Lösegewalt bezieht sich auf die Vollmacht der Lehre und die die Gemeindedisziplin betreffende Lehrzucht. - 2. Die Petrus übertragene Gewalt wird von der gesamten Gemeinde ausgeübt. Diese Petrus übertragene Vollmacht in Mt 16,19 ist also exemplarisch zu verstehen. - Der Vergleich mit dem Petrusbild des *1.Petr* läßt folgende Überlegung zu.

1. Petrus ist die apostolische Autorität (1.Petr 1,1), die in *Lehrfragen* "ermahnend und bezeugend" die "Wahrheit" (sc. "die wahre Gnade Gottes" 5,12) zur Geltung bringt.[90] Der ganze Brief ist eine in apostolischer Autorität verfaßte Belehrung, Ermahnung und Ermutigung der Adressatengemeinden. Einige Beispiele: Belehrung über die Wiedergeburt (1,3.23; 2,2), über das uns bereitliegende eschatologische Erbe (1,4; 3,9), über die Propheten (1,10-12), über Christus und sein Erlösungswerk (1,11; 1,18-21; 2,21-25; 3,18ff.; 4,13f.), über den heiligen, gottentsprechenden Lebenswandel in der Abkehr von der Sünde (1,14-16; 2,1f.11f.; 4,1-4), über "Amt" und "Charisma" (4,10f.; 5,1-5), über die Taufe (3,20f.), über rechtschaffenes und verantwortliches Leben in der heidnischen Gesellschaft (2,13-3,12 u.ö.), über das Gericht (4,5f.14f.) usw.[91] - Die

---

denden 'Lehre' Jesu." E. Lange, a.a.O., 120. - Vgl. auch E. Schweizer, Mt, 123, zu Mt 7,24-27 im Zusammenhang mit 16,18.

[88] Vgl. H. Frankemölle, Jahwebund, 229; W. Trilling, Israel, 113-121; G. Strecker, Weg, 224-226; E. Schweizer, Mt, 242; A. Kretzer, Herrschaft, 246ff.; J. Gnilka, Mt II, 139; G. Bornkamm, Binde- und Lösegewalt, 39f. 46; H. Thyen, Sündenvergebung, 236ff.; M. Wilcox, Peter and the Rock, 82; W. Pesch, Die sogenannte Gemeindeordnung Mt 18, BZ 7 (1963), 227f.; K.H. Schelkle, Theologie 4/2, 100f.

[89] Vgl. P. Hoffmann, Bedeutung des Petrus, 18. In der Regel wird Mt 18,18 allgemeiner im Sinn von "Disziplinarverfahren" oder "Disziplinargewalt" gedeutet; vgl. G. Künzel, Gemeindeverständnis, 195; G. Strecker, Weg, 224f.; E. Lange, Erscheinen, 130.

[90] Vgl. auch 1.Petr 1,22: "Petrus" ermahnt zum Gehorsam der Wahrheit (ὑπακοὴ τῆς ἀληθείας).

[91] F.-R. Prostmeier, Handlungsmodelle, 116, macht "drei paränetische Felder" aus, die die paränetische Struktur des Briefes bestimmen: "1. *Mahnungen*, die sich auf die Gemeinde als Einheit und auf ihre Binnenrelation beziehen (1,22; 2,17b; 3,8; 4,8-11b; 5,5b.14) ... 2. *Mahnungen*, die die Beziehung der Gemeinde zur staatlichen Wirklichkeit im Bewußtsein der eigenen soteriologisch-eschatologischen Befindlichkeit beschreiben, aber auch das Wissen darum, daß diese Selbstbeschreibung zur Sichtweise von seiten des Staates und der Gesellschaft eklatant im Widerspruch steht (1,13-17; 3,14b.15b.16a; 4,7b.12.16.19a; 5,6.8a.9a) ... 3. *Mahnungen*, die sich an die Gemeinde in ihrer Relation zur sozialen Umwelt oder an bestimmte Personengruppen richten und ein Alltagsverhalten propagieren, das ein Minimum an Konfrontation verspricht (2,11-3,7; 5,1-7)." - Zu den paränetischen Sprachformen im 1.Petr vgl. ders., a.a.O., 114ff., D. Daube, Participle and Imperative in 1 Peter, in: E.G. Selwyn, Epistle, 467-488, und E. Lohse, Paränese und Kerygma im 1. Petrusbrief, ZNW 45 (1954), 68-89. Auf die sozial integrierende Funktion der paränetischen Sprachformen des Briefes machen F.-R. Prostmeier, a.a.O., 477ff., und T.W. Martin, Metaphor, 85ff., aufmerksam.

Fülle der Ermahnungen und Belehrungen zeigt, daß die apostolische Autorität
"Petrus" die Vollmacht ausübt, die entsprechend dem mt. Petrus in Mt 16,18f.
übertragen ist. Die Lehrvollmacht kommt im 1.Petr auch darin zum Tragen, daß
zur Begründung oder Verdeutlichung der Ausführungen viele atl. Zitate und
Beispiele herangezogen werden: vgl. 1,10-12.16.24f.; 2,3.4-10; 3,10-12; 2,22-
25; 3,14f.; 4,8.14.18; 5,5.8 - vor allem aus der Lehrtradition der atl. Weisheitsliteratur: 2,3 (Ps 33,9 LXX); 2,4.7 (Ps 117,22 LXX); 3,10-12 (Ps 34,13-17); 4,8
(Spr 10,12) ; 4,18 (Spr 11,31); 5,5 (Spr 3,34); 5,8 (Ps 22,14).

Der häufige Rückbezug auf die Schrift deutet darauf hin, daß der Verf. des 1.Petr ein in
der Schrift eingeweihter und studierter *Lehrer* ist. Man beachte nur das der Schulsprache zugehörige Vokabular in 1,10-12 (ἐξεραυνάω, ἐραυνάω).[92] Weitere Indizien sind: In 1,18 und
5,9 werden die Adressaten als "Wissende" deklariert (εἰδότες), als solche, die in der "wahren
Gnade Gottes" unterwiesen worden sind und feststehen (5,12). Der Verf. verwendet den expliziten Verweis auf die Schrift: διότι γέγραπται (1,16); διότι περιέχει ἐν γραφῇ (2,6). In
1,23.24.25 wird 3mal hintereinander auf das der Gemeinde verkündigte, sie tragende und
rettende Wort Gottes verwiesen (vgl. 4,11 λόγια θεοῦ). - In dieser Funktion des die Gemeinde
unterweisenden, der Schrift kundigen Lehrers ist der Verf. des 1.Petr mit dem Verf. des Mt
vergleichbar. Vieles deutet in Mt darauf hin, daß es von einem christlichen "Schriftgelehrten"
verfaßt worden ist. (vgl. Mt 13,52; 23,34)[93]: 1. Die Verwendung "runder Zahlen": 7 Vater-
unserbitten; 7 Gleichnisse (Kap 13); 7 Weherufe (Kap 23); 5 Redekomplexe mit entsprechender Abschlußformel (7,28; 11,1; 13,53; 19,1; 26,1); Doppelungen (vgl. Mt 4,23 mit 9,35
u. 10,1; 10,6 mit 15,24; 9,13 mit 12,7; 19,30 mit 20,16; 9,27-31 mit 20,29-34; 9,32-34 mit
12,22f. u.ö.).[94] - 2. Die Anwendung des Erfüllungsgedankens auf das AT (Erfüllungszitate).[95]
- 3. Die Hervorhebung Jesu als "Lehrer": Mt 4,23; 5,2; 7,28f.; 22,16; 23,8.10; 28,16.18-20
u.ö.[96] - 4. Das Evangelium hat eine unterweisende, ethisch-paränetische Prägung. Darauf
weisen nicht nur Mt 28,20, sondern auch die redaktionell gebildeten Redekomplexe hin: Kap

---

[92] Vgl. dazu L. Goppelt, Komm. 1.Petr, 107 Anm. 75; G. Delling, ἐρευνάω κτλ., ThWNT
II, 653f.; W.L. Schutter, Hermeneutic, 101.

[93] Vgl. dazu M. Hengel, Zur matthäischen Bergpredigt, 341-348, bes. 346 mit Anm. 35;
E.v. Dobschütz, Matthäus als Rabbi und Katechet, ZNW 27 (1928), 338-348; P.F. Ellis,
Matthew, 3f.; J. Gnilka, Mt II, 516; O.L. Cope, Matthew. A Scribe Trained for the Kingdom of
Haeven (CBQMS 5), Washington 1976.

[94] Vgl. dazu U. Luz, Mt I, 19ff.; P.F. Ellis, Matthew, 13-16.

[95] Vgl. dazu U. Luz, Mt I, 134-141; G. Strecker, Weg, 39.49ff.; W. Rothfuchs, Die Erfüllungszitate des Matthäus-Evangeliums, Stuttgart u.a. 1969; L. Goppelt, Theologie NT II,
548-551; S. Schulz, Stunde, 164-173; R. Hummel, Auseinandersetzung, 128ff.; J. Gnilka, Mt
II, 547f.; A. Sand, Gesetz, 151-156. - Das AT hat für das gesamte Evangelium eine konstitutive Bedeutung; vgl. dazu K. Stendahl, The School of Matthew and its Use of the Old
Testament (ASNU 20), Uppsala (1954) 2. Aufl. o.J. (1967); O.L. Cope, Matthew. A Scribe
Trained for the Kingdom of Haeven (CBQMS 5), Washington 1976; R.H. Gundry, The Use of
the Old Testament in St. Matthew's Gospel with Special Reference to the Messianic Hope
(NT.S 18), Leiden 1967.

[96] Vgl. dazu den Exkurs: "Verkündigen, Lehren und Evangelium bei Matthäus" in : U. Luz,
Mt I, 181-183; G. Strecker, Weg, 40: "Als einziger Evangelist übernimmt er ein Logion, das
sich mit der eschatologischen Bedeutung der rechten Lehre befaßt (5,19). Das letzte Wort des
Auferstandenen fordert die Belehrung aller Völker (28,20) - abgesehen von den zahlreichen
Aussagen zur Lehre Jesu. Wenn es erlaubt ist, von hier aus auf das 'Amt' des Matthäus zu
schließen, so ergibt sich die Forderung von selbst."

5-7; 10; 13; 18 ("Gemeindeordnung"); 24-25. - 5. Für den Verf. des Evangeliums gilt: "Er ver-
fügte über jüdisch geformtes Stilgefühl, gutes griechisches Sprachgefühl und eine Synago-
genbildung." [97] - So kann man also nicht nur hinsichtlich des Petrusbildes, sondern auch
hinsichtlich der schulmäßigen Herkunft und lehrenden Autorität der Verfasser eine Nähe zwischen Mt und 1.Petr annehmen.

Die *Gemeindedisziplin* betreffende Fragen behandelt 1.Petr 5,1-5. Indem der
Apostel "Petrus" sich als "Mitältester" mit den Ältesten solidarisiert (5,1) und
Petrus die Autorität ist, die in Fragen der Lehre und Gemeindedisziplin autoritativ die Wahrheit weitergibt, wird klargestellt, daß die angesprochenen Presbyter dieselbe Funktion der Lehr- und Leitungsautorität der Gemeinde gegenüber ausüben wie "Petrus" ihnen gegenüber.[98] Dies wird in 5,2 zur Sprache
gebracht. Die Motive und Begriffe um ποιμαίνειν, ποίμνιον, ἐπίσκοπος
(bzw. ἐπισκοπεῖν) sind parallel in Act 20,28 vorhanden, so daß man hier eine
gemeinsame Tradition voraussetzen kann.[99] Act 20,29ff. zeigt im Unterschied
zu 1.Petr 5,1-4 genauer, worin die Hirtenfunktion der Presbyter besteht:
"Paulus" warnt die Ältesten von Ephesus vor Männern, die "verkehrte Lehren"
reden (Act 20,30) und z.T. aus der Gemeinde selbst kommen. Das Hirtenamt
der Presbyter ist also vorwiegend an der Bewahrung und Aufrechterhaltung der
rechten Lehre orientiert (vgl. Act 20,24: διαμαρτύρασθαι τὸ εὐαγγέλιον).
Das Interesse des 1.Petr an der Lehrvollmacht des "Petrus" und die Solidari-
sierung des "Petrus" mit den Ältesten als "Mitältester" sowie die Parallel-
tradition Act 20,28ff. legen nahe, auch in 1.Petr 5,2f. die Funktion der Presbyter
mit der Aufrechterhaltung der Lehre in Verbindung zu bringen. 1.Petr warnt
freilich davor, diese Lehrautorität als Machtfaktor gegenüber anderen Gemeindegliedern auszuspielen. Nur im gegenseitigen Erweis der Demut (5,5)
kommt die Wahrheit der Gnade Gottes (5,12) zur rechten Geltung.

2. In 1.Petr 5,1-5 ist die in Mt 18,18 (vgl. mit 16,19) erkennbare Tendenz,
die Vollmacht in Fragen der Lehre und Gemeindedisziplin auf den Jüngerkreis
und damit auf die Gemeinde zu übertragen, analog zur Sprache gebracht.[100]
Diese Vollmacht ist nicht nur dem Apostel "Petrus" eigen, sondern ist auch in
die Verantwortung der Gemeinden gelegt. Damit solidarisiert sich der "Petrus"
des Briefes mit den Adressatengemeinden und ihren Gliedern. Seine Lehrautorität ist auch die Lehrautorität der Gemeinde.[101] - Daß die kleinasiatischen Ge-

---

[97] U. Luz, Mt I, 76; vgl. dazu im einzelnen ders., Mt I, 31ff. 62ff.

[98] Zum Ältestenbegriff im NT vgl. K. Kertelge, Gemeinde und Amt, 98-103.144-148; J.
Rohde, πρεσβύτερος, EWNT III, 356-358; G. Bornkamm, πρέσβυς κτλ., ThWNT VI, 661-
672; K.H. Schelkle, Theologie 4/2, 71f.

[99] Vgl. W. Nauck, Probleme frühchristlichen Amtsverständnisses (1 Petr 5,2f), ZNW 48
(1957), 200-220; J. H. Elliott, Ministry and Church Order in the NT, CBQ 32 (1970), 367-391;
L. Goppelt, Komm. 1.Petr, 319f. 324; O. Knoch, Komm. 1.Petr u.a., 131.

[100] Zu der durch Jesus Christus autorisierten Lehrvollmacht der Jünger vgl. auch Mt 10,7
und 28,20. Die Jünger partizipieren an der Jesu eigenen ἐξουσία der Lehre (vgl. 7,28f.; 4,23;
5,2; 11,1; 21,33). Zum mt. διδάσκειν (bes. in 28,20a) vgl. E. Lange, Erscheinen, 316-324.

[101] Diese Betonung der Kollegialität ("Mitältester") des Apostels Petrus darf nicht psycho-
logisierend als ein lapsus des Verf. des Briefes gewertet werden, etwa so, daß "der pseudonyme Autor bei der Durchführung seiner literarischen Fiktion nicht konsequent war und für
einen Augenblick die Maske fallen ließ. Der 'Apostel' wird ihm als 'oberster Presbyter-Hirte'

meinden in Fragen der Lehre und Verkündigung selbständig waren, beweist auch 1.Petr 4,11: Das Charisma der Verkündigung der "Worte Gottes" liegt in der Verantwortung der Gemeinden. In der Ausübung des Wort- und Tatdienstes (V11) erweisen sich die Gemeindeglieder als "die guten Verwalter der vielfältigen Gnade Gottes" (4,10)[102]. Als "οἰκονόμος" hat jedes Gemeindeglied die Verantwortung für die rechte Verkündigung der λόγια θεοῦ zu tragen.[103] Angesichts heidnischer Aversionen sind alle Gemeindeglieder aufgefordert, "Rechenschaft" über ihre Hoffnung zu geben (3,15). Die Gemeinde als ganze ist also im Brief durch die petrinische Autorität auf ihre Lehrvollmacht und Lehrautorität hin angesprochen.

3.1.7. Berufung und Nachfolge

Das Petrusbild des *Mt* ist durch ein weiteres Merkmal geprägt. Petrus zählt nach synoptischer Tradition zu den erstberufenen Jüngern, die Jesus nachgefolgt sind (Mt 4,18ff. par). Mt hat diesen Aspekt besonders hervorgehoben. Im Bericht über die Berufung der zwölf Jünger wird Petrus an erster Stelle genannt. Diese Erstberufung wird durch ein redaktionelles πρῶτος verdeutlicht (Mt 10,2).[104] Wird Mt 16,18 in diesem Kontext gesehen, dann besteht die Fundament-Funk-

---

gegolten haben" (R. Pesch, Simon-Petrus, 151). Diese These beachtet nicht das literarisch-theologische Programm des Briefes, nach dem der pseudonyme Verf. sich, d.h. als Apostel "Petrus", *bewußt* in der Spanne von Autorität und Kollegialität gegenüber seinen Mitbrüdern in den Adressatengemeinden verstanden hat (s. Teil 3.1.3.).

[102] Zur Charismenvorstellung von 1.Petr 4,10f. vgl. H. Goldstein, Gemeindeverständnis, 235ff.; ders., Paulinische Gemeinde, 12-17; F. Schröger, Gemeinde, 110-114. Goldstein, Paulinische Gemeinde, 16f., macht auf die Verwandtschaft mit der paulinischen Charismenlehre aufmerksam, wobei aber einschränkend bemerkt werden muß, daß 1.Petr 4,10f. - namentlich erwähnt 1.Petr nur "Wort" und "Dienst" - gegenüber der breit ausladenden Charismenproblematik Röm 12; 1.Kor 12 spärliche Angaben macht. Als Charismen im paulinischen Sinn dürften dann auch kaum die von Goldstein genannten Wirkungen wie Gastfreundschaft (4,9), der gute Lebenswandel vor den Heiden (2,12; 3,16), das Gewinnen von Heiden (3,1), die Rechenschaft vor der Welt (3,15), das Leiden (2,20) u.ä. gelten. Es handelt sich dabei vielmehr um die Auswirkungen der christlichen Existenz in dem von Christen geforderten "guten Lebenswandel" (2,12.15.20; 3,16.17; 4,19 u.ö.). Zur überzogenen Auslegung Goldsteins vgl. auch F. Schröger, a.a.O.

[103] Gegen die Deutung von 1.Petr 4,10f. auf besondere Gemeindeleiter vgl. zu Recht J.H. Elliott, Home, 147f.: "In 4,10-11 ... as in the distributive terms *hekastos, eis heautous, poikiles* and the indetiminate *tis* ('if anyone speaks, serves') indicate, it is all the Christians together (as in 3,8 and 5,5b) who are described as 'good household stewards of God's varied grace'."

[104] Die Deutung von πρῶτος im Sinn der Erstberufung vertritt P. Hoffmann, Bedeutung des Petrus, 22f.; ders., Petrus-Primat, 109: Mt hat in einer bewußten redaktionellen Linie die Verleihung des Petrusnamens in 16,18 über 10,1f. auf die Erstberufung in 4,18 zurückgeführt (vgl. Mk par diff.). Vgl. auch M.J. Wilkins, Concept of Disciple, 201; J.D. Kingsbury, The Figure of Peter, 70f. Kingsbury verweist auf die mit der anfänglichen Berufung der Jesusjünger (4,18: Petrus, Andreas; 4,21: Jakobus, Johannes) parallel gestaltete Reihenfolge der Jüngerliste Mt 10,2 (Petrus, Andreas, Jakobus, Johannes).

tion des Petrus darin, "daß er als der erstberufene Jünger der eigentliche Garant der Lehrtradition ist ...".[105]

Nach synoptischer Tradition ist es Petrus, der die Nachfolge Jesu anspricht und nach deren Lohn fragt (Mt 19,27f.). Nachdem Petrus mit dem Felsenamt betraut worden ist (Mt 16,18) und Jesus Petrus von sich gewiesen hat, weil dieser den Leidensweg Jesu nicht akzeptieren wollte, spricht Jesus die Worte vom Kreuz der Nachfolge (Mt 16,24ff.). Im mt. Sondergut vom sinkenden Petrus (Mt 14,28ff.) ist es Petrus, der auf Jesus zugehen will, und Jesus heißt ihn kommen.[106] Nach der Gefangennahme Jesu ist es Petrus, der Jesus in den Palast des Hohepriesters nachfolgt (Mt 26,58 par). Berufung und Nachfolge in der Bindung an Jesus hat die synoptische Tradition also besonders an der Figur des Petrus verdeutlicht. Mt hat dieses Bild noch verschärft: Petrus ist der erstberufene Jünger (Mt 4,18; 10,2; 16,18), der sich zu Jesus hält und ihm nachfolgen will, auch dann, wenn die anderen Jünger dazu nicht in der Lage sind (Mt 14,28; 26,58 par).[107]

Der *1.Petrusbrief* spricht den Berufungs- und Nachfolgegedanken in 2,21 aus: Die apostolische Autorität "Petrus" ermahnt die Adressaten am Beispiel der Sklaven zur "Nachfolge" im Leiden Christi (vgl. auch 3,17f.; 4,1).[108] Der Berufungsgedanke wird weiterhin in 2,9; 3,9 und 5,10 erwähnt. Der Zusammenhang zwischen Berufung, Nachfolge und Leiden, der in der Abfolge von Mt 16,18. 21ff.24ff. beispielhaft angedeutet ist, wird auch in 1.Petr 2,21 festgehalten: Die Nachfolge ist eine Berufung in die Leidensnachfolge. Der Gedanke der Spurennachfolge verdeutlicht die enge Verbindung von Christusleiden und Leiden der Christen. Was dem mt. Petrus nicht klar war, daß die Berufung in die Jesusnachfolge mit Leiden verbunden ist, das wird von 1.Petr 2,21 um so schärfer hervorgehoben (vgl. 4,1).

Es ergibt sich demnach die Vermutung, daß 1.Petr mit Hilfe des Berufungs- und Nachfolgegedankens die Berufungs- und Nachfolgetradition um Petrus, die Mt gegenüber den anderen Synoptikern noch stärker akzentuiert hat, aufnimmt, verändert und sie für die Adressatengemeinden zur Geltung bringt. Indem die apostolische Autorität "Petrus" diese Worte von der Notwendigkeit der Leidensnachfolge hervorhebt, wird das bei Mt akzentuierte petrinische Unverständnis korrigiert: Petrus ist die Autorität, die Einsicht in die Notwendigkeit des Leidens erhalten hat. Die enge Beziehung von Berufung, Nachfolge und Leiden, die Mt

---

[105] P. Hoffmann, Bedeutung des Petrus, 23.

[106] Die Affinität von Mt 14,28ff. zu Szenen, die die Nachfolge Jesu schildern, stellen auch R.E. Brown u.a., Der Petrus der Bibel, 74, und H.J. Held, Matthäus als Interpret, 195, heraus.

[107] Der Zusammenhang von Mt 16,13ff. (Petrusbekenntnis), Leidensankündigung (16, 21ff.) und Leidensnachfolge (16,24ff.) zeigt, daß Mt Petrus in die Geschichte der Leidensnachfolge Jesu eingezeichnet hat. Auch der von Jesus Seliggepriesene (16,17) und mit dem Felsenamt betraute Jünger (16,18ff.) kommt am Leidensweg in der Nachfolge Jesu nicht vorbei. Das Versagen des Petrus in dieser Hinsicht (vgl. 16,22; 26,69ff.) verdeutlicht das bei Mt vorhandene ambivalente Petrusbild. Vgl. G. Künzel, Gemeindeverständnis, 192f.

[108] 1.Petr 2,18 nennt zwar die Sklaven als die konkreten Adressaten, jedoch ist deutlich, daß 2,21ff. den Horizont erweitert (vgl. 3,18). Schon 2,19 deutet durch das unbestimmte τις an, daß das vorwiegend mit traditioneller Sprache durchsetzte Stück 2,21ff. für alle (leidenden) Christen gültig ist.

in seinem Petrusbild hervorgehoben hat, spiegelt sich in 1.Petr 2,21 wider, aber nun so, daß der apostolische Verf. des Briefes im Unterschied zum Petrus des Mt die Einsicht in die Notwendigkeit des Leidens erhalten hat. So führt also der Brief das Anliegen des Evangelisten, der anhand von Berufung, Nachfolge und Versagen des Petrus die Notwendigkeit der Leidensnachfolge hervorhebt, konsequent weiter.

3.1.8 Ambivalenz im Petrusbild

Es ist bereits mehrfach angedeutet worden, daß das Petrusbild des *Mt* ambivalent ist. Bezüglich der Glaubensstärke des Jüngers ist die Ambivalenz von Mt deutlich herausgestellt. Einerseits ist Petrus glaubensstark und standhaft: Petrus ist es, der die göttlich offenbarte Erkenntnis über die Identität Jesu ausspricht und dafür von Jesus seliggepriesen wird (Mt 16,16f.).[109] Petrus ist es, der dem auf dem Meer wandelnden Jesus mutig entgegengeht und der von Jesus geforderten Furchtlosigkeit entspricht (Mt 14,27ff.). Petrus versichert Jesus beim letzten Mahl, daß er niemals an Jesus Anstoß nehmen werde (Mt 26, 33).[110] Petrus ist auch der einzige Jünger, der Jesus auf dem Weg zum Verhör nachfolgt (Mt 26,58 par). Im Unterschied zur Mk-Vorlage (vgl. Mk 9,6) hat Mt in seiner Version der Verklärung Jesu die Hervorhebung des Unverständnisses des Petrus gestrichen (vgl. Mt 17,4); "... es geht ihm hier nicht wie Markus darum, Petrus zu tadeln."[111] Gegen Mk 14,37 wird in Mt 26,40 par der Tadel Jesu bezüglich der mangelnden Wachsamkeit nicht mehr auf Petrus allein, sondern auf die Jünger allgemein bezogen.[112]

Andererseits ist Petrus der Jünger, der schwach ist und im Glauben versagt: Der Mut des Petrus, Jesus auf dem Wasser entgegenzugehen, endet im Versagen und Zweifel. Petrus versinkt im Wasser und bedarf der Hilfe Jesu. Kleinglaube und Zweifel begründen das Versagen (Mt 14,30ff.)[113] Ebenso folgt auf das

---

[109] Die exklusive Seligpreisung des Petrus in Mt 16,17 ist wie im Fall der Binde- und Lösegewalt (vgl. 16,19 mit 18,18) und des Gottessohnbekenntnisses (vgl. 16,16 mit 14,33) im Sinn der exemplarischen Hervorhebung des Petrus-Jüngers durch Mt zu verstehen. So werden die Jünger (*alle*) für ihre Hör- und Sehfähigkeit (im übertragenen Sinn) seliggepriesen (13,16; vgl. 13,11: den Jüngern sind die Geheimnisse der Basileia der Himmel zu erkennen gegeben; vgl. auch 11,25). "Die Seligpreisung, die Petrus empfängt, gilt dem Jünger schlechthin, der Jesus als den Sohn Gottes anerkennt." (P. Hoffmann, Bedeutung des Petrus, 14).

[110] Mt hat dieses Logion durch οὐδέποτε σκανδαλισθήσομαι gegenüber Mk 14,29 par verstärkt !

[111] U. Luz, Mt II, 511. "V4 fügt Mt dem Petrusvorschlag ein frommes εἰ θέλεις an." (ders., a.a.O., Anm. 42).

[112] Vgl. G. Strecker, Weg, 205.

[113] Das "Zweifel"-Motiv begegnet bei Mt - als Ausdruck des mangelnden Vertrauens der Jünger - 2mal im Redaktionsgut (Mt 14,31; 28,17) und 1mal im Anschluß an Mk 11,23 par Mt 21,21.Vgl. dazu G. Strecker, Weg, 234; H. J. Held, Matthäus als Interpret, 283f.; M.J. Wilkins, Concept of Disciple, 183-185. Die Gefahr der ὀλιγοπιστία (und des Zweifels) ist ein durchgehendes Motiv des Evangelisten (6,30; 8,26; 14,31; 16,8; 17,20; 21,21; 28,17). Der Kleinglaube hält "den Unglauben innerhalb der Jüngerschaft" fest. Er ist "gleichsam eine gebrochene Glaubensform." (H.J. Held, a.a.O., 282). Vgl. dazu weiter G. Barth, Gesetzesverständnis, 99ff.110-

göttliche Christusbekenntnis das Versagen, indem Petrus die Notwendigkeit des Leidens Jesu nicht versteht (Mt 16,16f.22f.).[114] Petrus steht exemplarisch für das Jüngerunverständnis. Er versteht Jesu Gleichnis über Rein und Unrein nicht (Mt 15,15f.).[115] Ebensowenig versteht er den Sinn der Vergebung, so daß er von Jesus eigens darüber belehrt werden muß (Mt 18,21). Obwohl er eben noch versichert, an Jesus kein Ärgernis zu nehmen (Mt 26,33), schwört er eidesstattlich im Hof des Synhedriums, Jesus nicht zu kennen (Mt 26,69ff. par).[116]

Dieses Petrusbild zeigt, daß der Evangelist Petrus in der ständigen Ambivalenz von Glaubensstärke und Glaubensschwäche sieht. Der Jünger bedarf der Ermunterung durch Jesus, um den Kleinglauben zu besiegen (vgl. Mt 14,29.31).

Ein ähnlich ambivalentes Bild ist in Mt 28,16ff. auch von den Jüngern ausgesagt. Einerseits zweifeln sie (V17b), andererseits sind sie zum Gehorsam gerufen (V16b.20a). Auch - und gerade - in der für Mt theologisch wichtigen Schlußpassage 28,16ff. wird das Jüngerbild durch Mt also nicht idealisiert. Vielleicht hat Mt Petrus als Einzelperson auch deshalb aus den Osterberichten herausgehalten, um das, was sich an Petrus exemplarisch und modellhaft zeigte, für Glaubensstand, Auftrag und Verhalten der Jüngergemeinde "typisch" festzuhalten.[117] Die Jüngergergemeinde des Mt steht in der Spanne von "Kleinglaube" (8,23ff.; 14,22ff.; 17,20) und Auftrag (18,18; 24,14; 28,16ff. u.ö.). "So erklärt sich die besondere Konturierung des Jüngerbilds in positiver wie in negativer Hinsicht aus der Sorge für die Gemeinde, für die der Evangelist schreibt: der Gehorsam gilt als ebenso selbstverständlich zu vollziehen (26,17ff.), wie der Kleinglaube nüchtern vorausgesetzt ist (17,20)."[118]

Der "Petrus" des *1.Petrusbriefes* benutzt das Glaubensmotiv in einer Mt ähnlichen, jedoch modifizierten Weise. Die Adressaten sind der Gefahr der Glaubensschwächung ausgesetzt. Die Leiden und Bedrängnisse durch die heidnische Bevölkerung stellen die Glaubensstärke der Christen auf eine echte "Feuerprobe" (vgl. 1.Petr 1,6f.). Dementsprechend bedarf es eines festen Glaubens (στερεοὶ τῇ πίστει), um den Angriffen des Diabolos zu widerstehen (5,9). Gott wird diese Standfestigkeit gewähren (5,10). In den Leiden kann der Glaube auf

---

113; U. Luz, Jünger, 381ff.; H. Frankemölle, Amtskritik, 254ff.; G. Strecker, Weg, 232-235; M.J. Wilkins, Concept of Disciple, 205f.; W. Schenk, Die Sprache des Matthäus, 409.

114 "Matthäus stellt noch schärfer als Markus Petrus in die *Ambivalenz* herein: er ist Bekenner *und* Versucher des Messias." (P. Hoffmann, Petrus-Primat, 106f.; vgl. auch M.J. Wilkins, Concept of Disciple, 202f.). Die redaktionelle Konzentration auf die Petrusfigur in Mt 16,23 wird auch daran deutlich, daß Mt den Hinweis auf die Jüngerschaft (Mk 8,33) streicht. In Mt 16,22 wird durch die Verstärkung der wörtlichen Rede (ἵλεώς σοι, κύριε· οὐ μὴ ἔσται σοι τοῦτο) die folgende Abweisung durch Jesus (V23) deutlicher als bei Mk (vgl. 8,32f.) motiviert.

115 Anders lautet die Mk-Version (7,17f.): Die "Jünger" sind die Fragenden.

116 In Mt 26,72 hat der Evangelist die Leugnung des Petrus durch das Schwurmotiv verstärkt, womit der Widerspruch zwischen Glaubenstärke (Mt 26,33) und Glaubensschwäche (Mt 26,69ff.) verschärft wird. Das eidesstattliche Schwören ist nach der Bergpredigt verboten (Mt 5,33ff.). Das Versagen des Petrus wird auch daran deutlich, daß Petrus nach Mt seine Zugehörigkeit zu Jesus "vor allen" verleugnete (Mt 26,70). Vgl. dazu H. Frankemölle, Amtskritik, 259; M.J. Wilkins, Concept of Disciple, 205f.

117 Vgl. G. Künzel, Gemeindeverständnis, 154-156.

118 a.a.O., 156. Zur Sache vgl. auch J. Lange, Erscheinen, 331-333.340-342.475-478.480-482; H. Frankemölle, Jahwebund, 150-155; U. Luz, Jünger (WdF), 377-414.

Grund der Zusage eschatologischer Verherrlichung (vgl. 1,7; 4,13f.; 5,1) eine echte Hoffnung sein (1,21).[119] Die Gefahr der Glaubenschwäche, die Mt an den Jüngern und exemplarisch an Petrus demonstriert hat, wird vom Verf. des Briefes hinsichtlich der Adressaten zur Geltung gebracht. Er rechnet mit Ermüdung und Schwächung des Glaubens, einem Vorgang, der auch bei Mt den Kleinglauben der Jünger auslöst. Zum anderen wird das Motiv: Unglaube und Ärgernis, das Mt an der Petrusfigur pointiert in Mt 16,23 hervorgehoben hat, auch in 1.Petr 2,6-8 eingebracht, hier aber auf die Situation der nicht an Christus glaubenden Heiden bezogen. Christus wird dem Unglauben zum Skandalon. Nach Mt mußte Petrus diesen Zusammenhang von Unglaube und Christusskandalon selbst erfahren (16,23; vgl. auch 26,33). In 1.Petr 2,6-8 kommt dieser Zusammenhang modifiziert zur Geltung.

So hat 1.Petr die Themen: Glaubensschwäche und Unglaube, die Mt exemplarisch an Petrus verdeutlicht hat, in seinem Brief verändert aufgenommen. Er deutet sie im Zusammenhang der Bedrängnis der Christen in der heidnischen Gesellschaft und der Konfrontation des Christuseckteins mit der ungläubigen Welt. Darin zeichnet sich schwach, aber doch erkennbar, das mt. Petrusbild ab. Der Verf. des Briefes schreibt als apostolische Autorität, die die wahre Gnade Gottes zur Geltung bringt (5,12). Das Bild des versagenden Petrus ist ausgeblendet. Dementsprechend ist der "Petrus" des Briefes die Autorität, die selbst im Glauben fest steht, die an dem Widerspruch des mt. Petrus (Kleinglaube - starker Glaube) selbst nicht mehr teilhat (oder im Brief nicht mehr erkennen läßt), die in Lehre und Weisung die Gnade Gottes zur Geltung bringt (5,12) und so für den Zusammenhalt der Kirche sorgend einsteht. Der Petrus des Briefes hat das Versagen des mt. Petrus überwunden, aber gerade darin bringt er die mt. Intention zur Geltung, wonach der "Petrus"-Fels Repräsentant für Einheit und Zusammenhalt der Kirche ist und sein soll.

---

[119] F. Neugebauer, Deutung, 121f., macht darauf aufmerksam, daß ἐλπίδα in 1,21 ohne Artikel stehend Prädikatsnomen des Satzteiles ist, so daß die Hoffnung den Glauben definiert (vgl. auch A. Reichert, Praeparatio, 503; H. Balz/ W. Schrage, Katholische Briefe, 80; R. Knopf, Komm. 1.Petr u.a., 78; C.F. Sleeper, Political Responsibility, 280 Anm. 3; R. Bultmann, πιστεύω κτλ., ThWNT VI, 208.211; H. Manke, Leiden, 95f.; F.W. Beare, Epistle, 82; H. Goldstein, Gemeindeverständnis, 415f. Anm. 68). Diese Interpretation bestätigt sich an 1,3, wo als Grund der Hoffnung die Auferstehung Christi genannt wird. 1,21 läßt so einen Fortschritt und eine Steigerung in der Aussage erkennen. - Zum Begriff der Hoffnung im 1.Petr (1,3.13; 3,5.15) vgl. F. Schröger, Gemeinde, 198-207; J. Piper, Hope as the Motivation of Love in I Peter, I Peter 3,9-12, NTS 26 (1980), 212ff.; F. Neugebauer, Deutung, 121ff.; H. Goldstein, Gemeindeverständnis, 166-169.

3.1.9. Petrus und die Gesamtkirche

Der zuletzt angesprochene Aspekt der gesamtkirchlichen Rolle des Petrus muß hier noch deutlicher erfaßt werden. Nach Matthäus, Johannes (21,15-17)[120] und der Apostelgeschichte[121] hat Petrus fundamentale Bedeutung für die Existenz und den Zusammenhalt der Gesamtkirche. Nicht zuletzt beruht darauf die besondere Bedeutung der Petrusfigur, die ihr in der nachapostolischen Zeit zukam. Der 1.Petrusbrief ist mit seiner Verfasserangabe schon ein Indiz dafür (vgl. auch 2.Petr 1,1!). Mt hebt in seiner Petrustradition diese gesamtkirchliche Funktion des Apostels besonders in Mt 16,17-19 hervor. Der Ekklesia-Begriff, der im Evangelium nur 16,18 und 18,17 begegnet, ist in 16,18 im Sinn der Gesamtkirche gedeutet, während 18,17 im Zusammenhang der Ortsgemeinde zu verstehen ist (vgl. 18,15ff.). V19 spricht von der universalen Binde- und Lösegewalt, die Petrus als exemplarischer Jünger mit der Jüngergemeinde zusammen ausübt (vgl. 18,18).[122] Die universale Reichweite dieser Binde- und Lösegewalt wird durch das Begriffspaar ἐπὶ τῆς γῆς - ἐν τοῖς οὐρανοῖς deutlich gemacht. Das Bekenntnis des Petrus (V16): "Sohn des lebendigen Gottes" könnte im Blick auf die im MtEv bedachte Problematik der missionarischen Aufgabe der Kirche formuliert sein (vgl. Mt 5,13-16; 24,14; 26,13; Mt 28,18ff.), "denn die Gottesprädikation ὁ θεὸς ὁ ζῶν gehört in AT, NT (vgl. Apg 14,15; 1.Thess 1,9; 1.Tim 3,15; 4,10; Hebr 3,12; 9,14) und z.B. auch Jos As 8,5; 11,10 in den Kontext der Unterscheidung des wahren Gottes von den Göttern der Völker."[123] Petrus spräche also das Christusbekenntnis im Hinblick auf die Universalität Gottes und damit auch auf die Gesamtheit der Ekklesia aus.[124]

Die gesamtkirchliche Rolle des Petrus ist auch im *1. Petrusbrief* vorausgesetzt. Sie wird hinsichtlich der heidenchristlichen Gemeinden in Kleinasien zur Geltung gebracht.[125] Wie nach Mt Petrus die Autorität ist, die für die Gesamtkirche einsteht, so spricht der "Petrus" des Briefes die kleinasiatischen Gemeinden auf ihre Verbundenheit mit der Gesamtkirche der Welt an (vgl. "eure

---

[120] Zum Petrusbild im Nachtragskapitel Joh 21 vgl. R.E. Brown u.a., Der Petrus der Bibel, 122-129.

[121] Vgl. z.B. Act 1,15ff.: Petrus als Wortführer bei der Nachwahl des Matthias; 2,14-36; 3,12-26; 4,8-12; 5,29-32; 10,34-43; 15,7-11: Petrus als Prediger in der Kirche von Jerusalem, als Missionsprediger, als Sprecher der Gemeinde; 3,1-10; 5,1-11; 5,15; 9,36-42: Petrus als Wundertäter. Im ganzen repräsentiert das Bild von Act 1-12 die Vorstellung eines petrinischen Gemeindeleitungsamtes. Zum Petrusbild der Apostelgeschichte vgl. R.E. Brown u.a., Der Petrus der Bibel, 40-53; vgl. auch R. Pesch, Simon-Petrus, 136f.

[122] Vgl. dazu P. Hoffmann, Bedeutung des Petrus, 16-21.

[123] R. Pesch, Simon-Petrus, 101.

[124] Zur gesamtkirchlichen Rolle des Petrus in Mt vgl. U. Luz, Mt II, 469f. Luz stellt die berechtigte Frage: "Ist das Matthäusevangelium unter dem 'Patronat' des Petrus ein ökumenisches Evangelium?"

[125] Auch in der Apostelgeschichte ist Petrus nicht nur der Missionar der Juden, wie Paulus in Gal 2,7 feststellt, sondern auch der Heiden (vgl. Act 10).

Bruderschaft in der [ganzen] Welt" 5,9[126]). Wie in Mt 16,17f. Petrus die Sorge
und Verantwortung für die Christengemeinschaft der Gesamtkirche in der Welt
trägt, so auch in 1.Petr.[127] Bereits die Anrede in 1,1 zeigt die universale
"Reichweite" der petrinischen Autorität, wenn die Christen als die in der "Diaspora" lebenden Fremdlinge bezeichnet werden (vgl. 1,17; 2,11).[128] Im Unterschied zu Paulus, der die Adressaten seiner Briefe vertikal als die von Gott
"berufenen Heiligen" bestimmt (vgl. 1.Kor 1,2), benennt der 1.Petr "sie in der
Horizontalen im Blick auf das Verhältnis zu ihrer Umwelt: Sie sind aus der
Völkerwelt durch die Erwählung ausgesondert und leben unter ihr zerstreut als
Fremde, die hier keine Heimat haben."[129] Die Adressatengemeinden sind also
sowohl am Briefeingang (1,1), in der Mitte (vgl. 2,11), als auch am Briefende
(5,9) auf ihre Rolle in der Gesamtwelt und Gesamtkirche hin angesprochen.
Hinsichtlich der Petrusfigur bedeutet dies, daß ihre universale Autorität in der
Briefrahmung festgehalten wird. Der Brief selbst ist Zeugnis dieser universalen
Petrusautorität.

Wenn "Babylon" in 5,13 Deckname für Rom ist[130], was in der ntl. Forschung weitestgehend angenommen wird[131], dann ist dies ein weiteres Indiz
für die "ökumenische" Funktion des Petrus: Der Apostel schreibt aus der Welt-
hauptstadt und sendet seine Grüße aus ihr.

Das Erwählungsthema schließt deutlich Briefeingang und Briefende zusammen: "In fact,
the description of both recipients and senders as the 'elect' (1,1) or 'coelect' (5,13) provides a
comprehensive inclusion for the entire letter."[132] Die Christologie ist bezüglich des Er-
wählungsthemas nicht nur formal die "Mitte" des 1.Petrusbriefes: In 2,4-10 wird dargelegt,
daß und wie sich das erwählte Gottesvolk (γένος ἐκλεκτόν 2,9) auf den einen erwählten Eckstein Jesus Christus (2,4.6) gründet. Eine thematische Assoziation in Briefeingang und -ende
legt sich durch das Thema "Diaspora" nahe. Der Absender schreibt aus "Babylon", "that noto-

---

[126] Κόσμος ist hier die bewohnte Erde der Menschheit, nicht die gottfeindliche Welt (vgl.
L. Goppelt, Komm. 1.Petr, 342). Der Begriff intendiert die Gesamtheit der Menschheit (vgl.
Mt 26,13 par ἐν ὅλῳ τῷ κόσμῳ mit Mt 24,14: ἐν ὅλῃ τῇ οἰκουμένῃ!).

[127] Vgl. K. Kertelge, Gemeinde und Amt, 138: Petrus vertritt das "übergeordnete Anliegen
der Einheit der Kirche."

[128] "Auf jeden Fall besagt die Nennung des Apostels Petrus am Anfang, daß das Schreiben
aus der Verantwortung der Leitung für die gesamte Kirche verstanden sein will und entscheidende Bedeutung beansprucht." K. Philipps, Kirche in der Gesellschaft, 16. R. Pesch,
Simon-Petrus, 150f., sieht in 1.Petr 1,1 Petrus als "ökumenische Autorität" benannt. J. Roloff,
Kirche, 268, spricht von einem "ökumenischen Horizont" des Briefes. Zur Einheitsbewußtsein
und Ökumenizität unterstreichenden Rolle von 1.Petr 1,1; 5,9b und 5,13 (s.u.) vgl. F.-R. Prostmeier, Handlungsmodelle, 48ff.

[129] L. Goppelt, Komm. 1.Petr, 77. "Diaspora" meint im hellenistischen Judentum "die Zerstreuung der Juden unter die Heidenvölker" (K.L. Schmidt, διασπορά, ThWNT II, 99(ff.);
vgl. auch D. Sänger, διασπορά, EWNT I, 749).

[130] Vgl. auch ApcBar(syr) 11,1; 67,7; 4.Esra 3,1ff.; 28,31; Sib V 139, 143, 159; IV, 143;
Apk 14,8; 16,9; 17,5.18; 18,2.10.21.

[131] Zur Diskussion um "Babylon" vgl. L. Goppelt, Komm. 1.Petr, 351f.; N. Brox, Komm.
1.Petr, 40-43; O. Cullmann, Petrus, 88-92; W.G. Kümmel, Einleitung, 372.374f.; vor allem C.-
H. Hunzinger, Babylon als Deckname für Rom und die Datierung des 1.Petrusbriefes, in:
Gottes Wort und Land (FS W. Hertzberg), Göttingen 1965, 67-77.

[132] J.H. Elliott, Home, 121.

rious place which most poignantly epitomized the trials and tribulations of Israel's diaspora existence and separation from home."[133] Indem so der 1.Petrusbrief Absender und Adressatengemeinde im Licht des atl. Diasporagedankens deutet, beide also durch den Gedanken der Fremdlingschaft (1,1; 2,11.17) verbunden sind, werden gemeinsame Erfahrungen in der feindlich gesinnten Umwelt aktualisiert, interpretiert und verarbeitet. Der Diasporagedanke dient der Stärkung und Festigung des Gemeinschaftsbewußtseins und -zusammenhalts von Absender und Adressatengemeinde.

3.1.10. Die Bindung an Jesus und seine Lehre

Das *matthäische* Petrusbild ist durch die Bindung an Jesus und seine Lehre gekennzeichnet. Die Bindung an die Lehre ist aus 16,18f. ersichtlich. Hier bezieht sich die Binde- und Lösegewalt auf die Lehrvollmacht des Petrusdienstes (s.o.). Im Kontext von 28,20 bedeutet dies die autoritative Tradition der Worte Jesu (vgl. auch Mt 7,24-27). Zwar sind nach Mt alle Jünger in diese Verantwortung eingeschlossen, jedoch ist Petrus der typische und repräsentative Jünger, der besonderer Belehrung für würdig befunden wird (vgl. 18,21f.; 17,24-27). Petrus ist für Mt die exemplarische Jüngergestalt, für die die Verantwortung "vor allem in der ständigen kompromißlosen Zurgeltungbringung der Lehre Jesu" besteht .[134]

Der *1.Petrusbrief* wird diesem Aspekt des mt. Petrusbildes insofern gerecht, als er die "Lehre Jesu" mit Hilfe einiger wichtiger Bergpredigtstellen zur Geltung bringt. Nach dem Zeugnis des Mt selbst sind die Bergpredigtworte diejenigen, an denen sich die Echtheit der Jüngerschaft entscheidet (vgl. Mt 7,24-27). Die Rezeption der mt. Bergpredigttraditionen ist im 1.Petr vor allem in 2,12 (vgl. Mt 5,11); 3,9 (vgl. Mt 5,38-48); 3,14 (vgl. Mt 5,10) und 4,13f. (vgl. 5,1f.) festgestellt worden (vgl. auch 5,7 mit Mt 6,25ff. und 1,15f. mit Mt 5,48; s.o.). Zwar ist das Bergpredigtmaterial im Brief vorwiegend unter dem Gesichtspunkt der Problematik der Adressatengemeinden ausgewählt, so daß von einer "vollständigen" Tradition der "Lehre Jesu" nicht die Rede sein kann, jedoch indem der Verf. des Briefes die Gemeinden auf die gemeinsamen Traditionen des (mt.) Jesus hin anspricht und sie für die Adressaten aktualisiert, erfüllt er den Anspruch der autoritativen Überlieferung der Lehre Jesu. Nicht quantitativ, wohl aber qualitativ wird er ihr gerecht. Der "Petrus" des Briefes fungiert als Garant der Lehrtradition Jesu.

Die Bindung an Jesus selbst wird bei *Mt* mehrfach zur Geltung gebracht. Petrus ist der erstberufene Jünger (4,18; 10,2). Er wird auf Grund seines Christusbekenntnisses seliggepriesen und mit dem Felsenamt betraut (16,17f.). Er geht Jesus auf dem Wasser entgegen, bedarf aber der Hilfe des Herrn, um gerettet zu werden (14,28-31). Er allein (Mt 17,4 diff. Mk 9,5) will im Eifer für

---

133 a.a.O., 39.

134 F. Mußner, Petrus und Paulus, 21. Vgl. auch R. Pesch, Simon-Petrus, 142-144; P. Hoffmann, Bedeutung des Petrus, 24; J. Gnilka, Mt II, 69; R. Schnackenburg, Petrus im Matthäusevangelium, 107-125; J. Roloff, Kirche, 162ff.; J. Blank, Neutestamentliche Petrus-Typologie, 177, spricht von "Petrus als Fundament der Jesusekklesia, und zwar als ursprünglicher Empfänger, Zeuge und Garant der authentischen Jesus-Tradition."

seinen Herrn drei Hütten bauen. Er ist derjenige, von den Außenstehende Informationen über Jesus einholen und der von Jesus besonderer Belehrung für
würdig befunden wird (17,24-27). Das weitere Schicksal Jesu nach seiner Ver-
haftung hat Petrus mit Anteilnahme verfolgt: Er folgt dem verhafteten Jesus von
ferne nach bis in den Innenhof des Hohepriesterpalastes (Mk 14,54 par).[135]
Freilich wird auch von Mt die Tragik der Beziehung des Jüngers zu seinem
Herrn festgehalten: Petrus ist es, der ihn im entscheidenden Moment verleugnet
(Mt 26,69ff.), aber auch der, der "bitterlich" weinte (Mt 26,75 diff. Mk 14,72).
Matthäus vertieft die Reue des Petrus. "Unterstrichen ist also die Zuordnung des
Petrus zu Jesus, seine Abhängigkeit vom 'Herrn' ...".[136] - Besonders der Nach-
folgegedanke ist für diesen Zusammenhang hervorzuheben.[137] Nach Mt gehört
Petrus zu den ersten Jüngern, die in die Nachfolge Jesu gerufen wurden (vgl.
4,18; 10,2 πρῶτος). Er wird auf Jesu Weisung hin aus dem Versinken im
Wasser gerettet und zu seinem Herrn gerufen ("Komm!" [ἐλθέ] 14,29). Er fragt
nach dem Lohn der Nachfolge (19,27ff.). Aber er versagt auch, wenn es um das
Leiden Jesu geht (16,21-23; 26,31ff.69ff.). Deshalb schließt Mt unmittelbar an
die Leidensankündigung und den Satansvorwurf gegenüber Petrus (16,21-23)
Worte über die Leidensnachfolge an (16,24ff.).

Dieser Gedanke der Bindung an Jesus im Zusammenhang der Leidensnachfolge wird auch im *1.Petrusbrief* stark betont (2,21; 3,17f.; 4,1). Christus
nachfolgen heißt, in die "Fußspuren" des leidenden Christus eintreten (2,21) und
darin die Notwendigkeit des Leidens (1,6: εἰ δέον) erkennen lernen. So bringt
der Verf. des Briefes ("Petrus") das mt. Anliegen der Einsicht in die Notwendigkeit des Leidens und der Leidensnachfolge Christi zur Geltung. Mt hat
dies anhand der Jünger und besonders an Petrus verdeutlicht. Der Verf. des
Briefes aktualisiert diesen für die mt. Petrusfigur wichtigen Gedanken in bezug
auf die Adressatengemeinden. Da er ihn aufnimmt und deutlich hervorhebt, ist
ein weiteres Indiz für die Annahme gegeben, daß er, d.h. "Petrus", das mt.
Petrusbild gekannt hat.

3.1.11. Ergebnis

Der Vergleich des Petrusbildes zwischen Mt und 1.Petr läßt folgende Beobachtungen zu.

(1) Der Verf. des Briefes blendet die "*negativen*" Seiten, d.h. die die Petrusfigur belastenden Aspekte des mt. Petrusbildes aus. Durch die Art und Weise,
wie er im Brief hervor- bzw. zurücktritt, wird deutlich, wie er sich im Unterschied zum mt. Petrus verstanden hat. Gerade diese Unterscheidung aber ist ein
reflexartiger Hinweis auf den Petrus des Matthäusevangeliums. Einige Motive
wie: Glaubensschwäche, Glaubensstärke, Skandalon, Sündenvergebung, Stein
des Anstoßes, Bindung an Jesus und seine Lehre, Leiden und Nachfolge im

---

[135] "Matthäus interpretiert zweifellos zutreffend, wenn er hinzufügt, daß Petrus den
Ausgang der Angelegenheit sehen wollte (Mt 26,58)." R. Pesch, Simon-Petrus, 43.
[136] R. Pesch, Simon-Petrus, 142.
[137] Zur näheren Deutung des Nachfolgethemas vgl. Teil 3.2.4. und 3.3.3.

Leiden weisen auf bei Mt überlieferte Begebenheiten zurück, in denen Petrus
versagt oder Unverständnis gezeigt hat.

In 1.Petr 5,1 führt sich "Petrus" als Zeuge der Leiden Christi ein, d.h. an
seiner eigenen Existenz bezeugt er das Leiden Christi (s.o.). Diesem Leiden
Christi ist Petrus nach Mt ausgewichen (16,22). Indem der Brief die Notwendigkeit des Leidens (vgl. 1,6: εἰ δέον) im Zusammenhang mit dem Leiden
Christi den Adressatengemeinden gegenüber hervorhebt (vgl. 2,20ff.; 3,17f.;
4,1.13f.), wird das Versagen des Petrus vor Jesus (Mt 16,22) schlagartig verdeutlicht und zugleich korrigiert. In dieser Korrektur führt der Brief das mt.
Anliegen weiter, denn die mt. Intention ist eine immanente Kritik an Petrus und
seinem Verhalten gegenüber dem Leiden. Der petrinische Petrus ist gerade der,
der am Leiden Christi teilhat (1.Petr 5,1), dem Leiden der Gemeinden einen
positiven Sinn gibt (vgl. 1,6f.; 2,20ff.; 3,17f.; 4,1; 4,13f.; 5,9), die Notwendigkeit des Christusleidens im AT begründet weiß (1,10-12; 2,21ff.) und ebenso
auch von der Notwendigkeit der Leidensnachfolge weiß (1,6; 2,21ff.;3,17f.;4,1).

Nach Mt ist Petrus einerseits der mit göttlicher Einsicht betraute verständige
Jünger Jesu (Mt 16,16-19; vgl. auch 17,26), andererseits die das Jüngerunver-
ständnis symbolisierende exemplarische Jüngergestalt (vgl. Mt 16,22; 18,21f.;
26,33).[138] Der Brief hat diese Schwäche des Petrus deutlich ausgegrenzt.
Petrus ist vielmehr die apostolische Autorität, die zu Belehrung, Ermahnung
und Trost befähigt ist, weil sie Einsicht in die "wahre Gnade (= die Wahrheit)
Gottes" hat (5,12). Petrus ist nicht nur Lehrautorität mit Kenntnis der
Schrift[139], sondern weiß auch um den christologischen Zusammenhang des
Alten und Neuen Testaments (vgl. 1,10-12; 2,21ff.; 3,18). Dies zeichnet ihn als
den in die Schrift eingeweihten und studierten Lehrer aus (vgl. 1,10-12; Mt
13,52).

(2) Indem die "negativen" Seiten des mt. Petrusbildes ausgeblendet werden,
können die "*positiven*" Seiten desselben verstärkt hervortreten. - Petrus ist die
apostolische Autorität, die in die Wahrheit der Gnade Gottes eingeweiht ist
(5,12; vgl. Mt 16,17-19), über den Zusammenhang vom Alten zum Neuen Bund
durch die Schriften belehrt ist (1,10-12; 2,21ff.; 3,5f. u.ö.) und über Leiden,
Sterben und Auferstehung, d.h. über das Heilswerk Christi autoritative Lehre
vermitteln kann (1,18ff.; 2,12ff.; 3,18ff.). Petrus ist es, der Ermahnungen erteilen kann, der gültige Weisungen in Fragen der Gemeindedisziplin und -orga-

---

[138] Auf die typische, repräsentative und exemplarische Rolle des mt. Petrus wird des
öfteren hingewiesen. Vgl. P. Hoffmann, Bedeutung des Petrus, 25, der in der Petrusgestalt
"Wesen und Aufgabe der Jüngergestalt verdeutlicht" sieht. Vgl. weiter J.D. Kingsbury, The
Figure of Peter, 67-83; H. Frankemölle, Jahwebund, 155-158; ders., Amtskritik, 257-260; G.
Bornkamm, Binde- und Lösegewalt, 46f.; F. Christ, Petrusamt, 47; G. Strecker, Weg, 205; W.
Trilling, Israel, 159; R. Schnackenburg, Petrus im Matthäusevangelium, 125; E. Schweizer,
Matthäus und seine Gemeinde, 151-155; G. Künzel, Gemeindeverständnis, 200.258f., spricht
im Blick auf Mt 10,2 (πρῶτος) von Petrus als "Proto-Typ des Christen". An Petrus wird als
"Urbild" beispielhaft das Jüngersein dargestellt. Vgl. jetzt vor allem M.J. Wilkins, Concept of
Disciple, 173-216, der überzeugend zeigt, daß Petrus für Mt die Rolle des "primus inter pares"
einnimmt. Dagegen ist die Darstellung durch P.F. Ellis, Matthew, 125-134, zu einseitig an dem
Primat des Petrus ("The Primacy of Peter") orientiert.

[139] Vgl. die vielen atl. Zitate und Anspielungen im Brief.

nisation geben kann (4,7ff.; 5,1-5), der aber auch als Seelsorger die Gemeinden in ihrer Leidenssituation tröstet (1,3ff.; 3,14; 4,13ff.). Petrus ist aber nicht nur Autorität, sondern auch Mitbruder. In der Leitungsfunktion stellt er sich kollegial mit den Presbytern auf eine Stufe (5,1). Das Bezeugen der Leiden Christi und die Erwartung der Teilhabe an der kommenden Herrlichkeit teilt der Apostel mit den Adressaten (5,1). Auch durch eine Erstlingszeugenschaft des Auferstandenen hebt sich der Apostel von den Gemeinden nicht ab (vgl. 1.Petr 5,1; Mt 28 mit Mk 16,7; Lk 24,34; 1.Kor 15,5). - "Petrus" ist weiterhin die Autorität, die in bezug auf die Behörden die richtigen Weisungen geben kann. Indem "Petrus" eine grundsätzlich positive Einstellung zu ihnen deklariert, erweist er sich als ein "weltoffener" Apostel, der die Gemeinden nicht zum Rückzug aus der Welt ermutigt, sondern ihnen ihren Platz und ihre Verantwortung in der Gesellschaft zuweist (2,12.13ff.; 3,15; vgl. Mt 17,24-27). "Petrus" ist es auch, der in moralischen Fragen autoritativ Weisung erteilen kann. Die Absage an die heidnische Lebensweise wird mit der Teilhabe der Christen an den Leiden Christi und dem Ruf zur Nachfolge begründet (4,1ff.). - Der Apostel ist mit den Gemeinden verbunden durch eine gemeinsam ausgeübte Lehrautorität. Die Gemeinden haben Eigenverantwortung in der Verkündigung des wahren Wortes Gottes und der Ausübung des Diakonats (4,10f.). "Petrus" läßt also auch eigenständige Verantwortung, Vollmacht und Autorität in den Gemeinden zur Geltung kommen (vgl. Mt 18,18; 28,16ff.). - "Petrus" hat schließlich die apostolische Vollmacht, für die Christenheit der Gesamtkirche der Welt einzustehen (vgl. 1,1; 2,11; 5,9.13) und die Verbundenheit dieser Gesamtkirche zum Tragen zu bringen (vgl. Mt 16,17-19). Diese Verbundenheit wird u.a. durch die Bindung an Jesus und seine Lehrtradition vermittelt (s. Teil 3.1.10.).

3.1.12. Schlußfolgerungen

Das Petrusbild des 1.Petr ist vom mt. Petrusbild geprägt. Es verstärkt die positiven Züge. Diese Entwicklung ist aber im Mt schon angelegt. Gegenüber Mk hat der erste Evangelist die Petrusfigur stärker akzentuiert und ihr mit der Übertragung des Felsenamtes eine besondere Rolle zugeteilt. Auf dieser Grundlage baut des Petrusbild des Briefes auf, verstärkt die Momente, die mit dem Felsenamt verbunden sind und entschärft die bei Mt in der Petrusgestalt vorhandenen Widersprüche.[140] Worin liegen aber die Gründe für die Veränderung

---

[140] Auf Grund der vorangehenden Darstellung dürfte deutlich geworden sein, daß das verbreitete Urteil, "Petrus" und der 1.Petr ständen in keinem sachlichen Zusammenhang, nicht zutreffend ist (vgl. N. Brox, Rahmung, 78: "Der erste Petrusbrief gehört zu den Beispielen altkirchlicher Pseudepigraphie, in denen zwischen dem fiktiven Autornamen und der mit ihm bedachten Schrift nach deren Inhalt, Charakter oder historischen Umständen kein erkennbarer Konnex besteht ..." [ähnlich auch W.G. Kümmel, Einleitung, 374]. Zwar ist es durchaus nicht zwingend, aus petrinischen Zügen des Briefes auf die Autorschaft des Petrus zu schließen [so z.B. F. Neugebauer, Deutung, 109-144], doch weisen Petruspseudonym (1,1) und petrinische Charakteristika des Briefes auf eine beabsichtigte Verbindung hin, die nicht nur auf Zufall beruhen kann. Dies dürfte dieser Teil der Arbeit deutlich gemacht haben. Jedenfalls erklärt die Annahme eines sachlichen Zusammenhangs von Briefinhalt und Briefverfasser die Wahl des

des Petrusbildes? Das Motiv, die Petrusfigur von all ihren Schwächen zu reinigen, bekommt für den Brief nur dann Sinn, wenn die Bedingungen, unter denen er geschrieben worden ist, berücksichtigt werden.

(1) Die Gemeinden in Kleinasien sind nach dem Zeugnis des Briefes den Bedrängnissen der heidnischen Bevölkerung ausgesetzt. In dieser Situation entstehen Leiden, deren Sinn und Bedeutung für die Gemeinden erfaßt werden muß. Nach Mt war es Petrus, der am Leiden Jesu Ärgernis nahm (Mt 16,22f.), weil er den Sinn des Leidens nicht verstand. Um den Gemeinden in Kleinasien eine positive Antwort auf die Frage nach dem Sinn ihres Leidens zu geben, mußte diese Seite des mt. Petrusbildes verändert werden. "Petrus" kam für eine Antwort auf diese Frage durchaus in Betracht, da er ja der Jünger war, der nach Mt mit dem Leiden Jesu in einer besonderen Auseinandersetzung stand. Jedoch konnte naturgemäß nur eine positive Antwort auf die Frage nach dem Sinn des Leidens für die Gemeinden akzeptabel sein. Denn es galt, sich als christliche Gemeinde in einer nichtchristlichen Gesellschaft zu behaupten und so eine gewisse Akzeptanz zu erringen (vgl. 2,12; 3,15 u.ö.). Darum mußte diese Seite des mt. Petrusbildes im Sinn des petrinischen Petrusbildes verändert werden: "Petrus" ist gerade der "Zeuge der Leiden Christi", der den leidenden Gemeinden Hoffnung macht. Denn die Teilhabe am Leiden Christi verheißt auch die Teilhabe an seiner zukünftigen Herrlichkeit (vgl. 4,13f.; 5,1).

(2) Die leidenden Gemeinden in Kleinasien bedurften der Ermutigung und des Trostes. Der mt. Petrus, der Glaubensschwäche und Versagen zeigte, konnte für diese Situation der Adressatengemeinden wenig hilfreich sein. Andererseits legt der mt. Petrus auch Glaubensmut und -stärke an den Tag (vgl. Mt 14,28-31;

"Petrus"-Namens in der Absenderangabe besser als die Theorie einer in der nachapostolischen Zeit stattfindenden "Entindividualisierung der Apostel", nach der ein Apostelname nur noch formal zur Autorisierung einer Schrift herangezogen wurde ohne Berücksichtigung der einzelnen Profile der jeweiligen Apostel (vgl. N. Brox, a.a.O., 92). In diesem Sinn wäre "Petrus" nur die formale apostolische "Garantie der Wahrheit" und keine eigenständige Größe im Zusammenhang des Briefes mehr. Für Brox ist das Petrus-Pseudonym konsequenterweise nur ein "zufälliger", "beliebiger" Apostelname (a.a.O., 93). Jedoch spricht die Tatsache, daß auch der 2.Petrusbrief sich explizit der Petrusautorität bedient (2.Petr 1,1) und ebenso wie der 1.Petrusbrief - wenn auch in anderer Weise - Verbindungen zum Matthäusevangelium und der darin überlieferten Petrus-Tradition enthält (2.Petr 1,16-18; vgl. dazu Teil 4.4.), dafür, mit einer inhaltlichen Verknüpfung von pseudonymer Verfasserangabe und Inhalt des Briefes stärker zu rechnen, als es bisher getan wurde. Vgl. hierzu F.-R. Prostmeier, Handlungsmodelle, 138f., der auf den sachlichen Zusammenhang zwischen Petrus-Figur und pseudonymer Verfasserangabe aufmerksam gemacht hat. Demnach habe der Verf. des Briefes das in der Tradition verbreitete Wissen um Petrus als "Typus des im Leiden erprobten Zeugen" (S. 140) mit ins Kalkül des sich mit dem Leiden beschäftigenden Briefes gezogen. "Die Lage des Verfassers des 1 Petr, des Mitpresbyters, trifft sich (also) nicht nur mit der Situation der Adressaten, sondern sie ist auch ein Charakteristikum des überlieferten Petrus. Dieser 'Petrus' ist also *Mitpresbyter, Mitbetroffener* und *Mithandelnder*, allerdings in herausgehobener Stellung, die ihn sowohl dicht an die Lebens- und Glaubenssituation der Adressaten, speziell der Mitpresbyter, als auch an den fiktiven Autor heranführt."

16,16; 17,24-27; 26,33[141]). Diesen Glaubensmut und diese Zuversicht konnten die Gemeinden in Kleinasien brauchen. Sie waren auf Stärkung und Ermutigung angewiesen (vgl. 1.Petr 1,3ff.; 2,9f.; 3,14.17f.; 4,13f.; 5,9.10.12 u.ö.). Es ist daher verständlich, daß diese Seite des mt. Petrusbildes vom Verf. des Briefes positiv verstärkt worden ist.

(3) Das Verhältnis zu den leitenden - im Fall des Briefes - staatlichen Behörden bedurfte eines vorsichtigen und loyalen Umgangs. Hartnäckiger und uneinsichtiger Widerstand hätte die Existenz der Gemeinden bedroht. Nach Mt war Petrus der Mittler zwischen Jesus und den Behörden (17,24ff.). Petrus hatte also für diese eine gewisse Akzeptanz und Vermittlerkompetenz. Es ist daher verständlich, daß der Verf. des Briefes diese Seite des mt. Petrusbildes übernommen und positiv verstärkt hat: Petrus ist die Autorität, die verbindliche Weisungen im Umgang mit den leitenden Behörden geben kann (vgl. 1.Petr 2,13ff.).

(4) Nach Mt ist Petrus die mit göttlicher Einsicht (16,17) betraute Autorität in Lehrfragen (16,18f.). Der Brief hat diese Seite des mt. Petrusbildes aufgenommen und im Blick auf die Gemeinden in Kleinasien modifiziert zur Geltung gebracht. Um den rechten Umgang mit den Leiden einzuüben und ein Verständnis darüber zu gewinnen, bedarf es der Einsicht in die biblischen Schriften. Die Einsicht in den Heilsplan Gottes befähigt zum Verständnis und zur Bewältigung der jetzigen Leidenssituation. Petrus ist die Autorität, die dies vermag. Er hat Einsicht in den Heilsplan Gottes, der das Heil der Gemeinde zum Ziel hat (vgl. 1.Petr 1,3ff.; 1,10-12; 1,18ff.; 3,20ff. u.ö.). Er hat Einsicht in Inhalt und Sinn der Schriften des AT. Zur Leidensbewältigung gehört das Verstehen und Verarbeiten des Leidens. Es ist verständlich, daß in dieser Situation diejenigen Seiten des mt. Petrus, die sein Jüngerunverständnis indizieren, ausgeblendet werden, dagegen seine Autorität und Einsicht in der Lehre verstärkt wird.

(5) Es wurde im mt. Petrusbild eine Ambivalenz von Autorität und Kollegialität festgestellt (vgl. z.B. Mt 16,18f. mit 18,18). Dieses ambivalente Bild bietet auch 1.Petr. Die kollegiale Seite zeigt sich in seinem Mitpresbytersein (5,1), in der mit den Adressaten gemeinsamen Teilhabe an Leid und zukünftiger Herrlichkeit Christi (4,13f.; 5,1), im gegenseitigen Erweis der Bruderliebe (1,22; 2,17; 3,8; 4,8; 5,14), in der Anerkenntnis der geistlichen Vollmacht der Gemeinde (vgl. 4,10f.), in der Vorstellung von der gemeinsamen Wiedergeburt zur Hoffnung hin (1,3) und in der ökumenischen Verbundenheit mit den Adressatengemeinden (1,1; 2,11; 5,9.12-14). Diese kollegiale Seite des Petrusbildes hat der Brief zur Geltung gebracht, um den Bedürfnissen und Ansprüchen der Gemeinden in Kleinasien gerecht zu werden. Ein nur autoritär auftretender Petrus-Apostel hätte den Gemeinden kaum Trost spenden können. Der "Petrus" des Briefes mußte sich mit den Gemeinden solidarisieren können, um glaubwürdig zu sein. Nur solch ein Apostel konnte von den Gemeinden verstanden und akzeptiert werden. Es ist daher verständlich, daß diese solidarische Seite des Petrus vom Verf. des Briefes neben und mit der autoritativen Seite zur Geltung gebracht werden mußte.

---

[141] Mt 26,33 ist freilich vom Versagen des Petrus bei der Verleugnung Jesu (26,69ff.) negativ akzentuiert.

(6) Der Brief wurde in einer Lage geschrieben, in der die Christenheit durch aggressives Verhalten der Umwelt in Bedrohung geriet. Er mußte also im Namen einer Autorität verfaßt werden, die die gesamtkirchliche Gemeinschaft und deren Zusammenhalt vertritt (vgl. 1,1; 2,11; 5,9.12.13.14), um die Adressatengemeinden zu ermutigen und zu stärken. Von Mt bot sich dieses Petrusverständnis her an, denn der erste Jünger war Garant der gesamtkirchlichen Gemeinschaft (Mt 16,18f.). Der Brief autorisiert sich durch diesen "Petrus", da er der geeignete Jünger war, um die gesamtkirchliche Gemeinschaft in Ermahnung, Trost und Lehre zu garantieren und so für den Zusammenhalt der "Bruderschaft in der Welt" (5,9) einzustehen.

Diese Entwicklung des Petrusbildes ist also nicht in einer Heroisierung des Apostels begründet, sondern in dem Bedürfnis und Anspruch der Gemeinden, die Situation des Leidens zu bewältigen und einen positiven Platz in der Welt zu finden.

3.2. Die Ekklesiologie

3.2.1. Der 1.Petrusbrief und Mt 18

Mt 18 wird des öfteren als ein vom Evangelisten selbst komponierter "Gemeindekatechismus" bzw. als eine "Gemeindeordnung" bezeichnet.[1] Mt gibt Regeln, die für das Handeln entsprechend der geforderten "besseren Gerechtigkeit" (5,20) in der Gemeinde maßgebend sind. Bemerkenswert ist, daß einige der hier vorhandenen ekklesiologischen Motive auch im 1.Petrusbrief in ähnlicher Weise zur Geltung kommen. Daher ist ein Vergleich notwendig.

3.2.1.1. Das Motiv der Demut

Das in Mk 9,33-37 überlieferte Stück vom Rangstreit der Jünger wird in *Mt 18,1-5* ins Grundsätzliche gehoben. Es geht nicht mehr um die Frage, wer von den Zwölf, sondern wer überhaupt "im Himmelreich" als der Größte zu gelten hat (Mt 18,1b).[2] Der kindliche Sinn ist das Vorbild, das beschreibt, wie sich die Jüngergemeinde grundsätzlich zu verhalten hat. In V4 begegnet eine Variante des Demutlogions, das in Mt 23,12; Lk 14,11; 18,14 überliefert ist und dessen

---

[1] Vgl. R. Bultmann, GST, 160f.; E. Schweizer, Mt, 233f.; W. Grundmann, Mt, 411f.; W. Pesch, Die sogenannte Gemeindeordnung Mt 18, BZ 7 (1963), 220-235; G. Bornkamm, Binde- und Lösegewalt, 37. Im einzelnen gibt es nähere Akzentuierungen. G. Strecker, Weg, 223, bezeichnet die allgemeinen Anweisungen von Mt 18 (VV 1-5: "Demut"; VV6-9: Vermeidung des Anstoßgebens; VV10-14: Rettung des Irrenden; VV21ff.: Vergebungsbereitschaft) als "übliche(n) Forderungen der Gemeindeethik". W. Trilling, Israel, 122 (vgl. ders., Hausordnung Gottes. Eine Auslegung von Mt 18, Leipzig ²1964) definiert Mt 18 als "Lehrstück" von der Bruderschaft; ähnlich H. Frankemölle, Jahwebund, 180: "Lehre vom praktischen Verhalten der Söhne Israels"; G. Künzel, Gemeindeverständnis, 157: "'Lehrstück' über Fragen des Gemeindelebens"; H. Zimmermann, Struktur der Kirche, 8: "Weisungen für das der βασιλεία τῶν οὐρανῶν entsprechende Verhalten der ἐκκλησία"; I. Maisch, Christsein in Gemeinschaft (Mt 18), 246: "Belehrung über das Christsein". Zur Komposition von Mt 18 vgl. W. Pesch, Matthäus der Seelsorger, 57: "Mt 18 ist die Kombination zweier, von Matthäus geschaffener Lehrstücke über die Kleinen und über die wahre Brüderlichkeit in den Ortsgemeinden." Vgl. weiter ders., Gemeindeordnung, 220-235; G. Bornkamm, Binde- und Lösegewalt, 37-42.

[2] Zu Recht wird des öfteren darauf hingewiesen, daß Mt in 18,1 die Jüngerdiskussion von Mk 9,33ff. verändert aufnimmt, indem er die einleitende Frage V1 aus der Situation des Rangstreits der Zwölf löst und sie zur Frage nach der Rangfolge in der "Basileia der Himmel" überhaupt generalisiert. "Damit ist für Mt die Frage nach dem Lebensgesetz der Gemeinde gestellt." (G. Künzel, Gemeindeverständnis, 158). Es geht grundsätzlich darum, auf welchem Weg das "Eingehen" in die Basileia erreicht wird (18,3), so daß "Verhaltensweisen in der Gemeinde hier und heute" angesprochen werden (a.a.O.). Vgl. auch R. Schnackenburg, Großsein im Gottesreich, 274; W. Pesch, Matthäus der Seelsorger, 18f.54f.; ders., Gemeindeordnung, 221; G. Bornkamm, Binde- und Lösegewalt, 41; H. Frankemölle, Jahwebund, 181; F.W. Beare, Gospel Matthew, 375; H. Zimmermann, Struktur der Kirche, 5; J. Gnilka, Mt II, 120f.; W.G. Thompson, Matthew's Advice, 134; W. Trilling, Hausordnung Gottes, 18f.; S. Schulz, Stunde, 223.

Verwandtschaft mit 1.Petr 5,6 schon im Zusammenhang der Parallelüberlieferung Jak 4,10 erkannt worden ist (s. Teil 2.5.).[3]
Das Demutmotiv hat bei Mt zwei Aspekte: 1. Die Frage der Jünger nach der
Größe in der Basileia intendiert das Verhältnis zu Gott: "Wer wird der Größte
vor Gott sein?" Jesu Antwort am Beispiel des Kindes bringt zum Ausdruck: Wie
das Kind im Verhältnis zum Erwachsenen "klein" (= abhängig, angewiesen) ist,
so soll der Jünger vor Gott sein.[4] Er soll das ταπεινοῦν ἑαυτόν (18,4)
aufbringen. Darin entspricht er der Grundhaltung Jesu (11,29; 21,5).[5] In Gottes
Herrschaftsbereich (βασιλεία τῶν οὐρανῶν) gibt es keine Rangfolge unter den
Jüngern. - 2. Dies bedeutet aber zugleich, daß eine Rangfolge in der Gemeinde
der Brüder ebenso ausgeschlossen ist: Keiner darf über den anderen herrschen,
sich Titel oder Ehrenprädikate zulegen.[6] Dieses Anliegen betont Mt besonders in
Abgrenzung zum Verhalten der "Pharisäer und Schriftgelehrten" (Mt 23,8-12[7];
vgl. 23,12 mit 18,4![8]), das Mt mit dem Begriff ὑπόκρισις verifiziert.[9] Die

---

[3] Zur Tradition der auch in der Weisheit (vgl. Spr 18,12; 29,23; Hi 22,29; Sir 3,18;
10,20.28; 11,12f.; Ez 21,31b), in der Apokalyptik (ApcBar[syr] 54,10), im Rabbinat (vgl. Str.-
Bill. I, 249.774.921) und durch die Sprüche Lk 14,11; 18,14; Mt 23,12; 18,4 (vgl. auch 2.Kor
11,7; Phil 2,8f.) überlieferten Forderung zur Demut und Warnung vor Hochmut vgl. P.
Hoffmann/V. Eid, Jesus von Nazareth, 208-211.

[4] Vgl. auch G. Künzel, Gemeindeverständnis, 158; W. Trilling, Israel, 108; ders., Hausordnung Gottes, 21f.; P. Hoffmann/V.Eid, Jesus von Nazareth, 212.221f.; S. Schulz, Stunde,
223; J. Jeremias, Gleichnisse, 190; W. Grundmann, Mt, 414; R. Schnackenburg, Großsein im
Gottesreich, 278.279f.; J. Gnilka, Mt II, 122f.

[5] Das Motiv des Demütig- und Kleinseins in Entsprechung zur Grundhaltung des βασιλεὺς
πραΰς (Mt 21,5) verdeutlicht Mt auch anhand der Begriffe διάκονος und δοῦλος. In der
Frage nach der Rangordnung unter den Jüngern (Mt 20,20-28) hat Mt Material aus Mk (10,35-
45 par) aufgenommen und entsprechend parallel die Logien vom Diener- und Knechtsein (Mt
20,26f. par Mk 10,43f.) überliefert. Mt hat aber diesen Gedanken - vermutlich auf Grund von
Reminiszenzen - verstärkt. In Mt 10,24f. bietet der Evangelist einen Spruch aus Q (vgl. Lk
6,40), wobei aber Mt über Lk hinaus (vgl. Lk 6,40 ohne δοῦλος) das Verhältnis des δοῦλος (=
μαθητής V24a.25a) und κύριος zueinander als Demut bzw. Gehorsam des ersten gegenüber
den zweiten bestimmt.

[6] "Mt 18,1-14 ist eine Mahnung an die Gemeinde zum Kleinwerden (VV.1-5) und eine
Warnung, die Kleinen zu verachten (VV.6-14)". (P. Christian, Jesus und seine geringsten
Brüder, 33; vgl. auch W. Pesch, Matthäus der Seelsorger, 20f.).

[7] W. Pesch, Theologische Aussagen der Redaktion von Matthäus 23, 296-298, versteht Mt
23,8-12 als bewußte Aktualisierung der Komposition Mt 23. Mt 23 ist somit nicht so sehr eine
"Endabrechnung mit dem Rabbinat" (S.297), sondern eine Auseinandersetzung mit dem
innergemeindlichen Problem der "Titel und Gebaren" (S.298). Vgl. auch H. Frankemölle,
Pharisäismus, 180ff.: Matthäus kämpft gegen den 'Pharisäismus' in der eigenen Gemeinde.
Frankemölle bestimmt Mt 23 als "ethisch appellative Redehandlung" (S.179f.).

[8] "Das 'Sich-Erniedrigen' in 18,4 wird man in Verbindung mit 23,11f. vor allem als Bereitschaft zum Dienen ('Diener sein') verstehen müssen." (R. Schnackenburg, Großsein im Gottesreich, 280; Vgl. auch E. Schweizer, Matthäus und seine Gemeinde, 160f.). K. Wengst, Demut,
77, sieht in Mt 18,1-5 und 23,8-12 eine "antihierarchische Tendenz". Der Evangelist vertritt ein
"geschwisterliches Gemeindemodell".

[9] Zu diesem für Mt typischen Motiv (23,13.15.23.25.27.28.29; vgl. auch 6,2.5.16; 7,5; 15,7;
22,18; 24,51) vgl. W. Trilling, Israel, 198-202; G. Strecker, Weg, 137-143; H. Frankemölle,
Jahwebund, 284-286; H. Giesen, ὑπόκρισις κτλ., EWNT III, 963-965; ders., ὑποκριτής κτλ.,
EWNT III,965-966; ders., Christliches Handeln, 151-157.216-219; U. Wilckens, ὑποκρίνομαι

Jüngergemeinde soll wesentlich durch ihr μικρός–Sein ausgezeichnet sein: vgl.
Mt 10,42: μικρός = μαθητής; vgl. auch 18,6.10.14; 11,11; 20,25-27par; 25,40.
45.[10] Diese Forderung des mt. Jesus zeigt, "daß das für die Lebensführung des
einzelnen richtungsweisende Gebot des Kyrios nicht individuell begrenzt wird,
sondern in den Rang einer offiziellen, die Gemeindedisziplin bestimmenden Anordnung erhoben ist."[11]

κτλ., ThWNT VIII, 562f.564f.565f.; R. Heiligenthal, Werke als Zeichen, 62-65; E. Haenchen,
Matthäus 23, 141f.; W. Pesch, Theologische Aussagen der Redaktion von Matthäus 23, 291;
H. Frankemölle, Pharisäismus, 151f.; W. Schenk, Die Sprache des Matthäus, 451f.

[10] Die "Kleinen" (μικροί) sind in 18,6 durch den Zusatz "die an mich glauben" (diff. Mk
9,42; vgl. auch Mt 27,42 diff. Mk 15,32!) und durch die Bestimmung εἰς ὄνομα μαθητοῦ in
10,42 deutlich als Glieder der Gemeinde gesehen. 18,10.14 ist durch den engen Zusammenhang mit 18,6 ebnso zu bestimmen. Vgl. dazu P. Christian, Jesus und seine geringsten
Brüder, 32; G. Künzel, Gemeindeverständnis, 159f.; G. Barth, Gesetzesverständnis, 113f.;
W.G. Thompson, Matthew's Advice, 103f.107ff.; I. Maisch, Christsein in Gemeinschaft (Mt
18), 253; A. Schulz, Nachfolgen, 158-161; S. Légasse, μικρός, EWNT II, 1051f.; W. Trilling,
Israel, 110; ders., Hausordnung Gottes, 28; P.F. Ellis, Matthew, 68f.; E. Schweizer, Matthäus
und seine Gemeinde, 110.157ff.; W. Pesch, Gemeindeordnung, 222; ders., Matthäus der Seelsorger, 18ff.32.52; G. Bornkamm, Binde- und Lösegewalt, 41; J. Gnilka, Die Kirche des Matthäus, 52f.; J. Friedrich, Gott im Bruder, 242-247: "Bei Matt wird οἱ μικροί ... zum Terminus
technicus für die Jünger, den er red verwendet (Mt 10,42 und wohl auch 18,14), bzw. auf die
Jünger umdeutet (so wohl in 18,10)." (S. 248) - Ähnliches gilt auch für den mt. μαθητής–
Begriff. Er hat eine den Zwölferkreis übersteigende Gegenwartsbedeutung und ist somit von
ekklesiologischer Relevanz. Vgl. dazu U. Luz, Die Jünger im Matthäusevangelium, ZNW 62
(1971), 141-171; H. Frankemölle, Jahwebund, 143ff.; jetzt vor allem M.J. Wilkins, Concept of
Disciple: "The disciples are the positive example of what Matthew expects from his church, a
negative example of warning, and a mixed group who are able to overcome their lack through
the teaching of Jesus. The historical disciples become a means of encouragement, warning, and
instruction as examples." (S. 172)

[11] G. Strecker, Weg, 217; vgl. auch W. Trilling, Amt, 162. - Die Betonung der Demut wird
auch auf dem Hintergrund der mt. Gemeindesituation verständlich. Offenbar gab es in ihr Verfehlungen, die σκάνδαλα und ἀνομία hervorriefen: 13,21.41; 18,1ff.7.8f. (= metaphorisch
auf abgefallene, Ärgernis hervorrufende Gemeindeglieder bezogen; vgl. H. Giesen, Christliches
Handeln, 61-66; W. Pesch, Matthäus der Seelsorger, 24-28; ders., Gemeindeordnung, 223f.; J.
Gnilka, Mt II, 127f.; W.G. Thompson, Matthew's Advice, 117f.); 24,10.12. Diese sind vielleicht auf Verführer und Falschpropheten in der Gemeinde zurückzuführen (7,15-23; 24,4.10-
12.24). Die Konsequenz ist ein Erkalten der Liebe (24,12), Rangstreitigkeiten (18,1-4; 23,8-
12), unbrüderliches Verhalten (18,10.23-35) und Verirrungen (18,12-14), vielleicht auch Neid
und Unzufriedenheit (20,1-16; vgl. 20,15 mit 6,23; 5,29; 18,9). Vgl. dazu A. Kretzer, Herrschaft, 137f.; 249-258.289 u.ö.; G. Künzel, Gemeindeverständnis, 162f.; W. Trilling, Israel,
213f.; G. Baumbach, Verständnis, 53-121; R. Kühschelm, Jüngerverfolgung, 188-192.279f.
Das Phänomen der Skandala und Anomia in der Gemeinde hat den Anlaß dazu gegeben, die
mt. Gemeinde als "corpus mixtum" zu bezeichnen; vgl. G. Strecker, Weg, 214ff.; J.D. Kingsbury, Matthew, 158; W. Grundmann, Mt, 469; G. Baumbach, Verständnis, 62 u.ö.; A. Kretzer,
Herrschaft, 180f.; J. Roloff, Kirchenverständnis des Matthäus, 355; ders., Kirche, 160f.; R.
Kühschelm, Jüngerverfolgung, 273. N. Walter, Kirchenverständnis, 39, spricht von einer
"ecclesia non perfecta".

In *1.Petr5,1-5(6)* begegnet das Motiv der Demut in einer Mt ähnlichen Weise. Zwar ist hier zunächst vom Verhältnis der πρεσβύτεροι zu den νεώτεροι die Rede (5,1-5a), doch wird in 5,5b-6 das Demutmotiv ins Grundsätzliche gehoben.[12] Es geht um das fundamentale Problem des Verhaltens der Gemeindeglieder zueinander (V5b) und zu Gott (V6). V5b fordert die "Demut" der Gemeindeglieder untereinander.[13] Wie bei Mt (vgl. 20,25-28) ist die Demut christologisch begründet (vgl. 1.Petr 2,20ff.; 3,17f.; 4,1). Sie impliziert - wie bei Mt - die Forderung zum Verzicht auf irdische Vorteile, Vorrechte (μηδὲ αἰσχροκερδῶς) und auf Herrschaft übereinander (V3: μηδ' ὡς κατακυριεύοντες τῶν κλήρων ..." vgl. Mt 20,25-28).[14] Dieses Jüngerverhältnis wird mit dem gleichen Wort(stamm) zur Sprache gebracht wie bei Mt: ταπεινο-; ταπεινοφροσύνη, ταπεινός V5.[15] Mt analog ist auch der doppelte Bezugspunkt der Demut: einerseits zwischen den Gemeindegliedern (vgl. Mt 23,8-12; 1.Petr 3,8; 5,5b), andererseits im Verhältnis zu Gott (Mt 18,1-4; 1.Petr 5,6). Im Verhältnis zu Gott gibt es keinen irdischen Rang der Größe, vielmehr erhält die Selbsterniedrigung vor Gott die Verheißung der entsprechenden Erhöhung durch Gott (vgl. 1.Petr 5,6; Mt 18,4). Die in der Gemeinde ausgeübte Demut beinhaltet eine gegenseitige Wertschätzung.[16]

---

[12] Vgl V5,5b ("alle aber..."). V6 ("Demütigt euch ...") beginnt einen neuen Absatz und richtet sich mit den Paränesen an die gesamte Gemeinde. Vgl auch 1.Pertr 3,8: Die Forderung der Eintracht, des Mitleids, der Bruderliebe, der Barmherzigkeit und der Demut (!) wird "allen" (πάντες) gegenüber erhoben.

[13] Das Motiv der Demut wird in 5,5a auch durch "ἐγκομβόομαι" ausgedrückt. Nach W. Pape, Griechisch-Deutsches Handwörterbuch I, ἐγκόμβωμα, 709, handelt es sich bei "ἐγκόμβωμα" um ein weißes Gewand, das besonders Sklaven und Hirten trugen. Wer sich - bildlich - mit solch einem Gewand kleidet, zeigt offensichtlich seine "Sklaven"(= "Dienst")-Gesinnung.

[14] Dies bedeutet, daß die Presbyter "Verwalter" (4,10) der ihnen von Gott überantworteten Aufgabe sind, "dienstbare Knechte", nicht aber Herren über die Gemeinden. Die Wendung ποίμνιον τοῦ θεοῦ (1.Petr 5,2) besagt deutlich, daß die Gemeinde-Herde Gottes Eigentum ist, demnach nur ihm bzw. dem "Erzhirten" (5,4) die "Herrschaft" über die Gemeinde zusteht.

[15] Vgl. auch 1.Petr 3,8: ταπεινόφρονες. Erfaßt man die erste Bestimmung des Satzes (ὁμόφρονες) als eine Art Überschrift für die folgenden Adjektiva, dann ist das Demutsverhalten ganz im mt. Sinn gedeutet: Alle Gemeindeglieder sollen "eines gemeinsamen Sinnes" sein. Keiner soll sich über den anderen erheben (Mt 18,1-5; 23,8-12). Dies ist wie bei Mt grundsätzlich im Sinn der Gemeindedisziplin zu verstehen.

[16] Zu diesem Aspekt des Demutsbegriffs vgl. K. Wengst, "...einander durch Demut für vorzüglicher halten...". Zum Begriff "Demut" bei Paulus und in der paulinischen Tradition, in: Studien zum Text und zur Ethik des Neuen Testaments (FS H. Greeven), hrsg. v. W. Schrage, Berlin New York 1986, 428-439; ders., Demut - Solidarität der Gedemütigten, München 1987, 83ff. F.-R. Prostmeier, Handlungsmodelle, 470, bestimmt die Demut als "Praxis der Solidarität". Sie benennt "die in gegenseitiger Wertschätzung sich dokumentierende 'Solidarität der Gedemütigten'." Im Blick auf 1.Petr 5,1ff. bedeutet dies z.B.: "Das Signet dieses Handelns ist darin zu sehen, daß jene, die im betreffenden Handlungsfeld die superiore Position innehaben, durch ihre Lebenspraxis in die Perspektive der inferioren Positionsinhaber eintreten."

Das Thema "Demut" bzw. "klein und groß" scheint offenbar für die Gemeinden des Mt (vgl. Anm. 11) und des 1.Petr ein aktuelles Problem gewesen zu sein. Für Mt bestätigt sich dies auch an Stellen, wo das Problem "groß und klein" in der Gemeinde und der Ordnung der Basileia weiterhin anklingt: 5,19; 11,11; 20,26f. und 25,40.45; vgl. auch 10,42. Die Haltung der Demut in der Jetztzeit erhält die Verheißung der Erhöhung vor Gott. 1.Petr entspricht diesem Anliegen mit der in 5,6 angeführten Tradition (vgl. Jak 4,10; Mt 23,12; Lk 14,11; 18,14) und der Paränese in 3,8. Mt (vor allem in 23,8-12) und 1.Petr (vor allem in 5,1-5) scheinen der Gefahr einer sich entwickelnden Hierarchiebildung in der Gemeinde wehren zu wollen. Daß da, wo pointiert zur Demut aufgefordert wird, real Tendenzen des Hochmutes und der Selbstüberschätzung in der Gemeinde sich widerspiegeln, dürfte höchst wahrscheinlich sein. Kirchliche "Amtskritik", wie sie in 1.Petr 5,1-5 ansatzweise zur Sprache kommt, wird von H. Frankemölle, Amtskritik, 249f., für Mt 23,8-12 beansprucht: "Die Kritik an den jüdischen Amtsträgern enthält ... innerkirchliche Relevanz als Polemik gegen Herrschaftsansprüche und Machtpositionen in der Gemeinde, die zwar im MtEv expressis verbis nicht genannt, aber doch vorausgesetzt werden. Der irdische Jesus wird von Matthäus damit zum ersten Kritiker kirchlicher Amtsüberheblichkeit gemacht, womit Matthäus an wichtige Forderungen Jesu für die Nachfolge seiner Jünger anknüpft (vgl. Mk 9,35; 10,43f.; Lk 9,48; 14,11; 18,14)." (S. 250).[17]

Im 1.Petr ist das Motiv der Demut auch an weiteren Merkmalen zu erkennen. Der Dienstcharakter des Presbyteramtes wird durch den Begriff κλῆρος (5,3) sichergestellt. "Das exegetisch umstrittene Wort κλῆρος, das 'Los' oder der durch Los bezeichnete 'Anteil', übertragen: der (von Gott) zugewiesene Anteil, steht im Kontext parallel zu ποίμνιον. Es ist also der den Presbytern jeweils zugewiesene Anteil an der 'Herde', d.h. die ihnen anvertraute Einzelgemeinde."[18] Das anvertraute Gut ist in die fürsorgende und achtgebende Verantwortung der Presbyter gestellt. Diese steht de facto gegen jeden Mißbrauch der Amtsgewalt.[19] - Ähnliches wäre auch vom Begriff "Vorbild" (τύπος 5,3) zu sagen. Der Begriff ist schon durch den Kontrast zu κατακυριεύοντες (vgl. Mk 10,42 par) deutlich positiv im Sinn der fürsorgenden und achtgebenden Verantwortungsaufgabe der Presbyter akzentuiert.[20]

In gewisser Weise spiegelt sich das Interesse des Briefes an Herrschaftsverzicht, Dienst und Demut auch in der Anordnung der einzelnen Weisungen der Haustafel (2,13-3,7) wider. "Psychologisch interessant ist die Reihung οἰκέται, γυναῖκες, ἄνδρες in der Paränese 2,18ff., also genaue Umkehr der üblichen Ordnung nicht nur für einen Griechen."[21] Was Rademacher als "psychologisch interessant" bezeichnet, ist eigentlich Ausdruck des theologischen Konzeptes des Briefes. So schließt der Verf. die Haustafelparänesen in 3,8 auch mit dem allgemeinen Aufruf zu Eintracht, Bruderliebe und "Demut" ab. Indem er die "Ständeordnung" von "unten" nach "oben" (Sklaven - Frauen - Männer) ausgestaltet, kann sich auch hier eine gewisse Relativierung vorgegebener Herrschaftsprinzipien aussprechen, freilich ohne diese als solche in Frage zu stellen. Auffällig ist, daß die Anordnungen an die Männer gegenüber denen an die Frauen und vor allem an die Sklaven, was Umfang und Inhalt betrifft, deutlich zurückbleiben. Im Unterschied zum 1.Petr setzen Kol und Eph die Mahnungen an die Sklaven ans Ende der Haustafelparänesen (Kol 3,18-4,1; Eph 5,22 bis 6,9). Auch werden in Eph und Kol paarweise alle Stände des Hauses angesprochen, im 1.Petr abgesehen von den Ehemännern nur

---

[17] Vgl. auch W. Trilling, Amt, 160-173.

[18] L. Goppelt, Komm. 1.Petr, 327; vgl. auch O. Knoch, Komm. 1.Petr u.a., 133; N. Brox, Komm. 1.Petr, 232; E. Schweizer, Gemeinde und Gemeindeordnung im Neuen Testament, 101 Anm. 422; J.H. Friedrich, κλῆρος, EWNT II, 741f.; J. Herrmann,/W. Foerster, κλῆρος κτλ., ThWNT III, 763; F. Schröger, Gemeinde, 118; W. Nauck, Probleme des frühchristlichen Amtsverständnisses (1.Petr 5,2f.), ZNW 48 (1957), 200-220, zählt sechs Deutungsmöglichkeiten auf (S.210).

[19] Vgl. H. Goldstein, Paulinische Gemeinde, 21f.; N. Brox, Komm. 1.Petr, 231f.

[20] Vgl. L. Goppelt, Komm. 1.Petr, 328; N. Brox, Komm. 1.Petr, 232.

[21] L. Rademacher, Der erste Petrusbrief und Silvanus, ZNW 25 (1926), 290.

die untergeordneten Partner.[22] Diese Perspektive von "unten" in der Haustafelparänese spiegelt die Situation der Christen in der nichtchristlichen Gesellschaft. So aktualisiert der Brief die traditionell vorgegebenen Haustafeltraditionen in bezug auf die Konfliktsituation der Christen in der heidnischen Umgebung Kleinasiens. Ausdruck dieses Konzeptes ist die pointiert an den Anfang gestellte Ermahnung der Hausklaven. Ihr Stand und ihr Verhalten ist dem Verf. des Briefes Beispiel für die Leidensbereitschaft der Christen überhaupt.[23]

3.2.1.2. Das Motiv der Bruderschaft (Bruderliebe)[24]

"Ein Blick in die Konkordanzen zeigt, daß der Redaktor des MtEv die Bezeichnung ἀδελφοί im Vergleich zu Lk und Mk eindeutig häufiger verwendet. Sowohl das Verhältnis untereinander (5,22.23.24.47; 18,15.21.35; 23,8) als auch das Verhältnis Jesu zu den 'Jüngern' (als glaubender Gemeinde) im weiteren Sinn (12,48-50; 25,40; 28,10) wird im mt. Sondergut mit dem Brudernamen belegt. Dies deutet darauf hin, daß Mt Jüngerschaft und 'Kirche' speziell als Bruderschaft versteht ...".[25] Mit dem oben genannten Demutmotiv hängt das Motiv der Bruderliebe engstens zusammen. Dies bringt Mt 23,8 deutlich zur Sprache: Keiner soll sich "Meister" (Rabbi) nennen[26], weil alle untereinander "Brüder" sind.[27] Wenig später erscheint das bekannte Demutwort (23,12)! Die Existenz-

---

[22] Anweisungen an die Herren (vgl. Kol 4,1; Eph 6,9) fehlen markanterweise, weil sie für das Thema "Leiden" keinen Bezugspunkt boten. Vgl. F.-R. Prostmeier, Handlungsmodelle, 412f.

[23] Die tafelartigen Weisungen an die ungerechtfertigt leidenden Sklaven (2,18ff.) boten dem Verf. des Briefes auf Grund von Situationsanalogie die Gegelegenheit, den Zusammenhang von Christusleiden und Christenleiden zu vergegenwärtigen. Vgl. dazu F.-R. Prostmeier, Handlungsmodelle, 333.410ff.

[24] Zum Bruderschaftsbegriff bei Mt vgl. H. Frankemölle, Jahwebund, 17ff.; W. Pesch, Matthäus der Seelsorger, 36ff.50ff.; J. Gnilka, Die Kirche des Matthäus, 51ff.; W. Trilling, Hausordnung Gottes, 58-68; J. Friedrich, Gott im Bruder, 233-239; R. Schnackenburg, Botschaft. Bd. 2, 130-134; A. Schlatter, Die Kirche des Matthäus, 22ff.; W. Schenk, Die Sprache des Matthäus, 13f. Zum 1.Petr vgl. F. Schröger, Gemeinde, 131-137; H. Goldstein, Gemeindeverständnis, 224-229; W. Schrage, Ethik, 225f.; T. Spörri, Gemeindegedanke, 62-64. Zum Bruderschaftsbegriff im NT überhaupt vgl. H. Schürmann, Gemeinde als Bruderschaft, 61-73; J. Friedrich, Gott im Bruder, 227-239.

[25] H. Frankemölle, Jahwebund, 178.

[26] Mt gebraucht den Rabbi-Titel außer an dieser Stelle (23,7.8) nur noch im Munde des Verräters (26,25.49). Es zeigt sich hier also eine deutliche Distanz des Evangelisten gegenüber dem jüdischen Lehrer-Titel (vgl. G. Strecker, Weg, 33; H. Geist, Menschensohn, 354f.). Ebenso reserviert ist Mt gegenüber der "διδάσκαλε"-Anrede. Er vermeidet sie als Anrede im Munde der Jünger, benutzt sie aber als Anrede der Gegner Jesu bzw. ihm fern Stehender (vgl. Mt 19,16; 22,16.24; 8,19; 12,38; 22,36). Dagegen gebraucht Mt das absolute ὁ διδάσκαλος in einem spezifisch christologischen Sinn (vgl. 23,8 und 26,18), jedoch ohne weitergehende, das MtEv bestimmende Bedeutung. Vgl. H. Geist, Menschensohn, 355f.; H. Frankemölle, Jahwebund, 99-105.

[27] H. Frankemölle, Jahwebund, 179: "Wie in einem Motto ist in 23,8 die ekklesiale Struktur der 'Kirche' als Bruderschaft ausgesprochen."

weise der Demut bestimmt also innerhalb der Jüngergemeinde das Verhältnis der Bruderschaft, in der es keine Rangordnung, Ehrentitel oder Herrschaft über andere geben darf.[28] An dem Erweis der Bruderschaft in der Gemeinde ist Mt besonders gelegen. In Mt 18,15.21.35 wird der Sündige in der Gemeinde trotz seines Sünderseins als "Bruder" definiert, dem gegenüber prinzipiell die unbegrenzte Bereitschaft zur Vergebung aufgebracht werden soll (VV21ff.). Nach Mt 5,22ff. ist jede Beleidigung des Bruders untersagt.[29] Die grenzenlose Versöhnungsbereitschaft (5,24) gegenüber dem Bruder geht sogar dem gesetzesgebotenen Opfer vor (5,23f.). Nach 5,43ff. ist die Liebe gegenüber dem Bruder (V47) als selbstverständlich vorausgesetzt. Ihm darf seine Sünde nicht vorgehalten werden, wenn die eigene Sünde nicht gesehen wird (7,3ff.). Die wahre Bruderschaft ist nicht durch Blutsverwandtschaft konstituiert[30], sondern durch die Erfüllung des Gotteswillens (12,46-50)[31]. Die gute Tat an seinem nächsten Bruder wird mit der Rettung im Gericht belohnt (25,31-40). Freilich gilt es auch, den sündigen Bruder in Liebe zurechtzuweisen (18,15ff.)[32]. Diese Gemeindezucht muß aber von der grundsätzlichen Vergebungsbereitschaft gegenüber dem sündigen Bruder bestimmt sein (18,21ff.).[33]

Das Bruderverhältnis ist also für Mt ein Konstituens des gemeindlichen Zusammenlebens.[34] Die mt. Gemeinde ringt um die Frage, wie mit sündigen Gemeindegliedern verfahren werden soll. Mt 18,15-20 gibt eine praktische Hand-

---

[28] Mt 23,8ff. ist Anrede an die mt. Gemeinde. Das Bruderschaftsverhältnis sieht Mt als Konstitutivum der Gemeindestruktur (vgl. Mt 18,15.23.35). Auch in 23,1 läßt Mt durch die Rede zu den μαθηταί seinen aktuellen Gemeindebezug erkennen. Vgl. G. Künzel, Gemeindeverständnis, 149ff.160; W. Trilling, Israel, 109f.; N. Walter, Kirchenverständnis, 26f.31-33.

[29] Auf die Problematik, ob und inwiefern in Mt 5,22-24; 5,47; 7,3ff. (vielleicht auch Mt 25,40) der engere Bruderbegriff im Sinn von "Glaubensgenosse" (vgl. Mt 12,46-50; 18,15.21. 35; 23,8; 28,10) oder der weitere im Sinn von "Mitmensch" vorauszusetzen ist, sei an dieser Stelle nur verwiesen. Vgl. dazu J. Friedrich, Gott im Bruder, 233-239. Deutlich ist jedoch, daß Mt gegenüber seiner Vorlage (vgl. Mt 12,46-50 par Mk 3,31-35; vgl. Anm. 31) den Bruderbegriff im Gesamtkonzept ekklesiologisch akzentuiert hat (vgl. 18,15.21.35; 28,8.10).

[30] Vgl. Mt 28,10. Der Auferstandene nennt seine Jünger "meine Brüder". In dieser pointierten Form spricht vor allem der mt. Jesus von seinen Jüngern (vgl. auch Mt 12,46-50; 25,40). Das Possesivpronomen "meine" deutet wie die entsprechende Wendung "meine Kirche" (16,18) auf eine enge Bindung der Jüngergemeinde an ihren Herrn hin.

[31] Die mt. Redaktion konzentriert die Bruderbezeichnung auf die Jünger. Spricht der mk. Jesus allgemein die um ihn Sitzenden als seine Brüder an (Mk 3,34), nach V32 das "Volk", so weist der mt. Jesus deutlich "seine Jünger" als Brüder aus (Mt 12,49). W. Trilling, Hausordnung Gottes, 67, spricht im Hinblick auf Mt 12,46-50 von "geistliche(r) Verwandtschaft" der Brüder. Vgl. auch J. Friedrich, Gott im Bruder, 228. 234.

[32] Die letzte Instanz der Zurechtweisung des sündigen Bruders ist die Ekklesia (18,17). Auch dies macht deutlich, daß "Bruder" für Mt die Bezeichnung des christlichen Gemeindegliedes ist. Vgl. J. Friedrich, Gott im Bruder, 234; J. Jeremias, Gleichnisse, 108 Anm. 2; W. Grundmann, Mt, 418f.; W. Trilling, Hausordnung Gottes, 44; E. Schweizer, Mt, 241f.; H. Frankemölle, Jahwebund, 182.

[33] Vgl. W. Pesch, Matthäus der Seelsorger, 37; W.G. Thompson, Matthew's Advice, 175-237; R. Schnackenburg, 172; A. Weiser, Knechtsgleichnisse, 104; J. Roloff, Kirche, 165ff.

[34] Vgl. W. Trilling, Israel, 155; ders., Hausordnung Gottes, 58-68; P. Christian, Jesus und seine geringsten Brüder, 34; H. Frankemölle, Jahwebund, 182; U. Luz, Jünger, (WdF) 391; J. Jeremias, Gleichnisse, 108.

habe, die bei nicht vorhandener Bußbereitschaft des sündigen Bruders auch dessen Ausschluß aus der Gemeinde zur Folge haben kann.[35] Prinzipiell jedoch gibt Mt 18,21ff. die Antwort auf die Frage nach dem Umgang mit dem sündigen Bruder[36]: Mit unbegrenzter Vergebungsbereitschaft, wie sie vom Liebesgebot her gefordert wird (5,43ff.; 22,34-40), soll um jeden einzelnen Sünder in der Gemeinde gerungen werden.[37] Dieses Bemühen ist darin begründet, daß Gott keinen Bruder verloren gehen lassen will.

Das Verständnis der Gemeinde als Bruderschaft, die untereinander zu gegenseitiger Liebe aufgefordert ist, wird auch im *1. Petrusbrief* verdeutlicht: 1,22; 2,17; 3,8; 4,8; 5,9. Mit Mt verwandt sind die Begriffe, die die Bruderschaft benennen: φιλαδελφία (1,22); φιλάδελφοι (3,8); ἀδελφότης (2,17; 5,9).[38]

---

[35] Vollmacht und Ausübung der Sündenvergebung durch die Jüngergemeinde werden bei Mt mehrfach angedeutet; vgl. Mt 9,8; 26,28, 6,14f. mit 6,12. Zur ekklesiologischen Deutung von Mt 9,8 vgl. H.J. Held, Matthäus als Interpret, 257.260f.; R. Bultmann, GST, 13f.; H. Geist, Menschensohn, 302-307; G. Künzel, Gemeindeverständnis, 201f.; U. Luz, Jünger (WdF), 389; J. Lange, Erscheinen, 62-64; A. Schlatter, Mt, 301; G. Strecker, Weg, 220f.

[36] So auch H. Merklein, Gottesherrschaft, 249; G. Barth, Gesetzesverständnis, 78f.; P. Hoffmann/V. Eid, Jesus von Nazareth, 222f.; W.G. Thompson, Matthew's Advice, 175-202; H. Giesen, Glaube und Handeln, 34f.; A. Weiser, Knechtsgleichnisse, 104; R. Schnackenburg, Das Vollmachtswort vom Binden und Lösen, 144.148f. G. Künzel, Gemeindeverständnis, 195f., bemerkt zu Recht, daß V18 mit der Vollmacht zur *Lösegewalt* eine Brückenfunktion zu VV21ff. schafft. So gilt: "Die Vollmacht, aus der Gemeinde auszuschließen, ist eine äußerste Möglichkeit, die nur in der grundsätzlichen Bereitschaft zur Wiederaufnahme (zum 'Lösen') gehandhabt werden darf (vgl. 18,14)." Das grundsätzliche "Prae" der Vergebungsbereitschaft vor der Disziplinargewalt bekundet sich schon in der Art des Vorgehens gegen den sündigen Bruder im "Dreiinstanzenweg". Das mehrfache Bemühen um den sündigen Bruder ist Ausdruck des seelsorgerischen Anliegens, ihn wiederzugewinnen (vgl. V15 κερδαίνειν). So resümiert E. Schweizer, Gemeinde und Gemeindeordnung im Neuen Testament, 72, zu Recht, "dass nämlich Kirchenzucht nur die Form der seelsorgerischen Verkündigung ist, die einen Einzelnen in einer besonderen Situation ansprechen und retten will." Vgl. auch W. Pesch, Matthäus der Seelsorger, 37f.; W.G. Thompson, Matthew's Advice, 203-237; H.-T. Wrege, Sondergut, 86-91. - Zur sachlichen Paralle von Mt 18,15-17 in 1QS V,25-VI,1 und CD IX,2-4; VII,2f.; IX,16-23 vgl. J. Gnilka, Die Kirche des Matthäus, 54-57; ders., Mt II, 138f.; H. Frankemölle, Jahwebund, 228; W.D. Davies, Bergpredigt, 94f.; I. Maisch, Christsein in Gemeinschaft (Mt 18), 257-262.

[37] V35 zeigt, daß die Vergebung in der Gemeinde prinzipiell zu jeder Zeit gefordert ist. Der Vers ist eine indirekte Forderung der Gemeindeethik. Vgl. G. Strecker, Weg, 149 Anm. 2; J. Jeremias, Gleichnisse, 108; W.Pesch, Gemeindeordnung, 229; H. Zimmermann, Struktur der Kirche, 17; W.G. Thompson, Matthew's Advice, 222f.; A. Weiser, Knechtsgleichnisse, 100ff. - Das Schalksknechtsgleichnis Mt 18,23ff. konkretisiert die in der Gemeinde geforderte Vergebungsbereitschaft (V21f.). Vgl. A. Weiser, a.a.O., 103f.

[38] H. Frankemölle, Jahwebund, 192, hat darauf aufmerksam gemacht, daß die zur theologischen Qualifizierung der Jüngerschaft von Mt benutzten Individualbegriffe wie μαθηταί, ἀδελφοί und διάκονοι sachlich identisch sind mit den entsprechenden Allgemeinbegriffen, die Mt nicht bietet, wie z.B. "Jüngerschaft", "Sohnschaft", "Bruderschaft" usw. Der Allgemeinbegriff bezeichnet nicht nur die "Gesamtheit von Individuen, sondern zielt auch auf deren übereinstimmende Beschaffenheit." D.h., "daß die Gesamtheit der Jüngerschaft die gleiche theologische Struktur prägt wie den einzelnen." Diese Beobachtung hat für die Beziehung zwischen Mt und 1.Petr Bedeutung. Sie besagt nämlich, daß der von 1.Petr bevorzugte Allgemeinbegriff ἀδελφότης/φιλαδελφία mit dem von Mt bevorzugten Individualbegriff (ἀδελφός) sachlich

Ausdruck und Symbol der brüderlichen Gemeinschaft ist der Bruderkuß (5,14). Wie Mt in Kap. 18 den Bruderbegriff mit dem Problem der innergemeindlichen Sünde verbunden hat (V15.21.35), so verfährt der Brief ähnlich in 4,8. Zwar begegnet hier das Brudermotiv nicht direkt, ist aber durch die Aufforderung zur gegenseitigen Liebe sachlich vorausgesetzt. In 1,22 und 3,8 wird mit dem Begriff φιλαδελφία (φιλάδελφοι) die Bruderschaft als eine solche in Liebe zueinander definiert. Das Brudermotiv ist also in 4,8 mitzudenken. Der Kontext 4,7-11 verdeutlicht, daß es hier im Unterschied zu 4,1-6 und 4,12-18 um innergemeindliche Probleme geht, so daß die in 4,8 geforderte Vergebungsbereitschaft nicht - wie in 3,9 - gegenüber den Heiden, sondern in der Gemeinde selbst gilt (vgl. εἰς ἑαυτούς 4,8.10; εἰς ἀλλήλους 4,9). So ist hier ein dem Mt ähnliches Verständnis der Bruderschaft vorausgesetzt: Die wahre Bruderliebe und Bruderschaft zeigt sich in der unbegrenzten Bereitschaft zur Vergebung gegenüber dem sündigen Mitbruder. Diese Bereitschaft ist die im Gleichnis vom Schalksknecht geforderte Barmherzigkeit (Mt 18,23ff.), die 1.Petr 3,8 im engen Zusammenhang mit der Bruderliebe sieht (φιλάδελφοι, εὔσπλαγχνοι). In 1.Petr 4,8 wird die unbegrenzte Bereitschaft zur Vergebung mit Hilfe einer an Spr 10,12 angelehnten Sentenz formuliert: Die Bruderliebe bewirkt die Vergebung aller Verfehlungen des Mitbruders.[39] Wie Mt 18,15ff.21ff. weniger von einem Disziplinarakt als vom seelsorgerischen Anliegen der Rückgewinnung des Bruders ausgeht (vgl. Anm. 36), so gilt dies auch für 1.Petr 4,8. Der enge Zusammenhang von "inniger" Bruderliebe (4,8a) und Sündenvergebung (4,8b) ist Ausdruck des seelsorgerischen Anliegens in der Frage der Sündenvergebung.

Damit ergibt sich ein Mt und 1.Petr analoges Verständnis der Gemeinde: Die Gemeinde ist eine Bruderschaft, in der durch Liebe und Barmherzigkeit unbegrenzte Vergebungsbereitschaft zur Geltung kommt, um sie für den sündigen Bruder einzusetzen. Das seelsorgerische Anliegen ist Leitfaktor für die Ausübung der Sündenvergebung: Es geht darum, den sündigen Bruder zu gewinnen. Vielleicht ist 1.Petr 4,8 wie Mt 18 ein Reflex innergemeindlicher Probleme.[40] Jedoch sind die Angaben zu gering, um mehr sagen zu können. Deutlich ist aber, daß beide Gemeinden des Mt und des 1.Petr unter dem Druck von außen zu leiden hatten (vgl. Mt 5,10-12; 10,17ff.; 23,34; 24,9; 1.Petr 3,14.16.17f.; 4,12ff. u.ö.). Es ist daher wahrscheinlich, daß beide Gemeinden durch Ausübung von Bruderliebe und Vergebung ihren sozialen Zusammenhalt auf Grund der äußeren Angriffe von innen her stärken mußten. Eine durch das Band der Bruderliebe konstituierte Gemeinde, die sich durch gegenseitige Vergebung stärkt, ist den Schmähungen, Beschimpfungen und Verfolgungen von außen her weitaus besser gewappnet. Bruderliebe und Vergebung sind angesichts äußerer Bedrohung also auch als Schutzfaktor zu werten.

---

kongruent ist. Der Brief bestätigt dies selbst, indem er auch den entsprechenden Individualbegriff gebrauchen kann (vgl. φιλάδελφοι 3,8).

[39] Zur Frage des "Objektes" von 1.Petr 4,8b (Spr 10,12) vgl. Teil 3.1.6.

[40] Vgl. T. Spörri, Gemeindegedanke, 130-135: "Die Paränese des 1. Ptbfs. setzt ... nicht nur die Möglichkeit des Sündigens der Gemeinde voraus, sondern ist durchweg von dem Bewußtsein getragen, daß die Gemeinde, und nicht etwa nur einzelne ihrer Glieder, tatsächlich noch sündigt." (S. 131).

Den Aspekt der Stärkung des Gruppenbewußtseins und des Selbstwertgefühls der christlichen Adressaten angesichts äußerer und innerer Bedrängnisse hebt besonders J.H. Elliott, Home,101-164, für den 1.Petr hervor. Mit einer wohl aus dem militärischen Bereich entlehnten Vokabel ("strategy": "strategy involves a plan calculated to have a specific effect." S.107) definiert er die Absicht des Briefes so: "In the case of 1 Peter this effect would not merely be that the addressees, by reading this letter, feel exhorted and comforted. The problems which we have already identified lead us to suspect that 1 Peter represents a calculated attempt by its author(s) to reinforce the group consciousness, cohesion and commitment of the Christian sect in Asia Minor." (S. 107). F. Schröger, Gemeinde, 133, spricht davon, daß die Gemeinden, die sich in einer schwierigen Lage äußerer Bedrängnis behaupten mußten, in ihrem Selbstverständnis als Bruderschaft eine "neue Sozialisationserfahrung" erhalten konnten. Den Zusammenhang von Bruderliebe und Stärkung des Gruppenzusammenhalts stellen auch N. Brox, Komm. 1.Petr, 86.204; R. Feldmeier, Fremde, 166f. und H. Frankemölle, Komm. 1.Petr u.a., 20ff. heraus.

3.2.1.3. Die Hirt/Herde-Metaphorik

Das im AT weit verbreitete Bild von der Schafherde und ihrem Hirten (vgl. Jes 40,11; Jer 3,15; 31,10; Ps 23; Ez 34 u.ö)[41] ist im NT ebenso vielfältig aufgenommen.[42] In unserem Zusammenhang ist die von *Mt* herausgearbeitete Bedeutung im Hirtengleichnis Kap.18 von Bedeutung[43]. Dieses Gleichnis ist Mt 18,10-14 und Lk 15,3-7 par überliefert. Lk spricht im Unterschied zu Mt nicht vom "Verirrtsein" der Schafe (πλανάομαι), sondern von ihrem "Verlorensein" (ἀπόλλυμαι; bei Mt nur in V14).[44] In Lk 15,7 zieht der Evangelist die Konsequenz aus dem Gleichnis: Gottes Freude ist groß über jeden Sünder, der Buße tut. Lk will also Gottes unbegrenztes Erbarmen verkünden, durch das er keinen Sünder verloren gibt.[45] Anders ist die Intention bei Mt. Mit V10 wird das Gleichnis entsprechend der gemeindekatechetischen Orientierung von Kap. 18 in einen paränetischen Kontext gestellt: Die Gemeindeglieder sind aufgefordert, sich um jeden Bruder zu kümmern und keinen verloren zu geben. Dementsprechend betont Mt das "Suchen" (V12 ζητεῖ) des Verirrten (diff. Lk 15,4). Mt 18,14 zieht implizit die paränetische Konsequenz: Jedes Gemeindeglied ist nach Gottes Willen aufgefordert, sich um den in die Irre gehenden Mitbruder zu sor-

---

[41] Vgl. dazu J. Jeremias, ποιμήν κτλ., ThWNT VI, 486f.; W. Jost, ΠΟΙΜΗΝ. Das Bild vom Hirten in der biblischen Überlieferung und seine christologische Bedeutung, Gießen 1939; R. Schnackenburg, Episkopos, 423ff.

[42] Vgl. J. Jeremias, ποιμήν κτλ., ThWNT VI, 489ff.

[43] Das Bildwort vom Schaf (πρόβατον) gebraucht Mt des öfteren metaphorisch für auf Hilfe angewiesene Menschen, für Israel (10,6; 15,24f.; 9,36), für die Jünger (10,16; 18,12-14; 26,31) und für die im Endgericht Auserwählten (25,32f.).

[44] "Dreimal hat Matthäus den Ausdruck 'verirrt' in das Gleichnis eingeführt; darauf liegt also für ihn der Hauptton." E. Schweizer, Mt, 240; vgl. auch J. Gnilka, Mt II, 130; W.G. Thompson, Matthew's Advice, 157: "At the level of imagery there is no difference between a sheep that goes astray and one that it lost. But this distinction becomes decisive when the parable is applied to the community. The disciple who goes astray can be saved from being lost through the pastoral concern of others. The evangelist himself was responsible for this interpretation." Ähnlich auch I. Maisch, Christsein in Gemeinschaft (Mt 18).

[45] Vgl H. Merklein, Gottesherrschaft, 189; J. Jeremias, Gleichnisse, 35-37.135; E. Linnemann, Gleichnisse,65f.; F.W. Beare, Gospel Matthew, 377; H. Weder, Gleichnisse, 176; W.G. Thompson, Matthew's Advice, 164-173.

gen, ihm zu helfen und damit Jesu eigenen Auftrag zur Hirtensorge zu entsprechen.[46] In den unmittelbar an das Gleichnis anknüpfenden Worten über den sündigen Bruder (VV15ff.) zieht Mt die praktische Konsequenz (vgl. auch VV21ff.): unbedingte Vergebungsbereitschaft. Das Gleichnis ist bei Mt also als eine "Anweisung für die Kirche" zu verstehen [47], nicht als Verkündigung des Erbarmens Gottes (so nach der Lk-Fassung).

Die paränetische Verwendung des Motivs "verirrte Schafe" ist auch im *1.Petrusbrief* zu beobachten. In 1.Petr 2,25[48] bringt der Verf. des Briefes mit Hilfe von Jes 53,6 den Kontrast von "damals" und "jetzt" in der Existenz der Adressaten zum Ausdruck: "damals" - wie "verirrte Schafe"; "jetzt" - zum "Hirten" und "Episkopos der Seelen" Bekehrte. In 5,2f. wertet der Brief wie Mt 18 das ekklesiologische Motiv "verirrte Schafe" pränetisch aus.[49] Die Presbyter werden angewiesen, die Herde Gottes zu weiden, sie zu beaufsichtigen. Der Brief benutzt also wie Mt das Motiv "verirrte Schafe" im Kontext der "Anweisung für die Kirche".[50] Die Gemeinde - im 1.Petr speziell die Presbyter - soll dafür sorgen, daß kein Schaf verlorengeht. Das Partizip ἐπισκοποῦντες (5,2) beschreibt de facto das, was Mt 18,15ff. im Anschluß an das Gleichnis vom verlorenen Schaf in katechetischer Form ausspricht: Es geht um die gemeindliche Um- und Fürsorge jedes Mitbruders in der Form der Zurechtweisung (Mt 18,

---

[46] Mt hat mit VV10.14 eine redaktionelle Klammer um das Gleichnis geschaffen und dadurch eine paränetische Deutung vermittelt. Typisch matthäisch ist die Verwendung des μικρός–Begriffs als Bezeichnung für den "Bruder" (vgl. G. Strecker, Weg, 232; A. Kretzer, Herrschaft, 253). Vgl. auch den Anschluß von V15 an V14: μικρός - ἀδελφός). Es begegnet typisch mt. Vokabular: "(mein) Vater im Himmel" (V10) bzw. "euer Vater im Himmel" (V14); οὕτως als Einleitung einer aus einem Bild gezogenen Schlußfolgerung (vgl. 5,16); der "Wille Gottes"; ἔμπροσθεν (V14). Vgl. dazu die Statistik über das mt. Vokabular bei U. Luz, Mt I, 35ff.; W. Schenk, Die Sprache des Matthäus, 238f.284f.289ff.390; H. Merklein, Gottesherrschaft, 188; H. Weder, Gleichnisse, 172. Zum imperativischen Charakter des Gleichnisses bei Mt vgl. W. Trilling, Israel, 112f.; ders., Hausordnung Gottes, 34f.; E. Schweizer, Gesetz und Enthusiasmus, 366; ders., Mt, 238f.; ders., Matthäus und seine Gemeinde, 111f.; W. Pesch, Matthäus der Seelsorger, 30-32.71f.; ders., Gemeindeordnung, 225; E. Linnemann, Gleichnisse, 66; J. Jeremias, Gleichnisse, 36; G. Bornkamm, Binde- und Lösegewalt, 41; J. Gnilka, Die Kirche des Matthäus, 53; ders., Mt II, 130f.133; H. Zimmermann, Struktur der Kirche, 5; P. Gaechter, Mt, 594; A. Schlatter, Mt 552f.; F.W. Beare, Gospel Matthew, 377; H. Weder, Gleichnisse, 176; S. Schulz, Stunde, 223f.; W.G. Thompson, Matthew's Advice, 152-174; A. Kretzer, Herrschaft, 249-253; I. Maisch, Christsein in Gemeinschaft (Mt 18), 253-257; R. Schnackenburg, Mt, 171; J. Roloff, Kirchenverständnis des Matthäus, 342f.; G. Baumbach, Verständnis, 98f.

[47] W. Trilling, Israel, 113.

[48] Vgl. den mit Mt 18,12.13 (diff. Lk 15,4.6) übereinstimmenden Terminus πλανᾶσθαι!

[49] Der enge Zusammenhang von 1.Petr 2,25 und 5,2f. legt sich einerseits durch die parallelen Motive, andererseits durch die im Brief nur an diesen beiden Stellen auftretenden Begriffe ποίμνιον und ἐπίσκοπος (ἐπισκοπεῖν) bzw. ποιμαίνειν nahe (vgl. ποίμνιον in 1.Petr 5,2 und ἀρχιποίμην in 5,4). - Mit einer traditionellen Verbindung der Stämme ποιμαιν- und ἐπισκοπ- im ur- und frühchristlichen Schrifttum rechnet W. Nauck, Probleme des frühchristlichen Amtsverständnisses (I Petr 5,2f.), ZNW 48 (1957), 201-203, auf Grund entsprechender Belege in 1.Petr (2,25; 5,2f.) und Act 20,28 im NT sowie im 1.Clem, bei Ignatius, im Hirt des Hermas, in der Apostolischen Kirchenordnung und in der syrischen Didaskalie (Belege s. S. 201f.).

[50] W. Trilling, Israel, 113.

15ff.) und Vergebung (Mt 18,21ff.). Diese beiden Aspekte bei Mt werden im 1.Petr durch die Worte ποιμαίνειν und ἐπισκοπεῖν (5,2) zur Geltung gebracht. Die Machtfunktion der Presbyter wird ausdrücklich eingeschränkt (5,3), die seelsorgerische Funktion aber gestärkt. So wird in 5,3 die "Herrschaft" über die Gemeindeglieder verboten. Das bedeutet positiv: Ausübung von Seelsorge (vgl. 2,25: Christus ist der "Hirt" und "Aufseher eurer *Seelen*").[51] Mt und 1.Petr verwenden das Motiv der "verirrten Schafe" also in einem paränetischen Kontext: "Verirrte Schafe" - "Sorgt euch um sie!"[52]

---

[51] Die Anwendung des Begriffes ἐπίσκοπος auf Christus in 1.Petr 2,25 zeigt, daß ἐπίσκοπος im Brief nicht im Zusammenhang des sich in nachapostolischer Zeit herausbildenden Bischofsamtes zu sehen ist. Ἐπίσκοπος ist in 2,25 dem "Hirt"-Begriff nachgeordnet und interpretiert diesen. Das Leitbild ist in diesem Vers durch die Hirt-Herde-Metaphorik vorgegeben. Dies bestätigt sich durch 1.Petr 5,2f.. Zum einen ist im Unterschied zum Presbyter kein Episkopos explizit genannt. Zum anderen ist das Ptz. ἐπισκοποῦντες dem regierenden Verb ποιμάνατε interpretierend untergeordnet: ἐπισκοποῦντες beschreibt den Modus des ποιμαίνειν. Es erhält daher seine Bedeutung vom Verb ἐπισκέπτομαι (ἐπισκοπέω; vgl. Ez 34,11; Jer 23,2; Sach 11,16; Sir 7,22 LXX). J. Rohde, ἐπισκέπτομαι κτλ., EWNT II, 84f., übersetzt daher zutreffend: "Weidet die Herde Gottes bei euch, *indem ihr darauf achtgebt, daß es nicht gezwungen, sondern freiwillig nach Gottes Willen geschieht*." (vgl. auch Hebr 12,15). Im Begriff des "Achtgebens" ist also mehr der seelsorgerische Aspekt als der einer Leitungsfunktion ausgedrückt, auch wenn letztere nicht auszuschließen ist (H.W. Beyer, ἐπισκέπτομαι κτλ., ThWNT II, 600, spricht von einem "*verantwortlichen* und *fürsorglichen Achten*". Vgl. auch T. Spörri, Gemeindegedanke, 38.115). So ist auch in 1.Petr 2,25 Christus als Hirte der einst verirrten Schafe der, der fürsorgend auf diese "achtgibt": ἐπίσκοπος κτλ. = "einer, der auf eure Seelen achtgibt", der Hirte, der sich um jedes verirrte Schaf fürsorgend kümmert. (So auch J. Jeremias, ποιμήν κτλ., ThWNT VI, 493; R. Schnackenburg, Episkopos, 419-423; O. Knoch, Komm. 1.Petr u.a., 87; H. Manke, Leiden, 133f.; H.W. Beyer, ἐπισκέπτομαι κτλ., ThWNT II, 600.611; T. Spörri, Gemeindegedanke, 38.112f.115). Damit steht der Brief einerseits in der Hirt-Herde-Vorstellung der atl. Tradition, nach der Jahwe der Hirte ist, bei dem Israel Geborgenheit findet (Ps 23; Jes 40,11; Ez 34,11-22 u.a.), und andererseits in der Tradition der Selbstaussage Jesu im Hirtengleichnis (Lk 15,3-7 par 18,10-14; Mt 9,36 par Mk 6,34). Der Brief sieht die Hirtenfunktion der Presbyter in Entsprechung zu Christus, wobei diese ihm aber nachgeordnet bleiben. Nur der "Erzhirte" (5,4; vgl. Hebr 13,20) kann die eschatologische Herrlichkeit verleihen und damit die endgültige Sammlung der Herde durchführen. Die Anmaßung einer Herrschaft über die Gemeindeglieder durch die Presbyter schließt 1.Petr 5,3 ausdrücklich aus. - Der Aspekt der Sorge, Fürsorge und des Schutzes ist im Hirtenbild deutlich durch die atl. Hirtenvorstellung geprägt. So ist es Aufgabe des Hirten, seine Schafe zu behüten, zu schützen und zu bewahren; vgl. Gen 30,31; Jer 31,10: שמר = behüten, hüten, bewahren, bewachen. Vgl. G. Sauer, שמר šmr hüten, THAT II, 982ff.

[52] Zwar liegt nach 1.Petr 2,25 der Zustand des "Verirrtseins" in der heidnischen Vergangenheit der Adressaten, jedoch zeigt der Kontext des Briefes, daß die potentielle Gefahr des wiederholten In-die-Irre-Gehens gegeben ist. Darum muß der Verf. des Briefes die Adressaten davor warnen, dem alten heidnischen Lebenswandel (wieder) zu verfallen (vgl. 1,14f.; 2,11; 4,1-4.12; 5,8f.). Die Presbyter-Hirten werden u.a. die Funktion haben, dieser Gefahr vorzubeugen. - Freilich spricht Mt in Kap 18 nicht von einer Hirtenfunktion bestimmter Gemeindeleiter. Die Sorge um die Mitbrüder ist jedem Gemeindeglied aufgetragen (Mt 18,15ff.). Da Mt 18,10-14 aber deutlich paränetisch akzentuiert ist, wird auch durch Mt von jedem Gemeindeglied verlangt, für den anderen einzustehen und somit als"Hirt" zu dienen.

Mt hat gegenüber den synoptischen Parallelen das Motiv der Sorge um die verirrten Schafe noch deutlicher hervorgehoben (vgl. 2,6; 10,6; 15,24). Den Mangelzustand der verirrten Schafe hat er ebenfalls stärker akzentuiert: vgl. Mt 9,36 mit Mk 6,34.[53] Es ist also das Anliegen des Evangelisten, die Bedrohtheit der Gemeinde und die Sorge wegen ihrer möglichen Verirrung hervorzuheben.[54] Er benutzt dafür u.a. die atl. Hirt-Herde-Metaphorik.[55] Ähnliches finden wir auch im 1.Petr. Die Sorge um die weiterhin von der Außenwelt - aber auch von innen (vgl. 4,8; 5,1-5) - bedrohte Gemeinde bestimmt den Tenor des Briefes. Dabei greift 1.Petr wie auch Mt auf die atl. Hirt-Herde-Metaphorik zurück. Beide Schriften zeigen, daß die Hirtenfunktion Jesu (vgl. Mt 2,6; 9,36; 15,24; 26,31f.; 1.Petr 2,25; 5,4) in der Gemeinde weitergeführt wird (Mt 18,10-14; 1.Petr 5,2f.). Wie Christus als Hirt das Ἐπισκοπεῖν "der Seelen" ausübt (1.Petr 2,25), so wird Entsprechendes von den Presbytern (1.Petr 5,2) und der Gemeinde (4,8) gefordert. Wie der mt. Jesus für seine Herde sorgend und leitend einsteht (Mt 2,6; 15,24; 26,31f.; 25,31ff. [eschatologisch]), so wird dies auch von der Gemeinde untereinander verlangt (Mt 18,10-14). Dabei ist deutlich, daß die Gemeinde diese Funktion in der Vollmacht des Herrn ausübt, der der Herr und Hirte seiner Gemeinde bleibt (vgl. Mt 18,20; 25,31ff.; 28,18ff.; 1.Petr 3,22; 5,4).

---

[53] P. Hoffmann, Logienquelle, 256: "Das Bild des Verlassenseins der Menge wird durch die zwei angefügten Partizipien noch verstärkt. Sie waren 'geschunden und darniederliegend'." Vgl. auch A. Kretzer, Herrschaft, 251. - Das Motiv der "zerstreuten Herde" begegnet bereits im AT (vgl. 1. Kön 22,17; Jer 27,6; Sach 13,7; Num 27,17; Ez 34,5; Jes 53,6; Mi 5,3).

[54] Programmatisch dazu vgl. W. Pesch, Matthäus der Seelsorger, Stuttgart 1966. - Der Aspekt der Bedrohtheit der Gemeinde und der Sorge um sie bestimmt auch das Kirchenbild der mt. Wundergeschichten. "Sie (sc. die Kirche) erscheint in der Nachfolge ihres Herrn heimatlos (Mt 8,20), als ein Schifflein in höchster Not und Gefahr (Mt 8,24; 14,24). Sie lebt in einer Welt, die ihre Lebensweise und ihr Handeln feindselig bestreitet (9,2-17). Sie steht in der Gefahr des Kleinglaubens, und es mangelt ihr an Vollmacht (17,14ff.). Mit einem Wort: es ist die Kirche in der Niedrigkeit, auf der Erde, in diesem Äon." H.J. Held , Matthäus als Interpret, 254f.

[55] Auf die bei Mt hervorgehobene Bedeutung der Hirt-Herde-Metaphorik im Zusammenhang der atl. Einbindung des Mt weist H. Frankemölle, Jahwebund, 138f., anhand der Belege Mt 9,36; 10,5f.16; 15,24; 25,31ff.; 26,31f. hin. Vgl weiter auch Mt 2,6; 7,15.

3.2.2. Gemeinde und Ethik

Sowohl Mt als auch 1.Petr bringen deutlich zur Sprache, daß die angesprochenen Gemeinden sich durch gute Taten bzw. durch einen vorbildlichen Lebenswandel vor der Welt auszeichnen sollen. Mt faßt diese Handlungsorientierung mit dem Begriff "bessere Gerechtigkeit" (5,20) zusammen. In seiner Interpretation der Seligpreisungen ist die ethische Akzentuierung bereits deutlich geworden (vgl. Teil 2.1. und 2.2.). Mt 5,13-16 definiert die Gemeinde pointiert als "Licht der Welt", das durch den Erweis guter Werke in der Welt überzeugend wirken soll (5,16; vgl. Teil 2.3.). Demnach gilt es, den Unheilszusammenhang von Gewalt und Wiedervergeltung durch Feindesliebe zu brechen (Mt 5,38-48; vgl. Teil 2.4.) und Anstöße bzw. Ärgernisse gegenüber den Behörden zu vermeiden (Mt 17,24-27; vgl. 22,15-22 par). Die mt. Antithesen sind als konkrete Entfaltung der "besseren Gerechtigkeit" zu verstehen, die mit der in 5,48 genannten Vollkommenheit identisch ist (vgl. Teil 2.4.).[56] So benennt die gesamte Bergpredigt programmatisch Inhalt und Orientierung christlichen Lebensvollzuges.[57] Der ethische Akzent durchzieht das gesamte Evangelium.[58] Anhand des Bildes vom "Frucht-Bringen" wird dies u.a. deutlich.[59] In der synoptischen Auslegung des Sämannsgleichnisses (Mt 13,18-23 par) ist dieses Motiv vom Frucht-Bringen (καρποφορεῖν) bereits vorgegeben (vgl. Mk 4,19f. par Mt13,22f.). Mt benutzt es weiterhin im Zusammenhang der Warnung vor den falschen Propheten (7,15ff.)[60] und vor den jüdischen Führungsrepräsentanten (vgl. 21,33ff.43).[61]

---

[56] Vgl. U. Luck, Die Vollkommenheitsforderung der Bergpredigt, München 1968.

[57] Vgl Mt 7,24: "Wer diese meine Rede *hört* und *tut* ...". Die ethische Tendenz der mt. Bergpredigt - und des Mt insgesamt - hat neuerdings wieder M. Hengel, Zur matthäischen Bergpredigt und ihrem jüdischen Hintergrund, ThR 52 (1987), 327-400, dezidiert vertreten. Für Hengel ist Mt der "*erste konsequente theologische 'Ethiker'* ". (S. 357). Das Interesse des Mt an einer regulativen, praktizierbaren Ethik betont auch W.D. Davies, Bergpredigt, 123-132. Die Worte Jesu gelten als "Anweisung für die wirkliche Lebensführung" (S.124). Davies führt Texte an wie Mt 5,27-32; 7,12; 19,1-12; 19,16-22; 19,13-15; 17,22-27; 18,15-35. Zum Zusammenhang von Ethik und Enderwartung bei Mt vgl. G. Bornkamm, Enderwartung und Kirche im Matthäusevangelium, 13-47, in: Überlieferung und Auslegung im Matthäus-Evangelium, hrsg. v. G. Bornkamm u.a., Neukirchen 1961². H. Klein, Judenchristliche Frömmigkeit im Sondergut des Matthäus, NTS 35 (1989), 466-474, hat für große Teile des matthäischen Sondergutes die zentrale Rolle der Ethik (und Eschatologie) herausgestellt (vgl. 5,23f.; 5,21-22.27-28.33-37; 6,2-4.16-18; 13,24-30.44.45-46; 18,15-18.23-35; 20,1-15; 21,28-31; 22,11-13; 25,1-13.31-46).

[58] Vgl. G. Streckers programmatische Auslegung des Mt: Der Weg der Gerechtigkeit. Untersuchung zur Theologie des Matthäus (FRLANT 82), Göttingen 1962.

[59] "Καρπός wird bei Mt besonders als Metapher für das Tun gegebener Gebote und Bestimmungen und das daraus resultierende Verhalten gebraucht. Matth verwendet den Begriff 17x in übertragener Bedeutung." A. Kretzer, Herrschaft, 106. "Im Matthäusevangelium ist καρπός als Synonym für (gute) Tat besonders in Aussagen, die sich auf das eschatologische Gericht nach den Werken beziehen, relativ häufig: 3,1-12; 12,33; 13,24ff. und 21,43." R. Heiligenthal, Werke als Zeichen, 55. Zur Thematik vgl. auch W. Trilling, Israel, 58; A. Sand, Gesetz, 110-115; W. Schenk, Die Sprache des Matthäus, 170f.; J. Roloff, Kirche, 157ff.

[60] Vgl. Mt 7,17a.b.18a.b.19; vgl. weiter VV21.24.26: 8x redaktionell; 7x καρπός. Als Objekte von ποιεῖν entsprechen sich καρπούς, θέλημα und τοὺς λόγους τούτους. Zur Bedeutung des "Tuns" bei Mt vgl. A. Sand, Gesetz, 106-124.

Die Früchte sind die Auswirkungen der Taten, durch die sich diese jeweils als "gut" (καλός vgl. Mt 7,17; καρπὸς ἀγαθός vgl. Mt 3,10; 7,17.18.19; 12,33) oder "böse" (πονηρός vgl. Mt 7,17) erweisen und so auf den Täter derselben zurückweisen.[62] Zwar ist Mt 7,15ff. zunächst als Warnung vor den falschen Propheten zu verstehen, jedoch erhebt Mt mit 7,21ff. die Rede ins Grundsätzliche: Die jeweiligen Früchte qualifizieren die Tat des Täters (7,20).[63] Darum ist die Rede des mt. Jesus hier als grundsätzliche Mahnung zum Tun des Guten zu verstehen. Angesprochen sind die Jünger, die Brüder der Gemeinde: Nur wer wirklich den Willen des Vaters tut (vgl. 6,10; 7,21; 12,50; 18,14; 21,31; 26,42)[64], kann hoffen, in die Basileia "einzugehen". Dies ist durch das anschließende Gleichnis vom Hausbau deutlich gemacht (7,24-27). Die gesamte mt. Bergpredigt ist als Einweisung zum Hören und "Tun" des Jesuswillens (7,24.26) zu verstehen, der freilich mit dem Willen des Vaters identisch ist.[65] Im Gleichnis von den bösen Weingärtnern (Mt 21,33-46 par) fügt Mt das Motiv des Fruchtbringens redaktionell ein (VV41c.43). V43 macht deutlich, daß das neue Gottesvolk im Gegensatz zum alten durch das "Frucht-Bringen" ausgezeichnet ist. Nur insofern die Gemeinde Jesu diesen Willen erfüllt, wird sie Anteil an der kommenden Basileia erhalten (vgl. 7,21). Das Winzergleichnis ist also implizit eine Paränese an die mt. Gemeinde.[66] Es geht um das Tun des Gotteswillens. Deutlich ist, daß das Fruchtmotiv, das in 21,34.41 noch in der Bildhälfte des Gleich-

---

[61] Vgl. 21,34a.b.41c.43b. Das Bild des Fruchtbringens bestimmt die Thematik des Gleichnisses. In 21,41c fügt Mt das Motiv im Hinblick auf die theologische Pointe in 21,43 redaktionell ein.

[62] Vgl. auch Mt 12,33-35 (Lk 6,43-45par): Die jeweilige Qualität der Frucht (καλός oder σαπρός) kennzeichnet die entsprechende Qualität des Baumes. Dieses Bild wird auf den Menschen übertragen: ἀγαθός oder πονηρός ist er, weil er ἀγαθά oder πονηρά bewirkt. Diese Entsprechung von innerem Sein und Tatverhalten im mt. καρπός-Begriff stellt auch R. Heiligenthal, Werke als Zeichen, 55f., heraus.

[63] Die "Wiederaufnahme" des Bildwortes vom Baum und seiner Frucht in 12,33 hat gegenüber 7,15-20 einen anderen Akzent: "Als Kriterien dafür, ob einer 'gut' oder 'böse' ist, fungieren in 12,30-37 die Worte, während in 7,15-20 die Taten diese Stellung einnehmen." G. Baumbach, Verständnis des Bösen, 84. An beiden Stellen steht das Bildwort aber im Dienst der Paränese, wie die Verse 7,19 und 12,36f. verdeutlichen. Vgl.dazu H. Zimmermann, Struktur der Kirche, 15f.

[64] Zum mt. Motiv "Wille des Vaters" vgl. H. Frankemölle, Jahwebund, 273ff.; W. Trilling, Israel, 187ff.; H. Giesen, Christliches Handeln, 197-235; J. Lange, Erscheinen, 106-111; G. Barth, Gesetzesverständnis, 54ff.; A. Sand, Gesetz, 120-124; W. Schenk, Die Sprache des Matthäus, 284f. Mt 7,21 ist deutlich redaktionell. Vgl. dazu H. Giesen, Christliches Handeln, 197f.; U. Luz, Mt I, 402; H. Geist, Menschensohn, 359. H. Giesen, a.a.O., 200, schreibt zur Stelle: "Die Aussageintention des Evangelisten ist paränetisch. Den Christen soll verdeutlicht werden, daß nur ein gelebtes Christentum im Einklang mit dem Vaterwillen zum Heil führt."

[65] Vgl. G. Baumbach, Mission, 892.

[66] Die Futurform in 21,41 (ἀποδώσουσιν αὐτῷ τοὺς καρπούς) wie auch das konstatierende Partizip in 21,43 (ποιοῦντι) enthalten - wie der Kontext des Winzergleichnisses nahelegt - einen deutlichen Imperativ. Vgl. dazu A. Kretzer, Herrschaft, 161 Anm. 53; J. Lange, Erscheinen, 277 Anm. 78; H. Weder, Rede, 160f.

nisses erscheint, mit V41 bereits in die Sachhälfte überwechselt, in V43 vollends das Bild sprengt und mt. Anwendung des Bildmotivs wird.[67]

Ist nach Mt also die Gemeinde auf ihr Verhalten vor und in der Welt angesprochen, indem sie gute Werke tut, Gott Früchte bringt und den Willen Gottes erfüllt, so haben wir ein ähnliches Kirchenverständnis auch im *1. Petrusbrief* vor uns. Der traditionsgeschichtliche und motivgeschichtliche Einfluß der Belege des Mt auf den 1.Petr, die ein ethisches Anliegen haben, ist bereits festgestellt worden (vgl. Mt 5,16 mit 1.Petr 2,12; Mt 5,38-48 mit 1.Petr 3,9). Die Gemeinde zeichnet sich durch ihre "guten Taten", konkret durch den Verzicht auf Wiedervergeltung und den Erweis der Segenshandlung (3,9) vor der Welt aus und führt diese zum Lob Gottes (2,12). Dabei muß sie es vermeiden, den Behörden gegenüber Ärgernis zu bereiten (vgl. Mt 17,24-27; 22,15-22 mit 1.Petr 2,13-17; 3,15). Das mt. Motiv des Fruchtbringens umschreibt 1.Petr mit einem anderen, diesem aber sachlich verwandten Begriff. Die Gemeinde wird zum "guten Lebenswandel" motiviert (ἡ ἀναστροφὴ καλή 2,12[68]; ἀγαθοποιΐα, ἀγαθοποιεῖν 2,14.15.20; 3,6.11.17; 4,19[69]; καλὰ ἔργα 2,12). Wie Mt begründet der Brief dieses Tun des Guten im Willen Gottes: τὸ θέλημα τοῦ θεοῦ (1.Petr 2,15!; 3,17; 4,2.19; vgl. das typisch mt. Motiv des θέλημα τοῦ πατρός Mt 6,10; 7,21; 12,50; 18,14; 21,31; 26,42). Besonders 4,2 (vgl auch 1,14-16: Heiligkeit!) bringt zum Ausdruck, daß das gesamte Leben des Christen dem Willen Gottes folgen soll. Darin entspricht der Brief der 3. Vaterunserbitte Mt 6,10b, welche Wille Gottes und menschliche Orthopraxie zusammendenkt.[70] Das gesamte "heilige" Leben der Christen ist ein "geistlicher Gottesdienst" (vgl. Röm 12,1), in welchem diese "geistliche Opfer darbringen" (2,5; vgl. dazu Teil 3.2.6.).

---

[67] Vgl. W. Trilling, Israel, 60; ders., Christusverkündigung, 174; A. Kretzer, Herrschaft, 160; H.-J. Klauck, Das Gleichnis vom Mord im Weinberg (Mk 12,1-12; Mt 21,33-46; Lk 20,9-19), BiLe 11 (1970), 142f.

[68] Die ἀναστροφή ist "gut" (1.Petr 2,12; 3,16) oder "heilig" bzw. "rein" (vgl. 1,15; 3,1f.). Zum ἀναστροφή–Begriff im 1.Petr vgl. Teil 2.3.3.(2).

[69] Zum petrinischen ἀγαθοποιεῖν–Begriff vgl. Teil 2.3.2.(3). Auch Mt ist am "Tun" (des Gotteswillens) interessiert (5,19; 7,17ff.21.24.26; 12,50; 13,23; 21,31 vgl. Anm. 64. Interessant ist, daß Mt in der Perikope vom "reichen Jüngling" (Mt 19,16-26 parr) gegenüber der Mk-Vorlage die Frage an den "Meister" pointiert verändert hat. Sie zielt bei Mt nicht nur auf das "Tun" (Mk 10,17; Lk 18,18), sondern auf das *Tun des Guten* (τί ἀγαθὸν ποιήσω ... Vgl. R. Hoppe, Vollkommenheit, 160). Hier ist deutlich eine Parallele zum petrinischen ἀγαθοποιεῖν sichtbar. Mt 19,16ff. hat für Mt insofern ein starkes Gewicht, als es hier um die "Vollkommenheit" (V21) geht, die in 5,48 programmatischen Charakter im Blick auf die mt. Basileiaethik der Bergpredigt hat (vgl. Teil 2.4.3.).

[70] Vgl. hierzu H. Frankemölle, Jahwebund, 277: "Im Kontext der drei ersten Bitten bezeichnet θέλημα τοῦ πατρός das die Geschichte der Menschen bestimmende Heilshandeln Gottes mit seiner die menschliche Antwort erheischenden Forderung der Orthopraxie ...". Vgl. dazu auch W. Trilling, Israel, 191; J. Lange, Erscheinen, 107.

Das Motiv des rechtschaffenen Verhaltens bestimmt die Ethik des 1.Petrusbriefes in mehrfacher Hinsicht. Voraussetzung für ein grundsätzlich positives Verhalten der Christen gegenüber der heidnischen Bevölkerung ist die Wertschätzung dieser gegenüber. 1.Petr 2,17 bringt dies mit dem Imperativ: πάντας τιμήσατε zum Ausdruck. "Auf Grund der literarischen Figur der Inklusion sind zugeordnet: V17b: τὴν ἀδελφότητα ἀγαπᾶτε und V17c: τὸν θεὸν φοβεῖσθε, während andererseits zusammengehören: V17a: πάντας τιμήσατε und V17d: τὸν βασιλέα τιμᾶτε. Dementsprechend kann man die Imperative V17b und V17c verstehen als Appelle zum richtigen Verhalten unter denen, 'die drinnen sind', die VV17a und 17d aber als Verhaltensregeln 'denen draußen' gegenüber."[71] Die Wertschätzung, die 'denen draußen' gegenüber dargebracht werden soll, ist das strikte Gegenteil von dem, was man unter anderem Christen gegenüber zum Vorwurf gemacht hat: odium generis humani (Tacitus, Ann. 15, 44, 2.4). Auf Grund der Wertschätzung "aller" ist es den Christen möglich, sich ethisch, sozial und politisch rechtzuverhalten gegenüber Bevölkerung und Behörden der Heiden. "Die Christen erweisen allen Menschen Ehre, nicht nur den Mächtigen und Reichen, sondern auch den ehr- und rechtlosen Sklaven; alle werden als Geschöpf Gottes ernst genommen und so als Menschen anerkannt."[72] Die Haustafeltraditionen des 1.Petr (2,13-3,7) dienen dem Anliegen, die ethische und gesellschaftliche Akzeptanz der Christen gegenüber der nichtchristlichen Umwelt einzuschärfen. Sie deuten christliches Leben als "Zeugnis im Alltag der Welt".[73] Bezeichnenderweise begegnet in fast jeder einzelnen Haustafelanweisung die Mahnung, daß Christen durch Rechtschaffenheit (ἀγαθοποιεῖν) ihre Integrität vor der nichtchristlichen Bevölkerung und Institution erweisen sollen (vgl. 2,14.15; 2,20; 3,1f.6). Nur in der Mahnung an die Männer fehlt der Ausdruck ἀγαθοποιεῖν (3,7).[74] Es ist also deutlich, daß ἀγαθοποιεῖν in der Haustafeltradition das im politisch-gesellschaftlichen Sinn rechtschaffene Verhalten in bezug auf die nichtchristliche Bevölkerung definiert. "Der Verfasser will erreichen, daß die Christen ein auch außerchristlich anerkanntermaßen 'gutes Leben' führen, wie an vielen Stellen des Briefes herauskommt, an denen von der Wirkung, der Werbung und dem Zeugnis unter den Heiden die Rede ist. Das bedeutet, daß nach seinen Vorstellungen ein christliches Leben identisch ist mit dem, was die heidnische Umwelt gutheißt und loben muß ... Und dieselbe Tendenz hat nun von Haus aus die christliche Haustafel. Sie setzt eine Identität christlicher und konventionell-gesellschaftlicher Standards voraus...".[75] Die Formulierung τοῦ ἀγαθοῦ ζηλωταί in 3,13 zeigt, wie intensiv der Brief am rechtschaffenen Verhalten der Christen in der nichtchristlichen Umwelt interessiert ist. Es geht nicht einfach nur um das Tun des Guten, sondern um verstärktes Bemühen und Streben danach[76] (vgl. auch 2,11: den Frieden "suchen" (ζητεῖν) und ihm "nachjagen" (διώκειν). Bezeichnend ist auch, daß im Fall der Anweisung zum ἀγαθοποιεῖν immer die sozial untergeordneten Personen und Gruppen angesprochen werden: die Christen allge-

---

[71] F. Schröger, Gemeinde, 133.

[72] L. Goppelt, Komm. 1.Petr, 188.

[73] Vgl. dazu grundlegend F.-R. Prostmeier, Handlungsmodelle, 385-475.

[74] Der Grund dafür dürfte - wie auch in 5,1-5 - darin zu sehen sein, daß im Unterschied zu den anderen Haustafelpränesen des Briefes als Gegenüber der angesprochenen Personen nicht Nichtchristen, sondern Christen - nämlich christliche Frauen - genannt werden, denen gegenüber zur "Bruderliebe" (1,22; 2,17; 3,8; 4,8; 5,14), nicht aber zum "Rechtverhalten" im politisch-gesellschaftlichen Sinn ermahnt wird.

[75] N. Brox, Komm. 1.Petr, 126; vgl. auch F.-R. Prostmeier, Handlungsmodelle, 340f.

[76] Vgl. L. Goppelt, Komm. 1.Petr, 133: "das beharrliche und ganze, geradezu leidenschaftliche Sich-Einsetzen für das Gute". T.W. Martin, Metaphor, 285-288, bezieht die Wendung "Eiferer des Guten" in 1.Petr 3,13 auf Gott (= ὁ ἀγαθός; vgl. Mk 10,18; Lk 18,19). Der Kontext (vgl. 1.Petr 2,11: "Tue *das Gute* ... und folge *ihm* nach!"; die Parallelität mit δικαιοσύνη 3,14; "der *gute Lebenswandel* in Christus" 3,16) und die sachliche Parallele Tit 2,14 (ζηλωτὴς καλῶν ἔργων) bestätigen aber deutlich die neutrische Bedeutung: "Eiferer des Guten" = "Eiferer der guten Sache".

mein gegenüber der politischen Autorität (2,13-17), die Sklaven gegenüber den Herren (2,18-25) und die Frauen gegenüber den Männern (3,1-7). Der Brief hat sich gerade an diesen Gruppen orientiert, um das Thema "Tun des Guten im Leiden" verdeutlichen zu können.[77]

Sowohl Mt als auch 1.Petr bestimmen also die Gemeindeethik durch Hervorhebung des Tuns des Guten in der Bindung an den Willen Gottes. In beiden Schriften ist diese ethische Akzentuierung des Gemeindebegriffs nicht nur ein Nebenmerkmal, sondern bestimmt das Selbstverständnis der sich in der Welt bewährenden Gemeinde. Auch das Motiv des Gottesvolkes bestätigt diese Annahme.

3.2.3. Das Gottesvolk-Motiv

1.Petr 2,9f. benennt in einer Reihe knapper Bestimmungen das Selbstverständnis der heidenchristlichen Adressatengemeinden. Es handelt sich vorwiegend um kollektive Charakteristika.[78] Der Brief greift auf Jes 43,20f.; Ex 19,6 und Hos 1,6.9; 2,25 zurück. Dabei wird z.T. wörtlich aus der LXX-Fassung zitiert bzw. die LXX-Terminologie dem petrinischen Satzzusammenhang angepaßt. Allen Bestimmungen im AT ist gemeinsam, daß sie das atl. Volk als erwähltes Gottesvolk benennen.[79] 1.Petr 2,10 verdeutlicht den heidenchristlichen Hintergrund. Das aus Heidenchristen bestehende Gottesvolk ist es, das sich vom alten Lebenswandel abgewandt (4,1ff.) und zu Christus bekehrt hat (2,25). Eine Auseinandersetzung mit dem Problem "Israel" (vgl. Mt 21,43 u.ö.; Röm 9,24ff.) findet im 1.Petr nicht statt.[80] Dennoch verbindet das Motiv des Gottesvolkes Mt mit 1.Petr.

---

[77] Vgl. R. Feldmeier, Fremde, 140-147.

[78] Vgl. dazu J.H. Elliott, Home, 132ff.: "The prominence of the collective terms and images used to depict the adressees is one of the most distinguishing features of 1 Peter. The readers are characterized collectively as a 'Spirit-filled house(hold)' (2,5) or 'the house(hold) of God' (4,17), an 'elect race' (2,9), a 'royal residence' (2,9), a 'holy body of priests' (2,9), a 'holy nation' (2,9), a 'people for (God's own) possession' (2,9), a 'brotherhood' (2,17; 5,9), and 'the flock of God' (5,2 , cf. 2,25). These collective terms state explicitly what other metaphors for the act of salvation and its community-creating effect imply: God's activing of building (2,5; 5,10), sanctifying (1,2.14-16.22), electing (1,1; 5,13), fathering (1,3.23; 2,2; cf. 1,17) or (pro)creating (4,17; cf. 2,13) and gathering (2,25)." (S.133).

[79] Vgl. Ex 6,7; Lev 26,12; Ps 95,7; 2.Sam 7,24; Jer 11,4; Ez 34,30. Zum Begriff "Eigentumsvolk" vgl. Dtn 7,6; 14,2; 26,18; 4,20. Zum Begriff "heiliges Volk" vgl. Dtn 7,6; 14,2.21; 26,19; 28,9. Zum atl. Hintergrund des Gottesvolk-Begriffes vgl. H. Strathmann, λαός, ThWNT, IV, 32ff.; G. Bertram, ἔθνος κτλ., ThWNT II, 362ff.; für Mt vgl. H. Frankemölle, Jahwebund, 195ff.; für 1.Petr vgl. F. Schröger, Gemeinde, 55ff.

[80] "Es scheint, als sei im Vokabular des Briefschreibers 'Volk' schon zu einem Ehrentitel der Gemeinde geworden, der nicht mehr auf die Dialektik Synagoge - christliche Gemeinde abhebt (vgl. Apg 13,15; 15,14; 18,10; Tit 2,14; Apk 18,4; Clem 59,4)." H. Goldstein, Das heilige Volk, das zuvor kein Volk war. Christengemeinde ohne Judenpolemik: 1.Petr 2,4-10, in: ders. (Hrsg.), Gottesverächter und Menschenfeinde?, Düsseldorf 1979, 279-302 (297). Bezüglich 1.Petr 2,4-10 grenzt sich Goldstein deutlich gegen die These einer Israelkritik im Brief ab (vgl. auch ders., Gemeindeverständnis, 46-115), wie sie z.B. von H.-M. Schenke/K.M. Fischer, Einleitung I, 212f.; Windisch-Preisker, Katholische Briefe, 61; T. Spörri, Gemeindegedanke, 143-

Bevor darauf näher eingegangen wird, ist an dieser Stelle das Fehlen des ἐκκλησία-Begriffes im 1.Petr zu benennen, da es zum Einwand erhoben werden könnte, daß 1.Petr Mt (vgl. 16,18; 18,17!) nicht benutzt habe. Doch spricht dieses Fehlen des ἐκκλησία-Begriffes nicht gegen die Beziehung von Mt und 1.Petr. Denn einerseits ist das Nichtvorhandensein dieses Begriffes auch in anderen urchristlichen Schriften nichts Ungewöhnliches (Mk, Lk, Joh, 2.Tim, Tit, 1.Petr, 2.Petr, 1.Joh, 2.Joh, Jud)[81], zum anderen hängt das starke ekklesiologische Interesse weder des Mt noch des 1.Petr von dem Begriff ἐκκλησία ab.[82] Wichtig ist, daß Mt und 1.Petr in der gemeinten "Sache" zu ähnlichen Ergebnissen kommen. Mt zeigt, daß die ἐκκλησία im Kontext des Gottesvolkgedankens verstanden ist: Jesu eigene Ekklesia (ἡ ἐκκλησία μου Mt 16,18) ist zugleich das Jesus zugehörige neue Gottesvolk (ὁ λαὸς αὐτοῦ 1,21).[83] - Sollte die durch W. Schrage geäußerte These zutreffen, daß der ἐκκλησία-Begriff von hellenistisch-judenchristlichen Teilen (Gruppe um Stephanus [Hellenisten] Act 6; 8) als Abgrenzung von der jüdischen συναγωγή verwendet worden ist[84], könnte man angesichts der Betonung der Kontinuität zum atl. Gottesvolk durch den Verf. des 1.Petr schlußfolgern, daß derselbe den Ekklesia-Begriff vermieden hat, "weil er als christliche Selbstbezeichnung unvermeidlich wie eine Abspaltung von Israel empfunden worden wäre, während der Eindruck vollkommener Identität und Kontinuität des einen Gottesvolkes durch die Zeiten intakt bleiben soll."[85] Diese These vermag zu beeindrucken, hat aber die Schwierigkeit, daß der 1.Petr - im Unterschied zu Mt und Paulus z.B. - das Verhältnis der Kirche zu Israel nicht eigens bedenkt, also "Israel" für den Brief kein Problem (mehr) ist. Eine bewußte Vermeidung des Ekklesia-Begriffs, mit der Absicht, die Kontinuität zum atl. Gottesvolk zu betonen, hätte der Verf. doch deutlicher machen können, als es der Fall ist. Auch scheint dem Verf. des Briefes der Sache nach der Ekklesiabegriff als Bezeichnung der Ortsgemeinde nicht fremd gewesen zu sein. In 5,13 kann zu ἡ ἐν Βαβυλῶνι συνεκλεκτή leicht ἐκκλησία sprachlich ergänzt werden, wie dies auch einige Handschriften getan haben.[86] So wird das Fehlen des Ekklesia-Begriffes im

---

145.224f.243ff. vertreten wird. Vgl. auch N. Brox, "Sara zum Beispiel ...". Israel im 1.Petrusbrief, in: Kontinuität und Einheit (FS F. Mußner), hrsg. v. P.-G. Müller u.a., Freiburg u.a. 1981, 484-493: "Weder das historische Israel noch die zeitgenössische Judenheit ist ein Thema des Ps-Petrus, der an (vorwiegend jedenfalls) heidenchristliche Gemeinden schreibt." (S.491). Vgl. auch H. Frankemölle, λαός, EWNT II, 846; ders., Komm. 1.Petr u.a., 44; N. Brox, Komm. 1.Petr, 49.103; F. Schröger, Gemeinde, 61; H. Goldstein, Paulinische Gemeinde, 55f.109; F.-R. Prostmeier, Handlungsmodelle, 38-46; J. Roloff, Kirche, 275.

[81] Vgl. K.L. Schmidt, ἐκκλησία, ThWNT III, 505.

[82] Darauf macht zu Recht H. Frankemölle, Jahwebund, 221, aufmerksam, der interessanterweise gerade 1.Petr! als Beleg dafür anführt, daß die gemeinte "Sache" (= Ekklesiologie) mit dem Begriff ἐκκλησία nicht identisch ist. Vgl auch schon T. Spörri, Gemeindegedanke, 12: "denn auch ohne die Vokabel kann von der Sache selber die Rede sein". E.G. Selwyn, Epistle, 81f.; J. Roloff, Kirche, 273.

[83] Zu diesem Zusammenhang von Ekklesia- und Gottesvolkgedanke vgl. H. Frankemölle, Jahwebund 211-220.

[84] Die Wahl des ἐκκλησία-Begriffs "war primär eben nicht durch das heilsgeschichtliche Interesse und das Bewußtsein einer Kontinuität und Solidarität mit Israel motiviert, sondern durch das Bewußtsein einer Diskontinuität gegenüber einer durch das Gesetz gekennzeichneten Vergangenheit." W. Schrage, "Ekklesia" und "Synagoge". Zum Ursprung des urchristlichen Kirchenbegriffs, ZThK 60 (1963), 178-202 (199f.); vgl. ders., συναγωγή κτλ., ThWNT VII, 798-850; vgl. auch K. Kertelge, Gemeinde und Amt, 36-39; vgl. auch schon A.v. Harnack, Mission I, 420f. - Zur Kritik an W. Schrage vgl. J. Roloff, ἐκκλησία, EWNT I, 1000f.

[85] N. Brox, Sara zum Beispiel, 486; vgl. auch F. Schröger, Gemeinde, 6-8; H. Frankemölle, Komm. 1.Petr u.a., 44.

[86] Vgl. dazu auch L. Goppelt, Komm. 1.Petr, 351 Anm. 28; A. Reichert, Praeparatio, 537f. Anm 2; N. Brox, Komm. 1.Petr, 247; K.H. Schelkle, Komm. 1.Petr u.a., 134f. Anm. 4.

1.Petr nicht so sehr von der Absicht bestimmt sein, ein Mißverständnis der Abgrenzung von Israel zu vermeiden. Vielmehr wird man davon ausgehen können, daß sich dem Verf. die Bestimmungen in 2,9f. eher als der Ekklesia-Begriff anboten, um die Kontinuität zum atl. Gottesvolk festzuhalten. Dies hat er jedoch in keiner expliziten Auseinandersetzung mit Israel getan, sondern unter der selbstverständlichen, nicht mehr problematischen Voraussetzung der Kontinuität des ἔθνος ἅγιον (1.Petr 2,9) zum atl. Gottesvolk.[87]

(1) Mt und 1.Petr deuten das Motiv des Gottesvolkes in Abgrenzung zu solchen, die nicht an Christus glauben. Nach Mt 21,43 wird die Basileia Gottes auf das neue "Volk" übertragen, welches die Früchte des Gottesreiches bringt (s.u.). Nach dem Zusammenhang kann mit ἔθνος nur die Kirche (des Mt) angesprochen sein, die sich in der Erfüllung des Willens Jesu und des Willens Gottes als Kirche Jesu Christi (Mt 16,18) erweist.[88] Im Gegensatz dazu wird Israel auf Grund seines Unglaubens und seiner Verstockung aus der Basileia ausgeschlossen.[89] Zwar ist das Gottesvolkmotiv im 1.Petr nicht in Abgrenzung zum atl. (jüd.) Volk gebraucht, jedoch ist der Hintergrund, auf dem es erscheint, bei Mt und 1.Petr vergleichbar. Bezeichnenderweise zitieren sowohl Mt (21,42) als auch 1.Petr (2,7) kurz vor der Einführung des Gottesvolkmotivs Ps 117,22 (LXX) - im Brief noch durch Jes 8,14 erweitert (2,8). Dieses Faktum ist bedeutsam, weil dadurch sowohl nach Mt als auch nach 1.Petr das neue Gottesvolk seine Identität durch die bewußte Annahme des ärgerniserregenden Ecksteins Jesus Christus erhält (vgl. Mt 21,42.44; 1.Petr 2,7.8). Ist es nach Mt Israel, das an Christus Ärgernis nimmt, so sind es nach 1.Petr die ungläubigen Heiden, die sich am "Fels des Ärgernisses" stoßen. Sowohl Mt als auch 1.Petr machen also deutlich, daß die Erwählung der Kirche zum neuen Gottesvolk auf dem (negativen) Hin-

---

[87] Die These, daß der Verf. des Briefes angesichts der zentralen Rolle des Bruderschaftsgedankens den Begriff Kirche zu institutionell empfand und ihn deshalb vermieden habe (so O. Knoch, Komm. 1.Petr u.a., 68), scheint mir jedoch abwegig zu sein. Denn einerseits zeigt der Brief keine Anzeichen einer Auseinandersetzung mit der Gefahr der Institutionalisierung der Kirche, auch in 5,1-5 nicht, da es hier um die rechte Ausübung der Leitung der Gemeinde geht, nicht aber um Kirche als "Institution", zum anderen zeigt gerade Mt, der 1.Petr beeinflußt hat, daß Ekklesia und Bruderschaft zusammengedacht werden können (vgl. Kap. 18).

[88] Vgl. W. Trilling, Israel, 61; E. Lohmeyer, Mt, 314; H. Frankemölle, Jahwebund, 249; T. Zahn, Mt, 634; J.D. Kingsbury, Matthew, 156.157ff.; G. Strecker, Weg, 33.110; J. Jeremias, Gleichnisse, 68.75; J. Lange, Erscheinen, 276 Anm. 76; R. Schnackenburg, Mt, 207; J. Roloff, Kirchenverständnis des Matthäus, 348.

[89] Die Geschichte der Heilsverweigerung Israels durchzieht das gesamte Mt-Evangelium. Sie kulminiert in dem Todesbeschluß, den das "gesamte Volk" über Jesus verhängt (27,24f.). Eine theologische Auseinandersetzung mit der Schuld Isarels findet vor allem in der Parabeltrilogie Mt 21,28-22,14 statt. Deren Höhepunkt ist die Proklamation des Ausschlusses Israels aus der Basileia (21,43 vgl. auch 8,12!). Diese heilsgeschichtliche Perspektive des Evangelisten ist in der Literatur eingehend erfaßt worden. In unserem Zusammenhang genügt es, darauf zu verweisen. Vgl. A. Kretzer, Herrschaft, 41-43.159-162 u.ö.; W. Trilling, Israel, 55-96; ders., Christusverkündigung, 165-190; R. Walker, Heilsgeschichte, 65-68.114ff.; G. Strecker, Weg, 99-118; L. Goppelt, Christentum und Judentum, 178-185; ders., Theologie NT II, 561-564; J. Gnilka, Mt II, 544ff.; ders., Verstockung, 100ff.111-114; J.D. Kingsbury, Matthew, 152-160; O.H. Steck, Israel, 289-316.; J. Lange, Erscheinen, 273-285; R. Hummel, Auseinandersetzung, 146ff.; J. Roloff, Kirche, 148ff.; E. Schweizer, Matthäus 21-25, 364-371; H. Frankemölle, Jahwebund, 248ff. u.ö.

tergrund des Unglaubens (Mt: Israel; 1.Petr: Heiden), der sich in der Verwerfung Christi äußert, zum Tragen kommt.

(2) Wird das neue Gottesvolk im Zusammenhang mit der Verwerfung Christi gesehen, dann ist deutlich, daß die Ekklesiologie an die Christologie gebunden ist. Es ist bereits bemerkt worden, daß Mt die Ekklesia in der Zugehörigkeit zu Christus definiert. Sie ist *seine* Ekklesia (Mt 16,18; vgl. 1,21 "sein Volk"). Sie versammelt sich auf den Namen Christi (18,20) und gründet ihre Existenz als Jüngerkirche auf der Lehre ihres Herrn (Mt 28,20; vgl. Mt 7,24-27). Dieser ist als Erhöhter in der Gemeinde gegenwärtig (1,23; 18,20; 28,20).[90]

Auch im 1.Petr ist das in 2,9f. genannte Gottesvolk im Wesen christologisch bestimmt, nicht nur, weil sich die Heiden am Eckstein Christus stoßen und die an Christus Glaubenden demnach zum Gottesvolk gehören, sondern weil die Gemeinde als οἶκος πνευματικός auf dem Grundstein Christus erbaut wird (2,4f.). Durch die Erwählung werden Christus und Gemeinde zusammengehalten. Wie Christus der erwählte Eckstein ist (2,4.6), so sind die Glaubenden das erwählte Volk (2,9).[91] Wie Christus der "lebendige Stein" ist (2,4), auf dem die Gemeinde auferbaut wird, so ist diese selbst "lebendig" (2,5) durch die in der Auferstehung Jesu Christi initiierte "Wiedergeburt" (1,3). Das "Herzutreten" (προσέρχομαι) zum "lebendigen Stein" geschieht in der Weise des Einfügens in den von Christus errichteten οἶκος πνευματικός (2,4). Ist am Ende des Briefes die Absendergemeinde als συνεκλεκτή bestimmt, so ist durch den Zusammenhang mit 2,4-10 und 1,1f. deutlich, daß diese mit den "erwählten Fremdlingen der Diaspora" (1,1) verbunden ist in der "Besprengung mit dem Blut Christi" (1,2). Auch sonst ist im Brief klar Christus Identifikationsfaktor der Gemeinde. Der Einzelne als Teil der Gemeinde wird auf dem Hintergrund der Anfechtung durch die heidnische Bevölkerung als Χριστιανός definiert (4,16a; vgl. 4,14. 16b). Die Gemeinde hat Anteil am Leiden Christi (4,13f.; vgl. 5,1). Sie wird eschatologisch an der Doxa Christi Anteil bekommen (1,7.13; 4,13f.; 5,1). Sie ist die Herde Gottes (5,2), in der die Hirtenfunktion Christi (2,25; 5,4) durch die Gemeinde weitergeführt wird (5,2f.). Christus ist das "Vorbild", dem die Gemeinde im Leiden nachfolgt (2,21; 3,17f.; 4,1) usw. Der bestimmende Faktor der Christologie läßt sich also in mehrfacher Hinsicht zur Geltung bringen.

(3) Das Gottesvolk zeichnet sich durch seinen heiligen Lebenswandel in der Welt aus. Der bestimmende Einfluß der Ethik in beiden Schriften ist schon festgestellt worden (s. Teil 3.2.2.). Nach Mt ist das neue "Volk", auf das die

---

[90] Dieses "Mitsein" des Erhöhten mit seiner Gemeinde hat besonders H. Frankemölle, Jahwe-bund, 7-83.211ff. 220ff., als für Mt konstitutiven Gedanken herausgestellt.

[91] "Das Adjektiv ἐκλεκτός und das Thema 'Erwählung' insgesamt sind das Bindeglied für den Parallelismus VV6-8 und VV9-10. Jesus ist der λίθος ἐκλεκτός (VV6-8), die gläubige Gemeinde das γένος ἐκλεκτόν (VV9.10). "Freilich wird man ein Gefälle in diesem Parallelismus insofern konzedieren müssen, da es theologisch evident ist, daß der λίθος ἐκλεκτός (= Christus) das γένος ἐκλεκτόν schafft und trägt." F. Schröger, Gemeinde, 91. Vgl. auch J.H. Elliott, Home, 168. "The divine election of Jesus (*lithon eklekton*, 2,4.6) and of the believing community (*genos eklekton*, 2,9) is the principle point of this passage and the determinative concept for the choice, rewording, arrangement and interpretation of the various traditions combined here." Ausführlich dazu vgl. ders., The Elect and the Holy, Leiden 1966, 33ff.141ff. 146f.; vgl. auch H. Goldstein, Gemeindeverständnis, 123ff.

Basileia übergeht, dadurch gekennzeichnet, daß es die "Früchte" der Basileia einbringt (21,43). "Hören" und "Tun" des Willens Gottes, der sich in den Forderungen der Bergpredigt kundtut, bestimmen den Inhalt der "Früchte". Auch 1.Petr weiß von dieser "Heiligkeit" des Gottesvolkes. In 2,9f. bestimmt er es mit Ex 19,6 (LXX) als "ἔθνος ἅγιον".[92] Im Zusamenhang mit dem Heiligkeitsbegriff in 1.Petr 1,15f. ist es erforderlich anzunehmen, daß auch in 1.Petr 2,9 ἅγιον den "heiligen" Lebenswandel des Gottesvolkes benennt. Diese Interpretation bestätigt sich durch die unmittelbar an 2,9f. anschließenden Mahnungen VV11f.: ἔθνος ἅγιον ist die christliche Gemeinde in der Abkehr von der alten heidnischen Existenz und im ethisch rechtschaffenen Verhalten vor den Heiden (vgl. 1,14f.). Schließlich bringt 1.Petr durch den missionarisch zu verstehenden Finalsatz in 2,9[93] zum Ausdruck, daß das Volk Gottes seine Heiligkeit im Gegenüber zur Welt zur Geltung bringt.

(4) Die Erwählung zum neuen Gottesvolk bestärkt die Identität und das Selbstbewußtseins der Gemeinde. Mt bringt dies auf dem Hintergrund der heilsgeschichtlichen Auseinandersetzung mit Israel, dem alten Volk Gottes, zur Geltung.[94] Identität und Legitimation als Volk Gottes erhält dieses in der Spanne von Kontinuität und Diskontinuität zum alten Volk Gottes. "Er (sc. der λαὸς θεοῦ–Begriff) zeigt in seiner Art die Diskontinuität der geschichtlichen Ablösung mit der Treue Gottes als Konstante der Kontinuität."[95] Während Israel verstockt ist (13,10ff.) und die Basileia verspielt hat (8,12; 21,43), ist es den Jüngern gegben, die Geheimnisse der Basileia zu verstehen (13,11) und an dieser teilzuhaben (5,3ff.; 8,11; 7,21; 25,31ff. u.ö.). Die Gemeinde ist daher ausgezeichnet, den missionarischen Auftrag des Herrn in der Welt zur Geltung zu bringen (28,16ff.).

Auch 1.Petr 2,9f. denkt Gottesvolk und missionarischen Dienst eng zusammen (s. Teil 3.2.5.). Da das Motiv des Gottesvolkes im 1.Petr nicht durch eine Auseinandersetzung mit Israel motiviert ist (s.o.), muß es nach 1.Petr 2,9f. anders motiviert sein. Das neue Gottesvolk ist dazu aufgerufen, die ἀρεταί Gottes zu verkündigen. Gott hat die Adressaten aus ihrer Vergangenheit (der Finsternis) zu seinem wunderbaren Licht (= die Gegenwart) gerufen. Die Motive "Licht", "Finsternis" und "rufen" erinnern stark an Gottes Schöpfung des Lichtes durch sein Wort in der Trennung von der Finsternis (vgl. Gen 1,3-5; Röm 4,17; 2.Kor 4,6). Der Brief hat also auf dem Hintergrund der alten heidnischen Existenz der Christen (= Finsternis) deren Konstituierung zum erwählten Gottesvolk als *Neuschöpfung* verstanden (vgl. auch 1,3.23: Wiedergeburt; 2,2: "wie neugeborene

---

[92] Den Zusammenhang von Mt 21,43 und 1.Petr 2,9 (ἔθνος ἅγιον) hat auch W. Trilling, Israel, 61, verspürt.

[93] S. Teil 3.2.5.

[94] Vgl. H. Frankemölle, Mission, 123f.

[95] H. Frankemölle, Jahwebund, 219. Frankemölle hat die theologisch qualifizierten mt. λαός–Stellen eingehend untersucht (ders., a.a.O., 199-220) und u.a. dadurch die Problematik von Kontinuität und Diskontinuität im Gottesvolkbegriff zur Sprache gebracht. Λαός meint einmal das negativ qualifizierte Israel (13,15; 27,25; vgl. 2,4; 21,23; 26,3.47; 27,1), dann Israel als Ehrenprädikat (2,6), die Heidenwelt (4,16), die jüdische Führungsschicht (15,7f.; vgl. 15,1) und schließlich das neue Gottesvolk selbst (1,21). Vgl. auch ders., λαός, EWNT II, 845f.

Kinder"!).[96] Er spricht so die Adressaten auf ihre völlig neue Existenz an: Sie sind das erwählte Volk inmitten der heidnischen Welt, das Gott zur Rettung geführt hat. In diesem Bewußtsein bestärkt der Brief seine Adressaten. Er spricht ihnen in ihrer bedrängten Lage die Gewißheit des Erwähltseins als Volk Gottes zu. Er gewährt Trost und Stärkung in der Erfahrung, Gottes Erbarmen verspürt zu haben (vgl. 2,10).

3.2.4. Das Motiv der Nachfolge

"In der Theologie des *Matthäusevangeliums* wird ... Jüngerschaft und Nachfolge zum schlechthinnigen Bild der Kirche ... Kirche und Jüngerschaft vollziehen sich in der Nachfolge."[97] Mt hat den Nachfolgegedanken gegenüber Mk (und Lk) stärker akzentuiert: ἀκολουθέω begegnet bei ihm 25mal (Mk: 18mal; Lk: 17 mal). Davon sind ca. 9-10 Belege als redaktionell einzustufen.[98] Mt konzentriert die Nachfolge auf Jesus. Mk 9,38 und 14,13, Stellen, die nicht von der Jesusnachfolge reden, fehlen bei ihm. Auffällig ist, daß er ἀκολουθέω redaktionell mit Wundergeschichten verbindet (8,1.10.23; 9,27; 12,15; 14,13; 19,2; 20,29).[99] Die Erfahrung des Wunders folgt auf die Nachfolge. Man erkennt hier den Gedanken, "daß erst die Nachfolge Jesu zur Erfahrung seiner Wundermacht gelangen läßt."[100] Zwar ist das Nachfolgemotiv bei Mt auch allgemein auf das Volk bezogen (vgl. 4,25; 8,1.10; 12,15; 14,13; 19,2; 20,29)[101], jedoch ist eine theologische Akzentuierung nur im Verhältnis: Jesus - Jünger(gemeinde) festzustel-

---

[96] Bezeichnenderweise ist in Qumran der Zusammenhang von Wiedergeburt und Neuschöpfung erkannt worden (z.B. 1 QH 3,19-23); Vgl. dazu L. Goppelt, Komm 1.Petr, 94.

[97] H.D. Betz, Nachfolge, 33. Vgl. auch H. Schlier, Ekklesiologie des Neuen Testaments, MySal 4/1, 106-109; S. Schulz, Stunde, 193f.; E. Schweizer, Matthäus und seine Gemeinde, 57-68; J. Roloff, Kirche, 154ff. Zum Sprachgebrauch und Sinn von ἀκολουθεῖν in den synoptischen Evangelien vgl. A. Schulz, Nachfolgen, 63-133.

[98] Vgl. U. Luz, Mt I, 36; W. Schenk, Die Sprache des Matthäus, 347ff.; G. Strecker, Weg, 230 Anm. 4. Zum Gebrauch von ἀκολουθεῖν bei Mt vgl. besonders J.D. Kingsbury, The Verb Ἀκολουθεῖν ("To Follow") as an Index of Matthew's View of his Community, JBL 97 (1978), 56-73. Kingsbury (ders., a.a.O., 56) nennt 9 Belegstellen, die durch Mt hinzugefügt sind (Mt 4,22 [vgl. Lk 5,11]; 8,1.23; 9,27; 10,38; 14,13 [vgl. Lk 9,11]; 19,2.28; 20,29), 8 weitere Belege, die durch Mt redaktionell bearbeitet sind (Mt 4,25 [vgl. Mk 3,7]; 8,10 [Lk 7,9].22 [Lk 9,59]; 9,19 [Mk 5,24]; 12,15 [Mk 3,7]; 20,34 [Mk 10,52]; 26,58 [Mk 14,54]; 27,55 [Mk 15,41]).

[99] Der Nachfolge-Begriff findet sich besonders häufig in Kap 8 und 9 (9 von insgesammt 25 Belegen). Er hat eine ekklesiologische Ausrichtung. Vgl. dazu H.J. Held, Matthäus als Interpret, 155-287; G. Künzel, Gemeindeverständnis, 143ff.; H. Frankemölle, Jahwebund, 88-91; W. Schenk, Die Sprache des Matthäus, 348.

[100] G. Schneider, ἀκολουθέω, EWNT I, 122.

[101] Vgl. A. Schulz, Nachfolgen, 65, bezüglich dieser Stellen: "Ihre Eigenart als Sammelberichte, Rahmenangaben und Übergangswendungen liegt auf der Hand ... Ein Vergleich unter den synoptischen Parallelen lehrt, daß diese Art der Verwendung von ἀκολουθεῖν noch ohne eigentliche theologische Valenz ist." - Vgl. auch J.D. Kingsbury, Ἀκολουθεῖν, 61f.

len.[102] Diese schon bei Mk vorgegebene Pointierung (vgl. Mk 1,17.20; 2,14; 8,34f.) wird durch Mt noch verstärkt. Die Leidensnachfolge (ἀκολουθεῖν! Mt 10,38 diff. Lk 14,27; vgl. auch Mt 16,24f. par.) ist durch die Übernahme des je eigenen Kreuzes gekennzeichnet.[103] In 19,28 fügt Mt ἀκολουθεῖν redaktionell ein (vgl. auch Mt 8,22.23). Gleiches gilt für die Berufungsgeschichte (Mt 4,18-22; Mt 4,22 diff. Mk 1,20).[104] Die Berufung geschieht durch Jesu vollmächtiges Wort. Sie ist eine Berufung in die Nachfolge Jesu.[105] Dies bedeutet für die Jüngergemeinde, daß sie sich für die Gemeinschaft mit Christus entscheidet. Es ist das "Joch" Christi (Mt 11,28-30), das die Nachfolgenden auf sich nehmen, um von ihm zu "lernen" (μαθητεύειν). Nachfolge bedeutet die Übernahme der eschatologischen Forderung Jesu (Mt 28,20). Darin bedarf es der Bereitschaft zum Verzicht und Leiden (5,10f.; 8,18-22; 10,38f.; 16,24f.; 19,16-30; 20,25-28[106]).[107] Berufung, Nachfolge und Erfahrung von Leid gehören also für Mt

---

[102] Vgl. J.D. Kingsbury, Ἀκολουθεῖν, 56-73. Kingsbury konnte nachweisen, daß Mt das Verb ἀκολουθεῖν in einem doppelten Sinn gebraucht: streng wörtlich und metaphorisch im Sinn der Nachfolge der Jüngerschaft.

[103] Das Motiv der Leidensnachfolge kann Mt freilich auch mit Hilfe anderer Terminologie und Metaphorik zum Ausdruck bringen. So spricht Mt 26,38.40 (red. μεθ᾿ ὑμῶν vgl. diff. Mk 14,34.37 par) die Bereitschaft der Jünger zur Leidensgemeinschaft mit Jesus an. "Hier liegt eine christologische und leidenstheologische Engführung der Wendung μεθ᾿ ὑμῶν vor, die mit anderen Aussagen des Evangeliums über das Schicksal der Jünger übereinstimmt." (H. Franke-mölle, Jahwebund, 41). Wie in Mt 10,16-39 das Schicksal der Jünger mit dem Leidensschicksal Jesu parallelisiert ist, so analog in Mt 26,38.40: Der Wachsamkeitsruf Jesu intendiert die Leidensgemeinschaft mit ihm. Jesu Todes- und Leidensangst weist "vorbildlich" auf das entsprechende Schicksal seiner Jünger.

[104] Der Nachfolgegedanke wird in Mt 4,22 auch dadurch verstärkt, daß das Verlassen von Schiff und Vater "sofort" (εὐθέως) erfolgt (diff. Mk 1,20). Vgl. E, Schweizer, Mt, 42.

[105] Vgl. den bei den Synoptikern besonders durch Mt hervorgehobenen engen Zusammenhang von Berufung (Mt 10,1-4), Aussendung und Nachfolge im Leiden (Mt 10,5ff.; 10,38).

[106] Die Worte Mt 20,25-28 sind fast getreue Übernahme der Mk-Vorlage (Mk 10,42-45). Jedoch hat Mt gegenüber Mk den Aspekt von Vorbild und Nachfolge Christi stärker akzentuiert. Darauf macht A. Schulz, Nachfolgen, 252 Anm. 1, aufmerksam: "Die Partikel καὶ γάρ in Mk 10,45 hebt vor allem den kausalen Zusammenhang zwischen der Forderung Jesu an seinen Anhänger und dem Beispiel des Messias hervor. Die Parallele im Matthäusevangelium Mt 20,28 hat das begründende γάρ durch ein vergleichendes ὥσπερ ersetzt und auf diese Weise den Gesichtspunkt des Vorbildes und seine Nachahmung zusätzlich verdeutlicht." (Vgl. auch H. Geist, Menschensohn, 323; S. Schulz, Stunde, 228). - Die Parallelisierung des Leidens-schicksals der Jünger mit dem Jesu Christi wird auch deutlich am Einsatz des παραδιδόναι/παραδίδοσθαι-Motivs durch Mt: "Gerade der mt Gebrauch des Begriffes παραδιδόναι/παραδίδοσθαι zeigt die Parallelisierung des Jüngerschicksals mit dem des Menschensohnes. Seit 17,22 wird - durchaus in Übernahme aus Mk - das παραδιδόναι/παραδίδοσθαι vom Menschensohn ausgesagt (17,22; 20,18; 26,2 [red.!].15f.21.23 [red.!].24.25 [red.!].45.48; 27,2. 3f. [red.!].18.26). Ebenso gebraucht der Verfasser dieses Verbum viermal redaktionell für das Schicksal der Jünger (10,19.21 vgl. 10,17 und 24,9.10). Das Schicksal der Dahingabe des Lebens an die Menschen teilen die Jünger mit dem Menschensohn." (H. Geist, Menschensohn, 324f.; vgl. auch R. Kühschelm, Jüngerverfolgung, 185).

[107] Diese beiden Aspekte der Gemeinschaft mit Jesus Christus und des Verzichtes hat J.D. Kingsbury in seinem Aufsatz (The Verb Ἀκολουθεῖν ..., JBL 97 [1978], 56-73) herausgear-beitet: "The one factor is that of 'personal commitment': Jesus is pictured ... either as issuing a direkt summons to follow him (cf. 4,19.21; 9,9) or as addressing his words about following him

engstens zusammen. - Wenn diese Konzeption auch schon für Q oder Mk festzustellen ist[108], so hat sie Mt für die Situation seiner Gemeinde doch stärker
akzentuiert und aktualisiert[109]. "Die Akoluthie des Jüngers ist immer verbunden
mit Gefahr, Zumutung und unerhörtem Anspruch."[110] Der Nachfolgegedanke
verschärft sich an den Konturen der mt. Gemeinde. Diese muß Schmach, Beschimpfung, Leid und Verfolgung ertragen (5,10-12; 10,16ff.; 10,22ff.; 23,34;
24,9)[111]. Die Nachfolge führt nach Mt in ein Leiden um Christi willen, welches
identisch ist mit dem Leiden um der Gerechtigkeit willen (Mt 5,10-12). Das
bedeutet, daß der Gemeinde im Tun der "besseren Gerechtigkeit" (5,20) das Leid
nicht erspart bleibt. Der Begriff der Nachfolge hat also auch eine ethische Komponente. "Der matthäische Nachfolgebegriff meint nicht das ständige Unterwegssein, sondern bezieht sich auf die faktische Verwirklichung der δικαιοσύνη–
Forderung."[112] Dementsprechend wäre auch in Mt 19,21 das "vollkommene"
(τέλειος, vgl. 5,48) und damit "gerechte" Verhalten des reichen Jünglings der

---

to those who are disciples already (cf. 19,27-28). And the second factor is that of 'cost': there is
some notation in these verses to the effect that walking in the company of Jesus entails
personal sacrifice, whether it be the loss of family or goods or breaking with a former way of
life (cf. 4,20.22; 9,9; 19,28)." (S. 58).

[108] Vgl. A. Schulz, Nachfolgen, 63-133.252-270.

[109] Vgl. z.B. Mt 16,24ff.: Die Nachfolgeworte sind im Gegensatz zur Mk-Vorlage (Mk
8,34ff.) ausschließlich an die Jünger adressiert, während Mk auch die Volksmenge (ὁ ὄχλος)
benennt. Vgl. E. Schweizer, Mt, 225f.

[110] A. Sand, Mt, 385. Vgl. auch H.D. Betz, Nachfolge, 34; J.D. Kingsbury, Ἀκολουθεῖν,
58; W. Schrage, Ethik, 119.

[111] In diesem Leidensschicksal ist der nachfolgende Jünger mit dem Leiden Christi verbunden. Mt 10,25 bezeugt im Kontext von 10,16ff., daß Verfolgung, Beschimpfung und Leid
Zeichen dafür sind, daß der Jünger seinem Lehrer "gleich wird" (ἀρκετὸν τῷ μαθητῇ ἵνα
γένηται ὡς ὁ διδάσκαλος αὐτοῦ). So teilen die Jünger das gleiche Schicksal des
Geschmähtwerdens wie Jesus am Kreuz durch die Mitgekreuzigten (vgl. Mt 5,11 mit Mt 27,
44: Mt hat außer in 11,20 - hier aber in einem anderen Sinn - nur an diesen beiden Stellen das
Verb ὀνειδίζειν!). Ebenso verhält es sich mit der Erfahrung der Lüge (vgl. Mt 5,11:
ψευδόμενοι [red.] in bezug auf die Jünger; Mt 26,59: ψευδομαρτυρία [red.] gegenüber Jesus). Mt 23,34 verdeutlicht, wie das Vorbild der Passion Jesu auf das in der Nachfolge Jesu
entstehende Leiden der Gemeinde eingewirkt hat: "Jesu Passion ist Vorabbildung des Leidens
der Gemeinde, wie denn in 23,34 die Darstellung des Geschicks der Gemeinde den Aussagen
über die Passion Jesu angeglichen ist." (G. Strecker, Weg, 182; vgl. nur ἀποκτείνω, σταυρόω,
μαστιγόω, διώκω! Zum Zusammenhang von Leiden Jesu und Leiden der Jünger-Gemeinde
vgl. auch R. Kühschelm, Jüngerverfolgung, 184-198.272-282.293-307 in bezug auf Mt 10,16-
23; 24,9-14; 23,29-36).

[112] G. Strecker, Weg, 231. Vgl. auch H.D. Betz, Nachfolge, 35; S. Schulz, Stunde, 194.
Den Zusammenhang zwischen Nachfolge und Erfüllung des Willens Gottes im Gesetz bei Mt
arbeitet besonders G. Barth, Gesetzesverständnis, 88-98, heraus: "Die Nachfolge vollzieht sich
im Gehorsam gegen das von Jesus ausgelegte Gesetz ... Für Matthäus ist die Nachfolge der
Jünger hinter dem irdischen Jesus im historischen 'Damals', durch die sie alle Sicherungen auf-
geben mußten und sich an Jesus anschlossen, zu einem bleibenden Bild für den notwendigen
Anschluß des Menschen überhaupt an Christus geworden. Sie ist zu einem Bild geworden für
die enge Zugehörigkeit zu Christus, für den daraus erwachsenden Gehorsam gegenüber seinen
Geboten und für die daraus erwachsenden Leiden, Dienen, Liebe, Selbsthingabe, Niedrigkeit."
(S.96).

Verkauf seines Besitzes an die Armen, um dann Jesus "nachzufolgen".[113] "Als
so verstandener Gehorsam gegenüber dem Ruf des Kyrios ist die Nachfolge an
die verantwortliche Tat des Menschen gebunden ...".[114]

Ein Mt ähnliches Verständnis des Nachfolgegedankens läßt *1.Petr* erkennen[115]. Markant ist 1.Petr 2,21 (vgl. 3,17f.; 4,1). Wie Mt (ἀκολουθεῖν) beschreibt der Brief den Nachfolgegedanken mit dem gleichen Wort (als Kompositum: ἐπακολουθεῖν). Außer in 1.Petr 2,21 und Joh 12,26 wird außerhalb
der Synoptiker nur noch in Apk 14,4 das Nachfolgemotiv mit Hilfe des Begriffs
ἀκολουθεῖν und des Leidensgedankens zur Sprache gebracht.[116] Das Leidens-
motiv ist aus dem Lamm-Begriff zu erschließen[117]. So ist es wahrscheinlich,
daß 1.Petr (und vielleicht auch Apk 14,4) im Zusammenhang der synoptischen
Nachfolgevorstellung zu sehen ist. Der Zusammenhang mit Mt bestätigt sich
daran, daß 1.Petr wie Mt Nachfolge in ekklesiologischer Hinsicht gedeutet
haben. Es geht um das Schicksal der nachösterlichen Gemeinde. Mt entsprechend versteht 1.Petr die Nachfolge als Berufung zum Leiden (vgl. 2,21a: "denn
dazu seid ihr berufen ...")[118]. Es geht um die Identität der Gemeinde als eine

---

[113] In der Perikope vom reichen Jüngling ist der Nachfolgebegriff mit der Vollkommenheitsforderung kombiniert (19,21). Τέλειος ist in 5,48 die Zusammenfassung der in den Antithesen geforderten δικαιοσύνη (5,20). Mt hat in 19,19 das Gebot der Nächstenliebe eingefügt.
Das in 19,21 geforderte Vollkommensein besteht also gerade in der konsequenten Durchführung des Nächstenliebegebotes. Da der reiche Jüngling zu der Abgabe von seinem Besitz
nicht bereit ist, scheitert er an der Realisierung der Nächstenliebe, am "Vollkommensein" und
somit an der Nachfolge Jesu. Vgl. R. Schnackenburg, Vollkommenheit, 147ff.; E. Lohse,
"Vollkommen sein", 136ff.; R. Hoppe, Vollkommenheit, 159ff.

[114] G. Strecker, Weg, 231.

[115] Zur Nachfolgevorstellung im 1.Petr vgl. H. Millauer, Leiden, 65-84; F. Schröger, Gemeinde, 162-168.

[116] Der Gedanke des Kreuzes und des Leidens ist in Apk 14,4 durch die Lamm-Christo-
logie angedeutet (vgl. E. Lohse, Offenbarung, 43f. 84f.; A. Schulz, Nachfolgen, 171; G.
Dautzenberg ἀμνός κτλ., EWNT I, 170f.), im Unterschied zu Mt und 1.Petr aber nicht explizit
genannt. Sonst wird im NT das Motiv der Verbindung mit dem Leiden Christi anders ausgedrückt: Taufe in den Tod Christi; Mit-Begraben-Sein (vgl. Röm 6,3f.); "Teilhabe" am Leiden
Christi (vgl. 2.Kor 1,7; Phil 3,10); "Mit-Leiden" (vgl. Röm 8,17)."Nachfolge" umschreibt
Paulus auch mit anderen Begriffen (vgl. 1.Thess 1,6; 2,14; 1.Kor 4,16; 11,1: μιμεῖσθαι,
μιμητής). Zur Begrifflichkeit der ntl. Nachfolgevorstellung vgl. A. Schulz, Nachfolgen und
Nachahmen, München 1962.

[117] Vgl. A. Schulz, Nachfolgen, 171: "Die Glieder des irdischen Gottesvolkes, die Auserwählten, folgen ihrem Herrn, der als Opferlamm den Heilstod für seine Gemeinde gestorben
ist Apk 5,6.9f.12, im Leiden und Sterben nach. Wiederholt hebt ja die Offenbarung des
Johannes eigens hervor, daß die Kirche in der bevorstehenden Endzeit einer übermenschlichen
Drangsal entgegengeht Apk 6,11; 13,7-10.15; 17,6; 20,4. Es ist nicht ausgeschlossen, daß die
Aussage: 'Sie folgen dem Lamme, wohin es auch geht' eine beabsichtigte Kontrastbildung zu
der Bestimmung in Apk 13,3 darstellt: 'und die ganze Welt folgte staunend dem Tiere'."

[118] 1.Petr 2,21 steht im Kontext der mit 2,18 einsetzenden Paränese an die christlichen
Sklaven. Jedoch ist die konkrete Sklavenparänese nur der Aufhänger für die ab 2,19ff. gebote-
ne generelle Christenparänese. Dafür spricht das indefinite Personalpronomen τὶς in 2,19 wie
auch der grundsätzliche, alle Christen betreffende Charakter des Inhalts von VV19.20 (vgl. A.
Reichert, Praeparatio, 49.133). Gegenüber den anderen Haustafelparänesen (2,13-17; 3,1-6;
3,7) fällt in 2,18-25 die lange christologische Begründung (2,21ff.) auf. Offenbar bot das in
2,18b angesprochene Verhältnis der christlichen Sklaven zu den ungerechten Herren dem Verf.

solche in der Bewährung in und durch Leiden.[119] Damit ist zugleich der Verzicht auf (andere) Vorteile in der Welt gesehen. Die Bindung an Christus erfordert Verzichtsbereitschaft (vgl. 1.Petr 1,14; 2,11; 3,17; 4,1-4; 4,14f.; 5,2f.). Wie bei Mt sind also Berufung, Nachfolge, Erfahrung von Leid und Verzicht auf Vorteile und Privilegien engstens miteinander verknüpft. - Ebenfalls in Entsprechung zu Mt versteht der Brief das Leiden um Christi willen als ein Leiden um der Gerechtigkeit willen (vgl. Mt 5,10-12; 1.Petr 3,14; 4,13f.). Die Gemeinde ist trotz des Leidens zum rechten Verhalten in der Welt aufgerufen (vgl. 2,12.15. 20f.; 3,9ff.17f. u.ö.) und bewährt darin ihre Christusnachfolge. Nachfolge hat im Brief also einen Mt ähnlichen ethischen Aspekt. Christusnachfolge und ethisch rechtschaffenes Verhalten in der Welt gehören zusammen.[120]

---

des Briefes die Möglichkeit, auf das Thema "ungerechtes Leiden" in 2,19f. grundsätzlich einzugehen, wobei sich von diesem Thema her eine christologische Begründung für die Leidensbereitschaft wie die in 2,21ff. anbot. "Thus the condition and experience, the attitude and the steadfastness, the vocation and the reward of the household slaves are paradigmatic for the household membership as a whole." (J.H. Elliott, Home, 206; vgl. dazu A. Reichert, Praeparatio, 133f.; N. Brox, Komm. 1.Petr, 128-130; F.-R. Prostmeier, Handlungsmodelle, 156ff. 413f.; K.C.P. Kosala, Taufverständnis, 140; gegen K. Philipps, Kirche in der Gesellschaft, 35-44, der die Paränese in 2,18ff. ausschließlich nur auf die Sklaven bezieht).

[119] Vgl. den unter den Synoptikern vor allem bei Mt feststellbaren Zusammenhang von 1.Petr 2,20b und 2,21: Leidensbereitschaft, Berufung und Nachfolge. Die Leidensnachfolge bedeutet eine "Schicksalsgemeinschaft mit Jesus" (P. Goldstein, Paulinische Gemeinde, 28[f.]), sofern Christus uns den Weg des Leidens vorgegangen ist und wir Anteil an seinem Leiden bekommen (2,21; 3,17f.; 4,1.13).

[120] Vgl. A. Schulz, Nachfolgen 293, zum Zusammenhang von 1.Petr 3,14-17 mit 3,18: "Das tertium comparationis zwischen dem Herrn und seinen Anhängern sind nicht die Leiden ὑπὲρ ἀδίκων, sondern ist das Attribut δίκαιος für Christus. Die Leser sollen bedenken: Unser eigenes Dulden διὰ δικαιοσύνην 1.Petr 3,14; d.i. als Menschen, die der Ordnung Gottes gehorsam sind und ihre Pflicht erfüllen 1.Petr 3,17, steht im Einklang mit dem Schicksal Christi, dem δίκαιος, dem Täter des göttlichen Willens im Vollsinn." - Ähnliches wie in 3,17f. ist auch in 2,20f. der Zusammenhang von ἀγαθοποιεῖν und πάσχειν auf seiten der Christen mit dem vorbildlichen Leiden Christi gesehen. Er wird schon in 2,19 durch die Bestimmung "πάσχων ἀδίκως" vorbereitet: ungerechtfertigt leiden und darin das Gute tun - so folgt die christliche Existenz dem "Leitbild" Christi nach (2,21ff.).

Der Nachfolgegedanke impliziert die Annahme einer *engen Bindung* an Jesus Christus. Die den Fußspuren Christi nachfolgenden Christen (1.Petr 2,21) sind auf dessen Hilfe angewiesen, sofern er es ist, der uns von den Sünden befreit (1.Petr 2,24), zu Gott führt (3,18) und darin der "Hüter unserer Seelen " ist (2,25). - Dieses Motiv der engen Bindung an Jesus Christus und des Angewiesenseins auf ihn ist bei Mt mehrfach hervorgehoben, nicht nur in den Nachfolgeszenen selbst, sondern überall da, wo die Existenz der Jünger(gemeinde) auf dem Spiel steht. Exemplarisch hat dies Mt mehrfach am Verhältnis des Petrus zu seinem Herrn dargestellt (vgl. Teil 3.1.). Prägnant ist die Perikope vom sinkenden Petrus (Mt 14,28-31). Nachfolge (vgl. ἐλθέ! V29) und die rettende Hand des Herrn (V31) gehören engstens zusammen. "Jesus gibt in der Gestalt des Petrus (vgl. auch 16,16) der Gemeinde die einladende und vollmächtige Ermutigung zur Nachfolge (V.29). In der Gefährdung seiner Nachfolgebereitschaft durch seinen Kleinglauben erfährt Petrus Jesu rettendes Handeln. Diese Szene ist als Modellerfahrung von Nachfolge in ihrer Gefährdung und Bewährung gedacht."[121] Grundsätzlich hat Mt das Jüngerwirken und das Wirken Jesu bewußt aufeinander abgestimmt. Das wird nicht nur daran deutlich, daß die Vollmacht Jesu zu Lehre, Wundertaten und Krankenheilungen auf die Jünger übertragen wird (vgl. 4,23-25; 9,35-37 mit 10,1.5ff. und 28,18ff.), sondern auch daran, daß die zwei Jüngerkompositionen 4,18-22 und 9,35-11,1 die Komposition vom messianischen Wirken Jesu (4,23-9,34) umschließen: "Wirken Jesu und Jüngerschaft sollen als *von Anfang an* zueinander gehörig dargestellt werden."[122]

3.2.5. Der Missionsgedanke

Der *1.Evangelist* hat ein starkes Interesse an der Mission. Dies steht im Zusammenhang der sich weltweit ausbreitenden Kirche und der Verselbständigung gegenüber der judenchristlichen Muttergemeinde. Für Mt ist die Zeit des irdischen Jesus ausschließlich mit der Mission in Israel verbunden (vgl. 2,6; 10,5f.; 15,24). Aber Israel hat Jesus verworfen (vgl. bes. 27,25!) und damit den Anspruch auf Heilsexklusivität verwirkt. Ihm wird die Basileia genommen (21, 43 s.u.; vgl. 8,11f.[123]). Mit der Auferstehung ist Christus der Heiland für die ganze Welt geworden. Darum richtet sich der Auftrag universaler Mission durch den auferstandenen Herrn an die Jüngergemeinde, die unter allen Völkern (πάντα τὰ ἔθνη Mt 28,18; vgl. 24,14) "in der ganzen Welt" (24,14; 26,13) Menschen gewinnen soll.[124] Damit ist die Beschränkung der Mission auf Israel

---

[121] H. Geist, Menschensohn, 393f. Vgl. auch H. Klein, Christologie und Anthropologie, 215f.; F. Mußner, Petrusgestalt und Petrusdienst, 28.

[122] P. Hoffmann, Petrus-Primat, 109, vgl. ders., Bedeutung des Petrus, 23.

[123] Mt 8,11f. ist in seiner Schärfe als Gerichtswort gegen Israel kaum zu überbieten. Daß die "Söhne der Basileia" (= das erwählte Volk Israel) am endzeitlichen Freudenmahl im Reich Gottes nicht teilnehmen werden, ist für jüdische Ohren eine unerhörte Prophetie. Vgl. W. Trilling, Israel, 89; R. Walker, Heilsgeschichte, 49. 89f.; J. Lange, Erscheinen, 50 Anm. 74; R. Hummel, Auseinandersetzung, 146ff.

[124] Die genannten Belege (24,14; 26,13; 28,18ff.) zeigen, daß Mt mit einer universalen Ausbreitung und Entfaltung der Ekklesia bis zur Parusie Christi rechnet (vgl. 24,14: "... καὶ τότε ἥξει τὸ τέλος". 28,20: "...ἕως τῆς συντελείας τοῦ αἰῶνος"). Die Zeit der Kirche ist nach Mt die Zeit der Verkündigung und der missionarischen Aktivität, die Zeit zwischen Ostern und Parusie, jedoch "einbezogen in das auf das Ende hinführende Geschehen ...". (F. Hahn, Die eschatologische Rede Matthäus 24 und 25, 117; vgl. auch G. Bornkamm, Enderwartung, 19; J. Lange, Erscheinen, 287-295). Zum missionarischen Anliegen vgl. auch Mt 22,1-14: Nachdem Israel seine Berufung verworfen hat (VV1-8), werden die Heiden bzw. die

(10,5f.; 15,24) aufgehoben.[125] Dem Auferstandenen ist "alle Vollmacht" (πᾶσα ἐξουσία) übergeben (28,18). Diese ist Ausdruck der entschränkenden, universalen Proklamation des Missionsauftrages. "Die Konkretisierung des Auftrags durch μαθητεύσατε ... βαπτίζοντες κτλ. offenbart den Fortschritt der Heilsoffenbarung gegenüber dem κηρύσσατε ... ἤγγικεν ἡ βασιλεία τῶν οὐρανῶν der vorösterlichen Mission (10,7), und zwar im Sinne der echt matthäischen Akzentuierung des Christseins."[126] Der unmittelbar missionarische Charakter von Mt 28,19 wird durch "πορευθέντες" deutlich. Dieses imperativische Partizip ist auf dem Hintergund der Ablösung des πορεύεσθε von Mt 10,6 bzw. des πορευόμενοι von Mt 10,7 zu sehen, weist aber auch im Sinn der Erfüllung des πορεύεσθε von Mt 22,9 auf diese Stelle zurück. Es geht um die autoritative Sendung der Boten Gottes bzw. der Jünger Jesu.[127]

Der universale heilsgeschichtliche Auftrag der Jünger ist schon in 5,13-16 hervorgehoben. Die zentrale Bestimmung "Licht der Welt" (5,16) lehnt sich an die Gottesknechtfunktion in Jes 42,6 und 49,6 an (φῶς ἐθνῶν LXX). Hier ist ausdrücklich an das Heil der Heidenvölker gedacht, das im Zusammenhang der Sammlung Israels selbständig bedacht wird (vgl. bes. Jes 49,6: Israel - Heiden).[128] Der missionarische Aspekt von Mt 5,16 ist schon im Zusammenhang des traditionsgeschichtlichen Vergleichs mit 1.Petr 2,12 festgestellt worden (vgl. Teil 2.3.). Mt 5,16 bezeugt im Verein mit 24,14; 26,13 und 28,19, daß der universale Auftrag der Jüngerschaft die enge Verbindung von Wort (Verkündigung) und Tat (ethisches Rechtverhalten) einschließt.[129]

Die heilsuniversalistische Sicht des Mt bringt das Evangelium schon in den ersten vier Kapiteln zum Ausdruck. Der Prolog (Kap 1-2) zeigt, daß die Geburt des verheißenen Messias bis auf Abraham zurückreicht (1,1f.; vgl. 1,17), dem

---

Völker an die Tische des Herrn gerufen (VV.9ff. vgl. Mt 8,11!). Vgl. dazu A. Vögtle, Gastmahl, 204ff.; A. Kretzer, Herrschaft, 177.

[125] Zur Problematik dieser "partikularistischen" Stellen, die die Sendung auf Israel beschränken (10,5f.; 15,24), vgl. H. Frankemölle, Jahwebund, 105ff. 123ff.; ders., Mission, 100ff.; ders., Evangelist und Gemeinde, 171f.; W. Trilling, Israel, 101ff.; P. Hoffmann, Logienquelle, 261f. Frankemölle versteht diese Belege als theologisch-literarisches Mittel der Geschichtskonzeption des Evangelisten im Gegensatz zu historisierenden Ansätzen (z.B. G. Strekker, Weg, 107-109; R. Hummel, Auseinandersetzung, 141.144; R. Walker, Heilsgeschichte, 1). Demnach wird die auf Israel beschränkte Mission nicht nur zeitlich von der universalen Mission abgelöst, sondern beide stehen in einem konzeptionellen Zusammenhang: Jesus und seine Jünger sind zu Israel gesandt, damit dieses unentschuldbar ist, seine Schuld durch die Ablehnung Jesu und seiner Boten eindeutig festgestellt und seine Verwerfung in seiner Verstockung und Schuld begründet werden kann. Die beiden Verse haben für Mt also eine geschichtstheologische Bedeutung.

[126] W. Trilling, Israel, 103. Vgl. auch A. Vögtle, Das christologische und ekklesiologische Anliegen von Mt 28,18-20, 266.

[127] Vgl. J. Lange, Erscheinen, 305f.; A. Sand, Gesetz, 170f.; A. Vögtle, Das christologische und ekklesiologische Anliegen von Mt 28,18-20, 266.

[128] Vgl. dazu W. Trilling, Israel, 140ff.

[129] Wort und Tat kulminieren in der Bewahrung (τηρεῖν) des vom Auferstandenen Gebotenen (28,20; vgl. 19,17 und 23,3: "Bewahrung" des von Gott im Gesetz geoffenbarten Willens!); τηρεῖν dient Mt "zur Unterstreichung des notwendigen Tuns der Gebote". G. Baumbach, Mission, 890 Anm. 14.

nach atl. Verheißung für "alle Völker der Erde" (vgl. Gen 12,3; 13,15f.; 15,5f. u.ö.) Heilsbedeutung zukommt[130]. Es sind die heidnischen Magier aus dem Osten, die die Heilsbedeutung des geborenen Messias erkennen (2,1ff.). Es ist das "Galiläa der Heiden", das ein großes Licht sieht. Mt 4,16 korrespondiert mit 5,14 in der Licht-Terminologie. Wie Christus der Welt das Licht zum Heil bringt (4,16)[131], so wird die Jüngergemeinde im Auftrag des Herrn der Welt zum "Licht" (5,14). Das "Galiläa der Heiden" (4,15), dem durch das Prophetenwort das Heil zugesagt worden ist (4,14), wird selbst der Ausgangspunkt für die universale Weltmission (28,16ff.)[132]. Wie erst den Heiden das Licht aufgegangen ist, so wird es durch die Vermittlung der Boten Jesu allen Völkern leuchten. Die Gemeinde setzt so als zum "Licht der Welt" (5,14) bestimmte Ekklesia das Heilswerk Jesu fort, der selbst das "Licht" für das "Galiläa der Heiden" geworden ist (4,15f.).

Der für Mt wichtige Vers **21,43**, der von dem Entzug der Basileia spricht, benennt einen Vorgang, der aus der geschichtstheologisch-literarischen Perspektive des Evangelisten bereits in der Vergangenheit liegt. Das trifft für die in 21,28-46 gewählten futurischen Tempusformen zu (21,31.40.41.43), die "innerhalb des Zeitgerüsts der Parabeln (Vergangenheit) zwar zukünftig, aus der realen Perspektive des Mt (Gegenwart) aber vergangen" sind. (H. Frankemölle, Jahwebund, 252). Mt 21,41a und 22,7 (Zerstörung Jerusalems) bezeugen, daß Mt das Strafgericht über Israel schon als vollzogen sieht (vgl. auch 23,38).[133] - Nach atl. Vorstellung herrscht Jahwe als König über Israel. Er hat damit eine führende, leitende und beschützende Funktion (vgl. Ps 103,19; 145,13; Ex 15,18; Dtn 26,5-9; Jer 31,10; Mi 2,13b; vgl. A. Kretzer, Herrschaft, 37ff.). Diese Führung und dieser Schutz, die Israels Existenz im Laufe seiner Geschichte gewährten, werden Israel entzogen, weil es verstockt, treulos und unbußfertig geworden ist (Mt 3,7-12; 8,10b-12; 11,11-15; 17,10-13; 21,32). Gott zieht seine Herrschaft aus Israel zurück (Mt 23,38f.). Die Konsequenz ist die Verwüstung Jerusalems (22,7). Es geht also um einen "Entzug von Erwählung und Verheißungen"[134]. Dieser göttliche Schutz und diese göttliche Leitung werden dem "Volk" zukommen, das Gottes Willen erfüllt, zur Umkehr bereit ist, den nötigen Glauben aufweist und die entsprechende Frucht bringt (13,23; 21,31). In der

---

[130] Das heilsgeschichtliche Problem des Mt: Israel und (Völker-)Kirche ist bereits in der Überschrift für Prolog und Evangelium (1,1) programmatisch zusammengefaßt. "Jesus ist als Sohn Davids gesandt zu 'Israel', bringt aber als Sohn Abrahams die Verheißungen für 'alle Völker'." H. Frankemölle, Jahwebund, 362. Vgl. auch die im Stammbaum genannten heidnischen (!) Frauen (1,3.5.6), die auf die universale Perspektive des Mt hinweisen. Vgl dazu G. Kittel, Θαμάρ κτλ., ThWNT III, 1-3; U. Luz, Mt I, 93f.

[131] Vgl. Hen(aeth) 41,4: Der Menschensohn als Licht der Völker.

[132] Mt hat mit dem Galiläa-Motiv in 28,10.16f. eine deutliche Klammer zu Mt 4,15 (vgl. auch 2,22f.) geschaffen. Der Zug der Jünger nach Galiläa in Kap 28 ist nicht nur eine historisch-biographische Angabe, sondern ein Programm. Hat Israel an der Ablehnung Jesu bis zu dessen Tod (27,25) und dessen Auferstehung (28,11ff.) festgehalten, so ist es konsequent, daß die Jünger nach Jesu Tod wieder in das "Galiläa der Heiden" (4,15) ziehen. Nicht Jerusalem, sondern das heidnische Galiläa wird der Ort des Heilsempfanges. "Dem πορεύεσθαι nach Galiläa (V16a) entspricht das πορεύεσθαι zu allen Völkern (V19a)." G. Künzel, Gemeindeverständnis, 106. Zur Galiläa-Vorstellung bei Mt vgl. J. Lange, Erscheinen, 358-391.

[133] Vgl. W. Trilling, Israel, 84-90; R. Walker, Heilsgeschichte, 58; G. Strecker, Weg, 111f. 169.

[134] H. Frankemölle, Jahwebund, 255; vgl. ähnlich auch R. Schnackenburg, Kirche im Neuen Tesatment, 65; O.H. Steck, Israel, 299.

Wirksamkeit des erhöhten Herrn ist die Basileia in der Gemeinde schon leitend und schützend gegenwärtig (18,20; 28,18ff.). Zugleich aber macht Mt deutlich, daß die Basileia zukünftiges Heilsgut ist (7,21; 13,43; 25,34). So ist der Gemeinde jetzt aufgetragen, die Früchte der Basileia einzubringen (5,20; 7,21; 21,43; 25,34ff. u.ö.), um nicht aus der Basileia eschatologisch ausgeschlossen zu werden (13,41f.; 7,21; 18,35 u.ö.). Die "Gabe" der Basileia hat für Mt also eine paränetische und zukünftige Nuance[135].

Ein Mt ähnliches Verständnis der Mission hat der *1.Petrusbrief*.[136] Zwar spielt das Problem "Israel" im Gegensatz zu Mt im 1.Petr keine Rolle (s.o.), doch ist der enge Zusammenhang von Wort, Tat und Mission bei Mt auch im 1.Petr erkennbar. Nach 1.Petr 2,12 wird die heidnische Bevölkerung wie in Mt 5,16 (vgl. Teil 2.3.) durch die gute Tat zur Überzeugung geführt. Zum einen sollen die Christen nach dem Willen Gottes durch rechtschaffene Tat (ἀγαθοποιεῖν) auf die feindlich eingestellte heidnische Bevölkerung und deren Behörden überzeugend wirken, so daß "die Unwissenheit der törichten Menschen" zum Schweigen gebracht wird (2,15), zum anderen hat dieses Tun das Ziel der eschatologischen Verherrlichung Gottes (2,12; vgl. 4,11). Nach 3,1 soll der "heilige Lebenswandel" der Frau den heidnischen Mann "ohne Wort" überzeugen und "gewinnen".[137] Aber die Christen sind nicht nur im Hinblick auf das Tatverhalten in der Welt hin gefordert, sondern auch hinsichtlich der Verkündigung durch das Wort, welches die "Wohltaten Gottes" zum Inhalt hat (2,9[138]; vgl. 4,11). Indem

---

135 vgl. A. Kretzer, Herrschaft, 165f.

136 Zum Missionsverständnis des 1.Petr vgl. F. Schröger, Gemeinde,137-142: "Die Gemeinde als dynamisch-missionarische Gruppe" (S.137). Vgl auch T. Spörri, Gemeindegedanke, 65-73; H. Goldstein, Gemeindeverständnis, 34-45.134f.; ders., Paulinische Gemeinde, 32f. 60f. 112f.; W. Brandt, Wandel als Zeugnis, 10-25; P. Lippert, Leben als Zeugnis, 61-87; R. Heiligenthal, Werke als Zeichen, 123-126; C. Wolff, Christ und Welt, 334-342; N. Brox, Der Glaube als Zeugnis, 89-98; W. Schrage, Ethik, 224f.

137 Κερδαίνω ist terminus technicus der Missionssprache; vgl. Teil 2.3. Anm. 44. F. Neugebauer, Deutung, 112, macht darauf aufmerksam, daß im 1.Petr Verben der missionarischen Aktivität (κερδαίνειν 3,1; εὐαγγελίζεσθαι 1,12.25; 4,6; κηρύσσειν 3,19) "in wichtigen Zusammenhängen auftauchen." Dieser Sprachgebrauch deutet also ebenfalls auf ein missionarisches Anliegen des Briefes hin.

138 1.Petr 2,9b spricht die Sprache der Mission. Ἐξαγγέλειν ist ntl. Hapaxlegomenon. Das Wort dürfte bewußt vom Verf. des Briefes gegenüber Jes 43,21 (διηγεῖσθαι LXX) eingeführt worden sein. Es hat gegenüber διηγεῖσθαι einen weltoffeneren Bezug im Sinn von: "weit hinaus verkünden" (vgl. Bauer-Aland, WNT, ἐξαγγέλω, 537; J. Schniewind, ἀγγελία κτλ., ThWNT I, 68; F. Schröger, Gemeinde, 138). Wenn die Wendung "τὰς ἀρετὰς ἐξαγγέλειν" ein terminus technicus bei der Exhomologese jener ist, die geheilt oder gerettet wurden und dabei die Anweisung erhielten, dies öffentlich anzusagen, wie E. Käsemann annimmt (ders., Amt und Gemeinde im Neuen Testament, EVB I, 123), so würde dies den missionarischen Charakter von 1.Petr 2,9b unterstreichen. Als Wiedergabe des hebr. תהלה ist ἀρετή in Jes 43,21 (LXX) im Sinn von "Ruhm" zu verstehen (vgl. O. Bauernfeind, ἀρετή, ThWNT I, 459). Der Zusammenhang mit ἐξαγγέλειν legt in 1.Petr 2,9b aber eine andere Bedeutung nahe. Es geht um die umfassende "Selbstbekundung" Gottes in seinen göttlichen Machttaten (ders., a.a.O., entsprechend der grch. Verwendung des Wortes z.B. bei Philo Spec Leg I 209: τῶν θείων δυνάμεων καὶ ἀρετῶν; vgl. L. Goppelt, Komm. 1.Petr, 153; O. Knoch , Komm. 1.Petr u.a., 64; K.H. Schelkle, Komm. 1.Petr u.a., 65), die, wie der Zusamenhang von 1.Petr 2,4-10 zeigt, christologisch bestimmt sind. Im Zusammenhang der Aussage "Berufung aus der Finsternis zum Licht" (2,9b) denkt 1.Petr speziell an die Bekehrung der Adressaten des Briefes durch

die durch Gottes Licht bekehrten christlichen Adressaten zur weltweiten (vgl. 5,9: Bruderschaft "in der Welt") Verkündigung von Gottes Machttaten, die sie an sich selbst als Erleuchtung (Bekehrung) erfahren haben (vgl. Anm. 138), aufgerufen werden, sind sie zur missionarischen Aufgabe in der heidnischen Welt ermutigt. In ihrem Zeugnis durch Wort (vgl. 2,9; 4,11) und Tat (2,12) werden sie - im mt. Sinn - selbst zum "Licht der Welt" (Mt 5,16). Auch wenn 1.Petr die mt. Bestimmung "Licht der Welt" nicht direkt bietet, ist die Nähe zu Mt 5,14-16 deutlich: Die Licht-Existenz des Christseins beweist sich in der missionarischen Aktivität, welche Mt und 1.Petr als Wort- und Tatverkündigung verstehen. Beide Aspekte des Wort- und Tatzeugnisses sind in der Forderung der Rechenschaftslegung "über eure Hoffung" vor der heidnischen Bevölkerung und ihren Behörden zusammengefaßt (3,15)[139]. Infolge dieser Rechenschaftslegung kommt es zu einer "Beschämung" der Verlästerer, indem der "gute Lebenswandel in Christus" die Schmähungen der Christen ad absurdum führt (3,16). Beiderseits, im Wort und in der Tat, bringen die Christen Gott "geistliche Opfer" dar (2,5; vgl. dazu Teil 3.2.5.). So ist ihr "Lebenswandel" (ἀναστροφή) nicht losgelöst vom verkündigten Wort (vgl. 1,12.23.25; 2,8.9; 3,1.15; 4,11) zu sehen. "An keiner Stelle wird der Wandel der Christen Ersatz für das verkündigte Wort."[140]

---

die Wiedergeburt (vgl. 1,3f..23; 2,2), die durch Christi Auferstehung bewirkt ist (1,3). Auch in der jüdischen Missionstheologie wird die Bekehrung als Erleuchtung verstanden. Vgl. L. Goppelt, Komm. 1.Petr, 153 Anm. 67; H. Conzelmann, σκότος κτλ., ThWNT VII, 432.433f.; W. Hackenberg, σκότος, EWNT III, 611. Zum missionarischen Charakter von 1.Petr 2,9b vgl. auch H. Goldstein, Gemeindeverständnis, 79f.

[139] Die Wendungen αἰτεῖν τινα λόγον περί τινος ("von jemandem Rechenschaft fordern über etwas") bzw. λόγον δοῦναι ("Rechenschaft geben") und ἀπολογία ("Verteidigung"; "Rechtfertigung") sind für den Gebrauch in der Gerichtssprache belegt (1.Petr 4,5; Röm 14,12; Act 25,16; 26,2; 2.Tim 4,16). Die Annahme einer gerichtlichen Verantwortung für 3,15 legt sich auch durch 4,15 nahe. Jedoch ist der Aspekt der (privaten) Auseinandersetzung mit der heidnischen Bevölkerung nicht auszuschließen. Das wird durch "ἀεί" ("immer") und "παντί" ("jedem [beliebigen] Menschen") unterstrichen (vgl. L. Goppelt, Komm. 1.Petr, 237; F. Schröger, Gemeinde, 139; A. Reichert, Praeparatio, 339f. Anm. 2; R. Knopf, Komm. 1.Petr u.a., 139; H. Goldstein, Gemeindeverständnis, 230; H. Manke, Leiden, 143; N. Brox, Komm. 1.Petr, 159; E.G. Selwyn, Epistle, 193; J.N.D. Kelly, Commentary, 143). Die genannten Wendungen sind auch sonst im Sinn privater Verteidigung belegt (vgl. Plato, Polit. 285 E; 1.Kor 9,3; 2.Kor 7,11; 12,19). Ob vor Gericht oder privat, es handelt sich in 3,15 um das missionarische Zeugnis bezüglich der christlichen Hoffnung (vgl. U. Kellermann, ἀπολογέομαι κτλ., EWNT I, 329). Auf Grund der Stellung der Christen in einer feindlich gesinnten Umwelt ist die missionarische Funktion in doppelter Hinsicht entfaltet: Zum einen ist sie - positiv gesehen - *Überzeugung* der Heiden von der Rechtschaffenheit der Christen (2,12; 3,1.15), zum anderen ist sie - negativ gesehen - *Verteidigung* und Abwehr der heidnischen Vorwürfe (2,15: "den Unverstand der törichten Menschen zum Schweigen bringen"; 3,15: im Sinn der gerichtlichen Verantwortung). Beide Aspekte sind in 3,15 zusammengefaßt. Denn die "Verteidigung" ist zugleich als "Rechenschaftslegung" - im positiven Sinn - über die Hoffnung verstanden.

[140] W. Brandt, Wandel als Zeugnis, 25. Dies gilt auch für 3,1: Das "Gewinnen" der heidnischen Männer durch die christlichen Frauen "ohne Wort" bedeutet nicht die definitive Außerkraftsetzung des "Wortes" - ohne Verkündigung des Wortes wäre christliche Existenz nicht vorstellbar (vgl. 2,9) -, sondern die "Verleiblichung" des Wortes im Lebenswandel. "Der Wandel der Christen ist der Kommentar zu diesem Wort." (a.a.O., 25). Nur deshalb kann der "gute Lebenswandel" der Christen auch Überzeugungskraft auf die Heiden haben (vgl. 2,12), weil sie von der Kraft des "lebendigen Wortes Gottes" (1,23) her leben und wirken.

Das Verhältnis zu den Außenstehenden bedarf der Rücksichtnahme ihnen gegenüber in dem Sinn, daß die Gemeinde auf die Verursachung von Ärgernissen und Anstößen verzichtet. Sowohl Mt als auch 1.Petr bringen dies zum Ausdruck. Mt hat dies vor allem in der Tempelsteuerperikope (17,24-27; vgl. Teil 3.1.4.) klargestellt. In bezug auf die leitenden Behörden gilt es, Ärgernisse zu vermeiden (17,24). Damit ist ein grundsätzlich positives Verhältnis der Christengemeinde zu den leitenden Behörden gefordert (vgl. auch Mt 22,15-22).[141] Die Söhne Gottes (vgl. 17,26) bewähren ihre Freiheit in den irdischen Bindungen der Welt. Der Gottessohn befreit "seine Jünger nicht von diesen Ordnungen, sondern hilft ihnen, innerhalb der Bindungen in Freiheit zu leben."[142] Analoge Motive finden sich auch im 1.Petr. Es ist ausdrücklich Gottes Wille, Gutes zu tun (2,12), um so einer gerechten Bestrafung durch die Staatsgewalt zu entgehen (2,14). Dabei liegt dem Brief daran, daß kein Christ als Verbrecher (κακοποιός 4,15) leiden soll. Einen bewußten Konflikt mit den leitenden Behörden der Gesellschaft gilt es ausdrücklich zu vermeiden. Denn Christsein zeichnet sich durch Rechtschaffenheit aus (vgl. 2,12.15.20; 3,11.16.17; 4,19). Diesen Aspekt der Rücksichtnahme auf die Außenstehenden bedenken Mt und 1.Petr in vergleichbarer Weise. Voraussetzung ist die Annahme einer grundsätzlich positiven Einstellung zu den leitenden Behörden und Institutionen der Gesellschaft.[143] Wie Mt spricht auch 1.Petr (2,13ff.) von der "Freiheit" der Christen (V16) in den Bindungen und Ordnungen der Welt. Es gilt, das Christsein trotz der Anfeindungen durch die heidnische Umwelt im "festen Glauben" (vgl. 1.Petr 5,9) zu bewähren (vgl. 3,13ff.; 4,12ff. u.ö.) und diese Bewährung für die Welt positiv zur Geltung zu bringen (2,12.15f.; 3,15; 4,15 u.ö.). "Freiheit in Bindung" ist demnach das Stichwort für das christliche Verhalten in der Welt sowohl bei Mt als auch im 1.Petr.

Mt und 1.Petr haben also in missionarischer Hinsicht ein gemeinsames Kirchenverständnis: Die nachösterliche Kirche ist die missionarische, in die Welt gesandte Kirche, die durch Wort und "gute Tat" sich vor der Welt auszeichnet, verantwortet und überzeugend wirken soll. Als "Söhne Gottes" bewähren die Christen ihre Freiheit in der Bindung und Ordnung der Welt.

---

[141] Petrus ist der exemplarische Jünger, in dem sich die Gemeinde wiederfindet (vgl. Teil 3.1.4.).

[142] H. Klein, Christologie und Anthropologie, 213.

[143] Zum Thema: "Verantwortliches Verhalten in den Institutionen der Gesellschaft im 1.Petr" vgl. L. Goppelt, Prinzipien neutestamentlicher Sozialethik nach dem 1.Petrusbrief, in: Neues Testament und Geschichte (FS O. Cullmann), Zürich 1972, 285-296; ders., Theologie II, 495-503.

3.2.6. Die Gemeinde als Bau

In Mt 16,18 wird die Ekklesia Jesu als Bauwerk auf dem Felsenfundament des Petrus definiert (vgl. οἰκοδομεῖν, πέτρα). Die Metaphorik von Mt 16,18b.19a (vgl. "Tore", "Schlüssel") läßt ebenfalls auf ein Bauwerk als Bildhintergrund schließen, auch wenn andere Bereiche genannt werden (Hades; Gottesreich). Andererseits interpretiert Mt den Ekklesia-Gedanken im Zusammenhang der atl. Gottesvolkvorstellung (ἐκκλησία[144] 16,18; 18,17, ἔθνος 21,43 λαὸς αὐτοῦ 1,21 vgl. Teil 3.2.3.). W. Trilling bemerkt zu Mt 16,18, daß ἐκκλησία als soziologischer Begriff eigentlich andere Verben wie "versammeln", "zusammenbringen" oder "vereinigen" erwarten ließe[145], οἰκοδομεῖν dagegen eigene Bildobjekte indiziere, wie z.B. "Haus" (vgl. Mt 7,24-27), "Tempel Gottes" (vgl. Mt 26,61par; 1.Kor 3,16f.; Eph 2,21) oder "Bau Gottes" (vgl. 1.Kor 3,9). So zeigt Mt 16,18, daß der Evangelist zwei Gedankenkomplexe miteinander verbindet: Die Ekklesia ist das neue Volk Gottes (21,43) und der auf dem Felsenfundament des Petrus errichtete Bau Jesu Christi.

Ähnlich versteht auch 1.Petr die Gemeinde. Der Bezug von ἔθνος ἅγιον (1.Petr 2,9) zu Mt 21,43 ist bereits festgestellt worden (vgl. 3.2.3.). Der Brief definiert die Gemeinde nicht nur auf dem Hintergrund des atl. Gottesvolkgedankens, sondern er *kombiniert* auch entsprechend das Gottesvolkmotiv mit dem Motiv vom Bauwerk. So werden die Christen in 1.Petr 2,5 mit "lebendigen Steinen" verglichen[146], die zu einem οἶκος πνευματικός auferbaut werden (οἰκοδομεῖσθε)[147]. Diese Vorstellung vom geistlichen Haus trifft sich bei Mt zum einen mit dem Bild vom Bau der Ekklesia (16,18), zum anderen mit der geistlich-soziologischen Komponente des vom Geist getragenen (vgl. 28,19)

---

[144] Die LXX bietet "ἐκκλησία" für das hebr. קהל zur Bezeichnung des Gottesvolkes Israel bzw. der Versammlung desselben. Vgl. dazu K.L. Schmidt, ἐκκλησία, ThWNT III, 531; W. Schrage, "Ekklesia" und "Synagoge", 178-202; N.A. Dahl, Volk Gottes, 62f.; K. Kertelge, Gemeinde und Amt, 36ff.; J. Roloff, ἐκκλησία, EWNT I, 1000-1002.

[145] W. Trilling, Israel, 160. Allerdings ist der Ekklesia-Begriff bei Mt mit soziologischen Komponenten allein nicht zu erfassen. Darauf macht zu Recht H. Frankemölle, Jahwebund, 220ff., aufmerksam. Die Ekklesia definiert sich nach Mt vor allem christologisch, sofern es Jesu eigene Ekklesia ist (16,18), sie sich auf seinen Namen hin versammelt (18,20) und durch das ständige Mitsein des Erhöhten konstituiert wird (18,20; 28,20).

[146] Die λίθοι ζῶντες (vgl. 2,4: Christus als "lebendiger Stein") bilden in ihrer Gesamtheit den οἶκος πνευματικός

[147] οἶκος πνευματικός steht appositionell zum Subjekt οἰκοδομεῖσθε, definiert also die Art des Baues: ein Bau von Art des Heiligen Geistes. Die mediale Form "lasset euch erbauen" deutet an, daß die Gemeinde von Gott (Act 20,32; 1.Kor 3,16f.) oder Christus (vgl. Mk 14,58; Mt 16,18) erbaut wird. Von 2,4 her legt es sich nahe, an Christus zu denken. Da aber auch Christus von Gott zum "Eckstein" des Baues gesetzt worden ist (2,6), wird man sowohl Gott als auch Christus ohne strenge Trennung als Erbauer des Gemeindebaues verstehen müssen. Die imperativische Deutung von οἰκοδομεῖσθε ist der indikativischen Deutung vorzuziehen. 2,5 steht im Zusammenhang der mit 1,3ff. einsetzenden und in 2,1ff. fortgesetzten Paränese. "Außerdem läßt auch die Begründung in 2,6f. eher einen imperativischen Sinn von οἰκοδομεῖσθε annehmen (vgl. L. Goppelt, Komm. 144 Anm. 28)." A.Reichert, Praeparatio, 110. Vgl. auch F. Schröger, Gemeinde, 69; T.W. Martin, Metaphor, 180f..

Gottesvolkes (1.Petr 2,5.9; Mt 16,18: ἐκκλησία; 1,21: λαὸς αὐτοῦ). Beiderseits ist die Kirche zur Erfüllung des Willens Gottes aufgefordert (vgl. Teil 3.2.2. und 3.2.3.). So stimmen Mt und 1.Petr darin überein, daß die Gemeinde als Bauwerk und Volk Gottes zur Verwirklichung des Willens Gottes bestimmt ist.

Der Kirchengedanke in 1.Petr 2,5 (οἶκος πνευματικός) ist auf dem Hintergrund der Tempelvorstellung zu sehen. Das wird durch die Folgebestimmungen nahegelegt: "heilige Priesterschaft"; "geistliche Opfer darbringen". "Priesterschaft", "Opfer" und "Darbringen" sind Begriffe aus dem atl. Tempelkult.[148] In 1.Petr 4,17[149] begegnet die für den Tempel geläufige LXX-Bezeichnung οἶκος θεοῦ (vgl. Ri 17,5; Jes 56,7; 2.Sam 12,20; Mk 11,17par; 1.Tim 3,15; vgl. 1.Kor 3,16; 2.Kor 6,16; Eph 2,18-22; Hebr 3,6)[150]. Ebenso erinnert die Bezugnahme auf Jes 28,16 in 1.Petr 2,6 an den Tempel.[151] In Qumran nennt sich die vom Tempel in Jerusalem absetzende Gemeinde "heiliges Haus" (1QS 5,6; 9,6; 8,4-10; 11,9 u.ö.). Der Brief versteht also unter οἶκος πνευματικός die Gemeinde als neuen "Tempel Gottes". "Πνευματικός" bestimmt die Gemeinde als vom Wirken des Geistes Gottes getragenen Bau (vgl. 1,2; 4,14: "Der Geist Gottes ruht auf euch.").[152] Der Grund- und Eckstein des Tempelbaus ist Christus (2,6).

J.H. Elliott, Home, 165-266, hat in seiner Studie die Deutung des οἶκος-Begriffes im 1.Petr auf den Tempel bestritten. Es ginge im Brief nicht um ein kultisches, sondern um ein soziologisches Problem: daß und wie die Adressatengemeinden ihr Gruppenbewußtsein und ihren Gruppenzusammenhalt in einer feindlich gesinnten Umwelt begründen, stützen und stärken. Οἶκος πνευματικός meine daher, wie auch ein entsprechender Gebrauch des οἶκος-Begriffs in der Griechisch-Römischen Welt (vgl. SS.170-182), im AT und NT (vgl. SS.182-200) wie auch "further oikos paronyms" im 1.Petr (vgl. oiketes 2,18; oikodomeisthai 2,5; oikonomos 4,10; paroikia 1,17; paroikos 2,11; synoikein 3,7; vgl. S.167.201) "and the domestic

---

[148] Vgl. J. Kremer, ἀναφέρω, EWNT I, 226f.; H. Goldstein, ἱεράτευμα, EWNT II, 426; H, Thyen, θυσία κτλ., EWNT II, 399f.; G. Klinzing, Umdeutung, 191ff.; F. Schröger, Gemeinde, 66f.; H. Goldstein, Gemeindeverständnis, 91; T. Spörri, Gemeindegedanke, 37. Im Zusammenhang mit dem Opfergedanken ist auch εὐπρόσδεκτος Ausdruck kultischer Sprache (vgl. W. Grundmann, δέχομαι κτλ., ThWNT II, 58). "Die Frage, ob ein Opfer willkommen ist, hält sich vom Alten zum Neuen Testament durch." (L. Goppelt, Komm. 1.Petr, 147. Vgl. Lev 1,3; 22,19f.; Jes 56,7; Jer 6,20; Röm 15,16.31; 12,1; Hebr 13,16). Insofern ist die Behauptung J.H.Elliotts, Home, 169: "... the citation of Exod. 19,6 in 1 Pet. 2,9 and its introductory interpretation in v.5 are not motivated by any discernible cultic concerns of the author or his audience ..." nicht zutreffend.

[149] 1.Petr 4,17 erinnert an Ez 9,6. Hier wird denen, die das Strafgericht an Jerusalem vollziehen sollen, gesagt: "Beginnt an meinem Heiligtum!" Von daher legt sich auch in 4,17 die Deutung auf den Tempel nahe. Daß 1.Petr freilich nicht den Jerusalemer Tempel an sich meint, sondern das "Haus Gottes" metaphorisch auf die Gemeindegruppe deutet (vgl. auch 2,5), bestätigt sich durch 1.Petr 4,17b: Das Gericht beginnt πρῶτον ἀφ' ἡμῶν. In dieser Richtung hat schon die LXX Ez 9,6 umgedeutet: καὶ ἀπὸ τῶν ἁγίων μου ἄρξασθε ...

[150] Vgl. O. Michel, οἶκος κτλ., ThWNT V, 123f.

[151] Jes 28,16 kündigt ursprünglich an, daß Jahwe in Jerusalem den Grundstein für einen neuen Tempel legen wird. Vgl. P. Pokorný, Komm. Eph., 131 zu Eph 2,21.

[152] Vgl. F. Schröger, Gemeinde, 67ff.; H. Goldstein, Gemeindeverständnis, 91-93; J.H. Elliott, The Elect and the Holy, 149-154; G. Klinzing, Umdeutung, 217. Vgl. 1.Kor 3,16; Eph 2,21f.

character of the household code (2,13-3,9)" (S.169) nach Elliotts Meinung zeigen, einen soziologischen Begriff, nämlich eine "socioreligious community" (S.169) - "the Household of God". Zwar bestätigt Elliott, daß οἶκος in LXX und Qumran auf den Tempel bezogen ist (S. 241f.), meint aber, daß οἶκος "a term pregnant with various meanings" ist (S.241f.) und der Begriff daher nach dem jeweiligen Kontext bestimmt werden müsse (a.a.O.). - Zwar ist es richtig, daß im 1.Petr der atl. Tempel und Kult nicht eigens als Thema problematisiert werden, jedoch ist dies kein Grund, die Tempelvorstellung für 1.Petr 2,5 (und 4,17) auszuschalten. Wenn Elliott auch in Hebr 3,1-6 und 1.Tim 3,15 einen Bezug auf den Tempel bestreitet (S. 242), so ist der Einfluß der Tempelvorstellung in Eph 2,18-22 kaum zu unterschätzen, denn hier ist die οἶκος-Vorstellung engstens mit der Tempelvorstellung (ναὸς ἅγιος ἐν κυρίῳ V21) verbunden (vgl. die vielen Begriffe mit dem Stamm οικ- V19.20), obwohl ein expliziter Bezug zum Tempel- oder Kultproblem nicht gegeben ist. Wenn es demnach richtig ist, daß der Kontext über den Sinngehalt des Begriffes entscheidet, dann weist dieses Kriterium für 1.Petr 2,5 deutlich auf die Tempelvorstellung als Hintergrund. Dies bestätigen nicht nur die in V5 genannten Begriffe aus der Kultsprache (vgl. Anm. 148), sondern auch die Stein- und Ecksteinmetaphorik in V4.5.6.7.8 wie auch die Baumetaphorik V5.7 (οἰκοδομεῖν, οἰκοδομοῦντες Ps 177,22 LXX)[153]. L. Goppelt, Komm. 1.Petr, 145, wendet daher zu Recht gegen Elliott ein: "Das Bild vom Stein schließt (jedoch) den in der LXX wie im NT geläufigen Sinn von Haus als familia hier aus." Daß - freilich unbetont - an den Tempel gedacht ist, wird durch die Vorgeschichte des Bildes nahegelegt: Die einzige andere οἶκος-Stelle im 1.Petr (4,17) nimmt die geläufige LXX-Bezeichnung οἶκος θεοῦ für den Tempel auf. Im unmittelbaren Kontext von 2,5 erinnern das Stichwort "Priesterschaft" wie der in V4 anklingende Text Jes 28,16 (vgl. Anm. 151) an den Tempel.

Die Rede vom "geistlichen Haus" und von den "geistlichen" Opfern könnte auf eine Auseinandersetzung mit dem Israelproblem schließen lassen. Jedoch ist hier ähnlich wie im Fall des Gottesvolkgedankens in 2,9f. eine Israel-Polemik explizit nicht geführt. Der Kontext des Briefes (vgl. Heidenchristen als Adressaten!) gibt dazu auch keinen Anlaß. Allerdings bewegt sich 1.Petr 2,5 in kultkritischen Bahnen, die im AT vorgezeichnet sind (vgl. 2.Sam 7,1-7; Jes 66,1; 1.Kön 8,27).[154] Die Forderung "geistlicher Opfer" erinnert stark an die prophetische Forderung zu Gottesgehorsam und Liebe im Gegenüber zum kultischen Opfer (vgl. Hos 6,6; Mi 6,6-8; 1.Sam 15,22; Spr 21,3; 1QS 9,3-5). Die bedingungslose Hingabe an Gott in der Erfüllung seines Willens, wie sie hier gefordert wird, ist auch in 1.Petr 2,5 gemeint. Denn mit der Rede: "geistliche Opfer darbringen" ist der gesamte "heilige Lebenswandel" in Entsprechung zur Heiligkeit Gottes (1,15f.; vgl. Röm 12,1) und der Erfüllung des Gotteswillens (vgl. 2,15; 3,17; 4,19) indiziert[155].

---

[153] Ähnlich auch W.L. Schutter, Hermeneutic, 157f. A. 175, C. Wolff, J.H. Elliott, A Home for the Homeless, Philadelphia 1981 (Rezension), ThLZ 109 (1984), 443-445 und R. Feldmeier, Fremde, 205, gegen Elliott.

[154] "Spiritualisierungstendenzen" im Opferbegriff sind in der atl.-jüd. Literatur des öfteren vorhanden, vgl: Ps 141,2; 50,14; 51,19; Sir 35,1-5; Tob 4,7-12; Arist 234; 1QS 9,3-5. Im NT: Mk 12,33 par; Phil 2,17; 4,18; 2.Tim 4,6; Hebr 13,15.16; Röm 12,1. Zu den "Opfern" der Liebeswerke (vgl. Mt 25,35ff.) in der jüdischen Tradition vgl. Str.-Bill. IV.1, 559-610.

[155] Vgl. dazu auch L. Goppelt, Komm. 1.Petr, 146; N. Brox, Komm. 1.Petr, 99.109; E.G. Selwyn Epistle, 84.294ff.; F. Schröger, Gemeinde, 88f.; H. Goldstein, Gemeindeverständnis, 96ff.98ff.; ders., Paulinische Gemeinde, 32; ders., Das heilige Volk ..., 293f.; R. Schnackenburg, Botschaft Bd. 2, 236f.; O. Knoch, Komm. 1.Petr u.a., 59f. 65f.; H. Balz/W. Schrage, Katholische Briefe, 84; H. Frankemölle, Komm. 1.Petr u.a., 42; K.C.P. Kosala, Taufverständ-

Auch Mt hat den Kirchengedanken in Beziehung zum Tempelmotiv und der Forderung "geistlicher Opfer" gedacht. Wahrscheinlich spielt das Felsmotiv in Mt 16,18 auf eine verbreitete Tempeltradition an, die von einem im Allerheiligsten sich befindenden "Grund-Stein" weiß, der in der jüdischen Überlieferung unter anderem die Funktion des Verschlußsteins gegenüber der Totenwelt hat. Dazu würde Mt 16,18 gut passen: "die Tore des Hades werden über sie (sc. die Kirche) keine Macht haben."[156] Das Logion vom "Niederreißen" und "Aufbauen" (οἰκοδομῆσαι)[157]des "Tempels Gottes" (ναὸς τοῦ θεοῦ) in Mt 26,61 legt die Beziehung von Mt 16,18 zur Tempeltradition nahe. Durch den Zusammenhang mit Mt 16,18 (vgl. οἰκοδομεῖν!) kann mit dem wieder auferbauten Tempel in Mt 26,61 nur die Kirche gemeint sein.[158] Diese ist der neue Tempel Gottes, den der Auferstandene errichtet.[159] Der mit dem Tempelmotiv verbundene kultkritische Akzent ist in einer dem 1.Petr analogen Weise durch Mt betont. Auch der Evangelist fordert "geistliche Opfer". Er fügt zweimal Hos 6,6 in durch Mk vorgegebene Perikopen ein: Mt 9,13 und 12,7.[160] Die Barmherzigkeit ist für Mt Teil der umfassenden Forderung nach der "besseren Gerechtigkeit" (5,20).[161] Ebenso ist auch für 1.Petr die Barmherzigkeit Teil der umfassenden Forderung nach einem heiligen Lebenswandel (vgl. 3,8).

---

nis, 190f.; G. Klinzing, Umdeutung, 217; J. Roloff, Kirche, 274; J.H. Elliott, The Elect and the Holy, 174-185; ders., Home, 240 Anm. 21: " 'To offer spiritual sacrifices (i.e., motivated by the Spirit) acceptable to God through Jesus Christ' (2,5d) is a figurative equivalent here for the 'doing of God' (*agathopoiia*) and the 'leading of a holy way of life' (*anastrophe*) emphasized throughout 1 Peter."

[156] Vgl. dazu U. Luz, Mt II, 462f.; J. Gnilka, Mt II, 63f. Diese Verheißung der Entmachtung der Unterwelt entspricht jüdischer Erwartung für die Heilsgemeinschaft der Endzeit (vgl. Hen[aeth] 53,6; 4 Q flor 1,2-6).

[157] Dem Bild vom Bauen korrespondiert als Gegengröße das Bild vom Aus- und Niederreißen (Mt 26,61). Dies sind schon atl. vorgeprägte Termini für das Heil- und Gerichtshandeln Gottes gegenüber seinem Volk. Vgl. z.B. Jer 49,10 (LXX): οἰκοδομήσω ὑμᾶς καὶ οὐ μὴ καθέλω καὶ φυτεύσω ὑμᾶς καὶ οὐ μὴ ἐκτίλλω. (Vgl. auch Jer 51,34; Ez 36,36; Jer 24,6 LXX). Vgl. dazu A. Kretzer, Herrschaft, 241.

[158] Die Metapher vom Bauen (οἰκοδομεῖν!) ist auch im Felsgleichnis am Schluß der Bergpredigt (Mt 7,24-27) vom Makrokontext des Evangeliums her ekklesiologisch verifiziert. Das "Hören" und "Tun" der Worte Jesu ist deutlich in Mt 28,20 reflektiert: Die missionarische Kirche gründet sich auf die Weisung ihres Herrn.

[159] Vgl. U. Luz, Mt II, 463; O. Cullmann, Petrus, 222f.; J. Roloff, ἐκκλησία, EWNT I, 1010. Anders R. Hummel, Auseinandersetzung, 106-108, der in Mt 26,61 die jüdische Hoffnung auf Wiederherstellung des Tempels durch den Messias (vgl. Str.-Bill. I, 1005) ausgesprochen sieht. Dies dürfte für Mt aber angesichts der in Mt 12,6 hervorgehobenen Relativierung von Kult und Tempel unwahrscheinlich sein.

[160] Vgl. dazu O.L. Cope, Matthew, 65-73; H. Giesen, Christliches Handeln, 145; U. Luz, Mt II, 41.44.229; G. Barth, Gesetzesverständnis, 77f.; R. Bultmann, GST, 14; G. Strecker, Weg, 135; H. Frankemölle, Jahwebund, 301f.; G. Künzel, Gemeindeverständnis, 77f.; H. Geist, Menschensohn, 309-312; S. Schulz, Stunde, 177f.; W. Schrage, Ethik, 123; R. Hummel, Auseinandersetzung, 38-44.97-103. - Kult- und Tempelkritische Tendenzen sind bei Mt mehrfach angedeutet: vgl. 5,23f.; 12,1-8.9-14; 15,11; 17,24-27; 21,12-16; 22,7; 23,16.23f.38; 27,51.

[161] Vgl. Mt 6,1: δικαιοσύνη als "Überschrift" für die in 6,2-4 geforderte ἐλεημοσύνη. Vgl. weiter Mt 5,7; 9,27.36; 14,14; 15,32; 18,27.33; 20,34; 25,31-46. Zu dem für Mt wichtigen Motiv der Barmherzigkeit vgl. G. Künzel, Gemeindeverständnis, 77f.; E. Brandenburger, Das Recht des Weltrichters, 119-127; G. Bornkamm, Enderwartung, 23f.; H.J. Held, Matthäus

Schließlich ist durch die gemeinsame Rezeption von Ps 117,22 (LXX) in Mt 21,42 und 1.Petr 2,(4)7 klargestellt, daß Christus der Eckstein dieses Kirchenbaues ist.[162] Die Deutung dieses in Ps 117,22 (LXX) genannten Ecksteins als Grundstein des Kirchenbaus ist in 1.Petr 2,7 duch den Zusammenhang mit 2,5.6 ersichtlich. Bei Mt ist in 21,42 und dem unmittelbaren Kontext vom Kirchenbau selbst nicht die Rede, doch zeigt der Zusammenhang mit 21,43, daß Mt das Ps-Zitat im Kontext der Ekklesiologie verstanden hat. Auf Grund des oben angedeuteten engen Zusammenhangs der ekklesiologischen Motive vom Gottesvolk und vom Bauwerk ist davon auszugehen, daß auch in Mt 21,42 an den Christus-Grundstein des Kirchenbaus zu denken ist.

Mt und 1.Petr haben also ein gemeinsames Verständnis des Kirchenbaus. Die Gemeinde ist der neue, vom Geist[163] bestimmte "Tempel Gottes", dessen Eckstein Jesus Christus ist und dessen Opfer (= "geistliche Opfer") im Gegensatz zum atl. Tempelkult durch einen Gott wohlgefällige Lebenswandel erbracht wird. Zwar sind die damit zusammenhängenden Vorstellungen und Motive im urchristlichen Schrifttum verbreitet[164], jedoch sind die zwischen 1.Petr 2,4-10 und Mt vorhandenen Querverweise in ihrer Fülle und Konzentration doch so

---

als Interpret, 245; J. Gnilka, Mt II, 377. Besonders in den mt. Wundergeschichten wird Jesus als der in Barmherzigkeit handelnde κύριος dargestellt: 8,25; 9,27f.; 14,30; 15,22; 17,15; 20,30.31 u.ö. Vgl. dazu H.J. Held, Matthäus als Interpret, 245f. 253.

[162] "Κεφαλὴ γωνίας" ist der "Grundstein an der äußersten (vordersten) Ecke" eines Baues (H. Krämer, γωνία κτλ. EWNT I, 647; vgl. Teil 3.1.6.[2]). - Die Weiterführung des Zitates Ps 117,22 (LXX) durch Ps 117,23 (LXX) in Mt 21,42 (Mk 12,10 par) fehlt in 1.Petr 2,7. Es kann hier absichtliche Auslassung durch den Verf. des Briefes angenommen werden. Denn einerseits paßt das aus Jes 8,14 (1.Petr 2,8) entnommene Motiv: Christus = der Stein des Anstoßes gut an die Ecksteinaussage von Ps 117,22 (LXX; 1.Petr 2,7), so daß Jes 8,14 in 1.Petr 2,8 unmittelbar den Gedankengang von Ps 117,22 (LXX) in 1.Petr 2,7 fortsetzt, zum anderen bietet die Aussage von Ps 117,23 (LXX) keine für den Gedankengang von 1.Petr 2,4-10 notwendige Weiterführung (Vgl. R.H. Gundry, Further Verba, 221: "... the shorter quotation fulfills the contextual need in 1 Pt".). Die in Ps 117,23 (LXX) betonte Aussage vom wunderbaren Geschehensein durch den Herrn hat 1.Petr der Sache nach ähnlich schon in 2,6 mit Hilfe von Jes 28,16 zum Ausdruck gebracht (...ἐκλεκτὸν ἔντιμον...). - Zur spezifischen Verarbeitung der Zitatenreihe von Jes 28,16; 8,14 und Ps 117,22 (LXX) in 1.Petr 2,4ff. vgl. J.H. Elliott, The Elect and the Holy, Leiden 1966; W.L. Schutter, Hermeneutic, 131-138; H. Goldstein, Das heilige Volk, das zuvor kein Volk war. Christengemeinde ohne Judenpolemik: 1.Petr 2,4-10, in: ders. (Hrsg.), Gottesverächter und Menschenfeinde?, Düsseldorf 1979, 281-286; ders., Gemeindeverständnis, 46-115; F. Schröger, Gemeinde, 70-76. - Die Verse 4-5 sind eine redaktionell vorgeschaltete thematische Variation zu den VV6-10. Vgl. dazu H. Goldstein, Das heilige Volk, 284-286; ders., Gemeindeverständnis, 83-85; N. Brox, Komm. 1.Petr, 94-96; L. Goppelt, Komm. 1.Petr, 138-154; H. Manke, Leiden als Gnade, 196-203.

[163] Der Rede vom οἶκος πνευματικός in 1.Petr 2,5 entspricht bei Mt die Annahme, daß der Heilige Geist in der missionarischen Kirche wirksam ist (28,19f.; vgl. auch 12,31f. und 10,19f. - Mt 10,16ff. ist vom Blickwinkel der nachösterlichen Kirche formuliert. Es ist die Kirche in der Bedrängnis. Vgl. G. Strecker, Weg, 30.34.134).

[164] 1. Gemeinde als Bauwerk (vgl. 1.Kor 3,9.10ff.; Eph 2,20ff.; 1.Tim 3,15; Hebr 3,6; Apk 21,14); 2. Gemeinde als neues Gottesvolk (vgl. Röm 9,25f.; Gal 6,16 u.ö.); 3. Gemeinde als neuer Tempel Gottes (vgl. 1.Kor 3,16f.; 2.Kor 6,16; Eph 2,21); 4. Forderung "geistlicher Opfer" (vgl. Röm 12,1; Hebr 13,15f.; Mk 12,33; Phil 2,17; 4,18; 2.Tim 4,6); 5. Christus als Eckstein des Gemeindebaus (vgl. Mk 12,10 par; Eph 2,20).

auffällig, daß sie zu einem Vergleich motivieren: 1.Petr 2,5 - Mt 16,18 (26,61): οἰκοδομεῖν; 1.Petr 2,4.7 (Ps 117,22 LXX) - Mt 21,42; 1.Petr 2,8 - Mt 16,18.23 (πέτρα, σκάνδαλον); 1.Petr 2,9 - Mt 21,43 (ἔθνος ἅγιον s.o.); 1.Petr 2,5 - Mt 9,13; 12,7 ("geistliche Opfer" darbringen).

3.2.7 Differenzen

Die bisher genannten Parallelen weisen in vielfätiger Weise auf einen Zusammenhang des Matthäusevangeliums mit dem 1.Petrusbrief hin. Allerdings dürfen einige Unterschiede nicht übersehen werden, die auf Grund einer jeweils anderen geschichtlichen Situation mit den damit verbundenen Erfahrungen der Adressatengemeinden sowie auch eigener traditioneller Einflüsse des Briefes zu erklären sind. Einige wichtige Gemeindedefinitionen des 1.Petr gehen über Mt hinaus. Dazu gehören: 1.Die Vorstellung einer Fremdlingschaft (1,1.17; 2,11). 2. Die Vorstellung einer Priesterschaft (1.Petr 2,5.9). 3. Die presbyteriale Verfassung der Gemeinde (5,1-5).

Diese Motive sind auf einem anderen Hintergrund als auf dem eines Vergleiches mit Mt zu interpretieren. Der Brief hat in diesen Bestimmungen das Selbstverständnis einer christlichen Gemeinde in einer Minderheits- und Fremdlingschaftssituation verarbeitet. Neue veränderte Situationen und Anforderungen erfordern dementsprechend neue und andere theologische Auseinandersetzungen. Der Brief hat deshalb Mt nicht einfach kopiert, sondern aktualisiert. Er hat neue Motive und Gedanken verwendet, die seiner Lage gerecht werden.

(1) Prägnant ist das Motiv der *Fremdlingschaft* der Erwählten in der "Diaspora" (1,1; vgl. 1,17; 2,11).

"Diaspora" erinnert deutlich an die Situation der exilierten Judenschaft[165]. Der Fremdlingschaftsbegriff im 1.Petr hat vier konstituierende Momente[166]: 1. Die Fremdlingschaft ist begründet in der Erwählung Gottes (1,1), die die Gemeinde aus der Finsternis zum Licht schafft und zu einem γένος ἐκλεκτόν macht (2,9). Ein Charakteristikum des Fremden in der Antike ist die Andersartigkeit der Herkunft und Geburt.[167] Im Hinblick auf die Fremdlingschaft der Christen im 1.Petr bedeutet dies, daß sie "wiedergeboren" sind (1,3.23; 2,2) durch das "lebendige und bleibende Wort Gottes", d.h. nicht "irdischer" Herkunft ("aus vergänglichem Samen" 1,23), sondern "göttlicher" Herkunft ("aus unvergänglichem Samen" 1,23) sind. "Die Christen sind anderer Herkunft als ihre Umwelt. Sie sind es auf Grund einer zweiten Geburt, die in 1,23 der leiblichen gegenübergestellt wird und die im Wort Gottes gründet."[168] - 2. Die Fremdling-

---

[165] Vgl. dazu L. Goppelt, Komm. 1.Petr, 78ff.; J.H. Elliott, Home, 30f. 38f.; K.L. Schmidt, διασπορά, ThWNT II, 98-104; D. Sänger, διασπορά κτλ., EWNT I, 749-751. Die Diaspora ist für den 1.Petr der Ort der Bewährung, der Gefahr des Glaubensabfalls, des Leidens und der Fremde. Vgl. dazu T.W. Martin, Metaphor, 144ff.

[166] Zum Paroikia-Begriff im 1.Petr vgl. C. Wolff, Christ und Welt im 1.Petrusbrief, ThLZ 100 (1975), 333-342; F. Schröger, Gemeinde, 126-131; L. Goppelt, Komm. 1.Petr, 79-83; J.H. Elliott, Home, 21-58.67-73; jetzt vor allem R. Feldmeier, Die Christen als Fremde. Die Metapher der Fremde in der antiken Welt, im Urchristentum und im 1.Petrusbrief (WUNT 64), Tübingen 1992.

[167] Vgl. E. Fascher, Zum Begriff des Fremden, ThLZ 96 (1971), 163.

[168] C. Wolff, Christ und Welt, 335.

schaft bewährt sich in der Abgrenzung vom heidnischen Lebenswandel (2,11) zu einem "heiligen" Leben (1,15f.) und weckt damit "Befremden" bei der heidnischen Bevölkerung (4,4). Ein anderes Kennzeichen des Fremden in der Antike ist seine andersartige Sprache und Sitte.[169] Für die Adressaten des Briefes beweist sich dies in dem dem früheren heidnischen Lebenswandel abgekehrten heiligen Leben. Vgl. C. Wolff zu 1.Petr 4,4: "Die Christen erscheinen aufgrund ihres neuen Lebenswandels als Fremde, und das um so mehr, als man weiß, daß sie früher all das mitmachten, wovon sie sich jetzt zurückziehen."[170] - 3. Ein drittes Charakteristikum des Fremden in der Antike ist die Andersartigkeit der verehrten Götter.[171] Für die Adressaten des 1.Petr gilt entsprechend, daß sie dem heidnischen Götzendienst abgesagt haben (4,4) und an die Verehrung Gottes, des Vaters Jesu Christi (1,3), gebunden sind (1,17). Dieser hat sie zum neuen Leben berufen (1,15; 2,9.21; 3,9; 5,10) und zu seinem Eigentum als Volk Gottes erwählt (2,9f.). - 4. Die Fremdlingschaft erweist sich als eine solche in der Welt angesichts der Verheißung der Teilhabe an der im Himmel aufbewahrten, zukünftigen κληρονομία (1,4; 3,9), dem Erbteil, das den Christen in dieser Welt vorenthalten bleibt.

Eine soziologisch orientierte Untersuchung zum Fremdlingschaftsbegriff im 1.Petr bietet J.H. Elliott.[172] Er übersetzt die Wendung πάροικοι καὶ παρεπίδημοι (2,11) mit "resident aliens and visiting strangers" (S.23). Der Unterschied beider Begriffe wird demnach folgendermaßen gesehen: "In the combination of *paroikos* and *parepidemos*, however, the first term has technical political-legal implications which are not associated with the second. Whereas *paroikos* specifically designates the 'resident alien' (with his attended, though restricted, rights and civil status), the rarer *parepidemos* refers more generally to the transient visitor who is temporarily residing as a foreigner in a given locality." (S.30).[173] Elliott hat anhand dieser Bestimmung die oft in der Exegese vertretene Deutung des Paroikia-Begriffes als "Fremdlingschaft auf Erden" (vgl. Hebr 11,13) bzw. "in der Welt" deutlich abgelehnt. (SS.41ff.). Jedoch scheint mir diese Kritik nur z.T. berechtigt. Wenn auch der soziologische Aspekt des Fremdlingschaftsbegriffes in der Forschung weitestgehend übersehen wurde[174], so ist doch deutlich, daß nach 1.Petr das wahre Erbe und somit die den Christen von Gott verheißene "Heimat" eschatologisch ἐν οὐρανοῖς bereitliegt (1,4; vgl. 3,9). Durch die drei Adjektive mit α-privativum (ἄφθαρτος, ἀμίαντος, ἀμάραντος) wird in 1,4 deutlich der Gegensatz zwischen himmlischem Erbe und Vergänglichem klargemacht.[175] Diese Zusage des Bewahrtseins zum Heil

---

[169] Vgl. E. Fascher, a.a.O., 163f.; C. Wolff, a.a.O., 333.

[170] a.a.O., 335.

[171] Vgl. E. Fascher, a.a.O., 164; C. Wolff, a.a.O., 333.

[172] J.H. Elliott, A Home for the Homeless, Philadelphia 1981. Zur Kritik an Elliott vgl. C. Wolff, J.H. Elliott, A Home for the Homeless, Philadelphia 1981 (Rezension), ThLZ 109 (1984), 443-445, und R. Feldmeier, Fremde, 203ff.

[173] Zur historisch-soziologischen Einordnung und Bestimmung der "Paroikoi" in der Antike vgl. E. Fascher, Paroikoi, PRE 18/4 (1949), 1695-1707; ders., Art. "Fremder" (in Verbindung mit J. Gaudemet), RAC 7, 306- 347; K.L. u. M.A. Schmidt, R. Meyer, πάροικος κτλ., ThWNT V, 840ff.; R. Feldmeier, Fremde, 12ff.

[174] Dies wird auch von R. Feldmeier, Fremde, 204, in seiner Kritik an Elliotts These (vgl. SS.203ff.) würdigend hervorgehoben. Feldmeier zeigt aber zugleich (SS.206ff.) - gegen Elliott, daß der Fremdlingschaftsbegriff in der biblischen Tradition nicht eine abgeschlossene soziale Kategorie zur Beschreibung eines niederen Standes ist, sondern "religiöse" Akzente trägt (im Zusammenhang von "Gottesvolk", "Erwählung" und "Diaspora").

[175] Für Elliott, a.a.O., 130, ist 1.Petr 1,4 nur eine Ausnahme, natürlich deshalb, weil der Vers sich der soziologischen Deutung nicht einpaßt. Doch dürfte angesichts von 3,9 von einer Ausnahme nicht die Rede sein. 1,4 steht an betonter Anfangsstellung des Briefes. 3,9 hat besondere Bedeutung für die Ethik (vgl. Teil 2.4). Der Kleronomia-Begriff hat im 1.Petr auch räumliche Aspekte (vgl. Teil 3.4.4.), so daß die Rede von einer himmlischen (Erb-)Heimat nicht unangemessen ist.

(1,4f.) an betonter Anfangsstellung des Briefes in der Eingangseulogie (1,3ff.) zeigt deutlich, daß dem Verf. des Briefes nicht nur die soziologische Komponente der Fremdlingschaft in der heidnischen Welt (2,11; 4,1-4) wichtig ist, sondern auch die "religiöse" einer Nonkomformität mit der "Welt".[176] Diese Deutung bestätigt sich auch durch 4,12ff. Die Befremdung, die die Christen durch das Feuer der Versuchung (4,12), d.h. durch die Aggessionen der heidnischen Mitwelt (4,14-16), erfahren, wird durch die Verheißung der Freude, die bei der Offenbarung der Herrlichkeit Christi Wirklichkeit werden wird (4,13), kontrastiert. So ist deutlich: Die Freude, die ein Fremdsein und eine Befremdung nicht mehr kennen wird, ist die den Christen eschatologisch verheißene Anteilhabe an der Doxa Christi (vgl. 1,5.7.13; 4,13; 5,10). In 4,2 weist die Wendung: "τὸν ἐπίλοιπον ... χρόνον" auf die Spanne zwischen Jetztzeit und nahegekommenem Ende hin (4,8), angesichts dessen die jetzige Zeit eben als ablaufende, dem Ende sich nähernde Zeit definiert ist.[177] Wird so deutlich mit der Nähe des Endes gerechnet, dann ist die Jetztzeit eine vorübergehende Zeit[178] und die Fremdlingschaft der Christen auch eine solche in der "Welt". "Die Wendung 'Zeit eurer Beisassenschaft' (1,17) deutet ebenfalls an, daß das Fremdlingsdasein begrenzt ist und eine Veränderung eintreten wird."[179] Das "unvergängliche" und darum nicht mehr von und in der Zeit vernichtbare "Erbe" liegt demnach "im Himmel" für uns bereit, d.h. als zu erwartende, wahre "Heimat" bei Gott. Daß der Begriff der eigentlichen "Heimat" der Christen (vgl. Phil 3,20; Hebr 13,14) im Brief nicht explizit erwähnt wird, ist daher kein Argument gegen das Vorhandensein des Motivs als solchen im 1.Petr.[180] R. Feldmeier, Fremde, 97f., spricht in diesem Zusammenhang von einer "dualistischen Einfärbung" im Fremdlingschaftsbegriff des 1.Petr. Terminologisch und sachlich sieht er eine Nähe zum Hebräerbrief und erkennt in beiden Schriften die eschatologische Zuspitzung des Fremdlingschaftsbegriffs: "Im Gegensatz zur gesamten Tradition geben die beiden Schriften, die im NT am deutlichsten vom Fremdsein der Glaubenden reden, gegenüber dem in der LXX und bei Philo gebräuchlichen Begriff πάροικος dem seltenen παρεπίδημος den Vorzug, dh einem Wort, das die Betonung auf das Unterwegssein, das Nicht-Zuhause-Sein legt und somit weit stärker als πάροικος die Distanz zur Gesellschaft ausdrückt. Nicht zufällig stehen bei beiden die Aussagen zur Fremde auch in einem unmittelbaren Zusammenhang mit der über diese Welt hinausreichenden Zukunftshoffnung der Christen". Demnach gilt: "Das Fremdsein wird nicht aus dem Widerspruch zur Gesellschaft, sondern aus der Entsprechung zu Gott und der Zugehörigkeit zu seiner neuen Gemeinschaft begriffen."[181] Im Laufe seiner Arbeit zeigt Feldmeier, daß "Fremdsein der Christen doch weit mehr mit der Besonderheit des christlichen Glaubens ... zu tun hat, als Elliott wahrhaben will ..."[182]

---

[176] Vgl. in 2,9 auch den Gegensatz von "Licht" und "Finsternis".

[177] Vgl. Bauer-Aland, WNT, ἐπίλοιπος, 599: "d. noch übrige Zeit"; vgl. auch H. Balz, ἐπίλοιπος, EWNT II, 77: "die (noch) *verbleibende Zeit*" .

[178] Vgl. L. Goppelt, Komm. 1.Petr, 271: "Sie ist ein kurzer Rest des irdischen Lebens vor dem nahen Ende (4,7) ...".

[179] C. Wolff, Christ und Welt, 337.

[180] Vgl. auch H. Schlier, Adhortatio, 283f.

[181] R. Feldmeier, Fremde, 178.

[182] a.a.O., 207. Vgl. auch C. Wolff, Christ und Welt, 334: "Die Christen sind die '*erwählten* Fremdlinge der Diaspora', und sie sind dies auf Grund der Erwählung durch *Gott*. Damit wird deutlich, daß ihre Existenz als Fremdlinge in der Zerstreuung kein unglücklicher Zufall ist, den man so schnell wie möglich überwinden müßte, sondern daß dies nach Gottes Willen zum Wesen der Christen gehört. Gerade als die von Gott Erwählten sind sie Fremdlinge." Bestätigt wird diese Sicht auch durch die Anrede "ἀγαπητοί", die die πάροικοι καὶ παρεπίδημοι in 2,11 betrifft. "Hintergründig wird durch die paradoxe Verbindung von agapetoi und paroikoi - parepidemoi angezeigt, daß sie als 'Geliebte Gottes' - 'Gäste und Fremde' sind." (O. Knoch, Komm. 1.Petr u.a., 71). Zur Sache vgl. auch J.B. Soucek, Das Gegenüber von Gemeinde und Welt nach dem ersten Petrusbrief, CV 3 (1960), 5-13; L. Goppelt, Prinzipien neutestamentlicher Sozialethik, 285ff.; C. Wolff, J.H. Elliott, A Home for the Homeless, Philadelphia 1981

(2) Den *Priesterschaftsbegriff* hat 1.Petr im Zusammenhang mit der Bestimmung ἔθνος ἅγιον aus Ex 19,6 (LXX) entnommen (1.Petr 2,5.9)[183].

Ein kultkritischer Akzent ist in traditionellen Motiven von 2,5.9 zwar erkennbar (s.o.), jedoch ist er nicht das leitende Interesse von 2,4ff. An eine neue Priesterschaft im Gegensatz zur Tempelpriesterschaft des Alten Bundes (vgl. Qumran[184]) denkt der Brief nicht. Der Priesterschaftsbegriff selbst verliert fast jede kultische Nuance. In 2,5 wird die Gemeinde mit Hilfe von mehreren metaphorischen Begriffen beschrieben: "Steine", "geistliches Haus", "geistliche Opfer darbringen" (s.o). Es legt sich daher nahe, auch den Priesterschaftsbegriff metaphorisch zu definieren. Die "Priesterschaft" bringt "geistliche Opfer" dar im Sinn der gesamten heiligen Lebensführung (s.o.). Dies ist möglich, weil sie selbst "heilig" ist (2,5). In diesem Sinn interpretiert der Verf. des Briefes die traditionelle Formel "βασίλειον ἱεράτευμα" (2,9). "Priesterschaft" ist demnach nur eine Metapher für die Heiligkeit der Christengemeinde. "In 1 Peter *hierateuma* expresses the holiness and the election of the people of God. The redactional qualification of *hierateuma* by *hagion* in 2,5 makes this absolutely clear. Holiness, in turn, is for 1 Peter a concept with social and ethical dimensions, not cultic ones."[185]

(3) Der 1.Petrusbrief ist nach Kleinasien adressiert, ein Gebiet, in dem die Entstehung der presbyterialen *Gemeindeverfassung* gut bezeugt ist (vgl. neben 1.Petr auch Act 20,17-38: die Ältesten in Ephesus; Pastoralbriefe [?][186]; Apokalypse[187]; Ignatius; Polykarp von Smyrna)[188]. Anders steht es mit dem Matthäusevangelium. Es stammt wahrscheinlich aus Syrien (Antiochien?).[189] Eine Mt ähnliche Gemeindestruktur setzt die Ende des 1. Jahrhunderts ebenfalls in Syrien entstandene Didache voraus. Sie rechnet noch mit dem Vorhandensein von Aposteln, Lehrern und Propheten (10,7-15,4). Bei Mt sind es christliche Schriftgelehrte, Propheten und Weise, die in der Gemeinde auftreten. Es ist daher einsichtig, daß der 1.Petrusbrief - an einem anderen geschichtlichen Ort entstanden - auch dementsprechend andere Gemeindeverhältnisse voraussetzt als Mt. Trotz der unterschiedlichen Gemeindeverhältnisse kommen aber Mt und

---

(Rezension), ThLZ 109 (1984), 443-445; K.C.P.Kosala, Taufverständnis, 50ff.; J. Roloff, Kirche, 269f.

[183] Zur Diskussion um die Bedeutung von ἱεράτευμα vgl. J.H. Elliott, The Elect anf the Holy, 50-124; J. Blinzler, IEPATEYMA. Zur Exegese von 1 Petr 2,5 u. 9, in: Episcopus (FS M. Faulhaber), Regensburg 1949, 49-65; F. Schröger, Gemeinde, 76-93.

[184] Zu den priesterlichen Grundlagen der Theologie und Ordnung der Sekte von Qumran vgl. W. Grundmann, Das palästinensische Judentum im Zeitraum zwischen der Erhebung der Makkabäer und dem Ende des Jüdisches Krieges, in: Umwelt des Urchristentums. Bd. I, hrsg. v. J. Leipoldt und W. Grundmann, Berlin [5]1966, 255f.

[185] J.H. Elliott, Home, 240 Anm. 21; vgl. ausführlich dazu ders., Elect, 159ff.

[186] Die Entstehung der Pastoralbriefe in Kleinasien ist oft vermutet worden, jedoch nicht beweisbar. Vgl. W.G. Kümmel, Einleitung, 341.

[187] Unklar ist, ob die 24 Ältesten in den Visionen der Apokalypse (vgl. 4,4.10; 5,6.8.11.14; 7,11; 11,16; 14,3; 19,4) Rückschlüsse auf die Verfassung der Gemeinde zulassen. Vgl. dazu G. Bornkamm, πρέσβυς κτλ., ThWNT VII, 668f.

[188] Zum Ältestenamt im NT vgl. G. Bornkamm, πρέσβυς κτλ., ThWNT VII, 651-683; K. Kertelge, Gemeinde und Amt, 98ff.

[189] Diese Herkunft des Mt wird von den meisten Exegeten vertreten: Vgl dazu W. G. Kümmel, Einleitung, 90f.; E. Schweizer, Matthäus und seine Gemeinde, 138-140; U. Luz, Mt I, 73-75.

1.Petr zu gemeinsamen Ergebnissen, wie die Gemeindeglieder miteinander um-
zugehen haben (vgl. Warnung vor dem Mißbrauch der Amtsvollmachten [Mt 23,
8-12; 20,25-28; 1.Petr 5,2f.]; Mahnung zur Brüderlichkeit [vgl. Teil 3.2.1.2.] etc.
[s.o.]).

Das Vorhandensein von christlichen Schriftgelehrten, Propheten und Weisen in der mt.
Gemeinde ist aus Mt 10,42; 13,52; 27,57 und 23,34 erschlossen worden (vgl. auch 7,21ff.;
24,11.24 von christlichen Falschpropheten).[190] Ob es aber auch entsprechende "Gemeindeämter" in der mt. Gemeinde gab, ist unklar.[191] Mt 23,8-12 könnte in diesem Sinn gelesen
werden. Jedenfalls warnt Mt vor Tendenzen kirchlicher Hierarchie, ebenso aber auch vor Fehlentwicklungen des Propheten- und Lehramts (7,15ff.21ff.; 24,11f.24), welche zur Zerstörung
des Bruderschaftsverhältnisses (23,8-12; Kap.18) führen (24,12). Aus dem Vorhandensein solcher Tendenzen und Fehlentwicklungen ist aber nicht zu schließen, daß Mt schon differenzierte
Gemeindeämter voraussetzt. Auch Mt 18 ist kaum an spezielle "Gemeindebeamte" adressiert.[192] Die Funktion der Gesamtgemeinde (18,17f.) im brüderlichen Ermahnungsverfahren
ist deutlich hervorgehoben. So ist Mt daran interessiert, daß das brüderliche Gemeindever-
hältnis das gemeindliche Zusammenleben reguliert (s.o.). Allenfalls kann man damit rechnen,
"daß die Sehnsucht nach dem etablierten Amt schon einzudringen beginnt"[193], jedoch keinesfalls im Interesse des Mt. [194]
Ebensowenig wie Mt ist der 1.Petr an "Ämtern" in der Gemeinde interessiert. Nach 4,10f.
sind die Charismen (noch) lebendig. Die amtliche Gliederung in Bischöfe, Presbyter und Dia-
kone (vgl. Pastoralbriefe, 1.Clem, Ignatius) kennt der Brief (noch) nicht. Man könnte im Hinblick auf 1.Petr 4,10f. und 5,1ff. von einer "Vermischung von paulinischer und palästinen-
sischer Gemeindestruktur" sprechen.[195] An einer "Institution" des Presbyteriats ist der Brief
auch in 5,1ff. nicht interessiert. Die entsprechende Stelle bestimmt vielmehr die Sorge um das
gemeinsame bruderschaftliche Verhalten der Gemeindeglieder in Demut zueinander.[196] F.

---

[190] Vgl. dazu E. Schweizer, Matthäus und seine Gemeinde, 138ff.; ders., Gemeinde und
Gemeindeordnung, 52f.; ders., Mt, 114-117; A. Sand, Propheten, Weise und Schriftkundige in
der Gemeinde des Matthäusevangeliums, in: Kirche im Werden, hrsg. v. J. Hainz, München
u.a. 1976, 167-184; G. Strecker, Weg, 37ff.; U. Luz, Mt I, 60f.65f.; G. Künzel, Gemeindeverständnis, 167-179; D. Zeller, Mahnsprüche, 195f.; R. Hummel, Auseinandersetzung, 26ff.; P.
Hoffmann/V. Eid, Jesus von Nazareth, 220-225; W. Trilling, Amt, 160-173 .
[191] Vgl. N. Walter, Kirchenverständnis, 25-45.
[192] So z.B. N. Walter, a.a.O., 28f.
[193] E. Schweizer, Mt, 116.
[194] Nach H. Frankemölle, Amtskritik, 251, "bleibt festzuhalten, daß etwa die von Paulus
und Lukas (in der Apostelgeschichte) sowie von den Pastoralbriefen bezeugten Presbyter, Dia-
kone und Episkopen (vgl. Phil 1,1; Apg 11,30; 14,23; 20,17.28; 1.Tim 3,2; 5,17.19) in der matthäischen Gemeinde als Funktionsträger anscheinend nicht existierten; jedenfalls deuten die
Texte nicht darauf hin." Vgl. auch E. Schweizer, Matthäus und seine Gemeinde, 159-163; A.
Sand, Propheten, Weise und Schriftkundige, 169-172.
[195] H. Frankemölle, Komm. 1.Petr u.a., 66f.
[196] Dies verkennt H. Goldstein, Paulinische Gemeinde, 24, wenn er der Presbyterialverfas-
sung im 1.Petr gegenüber der "paulinisch-charismatischen" Verfassung (4,10f.) die größere Bedeutung zumißt. Es geht nicht um ein Entweder (Charisma) - Oder (Leitung), sondern um die
gegenseitige Beeinflussung von Leitungs-Dienst und Charisma. In diesem Sinn sind die Anweisungen an die Presbyter (5,1ff.) auch äußerst vorsichtig gehalten. Sie leiten nicht zur Ausübung von Ämtervollmachten an, sondern zum bruderschaftlichen Dienst. 5,1ff. ist so gesehen
eine Interpretation und konkrete Anwendung des Begriffs "Verwalter der vielfältigen Gnade
Gottes" (4,10b), der wiederum 4,10a auslegt: Das Charisma zum Dienst aneinander (ἕκαστος
καθὼς ἔλαβεν χάρισμα εἰς ἑαυτοὺς αὐτὸ διακονοῦντες ...).

Schröger resümiert zu Recht: "Der ganze Nachdruck der Stelle liegt darauf, wie und in welcher Gesinnung und inneren Einstellung die Presbyter dienen sollen: nicht aus Zwang, sondern gerne."[197] In dieser Weise nehmen die Presbyter die Aufgabe der "Verwaltung" der Gnade Gottes wahr (4,10). Das Verhältnis zwischen 4,10f. und 5,1ff. ist also nicht kontradiktorisch, sondern komplementär. "The presbyteral functions mentioned in 5,2-3 can hardly be taken as evidence of a centralization of function and authority. Leadership by presbyters reflects a still traditional and rudimentary devision of responsibilities within the household or the Christian community identified as a household. The function of the content of 4,7-11 within the domestic pattern of instruction is to assure the readers that having leaders does not preclude the responsibilities which all members of the household have for serving and supporting one another ... Im sum, the responsibilities described in 4,7-11 and 5,1-5 are complementary rather than contradictory."[198]

---

[197] F. Schröger, Gemeinde, 119. - L. Goppelt, Komm. 1.Petr, 331f., weist darauf hin, daß "der Kreis der Presbyter erst im Werden ist." Im Unterschied zum 1.Clem ist die Frage der Legitimität der Unterordnung bezüglich des Presbyteriats noch nicht problematisiert (vgl. 1.Clem 44,3-6). Nach 1.Petr 5,2b scheint noch kein Bedürfnis vorhanden gewesen zu sein, die Presbyterfunktion auf Dauer auszuüben. Man wird also davon auszugehen haben, daß für den Brief das Presbyteriat eine bestimmte Funktion der "Verwaltung" der Gnade Gottes ist (4,10).

[198] J.H. Elliott, Home, 164. Vgl. ders., Ministry and Church Order in the New Testament. A Traditio-Historical Analysis (1 Pt 5,1-5 & plls.), CBQ 32 (1970), 367-391. - Nach F. Schröger, Verfassung, 239-252, wird der ursprünglich paulinisch-charismatisch geprägten Gemeinde in Kleinasien (4,10f.) auf Grund inzwischen verschärfter Verfolgungssituation (4,12ff.) die presbyteriale Verfassung angeraten (5,1ff.). Jedoch scheidet diese These aus folgenden Gründen aus: 1. Mit einer verschärften Verfolgung ab 4,12ff. gegenüber 1,1-4,11 ist nicht zu rechnen. Der gesamte Brief setzt die gleiche Leidenssituation voraus (vgl. Teil 2.1. Anm. 148). 2. Charismatische und presbyteriale Verfassung stehen nicht getrennt nebeneinander, sondern ergänzen sich. Der Presbyterialdienst ist eine bestimmte Form der "Verwaltung" der Gnade Gottes (4,10; s.o.). 3. Die Anweisungen für die Presbyter (5,2f.) werden in keiner Weise im Zusammenhang mit einer (verschärften) Verfolgung der Gemeinde gesehen. Es geht vielmehr um den rechten und verantwortlichen (innergemeindlichen) Dienst der Presbyter im Kontext der Demutsforderung (5,2f.5).

3.3. Die Christologie

3.3.1. Die Christologie des 1. Petrusbriefes

Die gängigste Christusbezeichnung im 1.Petr ist "Ἰησοῦς Χριστός" (1,1.2.3.7; διὰ Ἰησοῦ Χριστοῦ [2,5; 4,11]) oder einfaches "Χριστός" (1,11.19; 2,21; 3,15.18; 4,1.13; ἐν Χριστῷ [3,16; 5,10.14]). 1.Petr 1,11; 1,18-21; 2,21-25; 3,18ff. und 4,1 bestätigen, daß mit dem Christustitel die Passion Jesu Christi angedeutet ist.[1] Paulinisch klingt die Wendung ἐν Χριστῷ (3,16; 5,10.14), die jedoch im Vergleich zu Paulus nicht pointiert theologisch verwendet wird.[2] Auffällig ist, daß verbreitete urchristliche Christustitel fehlen, wie z.B. "Gottessohn" (Mt 4,3.6 par; Joh 1,34.49; 10,36; Act 9,20; Röm 1,3; Eph 4,13 u.ö), "Sohn Davids" (Mt 1,1; 9,27; 12,23; Mk 10,47 par; Röm 1,3; 2.Tim 2,8; Apk 5,5; 22,16 u.ö.) oder "Knecht Gottes" (Mt 12,18; Act 3,13.26; 4,27.30 u.ö.).[3] Nicht überraschend ist das Fehlen von "Menschensohn", ein Titel, der im NT nur von den Evangelien, der Apostelgeschichte (7,55) und der Apokalypse (1,13; 14,14) benutzt wird. Der Kyriostitel begegnet im Brief 3mal als Christusbezeichnung (1,3; 2,3; 3,15). Aber auch er hat kein eigenes theologisches Gewicht. In 1,3 ist er Bestandteil einer traditionellen Einleitungsformel für eine Eulogie.[4] In dem 2,3 gebotenen Psalmzitat (33,9 LXX) ist er auf Gott bezogen. Durch den Kontext (2,4ff.) ist der "Eckstein" Jesus Christus der in 2,3 genannte Kyrios. Da es dem Brief aber in 2,4ff. um die Eckstein-Identität Christi geht, verblaßt der im Zitat eingeführte Kyriostitel. Ebenso ist der Kyriostitel in 3,15 nur im Zusammenhang des atl. Zitates Jes 8,12.13 (LXX) tradiert. Die Kyriosfunktion wird nicht näher bestimmt. Wie im Fall von 2,3.4ff. wird ein im atl. Zitat auf Gott bezogener Kyriostitel durch den Kontext im Brief auf Christus gedeutet (3,15). Ebenso kann aber auch ohne expliziten Ausgleich der Kyriostitel Gott belassen werden.[5] So ist in 3,12 nach Ps 33,17 (LXX) Gott der Kyrios (vgl. auch 1,25 [Jes 40,8]), während kurz danach (!) die entsprechende Aussage von Christus gemacht wird

---

[1] "Der erst relativ spät entstandene *1.Petrusbrief* enthält ... eine konsequent an der Passionsüberlieferung orientierte Christologie. Das ist nicht nur an dem deutlichen Vorherrschen von Χριστός gegenüber allen anderen Hoheitstiteln zu sehen, sondern auch an so zentralen Aussagen wie 1,18-21 oder an 2,21-25, wo expressis verbis Jes 53 aufgenommen und verarbeitet wird, und 3,18-22, wo noch das Erhöhungsmotiv sowie das Theologumenon von der Predigt unter den Geistern im Gefängnis hinzugefügt ist." F. Hahn, Christologische Hoheitstitel, 215; vgl. auch E. Schweizer, Christologie, 369.

[2] Vgl. E. Schweizer, Christologie, 369; P.E. Davies, Primitive Christology, 117.119.

[3] Obwohl Jes 53 deutlich in 2,21ff. und 3,18 aufgenommen wird (s.u.).

[4] Vgl. die wörtliche Übereinstimmung mit 2.Kor 1,3 und Eph 1,3! (vgl. dazu W. Schenk, Segen, 99ff.).

[5] Vgl. P.E. Davies, Primitive Christology, 120: "He (sc. 1.Petr) stood at the point where the same term 'Lord' was used without confusion of the God of the Old Testament and of the exalted Lord Jesus Christ."

(3,15). Wo man den Kyriostitel hätte erwarten können, fehlt er, z.B. in 1.Petr 3,22: der erhöhte Christus (vgl. mit Phil 2,9-11).[6] Auch ohne atl. Zitathintergrund kann 1.Petr die Kyrios-Identität Gott zusprechen (vgl. 2,13 mit 2,15.16. 17).[7] Der Kyriostitel hat also als christologische Bestimmung kein eigenes Gewicht im Brief.[8] Er erscheint mehr nebenbei und kann vom Verf. des Briefes durch Hervorhebung der ihm wichtig erscheinenden christologischen Überlegungen zurückgedrängt werden (vgl. 2,4ff.). - Wenn demnach Hoheitstitel im Brief keine bestimmende Rolle spielen[9], dann muß die christologische Identifikation in anderer Hinsicht zum Ausdruck kommen. Um diese zu erfassen, werden die entsprechenden Hauptaussagen des Briefes zusammengefaßt:

(1) Die Auferstehung Jesu Christi ist der Grund der Erneuerung in der Wiedergeburt, die eine Hoffnung auf das himmlische Erbe ermöglicht hat (1,3f.) und damit Hoffnung auf Gott selbst ist (1,21). Wie Christus als Auferstandener der "lebendige Stein " ist, der den οἶκος πνευματικός trägt (2,5), so sind die Glieder dieses Hauses "lebendige Steine", indem sie an der Auferstehungswirklichkeit Christi Anteil bekommen als solche, die durch das "Wort des lebendigen Gottes" wiedergeboren sind (1,23).[10] Daß Gott Christus von den Toten auferweckt hat, ist dem 1.Petr eine mit der urchristlichen Tradition selbstverständliche Prämisse (1,21; 3,18: ζωοποιηθεὶς δὲ πνεύματι; 3,21). [11]

---

[6] Der Kyriostitel muß freilich im Zusammenhang der Aussage von der Herrschaft über die kosmischen Mächte nicht unbedingt genannt werden. Er legt sich aber auch in Eph 1,20ff. (vgl. κυριότης V21; Rezeption von Ps 110,1; vgl. P. Pokorný, Komm. Eph., 81ff.) und Hebr 1,4 ("Name" = κύριος; Rezeption von Ps 110,1 in 1,3; vgl. H. Hegermann, Komm. Hebr., 38ff.; A. Strobel, Komm. Hebr., 19ff.) nahe. Das Fehlen des Kyriostitels in 1.Petr 3,22 wird auch von E. Schweizer, Christologie, 370, bemerkt.

[7] Anders O. Knoch, Komm 1.Petr u.a., 75, der κύριος in 2,13 um der Kongruenz mit dem sonst christologisch verwendeten Kyrios-Begriff (1,3; 1,25 [?]; 2,3; 3,15) willen christologisch deutet. Dies ist aber m.E. auf Grund des Kontextes (Erwähnung Gottes in 2,15.16.17) und des Zusammenhangs der Unterordnungsforderung unter das Geschöpf (2,13) mit der Gott (!) zugeordneten Schöpfertätigkeit (vgl. 4,19!) auszuschließen. Auf Gott deuten 2,13 auch K.H. Schelkle, Komm. 1.Petr u.a., 73 Anm. 2; N. Brox, Komm. 1.Petr, 119; Windisch/Preisker, Katholische Briefe, 63; vgl. vor allem E. Schweizer, Christologie, 376. Auf Christus deuten z.B. L. Goppelt, Komm. 1.Petr, 183; H. Balz/W. Schrage, Katholische Briefe, 89; F.-R. Prostmeier, Handlungsmodelle, 403f.

[8] Anders beurteilt K. Philipps, Kirche in der Gesellschaft, 18f., die Rolle des Kyriostitels. Philipps bezieht sich auf den allgemeinen Bekanntheitsgrad des Kyriostitels als Bezeichnung für Kultgötter und Herrschaftsträger. Aber im Unterschied zu Paulus z.B. (vgl. 1.Kor 8,5f.) ist eine - auch indirekte - Abgrenzung des εἷς κύριος gegen die κύριοι πολλοί im 1.Petr nicht zu erkennen. Gerade da, wo der Begriff diese Funktion hätte ausüben können (vgl. 1.Petr 3,22), wird er nicht genannt. So ist der Kyriostitel in 1,3 nicht "in klarer Unterscheidung zu den mancherlei kyrioi der hellenistischen Gesellschaft" gebraucht, wie Philipps behauptet (S.19), sondern ist an dieser Stelle durch die in der Eulogie mitgesetzte traditionelle Sprache bedingt (vgl. 2.Kor 1,3; Eph 1,3!). Eine Polemik gegen hellenistische Kyrioi ist nicht zu erkennen.

[9] Zu ποιμήν, ἐπίσκοπος (2,25) und ἀρχιποίμην (5,4) s.u.

[10] Vgl. dazu H. Goldstein, Gemeindeverständnis, 87ff.

[11] Vgl. E. Schweizer, Christologie, 371; P.E. Davies, Primitive Christology, 115-122.

(2) Mit der Auferweckung Jesu Christi hat Gott dem Auferweckten seine Doxa verliehen (1,21; 5,10). Zugleich wird festgehalten, daß die Offenbarung (ἀποκάλυψις) der Doxa Christi für die Parusie erwartet wird (4,13; 5,1.4; vgl. 1,7.13). Der Brief differenziert den mit beiden Ereignissen verbundenen Doxa-Begriff nicht explizit. In 1,11 ist wohl an beide Doxa-Offenbarungen gedacht, die des Auferweckten und die des in der Parusie sich Offenbarenden (τὰς μετὰ ταῦτα δόξας).[12]

(3) Die entscheidenden Christusbestimmungen betreffen die Niedrigkeit und das Leiden Christi. Πάσχειν begegnet im 1.Petr allein 12mal von 30 Belegen im NT.[13] Der Begriff ist auf Christus und die Christen gleicherweise bezogen. Christologisch wird vor allem das Todesleiden hervorgehoben: 1,11; 2,21; 3,18; 4,1; 5,1.[14] In 2,23 ist an die Mißhandlungen gedacht, die Christus in seiner Passion erlitt.[15] Das "Leiden" Christi ist sein gewaltsamer, blutiger Tod (1,2. 19)[16], durch den er die Glaubenden aus ihrer alten heidnischen Existenz befreit (1,18f.) und so die Sündenvergebung bewirkt hat (2,24). Sein gewaltsamer Tod ist stellvertretend "für uns" geschehen (2,21; 3,18). Diese Deutungsmodelle des Todes Christi sind gemeinurchristliche Vorstellungen. Dennoch hat 1.Petr in der Deutung des Leidens Christi besondere Akzente gesetzt.

---

[12] Vgl. auch O. Knoch, Komm. 1.Petr u.a., 47, zu 1.Petr 1,11: "... der Plural 'Herrlichkeiten' ist an 'Leiden' angeglichen und weist wohl auf die verschiedenen Stufen der Herrlichkeit Christi hin: Auferstehung, Einsetzung in die göttliche Herrschaft, s. 1,21; 3,22; 4,5." Vgl. auch H. Manke, Leiden, 48f.

[13] R. Feldmeier, Fremde, 93 Anm. 1, hebt die Bedeutung des arithmetischen Befundes des Leidensbegriffes im 1.Petr hervor: "Genau ein Drittel aller neutestamentlichen Bezüge zum Leiden der Christen und ihres Christus findet sich in diesem verhältnismäßig knappen Schreiben!"

[14] Vgl. W. Michaelis, πάσχω κτλ., ThWNT V, 917f.; H. Manke, Leiden, 47. - In den beiden Traditionsstücken (2,21ff. und 3,18ff.) macht der Zusammenhang deutlich, daß "Leiden" das Todesleiden Christi benennt (vgl. 2,24a: der Bezug auf das "Holz" = Kreuz; vgl. Gal 3,13; Act 5,30; 10,39; 13,29; H.-W. Kuhn, ξύλον, EWNT II, 1193ff.; T.P. Osborne, Guides Lines, 399f.; J. Schneider, ξύλον, ThWNT V, 38f.; 2,24e: das an Jes 53,5 [LXX] anklingende μώλωψ = die Strieme von Schlägen; C. Schneider, μώλωψ, ThWNT IV, 834f.; L. Goppelt, Komm. 1.Petr, 211; 3,18d: θανατωθείς).

[15] In V23 ist der Referenzrahmen von Jes 53,7 LXX (διὰ τὸ κεκακῶσθαι οὐκ ἀνοίγει τὸ στόμα) und der Passionsgeschichte erinnert. "Das 'Schmähen' (ὃς λοιδορούμενος οὐκ ἀντελοιδόρει) faßt den Eindruck zusammen, den Berichte wie die Beschimpfung nach der Verurteilung im Synhedrium (Mk 14,65 parr), die Verspottung durch die Wächter (Mk 15,17-20a parr) und die Verhöhnung des Gekreuzigten (Mk 15,29-32 parr) ergeben." L. Goppelt, Komm. 1.Petr, 208; vgl. auch A. Schulz, Nachfolgen, 290; H. Manke, Leiden, 119; K.H. Schelkle, Komm. 1.Petr u.a., 84.

[16] Diese Bedeutung legt der Begriff αἷμα in Beziehung auf Christi Tod nahe (vgl. Mt 27,24f.; Hebr 9,16.18; Röm 3,25; 5,9f.; Act 20,28 u.ö.; vgl. dazu O. Böcher, αἷμα, EWNT I, 91ff.; L. Goppelt, Komm. 1.Petr, 87; G. Friedrich, Verkündigung, 78f.).

a) Der Brief definiert die Identität Christi in der Komplexität seines Leidens und seiner von Gott erhaltenen Doxa-Herrlichkeit.[17] 1,11 ist eine Art Überschrift bzw. Titel für die Christologie des Briefes.[18] Die Weissagungen der Propheten beziehen sich auf die Leiden Christi und die "Herrlichkeiten" danach.[19] Da δόξα die Auferstehungsherrlichkeit und die Parusieherrlichkeit Christi beschreiben kann, ist hier die Totalität des Lebens und Seins Christi angesprochen: Von seinem Leiden über die Auferstehung bis zur Parusie ist es derselbe Christus, der für uns die σωτηρία erwirkt hat (1,9f.). Der leidende ist zugleich der verherrlichte Christus.[20]

b) Das Leidens- und Herrlichkeitsgeschick Jesu Christi ist im AT vorausbezeugt und erwartet (1,11). Christus ist die Erfüllung der atl.-prophetischen Erwartungen und Prophezeiungen (1,10-12).[21] Der Brief verdeutlicht dies in dem von traditioneller Sprache durchsetzten christologischen Stück 2,21ff. Hinter-

---

[17] Vgl. hierzu H. Manke, Leiden , 208ff.; E. Richard, Functional Christology, 133ff.; T.W. Martin, Metaphor, 240ff.

[18] Der prophetische Vorverweis auf das Christusgeschehen leitet in 1.Petr 1,10-12 ein Motiv ein, das sich im gesamten Brief des öfteren wiederfindet. Vom Leiden Christi ist in 1,19; 2,21-25; 3,18; 4,1.13 und 5,1 die Rede, von der Herrlichkeit (Doxa) in 1,21; 4,13; 5,1.4.10. Dieses Motiv ist die christologische Leitidee des Briefes, das in 1,10-12 programmatisch eingeführt wird. T.W. Martin, Metaphor, 240-265, interpretiert den gesamten Abschnitt 4,12-5,11 unter der Leitmetapher "Teilhaber an Leiden und Herrlichkeit" (vgl. 4,12; 5,1.9). Zur hermeneutischen Schlüsselfunktion von 1.Petr 1,10-12 vgl. W.L. Schutter, Hermeneutic, 100ff.: "The whole course of salvation history and the progress of revelation seem to be summed up in a skilful manoeuvre that draws the addressees simultaneously into its perspective." (a.a.O., 101).

[19] Vgl. dazu vor allem H. Manke, Leiden, 46ff.

[20] Vgl. H. Manke, Leiden, 219f. - Der angesprochene Zusammenhang wird auch in 1.Petr 3,18-22 (vgl. 1.Tim 3,16) deutlich. Einige Stücke des 2. Artikels des Apostolikums scheinen hier schon präformiert zu sein: "In V18 klingt an 'gelitten', in V19 'niedergefahren in die Unterwelt', in V21f 'auferstanden', 'aufgefahren zum Himmel, sitzend zur Rechten Gottes'." (L. Goppelt, Komm. 1.Petr, 240; vgl. auch ders., Theologie NT II, 507; E. Lohse, Märtyrer und Gottesknecht, 186 Anm. 5; O. Knoch, Komm. 1.Petr u.a., 113; H. Frankemölle, Komm. 1.Petr u.a., 59; K.H. Schelkle, Leiden des Gottesknechtes, 162f.; P.E. Davies, Primitive Christology, 115-122). V18 faßt die Identität des "Getöteten und Lebendiggemachten" in kurzer Form zusammen. Aber auch der unvermittelte Übergang von 1.Petr 3,22 zu 4,1 ist bemerkenswert: Der zur Rechten Gottes erhöhte Christus ist der leidende Christus. Der Kontrast wirkt hier besonders stark. V18 beginnt mit einer Niedrigkeitsaussage, VV21.22 enden mit Hoheitsaussagen (Auferstehung und Erhöhung), 4,1 beginnt unvermittelt wieder mit einer Niedrigkeitsaussage. Es ist deutlich, daß die Leidenssituation der Adressatengemeinden die jeweiligen Prioritäten in den Christusaussagen mitbestimmt. (Vgl. den Zusammenhang von 4,1a und 4,1b: Die Leidensbereitschaft der Christen steht im engen Zusammenhang mit dem Leiden Christi!). So ist es auch verständlich, daß der Brief in der Bezugnahme auf das Leiden der Christen christologische Niedrigkeitsaussagen einbringt. Die Folgerung in 4,1 (οὖν) kann sich nur auf 3,18 zurückbeziehen (vgl. A. Reichert, Praeparatio, 296; N. Brox, Komm. 1.Petr, 190; L. Goppelt, Komm. 1.Petr, 265; W.L. Schutter, Hermeneutic, 69f. Schutter macht auf Stichwortassoziationen aufmerksam: παθεῖν, σαρκί, ἁμαρτία): Aus dem Leiden Christi wird die entsprechende Konsequenz für das Verhalten der Christen gezogen (Vgl. H. Millauer, Leiden, 111: "1.Petr 4,1 nimmt den Gedankengang von 3,18 wieder auf und zieht daraus die Folgerungen: Christus hat einmal für die Sünden gelitten, nun sollen sich die Christen mit derselben ἔννοια wappnen.").

[21] Vgl. H. Manke, Leiden, 33-66.

grund vieler Formulierungen ist Jes 53: V22a (Jes 53,9); V24a (Jes 53,4.12); V24c.25a (Jes 53,5f.); V23 (Jes 53,7?: "Er tat seinen Mund nicht auf."). In 1.Petr 3,18 vgl. die Wendung περὶ ἁμαρτιῶν mit Jes 53,10 und δίκαιος mit Jes 53,11 (LXX). Auf diesem Hintergrund gesehen entspricht das Leiden Christi dem des leidenden Gottesknechtes von Jes 53.[22]

c) Der Brief betont die soteriologische Bedeutung des Christusgeschehens. Christi Leiden und seine Doxa werden im Kontext der gegenwärtigen Erneuerung und eschatologischen Vollendung der Glaubenden genannt.[23] In 1,12 ist die Relevanz des Christusgeschehens für das Heil der Glaubenden schon von der atl. Prophetie her klargestellt.[24]

Das Leiden der Glaubenden wird in wesentlichem Zusammenhang mit dem Leiden Christi gesehen. Zur guten Tat im Ertragen von Leid sind diese berufen, weil auch Christus gelitten hat und so den Weg der Gemeinden in der Welt vorgezeichnet hat. Das Erdulden und die bewußte Annahme des Leidens werden als Nachfolge des Leidensweges Christi verstanden (2,21; 3,17f.; 4,1). Dies bedeutet nicht eine Nachahmung (imitatio) des Christusleidens. Vielmehr sind die je eigenen Leidenserfahrungen der Christen im Kontext des Leidens Christi gesehen, so daß sich das Verständnis einer Anteilhabe am Leiden Christi ergibt (4,13: κοινωνεῖν τοῖς τοῦ Χριστοῦ παθήμασιν; vgl. 5,1). D.h., das Leiden der Christen wird in das nicht nachzuahmende Leiden Christi einbezogen. Damit stellt sich die Christengemeinde auf einen Weg, für den Christus selbst das "Leitbild" (= ὑπογραμμός 2,21) vorgegeben hat.[25] Mit Hilfe des Verständnisses der Nachfolge im Leiden kann der Brief das Leidensproblem positiv verarbeiten. Denn mit der Anteilhabe am Leiden Christi ist die Gewißheit auf die Anteilhabe an der eschatologisch sich offenbarenden Doxa Christi gegeben (4,13; 5,1). So ist das an sich Paradoxe möglich: Im Ertragen des Leidens wird Freude freigesetzt, die sich im eschatologischen Jubel vollenden wird (1,6f.8f.; 4,13). Das Christusgeschehen ist somit die Voraussetzung für den Trost der Christen in der

---

[22] Vgl. L. Goppelt, Komm. 1.Petr, 206; N. Brox, Komm. 1.Petr, 136ff.; W. Zimmerli/J. Jeremias, παῖς θεοῦ, ThWNT V, 705.709; K.H. Schelkle, Leiden des Gottesknechtes, 162-165; ders., Komm. 1.Petr u.a., 82-87; J.H. Elliott, Home, 258f.; W.L. Schutter, Hermeneutic, 38.138ff.; E. Lohse, Märtyrer und Gottesknecht, 184-187; ders., Paränese und Kerygma, 87f.; A. Schulz, Nachfolgen, 290f.; T.P. Osborne, Guides Lines, 381-408; O. Knoch, Komm. 1.Petr u.a., 81ff.; H. Balz/W. Schrage, Katholische Briefe, 94-96; H. Manke, Leiden, 116-134; H.W. Wolff, Jesaja 53, 99-104.

[23] "Die Passion (und ebenso die Verherrlichung) Christi wird in 1 Petr niemals als ein in sich geschlossenes, von der Situation der glaubenden Gemeinde abgelöstes Geschehen betrachtet, sondern stets in ihrer Bedeutung für den Adressatenkreis reflektiert." H. Manke, Leiden, 211; vgl. auch E. Richard, Functional Christology, 133ff.; P.E. Davies, Primitive Christology, 118.

[24] Zum Christusgeschehen im Kontext der Soteriologie vgl. weiterhin 1,3.6-9.13.18-21; 2,4-7; 2,21-25; 3,18-22; 4,1.13f.; 5,1.10.

[25] Zur Bestimmung von ὑπογραμμός = "Leitbild" (Plat. Prot 326 und Leg. 711b) vgl. H. Millauer, Leiden, 67f. Näheres dazu s. dort (S.67-69). Vgl. auch F. Schröger, Gemeinde, 163f.; L. Goppelt, Komm. 1.Petr, 201. - Ὑπογραμμός begegenet im NT nur in 1.Petr 2,21, vgl. aber weiter 1.Clem 5,7; 16,17; 33,8; Polyc 8,2.

Welt: Wer sich auf den demutsvollen Leidensweg Christi begibt, wird jetzt schon seliggepriesen (3,14; 4,13), weil der Geist Gottes die Gegenwart des eschatologischen Heils bereits verbürgt (4,14 ; vgl. auch 1,5).

Auf seinem Leidensweg erfüllte Christus im Gehorsam den Willen Gottes. Der Leidensweg Christi erinnert so an den leidenden Gottesknecht, der als "Gerechter" (δίκαιος) sein Leben für die Menschen einsetzt, indem er ihre Sünden trägt (Jes 53,11), selbst aber sündlos ist (Jes 53,9). In dieser Weise akzentuiert auch 1.Petr: Christus ist der leidende "Gerechte" (δίκαιος 3,18), der im Gegensatz zu den ἄδικοι keine Sünde tat (2,22), freiwillig das Leiden im Gehorsam auf sich nahm, indem er der Gewalt nicht widerstand und das Gericht über die Sünde Gott überließ (2,23). Als leidender Gerechter verzichtete Christus auf die Durchsetzung seines Rechts und überließ die Aufrichtung des Gottesrechts Gott selbst (2,23). Darin erwies er seinen freiwilligen Gehorsam gegenüber Gott. Es ist deutlich, daß der im freiwilligen Verzicht auf das ius talionis leidende Gerechte auch hier das "Leitbild" (2,21) für das Verhalten der Christen in der Welt ist (vgl. 1. Petr 3,9: Gewaltverzicht!).

(4) Jesus Christus ist der Identitätsfaktor der Glaubenden. Sein Einfluß auf diese ist so stark, daß sie nach ihm benannt werden: sie sind Χριστιανοί (4,16). Um der Zugehörigkeit zu Christus willen werden sie geschmäht (4,14; vgl. Teil 2.2.). Der Einfluß Christi ist öffentlich geworden. Man definiert die sich auf Christus berufenden Glaubenden nach ihrem Ursprung.[26] Die ablehnenden Reaktionen der heidnischen Bevölkerung und der Behörden zeigen, daß Christus nicht nur als ein Religionsstifter von interner Bedeutung erfaßt wurde, sondern sein Einfluß auch in der Öffentlichkeit der Gesellschaft zu spüren war. Demnach hatten sich Christen vor den heidnischen Bürgern und Gerichten zu verantworten (3,15; 4,15f.). Nach den Maßstäben der heidnischen Welt mußte Christus als "Skandalon" wirken (2,8). Zusammen mit seinen Anhängern, den "Christen", hat

---

[26] 1.Petr 4,15 stellt eine Reihe von Menschen vor, die nach staatsrechtlichen Maßstäben auf Grund verbrecherischer Taten nach ihren jeweiligen Taten benannt werden (vgl. auch A. Reichert, Praeparatio, 54f.): Ein "Mörder" ist ein Mörder, weil er mordet, ein "Dieb", weil er stiehlt usw. Der Verbrecher wird bei seiner Tat behaftet. In den seltensten Fällen nennt sich ein Mörder selbst "Mörder" usw. In diesem Zusammenhang wird deutlich, daß ὡς Χριστιανός (4,16) nicht Eigenbezeichnung der Christen ist, sondern eine von der Umwelt deklarierte Bezeichnung der Christusanhänger (vgl. Act 11,26; 26,28; Tacitus Ann. XV,44: "die, welche durch Schandtaten verhaßt, das Volk 'Christen' nannte"; vgl. dazu A.v. Harnack, Mission, 424-428). Die Christen werden geschmäht, weil sie Christus angehören (ἐν ὀνόματι Χριστοῦ 4,14; vgl. Teil 2.2.2.[8]). Freilich ist später Χριστιανός auch Eigenbezeichnung der Christusanhänger geworden, ohne einen Zusammenhang mit dem Kriminellen zu empfinden (vgl. Ign Eph 11,2; Magn 4; Röm 3,7; Pol 7,3; A. v. Harnack, Mission, 426f.). Die heidnische Bevölkerung hat dies aber anders gesehen, denn sie hat die Christen in eine Reihe mit Mördern, Dieben und Übeltätern gestellt. V16a setzt die Reihe V15 fort. Ὡς Χριστιανός korrespondiert der Straftatbestände nennenden Aufzählung in V15 (vgl. A. Reichert, Praeparatio, 55; A.v. Harnack, Mission, 426 Anm. 2: Es handelt sich hier um "offizielle tituli criminum".). Mit εἰ δέ wird die Besonderheit des Χριστιανός-Seins hervorgehoben. - Die Gefahr, daß das nomen ipsum bereits Anlaß zu einer Verurteilung der Christen sein konnte, bestand nicht erst seit dem Reskript Trajans, sondern schon seit Neros Polizeiaktion im Jahre 64 n. Chr. (vgl. L. Goppelt, Komm. 1.Petr, 60ff.).

er Unverständnis und Befremden hervorgerufen. Die Christen haben in sozialer und religiöser Hinsicht die Konformität mit der heidnischen Gesellschaft aufgegeben (4,1-4). Aus diesem Grunde wirken sie befremdlich (4,4).

Die Christusgestalt ist somit im Brief nicht nur aus der Innenperspektive der Gemeinde her gesehen, sondern auch in der Außenperspektive der Beziehung zur heidnischen Bevölkerung. Für diese ist Christus ein *öffentliches*, ja sogar *politisches* Skandalon, das sie durch Verlästerung, Beschimpfung und gerichtliche Anklage zu bekämpfen versucht. In diesem Kampf gegen Christus stößt sie sich an ihm als dem "Stein des Anstoßes", dem unerschütterlichen "Fels des Ärgernisses" (2,8). Während sie Christus verwirft, erweist sich dieser gerade als unerläßlicher, wertvoller "Eckstein" (2,6), der für den Bau des "οἶκος πνευματικός" eine "fundamentale" Funktion im eigentlichen Sinn des Wortes hat (2,5). In 2,4 wird Christus als der "lebendige Stein" definiert. Das Attribut "lebendig" zeigt, daß "Stein" eine Metapher ist. Es bezieht sich auf den Auferstandenen (vgl. 3,18e: ζωοποιηθείς). Die Eingangseulogie in 1,3 hatte bereits festgehalten, daß wir durch Christi Auferstehung zu einer "lebendigen Hoffnung" wiedergeboren sind. Der Auferstandene vermittelt also "Leben", weil er selbst das "Leben" ist. Darum sind die Christen "lebendige Steine" (2,5)[27], die durch die gegenwärtige Wirksamkeit des Auferstandenen den "Geist Gottes und den Geist der Herrlichkeit" (4,14) empfangen haben und so zu einem οἶκος πνευματικός auferbaut werden sollen.

Die Steinmetaphorik hat für die Christologie also zwei Funktionen: 1. Als der Auferstandene ist Christus der lebendige und wertvolle Eckstein, der das Fundament für den οἶκος πνευματικός bildet. 2. Als der Auferstandene ist Christus der "Stein des Anstoßes" und der "Fels des Ärgernisses", der dem Unglauben zum Hindernis wird. Dabei handelt es sich jeweils um ein und denselben Christus-Stein. Je nach der Wirksamkeit dieses Steines wird er verschieden definiert. Der die Gemeinde gründende und auferbauende Christus-Stein ist zugleich der die heidnische Welt in ihrem Unglauben erschütternde und verärgernde Christus-Stein. Indem 1.Petr in 2,4-8 beide Aspekte eng zusammensieht, wird das Christusgeschehen ekklesiologisch und welthaft-öffentlich zugleich entfaltet. Dies geschieht in letzterer Hinsicht zwar negativ, insofern Christus der ungläubigen Welt zum Hindernis wird, der gesamte Kontext des Briefes legt aber auch eine positive Wirkung auf die heidnische Welt nahe: Sofern die christliche Gemeinde ihren "guten Lebenswandel *in Christus*" (3,16) zum Tragen bringt, ist

---

[27] Die Entsprechung, die durch die Metapher "lebendiger Stein" zwischen Christus und den Christen in 2,4.5 deutlich zu erkennen ist (vgl. A. Reichert, Praeparatio, 117: "Analogie zwischen Christus und Christen"), wird in dem Abschnitt 2,4-10 durch zwei weitere Entsprechungen verstärkt: Wie Christus zum einen der "erwählte Eckstein" ist (2,4.6), so sind die Christen das "auserwählte Geschlecht" (2,9; vgl. 1,1); wie Christus zum anderen ein "ehrenvoller (wertvoller) Eckstein" ist (2,4.6), so kommt den Christen "Ehre" (τιμή 2,7; vgl. 1,7) zu. Diese "dreifache Parallelisierung" (H. Goldstein, Paulinische Gemeinde, 27.58; vgl. auch J.H. Elliott, Home, 135; ders., Elect, 33ff.141ff.146f.u.ö.) zeigt deutlich, daß der Brief die Ekklesiologie von der Christologie her versteht. "Die Glaubenden" (2,7) gründen ihre Existenz "in Christus" (vgl. 3,16; 5,10.14). "Lebendig", "erwählt" und "ehrbar" sind sie nur in und durch Christus, weil sie an dem "Leben", der "Erwählung" und der "Ehre", die Christus von Gott zukommt, Anteil bekommen.

ihre missionarische Wirkung mit dem positiven, einladenden Einfluß auf die heidnische Welt (vgl. 2,12; 3,1f.) in Christus selbst begründet. Da er der Gemeinde den Gewaltverzicht und die Feindesliebe vorgelebt hat (2,23), ist diese in der Nachfolge Christi zu entsprechender Tat aufgerufen und befähigt (3,9!). Damit ist deutlich, daß die missionarische Tätigkeit der Gemeinde im Christusgeschehen selbst begründet ist. In Christi Gegenwart und Vorbild wird sie an die Welt positiv-missionarisch verwiesen. So stellt der Brief nicht nur eine Verbindung zwischen Ekklesiologie und Christologie her, sondern bezieht auch die Christologie in das Thema der Weltöffentlichkeit des Christusgeschehens ein.

(5) In der atl. Tradition ist das Hirtenbild in vielfältiger Weise auf den Gott Israels bezogen: Jahwe ist der Hirte, bei dem Israel und jeder einzelne des Volkes geborgen ist (Ps 23; 40,11; Ez 34,11-22 u.ö.). Jahwe kümmert sich um die irrenden, verstreuten Schafe, sucht sie und bringt sie zurecht (Jer 23,2; Ez 34,6; Sach 10,3; 11,16). Schon die atl.-jüdische Tradition verheißt den messianischen Herrscher als Hirten (Jer 23,1-4; Ez 34,23f.; PsSal 17,45). Die Anwendung des Bildes auf Christus war demnach in der urchristlichen Gemeinde atl. vorgeprägt. Aber auch Jesus selbst verglich sein Tun mit dem eines Hirten (vgl. Lk 15,3-7par Mt 18,12-14; Mt 9,36par Mk 6,34). Beide Einflüsse werden die Anwendung des Hirtenbildes auf Christus im 1.Petr und anderen urchristlichen Schriften mitgeprägt haben (vgl. Hebr 13,20; Apk 7,17; Joh 10,11ff.).[28]

Da Gott Christus seine Doxa in der Auferweckung mitgeteilt hat (1,11; 1,21), übt Christus nach dem 1.Petr gleichsam göttliche Funktion als Hirte aus. Christus übernimmt die fürsorgende und achtgebende Rolle Gottes als Schirmherr der Gemeinde. Indem die Adressaten als einst verirrte Schafe, die sich zu Christus als Hirten bekehrt haben, beschrieben werden (2,25), ist Christus als der rettende Schirmherr seiner Gemeinde vorgestellt. Er tritt fürsorgend und achtgebend für sie ein. Als solch ein "Seel-Sorger" (ἐπίσκοπος τῶν ψυχῶν ὑμῶν) gibt der Hirte auf jedes seiner Schafe acht[29] und leitet sie auf dem rechten Weg[30], um sie einerseits im Leiden zu stärken und andererseits vor einem möglichen Rückfall in das alte heidnische Leben zu bewahren (vgl. 1,14).

Die christologische Applikation des Hirten-Bildes wird ekklesiologisch nutzbar gemacht. Der Verf. des Briefes überträgt den Presbytern die Hirten-Sorge für die Gemeinde-Herde (5,2-4). Diese üben stellvertretend für die Gesamtgemeinde in der Nachfolge Christi das Hirtenamt aus. Die Gemeinde, speziell die Presbyter, soll(en) dafür sorgen, daß kein "Schaf" der Gemeinde-Herde verlorengeht. Damit ist nicht gesagt, daß Christus die Hirtenfunktion aufgegeben hat. Er bleibt weiterhin das Hirten-Leitbild, der "Erzhirte" (ἀρχιποίμην 5,4).[31] Die Presbyter

---

[28] Zur Metaphorik des Hirten-Bildes in der biblischen Tradition vgl. J. Jeremias, ποιμήν κτλ., ThWNT VI, 484-501; W. Jost, ΠΟΙΜΗΝ. Das Bild des Hirten in der biblischen Überlieferung und seine christologische Bedeutung, Gießen 1939; H. Goldstein, ποιμήν κτλ., EWNT III, 301-304; R. Schnackenburg, Episkopos und Hirtenamt (Zu Apg 20,28), in: Das kirchliche Amt im Neuen Testament, hrsg. v. K. Kertelge, (WdF 439), Darmstadt 1977, 918-941.

[29] Zum seelsorgerischen Aspekt des Episkopos-Begriffes vgl. Teil 3.2. Anm. 51.

[30] An die leitende und geleitende Funktion des Hirten erinnert auch der Terminus "προσάγειν" = "hinzuführen" (3,18). Zur Bedeutung s.u. - Zur Weg-Vorstellung vgl. 2,21.

[31] Vgl. hierzu die von H. Goldstein, Paulinische Gemeinde, 28.59.76, getroffene Bestimmung: Christus = primarius; Christen = secundarii.

stehen im Dienste Christi, der die Gesamtaufsicht und Gesamtsorge über die Gemeinde-Herde, die Gottes Eigentum ist (ποίμνιον τοῦ θεοῦ 5,2[32]), trägt[33]. Indem Christus sich als der auch bei der Parusie in Herrlichkeit geoffenbarte "Hirte" erweisen wird (5,4), hält 1.Petr fest, daß er derselbe fürsorgende und achtgebende "Hirte" sein wird, der er jetzt schon ist (2,25). Die umfassende Sorge für die "Seelen"[34] der Christen wird Christus eschatologisch vollenden, indem er seiner "Herde" die Anteilhabe an seiner Parusie-Doxa verheißt.[35]

3.3.2. Die Christologie des 1. Petrusbriefes im Verhältnis zur Christologie des Matthäusevangeliums

Im Hinblick auf das Problem des Verhältnisses des 1.Petr zu Mt ist die Christologie des Mt heranzuziehen. Es wurde am Anfang festgestellt (s.o.), daß der Brief seine Christologie nicht anhand christologischer Hoheitstitel, sondern funktionaler Aussagen entworfen hat. Mt dagegen scheint seine Christologie in variabler Breite christologischer Hoheitstitel entwickelt zu haben. "Davidssohn", "Menschensohn" und "Gottessohn" stehen als christologische Hoheitstitel im Mittelpunkt.[36] Mit dem Titel "Davidssohn" kennzeichnet Mt "das Kommen Jesu als Erfüllung und Transformation der messianischen Hoffnungen Israels".[37] Die

---

[32] Der Begriff "Herde Gottes" besagt, "daß die ekklesiale Gemeinschaft Werk der Heilsinitiative Gottes und sein Eigentum ist." H. Goldstein, Paulinische Gemeinde, 21.

[33] H. Goldstein, Paulinische Gemeinde, 21, spricht im Hinblick auf 1.Petr 5,4 von einem "'pastor'-alen Primat" Christi.

[34] Die ψυχή meint das gesamte Leben des Menschen in seiner Persönlichkeit. Das Selbst ist die leitende Mitte des personalen Verhaltens (vgl. 1,9.22; 2,11.25; 3,20; 4,19). Vgl. dazu L. Goppelt, Komm. 1.Petr, 104 Anm. 63; O. Knoch, Komm. 1.Petr u.a., 46; N. Brox, Komm. 1.Petr, 67; H. Manke, Leiden, 31; H. Goldstein, Gemeindeverständnis, 374f. Anm. 88; J.B. Bauer, Komm. 1.Petr, 17; vor allem G. Dautzenberg, Σωτηρία ψυχῶν (1 Petr 1,9), BZ NF 8 (1964), 275f., der die entsprechende Wendung übersetzt: "die Rettung eures Lebens bzw. eurer Existenz oder euer Selbst".

[35] Dies wird durch das Bild vom "unverwelklichen Kranz der Herrlichkeit" in 5,4 ausgedrückt. Es ist deutlich, daß die hier nur auf die Presbyter bezogene Aussage exemplarisch für die Soteria-Verheißung der Gesamtgemeinde steht. Nach 1,8f. "empfangen" (κομίζομαι vgl. 1,9 mit 5,4) alle Christen "das Ziel des Glaubens", die Soteria. Diese wird wie in 5,1 im Brief auch sonst als Anteilhabe an der Doxa Christi in Aussicht gestellt: vgl. 4,13; 5,1. - Zum Symbol des Kranzes vgl. L. Goppelt, Komm. 1.Petr, 329 Anm. 32; W. Grundmann, στέφανος κτλ., ThWNT VII, 615-635; H. Kraft, στέφανος κτλ., EWNT III, 654-656.

[36] Vgl. die Darstellungen zur mt. Christologie bei A. Sand, Mt, 344-357; U. Luz, Eine thetische Skizze der matthäischen Christologie, in: Anfänge der Christologie (FS F. Hahn), hrsg. v. C. Breytenbach/H. Paulsen, Göttingen 1991, 221-235; H. Frankemölle, Jahwebund, 165-170; J.D. Kingsbury, Matthew, 40-127; L. Goppelt, Theologie NT II, 548-556; H. Geist, Menschensohn, 405.410.438, der im Hinblick auf die drei Titel bei Mt von einer "christologischen Trias" spricht.

[37] U. Luz, Skizze, 226. Zum Davidssohntitel im Mt (1,1; 9,27; 12,23; 15,22; 21,9.15; 20, 30f.; 22,41-45) vgl. weiter G. Strecker, Weg, 118-120; U. Luz, Mt II, 59-61; H. Frankemölle, Jahwebund, 167-170; C. Burger, Davidssohn, 72-106; A. Suhl, Der Davidssohn im Matthäus-Evangelium, ZNW 59 (1968), 57-81; E. Lohse, υἱὸς Δαυίδ, ThWNT VIII, 489-491; J.D. Kingsbury, The Title "Son of David" in Matthew's Gospel, JBL 95 (1976), 591-602; ders.,

Prädikation "Menschensohn" ist ein "'horizontaler' Titel, der die ganze Geschichte Jesu, sein Leben, sein Sterben, seine Auferstehung und Erhöhung und seine
Erscheinung als Weltenrichter umgreift."[38] "'Gottessohn' ist insofern der grund-
legendste mt. Christustitel, als er nicht nur eine horizontale Dimension, Jesu Gehorsam in seinem Leben, sondern auch eine vertikale Dimension umfaßt, Jesu
einzigartige Relation zum Vater."[39] Das Entscheidende der Christologie des Mt
liegt aber nicht in den christologischen Titeln als solchen, da diese nur je verschiedene Aspekte der mt. Christologie zur Sprache bringen,[40] sondern in der
gesamten mt. Jesusgeschichte, die vom Anfang bis zum Ende durch das "Immanuel" = "Gott mit uns" geprägt ist (1,23; vgl. 18,20; 28,20).[41] Insofern hat die
mt. Christologie "narrativen Charakter".[42]

Matthew, 99-103; H. Geist, Menschensohn, 376-379; L. Goppelt, Theologie NT II, 551f.; A.
Sand, Gesetz, 143ff.; F. Hahn, υἱός, EWNT III, 936f.).

[38] U. Luz, Skizze, 229. Zum Menschensohntitel bei Mt (8,20; 9,6; 10,23; 11,19; 12,8.32.40;
13,37.41; 16,13.27f.; 17,9.12.22; 19,28; 20,18.28; 24,27.30.37.39.44; 26,2.24.45.64; 25,31)
vgl. weiter ders., Mt II, 497-503; J.D. Kingsbury, The Title "Son of Man" in Matthew's Gospel,
CBQ 37 (1975), 193-202; ders., Matthew, 113-127; J. Lange, Erscheinen, 188-211; H. Geist,
Menschensohn und Gemeinde (FzB 57), Würzburg 1986; C. Colpe, ὁ υἱὸς τοῦ ἀνθρώπου,
ThWNT VIII, 462-465; H.E. Tödt, Menschensohn, 62-88; E. Schweizer, Matthäus und seine
Gemeinde, 40-42; P.F. Ellis, Matthew, 111-113; F. Hahn, υἱός, EWNT III, 931f.

[39] U. Luz, Skizze, 234f. Zum Gottessohntitel bei Mt (2,15; 3,17; 4,3.6; 8,29; 14,33; 16,16;
17,5; 26,63; 27,40.43.54; "Sohn" absolut: 1,23; 11,27; 24,36; 28,19) vgl. weiter J.D. Kingsbury, The Title "Son of God" in Matthew's Gospel, BTB 5 (1975), 3-31; ders., Matthew, 40-83;
H. Geist, Menschensohn, 382-405; P.F. Ellis, Matthew, 108-111; T. de Kruijf, Der Sohn des
lebendigen Gottes. Ein Beitrag zur Christologie des Matthäusevangeliums (AnBib 14), Rom
1962; E. Schweizer, υἱός κτλ., ThWNT VIII, 381f.; H. Frankemölle, Jahwebund, 165-167; F.
Hahn, υἱός, EWNT III, 920.

[40] Eine Art Kompendium christologischer Vorstellungen findet sich bei Mt in 16,13-20.28.
Die Mt wichtigen Titulaturen sind um das Christusbekenntnis des Petrus (16,16) positioniert.
Er hat sie gegenüber Mk par redaktionell eingefügt: "Menschensohn" (V13); "Sohn des lebendigen Gottes" (V16); "Christus" (V20). Der Davidssohntitel fehlt. Er ist traditionell synonym
mit "Messias" = "Christus" (vgl. Mt 1,1.17; 22,41f.; PsSal 17,21.32; Röm 1,3f. E. Lohse, υἱὸς
Δαυίδ, ThWNT VIII, 482-492), kann also inhaltlich im Christusbekenntnis mitgesetzt sein.
Möglich wäre auch, daß Mt den Titel absichtlich ausgeschlossen hat, um jedes politische Mißverständnis in Verbindung mit der Christus-Titulatur zu vermeiden (vgl. Mt 22,41-45). Eine
andere Möglichkeit wäre, daß Mt im Christusbekenntnis des Petrus für den Davidssohntitel
keine Verwendung sah, da dieser für Mt vor allem mit Wunderheilungen an Blinden, Lahmen
und Taubstummen verbunden ist (vgl. 9,27; 12,23; 15,22; 20,30f.). Hinzu kommt, daß "Davidssohn" Akklamation nur im Munde Jesu Fremder oder Fernstehender ist (vgl. J.D. Kingsbury,
Son of David, 592), demnach dieser Titel in einem exklusiven Jüngergespräch wie Mt 16,13ff.
nicht zu erwarten ist.

[41] Vgl. dazu ausführlich H. Frankemölle, Jahwebund, 7-83; weiter J. Lange, Erscheinen,
329f.344f.346-348; G. Künzel, Gemeindeverständnis, 72f.; W. Trilling, Israel, 40-43; J.D.
Kingsbury, Matthew, 69f..95f.; P. Christian, Jesus und seine geringsten Brüder, 49f.; G. Barth,
Gesetzesverständnis, 126f. Das Mit-Sein Jesu in der Gemeinde wird von Mt auch für die
eschatologische Freudenzeit in der Basileia Gottes ausgesagt (vgl. Mt 26,29 μεθ᾽ ὑμῶν diff.
Mk 14,25; H. Frankemölle, Jahwebund, 37-40). In der Gegenwart der Jüngergemeinde konkretisiert sich Jesu Mit-Sein z.B. in der Gebetsversammlung (18,19f.), in Lehre und Taufe (28,
18f.) und im Abendmahl (26,26-30).

[42] U. Luz, Skizze, 223.

Im Hinblick auf den Vergleich mit der Christologie des 1.Petr ist diese Erkenntnis von Belang. Denn wenn die mt. Jesusgeschichte die feststehende Bedeutung der traditionellen Hoheitstitel "verflüssigt"[43], dann treten diese im ganzen zurück, so daß die Christologie von der *Geschichte Jesu* her entworfen wird.[44] Diese Tendenz ist auch im 1.Petr zu beobachten: Das Christusgeschehen ist im AT angekündigt (1,10-12), Christus hat für uns gelitten bis zum Tod (2,21ff.; 3,18), ist auferweckt worden (1,21; 3,18), herrscht als erhöhter Christus-Kyrios (1,3; 2,3; 3,15.22) und wird in eschatologischer Herrlichkeit bei der Parusie seine Doxa offenbaren (1,7.13; 4,13; 5,1). Damit entspricht 1.Petr dem sachlichen Anliegen des Mt: Christus ist der im AT verheißene Messias (Mt 1,23; 2,6; 8,17; 12,18-21; 21,5 u.ö.), litt und starb den stellvertretenden Sühntod (20,28 par; 26,28; vgl. 1,21b; 27,37), ist auferweckt (16,21; 17,23; 20,19; 28, 1ff.), erhöht (28,16ff.) und wird als Menschensohn-Weltenrichter am Ende zum Gericht wiedererscheinen (13,41; 16,28; 19,28; 24,30; 25,31ff.). Die "Verflüssigung" der Christustitel geht im 1.Petr so weit, daß er auf Hoheitstitel fast gänzlich verzichten kann (s.o.).

So nimmt der Brief die in Mt vorhandene Tendenz der "Verflüssigung" der Christustitel positiv auf und führt sie konsequent durch. Das Christusgeschehen definiert sich in seiner soteriologischen Bedeutsamkeit (s.o.). Konkrete Entsprechungen in der Ausbildung und Anwendung einzelner christologischer Motive unterstützen die Annahme, daß der Brief sich in dieser Hinsicht von Mt hat beeinflussen lassen. Um welche handelt es sich?

---

[43] U. Luz, Skizze, 223. Gemeint ist nach Luz damit, daß nicht die christologischen Hoheitstitel als solche, sondern die mt. Jesusgeschichte als "Prädikativ" funktioniert, um den Inhalt der traditionellen Hoheitstitel und damit die Christologie des Mt zu bestimmen.

[44] Vgl. auch den von H. Frankemölle, Jahwebund, 267, im Anschluß an W. Marxsen, Der Streit der Bibel, Gladbeck 1965, 72f., gebrauchten, die mt. Konzeption der Einheit von Wort (Mt 5-7) und Tat (Mt 8-9) präzisierenden Begriff "Christologie im Vollzug". Der Begriff steht dem der "narrativen Christologie" nahe und kann - auf das Gesamtkonzept der mt. Christologie angewandt - für die Vorstellung des Mit-Seins des Erhöhten in seiner Gemeinde (1,23; 18,20; 28,20) zur Geltung gebracht werden. Zum Konzept der "narrativen Christologie" vgl. auch R.A. Edwards, Matthew's Story of Jesus, Philadelphia 1985, der die mt. Christologie von der Erzählung der Jesusgeschichte her deutet. Des weiteren vgl. J.D. Kingsbury, Matthew as Story, Philadelphia 1986; D.R. Bauer, The Structure or Matthew's Gospel. A Study in Literary Design (JSNTSS 31), Sheffield 1988, 73ff.; D.B. Howell, Matthew's Inclusive Story. A Study in the Narrative Rhetoric of the First Gospel (JSNTSS 42), Sheffield 1990.

3.3.2.1. Verheißung und Erfüllung

Das Christusgeschehen ist im AT vorherverheißen und bezeugt. *Matthäus*[45] hat diesen Aspekt besonders durch seine Erfüllungszitate hervorgehoben.[46] Die Erfüllungsformel ([ἵνα] πληρωθῇ τὸ ῥηθὲν διὰ ... τοῦ προφήτου λέγοντος u.ä.) wird allgemein auf den Evangelisten zurückgeführt, so daß die Erfüllungszitate (= Reflexionszitate) durch den Redaktor eingefügt wurden.[47] Alle Reflexionszitate werden auf die Stimme eines (bzw. mehrerer, vgl. 2,23) Propheten zurückgeführt:[48] 1,22f.; 2,15.17f. 23; 4,14-16; 8,17; 12,18-21; 13,35; 21,4f.; 27,9. Dies geschieht auch in atl. Zitaten, die nicht mit der Erfüllungsformel eingeleitet werden: 2,5f.; 3,3; 13,14f., und auch in 13,35, wo ein Psalmzitat (Ps 78,2) auf einen Propheten zurückgeführt wird. Ein großer Teil der Zitate bezieht sich auf das Jesajabuch (außer 2,5f. = Mi 5,1.3; 2,15 = Hos 11,1; 2,17f. = Jer 31,15; 2,23 = unbestimmt; 13,35 = Ps 78,2; 21,5b = Sach 9,9).[49] Die Anführung atl. Erfüllungszitate zeigt, daß Mt das im AT, besonders von den Propheten angekündigte und erwartete Heilsgeschehen in der Geschichte Jesu Christi zur Erfüllung gekommen sieht.[50]

In ähnlicher Weise stellt *1.Petr* den Zusammenhang mit dem AT her: 1,10-12.[51] Wie bei Mt (hier vorwiegend) sind es auch nach 1.Petr die Propheten, die nach der Erfüllung der σωτηρία (1,9) suchten (1,10). Die Gnade, von der die Propheten weissagten (1,10), bezieht sich auf das Christusgeschehen ("die Leiden und die Herrlichkeiten danach" 1,11).[52] Den bei Mt vorhandenen Gedanken der "Erfüllung" des Verheißenen bringt der Brief in 1,12 zum Ausdruck: Die prophetische Weissagung war nicht für die Zeit der Propheten bestimmt ("Ihnen aber wurde offenbart, daß sie dies nicht für sich selbst dienten ..."), sondern für die durch Christus eingeleitete Heilszeit, in der die Christengemeinde durch die Gegenwart des Hl. Geistes steht ("... , sondern euch [dienten] mit dem,

---

[45] Die Einbindung des Mt in den atl. Traditions- und Geschichtshorizont hat besonders H. Frankemölle in seiner Arbeit "Jahwebund und Kirche Christi. Studien zur Form- und Traditionsgeschichte des 'Evangeliums' nach Matthäus" (Münster 1974) herausgearbeitet.

[46] Vgl. auch Mt 11,4f. als Ankündigung der Erfüllung von Jes 35,5f. und 61,1. Das hier genannte Geschehen umfaßt das gesamte messianische Wirken Christi in Verkündigung (Mt 5-7) und Wunderheilung (Mt 8-9) und ist somit Zusammenfassung der in Mt 11,2 genannten "Werke Christi".

[47] Zu den mt. Erfüllungszitaten vgl. U. Luz, Mt I, 134-141; W. Rothfuchs, Die Erfüllungszitate des Matthäus-Evangeliums. Eine Biblisch-theologische Untersuchung (BWANT 88), Stuttgart u.a. 1969; G. Strecker, Weg, 49-85; R. Hummel, Auseinandersetzung, 128-135; L. Goppelt, Theologie NT II, 548f.; S. Schulz, Stunde, 164-173; A. Sand, Mt, 76-82.

[48] Vgl. dazu G. Künzel, Gemeindeverständnis, 56ff.

[49] U. Luz, Mt I, 135 Anm. 6, rechnet damit, daß Mt eine Jesajarolle vorgelegen hat.

[50] Vgl. auch Mt 26,24.54.56: Die Schrifterfüllung bezüglich der Passion Jesu. "Jesus geht den ihm vorgeschriebenen Weg, damit die Schrift erfüllt werde (XXVI, 54; 56)." N.A. Dahl, Passionsgeschichte, 213; vgl. auch B. Gerhardsson, Jesus, ausgeliefert und verlassen, 268; I. Broer, Passionsgeschichte, 27; R. Hummel, Auseinandersetzung, 134f.

[51] Vgl. dazu H. Manke, Leiden, 33-60; L. Goppelt, Komm. 1.Petr, 104-110; W.L. Schutter, Hermeneutic, 100ff.

[52] So auch L. Goppelt, Komm. 1.Petr, 105.

was euch jetzt verkündigt worden ist durch die, die euch durch den vom Himmel gesandten Geist das Evangelium brachten..."). In 1,10 klingt der Erfüllungsgedanke schon an: Die Propheten haben "von der für euch bestimmten Gnade" geweissagt. - Wenn es richtig ist, daß in 1,11 die Wendung "die Leiden Christi und die Herrlichkeiten danach" für die Christologie des Briefes eine Art Titelfunktion hat, da die Grundzüge der Christologie des 1.Petr hier bereits anklingen (s.o.), dann zeigt das, daß für den Brief - wie auch für Mt - das gesamte Christusgeschehen von der Niedrigkeit bis zur Herrlichkeit als geschichtliche Erwartung in der atl. Prophetie vorausgenommen und geweissagt ist.[53] Dies wird bestätigt durch die auffälligen Anklänge an den leidenden Gottesknecht von Jes 53 in 1.Petr 2,21ff. und 3,18 (s.o.).[54]

Mt und 1.Petr korrespondieren also in der Bezugnahme des Christusgeschehens auf das AT: Leiden und Herrlichkeit Christi sind durch die atl. Prophetie vorherbezeugt und erwartet. Dieses Christusgeschehen ist die Erfüllung und Vollendung aller atl. Christusverheißungen.

3.3.2.2. Niedrigkeit und Leiden Christi

(1) *Matthäus* hat seine Christologie vom Standpunkt der Niedrigkeit und des Leidens Jesu Christi entworfen. Das wird schon zu Beginn der Passionsgeschichte in 26,2 durch die wiederholte Leidensweissagung deutlich gemacht: "für das nun beginnende Geschehen gilt das unabdingbare δεῖ des göttlichen Ratschlusses."

---

[53] Die Prophetie betrifft bei Mt auch den auferstandenen, erhöhten und wiederkehrenden Christus, wie Mt 1,22f. nahe legt. Das "Immanuel", das die Christologie des Mt bestimmt, wird gleichfalls vom erhöhten Christus ausgesagt (vgl. 18,20; 28,20). Der Wiederkehrende (bei Mt "Menschensohn" 13,41; 16,28; 19,28; 24,30; 25,31) ist kein anderer als der leidende und auferweckte Christus (vgl. Mt 17,22f.; 20,18f.).

[54] Bemerkenswert ist, daß sowohl Mt (8,17) als auch 1.Petr (2,24) Jes 53,4 christologisch verarbeitet haben, jedoch in verschiedener Weise. Mt versteht den Vers - durch den Kontext (8,16) erklärt - als atl. Begründung der Heilungswunder Jeṣu (vgl. H.J. Held, Matthäus als Interpret, 161f.246ff.). Mit ἀσθενείας folgt er mehr dem MT(vgl. auch "νόσους ἐβάστασεν" entspricht MT anstelle von "περὶ ὑμῶν ὀδυνᾶται" [LXX]: die deutliche Bezugnahme auf die Heilungstätigkeit Jesu bei Mt statt auf das stellvertretende Leiden). 1.Petr 2,24 bezieht den Vers aber auf den stellvertretenden Sühntod Christi. Er folgt mit ἁμαρτία mehr der LXX-Fassung. Die passionstheologische Deutung von Jes 53,4 ist also aus Mt 8,17 nicht zu erheben (vgl. G. Strecker, Weg, 66f.; G. Künzel, Gemeindeverständnis, 113; E. Schweizer, Mt, 140; S. Schulz, Stunde, 168). Dennoch ist auch Mt die passionstheologische Deutung von Jes 53,4 nicht unbekannt. Der Gedanke des stellvertretenden Sühntodes des Gottesknechtes, der in Jes 53 ausgeprägt ist, wird im mt. Kelchwort (Mt 26,27f.) zur Sprache gebracht (vgl. H. Patsch, Abendmahl und historischer Jesus, Stuttgart 1972, 191). V28: Christus erlitt den gewaltsamen Tod (= αἷμα) "für viele", "zur Vergebung der Sünden". Die letzte Bestimmung hat Mt aus Mk 1,4 gegenüber Mk par redaktionell eingefügt (vgl. G. Strecker, Weg, 221; H. Frankemölle, Jahwebund, 37; 212f.). Sie lehnt sich der Sache nach eng an Jes 53,12 (LXX) an (καὶ αὐτὸς ἁμαρτίας πολλῶν ἀνήνεγκεν καὶ διὰ τὰς ἁμαρτίας αὐτῶν παρεδόθη), eine Textstelle, die auch 1.Petr 2,24a anführt! Mt und 1.Petr kennen also beide die passionstheologische Deutung von Jes 53. Beide Verf. verstehen den Tod Jesu im Kontext der Sündenvergebung.

(vgl. 26,54)[55]. Die Hoheitsprädikate werden - gerade in der Passionsgeschichte[56]- gesteigert: Mt 27,40.43.54 ("Sohn Gottes"); 26,53 (Jesu Vollmacht, auf die Macht des Gott-Vaters über die Engel zurückgreifen zu können)[57]. Mt bringt damit zum Ausdruck, daß Leiden und Herrlichkeit eng aufeinander bezogen sind.[58] Beide an sich auseinanderstrebenden Aspekte werden durch das "Immanuel" der mt. Christusgeschichte zusammengehalten (1,23; 18,20; 28,20). Es ist der "Sohn Gottes" (Mt 27,40.43.54), der sich in freiwilliger Tat des Gehorsams erniedrigt.[59] In diesem Gehorsam erfüllt er den Willen Gottes und bringt dessen Recht zur Geltung. Diese freiwillige Gehorsamstat ist die Tat des leidenden Gerechten. Es drückt sich darin die Erinnerung an den leidenden Gottesknecht von Jes 53 aus: Jesus überläßt sein Erniedrigungsschicksal ausdrücklich dem Willen seines Vaters.[60] Er verzichtet damit auf die Durchsetzung seines

---

[55] G. Barth, Gesetzesverständnis, 134. Zum folgenden vgl. ders. ,a.a.O.,117ff. bes. 134ff. über den βασιλεὺς πραΰς und die Passion Jesu. Der Aspekt der Notwendigkeit des Christusgeschehens kommt außer Mt 26,54 auch in 26,18 zum Ausdruck: "Meine Stunde ist nahe." "Der καιρός Jesu ist die ihm von Gott bestimmte Stunde seines Todes und seiner Auferstehung." (a.a.O., 135); vgl. auch G. Delling, καιρός κτλ., ThWNT III, 462 (zu Mt 26,18).

[56] Zur Christologie der mt. Passionsgeschichte vgl. B. Gerhardsson, Jesus, ausgeliefert und verlassen, 273-275; N.A. Dahl, Passionsgeschichte, 213-218; G. Strecker, Weg, 181-184.

[57] Vgl. auch Mt 26,64: Der sich vor dem Hohen Rat verantwortende Jesus kündigt das Kommen des Menschensohnes "auf den Wolken des Himmels" und das Sitzen "zur Rechten der Kraft" an (vgl. 16,27; 19,28; 24,30f.; 25,31). - Weitere Indizien zur Annahme von Hoheitsaussagen in der Passionsgeschichte sind: κύριε in 26,22; das Befehlswort Jesu in 26,17-19; Jesus geht "wissend" dem Tod entgegen (vgl. 16,21; 17,22f.; 20,18f.; 26,2); Jesus weiß, daß sein καιρός, der Zeitpunkt seines Endes, herbeigekommen ist (26,18); Jesus kennt und benennt ausdrücklich (so nur in Mt - 26,25) den Verräter (26,20-25); Jesus verzichtet freiwillig auf Wiedervergeltung (26,51-53).

[58] Mt zeigt dies z.B. deutlich anhand der Komposition der eschatologischen Mahnrede (Mt 24-25) mit der Passionsgeschichte (Mt 26-27). Geht es in Mt 24-25 um den in Herrlichkeit erscheinenden Menschensohn (vgl. 24,3.30f.; 25,31ff.), so hält Mt gleich zu Beginn der Passionsgeschichte in 26,2 fest, daß dieser zum Gericht erscheinende Menschensohn (25,31ff.) zuerst dem Kreuz ausgeliefert werden muß (vgl. P. Christian, Jesus und seine geringsten Brüder, 16). - Eine ähnliche Zusammenschau von Niedrigkeit und Hoheit Jesu bietet Mt auch durch den Begriff βασιλεύς. Er erscheint in der Kindheitsgeschichte (2,2), während des Einzuges in Jerusalem (21,5), in der Passionsgeschichte (27,11.29.37.42) und in der eschatologischen Rede (25,34.40). Damit macht Mt deutlich, daß der in Herrschergestalt zum Gericht erscheinende Menschensohn-König (25,31ff.34.40) derselbe Jesus sein wird, der von seiner Kindheit an angefeindet ist (Kap 2), als "demütiger König" in Jerusalem einzieht (21,5) und der Passion ausgeliefert wird (27,11.29.37.42); vgl. G. Künzel, Gemeindeverständnis, 115ff.

[59] Zu diesem Aspekt mt. Passionstheologie vgl. auch N.A. Dahl, Passionsgeschichte, 213: "Überhaupt wird die Freiwilligkeit des Leidens Jesu stark betont. Ein Beispiel dafür ist die Neugestaltung der Gethsemane-Perikope (vgl. besonders XXVi, 42). Das Wort Jesu ist das Signal, welches das ganze Geschehen erst in Gang setzt (XXVi, 1-2 vgl. 18,25 und auch das ἐφ' ὃ πάρει bei der Gefangennahme, XXVi, 50)." Vgl. weiter B. Gerhardsson, Jesus, ausgeliefert und verlassen, 273-275.

[60] Zur Konzeption des leidenden Gerechten (Jes 53) in der Passionsgeschichte des Mt vgl. B. Gerhardsson, Jesus, ausgeliefert und verlassen, 262ff.

eigenen Rechtes (Mt 26,42: "Dein Wille geschehe!"[61], vgl. mit Jes 53,7). Er ist
der "Gerechte" (δίκαιος Mt 27,19.24 v.l., vgl. Jes 53,9), der unschuldig
(ἀθῷος)[62] leidet (Mt 27,4.24; vgl. 27,1; 27,3-10 [= MtS] 27,18.19.23.24; Jes
53,9). Er verzichtet ausdrücklich auf Rache und Wiedervergeltung in seiner Passion (Mt 26,52[63]; vgl. Mt 5,39; Jes 53,7.9). Dies wird auch durch das Wort von
den zwölf Engellegionen zur Sprache gebracht (26,53 = MtS). Ohne weiteres
könnte Jesus von seinem Vater zwölf Legionen Engel zur Verfügung gestellt bekommen, um die Widersacher Gottes zu vernichten. Aber er verzichtet darauf,
damit das in der Schrift vorhergesagte Geschehen erfüllt wird (26,54). Bis zuletzt
vertraut er auf Gott (Mt 27,43).[64] Das gesamte Geschick Jesu ist in Gottes
Heilsplan als notwendiges Geschehen begründet (vgl. Mt 26,42; 16,21: das göttliche δεῖ [17,22:μέλλει ... παραδίδοσθαι] der Leidensweissagungen;26,54; vgl.
auch 26,56: das Leiden als Erfüllung der prophetischen Schriftverheißungen).

Die Deutung des Todes Jesu als eines Sühnopfers für die Sünden (vgl. Jes
53,4f.12) und des stellvertretenden Todes Jesu übernimmt Mt aus der Tradition
(Mk 10,45 par Mt 20,28; Mk 14,24 par Mt 26,28), verstärkt den Gedanken des
Sühntodes gegenüber Mkpar aber durch die redaktionelle Einfügung: εἰς ἄφεσιν
ἁμαρτιῶν in Mt 26,28.[65] Mt hält von Beginn an fest, daß Jesus als Erretter von
den Sünden heilswirksam ist (1,21!).

---

[61] Mt hat gegenüber Mk dieses Motiv der Ergebung in den Willen Gottes verstärkt hervorgehoben, indem er die erste Bitte (Mt 26,39 par Mk 14,36) ein weiteres Mal mit einem gegenüber dieser ersten Bitte veränderten - an Mt 6,10 erinnernden - Wortlaut anführt (26,42). Vgl.
dazu I. Broer, Passionsgeschichte, 28.

[62] G. Strecker, Weg, 77, rechnet ἀθῷος zu den mt. Spracheigentümlichkeiten der Perikope
Mt 27,3-10. Der Begriff begegnet im NT nur bei Mt (27,4.24). Vgl. auch die Selbstverfluchung
der Juden ("Sein Blut komme über uns..." Mt 27,25), die Jesu Unschuld beweist. Die Unschuld
Jesu hat Mt auch im Verhörbericht vor dem Synhedrium betont. Zwar ist das Motiv des Falschzeugnisses aus der Mk-Vorlage entnommen (Mk 14,56 par Mt 26,60), Mt hat "aber durch die
zusätzliche Voranstellung dieses Motivs vor den ganzen Verhörbericht eine erhebliche Ver-
schärfung vorgenommen:" (I. Broer, Passionsgeschichte, 29). Dieses Bemühen der Hohenprie-
ster um ein falsches Zeugnis (ψευδομαρτυρία Mt 26,59) ist Ausdruck der unschuldigen Leiden des Gerechten. Dem Anliegen der Unschuld Jesu dient nicht nur Mt 27,4, sondern die
gesamte Perikope von der Reue des Judas (27,3-10 MtS!).

[63] Vgl. G. Strecker, Weg, 183, zu Mt 26,52: "Jesus erfüllt die Schrift und damit den Willen
Gottes: In der Wehrlosigkeit (V.52) praktiziert er sein eigenes Gesetz (5,39-42)." Vgl. auch E.
Schweizer, Mt, 324 ; R. Hummel, Auseinandersetzung, 134f.; R. Schnackenburg, Mt, 265f.

[64] Mt 27,43 nimmt Ps 22,9 auf: Vgl. dazu G. Strecker, Weg, 28; T. de Kruijf, Sohn Gottes,
102.

[65] Dagegen meint G. Strecker, Weg, 221, daß Mt die Passionsüberlieferung nicht im Zusammenhang des Sühntodes Jesu verstanden habe, da z.B. Jes 53,4 in Mt 8,17 nicht passions-
theologiosch gedeutet ist (vgl. Anm. 54) und auch einige Passionsaussagen (16,21; 17,22f.; 20,
18f.; 26,2) keine Sühntodaussagen enthalten. Aber selbst wenn Mt 26,28 aus der liturgischen
Überlieferung stammt (Strecker, a.a.O., 221f.), ist die Aussage für Mt doch nicht be-
deutungslos (vgl. 1,21), denn das Passsionsgeschehen ist durch Mt als Weg des leidenden Gerechten verstanden, der nach Jes 53,4f.12 den Sühntod erlitt. Gerade durch den Zusatz εἰς
ἄφεσιν ἁμαρτιῶν in Mt 26,28 wird festgehalten, daß die mt. Gemeinde in der Abend-
mahlsfeier die Präsens des erhöhten Christus in seiner Identität mit dem leidenden Gerechten,
der stellvertretend für uns den Sühntod erlitten hat, feiert. Die Vollmacht zur Sündenvergebung
spricht Mt auch dem heilenden Jesus zu (Mt 9,2-8), wobei der Ton der mt. Wundergeschichte

Der Evangelist entfaltet seine Christologie unter dem Aspekt des Gehorsams des Gottessohnes.[66] Dies wird schon am Anfang der Jesusgeschichte deutlich gemacht. In der Taufperikope (Mt 3,13-17) antwortet der mt. Jesus auf die Frage des Täufers: "Laß es jetzt also geschehen, denn so ziehmt es sich für uns (πρέπον ἐστίν), alle Gerechtigkeit zu erfüllen (πληρῶσαι πᾶσαν δικαιοσύνην)". Indem Jesus sich taufen läßt, erweist er seinen Gehorsam und seine Gerechtigkeit.[67] Ähnliches trifft für die Versuchung Jesu zu (Mt 4,1-11). Durch die Abwehr der drei diabolischen Versuchungen steht der Gottessohn in der Erfüllung des Gotteswillens und des Gehorsams gegenüber Gott.[68] Die christologische Deutung von Jes 42,1-4 in Mt 12,17-21 legt den Gehorsam des Gottesknechtes dahingehend aus, daß er das Recht Gottes zum Sieg bringen wird (ἕως ἂν ἐκβάλῃ εἰς νῖκος τὴν κρίσιν V20c).[69] Der Gottesknecht verhilft der Durchsetzung des Gottesrechtes, indem er dem "geknickten Rohr" und dem "glimmenden Docht" durch sein Heilandswirken zu Hilfe kommt.[70] Der verkün-

---

auf der sündenvergebenden Vollmacht des Menschensohnes liegt. Vgl. dazu H.J. Held, Matthäus als Interpret, 165-168.

[66] Vgl. dazu auch T. de Kruijf, Sohn Gottes, 119-125: "Der gehorsame Sohn".

[67] Vgl. U. Luz, Mt I, 155; T. de Kruijf, Sohn Gottes, 46; A. Schlatter, Mt, 89; E. Schweizer, Mt, 29; H. Frankemölle, Jahwebund, 93-95; G. Barth, Gesetzesverständnis, 129ff. Barth sieht den Gehorsam Jesu in der Weise spezifiziert, daß Jesus sich erniedrigt, indem er in die Reihe der Sünder eintritt. Dies würde in der Tat erklären, warum Jesus sich gerade der Bußtaufe des Johannes unterzog. Der Gedanke der Sündlosigkeit ist hier allerdings noch nicht ausgesprochen (vgl. U. Luz, Mt, 153; H. Frankemölle, Jahwebund, 93; H. Giesen, Christliches Handeln, 25). Jedenfalls entspricht das Motiv, daß Jesus sich solidarisch mit den Sündern in der Taufe erweist, dem Konzept des demütigen Gottesknechtes, der im Gehorsam den Willen Gottes erfüllt. Der Gehorsamsaspekt wird durch die Wendung πρέπον ἐστίν (3,15) deutlich: "Der Ausdruck πρέπον ἐστίν zeigt an, daß Jesus sich einsichtig dem göttlichen Müssen unterstellt ... Die Gerechtigkeit erweist sich damit als freie, vorbehaltlose und gehorsame Hingabe an den Willen des Vaters." (H. Giesen, Christliches Handeln, 30f.).

[68] Im einzelnen vgl. dazu Teil 2.5.2.

[69] Dies verdeutlicht auch die weder aus MT noch aus LXX erklärbare Wendung οὐκ ἐρίσει V19a (vgl. G. Barth, Gesetzesverständnis, 118f.). Sie wird deutlich als mt. Interpretation des Gedankens, daß der Gottesknecht auf die Durchsetzung seines Rechtes verzichtet und Gottes Recht "zum Sieg" bringt. Der Verzicht auf das Hadern (οὐκ ἐρίσει) steht in Antithese zum "Aufruhr" der Pharisäer (12,14), d.h. Verzicht auf alle Gegenmaßnahmen gegen die Pharisäer (Vgl. G. Künzel, Gemeindeverständnis, 113f.). Daß Mt also von sich aus kein Interesse am ἐρίζειν-Motiv gehabt hätte (so G. Strecker, Weg, 68 Anm. 4), ist deshalb - wie auch überhaupt angesichts des mt. Interesses am gehorsamen Leiden Jesu - nicht einzusehen. - Die angeführte Zeile V20c kann ebenfalls mt. Interpretation sein. Sie hat keine Parallele in MT und LXX (vgl. G. Barth, Gesetzesverständnis, 119f.132f.). Vielleicht handelt es sich um eine Kontamination von Jes 42,3c und 4b (Stichwort מִשְׁפָּט / κρίσις; vgl. G. Barth, a.a.O., 119; U. Luz, Mt II, 245; G. Strecker, Weg, 68 Anm. 5). "Von keinem atl. Text her erklärbar bleibt εἰς νῖκος." (U. Luz, Mt II, 245). - Zu Mt 12,17ff. vgl. weiter G. Künzel, Gemeindeverständnis, 113-115; W. Trilling, Israel, 126f.; J. Lange, Erscheinen, 261-271.

[70] Das Zitat aus Jes 42,1-4 dient Mt zur Begründung der Heilungstätigkeit Jesu (V15; vgl. G. Barth, Gesetzesverständnis, 120; J. Lange, Erscheinen, 264 Anm. 45). - Ausdruck der Niedrigkeit Jesu ist es, wenn er sich dem "geknickten Rohr" und dem "glimmenden Docht" (12,20) zuwendet. Es ist das Heilandswerk an den Verlorenen gemeint (vgl. 11,5: πτωχοὶ εὐαγγελίζονται; 9,36: ἐσκυλμένοι καὶ ἐρριμμένοι; 11,28: κοπιῶντες καὶ πεφορτισμένοι). In bezug auf Mt 12,18-21 stellt G. Barth, Gesetzesverständnis, 120, zu Recht fest: "Sein (sc. Jesu) Zu-

digende wie auch der leidende Christus setzt alle Hoffnung auf die Durchsetzung des Willens Gottes (Mt 6,10; 26,42; vgl. auch 26,39: "Dein Wille geschehe!").[71]
Die Niedrigkeit Jesu wird auch durch die mt. Konzeption des βασιλεὺς πραΰς deutlich gemacht. Mt 21,5 hebt die Paradoxie hervor, daß der König Israels als πραΰς in Jerusalem einzieht.[72] Jesus verzichtet auf irdische Macht und Herrlichkeit und geht in Niedrigkeit den Weg zum Kreuz. Als πραΰς ist er gehorsam-demütig (vgl. Mt 11,29: πραῢς καὶ ταπεινὸς τῇ καρδίᾳ[73]) und überläßt sein Geschick dem Willen Gottes (26,39.42). Er verzichtet auf die Durchsetzung seines eigenen Rechtes (26,42; 27,42; 6,10) und erweist sich darin als der König in Niedrigkeit.[74]
(2) Dieses mt. Verständnis von Niedrigkeit und Leiden Jesu hat im *1.Petrusbrief* deutliche Entsprechungen. Wie Mt hat auch der Brief die Passion Jesu pointiert hervorgehoben (1,11.19; 2,21ff.; 3,18; 4,1.13; 5,1). Dem Verf. des Briefes steht fest, daß Christi Leiden nach dem Willen Gottes geschah und so in seinem Ratschluß begründet ist. In 3,17 wird das Leiden der Christen, die darin das Gute tun, mit dem Willen Gottes zusammengedacht. Das Leiden Christi wird als Begründung für das entsprechende Verhalten der Christen herangezogen (V18: ὅτι καί ...). Es ist also für den Brief deutlich, daß der Wille Gottes (V17) hinter dem Christusleiden steht. 1,20 schließt in einem Partizipialsatz an V19 an: Der πρὸ καταβολῆς κόσμου vorherbestimmte Christus ist derjenige, der den gewaltsamen Tod erlitten hat. Damit wird offenbar, daß der in Gottes ewigem Ratschluß vorherbestimmte Christus den gewaltsamen Tod nach göttlicher Notwendigkeit zu erleiden hatte.[75] Schon 1,11 hatte schriftexegetisch gezeigt, daß Christi Leiden in den von Gottes Verheißungen lebenden prophetischen Schriften

---

rückweichen vor den Pharisäern, das Schweigegebot, ja seine ganze Heilandstätigkeit an den Zerbrochenen sind Zeichen seiner Niedrigkeit, in der er sich als Gottesknecht von Jes 42 ausweist".

[71] Zum Motiv der Aufrichtung des Gotteswillens vgl. auch schon programmatisch Mt 5,17: Jesus ist nicht gekommen, das Gesetz, den Willen Gottes, aufzulösen (καταλῦσαι), sondern zu "verwirklichen" (πληρῶσαι; vgl. 3,15: πληρῶσαι πᾶσαν δικαιοσύνην !).

[72] Vgl. hierzu auch die rabbinische messianologische Auslegung von Sach 9,9: der "letzte Erlöser" (Messias) kommt "arm und reitend auf einem Esel" (vgl. Midr. Qoh. 1,9; Str.-Bill. I, 843; A. Schlatter, Mt, 608). Zur jüdisch-messianologischen Interpretation von Sach 9,9 vgl. Str.-Bill. I, 842ff.

[73] Zu dieser für die Christologie des Mt wichtigen Stelle vgl. K. Wengst, Demut, 69-78. "Jesu Demut erweist sich darin, daß er den Erniedrigten und Gedemütigten solidarisch wird." (S.76).

[74] Vgl. 27,37: Mt verdeutlicht Ἰησοῦς ὁ βασιλεύς: der Gekreuzigte ist der König (vgl. Mk 15,26 diff.: ohne "Ἰησοῦς"). Vgl. auch Mt 27,29: Mt fügt in der Verspottungsszene das Motiv des Zepters (Mk 15,17f. par diff.) hinzu. Dadurch wird das Paradox des Königs in Niedrigkeit verschärft.

[75] Das eigentliche Subjekt der Passivformen προεγνωσμένου und φανερωθέντος ist Gott. Dies wird durch V18: ἐλυτρώθητε nahegelegt. Das hier an Jes 52,3 angelehnte Motiv (Jes 52,3 LXX: οὐ μετὰ ἀργυρίου λυτρωθήσεσθε) hat Gott als Subjekt des Erlösens zur Voraussetzung (vgl. L. Goppelt, Komm. 1.Petr, 121).

vorausbezeugt ist, womit gleichfalls deutlich wird, daß Gott das Christusgeschehen in seiner Notwendigkeit vorherbestimmt hat.[76]

Die bei Mt festgestellte enge Beziehung von Niedrigkeits- und Hoheitsaussagen ist auch im 1.Petr erkennbar. In 1,11 werden Leiden und Herrlichkeit(en)
Christi eng zusammengedacht, sofern beide Aspekte der Christologie durch die
atl. Prophetie geweissagt sind. Der Plural δόξας bezieht sich auf den auferweckten (1,21; 3,18e.21) wie auch den erhöhten und in Herrlichkeit wiederkehrenden Christus (1,7; 4,13; 5,1.10). In 3,22 und 4,1 werden erhöhter und leidender Christus eng aufeinander bezogen[77]. Es ist also deutlich, daß 1.Petr (wie Mt)
Erhöhung und Erniedrigung Christi zusammendenkt. Christi Leiden, sein gewaltsamer Tod, ist (wie bei Mt) die freiwillige Tat des Gott gehorsamen Gottesknechtes. Die christologischen Abschnitte 2,21ff. und 3,18 zeigen pointierte
Anspielungen auf Jes 53: Christus ist der leidende Gerechte (δίκαιος 3,18b; vgl.
Jes 53,11), der sein Leben stellvertretend ὑπὲρ ἀδίκων (3,18b; ὑπὲρ ὑμῶν
2,21b) zur Sühnung der Sünden hingegeben hat (2,24; 3,18a: περὶ ἁμαρτιῶν;
vgl. Jes 53,4f.12).[78] Er nahm freiwillig das Leiden im Gehorsam gegenüber Gott
auf sich, indem er auf Gewalt und Widerstand und damit auf die Durchsetzung
seines eigenen Rechtes verzichtete (2,23)[79] und die Aufrichtung des Rechtes
und Gerichtes Gott überließ (2,23; vgl. Jes 53,7).[80] Damit setzte er all sein Vertrauen auf Gottes Recht.[81] Als δίκαιος ist Christus unschuldig, denn er hat
keine Sünde getan (2,22; vgl. Jes 53,9).

Es ist also deutlich, daß 1.Petr in diesem christologischen Konzept der
Christologie des Mt in ihrer Beziehung auf Niedrigkeit und Leiden Christi entspricht: Christus ist der βασιλεὺς πραΰς, der im Gehorsam zu Gott als "Gerechter" unschuldig leidet, auf die Durchsetzung seines Rechtes verzichtet, das
Recht Gottes im vollen Vertrauen auf ihn zur Geltung bringt, freiwillig das Leiden erträgt, indem er auf Gewalt und Wiedervergeltung verzichtet und im stellvertretenden Sühntod sein Leben zum Heil der Menschen hingibt. In dieser
Niedrigkeit ist Christus zugleich der Erhöhte, der nach dem ewigen Ratschluß
Gottes handelt.

---

[76] Das bei Mt festgestellte δεῖ des göttlichen Ratschlusses (s.o.) findet sich auch in 1.Petr
1,6 wieder: εἰ δέον. Hier wird es zwar auf die Leiden der Christen bezogen. Der Zusammenhang von 3,17.18 zeigt aber, daß die Notwendigkeit des Leidens der Christen im vorbildlichen
Christusleiden begründet ist (vgl. auch 2,20f. und 4,1).

[77] Vgl. Anm. 20. Vgl. auch den engen Zusammenhang von 1.Petr 2,3 (ὁ κύριος) mit 2,4
(verworfener [Eck-]Stein).

[78] Das soteriologische Motiv vom Loskauf (= Erlösung) in 1.Petr 1,18f. hat seine sachliche
Parallele im Logion vom Lösegeld Mk 10,45 par Mt 20,28; vgl. Jes 52,3.

[79] Den Zusammenhang zwischen 1.Petr 2,23 und Passionsüberlieferungen wie Mt 26,51-56
sowie Mt 5,38-48 im Ethos des Vergeltungsverzichts stellt auch N. Brox, Komm. 1.Petr, 137,
fest.

[80] Vgl. dazu T.P. Osborne, Guides Lines, 394-398; H. Manke, Leiden, 116-121.

[81] Vgl. H. Manke, a.a.O., 120f.

3.3.2.3. Christus der Eckstein

Auch in der christologischen Rezeption der Steinmetaphorik sind zwischen Mt und 1.Petr ähnliche Tendenzen aufzuweisen. Nach *Matthäus* ist Christus das Fundament, auf dem die Glaubenden ihre Identität erlangen. Dies wird deutlich in der Annahme, daß die Christen um der Zugehörigkeit zu Christus willen von allen Heidenvölkern (24,9) und jüdischen Gerichten (10,17) geschmäht, verlästert und verfolgt werden (Mt 5,11; vgl. auch 10,22; 23,34).[82] Der Einfluß Jesu Christi ist also in der christusungläubigen Welt zu spüren. In dieser wird er als Skandalon empfunden. Zwar deutet Mt den Skandalon-Begriff nicht wie 1.Petr 2,8 explizit christologisch, jedoch ist dies implizit in Mt 21,42.44 vorausgesetzt: Die Verwerfung des "Ecksteins" Jesus Christus bewirkt, daß dieser Stein dem Unglauben zum Gericht wird (21,44).[83] Darum wird der seliggepriesen, der an Christus nicht Ärgernis nimmt (11,6). In der jüdischen und heidnischen Welt wird Christus abgelehnt. Die Christusanhänger müssen sich seinetwegen vor den Gerichten verantworten (Mt 10,17f.). Das Christusgeschehen wird somit zu einem *weltöffentlichen* Ereignis. Die Zugehörigkeit zum Herrn erzeugt in der ungläubigen Welt Ablehnung und Unverständnis. Darum werden die Christen gehaßt (Mt 10,22), verlästert und verfolgt (5,11; 10,23; 23,34; 24,9). Christus wirkt so als ein welthaft-öffentliches Skandalon, das Unverständnis und Befremden hervorruft.[84] Das entspricht der Konzeption des 1.Petr (vgl. Teil 3.3.1.[4]).

---

[82] Nach 1.Petr werden die Christen auf Grund ihrer Zugehörigkeit zu Christus als "Christen" geschmäht (4,14.16). Hier zeigt sich, daß das nomen ipsum bereits Anlaß zu einer Verurteilung war (vgl. 2.2.2.[8]). Es ist wahrscheinlich, daß Mt eine ähnliche Situation voraussetzt. Die Schmähung, Verlästerung und Vor-Gericht-Ladung erfolgt auf Grund der Zugehörigkeit zu Christus (5,11; 10,18.22; 24,9). Mt 10,22 interpretiert das ἕνεκεν ἐμοῦ (vgl. auch 5,11) von 10,18 durch διὰ τὸ ὄνομά μου (ebenso 24,9). D.h., daß der "Name" Christi für die Person Christus selbst steht. Es heißt aber auch, daß der Name "Christus", nach dem seine Anhänger benannt werden, Anlaß zur gerichtlichen Verfolgung und Verurteilung sein konnte. Eine sachliche Parallele ist Jak 2,7: Die Reichen verlästern vor Gericht (2,6) "den guten Namen, der über euch genannt ist". Der Christusname bestimmt also das Christsein. Auf Grund der Zugehörigkeit zu Christus werden die Benannten verlästert. Nach Mt 10,17f. haben sich die Christen vor den Gerichten zu verantworten. In 10,32f. entscheidet das Bekenntnis zu Christus (ὁμολογεῖν) über Annahme oder Verwerfung. Der Kontext in 10,22 legt nahe, das Bekenntnis zu Jesus Christus mit dem "Namen" Christi zu verbinden. Hier ist auch Mt 18,20 zu vergleichen. Die gemeindliche Versammlung geschieht εἰς τὸ ἐμὸν ὄνομα. Das setzt voraus, daß der Christusname das Christsein in der Gemeinde definiert. Dann wäre wie im 1.Petr mit der Annahme zu rechnen, daß das Bekenntnis zum Christusnamen Anlaß zu möglicher gerichtlicher Nachstellung ist (zum gerichtlichen Aspekt von 1.Petr 3,15 und 4,15 vgl. Teil 3.2. Anm. 139).

[83] Mt 21,44 kann zum ursprünglichen Bestand des Evangeliums gerechnet werden (vgl. B.M. Metzger, Textual Commentary, 58; A. Kretzer, Herrschaft, 161; G. Strecker, Weg, 111; J. Jeremias, Gleichnisse 75 Anm. 3). Gegen die Authentizität von 21,44 sprechen sich z.B. J. Lange, Erscheinen, 284f. und W. Trilling, Israel, 57 Anm. 15 aus.

[84] Der welthaft-öffentliche und befremdliche Charakter des Christusgeschehens wird bei Mt des öfteren hervorgehoben. Die Pharisäer nehmen Ärgernis an Jesus (15,12). Er muß Verspottung und Gericht ertragen (Mt 26,57ff.; 27,15ff.31ff.). Auch zwei christologische Titel verdeutlichen den welthaft-öffentlichen Charakter des Christusgeschehens. "König" (βασιλεύς) ist Jesus bei Mt häufiger als bei Mk und Lk. Schon in 2,2 wird der "neugeborene König der Juden" dem König Herodes gegenübergestellt. Mt 27,37 (Ἰησοῦς ὁ βασιλεύς) zeigt, daß die

Das Steinmotiv wird auch für die Ekklesiologie nutzbar gemacht (vgl. Teil 3.3.1.[4] zu 1.Petr). Die Korrespondenz in der Baumetaphorik ist zwischen Mt und 1.Petr bereits festgestellt worden (vgl. Teil 3.2.6.). Christus ist der wertvolle Eckstein (Mt 21,42; vgl. 1.Petr 2,6), der den Kirchenbau trägt. Dies geht aus Mt 16,18 hervor. Zwar ist Petrus der "Fels", auf dem der Kirchenbau errichtet wird, das eigentliche Fundament aber ist Christus als "Eckstein". Denn *er* ist es, der *seine* Kirche erbauen wird (Mt 16,18).[85] Der Gemeindebau wird durch ihn vor der Vernichtung durch den Tod bewahrt (16,18). Dies ist möglich, weil er als Auferstandener und Erhöhter in der Gemeinde gegenwärtig ist (1,23; 18,20; 28,20). Der Geist Gottes steht der Gemeinde im Leiden bei (10,19f.; vgl. 1.Petr 4,14). Das Christusgeschehen ist also bei Mt wie im 1.Petr ekklesiologisch und weltöffentlich entfaltet (s.o.). Der die Gemeinde gründende, erbauende und tragende Christus ist zugleich derjenige, der in der Welt Unverständnis und Ärgernis hervorruft. Jedoch wertet auch Mt (wie 1.Petr s.o.) den Bezug des Christusgeschehens auf die Welt nicht nur negativ, sondern auch positiv-missionarisch: Der erhöhte Christus sendet seine Ekklesia als "Licht der Welt" (5,14) in die Welt hinaus (24,14; 28,18ff.). Sie handelt im Auftrag Christi, wenn sie durch "gute Werke" die Menschen zur Überzeugung bringt (5,16). Sie lebt in der Nachfolge Christi, wenn sie unter Verzicht auf Gewalt und in Ausübung der Feindesliebe auf die gehässigen und verleumderischen Angriffe der Welt reagiert (vgl.

Römer Jesus auf Grund des an ihn herangetragenen politischen Anspruchs hinrichten ließen (vgl. auch Mt 27,11.29 par). - J.D. Kingsbury, Matthew, 113-122 (vgl. ders., The Title "Son of Man" in Matthew's Gospel, CBQ 37 [1975], 193.201), hat für den Gebrauch des Menschensohntitels bei Mt einen öffentlichen ("public") Charakter festgestellt. Im Unterschied zum "Sohn Gottes", der ein Bekenntnistitel ("confessional") der Jünger ist (vgl. 14,33; 16,16), gilt für den Menschensohntitel: "As to its nature, 'Son of Man' is the 'public' title by which Jesus refers to himself as he interacts in Israel with the crowds and the leaders of the people (also Judas) or tells his disciples of what his enemies will do to him or what his death will mean for the world." (S.119) Die Gerichtsaussagen, die Mt verstärkt mit dem Menschensohntitel verbunden sieht (vgl. 10,23; 13,41; 16,28; 19,28; 24,30; 25,31), zeigen, daß Christus als Menschensohn die gesamte ("öffentliche") Menschenwelt vor das Gericht führt.

[85] Der Begriff "meine Kirche" läßt eine deutliche christologische Konzentration des Kirchenbegriffs erkennen (vgl. analog ἐκκλησία τοῦ θεοῦ 1.Kor 1,2; 10,32; 11,6.22; 15,9 u.ö.). Auch der Kontext von Mt 16,18f. ist vom Thema der Christologie her bestimmt: Vgl. die Frage nach der Identität Jesu mit dem Christusbekenntnis des Petrus (16,13-16); Christus (V20); Leidensankündigung Christi (16,21ff.); Leidensnachfolge auf dem Leidensweg *Jesu* (vgl. ἀκολουθείτω μοι V.24; ἕνεκεν ἐμοῦ V.25); Menschensohnlogion (16,27f.); Kennzeichnung der Basileia als Basileia Christi (V.28 diff. Mk 9,1; vgl. auch Mt 13,41; 20,21). Der ganze Zusammenhang macht deutlich, daß für Mt die Ekklesia christologisch qualifiziert ist. Sie hat ihr Recht nur in der Bindung an den Kyrios (vgl. 28,16ff.). Die Stellung der Worte von der Leidensnachfolge (Mt 16,24ff.) zwischen dem Kirchengründungslogion 16,18 und dem Menschensohnlogion (16,27f.) zeigt, daß Mt den Weg der Kirche in der ständigen Präsenz des Herrn zwischen Leiden, Erhöhung und Parusie Christi verstanden hat. Die Geschichte der Kirche ist die Geschichte ihrer Jesus-Nachfolge. G. Bornkamm, Enderwartung, 45, formuliert in diesem Zusammenhang treffend: "Die Kirche nach Ostern mit ihrem Leben und ihrem von Jesus autorisierten Schlüsselamt wird so unter das Lebens- und Leidensgesetz des irdischen Jesus gestellt."

Mt 5,38-48 mit 26,52).[86] Die positiv-missionarische Tätigkeit der Gemeinde hat demnach ihre Begründung im Christusgeschehen. Unter Christi Vorbild und Auftrag ist die Kirche positiv-missionarisch an die Welt verwiesen.

Man kann also zwischen Mt und 1.Petr eine ähnliche Verklammerung der Christologie mit der Ekklesiologie und dem Thema der Weltöffentlichkeit des Christusgeschehens feststellen: 1. Christus ist der "Stein", an dem der Unglaube Anstoß nimmt. 2. Die Zugehörigkeit zu Christus erzeugt in der ungläubigen Welt Ablehnung und Unverständnis. Christus wird ihr ein öffentlich-welthaftes Skandalon. Die Christusanhänger haben sich der Zugehörigkeit zu Christus wegen vor den Nachbarn und Gerichten zu verantworten. 3. Christus ist als Eckstein des Kirchenbaus das Fundament desselben. Auf diesem Fundament erhalten die Christusanhänger ihre Identität. 4. Das Christusgeschehen wirkt nicht nur negativ-verurteilend, sondern auch positiv-missionarisch auf die Welt. In ihrer missionarischen Aktivität folgt die Gemeinde dem Vorbild und Auftrag Christi, im Verzicht auf Gewalt, Widerstand und Rache das "Gute" zu tun und so "Licht für die Welt" zu sein. 5. Christus ist der in der Gemeinde gegenwärtige Herr, der ihr durch die Wirksamkeit des Geistes Leben vermittelt.

3.3.2.4. Das Hirtenbild

Schließlich deutet die christologische Applikation des Hirtenbildes bei Mt und 1.Petr auf eine Verwandtschaft beider Schriften hin. Im Hirtengleichnis (Mt 18,10-14) stellt *Matthäus* Christus als den treuen und fürsorgenden Hirten dar, der sich um jedes Gemeindeglied kümmert und achtgibt, daß keines verlorengeht, wenn aber eines verlorengeht, alles daran setzt, um es wiederzufinden. Er übernimmt damit die Funktion, die Gott im AT ausübt. Der Hirte ist um seine Herde besorgt (vgl. Mt 12,11). Er wird innerlich bewegt (ἐσπλαγχνίσθη)[87], wenn er die Herde niedergeschlagen sieht (Mt 9,36). Mt 9,36; 10,6; 15,24 und 26,31 setzen voraus, daß Jesus die Hirtenrolle ausübt.[88] Die atl. Zitate in Mt 9,36 und 26,31 bezeugen, daß die Herde auf ihren Hirten angewiesen ist, daß sie zugrunde geht, wenn sie die Leitung und Fürsorge ihres Herrn vermißt. Nur der Hirte kann für die Herde rettend eintreten.

Das christologisch applizierte Hirt-Motiv wird ekklesiologisch nutzbar gemacht. Wie der Hirte sich um die gesamte Gemeinde sorgt, so soll diese auch die Hirten-Fürsorge unter sich ausüben.[89] Mt 18,14 zieht die paränetische Konse-

---

[86] Vgl. in der Passionsgeschichte auch das geduldige Ertragen Jesu von Verspottung und Verurteilung unter Verzicht auf Gewalt, Rache und Durchsetzung des eigenen Rechtes. Diese Reaktion löst bei Pilatus (27,13f.) und den jüdischen Oberen Unverständnis und Bewunderung aus (27,41f.).

[87] Jesus ist der sich über die Bedürftigen Erbarmende (vgl. Mt 20,29-34; σπλαγχνισθείς V34). Vgl. auch die Reaktion des sich erbarmenden Königs im Gleichnis vom Schalksknecht (18,23-35): σπλαγχνισθείς V.27 - vom himmlischen Vater ausgesagt (vgl. V35). Vgl. auch Mt 14,14 par.

[88] Vgl. J.D. Kingsbury, Matthew, 87f.

[89] Damit ist gesagt, daß die Gemeinde an der Vollmacht der Hirtenfürsorge Jesu Anteil bekommt. "Der Hirtensorge Jesu entspricht innergemeindlich die Sorge um die von Verführung bedrohten Glieder der Gemeinde (9,36; 18,12f.)." G. Künzel, Gemeindeverständnis, 259.

quenz als Handlungsanweisung für das Gemeindeverhalten (vgl. Teil 3.2.1.3.):
Jedes Gemeindeglied ist dazu aufgefordert, sich um den Mitbruder zu kümmern
und keinen verloren zu geben. Freilich gibt Christus seine Hirtenfunktion nicht
auf. Nach dem Meister-Jünger-Prinzip (Mt 23,8) bleibt Christus der Leit-Hirte.
In dem Erfüllungszitat Mt 2,5f. wird die Leitungstätigkeit des ἡγούμενος mit
dem Begriff ποιμαίνειν beschrieben.[90] Die Verheißung, daß der Auferstandene
den Jüngern vorangehen wird (προάγειν), erinnert ebenfalls an die Hirtenrolle
Jesu.[91] Der Auferstandene bleibt als Hirte der Gemeinde gegenwärtig. Das Ver-
heißungswort des Erhöhten am Ende des Evangeliums ist Ausdruck der bleibenden fürsorgenden Gegenwart des Hirten Christus: "Und siehe, ich bin bei euch
alle Tage bis ans Ende der Welt." (28,20). Auch zum Gericht erscheint der Men-

---

[90] Vgl. dazu J. Jeremias, ποιμήν κτλ., ThWNT VI, 493. A. Kretzer, Herrschaft, 89f. 251.
Das atl. Zitat ist ein Mischzitat aus Mi 5,1.3 und 2.Baς 5,2 (vgl. dazu U. Luz, Mt I, 113). Die
atl.-jüdische Tradition kennt die Vorstellung, daß der künftige messianische Davidide das
Hirtenamt ausübt: vgl. Ez 34,32f.; 37,24; Sach 13,7 im Kontext von Sach 12,10; PsSal 17,40; J.
Jeremias, a.a.O., 487. - R.E. Brown u.a., Der Petrus der Bibel, 228 Anm. 30, stellen in Bezug
auf Joh 21,15-17 fest, daß ποιμαίνειν ein gegenüber "nähren, weiden" (hebr. ra'ah) weiteres
Bedeutungsfeld hat, "denn es beschreibt nicht nur das Weiden der Herde, sondern auch das
Bewahren und Führen derselben; dementsprechend kann es auch 'herrschen, regieren' bedeuten
(2.Sam 7,7; Ps 2,9; Mt 2,6). Man beachte den Unterschied bei *Philo*, Quod deterius VIII 25:
'Diejenigen, die weiden (boskein), verschaffen Nahrung ... aber diejenigen, die hegen (poi-
mainein), haben die Macht von Herrschern und Regenten." (zitiert nach R.E. Brown u.a.,
a.a.O.) Dies verdeutlicht, daß in Mt 2,5f. der Schutz- und Leitungsgedanke das Hirtenbild
bestimmt.
[91] Mt 28,7 par Mk 16,7; vgl. Mt 26,32 par Mk 14,28. Mt 26,32 par steht in unmittelbarem
Kontext von Mt 26,31, wo das Hirtenzitat von Sach 13,7 angeführt wird. Der Kontrast ist deutlich: Die zertreute Herde wird durch den Auferstandenen wieder zusammengeführt, indem er
ihr vorangeht und sie leitet. Προάγειν nimmt hier also deutlich Hirtensprache auf. Ob der Begriff allerdings terminus technicus der Hirtensprache ist (so R. Pesch, Mk II, 381), ist nicht
sicher. Joh 10,4 bietet anstelle des Begriffes ἔμπροσθεν πορεύεσθαι (vgl. J. Gnilka, Mk,
253). Der Sache nach stimmt das Bild vom "Vorangehen" aber mit der Hirtensprache überein.
Nach Joh 10,27 werden die Schafe dem Hirten folgen (ἀκολουθεῖν). Es erinnert an das atl.
Bild vom Hirten (Gott), der seiner Herde vorangeht (vgl. Ps 68,8; J. Jeremias, ποιμήν κτλ.,
ThWNT VI, 486). - Der Zusammenhang von Mt 26,31.32 zeigt, daß Leiden und Tod Jesu seine
Hirtenfunktion nicht beenden lassen. Als Auferstandener (Hirte) wird er seiner Gemeinde "vor-
angehen" und ihr als Erhöhter (Hirte) bleibend gegenwärtig sein (28,20). - Προάγειν kann bei
Mt im räumlich-örtlichen Sinn verstanden werden, wie aus Mt 2,9; 21,9 (ἀκολουθεῖν und
προάγειν im Zusammenhang!) und 21,31 hervorgeht, kann aber auch im zeitlichen Sinne
verstanden sein (Mt 14,22; vgl. 1.Tim 1,18; 5,24; Hebr 7,18; K.L. Schmidt, ἀγωγή κτλ.,
ThWNT I, 130f.; J.-A. Bühner, προάγω, EWNT III, 362-364). Für die Verheißung Mt 28,7
legt sich die zeitliche Deutung nahe, da durch den Nachsatz: "Dort werdet ihr ihn sehen."
ausgesagt ist, daß der Auferstandene erst in Galiläa den Jüngern erscheint, nicht aber schon auf
dem Wege dorthin (vgl. J. Gnilka, Mk II, 253). Im Hinblick auf Mt 26,31f. bedeutet dies, daß
die zerstreute Jüngerherde durch den Christus-Hirten in Galiläa wieder versammelt wird. Zwar
erscheint der Auferstandene den Jüngern erst in Galiläa, deutlich ist aber durch die Zusage des
"Vorangehens", daß er ihnen auf dem Weg dorthin begleitend zur Seite steht. Insofern ist er in
seiner führenden und leitenden Hirtenrolle mit dieser Zusage den Jüngern schon auf ihrem
Weg gegenwärtig. In diesem Sinn setzt die Zusage des "Vorangehens" in Mt 26,32 das Bild
vom Hirten in 26,31 fort.

schensohn-Richter als Hirte.[92] Er vollzieht die Scheidung von Schafen (= die Gerechten 25,37f.) und Böcken (= die Verfluchten 25,41) und "vererbt" seiner Herde den ihr bereiteten Anteil an seiner Basileia (Mt 25,34).[93]

Damit ergeben sich folgende Entsprechungen zwischen Mt und 1.Petr (vgl. Teil 3.3.1.[5]): 1. In Ausübung der göttlichen Hirtenfunktion erweist sich Jesus Christus als fürsorgender, leitender und achtgebender Schirmherr seiner Gemeinde-Herde. Er sorgt dafür, daß kein "Schaf" verlorengeht. 2. Das Hirt-Motiv wird ekklesiologisch nutzbar gemacht. In der Nachfolge Christi sind die Gemeindeglieder untereinander zur Hirtenfürsorge aufgefordert. 3. Trotz gemeindlicher Ausübung des Hirtenamtes ist Christus der "Leit"- bzw. "Oberhirte" der Gemeinde. Als leidender, auferstandener und erhöhter Christus bleibt er derselbe Christus-Hirte, der seiner Gemeinde die zukünftige Anteilhabe an seiner Doxa (1.Petr) bzw. der Basileia (Mt) verheißt.

3.3.3. Soteriologische und ekklesiologische Konsequenzen aus der Christologie

Die Verbindung von Christologie und Soteriologie bzw. Ekklesiologie ist bereits mehrfach angedeutet worden.[94] Es ist hier nun der Ort, diese Verbindungen herauszustellen. Dabei wird sich zeigen, daß Mt und 1.Petr ähnliche Konsequenzen aus der Christologie gezogen haben. Schon angedeutete Zusammenhänge werden unter diesem Aspekt der Soteriologie und Ekklesiologie nochmals hervorgehoben.

(1) Christus hat in seinem *Leiden* den Weg der Christen vorgezeichnet (1.Petr 2,20f.; 3,17f.; 4,1; Mt 16,21.24f. im Zusammenhang). Die Notwendigkeit der Nachfolge im Leiden begründet sich im vor-bildlichen Leiden Christi.[95] Die Nachfolge ist als Berufung ausgesprochen (Mt 4,18-22; 10,38f. im Kontext von 10,1ff.; 1.Petr 2,21a). Sie ist verbunden mit der Erfahrung von Leid, Verzicht auf Macht, Vorteile und Privilegien (Mt 5,10f.; 8,22; 10,38f.; 16,24f.; 20,25-28; 1.Petr 1,14; 2,11; 3,14.17; 4,1-4.13f.; 5,2f.) und wird definiert als Leiden um Christi bzw. der Gerechtigkeit willen (Mt 5,10-12; 1.Petr 3,14; 4,13f.). Sie bewährt sich im ethisch-rechtschaffenen Verhalten in der Welt (Mt 5,13-16.20; 5,38-48 u.ö.; 1.Petr 2,12.15; 3,9ff.17 u.ö.). - Es zeigt sich, daß Christus in seinem Verhalten Vor- und Leitbild für das Verhalten der Christen ist: Berufung, Nachfolge und Leiden sowie das Verhalten in der Welt sind christologisch be-

---

[92] Das griechische Wort συνάγειν (= red., vgl. J. Friedrich, Gott im Bruder, 20f.) in Mt 25,32 ist bereits Terminus der Hirtensprache und bereitet das folgende Bild vor (vgl. J. Gnilka, Mt II, 371f.).

[93] Vgl. dazu J. Friedrich, Gott im Bruder, 137-150.

[94] H. Geist, Menschensohn, 426, spricht "von einer kirchenorientierten Christologie oder einer christologisch orientierten Ekklesiologie des MtEv". (vgl. dazu J. Czerski, Christozentrische Ekklesiologie im Matthäusevangelium, in: BiLe 12 [1971], 55-66). Zum 1.Petr vgl. E. Richard, Functional Christology, 133ff.: "First Peter's Christology ... functions as the paradigmatic and parenetic basis for Christian life ..." (S.139); E. Schweizer, Christologie, 374-377.

[95] Zum Motiv des vorbildlichen Leidens Jesu bei Mt vgl. B. Gerhardsson, Jesus, ausgeliefert und verlassen, 286f. Für den 1.Petr vgl. H. Manke, Leiden, 231ff.; K.C.P. Kosala, Taufverständnis, 140ff.- Zur Struktur der ntl. Vorbildethik im ganzen vgl. A. Schulz, Nachfolgen, 302-307.

gründet. Das vorbildliche Handeln Jesu Christi verlangt freilich nicht nur eine Nachahmung. Das Leit-Bild bleibt in seinem Handeln und Leiden einzigartig. Das angemessene Verhalten der Gemeinde ist die Nachfolge, in der ihre je eigenen Erfahrungen im Kontext des Christusgeschehens gedeutet sind.

(2) Das Weltverhalten der Christen ist gekennzeichnet durch das *Tun des Guten* unter Ausübung gerechten Verhaltens in *Gewaltverzicht und Feindesliebe* (Mt 5,10.20: "Gerechtigkeit" u.ö.; 1.Petr 3,14; 2,24: Gerechtigkeit; Mt 5,38-48; 1.Petr 3,9). Der Brief gibt die christologische Begründung für dieses Verhalten in 2,23: Im Leiden verzichtete Christus auf Rache und Wiedervergeltung. Analog zu Christi Verhalten soll die Gemeinde handeln (vgl. 3,9 mit 2,23: λοιδορία, λοιδορέομαι, ἀντιλοιδορέω).[96] Es ist deutlich, daß das Handeln der Gemeinde am vor-bildlichen Handeln Christi orientiert ist.[97] Das trifft auch für Mt zu. In der mt. Passionsgeschichte (Gericht und Verspottung) ist Jesus derjenige, der auf Gewalt, Rache und Widerstand verzichtet. Mt verstärkt gegenüber Mk dieses Motiv: 26,52f. Bei seiner Gefangennahme wehrt Jesus ausdrücklich dem Widerstand und fordert zu Gewaltverzicht auf. Die Worte Jesu vom Gewaltverzicht und der Feindesliebe (Mt 5,38-48) prägen sein eigenes Handeln. Indem er seiner Gemeinde dies vorlebt, wird sie in seiner Nachfolge zu entsprechendem Handeln aufgefordert und ermuntert. Es zeigt sich, daß die Darstellung der Passion Jesu im Matthäusevangelium durch die Worte vom Gewaltverzicht und der Feindesliebe geprägt ist. Auch hier ist die Gemeinde nicht zur Nachahmung aufgerufen, sondern zur Nachfolge, in der ihre je eigenen Erfahrungen im Kontext des Christusgeschehens gesehen sind.

(3) Christus tritt als göttlicher Hirte für die Gemeinde-Herde fürsorgend, leitend und achtgebend ein. Er ist ihr Schirmherr. In der Nachfolge Christi übt die Gemeinde untereinander die *Hirtenfürsorge* aus. Das christologische Hirtenamt wird als Begründung für eine entsprechende Hirtensorge der Gemeinde nutzbar gemacht (vgl. Mt 18,10-14; 1.Petr 2,25; 5,2-4). Auch in diesem Zusammenhang ist die gemeindliche Aktivität keine Nachahmung Christi. Als auferstandener und erhöhter Christus bleibt er der "Leit"- bzw. "Oberhirte" (1.Petr 5,4; Mt 2,5f.; 25,31ff.; 26,31f.; 28,20 s.o.). Die Gemeinde übt in Entsprechung zum Christushirtenamt die Fürsorge und Leitung untereinander aus. Darin macht sie ihre eigenen Erfahrungen und lebt von der gegenwärtigen und kommenden Hirtenfürsorge Christi. Als kommender Hirte verheißt er die Anteilhabe an der zukünftigen Doxa (1.Petr) bzw. Basileia (Mt; s.o.). Das Hirtenamt der Gemeinde ist Teil der Nachfolge Jesu Christi. - Als Hirte stellt sich Christus in den Dienst

---

[96] Vgl. auch 1.Petr 3,10b mit 2,22: Dem Verf. des Briefes ist die inhaltliche Parallele des Ps-Zitates zum Verhalten Jesu wichtig. "Enthaltung von der Bosheit, zu der die Zunge fähig ist, und vor der Falschheit der Lippen steht parallel zur christologischen Verwendung von Jes 53,9 in 2,22." (N. Brox, Komm. 1.Petr, 154f.; vgl. auch H. Balz/W. Schrage, Katholische Briefe, 100f.). Wie in Christus keine List zu finden war, als er litt, so sollen auch wir uns derselben enthalten, um seinen Fußspuren nachzufolgen (2,21). Vgl. in diesem Zusammenhang auch die in 2,1 gegebene Mahnung, "πάντα δόλον ... καὶ πάσας καταλαλιάς" zu vermeiden!

[97] Vgl. N. Brox, Komm. 1.Petr, 137, zu 1.Petr 2,23 im Zusammenhang mit 3,9 und Mt 5,38-42: Es geht um "Vergeltungsverzicht und Beendigung der Multiplikation des Bösen. Die christologische Signatur des Lebens Jesu wird als Profil auf das Christsein übertragen." Vgl. auch K.C.P. Kosala, Taufverständnis, 142.

seiner Gemeinde-Herde und verzichtet auf Machtausübung (Mt 20,28 par; 1.Petr 2,23). Er ist der "sanftmütige" und "demütige" König (Mt 21,4f.; 11,29; vgl. 1.Petr 2,23). Die Gemeinde handelt in der Nachfolge analog, wenn sie Demut und Dienstbereitschaft erkennen läßt (Mt 20,28; 23,12; 1.Petr 5,5.6; 3,8) und auf die Ausübung von Macht über andere verzichtet (Mt 20,25-27 mit der christologischen Begründung in V28; 23,11; 1.Petr 5,2f.).

(4) Dem Leiden um Christi willen (Mt 5,11; 1.Petr 4,14) korrespondiert die Freude, die in der Anteilhabe an der eschatologischen Basileia (Mt) bzw. Doxa (1.Petr) vollendete Freude sein wird (Mt 5,12; 1.Petr 4,13; 1,6.8). Das Christusgeschehen begründet also die Möglichkeit und Wirklichkeit der *Freude im Leiden* und ist Grundlage für den Trost der Christen in der Welt. In der Anteilhabe am Leiden Christi wird der Glaubende jetzt schon seliggepriesen, denn er lebt in der Gewißheit kommender Verherrlichung, die der Geist Gottes jetzt schon verbürgt (1.Petr 4,14). Für die mt. Gemeinde steht hinter der Seligpreisung Mt 5,11f. und prinzipiell hinter der Bergpredigt der erhöhte Christus als Garant (1,23; 18,20; 28,20), der die Anteilhabe an der kommenden Basileia verheißt (Mt 25,34).

(5) Der "Eckstein" Jesus Christus ist der Scheideweg, an dem sich *Glaube* und *Unglaube* trennen (1.Petr 2,6-8; Mt 21,42-44). Der Brief verdeutlicht dies durch die um das Zitat aus Ps 117,22 (LXX) gruppierten Interpretamente in 1.Petr 2,7a (ὑμῖν οὖν ἡ τιμὴ τοῖς πιστεύουσιν, ἀπιστοῦσιν δέ) und 2,8b (οἳ προσκόπτουσιν τῷ λόγῳ ἀπειθοῦντες εἰς ὃ καὶ ἐτέθησαν; vgl. die Stichworte πιστεύειν, ἀπιστεύειν, ἀπειθοῦντες).[98] Mt bringt den Aspekt des Unglaubens in der heilsgeschichtlichen Deutung des Winzergleichnisses (Mt 21,33-41.42-44) zum Ausdruck. Dabei wird der Unglaube (wie im 1.Petr) als Ungehorsam definiert: Die Weingärtner widersetzen sich den Anordnungen des Weinbergbesitzers. Dafür droht ihnen Gottes strafendes Gericht (Mt 21,41.42-44). - Die gläubige Annahme des Ecksteins wird mit der Anteilhabe an der zukünftigen Doxa (1.Petr)[99] bzw. Basileia (Mt)[100] belohnt[101]. Die Verwerfung, die durch

---

[98] Für das Verständnis von 1.Petr 2,7a und 2,8b als petrinische Interpretamente sprechen folgende Gründe: 1. V7a und 8b umschließen - interpretierend - die Zitatenkombination von Ps 117,22 (LXX) und Jes 8,14 (V7b; 8a). 2. Das Thema "Unglaube" bzw. "Ungehorsam" begegnet in weiteren V7a und 8b z.T. entsprechenden Wendungen (vgl. 3,1: ἀπειθοῦσιν τῷ λόγῳ; 4,17: οἱ ἀπειθοῦντες τῷ τοῦ θεοῦ εὐαγγελίῳ mit τῷ λόγῳ ἀπειθοῦντες in 2,8b; vgl. auch 3,20: ἀπειθεῖν). 3. Der Begriff πιστεύειν (bzw. ἀπιστεύειν) in V7a dürfte durch Stichwortassoziation zu 2,6c ὁ πιστεύων (aus Jes 28,16 LXX) veranlaßt sein. 4. Dem durch V7a und 8b nahegelegten Zusammenhang von Unglaube und Ungehorsam (bzw. Unglaube als Ungehorsam; vgl. auch 3,1.20; 4,17) entspricht das im 1.Petr vorausgesetzte Verständnis des Glaubens als Gehorsam (ὑπακοή 1,2.14.22; vgl. weiter 2,21; 4,1.2f.; 2,24.25.; 3,17.18). Vgl. dazu auch J.H. Elliott, The Elect and the Holy, 36-38; H. Goldstein, Gemeindeverständnis, 57-62.

[99] Vgl. 1.Petr 1,7f.; 4,13f.; 5,1.10. 1.Petr 2,7 stellt den Glaubenden die τιμή in Aussicht. Diese ist nach 1,7 in Korrespondenz mit der Doxa, die bei der Parusie Christi offenbart wird, eschatologisch verstanden. Vgl. auch Röm 2,7.10: τιμή erscheint in einer Trias von Aussagen, die den eschatologischen Lohn bestimmen: δόξα, τιμή, ἀφθαρσία (2,7); δόξα, τιμή, εἰρήνη (2,10).

[100] Vgl. Mt 25,34.37: Die "Gesegneten" bzw. die "Gerechten" erben die Basileia.

[101] Beide Schriften treffen sich aber in der Bestimmung des eschatologischen Heils als Erbschaft (1.Petr 1,4; 3,9; Mt 5,5; 19,29; 25,34). Vgl. dazu Teil 3.4.4.

den Unglauben motiviert ist, führt zum Gericht (1.Petr 4,17f.; Mt 25,41ff. u.ö.). Mt 21,44 verbindet explizit das Gerichts- mit dem Steinmotiv. 1.Petr 2,8 bringt diese Verbindung durch das Motiv der Verstockung zum Ausdruck.[102]- Mt und 1.Petr begründen also mit Hilfe der Christologie des Ecksteins die Alternative von Heil und Gericht.

(6) Mt und 1.Petr tradieren den Gedanken vom stellvertretenden Sühntod Jesu Christi (1.Petr 3,18a; 2,21; Mt 20,28; 26,28; vgl. auch 1,21). Beide gehen davon aus, daß Christus die *Sündenvergebung* bewirkt hat (Mt 1,21[103]; 9,2-8; 26,28; 1.Petr 2,24; 3,18). Beide ziehen daraus auch ekklesiologische Konsequenzen. - Das in Mk 2,1-12 berichtete Heilungswunder (mit eingebettetem Streitgespräch über die Vollmacht der Sündenvergebung Mk 2,5b-10) wird durch *Mt 9,2-8* par der Intention nach verändert. Das Element der Wundergeschichte tritt zurück. Dagegen wird das Wort von der Vollmacht des Menschensohnes zur Sündenvergebung betont (Mt 9,6).[104] In V8 wird das Stichwort aus V6 wieder aufgenommen: ἐξουσία. Bezog sich bei Mk (2,12 par Lk 5,26) das Gotteslob am Schluß der Geschichte noch auf die Wundertat, so bezieht es sich bei Mt auf die Vollmacht zur Sündenvergebung. Die Jesu eigene ἐξουσία (Mt 9,6) wird in V8 den Menschen (τοῖς ἀνθρώποις) zugesprochen. Dieser Abschluß der Perikope bezieht sich auf die Vollmacht der Jüngerkirche zur Sündenvergebung.[105] Dies entspricht der auch sonst bei Mt erkennbaren Tendenz, die Situation der christlichen Gemeinde in die Jesus- und Jüngerberichte einzutragen. H.J. Held folgert zu Recht: "Der Plural τοῖς ἀνθρώποις umfaßt Jesus und seine Gemeinde, und man beobachtet wiederum, daß die Christologie einen ekklesiologischen Akzent

---

[102] 1.Petr 2,8 sieht in der Verwerfung Jesu Christi schon die gegenwärtige Auswirkung des Gottesgerichts als Verstockung durch Gott. Die sachliche Parallele in 1.Thess 5,9 (οὐκ ἔθετο ἡμᾶς ὁ θεὸς εἰς ὀργήν) zeigt, daß das Subjekt des "Setzens" in 1.Petr 2,8 Gott ist. Mt interpretiert die Verwerfung des Ecksteins (21,42) in V43 mit dem Gedanken, daß dem ungläubigen Volk (= Israel) die Basileia Gottes entzogen wird (vgl. Teil 3.2.5.). Es ist deutlich, daß dieser Vorgang als Gerichtsakt verstanden wird, denn die Gerechten werden beim Weltgericht die Basileia erben (Mt 25,34). 1.Petr 2,7.8 benennt zwar zunächst Aussagen, die die Gegenwart betreffen: "Ehre" (jetzt) für die Glaubenden; "Zum-Ungehorsam-Gesetztsein" für die Ungläubigen. Dahinter steht aber Gerichtssprache. Mit Christus (und der Entscheidung zu ihm) ist das eschatologische Gericht gegenwärtig wirksam: "Ehre" (τιμή) kommt den Glaubenden schon jetzt zu, sofern die eschatologische "Ehre" bei der Offenbarung Christi (1,7!) bereits jetzt wirksam ist für die Glaubenden. "Zum-Ungehorsam-Gesetztsein" (V8) geschieht den Glaubenden schon jetzt, sofern das eschatologische Gericht für sie von unerbitterlicher Härte sein wird (vgl. 1.Petr 4,18!). Die gegenwärtige Verstockung ist Ausdruck des kommenden Gerichts.

[103] Mt 1,21 spricht bereits am Anfang des Evangeliums in der Deutung des Jesusnamens programmatisch die Aufgabe der Sündenvergebung an.

[104] Vgl. H.J. Held, Matthäus als Interpret, 166f. Mt läßt die in Mk 2,3.4 berichteten Einzelheiten weg. So wird Mt 9,2 zur eigentlichen Einleitung stilisiert. Die Einleitung nimmt den Schluß des Streitgespräches voraus. Es geht um die Vollmacht zur Sündenvergebung.

[105] Vgl. dazu H.J. Held, Matthäus als Interpret, 260f.; G. Künzel, Gemeindeverständnis, 201f.; G. Strecker, Weg, 220f.; H. Geist, Menschensohn, 302-307; S. Schulz, Stunde, 225f.; A. Schlatter, Mt, 301; W. Grundmann, Mt, 268; U. Luz, Jünger (WdF), 389; J. Lange, Erscheinen, 62-64; R. Hummel, Auseinandersetzung, 36-38; E. Schweizer, Matthäus und seine Gemeinde, 144; H. Thyen, Sündenvergebung, 242f.; R. Schnackenburg, Mt, 84f.

erhalten hat."[106] In Mt 18 wird der ekklesiologische Aspekt der Sündenvergebung verdeutlicht. Die vom mt. Jesus in der Bergpredigt geforderte "Gerechtigkeit" (5,6.10.20; 6,1.33) bewahrheitet sich innergemeindlich in der von unbegrenzter Bereitschaft zur Vergebung geübten Barmherzigkeit gegenüber dem Sünder (Mt 18,21ff.) und außergemeindlich in Gewaltverzicht und Feindesliebe (Mt 5,38-48). Durch die in der Gemeinde geübten Sündenvergebung steht sie in der Nachfolge Jesu Christi. Sie führt ihre Vollmacht zur Sündenvergebung (Mt 9,8) auf die sündenvergebende Vollmacht Jesu Christi zurück (Mt 9,6). V6 ist auch in Mk 2,10 und Lk 5,24 par überliefert. V8b aber ist redaktionell auf die mt. Gemeinde bezogen. Έξουσία läßt sich leicht als ekklesiologische Applikation von V6 verstehen. Άνθρωπος ist auch sonst ein bei Mt bevorzugtes Wort.[107] Die redaktionelle Deutung von V8b bestätigt sich daran, daß Mt auch in 6,14f. (vgl. 18,35) das Thema der Sündenvergebung paränetisch-ekklesiologisch rezipiert[108] und des öfteren die Anteilhabe der Jünger an der Vollmacht Jesu hervorhebt (10,1f. 7f.; 16,19; 18,18; 28,18ff.).[109]

Eine ähnliche Verknüpfung von Christologie und Ekklesiologie ist im 1.Petr erkennbar. In 2,24a stellt der Brief den Sühnetod Jesu Christi heraus. Es handelt sich um traditionelle Sprache. V24a und V24e lassen sich aus Jes 53,4.5.12 herleiten. V24c.d wechselt in die 1.Ps.Pl. Die VV24e.25 kehren wieder in die paränetische Sprache zurück (2.Ps.Pl.). V24c.d könnte daher ein petrinisches Interpretament sein. Der Versteil könnte aber auch schon in der Tradition gestanden haben, denn er beschreibt das Ziel der in V24a.b genannten Heilstat. Zudem begegnen die Wortbelege mit dem Stamm δικαι- im Brief immer innerhalb traditionellen Materials (vgl. Teil 2.1.2.[2]). Auf jeden Fall wird durch den Personenwechsel in V24c.d die Aussage des Versteils hervorgehoben: Die in V24a.b genannte Heilstat des Sühnetodes Jesu Christi fordert zu einem gerechten Verhalten (δικαιοσύνη) der Christen durch Vermeidung der Sünden auf.[110] Dieses "gerechte" Verhalten wird im 1.Petr in vielfältiger Weise definiert: grundsätzlich als "Tun des Guten" in der Abwendung vom Bösen (vgl. 3,10-12.13 mit V14: das "Tun des Guten" und "Gerechtigkeit" stehen im engen Zusammenhang;

---

[106] a.a.O., 261; vgl. auch A. Sand, Gesetz, 67f.

[107] 116 mal, davon ca. 21mal red.; vgl. U. Luz, Mt I, 36; W. Schenk, Die Sprache des Matthäus, 29ff.

[108] Mt führt zur Erläuterung der Bitte um Vergebung (Mt 6,12) an das Vaterunser ein Logion aus der Mk-Vorlage (Mk 11,25) an, das er zu einem doppelten έάν-Satz gestaltet (Mt 6,14f.). In Mt 18,35 nimmt er den έάν-Satz in seiner negativen Formulierung wieder auf (vgl. 6,15). Was in der Bergpredigt gegenüber "den Menschen" gilt, ist in Angleichung an die Thematik von Mt 18 deutlicher auf die vorausgesetzte Gemeindesituation bezogen. Hier gilt es, die Vergebungsbereitschaft gegenüber dem (christlichen) Mit-Bruder (άδελφός V35) aufzuweisen. Im Kontext der angekündigten Drohung, daß der Gott-Vater auf nichterwiesene Sündenvergebung eschatologisch in gleicher Weise reagieren wird, erhalten sowohl Mt 6,14f. als auch Mt 18,35 einen paränetischen Akzent (vgl. dazu H. Zimmermann, Struktur der Kirche, 16f.).

[109] Vgl. H.J. Held, Matthäus als Interpret, 261; G. Künzel, Gemeindeverständnis, 259; H. Frankemölle, Jahwebund, 105ff.; ders., Mission, 125. Zum έξουσία-Motiv bei Mt (7,29; 8,8f.; 10,1; 9,6-8; 21,23-27; 28,18; vgl. auch 11,27) vgl. A. Vögtle, Das christologische und ekklesiologische Anliegen von Mt 28,18-20, in: ders., Das Evangelium und die Evangelien. Beiträge zur Evangelienforschung, Düsseldorf 1971, 263f.

[110] Zu diesem ethisch bestimmten Gerechtigkeitsbegriff vgl. Teil 2.1.2.(2).

2,12.15.20; 4,19); weiterhin als Gewaltverzicht und Feindesliebe (3,9), als Abwendung vom alten, heidnischen Lebenswandel (4,1-4), als Leiden um Christi willen (vgl. 3,14; 4,14), innergemeindlich als Ausübung von Bruderliebe (1,22; 2,17; 3,8; 4,8), als verantwortungsvolle "Verwaltung" der Charismen (4,10f.) und als Leitung der Gemeinde in gegenseitiger Dienstbereitschaft (5,1-5). Die in der Gemeinde geübte Bruderliebe bewahrheitet sich in der Barmherzigkeit (vgl. 3,8: φιλάδελφοι, εὔσπλαγχνοι ...) und in der unbegrenzten Bereitschaft zur Sündenvergebung (4,8). D.h., die durch Christus geschehene Sündenvergebung verifiziert sich im "gerechten" Verhalten der Christen (2,24), welches konkret erscheint als Gewaltverzicht und Segenshandlung (3,9 außergemeindlich) sowie als in Bruderliebe ausgeübte Bereitschaft zur Sündenvergebung (4,8 innergemeindlich). Die (außergemeindliche) Gewaltverzichts- und Segenshandlung ist selbst Ausdruck der (innergemeindlichen) Sündenvergebung, sofern sie den Unheilszusammenhang von Gewalt und Rache durchbricht. An Jesu Vollmacht der Sündenvergebung (2,24; 3,18) bekommt die Gemeinde Anteil, indem sie in der Nachfolge Jesu die ihr zuteil gewordene Vergebung der Sünden ausübt und wirksam werden läßt (3,9; 4,8). Da 1.Petr auch sonst das Verhältnis von Christologie und Ekklesiologie vom Gedanken der Nachfolge geprägt sein läßt, kann man hier Analoges voraussetzen: Die durch Christus geschehene Sündenvergebung hat ihr gemeindliches Korrelat in der verwirklichten Sündenvergebung durch die Christen. Auch hier ist nicht an eine Nachahmung zu denken, denn die universale Sündenvergebung hat Christus "einmalig" (ἅπαξ 3,18) erwirkt.[111] Für die Gemeinde gilt eine entsprechende Nachfolge.

Es zeigt sich also, daß Mt und 1.Petr Christologie und Ekklesiologie im Hinblick auf die Frage der Sündenvergebung analog verknüpfen: Die durch Christus geschaffene Sündenvergebung bewährt sich in der durch die Christen innergemeindlich und außergemeindlich geübten Sündenvergebung. Darin erweisen sie ihr in der Nachfolge geübtes "gerechtes" Verhalten.

---

[111] Das "ἅπαξ" ist hier "Anzeige singulärer Qualität". Es sagt "die endgültige, absolut ausreichende und unvergleichliche Heilswirkung aus." (N. Brox, Komm. 1.Petr, 167). Vgl. auch H. Millauer, Leiden, 66f., K.C.P. Kosala, Taufverständnis, 134.143, und A. Reichert, Praeparatio, 203, die 1.Petr 3,18 (ἅπαξ) zu Recht gegen die Deutung einer imitatio Christi anführen (ebenso W. Schrage, Ethik, 223; H. Goldstein, Gemeindeverständnis, 207.213; K.H. Schelkle, Komm. 1.Petr u.a., 81). Zudem spricht gegen die imitatio-Deutung, daß Leiden und Nachfolge nicht selbst gewählt, sondern den Christen auferlegt sind (vgl. 1.Petr 1,6: εἰ δέον ... λυπηθέντες ...). "Wie kann ein Leiden εἰ δέον (1,6), das Prüfung und Gericht Gottes (4,17) ist, Nachahmung sein? Nicht umsonst spricht der Verfasser vom Leiden ὡς Χριστιανός (4,16) und nicht von einem Leiden ὡς Χριστός." (H. Millauer, Leiden, 66; A. Reichert, a.a.O., 208 Anm.1, spricht von der "Singularität des Leidens Christi"). Dementsprechend ist die Leidensnachfolge in der Berufung initiiert (2,21), die in eine Schicksalsgemeinschaft mit Christus führt: Es ist Aufgabe der Christen, im Gehorsam Christi Leitbild nachzufolgen (vgl. 2,21; 4,1).

(7) Christus ist in seinem Leiden den Weg des *Gehorsams* gegangen. Sowohl Mt als auch 1.Petr kennzeichnen Christus als den leidenden Gerechten, der im Gehorsam gegenüber Gott freiwillig das Leiden auf sich nahm (s.o. Teil 3.3. 2.2.). Auf dem Weg des Leidens steht die Gemeinde in der Nachfolge Christi (s. Teil 3.3.3.[1]). Sie kann diesen Leidensweg Christi nicht nachahmen, wohl aber im Gehorsam gegenüber dem Leidensweg Christi das ihr auferlegte Leiden bewußt tragen. Wie Christus im Leiden gehorsam war, so soll die Gemeinde im Leiden Christus gegenüber gehorsam sein. *Mt* macht dies mehrfach deutlich. Die Liebe zu Jesus muß die zu allen anderen Menschen (Verwandten) übersteigen (Mt 10,37). Jesu "würdig" (ἄξιος) ist daher nur der, der in der Leidensnachfolge sein Kreuz auf sich nimmt (10,38). Diese Leidensnachfolge im Kreuztragen bedarf der Selbstverleugnung, die das eigene Leben in den Hintergrund stellt, um den Gehorsam in der Nachfolge gänzlich zu erfüllen (16,24f.). Darum bedarf es eines geduldigen Ausharrens im Leiden, wenn man um Christi willen gelästert und verfolgt wird (10,22; vgl. 5,11; 10,17ff.; 23,34; 24,9ff.). Der Gehorsam in der Leidensnachfolge verlangt, daß alle anderen Prioritäten in der Welt zurückgestellt werden, um in voller Hingabe auf dem Weg Christi nachzufolgen (Mt 8,18-22; 19,16-26. 27-30). [112]

Ähnlich kennzeichnet auch *1.Petr* die Leidensnachfolge im Gehorsam gegenüber Christus. Wenn dieser das "Leitbild" (ὑπογραμμός, s.u.) darstellt, auf dessen Fußspuren die Adressaten die Nachfolge leisten sollen (2,21), dann wird mit diesem Bild der Spurennachfolge deutlich, daß der Leidensweg der Christen in strenger Bindung an den Leidensweg Christi gekoppelt ist. [113] In 4,1 wird der Gehorsamsaspekt noch deutlicher ausgesprochen: Das Leiden Christi gibt die Begründung ab für die entsprechende Leidensbereitschaft der Adressaten. [114] Das koordinierende καί (= "auch")[115] verdeutlicht, daß das Leiden der Christen in Entsprechung zum Leiden Christi verstanden ist. Das im NT nur in 1.Petr 4,1 begegnende ὁπλίζεσθαι ist in übertragener Bedeutung gefaßt, wenngleich die Herkunft des Wortes aus dem militärischen Sprachbereich hervorzuheben ist.

---

[112] Das Motiv des Gehorsams der Jünger gegenüber ihrem Herrn hat Mt pointiert herausgestellt. Man denke an die für Mt typische Formel vom Gehorsam der Jünger gegenüber der autoritativen Weisung des Christus-Kyrios (Mt 21,6; 26,19). Die mt. Jüngergemeinde ist - wie die mt. Redekomplexe 5,1-7,29; 10,1-11,1; 13,1-52; 18,1-19,1; 24,1-26,1 und besonders die Abschlußmahnung des Auferstandenen 28,16-20 verdeutlichen - an die autoritative Weisung ihres Herrn gebunden. Der Beistand des Herrn bis zum "Ende der Welt" ist gekoppelt an die Weitergabe und Bewahrung dessen, was Jesus seiner Gemeinde geboten hat (28,16.20; vgl. dazu J. Lange, Erscheinen, 448-450).

[113] "Wird von den Christen gefordert, ihr Verhalten im Leiden dem Verhalten Jesu anzugleichen, so ist das nicht Nachahmung, sondern Gehorsam gegenüber diesem Leitbild." (H. Millauer, Leiden, 68f.; vgl. auch W. Schrenk, γράφω κτλ., ThWNT I, 772f.; F. Schröger, Gemeinde, 163f.).

[114] Der Genitivus absolutus ist am besten in einen kausalen Nebensatz aufzulösen: "Weil nun Christus dem Fleische nach gelitten hat ...".

[115] Die ältere adverbiale Bedeutung von καί = "auch" ist hier der kopulativen Bedeutung "und" vorzuziehen (vgl. B.-D.-R. § 442), da es die Entsprechung von Christi Leiden und Leiden der Christen im Nachfolgeverhältnis zum Ausdruck bringt. Abgesehen davon ist eine Übersetzung von καί = "und" in 4,1 sprachlich schwierig.

Die spezialisierte Bedeutung (= "sich bewaffnen, sich wappnen") überwiegt gegenüber der allgemeinen Bedeutung (= "sich ausrüsten", "üben")[116]. Darum enthält 4,1 in abgeschwächter Form ein Bild aus dem militärischen Bereich, das man wie folgt beschreiben kann: Christus ist der Führer und Leiter des Heeres, dem die Gemeinde (= das Heer) im Anlegen ihrer Waffenrüstung gehorsam folgt.[117] Darin entspricht sie zugleich dem Willen Gottes (4,2), gibt den Gehorsam gegenüber dem heidnischen Lebenswandel auf (4,3; vgl. auch in 1,14: "τέκνα ὑπακοῆς" im Gegensatz zu den heidnischen ἐπιθυμίαι)[118], verwirklicht ihn gegenüber der Wahrheit (ἐν τῇ ὑπακοῇ τῆς ἀληθείας 1,22) und entspricht dadurch ihrer Erwählung "zum Gehorsam" (1,2).[119] Die Heiden erweisen dagegen "Ungehorsam" gegenüber dem Evangelium (vgl. 4,17; 2,8; 3,1. 20). Deshalb nehmen sie an Christus als "Eckstein" Anstoß (2,8). Die Adressaten haben sich aber durch "Bekehrung" (ἐπιστρέφειν 2,25) zu Christus als ihrem Hirten gewandt und realisieren ihren Gehorsam gegenüber Christus, indem sie von dem alten heidnischen Lebenswandel in Sünden sich fernhalten und einem gerechten Leben nachkommen (2,21.24; 4,1ff.). - Die Entsprechung in der Bereitschaft zum Leiden zwischen dem Schicksal Christi und dem der Christen wird auch durch 3,17f. herausgestellt. Das begründende ὅτι in V18a verbindet Christus- und Christenleiden. "Die Begründung setzt (also) voraus, daß sich der Wert des Geschicks der Christen an seiner Entsprechung zum Geschick Christi bemißt."[120] Die Bereitschaft, im Tun des Guten Leiden zu ertragen und dies als einen positiven Wert zu verstehen (vgl. κρεῖττον ... ἤ), wird in dem einmaligen

---

[116] Vgl. A. Oepke, ὅπλον κτλ., ThWNT V, 294 mit Belegen.

[117] Das Bild von der geistlichen Waffenrüstung ist im NT verbreitet: vgl. Röm 6,13; 13,12-14; 1.Thess 5,8; 2.Kor 6,7; 10,4; Eph 6,11-17; vgl. Jes 59,17; Sap 5,17ff. - Zu ἔννοια = "Einsicht", "Erkenntnis" vgl. L. Goppelt, Komm. 1.Petr, 267; H. Millauer, Leiden, 131-134; F. Schröger, Gemeinde, 169f. - A. Reichert, Praeparatio, 298-302, versteht ἔννοια als "Einstellung" (301). "4,1b ermahnt also dazu, gegebenfalls auch selbst zum παθεῖν σαρκί bereit zu sein." (a.a.O.). Solch eine "Einstellung" ist freilich an eine entsprechende "Einsicht und "Erkenntnis" gebunden, so daß 4,1b wohl beide Aspekte des Wortes enthält.

[118] Der Gehorsamscharakter der Nachfolge wird in 1.Petr 4,1-4 durch die scharfe Kontrastierung von "Wille Gottes" (4,2) und "Wille der Heiden" (4,3) deutlich gemacht. Röm 6,12-18 ist in dieser Hinsicht vergleichbar. Es besteht die Alternative: Gehorsam gegenüber der Sünde (6,12.16) oder gegenüber Gott (6,13) bzw. der Gerechtigkeit (6,16-18).

[119] Mit ὑπακοή könnte in 1,2 allgemein der Generalnenner christlichen Lebens angedeutet sein (vgl. 1,14: "Kinder des Gehorsams"). In dieser Weise versteht z.B. E. Lohse, Märtyrer und Gottesknecht, 183 Anm. 2. Lohse faßt "Gehorsam" absolut, allerdings unter Annahme der nichtbegründeten Einschränkung, daß Ἰησοῦ Χριστοῦ nicht mit εἰς ὑπακοήν im Sinn eines Genitivus subjectivus (wie nach ῥαντισμὸν αἵματος) verbunden werden darf (vgl. auch L. Goppelt, Komm. 1.Petr, 86 Anm. 51; H. Manke, Leiden, 192f.). Allerdings sind von der Satzkonstruktion her ὑπακοή und ῥαντισμὸς αἵματος durch die gemeinsame Präposition εἰς und das gemeinsame Attribut Ἰησοῦ Χριστοῦ zu einer Einheit zusammengeschlossen. Es muß sich demnach um die Jesu Christi eigene ὑπακοή handeln, zu der wir in der Nachfolge Christi berufen werden (vgl. 2,21; 3,17f.; 4,1). "Ziel des Heilswerkes ist nach dieser grammatikalischen Zusammenordnung das Eingehen auf den Gehorsam, wie ihn Jesus Christus hatte, und auf die Besprengung mit dem Blute Christi." (F. Schröger, Gemeinde, 20; zum sprachlichen Problem der Wendung vgl. ders., a.a.O., 19-23; H. Goldstein, Gemeindeverständnis, 146-148).

[120] A. Reichert, Praeparatio, 207.

(ἅπαξ 3,18a) Leidensschicksal Christi begründet. Darin, sowie in seinem δίκαιος-Sein (3,18b) als auch in seiner uns zu Gott leitenden Funktion (3,18c) ist Christus den Seinen vorgeordnet.[121] Der ἵνα–Satz 3,18c ist die eigentliche Erklärung dafür, warum im Tun des Guten zu leiden besser ist, als im Tun des Bösen zu leiden: Weil dies der Weg ist, auf dem Christus als der Führende uns als die Geleiteten zu Gott als Ziel des Heils führt.

Der Begriff der Spurennachfolge (ἐπακολουθεῖν τοῖς ἴχνεσιν 2,21) hat seine besondere Bedeutung. H. Millauer hat in seiner Untersuchung[122] gezeigt, daß dieser Begriff zwar aus dem hellenistischen Sprachbereich herzuleiten ist (vgl. Philo Virt. 64; Fug. 130; Belege bei Millauer, S. 78), der Sache nach aber auf die atl. und im NT aufgenommene Weg-Vorstellung zurückzuführen ist (SS. 78-84).[123] Im AT sind Belege zu nennen, die den "Wandel auf dem Weg Jahwes" mit dem Halten seiner Gebote gleichsetzen (2.Chr 17,3f.; 1.Kön 15,26; Dtn 8,6; 10,12f. u.ö., Millauer, S. 80f.). Im Vergleich der atl.-jüdischen und der ntl. (z.B. Mk 12,14 par; Act 18,25; 2.Petr 2,2.21) Belege zur Weg-Vorstellung kommt Millauer zum dem Schluß: "דרך bzw. ὁδός wurden zu Ausdrücken, die den rechten oder falschen Wandel, d.h. Gehorsam oder Ungehorsam gegenüber Gott bezeichnen." (S.82). Eine Verbindung des Weg-Motivs mit der Nachfolgevorstellung findet Millauer dann in Jes 55,3a (LXX: καὶ ἐπακολουθήσατε ταῖς ὁδοῖς μου) in Verbindung mit Jes 55,7.8, in Jes 56,11 (LXX) von den gewinnsüchtigen Hirten (πάντες ἐν ταῖς ὁδοῖς αὐτῶν ἐξηκολούθησαν), im NT: 2.Petr 2,15 (ἐξακολουθήσαντες τῇ ὁδῷ τοῦ Βαλαάμ) und sachlich, wenn auch nicht explizit, in Mt 7,13f., "denn hier beinhaltet das Bild von den beiden Toren und Wegen einen Ruf zur Nachfolge." (S.82f.). [124] Das Logion ist vom Kontext der anderen mt. Nachfolgeworte her zu verstehen. Das Bild vom schmalen Weg bringt zum Ausdruck, "daß die Nachfolge nicht leicht sein wird und Opfer verlangt." (S.83). Es beinhaltet den Gedanken der Kreuzesnachfolge. - Millauer kommt zu dem berechtigten Schluß, daß die Wendung (ἐπ)ακολουθεῖν τοῖς ἴχνεσιν in 1.Petr 2,21 auf dem Hintergrund der atl.-jüd. und ntl. Kreuzesnachfolge sowie der synoptischen Kreuzesnachfolge zu verstehen ist: "In ἵνα ἐπακολουθήσητε τοῖς ἴχνεσιν αὐτοῦ ist also Nachfolgeforderung und Wegvorstellung zusammengefaßt." (S.84).[125] Im AT bedeutet das Motiv: "Auf dem Weg Gottes wandeln": nach Gottes Willen im Gehorsam ihm gegenüber leben. In Mt 7,13f. wird dieser Gehorsam präzisiert als Weg der Kreuzesnachfolge. "In diesem Vorstellungshorizont ist auch 1.Petr einzuordnen." (S.84).

Millauers Untersuchung zeigt, daß Nachfolge im 1.Petr auf dem Hintergrund von Gehorsam, Berufung und Erfahrung von Leid zu verstehen ist. "Das will besagen, daß Nachfolge τοῖς ἴχνεσιν αὐτοῦ das vom Nachfolgenden geforderte Verhalten bezeichnet, das sich am

---

[121] Christus ist unser προσαγωγεύς: "προσάγειν, das im NT sonst nur bei Lk begegnet (Lk 9,41; Act 16,20; 27,27), hat hier wie dort den alltäglichen Sinn 'hinzuführen' (bzw. intr. 'hinzugehen')." (L. Goppelt, a.a.O., Anm. 21; vgl. auch A. Reichert, Praeparatio, 206; H. Manke, Leiden, 158f.). A. Reichert, a.a.O., 207, stellt zu Recht heraus, daß "1.Petr 3,18c nicht an einen Status denken (läßt), sondern an einen Weg, auf dem der Christus der Führende und die ὑμεῖς die Geführten sind." Dennoch sind auch die Christen als Geführte zur Aktivität aufgefordert. Wie Christus der προσαγωγεύς ist, so sollen diese die zu dem Eckstein Jesus Christus Hinzutretenden sein (2,4).

[122] Ders., Leiden als Gnade. Eine traditionsgeschichtliche Untersuchung zur Leidenstheologie des ersten Petrusbriefes (EHST Reihe 23, Bd. 56), Frankfurt / M. 1976.

[123] Zur biblischen Weg-Vorstellung vgl. N. Brox, Der Glaube als Weg, München 1968.

[124] Vgl. auch N. Brox, Der Glaube als Weg, 32ff.; W. Michaelis, ὁδός κτλ., ThWNT V, 75.

[125] Zum ntl. Zusammenhang der Weg- und Nachfolgevorstellung vgl. auch N. Brox, Der Glaube als Weg, 92ff.

Verhalten Jesu ausrichtet: den Gehorsam." (S.84). Der Hinweis auf Mt 7,13f. in diesem Zusammenhang zeigt m.E., daß die Nachfolgevorstellung des 1.Petr nicht nur allgemein auf dem Hintergrund der synoptischen Leidensnachfolgeworte zu verstehen ist, sondern eine Affinität zur mt. Nachfolgevorstellung hat. Dies bestätigt sich daran, daß der in 1.Petr 2,20f. ausgesprochene enge Zusammenhang von Berufung, Nachfolge und Erfahrung von Leid besonders durch Mt betont worden ist (Kap.10): Das in Mt 10,38f. überlieferte synoptische Nachfolgewort (Lk 14,27 par) ist Teil der Aussendungsrede (Mt 10,5ff.), die an die Berufung der Jünger (10,1-4) eng angeschlossen ist. Lk 14,27 integriert das Wort aber in einen ganz anderen Zusammenhang, nämlich als Teil von Worten, die zum Volk (14,25), nicht zu den Jüngern gesprochen sind. Von Berufung und Jüngerunterweisung ist keine Rede. Zudem benutzt Lk 14,27 nicht das typische ἀκολουθεῖν (Mt 10,38), sondern stattdessen das unspezifischere ἔρχομαι. - Das Wort von der Kreuzesnachfolge Lk 9,23f. ist vom Berufungs- und Aussendungsbericht (Lk 9,1-6) durch einige andere Szenen getrennt (Herodes, Speisung der 5000, Petrusbekenntnis), so daß der enge Zusammenhang von Berufung und Leidensnachfolge unterbrochen ist. Das gleiche gilt auch für das Kreuzesnachfolgelogion Mk 8,34f., das nicht im Zusammenhang der Berufung und Aussendung der Jünger (Mk 6,7-13) erscheint. In Mk 2,14 ist zwar Berufung und Nachfolge gekoppelt, jedoch handelt es sich hier nur um die Berufung eines einzelnen (Levi). Von der Leidensnachfolge ist explizit nicht die Rede. Mt hat dagegen durch die Komposition der Jüngerrede in Kap. 10 deutlich gemacht: Die Leidensnachfolge (10,38f.) ist die Konsequenz der autoritativen und vollmächtigen Berufung (10,1ff.). Das entspricht der Konzeption von 1.Petr 2,20f. Berufung, Nachfolge und Erfahrung von Leid gehören zusammen.

Es ist also deutlich: Mt und 1.Petr verstehen die Nachfolge auf dem Leidensweg Christi als Erfüllung des Gehorsams gegenüber Christus in Entsprechung zu seinem gehorsamen Leiden. Dieses bleibt einzigartig und unwiederholbar. Es kann nicht nachgeahmt werden. In der gehorsamen Übernahme des Leidens sind die Christen aber in das Christusleiden einbezogen und erhalten so die Verheißung der Anteilhabe an der Basileia (Mt) bzw. Doxa Christi (1.Petr).

3.4. Die Eschatologie

3.4.1. Gemeinde und Endgeschehen im Matthäusevangelium und im 1.Petrusbrief

Die bisher besprochenen Sachgebiete der Christologie, der Ekklesiologie und des Petrusbildes haben gezeigt, daß das Matthäusevangelium den 1.Petrusbrief thematisch tief beeinflußt hat. Der folgende Teil wird zeigen, daß dies auch für die Eschatologie gilt. Bevor aber einzelne zwischen beiden Schriften vergleichbare Motive untersucht werden, ist es nötig, das jeweilige geschichtliche Verhältnis der Gemeinde zum Endgeschehen darzustellen. Wenn sich hier zwischen Mt und 1.Petr gemeinsame Voraussetzungen ergeben, dann liegt es nahe, bezüglich einzelner eschatologischer Motive Affinitäten anzunehmen. Denn ein bestimmtes Geschichtsbild indiziert auch bestimmte Vorstellungen, die dieses Geschichtsbild prägen.

3.4.1.1. Matthäus

Die eschatologische Rede Mt 24/25 verdeutlicht die Auffassung des Mt vom Endgeschehen. Der Evangelist hat durch die Komposition der Rede und spezifische Veränderungen gegenüber der Mk-Vorlage (Mk 13) sein Interesse an dem Problem der christlichen Gemeinde hervorgehoben.[1] Wie das gesamte Evangelium ist auch Mt 24/25 transparent zur mt. Gemeindesituation geschrieben.[2] Im einzelnen ergibt sich folgendes.

Die Anssage der Tempelzerstörung (24,2) ist durch die mt. Komposition thematisch eng mit dem Gerichtslogion Mt 23,37-39 verbunden.[3] Jerusalem wird die Zerstörung der Stadt (und des Tempels) angedroht. Dies ist die Konsequenz der Schuld Israels (vgl. Mt 21,28-32.33-46; 22,1-14; 23,1-36)[4]. Ab 24,3 setzt der Evangelist neu ein. Die folgende Parusierede wird als Mahn- und Warnrede an

---

[1] Zum Verhältnis der Matthäusrede zu den entsprechenden Paralleltexten Mk 13,1-37 par vgl. F. Hahn, Die eschatologische Rede Matthäus 24 und 25, in: Studien zum Matthäusevangelium (FS W. Pesch), hrsg. v. L. Schenke (SBS), Stuttgart 1988, 110ff.

[2] Vgl. G. Bornkamm, Enderwartung, 19. - Auf dieses im gesamten Evangelium - vor allem in den großen Redekompositionen (Mt 5-7; 10; 13; 18; 23; 24-25) - deutliche Phänomen der literarischen Fiktionalität im Zeitverständnis des Mt ist des öfteren hingewiesen worden. Vgl. hierzu vor allem die grundsätzlichen Erwägungen zur literarischen Perspektive des mt. "Evangeliums" bei H. Frankemölle, Jahwebund, 347-359 und 146-155 zum mt. Jünger-Begriff. Den Transparenzcharakter im mt. Jüngerverständnis hat vor allem U. Luz in seinem Aufsatz "Die Jünger im Matthäusevangelium", ZNW 62 (1971),141-171, herausgearbeitet (vgl. auch W. Trilling, Israel, 28-32).

[3] Vgl. die Auslassung der Szene von der armen Witwe Mk 12,41-44 par, welche die geschlossene Redekomposition und den durchgehenden Gerichtsgedanken unterbrochen hätte.

[4] Vgl. dazu R. Pesch, Eschatologie und Ethik. Auslegung von Mt 24,1-36, BiLe 11 (1970), 225-227; R. Hummel, Auseinandersetzung, 85ff.; E. Schweizer, Matthäus und seine Gemeinde, 121f.

die Jünger stilisiert. - Das in Mt 24,4-8 geschilderte Geschehen kennzeichnet Mt als "Anfang der Wehen" (ἀρχὴ ὠδίνων). Die angesprochenen Kriege, Verführungen und Katastrophen sind deutlich als die Gemeinde betreffende Ereignisse geschildert (V6 fin: οὔπω ἐστὶν τὸ τέλος). Die anfangs den Jüngern gestellte Frage nach dem "Zeichen der Parusie" Christi und dem "Ende der Welt" (V3) prägt die gesamte Darstellung von Mt 24.[5] In Mt 24,9-14 ist die Zeit der θλῖψις (V9) beschrieben.[6] Geschildert werden: Verfolgung der Jünger, Falschprophetie[7], Erkalten der Liebe, Zunehmen der Anomia, universale Evangeliumsverkündigung und das Motiv vom Durchhalten bis zum Ende[8]. Ausdrücklich wird in 24,14 fin gesagt: καὶ τότε ἥξει τὸ τέλος. - Das in Mt 24,15-25 geschilderte Geschehen wird mit dem Titel "θλῖψις μεγάλη" beschrieben (V21). Die VV26-28 visieren schon das in 24,29-31 geschilderte Parusiegeschehen an. - In 24,2 ist die Tempelzerstörung angekündigt. Die an Jesus gerichtete Frage (V3): πότε ταῦτα ἔσται ...; bezieht sich auf den Zeitpunkt der Tempelzerstörung, der zweite Teil der Frage auf das Parusiegeschehen. Die Doppelung der Frage zeigt, daß die Tempelzerstörung für Mt nicht unmittelbar zu den Endereignissen gehört.[9] War für Mk die Erscheinung des βδέλυγμα τῆς ἐρημώσεως das von den Jüngern erfragte "Zeichen", so ist für Mt dieses Zeichen an das Parusiegeschehen gekoppelt (Mt 24,30). Mt muß also die anfangs erfragte Tempelzerstörung als Erscheinen des βδέλυγμα τῆς ἐρημώσεως (V15) verstanden haben. Nach 22,7 (vgl. auch 23,38) setzt er die Ereignisse des jüdischen Krieges voraus. Diese Tempelzerstörung löst die Zeit der Flucht und Gefährdung (VV16-20), der Verkürzung der Tage (V21f.) und der Verführung durch die Pseudomessiasse und Pseudopropheten (V23f.) aus. Das Erscheinen des βδέλυγμα τῆς ἐρημώσεως geht für Mt also dem Parusiegeschehen voraus und ist auf die Schändung und Zerstörung des Tempels sowie der Stadt Jerusalem bezogen.[10]

---

[5] Die in Mt 24,3 gestellte Frage nach dem "Zeichen der Parusie" (= red.) wird durch die redaktionelle Angabe in 24,30 (vgl. das "Zeichen" des Menschensohnes) beantwortet. Das "Zeichen" der Parusie ist demnach mit dem Kommen des Menschensohnes identisch. Vgl. dazu H. Geist, Menschensohn, 174-176; R. Pesch, Eschatologie, 229.234f. - Anders J. Gnilka, Mt II, 329f., der in Anlehnung an Jes 49,22 das "Zeichen" auf ein Panier zur Eröffnung des Gerichtes deutet.

[6] Vgl. bereits Mt 10,17-22; J. Gnilka, Mt II, 314f.; ders., Mt I, 373f.; R. Kühschelm, Jüngerverfolgung, 184-198.272-282.

[7] Vgl. schon Mt 7,15-23. Die "Falschpropheten" sind die eigentlichen Urheber der σκάνδαλα und der ἀνομία (7,23). Sie werden zu den υἱοὶ τοῦ πονηροῦ (13,38) gezählt werden (vgl. die in 13,41 genannten Verfehlungen: σκάνδαλα und ἀνομία). Nach 24,11f. bewirkt ihre Tätigkeit Verführung, Anomia und Erkalten der Liebe (vgl. auch 24,24!). Zu den mt. Begriffen der σκάνδαλα und ἀνομία vgl. H. Giesen, Christliches Handeln, 209ff.: "Ἀνομία meint ein Handeln oder Verhalten, das durch Gottferne, durch Unglauben gekennzeichnet ist und deshalb dem Willen des *Vaters* widerspricht." (S.220f.). Vgl. auch G. Strecker, Weg, 137f. Anm. 4; W.D. Davies, Bergpredigt, 84-87; G. Baumbach, Verständnis, 59ff.103-105.113f.; R. Kühschelm, Jüngerverfolgung, 188-192.

[8] Vgl. R. Pesch, Eschatologie, 229-231.

[9] Vgl. F. Hahn, Die eschatologische Rede Matthäus 24 und 25, 116.

[10] Vgl. auch P.F. Ellis, Matthew, 90f. - Anders deuten R. Pesch, Eschatologie, 231f.; W. Grundmann, Mt, 505 und J. Gnilka, Mt II, 322f. den Abschnitt 24,15ff. auf die dem Ende un-

Daraus folgt, daß das in 24,4-24 geschilderte Geschehen im Rahmen eines innergeschichtlichen Verlaufes gedeutet ist. Die Momente des "Anfangs der Wehen" (V8), der "Trübsal" (V9) und der "großen Trübsal" (V21) zieht Mt in *ein* Zeitgeschehen zusammen. Es ist die unmittelbar der Endzeit vorangehende Zeit der messianischen Wehen (V8). Die scheinbar häufigen Periodisierungen des Geschehensablaufes[11] kennzeichnen nicht so sehr das zeitliche Nacheinander, sondern mehr das Moment der Steigerung der Not in der vorendzeitlichen Phase. Gleiches wird durch die Stichworte "Anfang der Wehen" (V8), "Bedrängnis" (V9) und "große Bedrängnis" (V21) ausgesagt.[12] Das Motiv der Verkürzung der Tage (V22) spricht ebenfalls dafür.[13] - Der redaktionelle Vers 24,14 kennzeichnet die gesamte Jetzt- und Zukunftszeit als *Zeit der Kirche*[14], in der das Evangelium der ganzen Welt gepredigt wird (vgl. auch Mt 26,13; 28,19f.). "Der universale Verkündigungsauftrag wird zum Merkmal der Gemeinde in der Zeit des noch ausstehenden Endes."[15] Das "Ende" (der Welt), also die Parusie Christi (vgl. 24,3), läßt die Verkündigungstätigkeit zum Ende kommen.[16]

---

mittelbar voraufgehende Phase der Wirksamkeit des Bösen ("Greuel der Verwüstung" = Antichrist).

[11] Vgl. das öfters begegnende τότε: VV9.10.14.21.23.30 (J. Jeremias, Gleichnisse, 8: eine beliebte Übergangspartikel des Mt = "darauf"). - Zeit- und Ortsangaben haben bei Mt einen geringen Historisierungswert. Sie dienen vielmehr gegenwartsbezogener Deutung des Evangeliums. Vgl. dazu H. Frankemölle, Jahwebund, 352-357.

[12] Mt ist daher nicht an einem apokalyptischen Fahrplan mit der Annahme mehrerer Zeitintervalle interessiert. Er konzentriert das Endzeitgeschehen auf das plötzlich und universal hereinbrechende Ereignis der Parusie Christi (vgl. Mt 24,27f.37-39) und versteht von daher die gesamte Jetztzeit als Zeit der sich steigernden Not und der Verkündigung der Kirche (vgl. Mt 24,14). Diese geschieht solange, bis die Parusie hereinbricht. Es gibt für Mt also nur eine gesamtgeschichtliche Weltzeit, die von der Parusie abgelöst wird. Dies bestätigt der bei Mt typisch begegnende Begriff "συντέλεια (τοῦ) αἰῶνος" (von 6 Vorkommen im NT allein 5mal bei Mt: 13,39.40.49; 24,3; 28,20! und Hebr 9,26). Er definiert das "Ende dieser Welt(zeit)". Vgl. dazu H. Balz, συντέλεια, EWNT III, 741; G. Künzel, Gemeindeverständnis, 126f.218ff. 225ff.; A. Kretzer, Herrschaft, 33f.; H. Frankemölle, Jahwebund, 61; G. Strecker Weg, 237f.; K.H. Schelkle, Theologie 4/1, 17; J. Gnilka, Mt II, 311.312; W. Trilling, Israel, 43; J. Lange, Erscheinen, 329; J. Jeremias, Gleichnisse, 82 Anm. 8; W. Schenk, Die Sprache des Matthäus, 17.

[13] Die in Mt 24,4-24 gekennzeichneten Charakteristika wie Verführung (24,4f.11.24; vgl. 18,6ff.), falsche Prophetie (24,11.24; vgl. auch 7,15ff.), Verfolgung (24,9ff.; vgl. auch 5,10ff. 44; 10,17ff.), Mahnung zum Durchhalten (24,13; vgl. 10,22) und Anomia (24,12; vgl. auch 7,23; 13,41; 23,28) kennzeichnen die Bedrängnis der Gemeinde in der Gegenwart (vgl. G. Strecker, Weg, 239; R. Kühschelm, Jüngerverfolgung, 184-198).

[14] Die gegenwärtige Weltzeit ist freilich nicht nur das Wirkungsfeld des Menschensohnes, sondern auch das des Teufels (13,39). So stehen die "Söhne des Reiches" den "Söhnen des Bösen" gegenüber (13,38). Weil jetzt noch nicht die Zeit der Ernte ist, wächst Weizen und Unkraut zusammen auf (13,24ff.). Aber das Nebeneinander von Same und Unkraut ist begrenzt. Die Gerichtsernte wird beides scheiden (13,30.39f.). Dann wird die jetzt noch durch σκάνδαλα und ἀνομία getrübte Basileia des Menschensohnes (13,41f.) in das endgültige Reich des Vaters übergehen, in dem alles Gottfeindliche überwunden sein wird (13,43).

[15] G. Künzel, Gemeindeverständnis, 224; vgl. auch G. Strecker, Weg, 239f.; R. Kühschelm, Jüngerverfolgung, 193ff.

[16] Für Mt ist die missionarische (Völker-)Kirche also eine zukunftsbeständige Größe. Das wird strenggenommen auch Mt 16,18 vorausgesetzt. "Auch das Verständnis der Kirche als

Daß Mt das in 24,4-24 geschilderte Geschehen mit der Zeit der Kirche zusammensieht, zeigt auch die Jüngerrede in Mt 10,17-22, ein Abschnitt, der zum großen Teil mit Mk 13,9-13 par in der Endzeitrede übereinstimmt. Indem Mt einige Motive aus der mk. Endzeitrede schon in die Aussendungsrede Mt 10, die ebenfalls deutlich transparent zur Situation der mt. Gemeinde geschrieben ist[17], integriert hat, wird das geschilderte Geschehen der Verfolgung und Schmähung als Merkmal der Gemeindesituation verdeutlichend hervorgehoben.[18] Mt kann daher in 24,9f. die Verfolgungsaussagen verallgemeinernd und knapp zusammenfassen, weil die entsprechenden Konkretissima schon in Mt 10 vorweggenommen sind. Die Parallelität von Mt 10,17ff. und 24,9f. zeigt aber, daß für Mt die Zeit der Kirche in ihrer Bedrängnis mit zum Endzeitgeschehen gehört.[19]

Die Jetztzeit ist für Mt eine Zeit der sich steigernden Not und Bedrängnis. Es "ist die Zeit der Gemeinde eine Zeit voller Prüfungen, die als Anfechtungen die Gemeinde bedrohen."[20] In dieser Leidenszeit wird sie zum Durchhalten und Ertragen der Bedrängnisse ermuntert und aufgefordert. Das ὑπομένειν wird mit dem Gerettetwerden belohnt: ὁ δὲ ὑπομείνας εἰς τέλος οὗτος σωθήσεται (Mt 24,13; 10,22; Mk 13,13 par).[21] Daß Mt an diesem Sachverhalt besonders gelegen ist, beweist er dadurch, daß er diesen Vers aus der Endzeitrede (vgl. Mk 13

---

einer Institution, die von den Todesmächten nicht überwunden werden wird, korrespondiert seinem (sc. des Evangelisten) Verständnis der Kirche als einer Größe, die - trotz ihrer ständigen Gefährdung - bis zum Gericht besteht und welcher der bleibende Schutz durch den unter den Seinen gegenwärtigen Kyrios zugesagt ist." (P. Hoffmann, Petrus-Primat, 105). Matthäus spricht "... (übrigens als einziger der Synoptiker überhaupt) vom Ende der Welt (Mt. 13,39.40. 49); und es ist bezeichnend, daß das ganze Evangelium nach seinen letzten Worten zum Weltende hin gleichsam offen ist (Mt 28,20 ἕως τῆς συντελείας τοῦ αἰῶνος). Man darf gerade von diesem Schluß her annehmen, daß der Evangelist sein Evangelium als ein Evangelium für die Zeit der Kirche zwischen Ostern und der Parusie ihres Herrn versteht." (H.J. Held, Matthäus als Interpret, 255).

[17] Zu dieser mt. Transparenz vgl. H. Frankemölle, Jahwebund, 84-158; ders., Evangelist und Gemeinde, 176; U. Luz, Die Jünger im Matthäusevangelium, ZNW 62 (1971), 141-171; P.F. Ellis, Matthew, 46-53; J.D. Kingsbury, Matthew, 31-39; R. Schnackenburg, Mt, 93f.; R. Kühschelm, Jüngerverfolgung, 184-198.272-282.

[18] Vgl. dazu R. Kühschelm, Jüngerverfolgung, 184-198.272-282.

[19] Vgl. dazu G. Bornkamm, Enderwartung, 19; J. Lange, Erscheinen, 286f.; D.W. Riddle, Verfolgungslogien, 273 und G. Strecker, Weg, 239: "Verführung, falsche Prophetie, Verfolgung, insbesondere von seiten der ἔθνη, wie auch ἀνομία sind Charakteristika schon der Gemeinde der Gegenwart ... Freilich ist die Endzeit durch eine Steigerung der Bedrängnisse in besonderer Weise gekennzeichnet. Aber es ist nun deutlich, daß dies nicht Kennzeichen einer neuen Periode, sondern der letzten Phase der geradlinig zu ihrem Ziel führenden Heilsgeschichte ist."

[20] A. Sand, Die Gemeinde zwischen "jenen Tagen Jesu" und dem "Tag des Gerichts". Zum Geschichtsverständnis des Matthäusevangeliums, TThZ 99 (1990), 66; vgl. auch R. Kühschelm, Jüngerverfolgung, 184-198.272-282.

[21] Vgl. dazu G. Künzel, Gemeindeverständnis, 222f.: Die präpositionale Wendung εἰς τέλος ist nicht im Sinne einer "adverbialen Ganzheitsaussage (völlig; für immer)" zu verstehen, sondern auf das Weltende zu beziehen. Das legt sich durch das auf die Parusie bezogene Menschensohnlogion (10,23) und 24,14b nahe (die Zeitaussage: "Und dann wird das Ende [τέλος] kommen.").

par) in die Aussendungsrede vorzieht (10,22). In der Situation der Bedrängnis und Verfolgung bedarf es besonderer Standhaftigkeit und Ausdauer, denn der Weg zum Leben ist eng und wird nur von wenigen durchgehalten (7,13f.).

Das Ende steht unmittelbar bevor. Mt 24,34 bezeugt die Nähe der Parusie (vgl. auch 4,17 parr; 10,23; 16,28).[22] Das in Mt 24,29ff. geschilderte Parusiegeschehen geschieht "sogleich" (εὐθέως) nach der θλῖψις (V29).[23] Sofern die unmittelbare Nähe der Parusie vorausgesetzt ist, wird die Zeit der Kirche selbst mit in das Endgeschehen einbezogen. Im Unterschied zu Lukas[24] bildet die Zeit der Kirche keine eigene heilsgeschichtliche Epoche, sondern ist selbst Teil der Endzeit. Sie führt unmittelbar zum Endgeschehen der Parusie. Die Ekklesiologie des Mt ist somit "einbezogen in das auf das Ende hinführende Geschehen ...".[25] Die Kirche ist selbst schon Teil der Endzeit. - Die Parusie Christi geschieht εὐθέως δὲ μετὰ τῆν θλῖψιν (24,29). Ihr Zeitpunkt ist nicht näher bestimmbar (24,36ff.). Sie wird aber einen universalen und unberechenbaren Charakter haben (24,27f.37-39; 25,31ff.). Mit der Parusie wird das Gericht über die gesamte Welt verbunden sein (25,31ff.; 13,36-43.47-50; 7,17-23; 16,27).

Sofern Christus der Gründer seiner Kirche ist (16,18f.; 26,61; 28,18ff.) und seine Anhänger wegen der Zugehörigkeit zu ihm ("um Christi willen"; 5,11; 10,18.22; 24,9) bedrängt und verfolgt werden, ist mit dem Christusgeschehen die Endzeit eingeleitet. Als auferstandener, erhöhter und zur Parusie wiederkehrender Christus prägt er die "Zeiten" der Endzeit. Als Auferstandener gründet er seine Kirche (16,18ff.; 26,61; 28,18ff.), als Erhöhter ist er ihr bleibend gegenwärtig (1,23; 18,20; 28,20) und als zur Parusie Wiederkehrender kommt er der Welt zum Gericht (16,27; 24,30f.; 25,31ff. u.ö.). Das Endzeitgeschehen in der Zeit der Kirche bis zur Parusie ist also von der Wirklichkeit des Christusgeschehens her begründet und begleitet. Die Gemeinde befindet sich in der Zeit "zwischen" der Jesusgeschichte, der Sendung (10,5ff.; 23,34a; 28,19f.) und der Parusie Christi[26]. Die Zeit der Gemeinde ist "Missionszeit", in der sie an das autoritative Wort Jesu gebunden ist (28,18-20).[27]

---

[22] Vgl. U. Luz, Mt II, 495f.

[23] "Εὐθέως (24,29) kann bei Matth das Plötzliche und Überraschende einer Handlung anzeigen (14,31; 27,48), wie hier die drohende Nähe des Gerichtes, die sich (24,30) im Zeichen des Menschensohnes und dem Wehklagen der Völker (vgl. Sach 12,10ff.) ankündigt." (A. Kretzer, Herrschaft, 190).

[24] Vgl. H. Conzelmann, Die Mitte der Zeit. Studien zur Theologie des Lukas (BHTh 17), Tübingen 1960 3. Aufl., 193ff.

[25] F. Hahn, Die eschatologische Rede Matthäus 24 und 25, 117. Vgl. auch G. Strecker, Weg, 239, der von einer "letzten Phase der geradlinig zu ihrem Ziel führenden Heilsgeschichte" spricht. "Die universale Verkündigung an die ἔθνη zielt auf das Völkergericht (25,31ff). Das schließt die letzte Phase der Heilsgeschichte mit der voraufgehenden Zeit zu einer einheitlichen, durch die universale Verkündigung der Kirche gekennzeichneten heilsgeschichtlichen Epoche zusammen." (ders., a.a.O., 240). Vgl. ders., Geschichtsverständnis, 334.

[26] Vgl. A. Sand, Die Gemeinde zwischen "jenen Tagen Jesu" und dem "Tag des Gerichts". Zum Geschichtsverständnis des Matthäusevangeliums, TThZ 99 (1990), 49-71.

[27] Vgl. a.a.O., 65.

3.4.1.2. 1. Petrusbrief

Im Blick auf den Zusammenhang von Ekklesiologie und Eschatologie ist im
1.Petr ein Mt paralleles Zeitverständnis vorausgesetzt. Die Kirche befindet sich
in der Endzeit, die durch das Christusgeschehen eingeleitet ist. In 1,20 verdeutlicht der Brief, daß Christus ἐπ᾽ ἐσχάτου τῶν χρόνων δἰ ὑμᾶς offenbart worden ist. Christologie und Ekklesiologie werden unmittelbar aufeinander bezogen.
Mit der Wendung "ἐπ᾽ ἐσχάτου τῶν χρόνων" kann wegen des nachfolgenden
"δἰ ὑμᾶς" nur die durch Christus eingeleitete Endzeit verstanden sein, in der sich
die Kirche schon befindet.[28] Das Parusiegeschehen ist hier noch nicht genannt,
da dies 1.Petr sonst mit dem ἀποκάλυψις-Begriff umschreibt (1,7.13; 4,13;
5,1).[29] Der Begiff "Ende der Zeiten" meint also: "zu Beginn der Endzeit".[30]
    Diese Endzeit ist geprägt durch die Nähe des τέλος (4,7). Τέλος und Endzeit
sind aber nicht identisch. Τέλος ist vielmehr das Ende der Endzeit, das Ende der
Welt, das durch die Parusie Christi heraufgeführt wird (1,7.13; 4,13; 5,1.4) und
mit dem Gericht verbunden ist (4,5f.; 4,17f.).[31] Das Ende wird als "Weltende"
durch den Genitiv πάντων...τέλος (4,7) definiert.[32] Der Begriff "πάντα" steht

[28] Dieser Aspekt der gegenwärtigen Endzeit wird durch den Gebrauch des eschatologischen
νῦν im 1.Petr noch unterstrichen. "The term νῦν underlines the radical change in the situation
of the Christians." (C.F. Sleeper, Political Responsibility, 277). Vgl. auch 1,12; 2,10 (2mal!);
2,25; 3,21. Zum Problem vgl. R. Tachau, "Einst" und "Jetzt" im Neuen Testament. Beobachtungen zu einem urchristlichen Predigtschema in der neutestamentlichen Briefliteratur und
zu seiner Vorgeschichte (FRLANT 105), Göttingen 1972.

[29] Eine begrifflich klare Unterscheidung zwischen φανέρωσις und ἀποκάλυψις führt der
Brief allerdings nicht durch. Die sich in 1,20 auf den Beginn der Endzeit beziehende φανέρωσις Christi, die von seiner Auferweckung ausgesagt wird (1,21), ist von der in 5,4 mit dem
gleichen Begriff genannten "Erscheinung" (φανερωθῆναι) des Erzhirten zu unterscheiden. In
5,4 ist durch den futurischen Aspekt deutlich die Parusie Christi gemeint, die in 1,7.13; 4,13
(vgl. auch 5,1) mit dem Begriff der ἀποκάλυψις definiert wird. Eine begrifflich klare Unterscheidung ist auch sonst im NT nicht explizit gegeben. Vgl. Röm 1,17 mit 3,21: Paulus spricht
einmal von der ἀποκάλυψις, das andere Mal von der φανέρωσις der δικαιοσύνη! (vgl. auch
Mk 4,22 par Lk 8,17; Mt 10,26). - In 1.Petr 5,1 und 5,4 wird die Variabilität der Begriffe deutlich: 5,1 spricht von der ἀποκάλυψις der Doxa Christi, während nach 5,4 diese Doxa durch
die φανέρωσις des Erzhirten vermittelt wird.

[30] Vgl. H. Manke, Leiden, 91. 225f.; L. Goppelt, Komm. 1.Petr, 125. In Anm. 67 stellt
Goppelt zu Recht heraus: "Mit Jesu Sterben und Auferstehen setzt das Endgeschehen ein (s. zu
1,10-12). Der 1.Petr sieht deutlich die zeitliche Spanne zwischen dem erfolgten (1,20) und dem
zukünftigen (5,4; vgl. 1,5.7) φανεροῦσθαι in der Endzeit, rechnet jedoch nicht mit Fristen."
Vgl. weiterhin: Jud 18; Hebr 1,2; 9,26; Jak 5,3; Act 2,17; 2.Petr 3,3. Alle Belege sind in einem
präsentisch-eschatologischen Sinn verwendet. J. Baumgarten, ἔσχατος, EWNT II, 157, spricht
von einem "t.t. für die Endzeit". Zur Wendung vgl. auch A. Reichert, Praeparatio, 464-472.
501-504. - Christologisch explizit wird der Begriff außer 1.Petr 1,20 auch Hebr 1,2 und 9,26.
Vgl. weiter G. Kittel, ἔσχατος, ThWNT II, 695; G. Delling, χρόνος, ThWNT IX, 588.

[31] Vgl. H. Frankemölle, Komm. 1.Petr u.a., 63, der in der Theologie des 1.Petr "eine durch-
gehende eschatologische Orientierung" erkennt.

[32] Τέλος steht im NT häufig für "Weltende": vgl. Mk 13,7 par; Mt 24,6; Lk 21,9; Mt 24,
14 (red.); 1.Kor 10,11 (Plur.); 15,24; Apk 2,26; vgl. auch 1Qp Hab 7,7. Vgl. dazu G. Künzel,
Gemeindeverständnis, 218ff.; H. Hübner, τέλος, EWNT III, 834. - Πᾶς (τὰ πάντα) wird im
kosmologischen Sinn des weiteren gebraucht in: 1.Kor 8,6; 15,27f.; Röm 11,36; Eph 1,22f.;
Kol 1,15-18a; Hebr 1,2; Joh 1,3.10. Vgl. dazu H. Langkammer, πᾶς κτλ.,, EWNT III, 114f.

für: "alle Dinge", für "den gesamten gegenwärtigen Weltbestand".[33] Die Wendung "πάντων ... τέλος" entspricht dem mt. συντέλεια τοῦ αἰῶνος (Mt 13,39. 40.49; 24,3; 28,20).[34] Mt sieht diese Wendung selbst synonym mit τὸ τέλος (Mt 24,6.14). Das kosmologische πᾶς (τὰ πάντα) kann auch sonst im NT mit αἰών synonym genannt werden (vgl. Hebr 1,2[35]). Dieses Weltende ist auch bei Mt mit Parusie und Gericht verbunden (vgl. Mt 13,41f.; 16,27; 24,29ff.; 25, 31ff.).

Ebenso mit Mt vergleichbar ist die Naherwartung der Parusie (Mt 10,23; 16,28; 24,34) und das Verständnis der Endzeit als Zeit der bedrängten Kirche (Mt 10,17ff.; 24,3-24). In 1.Petr 4,7 definiert ἤγγικεν die Nähe der Parusie.[36] Das Weltende steht nahe bevor.[37] In der Jetztzeit ist die Kirche bedrängt durch

---

[33] L. Goppelt, Komm. 1.Petr, 281.

[34] Vgl. analoge Formulierungen auch in Schriften wie Dan 11,35; 12,4 (καιρὸς συντελείας); 12,13 (συντέλεια ἡμερῶν); TestXII.Seb 9,9 (ἕως καιροῦ συντελείας); TestXII. Ben 11,3 (ἕως συντελείας τοῦ αἰῶνος); TestXII.Lev 10,2 (συντέλεια τῶν αἰώνων); 4.Esra 3,14; 14,5 (temporum finem); ApcBar(syr) 29,8 (finis temporis) u.ö.; Hebr 9,26 (συντέλεια τῶν αἰώνων).Vgl. dazu G. Delling, τέλος κτλ., ThWNT VIII, 66; Rabbinische Belege bei Str.-Bill. IV 2, 986ff.

[35] Zu Hebr 1,2 vgl. H. Langkammer, πᾶς κτλ., EWNT III, 114; H. Hegermann, Komm. Hebr, 32.

[36] Vgl. F. Schröger, Gemeinde, 190f. Ἐγγίζειν und ἐγγύς stehen im NT für das zeitliche Nahekommen von Gottes verheißenem Heil (vgl. Mk 1,15; Mt 4,17; 3,2; 10,7; Lk 21,28.31; Röm 13,12; Phil 4,5; Jak 5,8; Apk 1,3; 22,10; vgl. weiter Ign Eph 11,1; Barn 21,3; 2.Clem 12,16). - Dieser Aspekt des 1.Petr wird von G. Delling, Der Bezug der christlichen Existenz auf das Heilshandeln Gottes nach dem ersten Petrusbrief, in: Neues Testament und christliche Existenz (FS H. Braun), hrsg. v. H.D. Betz/L. Schottroff, Tübingen 1973, 99, hervorgehoben: "Nach verbreiteter Auffassung ist für die nachapostolische Zeit in steigendem Maße das Nachlassen der Naherwartung charakteristisch. Nach dem 1 Petr ist indessen die Erwartung des (nahen) Endes schlechthin für den christlichen Glauben konstitutiv." Vgl. auch L. Goppelt, Komm. 1.Petr, 281f.; H. Manke, Leiden, 225; E.G. Selwyn, Eschatology in I Peter, in: The Background of the NT and it's Eschatology (FS C.H. Dodd), Cambridge 1956, 394-401.

[37] Der Aspekt der Nähe des Weltendes wird auch im engen Kontext von 1.Petr 4,5f. deutlich. Der Brief geht hier auf das eschatologische Gericht ein. Gott wird als der definiert, der "bereit" ist zu richten. Das Adverb ἑτοίμως präzisiert die dringliche Nähe des Gerichtes (vgl. auch H. Frankemölle, Komm. 1.Petr u.a., 62): Das Gericht steht nahe bevor (4,7), der Richter ist schon "bereit". Ἑτοίμως ist hier ähnlich wie in Mk 14,15; Mt 22,4.8; Mt 24,44 par; 25,10; Lk 14,17 sowie auch 1.Petr 1,5 und 3,15 im Sinn der Abrufbereitschaft zu verstehen, das je nach Wertigkeit die Aspekte der Nähe, Dringlichkeit und des Entschlossenseins hervorhebt (vgl. dazu W. Radl, ἕτοιμος κτλ., EWNT II, 170-172). - Zum anderen zeigt die Wendung "τὸν ἐπίλοιπον ἐν σαρκὶ βιῶσαι χρόνον" (4,2), daß der Brief mit dem nahen Weltende rechnet; τὸν ἐπίλοιπον ... χρόνον = "die (noch) verbleibende Zeit" (H. Balz, ἐπίλοιπος, EWNT II, 77). Das Kompositum ἐπίλοιπος in Verbindung mit χρόνος zeigt an, daß die anvisierte Zeitspanne begrenzt ist. Wie der Kontext (4,5f.7a) nahe legt, ist die Grenze durch das bevorstehende Ereignis von Parusie Christi und Gericht definiert. - Weitere Hinweise auf die Kürze der Zeit und die drängende Nähe des Endes sind das adverbiell gebrauchte Ntr.Sg. ὀλίγον (1.Petr 1,6; 5,10; "für kurze Zeit"; vgl. Spr 24,33; Ps 36,10 LXX; Mk 6,31; Apk 17,10; Bauer/Aland, WNT, ὀλίγος, 1143; H. Balz, ὀλίγος, EWNT II, 1240; N. Brox, Komm. 1.Petr, 63.239f.; L. Goppelt, Komm. 1.Petr, 99.343f.) und die Bereitschafts- und Wachsamkeitsmahnungen in 1.Petr 1,13; 4,7b; 5,8a, die im NT auch sonst im Zusammenhang der Parusieerwartung begegnen (vgl. Lk 12,35.36; 1.Thess 5,6; Mt 24,42-44; 25,13). - Es dürfte demnach

Schmähungen, Beschimpfungen und öffentliches Mißtrauen (2,12.20; 3,14; 4,1ff.12ff. u.ö). Die Gemeinden erfahren durch solche "Versuchungen" (1,6; 4,12) Bedrängnis und Betrübnis (1,6). In dieser Zeit verstärkter Bedrängnis werden sie zum Durchhalten und Ertragen der Leiden ermuntert und aufgefordert (2,19.20; 4,12ff. u.ö.). Dieses Durchhalten wird mit dem Ziel der Soteria belohnt (1,5.9; 2,2), mit der Teilhabe an der Doxa Christi (1,7.13; 4,13; 5,1.4). Die Parallele im Motiv des Durchhaltens und Ertragens der Leiden zu Mt (24,13; 10,22) ist deutlich.[38] Die Endzeit ist die Zeit verstärkter Bedrängnisse und darin geübter Bewährung. Es ist die Zeit der Kirche, die missionarisch aktiv wird (Mt 5,16; 24,14; 28,18ff.).

In diesem Verständnis korrespondiert auch der 1.Petr. Die gegenwärtige Zeit der Bedrängnis ist zugleich die Zeit der missionarischen Tätigkeit (2,12; 3,1f. 15). Von einer Beschränkung derselben ist nirgends die Rede. Es ist vielmehr vorausgesetzt, daß bis zum Einbruch der Parusie (1,7.13; 4,13; 5,1.4), des τέλος von allem (4,7), die Mission durchgeführt wird (vgl. Mt 24,14). Freilich ist das Ende nahegekommen. Dieses prägt die Jetztzeit als Zeit der Erwartung und Hoffnung (1.Petr 1,3; 1,21; 3,15). Insofern ist wie bei Mt die Ekklesiologie in die Eschatologie miteinbezogen. Die Kirche ist selbst schon Teil der Endzeit. Sie lebt von dem am "Ende der Zeit" (1,20) her offenbarten Christusgeschehen. Mt und 1.Petr verstehen dieses Verhältnis von Ekklesiologie und Eschatologie nicht als einen heilsgeschichtlich linearen Entwurf. Die Jetztzeit läuft nicht geradlinig auf das Ende zu, sondern ist durch das Christusgeschehen schon in die Endzeit einbezogen. Die Parusie wird die universale Offenbarung der Christus-Doxa sein (1.Petr 1,7; 4,13; 5,1.4.10; Mt 16,27; 19,28; 24,30; 25,31). Das Christusgeschehen ist der konstituierende Zusammenhalt von Endzeit und Weltende. Es definiert die gesamte Jetztzeit als "Endzeit" (1.Petr 1,20; Mt 10,17ff.; 24,4-24), die von der universalen und unberechenbaren Parusie Christi eingeholt wird.

---

deutlich sein, daß 1.Petr 4,7a nicht nur eine"abgegriffene(n) Motivationsformel" (so N. Brox, Komm. 1.Petr, 201) ist, denn Zeit, Ende und Eschatologie sind durchaus "ein gärendes Thema des Schreibens" (gegen N. Brox, a.a.O.).

[38] Es begegnet das gleiche Stichwort ὑπομένειν (vgl. 1.Petr 2,20). Auch das Ziel des Durchhaltens ist gleich: die Soteria (vgl. Mt 10,22; 24,13: ὁ ὑπομείνας ... σωθήσεται; 1.Petr 1,5.6-9; 2,2). Das Durchhalten im Leiden konkretisiert sich für 1.Petr im Ertragen von Mißhandlungen (2,20). 1.Petr 2,19.20 zeigt, daß die Mißhandlungen Teil der generellen Leidenssituation sind: "κολαφίζομαι" wird in 2,20b durch das allgemeinere Wort "πάσχειν" aufgenommen, 2,19 kennzeichnet das (generelle, ungerechte) Leiden als ὑποφέρειν ... λύπας. Ὑποφέρειν und ὑπομένειν benennen gleiche Vorgänge. Es geht um die grundsätzliche Bereitschaft zur Leidensbewältigung.

3.4.2. Das Endgeschehen als Parusie Christi

3.4.2.1. Matthäus

Παρουσία ist im NT 16mal terminus technicus "für das Kommen Christi am Ende der Zeit".[39] Das Wort bezeichnet die "Ankunft als Eintritt der Anwesenheit".[40] In der Endzeitrede Mt 24 hat der Evangelist das Wort 4mal eingefügt: 24,3.27.37.39.[41] In 24,3 (diff. Mk 13,4 par) wird deutlich, daß die Parusie Christi mit der συντέλεια τοῦ αἰῶνος identisch ist.[42] Die übrigen drei Belege definieren die Parusie als παρουσία τοῦ υἱοῦ τοῦ ἀνθρώπου (24,27.37.39). Mt 25,31ff. belegt, daß der Menschensohn zum eschatologischen Gericht erscheint und dieses durchführen wird. Das Sintflutbeispiel (24,37-39) verdeutlicht die Richterfunktion des Menschensohnes (vgl. V40f.). Auch sonst ist für Mt klar, daß der Menschensohn am Ende als Richter erscheint (16,27; 13,41-43; 24, 30f.).[43] Das Gericht wird über die ganze Welt ergehen (16,27; 24,30f.; 25, 31ff.). Insofern hat die Parusie des Menschensohnes einen universalen Aspekt. Sie ist ein "kosmisches" Ereignis. Dieses weltumspannende Geschehen ereignet sich plötzlich, unerwartet und unberechenbar. Mit den gegenüber Mk 13 neu aufgenommenen Bildworten vom Blitz, vom Aas und den Aasgeiern (Mt 24,27f.), sowie dem aus Q übernommenen Sintflutbeispiel (Mt 24,37-39 vgl. Lk 17,26f.) wird dieser Aspekt hervorgehoben: So wie der Blitz vom Osten bis zum Westen am ganzen Himmel aufleuchtet, so wird auch die Parusie Christi sein: unberechenbar, eindeutig und universal.[44] Des gleichen: Wie die Aasgeier sich alle von überall her beim Aas zusammenfinden, so werden alle Menschen sich versammeln, wenn Christus erscheint.[45] Ebenso: Der Menschensohn kommt so plötzlich und unerwartet wie die Sintflut zur Zeit Noahs.[46]

---

[39] W. Radl, παρουσία, EWNT III, 103; vgl. auch H. Geist, Menschensohn, 172.

[40] W. Radl, a.a.O.; H. Geist, a.a.O.; E. Schweizer, Mt, 314.

[41] Vgl. H. Geist, a.a.O., 163ff.; G. Strecker, Weg, 237; H.E. Tödt, Menschensohn, 80f.; W. Schenk, Die Sprache des Matthäus, 17f.

[42] Vgl. G. Strecker, a.a.O.; R. Pesch, Eschatologie, 228f.; J. Gnilka, Mt II, 312f.; W. Schenk, a.a.O., 17.

[43] Vgl. J. Lange, Erscheinen, 296.

[44] Vgl. E. Schweizer, Mt, 296f.; R. Pesch, Eschatologie, 233; F. Hahn, Die eschatologische Rede Matthäus 24 und 25, 119; P. Christian, Jesus und seine geringsten Brüder, 13; J. Gnilka, Mt II, 325f.; H. Geist, Menschensohn, 172f.; A. Schlatter, Mt, 709; S. Schulz, Q, 284: "Keiner braucht in Sorge zu sein, das apokalyptische Kommen des Menschensohnes Jesus zu übersehen; denn wie der Blitz das gesamte Himmelgewölbe erleuchtet, so wird der Menschensohn von allen unwiderstehlich gesehen werden."

[45] Vgl. F. Hahn, a.a.O., 119; E. Schweizer, Mt, 297.

[46] Vgl. H. Geist, Menschensohn, 178f. 185f.; H. Gollinger, "Ihr wißt nicht, an welchem Tag euer Herr kommt". Auslegung von Mt 24,37-51, BiLe 11 (1970), 238-247. - Die Universalität der Parusie verdeutlicht schon der aus der Q-Apokalypse stammende Mahnvers Mt 24,26 par Lk 17,23. Er "polemisiert gegen den spätjüdischen Topos vom verborgenen Auftreten des irdischen Messias." (S. Schulz, Q, 283; vgl. R. Pesch, Mk II, 300; J. Gnilka, Mt II, 325; vgl. auch Joh 7,27). "Wenn der Menschensohn erscheint, dann wird das keine Winkelangelegenheit, sondern ein gewaltiges, ja universal-kosmisches Ereignis sein." (S. Schulz, Q, 284).

Auf Grund des unerwarteten und unberechenbaren Hereinbrechens der Parusie mahnt Mt die Gemeinde zur ständigen Bereitschaft und Wachsamkeit (24, 36ff.; 24,42-51; 25,1-13).[47] Niemand weiß, wann Christus in seiner Doxa erscheint. Die Parusie ist für Mt zugleich die universale Offenbarung der eschatologischen Doxa Christi. Diese ist einerseits die Doxa, die Christus vom Vater-Gott erhält (16,27), zum anderen die Christus bzw. dem Menschensohn eigene Doxa (19,28; 24,30; 25,31).[48] Sie ist der universale Machterweis, mit dem Christus sein Richteramt ausübt.[49] Als Richter wird er "auf dem Thron seiner Herrlichkeit" sitzen (Mt 25,31; 19,28) und seine Engel zum Gericht aussenden (13,41; 24,31).

Das Motiv der Doxa-Offenbarung des Menschensohnes begegnet zwar auch bei Mk und Lk (Mk 13,26; Lk 21,27; Mk 8,38b; Lk 9,26), Mt hat es aber gegenüber den Seitenreferenten stärker hervorgehoben. Das Menschensohnlogion Mt 19,28 findet sich bei Mk und Lk in den entsprechenden Perikopen vom Lohn der Nachfolge (Mk 10,29-31; Lk 18,29f. par bzw. 22,28-30) nicht. In Mt 25,31 betont der Evangelist zu Beginn der Weltgerichtsrede, daß der Menschensohn zum Gericht sich in seiner Doxa offenbaren wird. Dies wird gleich 2mal hervorgehoben (V31a: ἐν τῇ δόξῃ αὐτοῦ; V31c: ἐπὶ θρόνου δόξης αὐτοῦ). Unter den Synoptikern sieht nur Mt diese beiden Aussagen im Zusammenhang. Auch bietet nur er die Vorstellung von der Offenbarung des Menschensohnes "auf dem Thron seiner Herrlichkeit" (19,28; 25,31). Mt verdeutlicht also den Zusammenhang von Parusie Christi und Offenbarung der himmlischen Doxa.[50]

Mt 19,28 und 25,31 lassen die redaktionelle Hand des Evangelisten erkennen: _Mt 19,28:_ Zu den wortstatistischen Merkmalen vgl. J. Friedrich, Gott im Bruder, 56-66. Hinweise auf Mt-Redaktion sind in V28a-c: ὅτι [51], ἀκολουθεῖν (25mal bei Mt; Mk: 18mal; Lk: 17mal) im Aorist[52] (Stichwortanschluß an V27!), παλιγγενεσία[53]; in V28d: ἐπὶ θρόνου δόξης αὐτοῦ

---

[47] Das Motiv der Mahnung zur Wachsamkeit angesichts der Parusie Christi ist in der urchristlichen Tradition verbreitet (Mk 13,33-36; Lk 12,35ff.; 21,36; 1.Thess 5,1ff.; 1.Kor 16,13; 1.Petr 4,7; Apk 3,3; 16,15. Vgl. dazu E. Brandenburger, Markus 13 und die Apokalyptik [FRLANT 134], Göttingen 1984, 127-130). Der gesamte Komplex Mt 24,36(37)-25,13 dient Mt als Mahnung zur Wachsamkeit. Vgl. dazu H. Gollinger, "Ihr wißt nicht, an welchem Tag euer Herr kommt." Auslegung von Mt 24,37-51, BiLe 11 (1970), 238-247.

[48] Vgl. auch im apokalyptischen Schrifttum die Aussagen von der Doxa Gottes (Hen[aeth] 22,14; 27,3.5; 36,4; 40,3 u.ö.) bzw. die des Menschensohnes (ApcBar[syr] 30,1; PsSal 17,31; Hen[aeth] 49,1f.). Vgl. dazu J. Friedrich, Gott im Bruder, 151f.

[49] Vgl. die Parallelität von δύναμις und δόξα in Mt 24,30.

[50] Vgl. auch in Hen(aeth) 49,1f.; 45,3; 51,3; 60,2 u.ö. J. Friedrich, Gott im Bruder, 127-137. Die von Friedrich erhobene traditionsgeschichtliche Abhängigkeit zwischen Hen(aeth) und Mt 25,31ff. wird von E. Brandenburger, Das Recht des Weltenrichters, 40-45, abgelehnt.

[51] "ὅτι kann als stilistische Verbesserung des Redaktors gelten, zumal sie auch in der Parallele Lk 18,29 hier erfolgt." J. Fiedrich, Gott im Bruder, 56.

[52] Vgl. Mt 4,22; 8,1.23; 9,27; 14,13; 19,2; 20,19. "Sieht man von den unsicheren Stellen 8,22 und 10,38 ab, so haben alle 7 red Stellen den Aorist ..." (a.a.O.). Vgl. auch W. Schenk, Die Sprache des Matthäus, 347ff.

[53] J. Friedrich, a.a.O., 58f., allerdings mehr ablehnend. Für Mt-Redaktion von παλιγγενεσία sprechen sich aus A. Kretzer, Herrschaft, 34f.; C. Colpe, ὁ υἱὸς τοῦ ἀνθρώπου, ThWNT VIII, 450; H.E. Tödt, Menschensohn, 85. Mit vormatthäischer Gemeindeüberliefe-

(vgl. Mt 25,31!); in V28e: καὶ αὐτοί (v.l.)[54] (vgl. Mt 21,27 par; Mt 20,10; Mt 27,57 par; 25,44 [MtS]); δώδεκα (?)[55]. - Gründe für die Einfügung von V28d durch Mt können sein: a) Erläuterung des Terminus ἐν τῇ παλιγγενεσίᾳ[56], b) Stichwortassoziation zu V28e: θρόνος, καθίζειν (vgl. Lk 22,30b par).[57]

_Mt 25,31:_ (1) Mt verbindet die Vorstellungen von der Parusie des Menschensohnes mit der von der Königsherrschaft Christi. Beide Motive werden durch das Motiv der Richterfunktion Christi zusammengehalten. In Mt 25,31ff. ist dies deutlich. Der zum Gericht erscheinende Menschensohn (V31) ist der eschatologische König (V34.40). Die gleiche Tendenz ist in Mt 16,27f. erkennbar. Mt ändert βασιλεία τοῦ θεοῦ (Mk 9,1; Lk 9,27 par) in ἐν τῇ βασιλαίᾳ αὐτοῦ (16,28fin). In V27 fügt Mt redaktionell den Gerichtsgedanken ein: καὶ τότε ἀποδώσει ἑκάστῳ κατὰ τὴν πρᾶξιν αὐτοῦ (diff. Mk/Lk par). Es ist also deutlich (wie in Mt 25,31ff.): Der zum Gericht erscheinende Menschensohn vollzieht sein Gericht als eschatologischer König ἐν τῇ βασιλαίᾳ αὐτοῦ. - (2) Die Wendung τότε καθίσει ἐπὶ θρόνου δόξης αὐτοῦ in V31c hat ihre einzige entsprechende Parallele bei den Synoptikern in Mt 19,28d: ὅταν καθίσῃ ὁ υἱὸς τοῦ ἀνθρώπου ἐπὶ θρόνου δόξης αὐτοῦ.[58] Mk und Lk kennen diesen Ausbau der Menschensohnvorstellung nicht. Mt hat aber diese in 19,28d (s.o.) redaktionell hervorgehoben. Darum legt sich auch für Mt 25,31c redaktionelle Tätigkeit nahe.[59] - (3) Mt akzentuiert die Menschensohnaussagen *christologisch.*[60] In 16,27f. (Mk 8,38f. par) ersetzt er den Begriff der Königsherrschaft Gottes (βασιλεία τοῦ θεοῦ) durch den der Königsherrschaft des Menschensohnes (βασιλεία αὐτοῦ; vgl. 13,41; 20,21)[61]. Ebenso werden aus den heiligen Engeln, die bei Mk Gott zugeordnet sind, die Engel des Menschensohnes.[62] In 25,31 werden gleich 3mal durch "αὐτοῦ" die Engel und die Doxa dem Menschensohn zugeordnet (vgl. auch 24,31 diff. Mk 13,27par). Mt 13,41 (2mal: "seine Engel"; "seine Basileia") unterstützt diesen Befund (vgl. auch 13,39.49), der auch für Mt 19,28d als mt. Redaktion spricht.[63] - Die christologische Akzentuierung des Endzeitgeschehens wird durch Mt schon am Anfang der Endzeitrede Mt 24/25 durch den Zusatz "τῆς σῆς παρουσίας" festgehalten (24,3; vgl. 24,27.37.39), ebenso in Mt 24,30: καὶ τότε φανήσεται τὸ σημεῖον τοῦ υἱοῦ τοῦ ἀνθρώπου ἐν οὐρανῷ (in

---

rung rechnet G. Strecker, Weg, 238 Anm. 3. W. Schenk, Die Sprache des Matthäus, 18. H. Geist, Menschensohn, 239f., plädiert für Q-Überlieferung.

[54] Die Hinzufügung von καὶ αὐτοί dürfte durch die Einfügung des ὅταν-Satzes in V28d bedingt sein. (vgl. H. Geist, Menschensohn, 240f.).

[55] Mt könnte das erste δώδεκα in V28e an die Formulierung der "12 Stämme Israels" angeglichen haben. Möglich wäre aber auch, daß Lk 22,30b par die Doppelung des Wortes als unnötig vermeiden wollte.

[56] Vgl. auch A. Schulz, Nachfolgen, 121; H. Geist, Menschensohn, 240.

[57] Vgl. auch A. Schulz, a.a.O.

[58] Hintergrund ist die atl. Vorstellung von der dynamischen Herrschaft Jahwes, die er vom Thron seiner Herrlichkeit ausübt (Ps 103,19; 145; 11,4; Jes 6,1-3; 66,1; 1.Kön 22,19; Ez 1,26; 10,1 u.ö. Vgl. A. Kretzer, Herrschaft, 40). Zu den entsprechenden jüd.-rabb. Parallelen (z.B. 4.Esra 7,33; AssMos 10,3; Hen(aeth) 9,4; 25,3; 47,3; 60,2; Sir 47,11; TestXII.Lev 5,1 u.ö.) vgl. J. Friedrich, Gott im Bruder, 124ff.

[59] Vgl. E. Brandenburger, Das Recht des Weltenrichters, 41f.; J. Gnilka, Mt II, 368; J. Lange, Erscheinen, 296; A. Schulz, Nachfolgen, 121; H. Geist, Menschensohn, 204.207.240; J. Jeremias, Gleichnisse, 204; I, Broer, Gericht, 277; H.E. Tödt, Menschensohn, 68; H.-T. Wrege, Sondergut, 121; R. Schnackenburg, Mt, 249; W. Schenk, Die Sprache des Matthäus, 91.

[60] Vgl. dazu J. Friedrich, Gott im Bruder, 259-262.

[61] Vgl. W. Schenk, Die Sprache des Matthäus, 92f.

[62] Vgl. E. Schweizer, Mt, 226, im Blick auf Mt 16,27f. (und 13,41; 24,31; 25,31): "Jesus rückt also immer stärker von der Rolle des das Gericht entscheidenden Zeugen ... in die des Richters und des Herrn des Gottesreiches."

[63] Vgl. E. Brandenburger, Das Recht des Weltenrichters, 49f.; J. Lange, Erscheinen, 296; I. Broer, Gericht, 276f.

Korrespondenz zu Mt 24,3!).[64] Die betonte Aufnahme des Parusie-Begriffs in Mt 24 zeigt, daß der Evangelist das gesamte Endgeschehen christologisch akzentuiert hat. Alle mit der Parusie verbundenen Ereignisse (Engel, Posaune, Völkerversammlung, Gericht) sind Folgeerscheinungen der Parusie. Sie sind durch das Kommen des Menschensohnes erst möglich gemacht. Auch anhand des Doxa-Begriffs ist eine christologische Akzentuierung festzustellen. Hält das Mk 8,38 parallele Logion Mt 16,27 noch fest, daß Christus in der Doxa des Vaters kommt - wobei 16,28 schon christologische Akzente setzt ("in seiner Basileia") -, so hebt Mt 25,31 hervor, daß Christus "in seiner Doxa" erscheint[65]. Dies stimmt mit dem Motiv: "auf dem Thron *seiner* Herrlichkeit" (Mt 19,28; 25,31) überein. - (4) In Mt 16,27 hat Mt durch den Zusatz "καὶ τότε ἀποδώσει ἑκάστῳ κατὰ τὴν πρᾶξιν αὐτοῦ" den Zusammenhang: "Kommen des Menschensohns" und universales Gericht (ἑκάστῳ) hergestellt. Diese enge Verbindung ist auch in Mt 25,31.32a festzustellen: Beim Kommen des Menschensohnes (V31) werden "πάντα τὰ ἔθνη" gerichtet werden. Das Gericht hat eine universale Bedeutung (s.u.) und erstreckt sich über den gesamten Kosmos.[66] Die gleiche Tendenz ist in Mt 24,30 zu beobachten. Das Erscheinen des Menschensohnzeichens am Himmel ist verbunden mit dem Wehklagen aller Stämme der Erde: καὶ τότε κόψονται πᾶσαι αἱ φυλαὶ τῆς γῆς. Dieses sich an Sach 12,10.12.14 (LXX) anlehnende Motiv[67] bestätigt den durch Mt betonten universalen Gerichtsaspekt.[68] Mk 13,26f. bezieht dagegen in der Parallelstelle die Parusie des Menschensohnes auf das Heil der Auserwählten.[69]

Zusammenfassend läßt sich sagen, daß Mt das Endgeschehen deutlich christologisch akzentuiert hat, indem er es pointiert mit der Parusie Christi in Verbindung gebracht hat.[70] Diese Parusie ist die unberechenbare und universale Offenbarung der eschatologischen Doxa Christi. Mit ihr verbunden ist das universale Gericht über alle Völker.

3.4.2.2. 1. Petrusbrief

Die bei Mt festgestellte Konzentration des Endgeschehens auf die Parusie Christi ist auch im 1.Petr zu beobachten. Zwar benutzt der Brief nicht den Begriff παρουσία wie Mt, jedoch verwendet er dafür das sonst im urchristlichen Schriftbereich für die Parusie Christi nur selten stehende Wort ἀποκάλυψις (1.Petr 1,7.13; 4,13; vgl. 1,5 ἀποκαλυφθῆναι - bezogen auf die Soteria; 5,1 ἀποκαλύπτεσθαι - bezogen auf die Doxa).[71] 1.Petr 5,4 spricht von der φανέρωσις des Erzhirten (vgl. Anm. 29). Die mit beiden Begriffen angesprochene Parusie Christi am zukünftigen Ende (vgl. 4,7 τὸ τέλος)[72] ist durch die end-

---

[64] Vgl. G. Künzel, Gemeindeverständnis, 227.

[65] E. Brandenburger, Das Recht des Weltenrichters, 52: "christologische Orientierung".

[66] Vgl. Mt 13,38: Der Kosmos (= "das Reich des Menschensohnes" 13,41) gilt als Ort der Gerichtsernte (VV39bff.) - bildhaft vom Acker ausgesagt.

[67] Vgl. J. Gnilka, Mt II, 329.

[68] Vgl. P. Christian, Jesus und seine geringsten Brüder, 25; H. Geist, Menschensohn, 180f.; I. Broer, Gericht, 278; R. Pesch, Eschatologie, 233ff.; H.E. Tödt, Menschensohn, 74f.

[69] Vgl. E. Brandenburger, Das Recht des Weltenrichters, 50f.; H.E. Tödt, Menschensohn, 74; E. Schweizer, Mt, 298f.

[70] So auch G. Künzel, Gemeindeverständnis, 227; E. Schweizer, Mt, 298f.

[71] Vgl. C.F. Freemann, Political Responsibility, 278f. Vgl. im NT sonst nur noch 1.Kor 1,7; 2.Thess 1,7; Lk 17,30 (ἀποκαλύπτειν auf die Parusie bezogen).

[72] Vgl. auch ἐν (καιρῷ) ἐσχάτῳ (1,5; 5,6); ἐν ἡμέρα ἐπισκοπῆς (2,12); τὸ τέλος τῆς πίστεως (1,9).

gültige Offenbarung der Doxa Christi definiert. Während 1,7.13 von der ἀποκάλυψις Ἰησοῦ Χριστοῦ sprechen, deutet 4,13b diese als ἀποκάλυψις τῆς
δόξης αὐτοῦ (4,13a).[73] Dies erinnert an die von Mt vollzogene christologische
Akzentuierung des Doxa-Begriffes. Die eschatologische Offenbarung Christi ist
zugleich die Offenbarung seiner Doxa. Diese ist Christus schon mit der Auferweckung durch Gott gegeben worden (1,21). Sie wird aber erst am Ende in der
Weise offenbar, daß alle Erwählten in eschatologische Freude ausbrechen (4,13),
indem sie an der Doxa Christi Anteil bekommen (5,1).[74] Die Doxa hat Christus
von Gott erhalten (1,21; vgl. auch 5,10). Der Doxa-Begriff ist daher wie bei Mt
(s.o.) variabel auf Gott und auf Christus anwendbar. Gott läßt seine eigene ewige
Doxa ἐν Χριστῷ Ἰησοῦ zur Geltung kommen (5,10). Die "Berufung" zu dieser
ewigen Doxa ist (vgl. 5,1) auf das eschatologische Ziel ausgerichtet. In der
Doxologie in 4,11 ist der Doxa-Begriff - wohl absichtlich - in der Schwebe gehalten. Er kann auf Gott und auf Christus gleichermaßen bezogen werden, denn
die Gottesverherrlichung geschieht διὰ Ἰησοῦ Χριστοῦ.[75] 4,11 verdeutlicht
also die christologische Akzentuierung des Doxa-Begriffs.[76]

Gleiches gilt von dem Verständnis des Endgeschehens. Die Angaben des
Briefes über die ἀποκάλυψις sind spärlich, aber eindeutig: Es handelt sich um
die ἀποκάλυψις Ἰησοῦ Χριστοῦ bzw. τῆς δόξης αὐτοῦ (1,7.13; 4,13). Der
Brief entspricht darin der bei Mt festgestellten christologischen Akzentuierung
des Endgeschehens (s.o.). Daß 1.Petr wie Mt die Parusie Christi als ein universales, "kosmisches", alle Menschen betreffendes Geschehen deutet, wird durch
den Gerichtsgedanken deutlich gemacht. Parusie und Gericht gehören zusammen. In Kap. 4 werden die eschatologischen Ereignisse von Gericht, Ende und
Parusie in einer Folge genannt: Gericht (4,5f.); τὸ τέλος (4,7); ewige Doxa
(4,11); ἀποκάλυψις (4,13); Gericht und "Ende" (τέλος, 4,17f.). 4,17f. macht
deutlich, daß das Gericht an *allen* Menschen zur Geltung kommt (s.u.). Es vollzieht sich an den Christen und den "Ungläubigen" (οἱ ἀπειθοῦντες; vgl. 2,7f.).
Es wird jeder Mensch κατὰ τὸ ἑκάστου ἔργον (1,17) zur Rechenschaft gezogen werden (vgl. Mt 16,27!). Der universale Aspekt des Gerichtes kommt auch
darin zum Ausdruck, daß es Lebende und Tote umfassen wird (4,5f.). - Über den

---

[73] Vgl. auch 5,1: Die Teilhabe an der Doxa, die offenbart werden soll (5,1c), bezieht sich
auf die Doxa Christi. Dies ist durch den in 5,1b parallelen Gedanken: "Zeuge der Leiden Christi" nahegelegt. Auch sonst sieht der Brief Leiden und Doxa Christi im Zusammenhang (vgl.
1,1; 4,13). Doxa und Christus werden in 1,7.21 und 5,10 aufeinander bezogen.

[74] Der Gedanke der Anteilhabe an der zukünftigen Doxa ist auch aus 4,13 zu entnehmen.
Dies wird durch den Parallelismus nahegelegt: Anteilhabe an den Leiden Christi - Freude bei
der Offenbarung der Doxa Christi. Durch καθό in 4,13a wird ein Entsprechungsverhältnis von
V13a und V13b angedeutet: wie... so ...

[75] Das naheliegende Objekt der Doxologie ist freilich Gott. Die Doxologie wird durch den
Finalsatz: ἵνα ... δοξάζηται ὁ θεός veranlaßt. Auch sonst werden Doxologien im NT auf Gott
bezogen: Eph 3,20; Hebr 13,20f.; Jud 24f.; Röm 16,27; 1.Tim 6,16; Apk 1,6; 5,13; 1.Petr
5,10f. Des öfteren wird aber auch Christus zum Inhalt der Doxologie gemacht. Nach Apk 5,13
gilt sie Gott und dem Christus-Lamm. In 2.Petr 3,18 ist sie ausdrücklich Christus genannt. Andernfalls kann durch ἐν Χριστῷ Ἰησοῦ (Eph 3,12; 1.Petr 5,10) oder διὰ Ἰησοῦ Χριστοῦ
(Hebr 13,21; Jud 25; Röm 16,27; 1.Petr 4,11) der Bezug der Doxologie auf Christus festgehalten werden.

[76] Vgl. dazu auch C.F. Freemann, Political Responsibility, 279.

Zeitpunkt der Parusie und des Gerichtes macht der Brief (wie Mt) keine näheren Angaben. Deutlich ist nur die Gewißheit, daß das Ende nahe ist (4,7). Aus dieser Gewißheit zieht 1.Petr (wie Mt) die Konsequenz unbedingter Bereitschaft und Wachsamkeit (4,7b; vgl. 1,13; 5,8; Mt 24,42ff.; 25,1-13).

Damit ist deutlich: Der Brief akzentuiert wie Mt das Endgeschehen christologisch, indem er es pointiert als Parusie-Offenbarung (ἀποκάλυψις) Christi definiert. Diese ist die unberechenbare und universale Offenbarung der eschatologischen Doxa Christi. Mit ihr verbunden ist das universale Gericht über alle Menschen.

3.4.3. Die Gerichtsvorstellung

3.4.3.1. Matthäus

Die mt. Gerichtsvorstellung ist vor allem aus der Deutung des Gleichnisses vom Unkraut (Mt 13,36-43) und der Gerichtsrede Mt 25,31-46 zu erheben. An verschiedenen anderen Stellen geht Mt ebenfalls auf das Gericht explizit ein (7,21-23; 12,36f.; 13,47-50; 16,27; 18,35; 22,13f.; 24,30f.40f.50f.; 25,30 u.ö.). Die Komposition von Kap. 13[77] und die Stellung von Mt 25,31-46 am Schluß der Endzeitrede Mt 24/25[78] machen deutlich, daß Mt auf den Gerichtsgedanken großen Wert legt.[79] Zwar ist der Einfluß von traditionellen Motiven in den genannten Gerichtspassagen ohne Zweifel einzuräumen, jedoch ist die redaktionelle Hand des Evangelisten unverkennbar.[80] "So zahlreich und vielfältig auch Elemente und Motive aus der Tradition ... eingewirkt haben mögen, die letzte

---

[77] Hier ist auf eine Beobachtung A. Kretzers, Herrschaft, 127, zurückzugreifen. Die Deutung des Unkrautgleichnisses (13,36ff.) steht im Zentrum einer Komposition von jeweils drei Gleichnissen (13,24-33; 13,44-50), die nach Mt eine Einheit bilden (vgl. jeweils gleiche Einleitungsformeln 13,24.31.33 und 13,44.45.47, die häufige Einleitung durch die Kurzform: ὁμοία ἐστίν VV31.33.44.45.47 sowie jeweils eine Deutung nach den drei Gleichnissen 13,36-43. 49f.). Diese Deutungen nach den jeweiligen Gleichnistrilogien betonen den Gerichts- und Scheidungsaspekt.

[78] Mt 25,31-46 bildet deutlich den Abschluß und Höhepunkt der eschatologischen Mahnrede Mt 24-25. Vgl. P. Christian, Jesus und seine geringsten Brüder, 11-16.

[79] Die Bedeutung des Gerichtsgedankens für Mt wird formal schon daran sichtbar, daß der Evangelist seine Redekomplexe mit einem Blick auf das kommende Gericht, auf Lohn oder Verwerfung, beendet (vgl. Mt 7,21f.; 10,40ff.; 13,49ff.; 18,35; 25,31ff.). Vgl. U. Luck, Vollkommenheitsforderung, 45.

[80] Zum traditions- und redaktionsgeschichtlichen Problem von Mt 13,36ff. vgl. J. Jeremias, Gleichnisse, 79-83; H. Geist, Menschensohn, 75-104; A. Kretzer, Herrschaft, 93-149; H. Weder, Gleichnisse, 122-125; zu Mt 25,31ff. vgl. P. Christian, Jesus und seine geringsten Brüder, 1-10; E. Brandenburger, Das Recht des Weltenrichters, 17-55; H. Geist, Menschensohn, 202ff.; I. Broer, Das Gericht des Menschensohnes über die Völker. Auslegung von Mt 25,31-46, BiLe 11 (1970), 273-295; A. Kretzer, Herrschaft, 215ff. Vgl. vor allem die Untersuchung von J. Friedrich, Gott im Bruder, 7-45.66-87, der anhand wortstatistischer Untersuchungen den Anteil der Mt-Redaktion auf ein Minimum reduziert hat. Friedrich entscheidet allerdings die Alternative "Redaktion oder Sondergut" von vornherein zugunsten des Sondergutes. Zur berechtigten Kritik an dieser Methode vgl. E. Brandenburger, a.a.O., 39; G. Künzel, Gemeindeverständnis, 126f.

Formung scheint doch auf die komponierende und systematisierende Hand des Matth hinzuweisen."[81] - Folgende Aspekte sind für die Gerichtsvortsellung des Mt konstitutiv.

3.4.3.1.1. Der Richterkönig

Das Gericht wird vom Richterkönig durchgeführt. Es ist der bei der Parusie erscheinende Menschensohn, der das Gericht hält (25,31; 16,27f.; 13,41ff.; 24,30f.).[82] Ihm kommt gleichsam königlich-richterliche Macht zu, wenn er als βασιλεύς Schafe und Böcke voneinander scheidet (25,34.40). Mt hat in seiner redaktionellen Änderung in 16,28 gegenüber Mk 9,1 hervorgehoben, daß der Menschensohn "in seiner Basileia" zum Gericht kommt (vgl. 20,21). Das entspricht der theologischen Konzeption des Mt, wonach die Basileia als Herrschaftsbereich des Menschensohnes über den Kosmos (13,41)[83] und im Gericht (16,27f.)[84] dem Menschensohn zugeordnet ist.[85]

3.4.3.1.2. Die Universalität des Gerichtes

Das Gericht hat universale Bedeutung. Es werden "alle Völker" (πάντα τὰ ἔθνη) vor das Scheidungsgericht geführt (25,32). Die Deutung dieses Begriffes ist in der Exegese nach wie vor umstritten.[86] Der Begriff impliziert auf jeden

---

[81] A. Kretzer, Herrschaft, 215.

[82] Zur Richtertätigkeit des Menschensohnes bei Mt vgl. A. Kretzer, Herrschaft, 140-142; J. Czerski, Christozentrische Ekklesiologie, 61-64.

[83] Vgl. auch Mt 28,20 (die ἐξουσία des Erhöhten "im Himmel und auf der Erde"; A. Vögtle, Anliegen, 256) und Mt 13,38 in Verbindung mit 13,24.27: Der Acker, der in der Gleichnisdeutung auf den Kosmos bezogen ist (13,38), ist im Gleichnis Eigentum des Hausherrn. Die Basileia des Menschensohnes kennzeichnet also den Herrschaftsbereich des Menschensohnes über den Kosmos (Vgl. J. Lange, Erscheinen, 183f.).

[84] Im Anschluß an das Gericht geht die Basileia des Menschensohnes in den vollendeten Heilszustand der Basileia des Vaters über (13,43; vgl. auch 26,29 und 6,10). "Die 'Basileia des Menschensohnes' schließt das universale Gericht ein. Dieses ist der Wendepunkt, an dem die 'Basileia des Menschensohnes' in die des Vaters übergeht (13,43; vgl. auch 26,29)." (H. Geist, Menschensohn, 99). Mt 16,28 zeigt, daß die Basileia des Menschensohnes in seinem Kommen zum Gericht zum Höhe- und Abschlußpunkt kommt: "... nach 16,28 wird die βασιλεία τοῦ υἱοῦ τοῦ ἀνθρώπου, die der Menschensohn als Herrschergewalt über den Kosmos auch jetzt schon innehat, offenbar werden: sie zeigt sich im Gericht des Menschensohnes über alle Menschen (vgl. dazu auch 24,30; 25,31ff.; 26,24)." (a.a.O., 100).

[85] Zur Vorstellung von der βασιλεία τοῦ υἱοῦ τοῦ ἀνθρώπου bei Mt vgl. A. Kretzer, Herrschaft, 138ff.; H. Geist, Menschensohn, 95-103; W, Trilling, Israel, 151-154; J. Lange, Erscheinen, 184-187; G. Künzel, Gemeindeverständnis, 132f.; R. Walker, Heilsgeschichte, 99-101; A. Vögtle, Anliegen, 267-270; J. Gnilka, Mt II, 543f. H. Frankemölle, Jahwebund, 244, spricht anhand von Mt 13,41; 16,28 und 20,21 von einer "christologische(n) Neustrukturierung des βασιλεία-Begriffs durch Mt".

[86] Es bestehen im wesentlichen drei Deutungsmodelle mit jeweiligen Variationen: πάντα τὰ ἔθνη = a) "alle Völker" (ohne Christen und Juden) = Heiden; b) "alle Völker" = Christen (ohne Heiden); c) "alle Völker" = alle Menschen. Zum gesamten Problem vgl. P. Christian, Jesus und seine geringsten Brüder, 17-27; J. Friedrich, Gott im Bruder, 249-257; E. Branden-

Fall einen universalen Aspekt.[87] Mit "τὰ ἔθνη" bezeichnet Mt in der Regel - dem LXX-Sprachgebrauch entsprechend - die Heiden = Nichtjuden (4,15; 6,32; 10,5.18; 12,18.21; 20,19.25).[88] In Mt 24,9.14 (vgl. 26,13) und 28,19 sind die ἔθνη unter missionarisch-kerygmatischem Aspekt gesehen.[89] Die Christen können also unter die ἔθνη nicht subsumiert werden. Anders steht es mit Israel als völkische Größe. Nachdem Israel als heilsgeschichtliches Volk verworfen worden ist (vgl. Mt 21,43), existiert es als ein Volk unter vielen anderen weiter (vgl. die Redeweise von den "Juden" in Mt 28,15![90]). Das Evangelium verwendet den Begriff ἔθνη bis Mt 21,43 ausschließlich in bezug auf Heiden, danach begegnet nur noch "πάντα τὰ ἔθνη", nie jedoch "ἔθνη" allein.[91] Diese Beobachtung bestätigt, daß Mt unter dem Begriff "alle Völker" die Israeliten subsumiert hat.[92] Jedoch sind die Christen nicht einbegriffen (s.o.). Dies würde bedeuten, daß auch in Mt 25,31ff. nicht von einem Gericht an Christen die Rede ist, sondern an allen Nicht-Christen.[93] Jedoch ist diese Annahme mit Schwierigkeiten belastet. Denn Mt 25,34ff. setzt voraus, daß "die Gesegneten meines Vaters" (V34), die "Gerechten" zur Rechten Christi, die Basileia erben werden. Die "Gerechten" können für Mt aber nur die ἐκλεκτοί sein, die ihre Berufung durch Erfüllung des Vaterwillens bewährt haben (vgl. 13,43; 22,14), bis zum Ende ausharren und gerettet werden (24,13; vgl. auch 24,22.24.31).[94]

---

burger, Das Recht des Weltenrichters, 115-119; H. Frankemölle, Jahwebund, 119-123; I. Broer, Gericht, 290f.

[87] E. Brandenburger, a.a.O., 116, spricht davon, daß die Wendung πάντα τὰ ἔθνη "an sich schon ihre eigene universale Bedeutungsnuance" hat. Vgl. auch J. Lange, Erscheinen, 150. Zum universalistischen πᾶς bei Mt (vgl. Mt 28,18-20) vgl. A. Kretzer, Herrschaft, 13; H. Frankemölle, Jahwebund, 45f.

[88] Vgl. J. Lange, Erscheinen, 248-272; H. Frankemölle, Jahwebund, 119ff.

[89] Mt 24,9 ist, wie die Sachparallele Mt 10,17-22 innerhalb der Aussendungsrede Mt 10,5ff. zeigt, im Zusammenhang der Mission genannt. Die Alternative: "Drangsale und Haß seitens der Welt" (24,9) und Mission (24,14; 28,19; vgl. E. Brandenburger, Das Recht des Weltenrichters, 107) ist unzureichend, da sich missionarisches Geschehen nach Mt unter den Bedingungen der Anfeindung der Welt vollzieht (10,17ff.).

[90] Mt spricht hier von den "Juden" wie es sonst nur im Mund der Heiden vorkommt (2,2; 27,11.29.37; vgl. G. Strecker, Weg, 116 Anm. 6). Mit Hilfe der Legende vom gestohlenen Leichnahm Jesu (28,11-15) verdeutlicht Mt zum letzten Mal im Evangelium die Verstockung Israels. Diese besteht "bis auf den heutigen Tag" (V15). Vgl. dazu R. Walker, Heilsgeschichte, 73f.; J. Lange, Erscheinen, 303f.

[91] Vgl. J. Friedrich, Gott im Bruder, 253.

[92] Vgl. J. Friedrich, Gott im Bruder, 253f.; J. Gnilka, Mt II, 371; H. Frankemölle, Jahwebund, 121-123; ders., Mission, 114f.; W. Trilling, Israel, 26-28; E. Lohmeyer, Mt, 418 Anm. 1; G. Bertram/K.L. Schmidt, ἔθνος, ThWNT II, 366f.; T. Zahn, Mt, 721 Anm. 9. Gegen R. Walker, Heilsgeschichte, 83-86.108-113, der - allerdings nicht überzeugend - die "πάντα τὰ ἔθνη"-Belege bei Mt ausschließlich auf die Heiden deutet; ebenso J. Lange, Erscheinen, 267-271 und D. Gewalt, Mt 25,31-46 im Erwartungshorizont heutiger Exegese, Ling Bib 25/26 (1973), 15.16ff.

[93] So z.B. J. Friedrich, Gott im Bruder, 254.

[94] Vgl. G. Baumbach, Verständnis, 116. - G. Künzel, Gemeindeverständnis, 210f., hat zu Recht darauf aufmerksam gemacht, daß zwischen den Belegen Mt 24,9.14; 28,19 und 25,31ff. im "πάντα τὰ ἔθνη"-Begriff ein Perspektivwechsel erfolgt ist. In 24,14 und 28,19 ist der missionarische Auftrag gegenüber den "πάντα τὰ ἔθνη" aus der Sicht des Evangelisten und seiner Gemeinde für die Zukunft formuliert. Für Mt 25,31ff. ist aber das Missionsgeschehen als voll-

Auch sonst sind die mt. Gerichtsaussagen paränetisch auf die Gemeinde bezogen. "Nach den Texten, die Matthäus unmittelbar vor 25,31-46 in die Vorlage eingeführt hat, stehen nur die Christen als zu Richtende im Blickfeld: die auf Zeit mit der Verwaltung betrauten Knechte (25,14-30; 24,45-51), die auf den Bräutigam wartenden Jungfrauen (25,1-13), die auf den Menschensohn Wartenden (24,42ff)."[95] Die am Ende des jeweiligen Abschnitts erwähnten Gerichtsandeutungen (24,44.50f.; 25,12f.29f.) sollen die Christen vor Nachlässigkeit und Verantwortungslosigkeit warnen (vgl. Mt 24,40f. im Kontext von 24,36ff.). Im Gleichnis vom königlichen Hochzeitsmahl (22,1-14) sind die VV11-14 ebenfalls als Mahnung an die Christen gerichtet:[96] Die Berufung gilt es im Blick auf die Erwählung hin zu bewähren (V14). Die Berufung selbst ist noch keine Heilsgarantie. - In Mt 13,36-43 wird die Gerichtsdrohung verschärft. Das Gericht ist zwar universal (vgl. 13,38: "die Welt"; 13,41: "Reich des Menschensohnes"; 16,27: "jeder"), jedoch weisen die von Mt genannten Täter der Anomia und der Skandala (13,41) auf ein innergemeindliches Problem hin:[97] "Ärgernisse", "Ärgernis geben" bzw. "nehmen" (vgl. Mt 18,6-9; 16,23; 13,21; 24,10) und "Anomia" (vgl. 7,23; 13,41; 23,28; 24,12). Nach 24,11f. sind die falschen Propheten und christlichen Irrlehrer[98] Grund für "Ärgernisse" (24,10). Die "Verführer" und die "Täter der Anomia" sind jene, die "in der Liebe erkalten" (24,12; vgl. 7,21-23). Erst am Ende werden die "Gerechten" von jenen getrennt werden (13,43). Bis dahin leben sie zusammen in der Gemeinde (vgl. 13,24ff.36ff.). - Auch da, wo von einem allgemeinen Gericht des Menschensohnes die Rede ist, ist es in den Kontext der Gemeindeparänese gestellt. In Mt 16,27 hat der Evangelist redaktionell eingefügt: τότε ἀποδώσει ἑκάστῳ κατὰ τὴν πρᾶξιν αὐτοῦ. Der Formulierung nach wird "jeder" Mensch vom Gericht betroffen. Dem Kontext nach (16,24-28) ist aber der Trost an die Jünger (und Gemeindeglieder) ausgesprochen, die die Kreuzesnachfolge verwirklichen: Der Menschen-

---

endet vorauszusetzen (vgl. 24,14). D.h., Mt rechnet zum Zeitpunkt der Parusie des Menschensohnes mit einer - in welcher Größenordnung auch immer - geschehenen Missionierung der Völkerwelt. Demnach muß Mt in dem Begriff "alle Völker" in 25,32 auch die Christen einbezogen sehen. D.h., "Nichtchristen und Gesamtheit der Völkerwelt (sind) in der Erwartung des Evangelisten nach dem Ablauf dieser Weltzeit mit Sicherheit nicht mehr identisch..." (a.a.O., 211).

[95] P. Christian, Jesus und seine geringsten Brüder, 25.

[96] Vgl. auch G. Künzel, Gemeindeverständnis, 124f.; H. Weder, Gleichnisse, 191f.

[97] Vgl. auch G. Künzel, Gemeindeverständnis, 131; A. Kretzer, Herrschaft, 137f.; H. Giesen, Christliches Handeln, 210-216; R. Kühschelm, Jüngerverfolgung, 188-192.279f. G. Baumbach, Verständnis, 53-121, erörtert das Problem des Bösen in der mt. Gemeinde auf dem Hintergrund der Auseinandersetzung mit (christlichen) "gesetzlosen" Lügenpropheten.

[98] Sie treten nach 7,22 und 24,5 im Namen Jesu auf, rufen ihn mit "Herr" an (7,21f.) und weisen damit ihre gemeindliche Herkunft auf. Mit christlichen Falschpropheten rechnen auch G. Barth, Gesetzesverständnis, 68f.; W. Grundmann, Mt, 232; H. Giesen, Christliches Handeln, 200f.; U. Luz, Mt I, 402ff.; A. Kretzer, Herrschaft, 189f.280 u.ö.; G. Künzel, Gemeindeverständnis, 163f.; W. Trilling, Israel, 189; G. Strecker, Bergpredigt, 167; E. Schweizer, Gesetz und Enthusiasmus, 354ff.; ders.; Matthäus und seine Gemeinde, 127; P. Hoffmann, Der ungeteilte Dienst. Auslegung Bergpredigt V, 100ff.; J. Gnilka, Mt II, 316; R. Kühschelm, Jüngerverfolgung, 188ff.; G. Baumbach, Verständnis, 62.82f.

sohn wird ihnen nach ihrer Tat vergelten und ihnen den Lohn des Lebens in der Überwindung des Todes zukommen lassen.[99] Es ist also deutlich, daß der Kontext des mt. Gerichtsverständnisses es erfordert, auch in Mt 25,31ff. die Christen unter die "πάντα τὰ ἔθνη" einbegriffen zu sehen. De facto meint Mt auch nicht die Völker allgemein, sondern die Menschen in diesen Völkern. Demenstprechend führt Mt in V32b nicht das grammatisch näherliegende τὰ αὐτά (vgl. V32a: τὰ ἔθνη) an, sondern "αὐτούς (ἀπ' ἀλλήλων)". Das gleiche Phänomen ist auch in Mt 28,19 zu beobachten![100] Das Gericht ist bei Mt also kein Völkergericht im strengen Sinn, sondern ein individuelles, alle Menschen betreffendes Gericht.[101] Denn ein "jeder"[102] wird nach seinen Werken gerichtet (16,27).[103] Zudem wird gesagt, daß "die Menschen" als einzelne Rechenschaft ablegen müssen "am Tag des Gerichts" (12,36).[104] Da Mt mit dem Begriff "alle Völker" einen universalen Horizont einbringt (vgl. Mt 24,14: "ἐν ὅλῃ τῇ οἰκουμένῃ" vor "πάντα τὰ ἔθνη" sowie Mt 28,19), denkt er an alle Menschen in "allen Völkern" ohne Unterschied zwischen Heiden, Juden und Christen.[105] Die "Völker" nennt Mt also, um den

---

[99] Vgl. H.E. Tödt, Menschensohn, 78-80 zu Mt 16,27.

[100] Vgl. "πάντα τὰ ἔθνη" - "αὐτούς". "Die Formulierung 'macht zu Jüngern alle Völker' (Mt 28,19) zeigt, daß nicht die Völker, sondern alle Menschen aus allen Völkern gemeint sind." (P. Christian, Jesus und seine geringsten Brüder, 23).

[101] So auch P. Christian, a.a.O., 23f.

[102] Zur Bedeutung des Pronominaladjektivs "ἕκαστος" = "jeder einzelne" im Unterschied zu "πᾶς" = "jeder beliebige" vgl. B.-D.-R. § 275, Anm. 2.

[103] Von Mt 16,27 her ("jeder") entscheidet auch E. Brandenburger, Das Recht des Weltenrichters, 101f., daß mit der Wendung "alle Völker" in Mt 25,31ff. nicht ein Spezialgericht über die (heidnischen) Völker anvisiert ist. Auch der Kontext (Mt 24,37-25,30), nach dem die Gemeinde unter gerichtsparänetischem Aspekt gefordert ist, legt es nahe, die Christen miteinzubeziehen. Ein plötzlicher Adressatenwechsel wäre auf dem Höhepunkt der Redekomposition auch höchst unwahrscheinlich und unmotiviert. Vgl. auch J. Gnilka, Mt II, 371; H. Geist, Menschensohn, 208-210.

[104] Vgl. auch 12,37: "Denn aus *deinen* Worten wirst *du* gerechtfertigt werden, und aus *deinen* Worten wirst *du* verdammt werden." Auch während der Schilderung des Gerichtsaktes in Mt 25,34ff. wird die Ebene der "Völker" verlassen. Genannt werden vielmehr die Menschen zur Rechten und Linken Christi, indem sie nach der Wertigkeit ihrer je individuellen Taten bestimmt werden (die "Gesegneten" und "Gerechten" im Gegenatz zu den "Verfluchten").

[105] Diese Deutung der Wendung "alle Völker" wird auch vertreten von E. Brandenburger, Das Recht des Weltenrichters, 102ff.116-119; P. Christian, Jesus und seine geringsten Brüder, 23-25; H. Frankemölle, Jahwebund, 122; J. Gnilka, Mt II, 371; W. Trilling, Israel, 26f.; I. Broer, Gericht, 291; W. Schenk, Die Sprache des Matthäus, 217; T. Zahn, Mt, 657; R. Kühschelm, Jüngerverfolgung, 186. - H. Frankemölle, a.a.O., bemerkt in diesem Zusammenhang zu Recht, daß die "πάντα τὰ ἔθνη"-Stellen bei Mt "nicht im geschichtstheologischen Modell Israel - Heiden (stehen), sondern merkwürdigerweise alle im eschatologischen Zusammenhang, in Verheißungen und im Kontext des Weltgerichtes, das nach den Vorstellungen des AT über die gesamte Welt und alle Menchen ergeht."- Zum universalen Aspekt des Gerichtes vgl. auch Mt 13,36-43; 24,30 (Sach 12,10.12.14 LXX) und Mt 13,47-50. Nach 13,36ff. ist der Wirkungsbereich des Menschensohnes der Kosmos (seine Basileia), aus dem die Gerichtsernte vollzogen wird (13,41f.). In der Parabel vom Fischnetz ist der Gesamtbereich der Menschenwelt bildhaft mit dem Begriff "Meer" erfaßt. Aus diesem werden am Ende der Welt die Fische aller Art (ἐκ παντὸς γένους), Böse und Gerechte, zusammengebracht und geschieden. - Bemerkenswert ist auch die Beobachtung E. Brandenburgers, Das Recht des Weltenrichters, 118f., der im Zu-

universalen Horizont des Gerichtes festzuhalten. Dieser "Vorstellungsgehalt (universales Gericht)" ist von dem mt. "Aussageinteresse (Gerichtsmahnung für die Christen)" zu unterscheiden.[106] Das Gericht geschieht an allen Menschen. Dieser Gedanke dient Mt zur Mahnung an die Christen.[107] Man wird also mit P. Christian formulieren könne, daß "πάντα τὰ ἔθνη in Mt 25,32 als eine formelhafte Umschreibung des universalen Charakters des individuellen Gerichtes" zu gelten hat.[108]

3.4.3.1.3. Das Gericht nach den Werken

Der Evangelist betont deutlich, daß das Gericht nach den Werken vollzogen wird. In Mt 16,27 bringt er dies durch das red. eingefügte Wort: "καὶ τότε ἀποδώσει ἑκάστῳ κατὰ τὴν πρᾶξιν αὐτοῦ" zum Ausdruck.[109] Das Wort lehnt sich, in der Formulierung aber nur teilweise, an Ps 61,13 (LXX; vgl. auch Spr 24,12 LXX[110]) an.[111] Es verdeutlicht, daß "jeder" Mensch (= alle Menschen) für sein Schicksal im Gericht selbst verantwortlich ist.

Die Vorstellung vom Gericht nach den Werken ist im AT (Spr 24,12; Ps 18,25; 28,4; 62,13; Jer 16,18; Sir 17,23; 35,22 u.ö.)[112] und in der Apokalyptik

---

sammenhang von Mt 13,36-50 und Mt 25,31-46 für den universalen Gerichtshorizont auch Mt 7,24-27 anführt. Hier werden zwar in der Sprache der Weisheit Vernunft und Torheit mit ihrem jeweiligen Ergehen hervorgehoben, dies "hat aber dieselbe Funktion wie die Scheidung der Völkerwelt in Gerechte und Ungerechte, Gesegnete und Verfluchte in 25,31-46." Die Formulierung πᾶς ὅστις bzw. ὁ deutet auf den (weisheitlich) ausgeprägten Gerichtshorizont. "Wir hätten dann am Ende von drei Redekompositionen (5-7; 13 und 24f) einen universal ausgeweiteten oder weisheitlich dahin tendierenden Gerichtshorizont."

[106] P. Christian, Jesus und seine geringsten Brüder, 24.

[107] Mt 25,31ff. ist somit als Höhepunkt der sonst auch bei Mt zu beobachtenden paränetischen Akzentuierung der Gerichtstexte zu verstehen.

[108] a.a.O., 27.

[109] Für redaktionelle Einfügung in die Mk-Vorlage sprechen sich aus: J. Friedrich, Gott im Bruder, 49; P. Christian, Jesus und seine geringsten Brüder, 27; A. Kretzer, Herrschaft, 141; H.E. Tödt, Menschensohn, 79. - Das Motiv der eschatologischen Abrechnung erscheint auch im Gleichnis von den Arbeitern im Weinberg (20,1-16). Es wird als Himmelreichgleichnis (20,1) definiert. Das Motiv des eschatologischen Lohnes (vgl. 20,16 mit 19,30) bestimmt das Gleichnis. In der Lohnauszahlung am Abend geht es um das ἀποδιδόναι (20,8), das Gott nach seiner Gerechtigkeit (20,13f.), aber auch nach seiner Güte (20,14b-15) geschehen lassen wird.

[110] Eine Verbindung zu MT über Spr 24,12 nimmt G. Strecker, Weg, 27f., an. Dagegen U. Luz, Mt II, 487 Anm. 5: "V27b ist aber kein Zitat aus einem (hebr. beeinflußten) Bibeltext, sondern eine griech. Ad-hoc-Formulierung in bibl. Sprache."

[111] Ps 61,13 (LXX) bezieht sich auf Gott, Mt 16,27 auf den Menschensohn. Mt wandelt von der 2.Ps.Sg. in die 3.Ps.Sg. ab, was durch das Menschensohnlogion in Mt 16,27a bedingt sein dürfte. Anstelle von "τὰ ἔργα" formuliert Mt 16,27 "τὴν πρᾶξιν". Diese Unterschiede sind aber relativ unbedeutend. "Wahrscheinlich schreibt er (Mt) πρᾶξις anstelle von ἔργον, weil er sie im Sinn von Werk, Tat versteht." (H. Giesen, Christliches Handeln, 160; vgl. C. Maurer, πράσσω κτλ., ThWNT VI, 644). Πρᾶξις (bei Mt singulär) entspricht dem im Evangelium häufig begegnenden ποιεῖν (vgl. 7,21-23.24; 5,17-19; 13,23; 23,3; 12,50; 21,31; 25,31ff.; vgl. A. Kretzer, Herrschaft, 106f.).

[112] Vgl. dazu R. Heiligenthal, Werke als Zeichen, 143-164. "Ἀποδίδωμι ἑκάστῳ κατὰ τὰ ἔργα αὐτοῦ wird bereits in der LXX als feststehende formelhafte Wendung gebraucht." (a.a.O., 163).

(4.Esra 7,31ff.; Hen[sl] 50,5; 51,5f.; Hen[aeth] 95,5 u.ö)[113] vorgeprägt sowie im NT öfter belegt (vgl. außer Mt 7,23; 12,33-37; 13,41ff.; 25,31-46 auch Röm 2,1-11; 1.Kor 3,13; 2.Kor 5,10; 1.Petr 1,17; Apk 2,23; 20,12 u.ö).[114] Mt hat für diesen Gedanken eine klare Vorliebe. Mt 7,21-23 macht deutlich, daß das "Eingehen in die Basileia der Himmel" (7,21) sich am Tun des Gotteswillens entscheidet. Der Gerichtsaspekt ist durch "βασιλεία τῶν οὐρανῶν" (V21), "ἐν ἐκείνη τῇ ἡμέρᾳ" (V22) und durch das Gerichtswort des Kyrios V23b ("ἀποχωρεῖτε ἀπ᾽ ἐμοῦ οἱ ἐργαζόμενοι τὴν ἀνομίαν") deutlich hervorgehoben. Nach 13,41f. droht denen, die Anomia und Skandala verursachen, das Feuergericht. Nach 24,10-12 sind es die falschen (christlichen) Propheten, die Anomia, Skandala und ein Erkalten der Liebe verursachen. Wie in Mt 12,33-37; 13,41ff. und 25,31ff. hat der Gedanke des Gerichtes nach den Werken hier eine paränetische Funktion für die Gemeinde: Es gilt, den Willen Gottes zu tun (7,21), wie ihn Jesus in der Bergpredigt vorgelegt hat. Andernfalls droht das Strafgericht. In Mt 16,27 hat der Gedanke vom Gericht nach den Werken aber eine andere Funktion. Hier geht es um den Trost der Christusnachfolger, die in der Kreuzesnachfolge ihr Leben aufs Spiel setzen (16,24ff.). Ihnen wird das Leben in der Basileia des Menschensohnes verheißen (V28). Das Motiv des Gerichtes nach den Werken hat also nicht nur eine paränetische, sondern auch eine parakletische Funktion.

Mt 12,33-37 macht deutlich, daß das Tun des Guten (V35) sich nicht nur auf die Werke (vgl. 5,16), sondern auch auf die "Worte" (λόγοι) bezieht. "Denn wenn hier Matth von einem Gericht (δικαιοῦν) nach den 'Worten' spricht (ἐκ ... λόγων), dann meint er solche, die ἀργοί, ohne 'Tat', sind."[115] - Das Felsgleichnis am Ende der Bergpredigt (7,24-27) bestätigt, daß für Mt "Hören" und "Tun" eine Einheit bilden.[116] Die Weherufe gegen die Pharisäer und Schriftgelehrten in Mt 23 zeigen, daß heuchlerisches Reden (und Tun) mit dem verurteilenden Gericht bestraft wird (vgl. bes. 23,14.32f.35f.).[117] Auch das gegen die Führer des jüdischen Volkes (21,23) gerichtete Gerichtslogion 21,31bf. bringt dies zum Ausdruck. Das Gleichnis von den beiden Söhnen (21,28ff.) verdeutlicht, daß Hören und Tun des Willens Gottes verbunden sein müssen (V31), um dem An-

---

[113] Vgl. J. Friedrich, Gott im Bruder, 161f.

[114] Vgl. R. Heiligenthal, a.a.O., 165ff.

[115] A. Kretzer, Herrschaft, 142. - Ἀργός ist das Fehlen der ἔργα, wie Jak 2,20 bestätigt: Der Glaube χωρὶς τῶν ἔργων wird als ἀργή bezeichnet.

[116] Die Einheit von Hören und Tun verdeutlicht Mt auch in dem Mk 4,20 und Lk 8,15 par Logion Mt 13,23. Ein Vergleich mit der Einleitung des Gleichnisses vom Sämann in V19 zeigt, daß Mt das Motiv vom "Verstehen" (συνιέναι) red. hinzugefügt hat (vgl. auch Mt 13,51; 16,12; 17,13). Den λόγος τῆς βασιλείας gilt es zu verstehen und fruchtbringend in die Tat umzusetzen. Darin unterscheidet sich die Jüngergemeinde vom verstockten Israel (vgl. 13,11-15; 11,25; 17,12f.). Das "Verstehen" ist das notwendige Bindeglied zwischen "Hören" und "Tun" ("Frucht bringen"). So entscheidet sich also schon am Verstehen des λόγος τῆς βασιλείας, welches Schicksal sich der Mensch in bezug auf das Kommen der Basileia und damit auch des Gerichtes selbst zufügt. - Zum mt. Begriff des "Verstehens" vgl. A. Kretzer, Herrschaft, 113ff.; G. Strecker, Weg, 228-230; G. Barth, Gesetzesverständnis, 99-104; J. Gnilka, Verstockung, 95f.; G. Künzel, Gemeindeverständnis, 140-143; U. Luz, Jünger (WdF), 382-386.

[117] Die Kritik des Evangelisten an der Haltung der Pharisäer ist darin begründet, daß Wort und Tat keine Einheit bilden (Mt 23,3). Vgl. dazu R. Heiligenthal, Werke als Zeichen, 59ff.

spruch des Gotteswillens zu genügen. - In diesem Zusammenhang ist auch das
Motiv des Fruchtbringens zu erwähnen (vgl. 7,15ff.; 21,41.43; 12,33; vgl. Teil
3.2.2.), das Mt für den Gerichtsgedanken nutzt: Weil Israel nicht die Früchte der
Basileia gebracht hat, wird diese von ihm genommen werden (21,43). In 7,15ff.
erscheint das "Frucht"-Motiv im Zusammenhang der Warnung vor den falschen
Propheten. Die Frucht des Baumes ist entweder καλός (V17.19) oder πονηρός
(V17.18). Es ist deutlich, daß im Bild vom Baum und seinen Früchten die Qualität der Werke als "gute" oder "böse" angesprochen ist. V19 bringt den Gerichtsgedanken ins Spiel: "Böse Früchte" (καρποὶ πονηροί) haben zur Folge, daß der
"Baum" (als Metapher für den Täter der Werke) "ins Feuer geworfen wird".[118]
Das Gericht vollzieht sich also anhand der Werke, indem die jeweilige Qualität
dieser Werke (= "Früchte") als "gute" (καλοί) oder "böse" (πονηροί) über das
eschatologische Schicksal des Menschen entscheidet. Es wird hier, wie auch in
den weiteren Gerichtstexten des Mt deutlich, daß der Mensch das Gericht, das
eschatologisch über ihn ergehen wird, durch seine jeweilige Tat vorwegent-
scheidet. Das Gericht des Menschensohnes vollzieht nur, was der Mensch schon
in dieser Welt über sich selbst - durch seine Taten und Worte (vgl. 12,36f.) - entschieden hat. Auch Mt 25,31ff.[119] macht auf Grund des Motivs der Liebeswerke deutlich, daß der Mensch schon jetzt in seinem Verhalten zum Nächsten die
Entscheidung über das in der Basileia des Menschensohnes ausgeführte Gericht
getroffen hat. Darum hat Mt auch das starke Interesse an der paränetischen Anwendung des Gerichtsgedankens zu erkennen gegeben: Die Gemeinde muß jetzt
ermahnt werden zu Wachsamkeit, Bereitschaft (25,1-13; 24,42ff.) und Verantwortung in der Welt (24,45ff.; 25,14-30; 25,31ff.). Wer jetzt nicht bereit ist, ver-
paßt die Basileia (25,1-13) oder wird für sein Versäumnis zur Verantwortung gezogen werden (25,41-46).[120]
In Mt 21,41 hat Mt - schon in Vorwegnahme von V43 - ebenfalls das Gerichtsmotiv mit dem Fruchtmotiv in Verbindung gebracht. Mit der Deutung V43
zeigt Mt, daß das Winzergleichnis mit seiner Metaphorik von Weinberg, Wein-
bergbesitzer und Weingärtner das heilsgeschichtliche Verhältnis von Basileia,
Gott und Israel bzw. Kirche anspricht (vgl. Teil 3.2.5.). Der Entzug des Wein-
berges bzw. der Basileia bedeutet für Israel das strafende Gericht Gottes (vgl. Jes
5,1-7), während ein neues Volk (= die Kirche) die Basileia Gottes erben wird
(vgl. 25,34), weil es die Früchte derselben einbringt. Es ist also deutlich, wie
Gerichts- und Fruchtmotiv bei Mt kombiniert sind. Das Gericht orientiert sich an
den unterlassenen bzw. getanen Werken. - In Mt 12,33 par Lk 6,44a begegnet
das Bildwort vom Baum und seinen Früchten noch einmal in einer gegenüber Mt
7,17f. abgewandelten Form. Aber auch hier ist das Fruchtmotiv mit dem Gerichtsmotiv verbunden. Mt 12,36f. hat in Lk 6,43ff. keine Parallele. Im Zusam-

---

[118] "Feuer" ist geläufige Metapher für das verdammende Gericht (vgl. Hen[aeth] 102,1; Mt
13,42.50; 3,10.12 par; Mk 9,43.47f. par; Apk 19,20; 20,10; 20,14f.; u.ö.; vgl. dazu H. Lichtenberger, πῦρ, EWNT III, 479.483f.

[119] Mt 25,31ff. kann man gut als ausführliche Veranschaulichung der in das Menschensohnlogion Mt 16,27 redaktionell eingefügten Wendung: "καὶ τότε ἀποδώσει ἑκάστῳ κατὰ
τὴν πρᾶξιν αὐτοῦ" verstehen: Gerechte und Ungerechte werden nach ihrem Tun den endzeitlichen Segen oder Fluch empfangen.

[120] Zum gesamten Komplex vgl. H. Geist, Menschensohn, 184-226.

menhang mit dem Fruchtmotiv bringt dieses Gerichtslogion zum Ausdruck, daß nutzloses (= tatenloses [ἀργός]) und damit "Frucht"-loses Reden das verdammende Gericht zur Folge hat (V37 καταδικασθῆαι).

3.4.3.1.4. Das Gericht "ohne Ansehen der Person"

Der Gedanke des Gerichtes nach den Werken bedeutet in Hinsicht auf das Verhalten Gottes bzw. des Menschensohnes, daß er unvoreingenommen, gerecht und "ohne Ansehen der Person" richtet. Wenn das einzige Kriterium für das jeweilige Schicksal im Gericht die in der Welt ausgeübten oder unterlassenen Worte und Werke sind, dann ist Gottes bzw. des Menschensohnes ausgeübtes Gericht unparteiisch und beachtet keine Maßstäbe des Ansehens, des Ruhmes, der Ehre oder anderer Privilegien. Mt 23 verdeutlicht, daß auch die im Volk angesehenen und privilegierten "Schriftgelehrten und Pharisiäer" dem gerechten Gericht nicht entgehen können. Auf Grund ihrer Heuchelei (VV13.15.23.25.27.29) droht ihnen das "Gericht der Hölle" (V33). Ebenso ergeht es auch den christlichen Propheten, die mit den "Weisen" und "Schriftgelehrten" in der mt. Gemeinde vielleicht eine hervorgehobene Rolle spielten (Mt 23,34; 10,41; vgl. Teil 3.2.7.[3]). Auch sie werden an ihren Früchten gemessen werden. Wenn sie sich als falsche Propheten erweisen (7,15ff.; 24,11f.), werden sie dem verdammenden Gericht nicht entgehen (7,15ff.). - In dem Schalksknechtsgleichnis (Mt 18,23ff.) handelt es sich bei dem Schalksknecht vermutlich um einen höheren Staatsbeamten (vielleicht einen Statthalter).[121] Wenn auch die Zahl der Schulden (= 10000 Talente) unermeßlich hoch zu sein scheint[122], so weist sie darauf hin, daß der Schalksknecht in einem höheren Dienstverhältnis zum "König" (V23) steht als der Mitknecht, der dem Schalksknecht eine vergleichbar geringe Summe schuldet.[123] Deutlich ist, daß das Gericht über den Schalksknecht vollzogen wird, weil er die geforderte Vergebungsbereitschaft nicht gezeigt hat (vgl. VV32ff.). Stellung, Ansehen und Autorität des Schalksknechtes werden nicht berücksichtigt. - Das Gleiche trifft für den im Gleichnis Mt 24,45-51 genannten δοῦλος zu. Gegenüber seinen σύνδουλοι (V49) hat er eine höhere Stellung, da er vom Kyrios des Hauses über die Hausdienerschaft (οἰκετεία V45) als Verantwortungsträger eingesetzt ist.[124] Aber dieses Privileg nützt dem Knecht des Herrn nicht, wenn er seine Aufgabe nicht verantwortungsvoll erfüllt. Dann droht ihm das strafende Gericht (V50f.). - Auch das bei Mt zweimal überlieferte Logion von den "Ersten" und "Letzten" weist in diese Richtung (Mt 19,30; 20,16): Die

---

[121] Vgl. J. Jeremias, Gleichnisse, 208; E. Linnemann, Gleichnisse,106; A. Weiser, Knechtsgleichnisse, 76; J. Gnilka, Mt II, 144f.; W. Grundmann, Mt, 423.

[122] Vgl. E. Schweizer, Mt, 246; A. Weiser, Knechtsgleichnisse, 78; W. Grundmann, Mt, 423; E. Linnemann, Gleichnisse, 106: "Es handelt sich (also) um eine Millionensumme!".

[123] Als "Mitknecht" wird dieser genannt, weil er wie der Schalksknecht dem König dienstbar ist. Es wird sich also um einen kleinen Beamten handeln, vielleicht einen Untergebenen des Statthalters. Vgl. E. Linnemann, a.a.O., 107; A. Weiser, Knechtsgleichnisse, 83; J. Jeremias, a.a.O., 209: "Es ist ein kleiner Beamter, dem die Aufbringung der geringen Summe Schwierigkeiten macht."

[124] Vgl. J. Gnilka, Mt II, 343: Der Obersklave ist Stellvertreter des Herrn während dessen Abwesenheit.

Privilegierten in dieser Welt werden nicht ebenso diese Stellung im Reich Gottes einnehmen. Ihre jetzige Stellung und ihr jetziges Ansehen wird vor Gott ohne Bedeutung sein. Mt demonstriert dies am negativen Beispiel der "Schriftgelehrten und Pharisäer", die im Volk ein besonderes Ansehen beanspruchen (vgl. 23,5-7), auf Grund ihrer Heuchelei dem Gericht aber nicht entgehen werden (23,33). Mt fordert daher zur Demut und Dienstbereitschaft auf, um am Ende vor Gott "erhöht" zu werden (23,8-12). - Es ist also deutlich, daß für Mt das Gericht Gottes bzw. des Menschensohnes auf Einfluß, Macht, Privilegien und Ansehen des Menschen in der Welt keine Rücksicht nimmt.

3.4.3.1.5. Die Rechenschaftslegung

Mt 12,36f. und 25,31ff. stellen ein weiteres für Mt wichtiges Motiv im Gerichtsgedanken heraus. "Die Menschen" (Mt 12,36) müssen sich im Gericht verantworten für das, was sie in der Welt gesagt, getan oder unterlassen haben. Wie schon vermerkt (vgl. Teil 3.4.3.1.3.), ist der Zusammenhang zwischen Hören, Verstehen, Reden und Tun bei Mt pointiert hervorgehoben. Was im Hören vernommen wird, im Verstehen angeeignet bzw. nicht angeeignet wird und in die Tat ("Werk", "Frucht") umgesetzt bzw. nicht umgesetzt wird, entscheidet über das zukünftige Schicksal im Gericht. In diesem Fall gehört auch das "Wort" (τὸ ῥῆμα V36) auf die Seite der Tat, sofern es entweder ἀργός (= "ohne Tat" s.o.) oder - dem gegenüber - "fruchtbringend" ist. Die Verantwortung im Gericht selbst ist ein Akt des "Wortes", da hier der Ort und die Zeit der *Rechenschaftslegung* ist. Mt benutzt dafür den Begriff ἀποδίδωμι λόγον (12,36). Es handelt sich um eine feste Wendung mit dem Sinn: "Rechenschaft ablegen".[125] Sie begegnet im NT noch in Lk 16,2; Act 19,40; Hebr 13,17; 1.Petr 4,5; Röm 14,12. Nur die drei letzten Belege haben mit Mt 12,36 zusammen eine eindeutig futurische Perspektive im Sinn der Gerichtsverantwortung.[126] Für Mt ist in 12,36f. die Konsequenz der Rechenschaftslegung im Gericht die Alternative von Rechtfertigung (δικαιοῦμαι V37) oder Verurteilung (καταδικάζομαι V37). Das Gericht geschieht nicht automatisch über den Menschen, sondern der richtende Christus gibt die Möglichkeit zur Selbstverantwortung und Selbstverteidigung. - Dies wird auch in Mt 25,31ff. deutlich. Die Gerichtsszenerie ist als eine groß angelegte Rechenschaftslegung geschildert. Formal wird dies schon durch den Dialog zwischen dem Christus-Basileus und den vor Gericht Stehenden erkennbar (VV34-45). Rechenschaft abzulegen haben die zu Richtenden über ihre Taten gegenüber den Nächsten, den ἐλάχιστοι (V40.45). Der richtende Christus-Basileus weiß über alle Taten der zu Richtenden Bescheid. Indem die jeweiligen

---

[125] Vgl. dazu A. Sand, ἀποδίδωμι, EWNT I, 307.

[126] Für Röm 14,12 ist der futurische Aspekt nicht nur durch λόγον δώσει abgesichert, sondern auch durch V10fin: πάντες γὰρ παραστησόμεθα τῷ βήματι τοῦ θεοῦ (vgl. auch 2. Kor 5,10!). Hebr 13,17 indiziert die eschatologische Verantwortung der ἡγούμενοι. Sie müssen über ihre Leitungsfähigkeit gegenüber den Gemeindegliedern Rechenschaft ablegen, denn jetzt ist es ihre Aufgabe, ὑπὲρ τῶν ψυχῶν (ὑμῶν) zu wachen. Zu 1.Petr 4,5 s.u.

Liebestaten[127]als an ihm selbst gewirkt bzw. unterlassen geschildert werden[128], führt Christus die zu Richtenden zu den verwunderten Fragen, mit denen sie ihr eigenes Nichtwissen in ihrem Verhalten zu Christus selbst bekunden (VV37-39. 44f.). De facto führt Christus durch die indikativische Rede, in der er den "Gesegneten" bzw. "Verfluchten" ihre getanen bzw. unterlassenen Liebeswerke vorhält, die Rechenschaftslegung durch. Er spricht anstelle der zu Richtenden selbst und legt ihnen ihren eigenen "Rechenschaftsbericht" vor. Es bezeugt sich darin das Wissen, daß Christus die Menschen besser kennt als diese sich selbst. Aber indem Christus selbst den Menschen ihre Taten vorhält, werden diese durch ihre Fragen aus der Reserve gelockt und geben durch ihr verwundertes Fragen zu erkennen, daß sie selbst darum wissen, sich vor Christus verantworten zu müssen. Ihre Fragen sind ihre Rechtfertigung. Die jeweilige Antwort Christi (V40.45) vollzieht das Urteil über diese "Selbstrechtfertigung": Die "Gesegneten" werden gerecht gesprochen (vgl. Mt 12,37 δικαιοῦμαι), die "Verfluchten" werden verurteilt (vgl. Mt 12,37 καταδικάζομαι).

Das Motiv der Rechenschaftslegung wird ebenso in Mt 7,21-23 deutlich. Mit der dringenden Anrede: κύριε, κύριε! (V21.22) wollen die πολλοί (V22)[129] ihre in Fragen gekleidete Selbstrechtfertigung (V22) vor dem Christus-Richter behaupten. Sie verweisen auf ihre angeblich guten Taten, die sie "im Namen Christi" getan haben wollen. Es wird deutlich, daß die πολλοί sich selbst zu rechtfertigen und vor Christus zu verantworten versuchen. Ihre Taten im Leben sollen Rechenschaft über sie ablegen. Der Zusammenhang mit 7,15ff. macht deutlich, daß ihre Taten offenbar "schlechte Früchte" hervorbrachten (V18) und sie dafür richterlich verurteilt werden (V23). - Ein weiterer Beleg für das Motiv der gerichtlichen Rechenschaftslegung findet sich in Mt 22,11-14[130]: Der Mensch, der kein hochzeitliches Kleid trägt, zeigt keine Bereitschaft für die Basileia. Er wird vom Richterkönig (βασιλεύς) zur Verantwortung gezogen. Auf dessen Frage kann der Mensch aber nicht antworten; er "verstummte" (ἐφιμώθη V12). Mit diesem Verstummen bezeugt er, daß er, obwohl er es muß, sich nicht rechtfertigen kann. Es ist das stumme Eingeständnis seiner Schuld. Durch sein Schweigen hat er bereits - im negativen Sinn - über sich selbst Rechenschaft abgelegt. Dem Richter-König bleibt nichts anderes übrig, als dieses Versagen mit dem verurteilenden Gericht zu bestrafen.

Das Motiv der Verantwortung vor dem eschatologischen Richter begegnet schließlich auch in dem Gleichnis von den anvertrauten Talenten (Mt 25,14-30). Der Kontext, in den Mt das auch bei Lk (19,12-27) überlieferte Gleichnis stellt, verrät, daß es Mt um die eschatologische Verantwortung im Gericht geht. Hatte

---

[127] Die Vorstellung von den Werken der Barmherzigkeit hat in der altorientalischen und jüdischen Tradition eine weite Verbreitung gefunden. Vgl. dazu J. Friedrich, Gott im Bruder, 164-173; J. Gnilka, Mt II, 373f.; E. Brandenburger, Das Recht des Weltenrichters, 60ff.

[128] Die Identifizierungsaussagen Mt 25,40.45 wird man am besten vom Gedanken der Analogie her verstehen: "... was sich am geschichtlichen Gegenüber der Notleidenden ereignet, geschieht zugleich *per analogiam* dem Kyrios gegenüber. Die gleiche Wertigkeit, die gleiche Geltung ist gemeint." (E. Brandenburger, a.a.O., 72).

[129] Gemeint sind wohl die Pseudopropheten aus V15, die in der Gemeinde im Namen Christi (V22) auftreten.

[130] Vgl. auch G. Künzel, Gemeindeverständnis, 124.

Mt vorher (24,42-51; 25,1-13) zur Wachsamkeit und Bereitschaft angesichts des Nichtwissens des Zeitpunktes der Ankunft Christi gemahnt[131], so führt er mit dem Talentgleichnis den schon in 24,45-51 angedeuteten Aspekt der eschatologischen Verantwortung deutlicher aus, um so die Rede vom Weltgericht sachlich vorzubereiten (25,31ff.).[132] Mit V19 hebt Mt gegenüber Lk 19,15 par klar den Parusieaspekt hervor: Der Kyrios "kommt" nach langer Zeit (μετὰ δὲ πολὺν χρόνον).[133] Sein "Kommen", das am Ende des Gleichnisses das Kommen des Menschensohnes zum Gericht ist (Mt 25,29f.), geschieht zum Zweck der Rechenschaftsforderung (V19b): συναίρειν λόγον (= Rechenschaft fordern; vgl. auch Mt 18,23) ist wie ἀποδιδόναι bzw. διδόναι λόγον terminus technicus der Geschäftssprache[134], nur hier, wie in 12,36, als Gerichtsterminus verwendet. Dem συναίρειν λόγον entsprechend geben die drei Knechte (VV20ff.) über das, womit sie in der Zeit der Abwesenheit des Kyrios beauftragt waren, Rechenschaft. Am Beispiel des letzten Knechtes wird verdeutlicht, daß das Verfehlen der Verantwortung in der Welt mit dem verurteilenden Gericht bestraft wird (VV28-30), während die zwei ersten Knechte Anteil an der Basileia bekommen werden.[135] - Der Begriff συναίρειν λόγον begegnet auch im Gleichnis vom Schalksknecht (Mt 18,23-35): Mt 18,23. V23a (Διὰ τοῦτο ὡμοιώθη ἡ βασιλεία τῶν οὐρανῶν ἀνθρώπῳ βασιλεῖ) und der in V34f. angedeutete Gerichtsgedanke transzendieren das bildhaft geschilderte Geschehen zwischen dem "König" und dem Schalksknecht und weisen auf die eschatologische Verantwortung des Menschen im Gericht hin. In der Verantwortung vor dem Richter-König wird der Schalksknecht zur Rechenschaftslegung über sein unbarmherziges Verhalten gegenüber seinem Mitknecht aufgefordert (V32f.). Dem Schalksknecht wird seine Schuld vorgehalten, so daß es zu einer Selbstrechtfertigung desselben nicht mehr kommen muß. Seinen "Rechenschaftsbericht" hat ihm der Richter-König durch Vorhalten seiner Schuld schon gegeben.[136] Er kann ihn nur noch dem verurteilenden Gericht überantworten (V34).

Es ist also deutlich, daß Mt den Aspekt der Rechenschaftslegung im Gerichtsmotiv pointiert hervorgehoben hat. Wie auch sonst das Gerichtsmotiv überhaupt, dient ihm der Gedanke der Rechenschaftslegung zur Entfaltung der Paränese für die christliche Gemeinde.

---

[131] Vgl. H. Geist, Menschensohn, 187-196; J. Jeremias, Gleichnisse, 45ff.

[132] Vgl. H. Geist, a.a.O., 196-201.

[133] Der Kontext (Mt 24,29-25,13; 25,31ff.) und die Gerichtsmahnung am Ende des Gleichnisses (25,29f.) geben auch deutlich zu erkennen, daß mit dem "Kommen" des Kyrios für Mt das Kommen des Menschensohnes zum Gericht gedeutet ist. Vgl. A. Weiser, Knechtsgleichnisse, 158-160.238f.268.

[134] Vgl. G. Kittel u.a., λέγω κτλ., ThWNT IV, 103; J. Gnilka, Mt II, 356.

[135] Die VV 21.23 benennen den eschatologischen Lohn: εἰσελθεῖν εἰς τὴν χαρὰν τοῦ κυρίου (σου). Die χαρὰ τοῦ κυρίου ist für Mt mit der βασιλεία τῶν οὐρανῶν identisch. Das bezeugt die bei Mt typisch auftretende Wendung vom "Eingehen in die Himmelsherrschaft" (Mt 7,21; 23,13; 5,20; 18,3; 19,23f.; vgl. auch εἰσέρχομαι εἰς ζωήν [7,13f.]; 18,8.9; 19,17]; ἀπέρχομαι εἰς ζωὴν αἰώνιον [25,46]; vgl. J. Jeremias, Gleichnisse, 57f.).

[136] Vgl. E. Schweizer, Mt, 247: Der Schuldspruch (Mt 18,32f.) "ist in die Form einer Frage gekleidet, so daß der Schuldige selbst und mit ihm die Hörer das Gleichnisses die Antwort geben müssen."

3.4.3.1.6. Die paränetische Orientierung im Gerichtsmotiv

Dieser Gedanke ist schon mehrfach angesprochen worden.[137] Die Gerichtsschilderungen dienen Mt zur Warnung und Mahnung der Gemeinde.[138] Das
zuletzt erwähnte Gleichnis vom Schalksknecht (Mt 18,23ff.) ist eine Antwort auf
die von Petrus gestellte Frage nach der Vergebungsbereitschaft in der Gemeinde
(V21f.).[139] Der paränetische Schluß in V35 zieht die Konsequenz aus dem
Gleichnis. Es gilt jetzt die unbegrenzte Vergebungsbereitschaft zu üben, damit
am Ende das strafende Gericht Gottes fernbleibt.[140] - Im Gleichnis von der
königlichen Hochzeit (Mt 22,1-14) hat Mt in 22,3-8 das Schicksal Israels beschrieben, das seiner Berufung nicht gerecht geworden ist (vgl. auch Mt 21,33-
45).[141] Die neu geladenen Gäste (VV9ff.) sind Symbol für die christliche Gemeinde, in der es noch "Böse und Gute" (V10) gibt. Auch die christliche Gemeinde muß dem Anspruch der Basileia erst gerecht werden. Sie hat keine
Heilsgarantie.[142] Deshalb kann der einzelne Christ, symbolisiert durch den
Gast, der kein hochzeitliches Kleid trägt (V11f.), seine Berufung verspielen und
dem strafenden Gericht verfallen (V13).[143] V14 ist daher, indikativisch formuliert, eine Mahnung an die Christen: Die Berufung gilt es zu bewähren, um an
Ende zu den "Erwählten" (ἐκλεκτοί) gerechnet zu werden.[144] - Der Gedanke

---

[137] Vgl. E. Schweizer, Matthäus und seine Gemeinde, 37-40; G. Bornkamm, Enderwartung, 13-47; N. Walter, Kirchenverständnis, 40; S. Schulz, Stunde, 229-234; G. Barth, Gesetzesverständnis, 54 -58.

[138] Bezeichnend ist, daß die großen Redekompositionen des Mt jeweils mit Gerichtsmah-
nungen schließen (vgl. 7,13ff.; 10,17ff. ["Angesichts des heraufziehenden Endes haben die
Jünger Verfolgung und Bekenntnis, Scheidung und Entscheidung zu bestehen." G. Bornkamm,
Enderwartung, 16]; 13,36ff.47-50; 18,35; 23,13. 33ff.; 25,31ff.). Vgl. G. Bornkamm, a.a.O.,
13-47. Die gerichtsparänetische Zielsetzung der Gleichnisse im Matthäusevangelium hat u.a. J.
Roloff, Das Kirchenverständnis des Matthäus im Spiegel seiner Gleichnisse, NTS 38 (1992),
337-356, herausgestellt.

[139] Vgl. H. Weder, Gleichnisse, 210.212; A. Weiser, Knechtsgleichnisse, 76; J. Roloff,
Kirchenverständnis des Matthäus, 343.

[140] Vgl. ähnlich zu Mt 18,23ff. H. Frankemölle, Jahwebund, 182; W. Harnisch, Gleichniserzählungen, 253f.; H. Weder, Gleichnisse, 217f.; E. Linnemann, Gleichnisse, 20.105; J. Jeremias, Gleichnisse, 108; A. Weiser, Knechtsgleichnisse, 100ff. Eine entsprechende paränetische
Funktion wie Mt 18,35 erfüllt Mt 25,13 als paränetische Abschlußwendung des Gleichnisses
(vgl. H. Weder, a.a.O., 239; J. Jeremias, a.aO., 48f.; J. Roloff, Kirchenverständnis des Matthäus, 340).

[141] Vgl. dazu A. Vögtle, Gastmahl, 204ff.; J. Roloff, Kirchenverständnis des Matthäus,
348ff.

[142] Vgl. J. Gnilka, Kirche des Matthäus, 46; W. Trilling, Christusverkündigung, 184; H.
Weder, Gleichnisse, 191f.; E. Schweizer, Mt, 274.275f.

[143] Vgl. J. Gnilka, a.a.O., zum Gleichnis vom hochzeitlichen Gewand: "Die hier vorausgesetzte Erwählung ist noch völlig frei von prädestinatianischen Erwägungen und richtet sich nur
auf die Würdigkeit, die der Berufene zu erweisen hat, um dem Schicksal des Ausge-
stoßenwerdens 'in die äußerste Finsternis' (V.13) zu entgehen, denn der Mangel des hochzeitlichen Gewandes bedeutet den Mangel an guten Werken oder noch allgemeiner den Mangel
jener Lebenshaltung, bei der Glaube und Werke in Übereinstimmung gebracht sind."

[144] Zur gemeindeparänetischen Orientierung von Mt 22,1-14 vgl. auch P. Christian, Jesus
und seine geringsten Brüder, 25ff.; E. Schweizer, Matthäus und seine Gemeinde, 118f.; A.
Kretzer, Herrschaft, 172-186; F.W. Beare, Gospel Matthew, 436; G. Künzel, Gemeindever-

der Bewährung und Verantwortung angesichts des kommenden Gerichtes ist in der Endzeitrede auch in den Gleichnissen vom treuen Knecht (24,45-51)[145] und von den anvertrauten Talenten (25,14-30)[146] hervorgehoben. Beide Gleichnisse enden (24,50f. und 25,28-30) mit einer (indirekten) Mahnung: Wer seine Verantwortung in der Welt verspielt, dem wird es so gehen wie den beiden "bösen" Knechten (24,48:ὁ κακὸς δοῦλος; 25,26: ὁ πονηρὸς δοῦλος). Sie werden Gottes strafendes Gericht erfahren (24,50f.; 25,28ff.). - Die in der Weltgerichtsrede Mt 25,31ff.[147]durch Christus vorgeführten Liebeswerke (V35f.; V42f.) enthalten eine indirekte Mahnung zum Tun dieser Werke.[148] Am Verhalten zum Nächsten, und damit zu Christus selbst, entscheidet sich das Schicksal im eschatologischen Scheidungsgericht. Indem Christus den "Gesegneten" und "Verfluchten" ihre getanen bzw. unterlassenen Liebeswerke vorhält, expliziert er den zweiten Teil des Doppelgebotes der Liebe, den Mt zusammen mit dem Gottesliebesgebot (Mt 22,37) als die Erfüllung von "Gesetz" und "Propheten" versteht (Mt 22,39f.). Der paränetische Kontext der in der Weltgerichtsrede vorgeführten Liebeswerke ist somit deutlich. - Mt 13,41-43 redet von der gerichtlichen Verurteilung derer, die in der Basileia Christi "Ärgernisse" bereiten und Anomia verursachen (s. Teil 3.4.3.1.2.). Mt 18,7-9 verdeutlicht, daß solche Leute in der mt. Gemeinde aufgetreten sind (vgl. auch 7,15ff.; 24,11f.). Der Evangelist warnt davor, "Ärgernisse" zu bereiten. Andernfalls droht das ewige und höllische Feuer (Mt 18,8.9; vgl. 13,41f.49f.). - Die Kombination des Motivs vom Fruchtbringen mit dem Gerichtsmotiv (7,15ff.; 21,41.43; 12,33-37 s. Teil 3.4.3.1.3.) ist ebenfalls ein deutliches Zeichen der paränetisch orientierten Gerichtsdeutung.

Dieser Überblick zeigt, daß die Gerichtsvorstellung des Mt ihren Zweck nicht in sich selbst trägt, sondern Teil der Gemeindeethik ist.[149] Sie hat dienenden Charakter und ist damit der Gemeindeethik unterstellt. Die Gerichtsaussagen des

---

ständnis, 124f.; H. Giesen, Glaube und Handeln, 90f.93; W. Trilling, Christusverkündigung, 184; E. Linnemann, Gleichnisse, 46.93-95; J. Jeremias, Gleichnisse, 61-63.105. 110; W. Harnisch, Gleichniserzählungen, 235; H. Weder, Gleichnisse, 191f.; J. Roloff, Kirchenverständnis des Matthäus, 348-350.

[145] Vgl. E. Schweizer, Mt, 302f.; A. Weiser, Knechtsgleichnisse, 215f.

[146] Vgl. J. Gnilka, Mt II, 362; A. Kretzer, Herrschaft, 206-210; W. Trilling, Christusverkündigung, 184f.; H. Geist, Menschensohn, 196-201; E. Schweizer, Mt, 309f.; H. Weder, Gleichnisse, 208f.; R. Schnackenburg, Mt, 242.245; A. Weiser, Knechtsgleichnisse, 267ff.; J. Roloff, Kirchenverständnis des Matthäus, 351f.

[147] Die gerichtsparänetische Interpretation von Mt 25,31ff. wird bestätigt durch die breit ausladende redaktionelle Paränese Mt 24,37-25,30 (vgl. auch H. Geist, Menschensohn, 183-219; E. Brandenburger, Das Recht des Weltenrichters, 100f.; J. Jeremias, Gleichnisse, 45-60). Die Weltgerichtsrede bildet den Höhepunkt dieser redaktionellen Gesamtkomposition der mt. Rede Kap 24/25, indem sie anschaulich das im Endgericht entscheidende Kriterium vorstellt, wonach das jetzige Verhalten sich richten soll. Vgl. auch P. Christian, Jesus und seine geringsten Brüder, 11-16, resümiert: "Die Redekomposition Mt 24-25 erweist sich somit als ein Werk mattäischer Redekunst. Wie weithin anerkannt, ist ihr Hauptziel nicht apokalyptische Belehrung, sondern ethische Mahnung angesichts der ausstehenden Parusie." (S.15).

[148] "Weil die Barmherzigkeit das Kriterium des Gerichts ist, wird der Text zum drängenden Imperativ an die Gemeinde, Barmherzigkeit zu üben." (J. Gnilka, Mt II, 375).

[149] Vgl. dazu vor allem G. Bornkamm, Enderwartung, 13-47; J. Roloff, Das Kirchenverständnis des Matthäus im Spiegel seiner Gleichnisse, NTS 38 (1992), 337-356.

Mt sind nur im Zusammenhang ihrer paränetischen Auswertung sinnvoll zu interpretieren.

3.4.3.2. 1. Petrusbrief

Das Gerichtsmotiv begegnet im 1.Petrusbrief in 1,17; 2,23c; 3,12; 4,5 und 4,17f. Es ist auffällig, daß 1.Petr fünf der sechs für Mt aufgezeigten Aspekte in der Gerichtsvorstellung ebenfalls hervorhebt: 1. Das Gericht hat eine universale Bedeutung. 2. Das Gericht erfolgt nach den Werken. 3. Das Gericht geschieht ohne Ansehen der Person. 4. Die Menschen müssen sich im Gericht verantworten, indem sie Rechenschaft ablegen. 5. Das Gerichtsmotiv dient zur Mahnung der Gemeinde.

Nur der zuerst für Mt herausgestellte Aspekt, daß der zur Parusie erscheinende Menschensohn als Richterkönig zur Durchführung des Scheidungsgerichtes erscheint, ist für den 1.Petr nicht explizit zu verifizieren. Nach 1.Petr 1,17 und 2,23c ist Gott der Richter. 4,5f. und 4,17f. nennen weder Gott noch Christus explizit als Richter. Von 1,17 und 2,23c her legt es sich nahe, in 4,5f. 17f. auch an Gott zu denken.[150] 4,5 gleicht 1,17 formal in der Hinsicht, daß eine partizipiale Konstruktion ein Adverb einschließt, das den Modus des Richtens näher bestimmt. Vergleichbar ist auch 2,23c, nur daß hier das Adverb dem Partizip nachgestellt ist: 1,17 ... τὸν ἀπροσωπολήμπτως κρίνοντα ... 4,5 ... τῷ ἑτοίμως ἔχοντι κρῖναι ... 2,23c ... τῷ κρίνοντι δικαίως. Formal wird man also 4,5 analog zu 1,17 und 2,23c betrachten können, so daß sich Gott als Subjekt in 4,5 nahelegt. Hinzu kommt, daß in den Gerichtsschilderungen 4,5f. und 4,17f. Gott als Gegenüber des Menschen genannt wird (4,6: κατὰ ἀνθρώπους ... κατὰ θεόν; 4,17: τὸ τέλος τῶν ἀπειθούντων τῷ τοῦ θεοῦ εὐαγγελίῳ), so daß Gott als Subjekt des Gerichtsvollzuges anzunehmen ist. Schließlich bestimmt 2,23c Gott als Richter. Nach Mt ist zwar der Menschensohn in der Regel der Richter (vgl. Teil 3.4.3.1.1.), allerdings ist auch für ihn klar, daß Gott am Ende als Richter auftritt (Mt 18,35!; vgl. auch 22,11-14). Der Evangelist hat keinen expliziten Ausgleich vorgenommen, wahrscheinlich deshalb, weil er auch sonst in den Menschensohnaussagen Epitheta Gottes auf Christus übertragen sieht (vgl. Teil 3.4.2.1.). Gottes Dynamis und Doxa wirkt also durch den Menschensohn (vgl. Mt 16,27; 24,30; 25,31). In diesem Zusammenhang ist auch für 1.Petr klar, daß Gott in Christus durch seine Doxa selbst wirkt (1,21; 4,11; 5,10f.; vgl. Anm. 75). Der Brief hätte also auch Christus die eschatologische Richterfunktion zubemessen können. Denn Christus hat, wie es Mt anhand des Doxa-Begriffes gezeigt hat, auf Grund der Anteilhabe an der Doxa Gottes auch dessen Funktionen im Gericht übernommen (vgl. Teil 3.4.2.1.). Über das Motiv des Briefes, von Gott allein die Richterfunktion auszusagen, läßt sich eine Vermutung anstellen. Nach 1.Petr 2,23 hat Christus in seinem Leiden auf Rache und Wiedervergeltung verzichtet und hat es Gott überlassen, dem Gericht in ge-

---

150 Vgl. A. Reichert, Praeparatio, 311f. Anm. 3; L. Goppelt, Komm. 1.Petr, 275. 311; K.H. Schelkle, Komm. 1.Petr u.a., 116; N. Brox, Komm. 1.Petr, 195.223f.; H. Frankemölle, Komm. 1.Petr u.a., 62; F. Schröger, Gemeinde, 190.

rechter Weise nachzukommen (vgl. 2,23c: δικαίως; vgl. Teil 3.3.1.[3]).[151] Hier ist in der Tat der Brief von Mt zu unterscheiden. Während Mt beim Motiv vom leidenden Gerechten den Gedanken des Rechtsverzichts auf die Gestalt des leidenden Gerechten beschränkt sieht (vgl. Teil 3.3.2.2.), eschatologisch Christus aber als richtenden Menschensohn hervorhebt (vgl. Teil 3.4.3.1.1.), dehnt 1.Petr den Gedanken des Rechtsverzichts auf das eschatologische Gericht aus: Christus wird auch bei seiner Parusie nicht als Richter erscheinen, weil er dieses Amt schon als leidender Christus Gott überlassen hat (2,23). Der Brief akzentuiert also aus einem christologischen Grund das Gericht theologisch, während Mt auf Grund eines theologischen Motivs das Gericht christologisch pointiert: Da Christus Inhaber der Gott eigenen Basileia ist (Mt 13,41; 16,28; 20,21), kann er auch als eschatologischer Richterkönig auftreten.

Hinsichtlich der anderen fünf Aspekte der Gerichtsvorstellung sind aber zwischen Mt und 1.Petr Gemeinsamkeiten festzustellen. Diese sollen nun im einzelnen verdeutlicht werden.

3.4.3.2.1. Die Universalität des Gerichtes

Wie Mt hält 1.Petr fest, daß das Gericht über alle Menschen ergehen wird. Dies wird in 1,17; 4,5f. und 4,17f. verdeutlicht.

4,17f. ist in den Kontext der Leidensaussagen von 4,12ff. eingebettet.[152] V16 sagt, daß das Leiden als Christ kein Grund zur Scham ist. Mit "ὅτι" schließt V17 begründend an: Das Leiden ist gegenwärtig und von den Christen zu akzeptieren, weil das Gericht schon begonnen hat. Nach atl.-jüdischer Anschauung war das Leiden der Gerechten ein Kennzeichen des schon in dieser Welt hereinbrechenden Gerichtes.[153] Damit wurde der Sinn des Leidens im Kontext des Gerichtsgedankens gedeutet. Nach 1.Petr trifft das Gericht zuerst die christliche Gemeinde, nämlich in der Faktizität des von den Heiden zugefügten Leidens.[154] Freilich steht ihr dafür die Verheißung der Anteilhabe an der kommenden Soteria in Aussicht (1,5.9; 2,2). Für die ἀπειθοῦντες (V17; vgl. 2,7f.; 3,1) wird dieses Gericht aber vernichtend sein, wenn sie nicht zum Glauben an das Evangelium kommen (V17fin). V18 unterstreicht dies mit Hilfe des Sprüche-Zitates (11,31 LXX). Doch davor wird festgehalten, daß das Gericht am "Haus Gottes" beginnt (V17a). Die Parallele zu Ez 9,6 liegt nahe.[155] Die folgende Interpretation des

---

[151] Vgl. auch Röm 12,19 mit der atl. Begründung aus Dtn 32,35.

[152] Vgl. H. Millauer, Leiden, 106f.

[153] Vgl. z.B. Am 3,2: Das Gericht an Israel wird mit seiner Erwählung vor allen Geschlechtern der Erde begründet. Vgl. weiter Am 1,3-2,16; Jer 1,13-16; 25,8ff.; Ez 21,7-22; Hi 13,14f.; 23,3-5 u.ö. Vgl. auch 1QH 9,9f.: "Und ich habe für Unrecht erklärt mein Urteil und erkannte dein Gericht als gerecht an; denn ich weiß um deine Wahrheit. Und ich wählte das Gericht über mich und stimmte meinen Plagen zu; denn ich harre auf deine Barmherzigkeit." (zitiert nach E. Lohse, Die Texte aus Qumran, München ⁴1986, 147).

[154] Vgl. E.G. Selwyn, Eschatology, 396.

[155] In Ez 9,6 (LXX) wird denen, die das Strafgericht an Jerusalem vollziehen sollen, gesagt: ἀπὸ τῶν ἁγίων μου ἄρξασθε. Der Gedanke, daß das Gericht zuerst die Erwählten Gottes trifft, findet sich bereits in der atl.-jüdischen Tradition: vgl. Jer 25,29 (= LXX 32,29); Ez 21,7-22; Am 3,14; Mal 3,1-5; TestXII.Ben 10,8f.; rabbinische Belege in Str.-Bill. I, 814f.; III, 767. Vgl. dazu H. Millauer, Leiden, 107-110; L. Goppelt, Komm. 1.Petr, 312f.; N. Brox,

Begriffes durch ἀφ' ὑμῶν und der Parallelbegriff οἶκος πνευματικός in 2,5 beweisen, daß mit "Haus Gottes" die christliche Gemeinde angesprochen ist. Sie trifft zuerst das Gericht Gottes, indem sie Leiden erdulden muß. Um so schlimmer aber wird das "Ende" (τὸ τέλος) der ἀπειθοῦντες sein. Nach dem Briefkontext ist de facto an die nichtglaubenden Heiden gedacht, die für das Evangelium (4,17) bzw. das "Wort" (3,1; 2,8) missionarisch gewonnen werden sollen (3,1). Potentiell sind aber alle nichtglaubenden Menschen bedacht.[156] Der atl. Beleg aus Spr 11,31 (LXX) spricht allgemein vom ἀσεβής und ἁμαρτωλός, der durch das Gegenüber zum δίκαιος eben als solcher definiert wird. Das δίκαιος- oder ἁμαρτωλός- bzw. ἀσεβής-Sein entscheidet sich prinzipiell an der Annahme oder Verwerfung des Evangeliums. Das Gericht trifft also alle Menschen, sowohl Glaubende als auch Nichtglaubende. Der Fragesatz V17b - unterstrichen durch V18 - bringt den vollen Ernst des Gottesgerichtes zum Ausdruck. Er kann nicht bedeuten, daß der Gerechte nicht gerettet wird. Diesem ist ja die Soteria als "Ziel des Glaubens" verheißen (1,5.9; 2,2). Die Frage warnt nur vor einer unangemessenen Heilssicherheit. Angesichts des universalen und strengen Gerichtes Gottes ist auch den Christen in dieser Welt noch die "Furcht" (Gottes) als angemessene Haltung auferlegt (1,17; 3,2.16).[157] Für die ἀπειθοῦντες wird das Gericht von unerbitterlicher Härte sein, wenn sie nicht zum Glauben an das Evangelium kommen. Die Frage: "Wo wird er dann zu sehen sein (ποῦ φανεῖ- ται)?" verweist auf das strafende Gericht. Wenn V18 die Rettung der Gerechten prinzipiell voraussetzt, dann benennt dieser Vers also das eschatologische Scheidungsgericht (vgl. Mt 25,41.46; Apk 20,15). Das universale Scheidungsgericht betrifft Glaubende und Nichtglaubende.

Der zweite Beleg ist 1.Petr 4,5f. In 4,1-4 wird verdeutlicht, daß die die Christen verlästernden Heiden als die angesprochen sind, die sich vor dem Richter zu verantworten haben (4,5). 4,5fin erhebt den Gedanken des Gerichtes aber ins Universale. Mit einer im Urchristentum gebräuchlichen Formel wird das Gericht Gottes als über "Lebende und Tote" bestimmt.[158] Diese Formel umschließt alle Menschen ohne Ausnahme, also alle, die gelebt haben und jetzt noch leben. Indem so die Totalität und Universalität des Gerichtes hervorgehoben wird[159], ist die Intention klar: "Alle Menschen (auch die 'Verfolger') haben das Gericht zu gewärtigen."[160] V6 fügt sich mit der Konjunktion εἰς τοῦτο γάρ dieser Interpretation ein. Die Konjunktion unterstreicht den Gedanken der Allgemeinheit des

---

Komm. 1.Petr, 222; F. Schröger, Gemeinde, 194f.; E. Lohse, Paränese und Kerygma, 82f.; W.L. Schutter, Hermeneutic, 154ff.

[156] Vgl. auch O. Knoch, Komm. 1.Petr u.a., 128, zur Stelle: "1.Petr spricht nur von denen, die der Glaubensbotschaft den Glaubensgehorsam verweigern, nicht von allen Nichtchristen, die dem Evangelium Gottes nie begegnet sind. Er vertritt also nicht die Auffassung, daß alle Nichtchristen verloren sind bzw. von Gott verworfen werden. Das gilt es bei der Deutung des Begriffes 'Gottloser' V.18 (asebes, wörtlich: einer, der Gott nicht verehrt) zu beachten."

[157] Vgl. auch Mt 10,28 par: Furcht- und Gerichtsmotiv sind miteinander verbunden!

[158] Vgl. Act 10,42; Röm 14,9; 2.Tim 4,1; Barn 7,2; 2. Clem 1,1; Polyc 2,1.

[159] Vgl. auch L. Goppelt, Komm. 1.Petr, 275; H. Balz/W. Schrage, Katholische Briefe, 107; H. Frankemölle, Komm. 1.Petr u.a., 62; T. Spörri, Gemeindegedanke, 148; A. Reichert, Praeparatio, 331 Anm. 2; B.-D.-R. § 254 Anm. 7: "alle, mögen sie tot oder lebendig sein".

[160] N. Brox, Komm. 1.Petr, 198.

Gerichtes[161]: Auch den Toten, nicht nur den Lebenden, wird das Evangelium verkündigt, "damit sie gerichtet werden ...". Darauf wird das Gewicht gelegt: Auch die Toten können dem Gericht nicht entgehen, weil auch sie Kenntnis vom Evangelium haben werden.[162] An der Stellungnahme zum Evangelium entscheidet sich das Gericht.[163] - Offenbar ist V6 durch Stichwortverbindung zu V5 (νεκρούς V5 - νεκροί V6) veranlaßt worden[164]. Er fügt sich nur schwer dem Zusammenhang von 4,1-5 ein und wird erst im unmittelbaren Zusammenhang von V5 deutbar, sofern er die Allgemeinheit und Universalität des Gerichtes unterstreicht. Dasselbe trifft für den Gedanken vom Gericht κατὰ ἀνθρώπους σαρκί und vom Leben κατὰ θεὸν πνεύματι zu. Das Sarx-Pneuma-Schema definiert die "Sphäre", den Bereich von Mensch- und Gott-Sein.[165] Σαρκί und πνεύματι sind also auf κατὰ ἀνθρώπους bzw. κατὰ θεόν zu beziehen, nicht als adverbielle Bestimmung zu κριθῶσι bzw. ζῶσι. Dann besagt V6b: Die Toten werden gerichtet wie[166] dies *allen*[167] lebenden Menschen (nämlich in Vergänglichkeit lebenden Menschen "σαρκί") zukommt. Wenn die Toten aber das

---

[161] So auch N. Brox, a.a.O., 197.

[162] Die Absicht der Predigt Christi an die "Geister im Gefängnis" (3,19) ist demnach die Bekehrung und das Heil der vor Christus verstorbenen Sünder. Ordnet man 4,6bα (ἵνα κριθῶσι ...) dem in 4,6bβ benannten Vorgang (ζῶσι ...) sachlich unter, dann ist die Intention des Gerichtes das Heil aller Menschen. (Zu dieser Deutung von 3,19 und 4,6 vgl. auch O. Knoch, Komm. 1.Petr u.a., 101ff.110ff.).

[163] Diesen Gedanken verdeutlicht auch 4,17f. mit der Frage: "τί τὸ τέλος τῶν ἀπειθούντων τῷ τοῦ θεοῦ εὐαγγελίῳ;" Vgl. L. Goppelt, Komm. 1.Petr, 276: 1.Petr 4,6a begründet "γὰρ καί zunächst den Universalismus des Gerichts, auf den der V.5 verwies, mit dem des Evangeliums: Im Gericht werden alle Menschen, wie 4,17f. erklärt, letztlich nach ihrer Stellung zum Evangelium beurteilt." Vgl. auch H. Frankemölle, Komm. 1.Petr u.a., 62f.; T. Spörri, Gemeindegedanke, 149.

[164] Vgl. N. Brox, Komm. 1.Petr, 198. Vgl. auch die Stichwortassoziation κρῖναι/κριθῶσι, ζῶντας/ζῶσι (vgl. dazu W.L. Schutter, Hermeneutic, 71). - Die V6 genannten νεκροί können daher in Entsprechung zu den νεκροί von V5 nur leiblich Tote sein. Zum genaueren Nachweis dafür vgl. A. Reichert, Praeparatio, 314-322.

[165] Vgl. auch 4,1c: ὁ παθὼν σαρκί: σάρξ benennt die Sphäre irdischer Vergänglichkeit. In ihr vollzieht sich das Leiden. Dies trifft auch für 4,1a zu. Die Aussage vom Leiden Christi "σαρκί" entspricht 3,18d: Das Todesleiden Christi vollzog sich im Bereich irdischer Vergänglichkeit. 4,1 bezieht sich auf 3,18 zurück. Demnach ist das von Christus in 4,1 ausgesagte παθεῖν σαρκί in Entsprechung zur Formulierung θανατωθεὶς μὲν σαρκί in 3,18d als "Todesleiden" definiert (vgl. A. Reichert, Praeparatio, 296; L. Goppelt, Komm. 1.Petr, 268; W. Bieder, Mission, 23 Anm. 33; W. Michaelis, πάσχω κτλ., ThWNT V, 917f.). Auch die Formulierung "τὸν ἐπίλοιπον ἐν σαρκὶ βιῶσαι χρόνον" in 4,2 unterstützt diese Deutung. Durch "βιῶσαι" und "τὸν ἐπίλοιπον ... χρόνον" ist die Bestimmung ἐν σαρκί deutlich auf die Kategorie zeitlicher und räumlicher Modalität, in der die Struktur der Vergänglichkeit bestimmend ist, festgelegt.

[166] Κατά läßt sich am besten mit einem vergleichenden "wie" übersetzen. Das entspricht einer im klassischen Griechisch gegebenen Möglichkeit, wonach durch κατά + Akk. die Ähnlichkeit, Übereinstimmung, Art und Weise ausgedrückt wird. Vgl. dazu W. Pape, Griechisch-Deutsches Handwörterbuch I, 1337, mit Beispielen. Vgl. auch N. Brox , Komm. 1.Petr, 199 Anm. 640; A. Reichert, Praeparatio, 321.

[167] Es wird verdeutlicht, daß das verallgemeinernde κατὰ ἀνθρώπους auf die Sinngebung: "alle Menschen" zuläuft.

Evangelium annehmen[168], werden sie leben, wie es auch Gott, der im Geist ist, zukommt. Gemeint ist: Gott ist selbst das Leben im Geist, in das die Toten einbezogen werden.[169] - In dieser Interpretation unterstützt V6b den mit V5 und V6a bereits intendierten Sinn der Universalität des Gerichtes κατὰ ἀνθρώπους σαρκί: Es kommt allen Menschen zu, gerichtet zu werden.[170] In diese Universalität sind auch die Toten einbezogen. Zugleich aber ist die Absicht der Evangeliumsverkündigung an die Toten, daß sie, wie auch die Lebenden, die Wirklichkeit der Soteria (1,5.9; 2,2) erfahren können, um dem vernichtenden Gericht zu entgehen. Im Kontext von V5a unterstützen V5b und der durch die Formel "Lebende und Tote" veranlaßte V6 den Gedanken der Universalität des Gerichtes. Die Intention wird damit deutlich: Alle Menschen, auch die Toten und auch die Verfolger der christlichen Gemeinde (4,1ff.), müssen sich im Gericht verantworten. Der Gedanke der Universalität und Totalität des Gerichtes unterstützt den Gedanken des sicheren Gerichtes über die "Verfolger" der christlichen Gemeinde. V5b und V6 dienen also zur Bekräftigung der in V5a vorausgesetzten Gewißheit, daß die lästernden Heiden sich vor Gericht verantworten müssen.

Schließlich spricht auch 1,17 für die Annahme der Universalität des Gerichtes: Wenn Gott ἀπροσωπολήμπτως "nach eines jeden Werk" richtet (κατὰ τὸ ἑκάστου ἔργον), dann ist mit "ἕκαστος" unbestimmt "jeder (Mensch = "alle Menschen") angesprochen. Im Unterschied zu πᾶς = "jeder beliebige" wird mit ἕκαστος die Individualität in der Universalität festgehalten: = "jeder einzelne".[171] Alle Menschen haben sich je einzeln, als individuelle Personen, vor Gott zu verantworten. Diese bei Mt erkannte Deutung in der Gerichtsvorstellung (s. Teil 3.4.3.1.2.) ist also auch für den 1.Petr hervorzuheben.

3.4.3.2.2. Das Gericht nach den Werken "ohne Ansehen der Person"

Der schon bei Mt festgestellte Aspekt des Gerichtes nach den Werken wird im Brief mit der ebenfalls bei Mt hervorgehobenen Aussage des Gerichtes unabhängig vom Ansehen der Person eng zusammengesehen. 1.Petr 1,17 definiert Gott als Vater, der "ohne Ansehen der Person" (ἀπροσωπολήμπτως) nach eines jeden Werk (κατὰ τὸ ἑκάστου ἔργον) richtet. 1.Petr beschreibt mit Hilfe des

---

[168] Die in 4,6a angesprochene Evangeliumsverkündigung an die Toten bezieht sich im Sinn des Briefverfassers auf die in 3,19 angesprochene Verkündigung an die Geister im Gefängnis zurück. Dies hat A. Reichert, Praeparatio, 225-247.322-334, unter Berücksichtigung der möglichen Hypothesen zu diesem Problem deutlich gezeigt. Vgl. auch L. Goppelt, Komm. 1.Petr, 249f.

[169] Dieser Interpretation von σαρκί und πνεύματι entspricht auch 3,18d.e: Gestorben ist Christus σαρκί, d.h. im Bereich irdischer Vergänglichkeit; "lebendiggemacht" (= auferweckt) ist er aber πνεύματι, d.h. durch und in der Kraft- und Wirksphäre Gottes.

[170] In diesem Sinn interpretieren den Zusammenhang von V5 und V6 auch N. Brox, Komm. 1.Petr, 197-199, und L. Goppelt, Komm. 1.Petr, 276.

[171] Vgl. B.-D.-R. § 275 Anm. 2.

singularischen "ἔργον"[172] das Gesamtverhalten im Leben, also den Lebenswandel. 1,17b kennzeichnet das Verhalten "in Furcht" mit dem Begriff "ἀναστρέφειν". 2,12 zeigt, daß "ἡ ἀναστροφὴ καλή" und "τὰ καλὰ ἔργα" als Synonyma gedacht sind. Es geht also um das gesamte Verhalten des Menschen, das im Gericht zur Verantwortung gezogen wird. Der Gedanke eines Gerichtes nach den Werken hat die Funktion, den Lebenswandel "ἐν φόβῳ" zu motivieren: Angesichts des Ernstes des Gerichtes ist auch für die Christen keine Heilssicherheit angebracht. Sie brauchen das Gebet zum Vater (V17a), um ihren Lebenswandel in der Furcht (Gottes) zu bestehen. Gebet und Tat denkt 1.Petr zusammen.

Wenn das Kriterium für das eschatologische Gerichtsschicksal das Verhalten in dieser Welt ist, dann bedeutet dies auch, daß Gott ohne Vorurteile, d.h. "ohne Ansehen der Person" (ἀπροσωπολήμπτως) richtet.[173] 1.Petr 2,23c hält analog dazu fest, daß Gott "gerecht" (δικαίως) richtet, d.h. nach eines jeden Verhalten in dieser Welt, ohne Ansehen der Person, Privilegien, Macht etc. Der Gerichtsvollzug liegt allein in Gottes Händen. Seine Aufgabe ist es also, das Christus (2,23) und den Christen (3,9) zugefügte Leid der Schmähung zu vergelten. Hat Christus auf eine Wiedervergeltung verzichtet und sie Gott anheimgestellt, wie auch das Verbot der Wiedervergeltung für die Christen gültig ist (vgl. 2,23 mit 3,9), so wird jetzt klar, daß die "Vergeltung" im eschatologischen Gericht durch Gottes "gerechtes" Gericht zum Tragen kommen wird.

3.4.3.2.3. Die Rechenschaftslegung

Wie Mt in 12,36 so hält auch 1.Petr in 4,5 fest, daß die Rechenschaftslegung zum Gericht gehört. Beide benutzen dafür den aus der Geschäftssprache entlehnten Terminus "ἀποδίδωμι λόγον" (= "Rechenschaft ablegen").[174] Der Zusammenhang mit 1.Petr 4,1ff. zeigt zunächst, daß V5a sich auf die die Christen lästernden Heiden bezieht. Jedoch gilt die Gerichtsverantwortung auch für die Christen. Der oben (Teil 3.4.3.2.1.) genannte Aspekt der Universaltität des Gerichtes läßt diese Schlußfolgerung zu. 1,17 unterstützt diese Annahme. Angesprochen sind hier die zu Gott dem Vater betenden Christen. Mit dem Hinweis auf das Gericht κατὰ τὸ ἑκάστου ἔργον wird die Mahnung zum Lebenswandel ἐν φόβῳ motiviert[175]: Jetzt gilt es für die Adressaten, ihren Lebenswandel in

---

[172] Neben der pluralischen Form "κατὰ τὰ ἔργα" (Ps 61,13 [LXX]; Röm 2,6;Apk 20,12f.) ist auch die singularische Form geläufig (vgl. 1.Kor 3,13ff.; Gal 6,4; Apk 22,12).

[173] Dieses Wort ist ein ntl. Hapaxlegomenon (vgl. weiter Barn 4,12; 1.Clem 1,3). Der gleiche Sachverhalt wird aber auch ausgedrückt durch προσωπολημψία (Röm 2,11; vgl. Eph 6,9; Kol 3,25) und προσωπολήμπτης (Act 10,34; vgl. Dtn 10,17).

[174] Vgl. Lk 16,2 und G. Kittel u.a., λέγω κτλ., ThWNT IV, 103f. - Im Zusammenhang der Verantwortung der Christen vor den heidnischen Behörden (Gerichten) und der heidnischen Bevölkerung verwendet der Brief das verwandte "αἰτεῖν λόγον" (3,15).

[175] Φόβος in 1,17 muß man auf die Furcht vor Gott beziehen. Dies legt sich durch den Gedanken des Gerichtes nach den Werken nahe. Auch in 2,18 - ("Durch den vorausgehenden V.17 und die nachfolgende Begründung [V.19f.] ist diese Furcht deutlich als Furcht vor Gott bestimmt." H. Millauer, Leiden, 92) -, 3,12 und 3,16 begegnet das in der biblischen Tradition verbreitete Motiv der Gottesfurcht (vgl. Ps 2,11 [LXX]; Spr 1,7; 9,10; Sir 1,11f.18; Mt 10,28 par; Act 9,31; Röm 3,18; 2.Kor 5,11; 7,1; Eph 5,21; Phil 2,12). Die Gottesfurcht gehört konsti-

Gottesfurcht zu führen, weil auch sie sich am Ende vor Gott dem Richter verantworten müssen und von dem, was sie in ihrem Leben getan oder unterlassen
haben, Rechenschaft geben müssen. Mit "ἔργον" ist, wie die in 1,17b (ἀναστρέφειν) und 2,12 genannten synonymen Ausdrücke "ἡ ἀναστροφὴ καλή"
und "τὰ καλὰ ἔργα" zeigen, das gesamte Verhalten im Leben gemeint. Deshalb
mahnt der Brief die Christen zum Beweis einer ἀναστροφὴ καλή bzw. zur
ἀγαθοποιΐα (vgl. 2,12.14.15.20; 3,6.16.17; 4,19). Dieses Verhalten, das aus-
schlaggebend für das Gerichtsurteil ist, bezieht sich wie bei Mt auch auf die
Worte (vgl. Mt 12,33-37; s. Teil 3.4.3.1.3.). Der Lebenswandel (ἀναστροφή),
das Verhalten in und vor der Welt, ist die Einheit von Wort und Tat. Zwar ist mit
dem Begriff des guten Lebenswandels (ἡ ἀναστροφὴ καλή) bzw. der ἀγαθοποιΐα entsprechend der unmittelbaren Überzeugungskraft der Tat (vgl. 2,12;
3,1f.) vorwiegend das Rechtverhalten durch das Tatzeugnis gemeint, das die
Heiden von der ethischen Integrität der Christen überzeugen soll, jedoch ist auch
für den Verf. des Briefes klar, daß Wort- und Tatzeugnis eng zusammengehören
(vgl. Teil 3.4.3.1.3. zu Mt 12,36f. und Mt 25,31-46). Dies macht vor allem das
an 3,9 angeschlossene Psalm-Zitat (Ps 34,13-17a) deutlich. Bezieht sich dieses
im atl. Zusammenhang auf die gegenwärtige ζωή [176], so sind für den Brief auf
Grund der kontextuellen Verknüpfung mit 3,9c (ἵνα εὐλογίαν κληρονομήσητε) die in V10 genannten Begriffe ζωή und ἡμέραι ἀγαθαί futurisch appli-
ziert.[177] - In diesem Zusammenhang warnt 1.Petr mit Ps 33,14 (LXX) vor dem
Mißbrauch der Zunge, die Böses (κακόν) und Trug (δόλος) verursachen kann.
Kurz darauf schließt sich die allgemeine Mahnung an, das Böse zu meiden und
das Gute zu tun (ποιεῖν ἀγαθόν V13; Ps 33,15 LXX). V12 (Ps 33,16f. LXX)
deutet dann den Gerichtsgedanken an: Während Gott den "Gerechten" beisteht,
wird er sich von denen, die "Böses tun" (ποιεῖν κακά) abwenden.[178] Dieses
Verhalten, das er jetzt schon zeigt, wird er eschatologisch vollenden. V12 verweist auf den doppelten Aspekt des Gerichtes: Ist jetzt Gottes Zu- oder Ab-

---

tutiv zum Glauben und Gottesgehorsam. In 1.Petr 3,14 (vgl. Jes 8,12) ist die Furcht vor den
Verfolgern angesprochen. Vgl. dazu H. Balz, φόβος, EWNT III, 1037f.; D. Zeller, Mahnsprüche, 96-100 zum Furchtmotiv im atl.-jüdischen Bereich).

[176] "Der Psalmist spricht in Ps 34,13 im Stil der Weisheit das den Menschen tief ein-
gepflanzte und allgemein bejahte Verlangen nach einem geborgenen, angenehmen Dasein an."
(L. Goppelt, Komm. 1.Petr, 230).

[177] Dies bestätigt auch 3,7: Ist nach 3,9 das Ziel der Erbschaft die εὐλογία, so ist es nach
3,7 parallel die χάρις ζωῆς. Das Erbschaftsmotiv ist nach 1,4f. deutlich futurisch festgelegt.
Die ζωή ist daher auch in 3,7 und 3,10 (vgl. 3,9c: κληρονομεῖν!) futurisch zu verstehen. Für
die futurische Deutung von V10 treten ein: W. Schenk, Segen, 63; J. Piper, Hope, 226f.;
A. Reichert, Praeparatio, 185; N. Brox, Komm. 1.Petr, 155; F. Schröger, Gemeinde, 124; K.H.
Schelkle, Komm. 1.Petr u.a., 95; vor allem W.L. Schutter, Hermeneutic, 144ff. Dagegen wird
die präsentische Deutung z.B. von F. Neugebauer, Deutung, 126-128 und H. Frankemölle,
Komm. 1. Petr u.a., 57 vertreten.

[178] Dies geschieht allerdings ohne eine vorgefaßte Absicht der Vernichtung der ποιοῦντες
κακά. Der Verf. des Briefes wird nicht ohne Grund Ps 34,17b weggelassen haben. Die Vernichtung der Bösen als Gerichtsabsicht Gottes stände im Widerspruch zu 1.Petr 2,12, wonach
der Gerichtsgedanke mit der Wendung ἐν ἡμέρᾳ ἐπισκοπῆς zwar festgehalten wird (vgl. Teil
2.3.3.[7]), jedoch mit dem Gedanken vom Ziel der eschatologischen Verherrlichung Gottes
durch die Verleumder der Adressaten präzisiert wird. "Der Gott und Vater Jesu Christi will
auch das Heil der Sünder." (O. Knoch, Komm. 1.Petr u.a., 94).

wendung über die Gerechten oder Ungerechten schon beschlossen[179], so wird er sie eschatologisch im Gericht vollenden. Es ist also deutlich: Die gerichtliche Verantwortung vor Gott bezieht sich auf *Wort und Tat*. Δίκαιος ist der Christ, sofern er sich von dem falschen Wort und der bösen Tat fernhält. Dieses "Gerecht-Sein" des Christen wird eschatologisch von Gott bestätigt werden, sofern er bei Gott die ζωή bzw. εὐλογία (3,9f.) erben wird. Wenn der Christ sein ethisches Rechtverhalten in Wort und Tat aber verfehlt, wird er die jetzt schon wirksame Abwendung Gottes und seiner Gnade eschatologisch bestätigt erfahren, indem ihn dann das verurteilende Gericht Gottes treffen wird.

Die Mahnung zum Lebenswandel in der Furcht Gottes (1,17) zeigt, daß auch der Christ sich seines Heils nicht sicher sein darf. Auch er muß damit rechnen, daß Sünde (vgl. 4,8) und ethisches Fehlverhalten das verurteilende Gericht Gottes zur Folge hat. Die Paränese in 1.Petr 3,10-12 macht dies im Zusammenhang mit 1,17 deutlich.

So ist für Mt wie auch für 1.Petr klar, daß sich alle Menschen, Christen und Nichtchristen, für das, was sie in diesem Leben getan bzw. unterlassen haben, eschatologisch vor Gott im Gericht verantworten müssen, indem sie von ihrem Verhalten in der Welt Rechenschaft ablegen.

3.4.3.2.4. Die paränetische Orientierung im Gerichtsmotiv

Die eschatologisch motivierte Ethik des 1.Petr[180] wird zunächst in 1,17 deutlich. Der Vers gehört in den Kontext von 1,13-17(21). Die VV13-16 ermahnen zum heiligen Lebenswandel durch Abkehr von den alten heidnischen "Begierden" (V14). V17a führt in einem Bedingungssatz das Gebets- und Gerichtsmotiv ein. V17b leitet zurück zur Paränese. Das Stichwort ἀναστρέφεσθαι, das schon den Inhalt der VV13-16 bestimmt hat[181], schließt V17a ab. Es ist also deutlich, daß das Gerichtsmotiv in V17a von paränetischen Aussagen gerahmt ist. Offenbar hat V16fin den Verf. des Briefes veranlaßt, in V17a das Gerichtsmotiv aufzunehmen. Denn die Heiligkeitsprädikation Gottes als des Vaters hat unter anderem ihren ekklesiologischen Ort im Gebet (vgl. Mt 6,9 par Lk 11,2!; Joh 17, 11).[182] In einem Partizipialsatz definiert 1.Petr den Vater-Gott als den richtenden Gott, kommt aber in V17b wieder zurück zur Paränese. Offenbar hat die Gerichtsaussage in V17a den Verf. des Briefes veranlaßt, die in V17b nach V15 durch V16.17a unterbrochene Paränese wieder aufzunehmen und mit dem Motiv der Gottesfurcht zu verstärken: Angesichts des nach den Werken richtenden Got-

---

[179] Die Wirksamkeit des Gottesgerichtes wird in 1.Petr 3,12 ganz von der personalen Autonomie Gottes her beschrieben. "Auge", "Ohr" und "Angesicht" verdeutlichen bildhaft die personale Gegenwart Gottes im Gericht. Die Begriffe sind jeweils nach der Intention im Zusammenhang der Zu- oder Abwendung der Gnade Gottes akzentuiert (vgl. auch 5,5c: ὁ θεὸς ὑπερηφάνοις ἀντιτάσσεται, ταπεινοῖς δὲ δίδωσιν χάριν!).

[180] Vgl. dazu J. Piper, Hope as the Motivation of Love in I Peter, NTS 26 (1980), 212-231. Piper spricht von einer "future-oriented paraenetic motivation" des Briefes (S.229). Vgl. auch K.C.P. Kosala, Taufverständnis, 205ff.

[181] Vgl. vor allem V15: ἐν πάσῃ ἀναστροφῇ.

[182] Vgl. auch die 3. Benediktion im Schemone-Esrae: "Heilig bist du, und furchtbar ist dein Name!"

tes kann die ἀναστροφή des Christen nicht einfach unbestimmt bleiben. Es bedarf der Gottesfurcht und des durch sie geprägten rechtschaffenen Lebens, um vor dem Richter bestehen zu können. Daher motiviert der Gerichtsgedanke den Gedanken des Lebenswandels in der Furcht Gottes.

Auch in 4,17f. hat der Gerichtsgedanke eine paränetische Konsequenz. Das Gericht indiziert nach 4,17f. eine universale Bedeutung (s. Teil 3.4.3.2.1.). V18 unterstützt durch Anführung des Sprüche-Zitates (Prv 11,31) diesen Gedanken und betont gleichzeitig die Strenge des Gerichtes: Es ist für "Gerechte" schwer, für Sünder aber noch schwerer, im Gericht gerettet zu werden. Deutlich ist hier implizit eine Warnung vor unbegründeter Heilssicherheit ausgesprochen. Diese implizite Paränese expliziert der Brief durch V19: Angesichts des strengen Gottesgerichtes, das auch die Christen treffen wird, gilt es für diese, sich gänzlich Gott hinzugeben, indem sie sich im rechtschaffenen Lebenswandel (ἐν ἀγαθοποιΐα) bewähren. Mit ὥστε zieht V19 die Konsequenz aus V17f., die durch "παρατιθέσθωσαν" und "ἐν ἀγαθοποιΐα" deutlich paränetisch bestimmt ist. Diese Paränese hat einen theologischen und einen ethischen Aspekt: Zum einen sollen sich die Adressaten dem "treuen Schöpfer anvertrauen" (πιστῷ κτίστῃ παρατίθεσθαι).[183] Im Zusammenhang der Gerichtsmotivation in 4,17f. heißt dies: Wie Gott als Schöpfer seiner Schöpfung gegenüber treu ist und daher sein Anrecht ihr gegenüber geltend machen darf, so hat er auch als Richter das Recht, über seine Schöpfung zu verfügen. Das Gericht ist nichts anderes als die Durchsetzung des Rechtes Gottes auf seine Schöpfung. Wenn Gott ihr gegenüber treu ist, gilt es entsprechend auch die Treue ihm gegenüber zu bewahren. - Zum anderen geschieht dieses Anvertrauen an den Schöpfer im Erweis des rechtschaffenen Lebens (ἐν ἀγαθοποιΐα), das sich in dem nach dem Willen Gottes (κατὰ τὸ θέλημα τοῦ θεοῦ) geschehenden Leiden der Christen zu bewähren hat. Im Zusammenhang des Gerichtsmotivs in 4,17f. bedeutet dies, daß die Bewährung ἐν ἀγαθοποιΐα mit der Soteria belohnt wird (vgl. 4,18: σῴζειν; 1.5.9; 2,2: σωτηρία), das Verfehlen dieses Rechtverhaltens aber mit der eschatologischen Verwerfung rechnen muß (ποῦ φανεῖται;). Das Problem der ἁμαρτία trifft nicht nur auf die Heiden zu, auch wenn dies durch den Begriff "ἀπειθοῦντες" in 4,17 angedeutet ist, sondern ist nach 4,8 ein innergemeindliches Problem. Aus diesem Grunde bedarf es der Gerichtsermahnung, weil auch die Christen des Heils im Sinn der securitas nie sicher sein dürfen (V18a).

Das in 1.Petr 3,10ff. angeführte Ps-Zitat (34,13-17a) ist ebenfalls gerichtsparänetisch gedeutet. Wie schon erwähnt (vgl. Teil 3.4.3.2.3.), ist durch V9c der ursprünglich präsentisch verstandene Psalmtext mit eschatologischer Konnotation versehen worden. Die Verheißung des zukünftigen Erbes (V9c; vgl. 1,4; 3,7) läßt die in V10 erstrebte ζωή und die "guten Tage" auf das eschatologische Ziel deuten.[184] Dann ist aber deutlich, daß V12, der sich auf das gegenwärtige Gericht Gottes in der Form der Zu- oder Abwendung seiner Gnade bezieht, eine eschatologische Konnotation erhält: Die jetzt schon geschehene Zu- oder Abwendung

---

[183] Zu παρατίθεμαι im Sinn von "übergeben", "anvertrauen" vgl. auch Lk 12,48; 23,46; 1.Tim 1,18; 2.Tim 2,2; Act 14,23; 20,32.

[184] Der Zusammenhang zwischen V9 und V10 wird durch ein in das Psalm-Zitat eingefügtes γάρ hergestellt. Es wird dadurch deutlich, daß sich V10 begründend ("denn") auf V9 zurückbezieht. Vgl. W. Schenk, Segen, 63.

Gottes wird sich eschatologisch vollendet durchsetzen. Das einleitend gesetzte ὅτι in V12 weist begründend auf V10b und V11 zurück.[185] Diese Verse bestimmt die Paränese. Gefordert ist das Tun des Guten in der bewußten Abkehr vom Bösen (vgl. den Gegensatz von ἀγαθόν und κακόν). Der Gerichtsgedanke V12 motiviert also die in V10b.11 geforderte Paränese. Gemahnt wird zum Tun des Guten, um am Ende nicht die strafende Abwendung Gottes, sondern seine gnädige Zuwendung zu erfahren.

Schließlich ist noch 1.Petr 5,5(b.c)6 zu erwähnen. Die Aufforderung an "alle" (πάντες), Demut zu üben, wird begründet durch ein Zitat aus Prv 3,34 (vgl. Jak 4,6). "Wie regelmäßig in unserem Brief führt ein ὅτι die theologische Begründung für eine ethische Weisung ein (2,2; 3,18; 4,8)."[186] Der weisheitliche Kontext, der durch das Sprüche-Zitat indiziert ist, läßt zwar vermuten, daß mit dem Begriff "χάρις" in 5,5c die gegenwärtige gnädige Zuwendung Gottes angesprochen ist[187], jedoch kann der Begriff im Brief auch eine futurische Pointe haben, und zwar dann, wenn der Ausblick auf die zukünftige Parusie Christi (1,13) bzw. das zukünftige Erbe des Lebens (3,7: χάρις ζωῆς)[188] thematisiert wird. Dieser Zukunftsaspekt ist in dem ebenfalls zur Demut auffordernden Wort 1.Petr 5,6 durch den Nebensatz zur Sprache gebracht: "ἵνα ὑμᾶς ὑψώσῃ ἐν καιρῷ." (= ἐν καιρῷ ἐσχάτῳ 1,5). Die Forderung, Demut zu üben, wird motiviert (ἵνα!) mit dem Ausblick, eschatologisch erhöht zu werden. Demnach ist auch in 5,5c der Gerichtsgedanke angesprochen. Denn die gleiche Forderung, Demut zu üben, wird motiviert (ὅτι!) mit dem Gedanken, daß Gott in seinem Gericht den Hochmütigen "widersteht"[189], den Demütigen aber seine eschatologische Gnade gewährt.[190] Zusätzlich bestätigt wird diese Deutung von 5,5c durch die beiden rahmenden Verse 5,4 und 5,6, in denen deutlich der Ausblick auf die zukünftige Doxa (5,6: Erhöhung zur [letzten] Zeit) gewährt wird. Dies bedeutet freilich nicht, daß die χάρις in 1.Petr 5,5c keine präsentische Bedeutung hätte, denn die Gnade Gottes hat für den Verf. des Briefes eine in die Gegenwart hineinreichende Wirkung (vgl. 1,2.10; 2,19.20; 4,10; 5,10.12). Jedoch gibt der Verf. des Briefes mit Hilfe des Kontextes eine neue konnotative Deutung, nach der Gottes gegenwärtige Zu- oder Abwendung seiner Gnade durch Einführung des Gedankens des eschatologischen Gerichtes neu verstanden wird: Die jetzt schon

---

[185] Das begründende ὅτι fehlt in Ps 33,16 (LXX) an der entsprechenden Stelle. "Der Verfasser des 1 Petr hat 3,12 durch den Einschub von ὅτι Begründungsfunktion gegeben; die Vorlage von 3,12 (ψ 33,16.17a) schließt ohne jede Verknüpfung an." (A. Reichert, Praeparatio, 185 Anm. 1). Es ist also deutlich, daß der Verf. des 1.Petr explizit den Gerichtsgedanken in 3,12 begründend für die Paränese 3,10b.11 nutzbar macht. Dadurch bestätigt sich die Annahme, daß der Verf. des Briefes den Vers 3,12 im Kontext mit 3,9c in eschatologischer Bedeutungsfülle verstanden wissen will. (Vgl. J. Piper, Hope, 227).

[186] L. Goppelt, Komm. 1.Petr, 334.

[187] Eine präsentisch gefaßte χάρις begegnet im Brief weiterhin in 1,2.10; 2,19.20; 4,10; 5,10.12.

[188] Zum Erbe-Motiv vgl. 1.Petr 1,4 und 3,9!

[189] Vgl. auch 1.Petr 3,12c. Hier begegnet ebenfalls der im Sinn des Gerichtes gedeutete Gedanke des "Widerstehens" Gottes gegen die Täter des Bösen.

[190] Vgl. wieder 1.Petr 3,12(a.b). Hier begegnet ebenfalls der im Sinn des Gerichtes gedeutete Gedanke der gnädigen Zuwendung Gottes zu den "Gerechten" (s.o.).

geschehende Zu- oder Abwendung der Gnade Gottes wird sich eschatologisch vollendet durchsetzen.

Das Ergebnis läßt sich kurz zusammenfassen: Der Brief stimmt mit Mt im Verständnis des Gerichtsmotivs in fünf von sechs Punkten überein. Angesichts der relativ wenigen Belege, in denen im 1.Petr vom Gericht explizit gesprochen wird, kann diese Nähe zu Mt kaum zufällig sein. Die Annahme einer Kenntnis des Mt durch 1.Petr wird durch diese Applikation des Gerichtsmotivs bestätigt.

3.4.4. Die Vorstellung vom eschatologischen Heil

Nachdem in der Gerichtsvorstellung zwischen Mt und 1.Petr vergleichbare Akzente erkannt worden sind, ist zu fragen, welche Motive und Vorstellungen beide Verfasser bestimmen, wenn sie von dem eschatologischen Heil sprechen, das die erwartet, die im Gericht gerettet werden.

3.4.4.1. Matthäus

Der entscheidende heilsgeschichtliche Begriff bei Mt ist der der βασιλεία τῶν οὐρανῶν. Da zu diesem mt. Begriff bereits eine umfassende Untersuchung von A. Kretzer vorliegt, könnnen dessen Ergebnisse hier kurz zusammengefaßt werden:[191]

1.Die Basileia hat einen "Spannungscharakter" nach einem "zeitlich-heilsgeschichtlichen Aspekt": Gegenwart und Zukunft der Basileia (vgl. ἤγγικεν Mk 1,15 par Mt 4,17) ordnet Mt im Blick auf die Gemeinde einander zu. Schematisch stellt A. Kretzer diesen Aspekt so dar (S. 299):

Zeitlicher Aufriß:	Heilsgeschichtliche Ausrichtung:
Spannungscharakter der Basileia	Vergangenheit <u>Gegenwart</u> Zukunft
(Schon Noch-Nicht)	(Zeit des Matthäus)

2. Die Basileia hat einem "dynamischen Charakter" mit "kosmisch-universaler Dimension": Mt bringt seine Basileia-Botschaft in einer räumlich gedachten Sicht mit "kosmisch-universaler Ausrichtung" zur Geltung (S.263). Schematisch wird dies so erfaßt (S.299):

Räumlicher Aufriß:	Kosmisch-universale Ausrichtung:
Dynamischer Charakter der Basileia	Israel <u>Gemeinde</u> Welt
(Ein Volk Alle Völker)	(Standort des Matthäus)

---

[191] A. Kretzer, Die Herrschaft der Himmel und die Söhne des Reiches. Eine redaktionsgeschichtliche Untersuchung zum Basileiabegriff und Basileiaverständnis im Matthäusevangelium (SBM 10), Stuttgart 1971, zusammenfassend 261ff. und 299. Zum mt. Basileiaverständnis vgl. auch J.D. Kingsbury, Matthew, 128-160; J. Gnilka, Mt II, 541ff.; M. Pamment, The Kingdom of Haeven According to the First Gospel, NTS 27 (1981), 211-232; H. Giesen, Glaube und Handeln, 58-91; ders., Christliches Handeln, 115-120. Zum jüdischen Hintergrund der Basileia-Vorstellung vgl. M. Hengel, Zur matthäischen Bergpredigt und ihrem jüdischen Hintergrund, ThR 52 (1987), 383ff.

3. Die Basileia hat einen "fordernden Charakter" in personaler Ausrichtung:[192] Die Basileiabotschaft ist verbunden mit der Forderung nach Umkehr und Glaube. Schematisch wird dies so gesehen: (S.299):

Wertigkeits-Aufriß: Personale Ausrichtung:
Fordernder Charakter der Basileia Erstgeladene Neuberufene Enderrettete
(Ruf   Antwort) (Situation des Matthäus).

Die mt. Basileiaverkündigung hat also eine Zeit, Raum und Werte umgreifende Struktur. Die eschatologische Vollendung der Basileia ist das Ziel der ἐκλεκτοί (22,14). In ihr werden Kosmos (13,38) und Basileia des Menschensohnes (13,41; 16,28; 20,21) einmünden unter der Herrschaft der Basileia des Vaters (13,43).[193] Die Basileia des Vaters bzw. die Basileia der Himmel ist also das vollendete Ziel der ἐκλεκτοί. In ihr werden die "Erwählten" (22,14) bzw. die "Gerechten" (13,43) oder auch "Gesegneten des Vaters" (25,34) "leuchten wie die Sonne in der Basileia des Vaters" (13,43). - Welche konkreten Heilsvorstellungen verbinden sich damit nun für Mt ?

Eine für Mt typische Formulierung bezüglich der Basileia-Heilsvorstellung ist die des "Eingehens in die Basileia"[194] (5,20; 7,21; 18,3; 19,23f.; vgl. auch 21,31 und 23,13). Hier wird der oben herausgestellte räumliche Aspekt der Basileiavorstellung des Mt deutlich.[195] Die Formel vom "Hineingehen" kann auch andere Heilstermini nachsichziehen: εἰς ζωήν (18,8f.; 19,[16]17.)[196]; εἰς ζωὴν αἰώνιον (25,46); εἰς χαρὰν τοῦ κυρίου (25,21.23).[197] Sachlich vergleichbar ist auch 7,13f.: Das "Eingehen" durch das enge Tor führt zur ζωή (7,14). Es

---

[192] U. Luz, βασιλεία, EWNT I, 488, spricht analog dazu von einer "*Ethisierung* des Begriffs". Vgl. auch M. Pamment, The Kingdom of Haeven According to the First Gospel, NTS 27 (1981), 211-232.

[193] Für Mt ist die Basileia des Menschensohnes noch mit negativen Zügen behaftet. Noch gibt es in ihr σκάνδαλα und ἀνομία (13,41). Die gegenwärtige Weltzeit ist durch das gleichzeitige Auftreten des Diabolos und des Menschensohnes gekennzeichnet. So stehen den "Söhnen des Reiches" die "Söhne des Bösen" gegenüber in der Welt, die zugleich Wirkungsfeld des Menschensohnes und des Feindes ist (13,38f.). Erst in der vollendeten Basileia des Vaters wird die über den Kosmos herrschende Basileia des Menschensohnens in dieselbe des Vaters übergehen, in die die δίκαιοι (13,41), die ἐκλεκτοί (22,14) und die εὐλογημένοι (25,34) eingehen werden. - Zum Verhältnis der Basileia des Menschensohnes zu der des Vaters vgl. A. Kretzer, Herrschaft, 140; vgl. auch G. Künzel, Gemeindeverständnis, 229.

[194] Vgl. dazu A. Kretzer, Herrschaft, 41 Anm. 25: "Das Gegenbild dazu ist das Nichteingehen in die Basileia (5,20; 7,21.23), der Ausschluß aus dem Reich (8,12; 22,13; 25,30)." Vgl. auch R. Hoppe, Vollkommenheit, 159 mit Anm. 81; R. Schnackenburg, Mt, 53; W. Schenk, Die Sprache des Matthäus, 251f.

[195] Vgl. auch G. Strecker, Weg, 166. Strecker verweist in diesem Zusammenhang auch auf die Bildvorstellung vom eschatologischen Mahl (8,11; 26,29) bzw. von der Hochzeitsfeier (22,2ff.; 25,10). Der Zeit- und Wertaspekt wird z.B. in 7,21 durch die Futurform des Verbs und die Forderung der Erfüllung des Vaterwillens hervorgehoben.

[196] Mt 19,17 verdeutlicht den für Mt typischen Zusammenhang von Ethik und eschatologischem Lohn: Das "Eingehen" in die ζωή ist an die Bewahrung der Gebote (Gottes) gebunden (vgl. auch 6,1; 7,21; 25,14-30; 25,31ff. u.ö.).

[197] Mt 25,21c.23c erweisen sich durch das mt. Sprachgut (εἰσέρχεσθαι; χαρά - auch in 2,10 und 28,8 redaktionell!) und den allegorischen Zug (vgl. G. Strecker, Weg, 163 Anm. 5) als deutlich redaktionell. Vgl. auch H. Weder, Gleichnisse, 197 mit Anm. 139; J. Gnilka, Mt II, 358; A. Weiser, Knechtsgleichnisse, 242f.

wird also deutlich, daß βασιλεία, ζωή (αἰώνιος) und χαρά in eschatologischer Qualifikation für Mt qualitativ synonym sind[198], freilich mit dem Unterschied, daß die Basileia die Voraussetzung für ζωή und χαρά ist. Der Eintritt in die Basileia Gottes bringt als Heilsgabe ζωή (αἰώνιος) und χαρά mit sich.

Der Vorstellung vom "Eingehen" ist die vom "Erben" (κληρονομεῖν) nahe, denn das Ziel des Erbens kann Mt mit den gleichen Begriffen umschreiben wie bei der Vorstellung vom "Eingehen"[199]. So wird gesagt, daß die Basileia geerbt wird (25,34). Vergleichbar ist auch der 3. Makarismus (5,5b): κληρονομεῖν τὴν γῆν.[200] "Die verheißene Erbschaft des Landes ist die Teilhabe am kommenden unverfügbaren, unanschaulichen und doch in Jesus Christus gegenwärtigen Gottesreich."[201] In 19,29 wird gesagt, daß "ewiges Leben" (ζωὴ αἰώνιος) geerbt wird. An diesen Stellen überschneiden sich also die Vorstellungen vom Erben und Eingehen. Es ist jeweils die Basileia oder das ewige Leben Ziel.

Die Basileia Gottes, die die ζωή für die ἐκλεκτοί (22,14) als Heilsgabe verbürgt, wird anthropologisch als "Freude" (χαρά) erkennbar sein, wie 25,21.23 feststellen.[202] Der Vergleich des Heils der Gerechten in der Basileia mit der leuchtenden Sonne (13,43) zeigt, daß die Freude ungetrübt, deutlich, klar und universal sein wird. Kein Leid wird diese Freude mehr trüben.[203] Um an dieser

---

[198] Vgl. auch W.G. Thompson, Matthew's Advice, 113.

[199] Vgl. W. Schenk, Die Sprache des Matthäus, 251ff.

[200] Die Nachsätze der Makarismen sind nur verschiedene Umschreibungen der Basileia-Verheißung. Dies macht Mt dadurch deutlich, daß er die Makarismenreihe mit Hilfe der Basileia-Verheißung in 5,3b und 5,10b umrahmt (vgl. Teil 2.1. Anm. 77).

[201] G. Strecker, Begpredigt, 37f. - Der Ausdruck "erben, zum Erbbesitz erhalten" war im Rabbinischen terminus technicus für "Anteil erhalten an der zukünftigen Herrlichkeit". Vgl. J. Herrmann/W. Foerster, κλῆρος κτλ., ThWNT III, 779f.; P. Gaechter, Mt, 149.

[202] Der in 25,21.23 auftretende Begriff "χαρὰ τοῦ κυρίου (σου)" (vgl. Anm. 197) bezieht sich wohl zunächst auf die dem Herrn eigene Freude über die Treue seines Knechtes. Es ist aber deutlich, daß die Basileia die Freude des Herrn an die ἐκλεκτοί vermittelt, so daß diese an ihr partizipieren können. Denn in der Basileia Gottes werden die Gerechten leuchten wie die Sonne (13,43). Der eschatologische Lohn wird so umfassend sein, daß die Erwählten schon jetzt in Freude und Jubel ausbrechen (5,12). Das Gegenteil zu dieser eschatologischen Freude ist für die κατηραμένοι (25,41) bestimmt. Ihr Schicksal wird unendliches Leid sein (vgl. die bei Mt des öfteren begegnende Formel vom Heulen und Zähneknirschen: 8,12; 13,42.50; 22,13; 24,51; 25,30; J. Jeremias, Gleichnisse, 58.104; G. Strecker, Weg, 162; K.H. Schelkle, Theologie 4/1, 115).

[203] Das Motiv der Freude kommt indirekt auch im Gleichnis von den 10 Jungfrauen (Mt 25,1-13) zum Ausdruck. Die klugen Jungfrauen gehen mit dem Herrn ein zur Hochzeit (25,10). Daß dies mit Freude verbunden sein wird, ist zwar nicht explizit gesagt, kann aber aus dem Bild der Hochzeit erschlossen werden. (Vgl. Jes 61,10; 62,5; vgl. auch Mt 9,15. Das Logion: "Können die Hochzeitsgäste trauern?" setzt voraus, daß zur Hochzeit die Freude gehört.). Schließlich begegnet auch hier die Terminologie vom "Hineingehen", womit deutlich der Bezug zur Basileia-Botschaft hergestellt wird. Das Hochzeitsmahl ist als Bild für die Heilsvollendung gesehen (vgl. Jes 61,10; 62,5; Apk 19,7-9; vgl. E. Stauffer, γαμέω κτλ., ThWNT I, 646-655, bes. 615f.; J. Behm, δεῖπνον κτλ., ThWNT II, 33-35). In diesem Zusammenhang ist auch Mt 8,11f. zu erwähnen. Hier wird die Vorstellung vom endzeitlichen Freudenmahl aufgenommen (vgl. auch Mt 22,1ff.; 26,29), das Gott allen Völkern bereiten wird. Jes 25,6ff. verdeutlicht, daß dieses Mahl von ungeteilter Freude gekennzeichnet sein wird (vgl. Str.-Bill. II, 207 zu Lk 14,15.16; I, 475f. zu Mt 8,11 mit Verweisen; J. Behm, a.a.O., 35). Das Gegenbild dazu ist das Nichteingehen in die Basileia (Mt 5,20; 7,21.23), der Ausschluß aus dem Reich

Freude Anteil zu bekommen, wird in der gegenwärtigen Zeit des Leidens (vgl. 5,10-12; 10,23; 23,34; 24,9 u.ö.) zum Durchhalten aufgerufen. Dieses Durchhalten wird begründet mit dem zukünftigen Lohn der Rettung (Mt 10,22; 24,13: ὁ δὲ ὑπομείνας εἰς τέλος οὗτος σωθήσεται). Mt hat dieses in der synoptischen Apokalypse (Mk 13,13 par) überlieferte Logion auch in die Aussendungsrede Kap. 10 aufgenommen. Es ist deutlich, daß Mt an diesem Motiv gelegen ist. Auch in 5,11f. kommt es zum Tragen: Das gegenwärtige Leid kann ertragen werden, weil der eschatologische Lohn im Himmel bereitliegt (V12). In Mt 10,22 und 24,13 wird das eschatologische Heil also als σωτηρία bestimmt, als die heilsame Errettung aus dem gegenwärtigen Leid.[204]

3.4.4.2. Mt 25,34 im Vergleich mit 1.Petr 1,4 und 3,9

Mt 25,34 spricht davon, daß die "Gesegneten meines Vaters" die ihnen präexistent bereitete Basileia "erben" werden (κληρονομήσατε τὴν ἡτοιμασμένην ὑμῖν βασιλείαν ἀπὸ καταβολῆς κόσμου). Die hier angesprochenen Motive begegnen auch in der atl.-jüdischen Literatur.[205] Im ntl. Kanon ist die Kombination dieser Motive selten.[206] 1.Petr 3,9 stellt das Segensmotiv in einen eschatologischen Zusammenhang. 1.Petr 1,4 bestätigt dies: Die Wiedergeburt εἰς ἐλπίδα ζῶσαν (1,3) geschieht mit dem Ziel: εἰς κληρονομίαν ἄφθαρτον... ἀμάραντον...[207]. Die Adjektive ἄφθαρτος und ἀμάραντος bestimmen die κληρονομία futurisch, ebenso die Wendung "τετηρημένην ἐν οὐρανοῖς" sowie die Parallelität der Finalaussage zu εἰς σωτηρίαν in 1,5, die "bereit ist, ἐν καιρῷ ἐσχάτῳ offenbart zu werden". Es ist also deutlich, daß 1.Petr εὐλογία (3,9) und κληρονομία (1,4) als synonyme Umschreibungen des eschatologischen Heils (= σωτηρία) versteht (vgl. auch 3,7: συγκληρονόμοι χάριτος ζωῆς!).[208]

Gottes (Mt 8,12; 21,43; 22,13; 25,30 u.ö.). Der Freudeaspekt wird indirekt auch in Mt 5,4b angesprochen. Der eschatologische Trost geht in die Freude über, wie dies anhand des Zusammenhangs von Jes 25,8 und 9 erkennbar ist.

[204] Vgl. auch Mt 19,25: τίς ἄρα δύναται σωθῆναι; 24,22 (σωθῆναι). Mt hat σῴζειν an mehreren Stellen redaktionell verarbeitet: 1,21; 8,25; 14,30; 27,49 (vgl. H. Frankemölle, Jahwebund, 212). Besonders die theologisch zentrale Stelle 1,21, die das Heilswerk Jesu Christi in nuce definiert, zeigt das mt. Interesse am Soteria-Gedanken.

[205] Vgl. 1. Erben (Ps 37,22; PsSal 14,10f.; 15,10f.; Hen[aeth] 39,8; 40,5; 5,7; Jub 22,14. 17). 2. βασιλεᾶ ἡτοιμασμένη (Hen[aeth] 41,1; Hen[sl] 9). 3. ἀπὸ καταβολῆς τοῦ κόσμου (Sir 39,25; Hen[aeth] 39,8). 4. Gesegnete (Ps 37,22; Jub 22,14.17; Sir 11,22; Hen[aeth] 1,8; 45,4f. u.ö.). Vgl. dazu J. Friedrich, Gott im Bruder, 135f. 155 mit Belegen; J. Herrmann/W. Foerster, κλῆρος κτλ., ThWNT III, 779f.; W. Schenk, Segen, 63.

[206] Außer 1.Petr ist noch das Syntagma "Segen erben" in Hebr 12,17 zu nennen, hier aber auf den atl. Isaaksegen bezogen, der dem Sohn Esau vorenthalten bleibt (vgl. Gen 27,30ff.). W. Schenk, Segen, 63, denkt an eine genuin ntl. Prägung.

[207] Charakteristisch für den 1.Petr sind die vielen finalen Nebensätze (11x ἵνα 1,7; 2,2.12. 21.24; 3,1.9.16.18; 4,6.13; 5,6; ὥστε 1,21; ὅπως 2,9) und die finale Konjunktion εἰς (allein 4mal in 1,3.4.5!; vgl. weiter in 1,7: εἰς ἔπαινον κτλ.; 2,2: εἰς σωτηρίαν; 2,9: εἰς τὸ θαυμαστὸν αὐτοῦ φῶς; 5,10: εἰς τὴν αἰώνιον αὐτοῦ κτλ.). Hier ist deutlich erkennbar, daß die christliche Existenz im Angesicht des eschatologischen Heils bestimmt ist.

[208] Vgl. W. Schenk, Segen, 63.

Ein Vergleich von Mt 25,34 mit 1.Petr 1,4 und 3,9 legt deutliche Übereinstimmungen zutage, wenn auch die Terminologie z.T. differiert.[209] Eine kurze Gegenüberstellung kann dies verdeutlichen:

Mt 25,34	1.Petr 1,4; 3,9
- οἱ εὐλογημένοι	- εὐλογία (3,9)
- κληρονομήσατε	- ἵνα ... κληρονομήσητε (3,9)
	- εἰς κληρονομίαν (1,4)
- ἡ ἡτοιμασμένη ὑμῖν βασιλεία	- κληρονομία ... τετηρημένη ἐν
	οὐρανοῖς εἰς ὑμᾶς (1,4)
- ἀπὸ καταβολῆς κόσμου	- ἐν οὐρανοῖς (1,4).

Dazu kann folgendes festgehalten werden.

1. Die Wendung ἀπὸ καταβολῆς κόσμου (Mt 25,34; vgl. 13,35) begegnet auch im 1.Petr (1,20) im Zusammenhang einer Prädestinationsaussage, im Unterschied zu Mt 25,34 aber auf Christus bezogen.

2. Der Vergleich zeigt, daß 1.Petr anstelle des mt. "βασιλεία" von der "κληρονομία" als eschatologisches Heilsgut spricht. Diese ist für 1.Petr mit der σωτηρία (1,5) und der εὐλογία (3,9) synonym. Dennoch ist die Verwandtschaft zu Mt erkennbar, denn nach Mt wird die Basileia "geerbt" (5,5; 25,34), sie ist also auch für Mt ein von Gott bereitetes Erbgut.[210] Umgekehrt ist für 1.Petr die κληρονομία "ἐν οὐρανοῖς" aufbewahrt (1,4), d.h. bei Gott[211]. Dies verdeutlicht 1.Petr durch den parallelen Folgesatz zu 1,4 in 1,5. Auch hier ist von einem "Aufbewahrtsein" die Rede, jetzt aber nicht "ἐν οὐρανοῖς", sondern "ἐν δυνάμει θεοῦ".[212] "Ἐν οὐρανοῖς" in 1,4 bezeichnet also die Wirksphäre Gottes, seine Herrschaft. Genau dies ist aber auch bei Mt durch den Begriff der βασιλεία τῶν οὐρανῶν ausgedrückt (s.o.): Die Basileia wirkt - 1.Petr 1,4 entsprechend - ἐν οὐρανοῖς. D.h., wenn 1.Petr von einer κληρονομία ... ἐν οὐρανοῖς spricht, benennt er den gleichen Sachverhalt wie Mt mit dem Begriff "βασιλεία τῶν οὐρανῶν".

---

[209] Vgl. auch C. Spicq, Komm. 1.Petr u.a., 127, der im Hinblick auf 1.Petr 3,9 "une référence probable à Mt 25,34" feststellt.

[210] Die Vorstellung der Erbschaft der Basileia begegnet auch im paulinischen Schrifttum (vgl. 1. Kor 6,9f.; 15,50; Gal 5,21; vgl. Eph 5,5). Diese Belege bestätigen, daß zwischen Basileia- und Erbvorstellung eine sachliche Verwandtschaft besteht und daß 1.Petr das mt. Anliegen der Basileiavorstellung aufgenommen haben kann.

[211] Vgl. dazu 2.Kor 5,1: Das "ἐκ θεοῦ" entspricht dem "ἐν τοῖς οὐρανοῖς".

[212] Gottes "Bewahren" umschließt die κληρονομία wie auch die Adressaten des Briefes. Dies wird durch das deutliche Wortspiel τετηρημένη (1,4) - φρουρούμενοι (1,5) eingeprägt (vgl. L. Goppelt, Komm. 1.Petr, 97; Windisch-Preisker, Katholische Briefe, 53). Das Wortspiel unterstreicht, daß 1,4 und 1,5 engstens aufeinander zu beziehen sind, womit die Parallelität von "ἐν οὐρανοῖς" und "ἐν δυνάμει θεοῦ" auch syntaktisch nahegelegt wird. 1.Petr 1,4 und 1,5 sind chiastisch strukturiert: τετηρημένην (1,4) entspricht φρουρουμένους (1,5); ἐν οὐρανοῖς (1,4) entspricht ἐν δυνάμει θεοῦ (1,5); εἰς ὑμᾶς (1,4) entspricht τούς (1,5). (Vgl. dazu A.B. du Toit, Significance, 66; A. Reichert, Praeparatio, 111 Anm. 1). Das "Verwahren" des himmlischen Heils im Sinn des Aufbewahrt- und Verborgenseins impliziert zugleich für die Erwählten ein "Bewahrtsein" im Sinn des Beschützt- und Behütetseins.

3. Die βασιλεία bzw. die κληρονομία ist "für uns" (Mt: ὑμῖν; 1.Petr: εἰς ὑμᾶς) "aufbewahrt".[213] Beiderseits wird also von dem soteriologischen Ziel der Erwählten geredet. Auch hier bestätigt sich, daß βασιλεία und κληρονομία vergleichbar sind.

4. 1.Petr 3,9 spricht von dem Segens-Ziel, Mt 25,34 aber von dem Gesegnet-Sein der Erwählten. Dieser formale Unterschied hat dennoch eine sachliche Identität. Gesegnet sind nach Mt die Erwählten, weil ihnen das eschatologische Heilsgut der βασιλεία zur Erbschaft bereitliegt. Von ihrem zukünftigen Ziel her werden sie also jetzt schon als "Gesegnete" gekennzeichnet. Analog dazu ist in 1.Petr 3,9 die εὐλογία das zukünftige Ziel der Erwählten.

Der Vergleich von Mt 25,34 mit 1.Petr 1,4 und 3,9 zeigt, daß beide Schriften eine vergleichbare Vorstellung vom eschatologischen Heil haben. Beide Verfasser erwarten ein präexistent bereitliegendes Heil, das den Erwählten zur Erbschaft übereignet wird. Diese Erbschaft ist mit der Gabe des Segens verbunden. - Die sachliche Verwandtschaft von 1.Petr 1,4 und 3,9 mit Mt 25,34 bestätigt die Annahme einer Kenntnis und Verwendung des Mt im 1.Petr. Auch ein Vergleich mit den übrigen für Mt wichtigen Heilstermini bestärkt diese Annahme.

3.4.4.3. Die Soteriologie des 1.Petr im Verhältnis zu Matthäus

Es ist bereits in Teil 3.4.4.1. festgestellt worden, daß Mt im Kontext seiner Basileia-Botschaft das zukünftige Heil nicht nur mit Hilfe des Erbe-Gedankens interpretiert hat, sondern es auch als ζωή (αἰώνιος), χαρά und σωτηρία[214] bestimmt hat. Diese Heilsvorstellungen lassen sich nun ebenfalls im 1.Petr verifizieren.

Die σωτηρία wird der κληρονομία analog (vgl. 1,4f.: εἰς κληρονομίαν; εἰς σωτηρίαν) ἐν καιρῷ ἐσχάτῳ offenbart werden. Der Begriff der "Offenbarung" (ἀποκάλυψις) ist, wie schon festgestellt (vgl. Teil 3.4.2.2.), an das Geschehen der Parusie gebunden (1,7.13; 4,13). Die Parusie Christi bringt als das verheißene Erbe die σωτηρία mit sich. Diese wird als das "Ziel des Glaubens" (τὸ τέλος τῆς πίστεως) bestimmt (1,9). Die σωτηρία ist das "Heil für unser Leben" (ὑμῶν σωτηρία ψυχῶν).[215] Ψυχή meint nicht die Geist-Seele im Unterschied zum Leib, sondern das gesamte Leben des Menschen in seiner Personalität (vgl. auch 1,22; 2,11.25; 3,20; 4,19).[216] So wird nach 1,5 nicht ein Teil des Menschen von der Soteria betroffen, sondern die Menschen als solche wer-

---

[213] Von einem "Aufbewahrtsein" oder "Verborgensein" der eschatologischen Heilsgüter im Himmel ist auch in der jüdischen Apokalyptik (vgl. Hen[aeth] 48,6; 62,7 vom Menschensohn; ApcBar[syr] 4,2-6; 4.Esra 7,26; 10,27f.; Hen[aeth] 90,28f. vom oberen Jerusalem bzw. dem Paradies) und im NT weiterhin (Kol 1,5 vom Hoffnungsgut; Kol 3,3 vom Leben; Apk 21,2 vom himmlischen Jerusalem; 1.Kor 2,9 von der bei Gott verborgenen Weisheit; Mk 10,40 par von den eschatologischen Plätzen; Röm 9,23 von den Erwählten; 1.Petr 1,13 von der Gnade) die Rede.

[214] Der Begriff σωτηρία fehlt zwar bei Mt, wird aber durch die Verbform σῴζειν, σωθῆναι verifiziert (Mt 10,22; 19,25; 24,13; 24,22).

[215] Zum Soteria-Begriff im 1.Petr vgl. H. Manke, Leiden, 27-32; K.C.P. Kosala, Taufverständnis, 172ff. G. Dautzenberg, Σωτηρία ψυχῶν (1 Petr 1,9), BZ NF 8 (1964), 262-276.

[216] Vgl. G. Dautzenberg, a.a.O.; L. Goppelt, Komm. 1.Petr, 104 Anm. 63.

den gerettet werden, nämlich die, die ἐν δυνάμει θεοῦ bewahrt sind. Freilich ist das Gerettetwerden auch für die "Gerechten" keine leichte Sache (4,18). Sie müssen ihr Gerecht-Sein vielmehr in ihrem Rechtverhalten (ἀγαθοποιΐα, ἡ ἀναστροφὴ καλή u.ä.) und in der Annahme des Evangeliumswortes (1,25) bewähren. In diesem bestärkt können sie zur Soteria hin "wachsen" (2,2)[217]; εἰς σωτηρίαν gibt hier wie in 1,5 das eschatologische Ziel des "Wachsens" an, das "Ziel des Glaubens" (1,9). - Bis zum Erreichen der Soteria gilt es, die vielfältigen Formen des Leidens zu ertragen. Wie in Mt 10,22 und 24,13 erhält auch im 1.Petr das Ertragen und Erdulden von Leid (ὑπομένειν, vgl. mit 1.Petr 2,20!) die Verheißung des zukünftigen Gerettetwerdens: Trauer (1.Petr 1,6; 2,19), Versuchungen (1,6; 4,1) und Leidenserfahrungen (4,13; 5,9) werden mit der Verheißung eschatologischer Rettung verbunden (1,6-9; 4,13).

Die eschatologische Soteria bringt die ζωή mit sich. Sie ist nach 3,7 zugleich das Heilsgut der κληρονομία und mit der χάρις, die nach 1,13 den Erwählten bei der Parusie Christi bereitliegt, identisch.[218] Die ζωή wird das Ergebnis des eschatologischen Gerichtes für die Erretteten sein. Der Geist Gottes wird in ihnen als ζωή wirken (4,6).

Mit dieser ζωή ist die eschatologische χαρά verbunden (vgl. auch χαίρειν, ἀγαλλίασις, ἀγαλλιᾶσθαι). Sie bedeutet die vollständige Überwindung der gegenwärtigen Leiden, Bedrängnisse und Traurigkeiten (1,6.8f.; 4,13). Ἀγαλλίασις ist schon im AT Terminus für den eschatologischen Jubel der Erlösten (vgl. Ps 95,12; 96,1.8; Jes 25,9; 66,10 u.ö.), der alle gegenwärtige Trauer beenden wird (vgl. Jes 25,8). Der Kontrast von gegenwärtigem Leid und zukünftiger Freude wird besonders in 1,6-9 deutlich. Herrschen jetzt noch Trauer (λυπεῖσθαι; vgl. auch 2,19) und Versuchungen (πειρασμοί; vgl. auch 4,12), so wird der eschatologische Jubel "χαρᾷ ἀνεκλαλήτῳ καὶ δεδοξασμένη" sein. "Verherrlicht" wird die Freude sein, weil sie an der Doxa Christi bzw. an dessen Parusie partizipieren wird (4,13b: ἵνα καὶ ἐν τῇ ἀποκαλύψει τῆς δόξης αὐτοῦ χαρῆτε ἀγαλλιώμενοι; vgl. 5,1). "Unaussprechbar" (ἀνεκλάλητος) wird die Freude sein, weil sie unser gegenwärtiges Sprach- und Fassungsvermögen übersteigt.[219] Beide Bestimmungen sind Ausdruck der unermeßlichen Freude der Erlösten.

Das Erlangen der κληρονομία ist identisch mit der Anteilhabe an der δόξα Christi. Wie κληρονομία und σωτηρία mit einer εἰς-Formulierung das eschatologische Ziel angeben (1,4), so wird dies auch von der δόξα gesagt: Gott ist es, der uns εἰς τὴν αἰώνιον αὐτοῦ δόξαν ἐν Χριστῷ Ἰησοῦ berufen hat (5,10). Die εἰς-Formulierung deutet eine Parallelität mit "εἰς κληρονομίαν" und "εἰς σωτηρίαν" in 1,4f. an. Auch 5,4 zeigt, daß δόξα und κληρονομία parallel zu sehen sind: Die Offenbarung des ἀρχιποίμην bringt den Empfang[220] des "unverwelklichen Kranzes der Herrlichkeit" (ἀμαράντινος τῆς δόξης στέφανος)

---

217 "Ἐν αὐτῷ" bezieht sich in 2,2 vom Kontext her auf das Evangeliumswort in 1,25.

218 "Χάριτος" ist Genitivus objectivus zu "συγκληρονόμοις", "ζωῆς" ist Genitivus epexegeticus zu "χάριτος". Vgl. L. Goppelt, Komm. 1.Petr, 222 Anm. 12.

219 Vgl. auch Röm 8,26: Der Geist muß an unserer Stelle als Fürsprecher eintreten (vgl. auch 1.Kor 2,9).

220 Κομίζεσθαι meint auch sonst im NT den Empfang des eschatologischen Lohnes (vgl. 2.Kor 5,10; Eph 6,8; Kol 3,25; Hebr 10,36; 11,13.39).

mit sich. Das Adjektiv ἀμαράντινος ist in ähnlicher Form in 1,4 als "ἀμάραν-τος" von der κληρονομία ausgesagt[221]. Dies bestätigt die Synonymität von κληρονομία und δόξα.[222] - Die "ewige Doxa" Gottes "in Christus Jesus" wird den Menschen nicht übereignet. Der Brief versteht das Verhältnis zur Doxa vielmehr als Anteilhabe (vgl. 4,13; 5,1). Diese Anteilhabe bewirkt, wie 4,13 bestätigt, die eschatologische Freude bei der Offenbarung Jesu Christi. Der Gedanke der Anteilhabe sagt eine Relation aus, keinen Besitz: Das Heil ist das Einbezogensein in die Doxa Christi. Diese bleibt Christi Eigentum, wirkt aber heilsam für die Erwählten.

So ist für die Heilsvorstellung des 1.Petr festzuhalten: Der Brief beschreibt das eschatologische Heil variabel. Alle dafür eingesetzten Heilsbegriffe interpretieren sich gegenseitig: κληρονομία, σωτηρία, δόξα, ζωή, χαρά. Der Gedanke der Anteilhabe (κοινωνία, κοινωνεῖν) deutet an, daß Heil und Mensch in enger Beziehung zueinander verstanden werden. Der Begriff der κληρονομία hat durch seine Stellung im Satzgefüge 1,4f. eine gewisse Vorzugsstellung, wird aber durch analoge Begriffe wie σωτηρία (1,5) oder δόξα (5,10) erklärt. Der Zusammenhang von 1.Petr 1,4 und 3,9 mit Mt 25,34 legt nahe, daß der Brief κληρονομία als Parallelbegriff zum mt. βασιλεία versteht.

Im Blick auf den Vergleich mit Mt zeigt sich, daß 1.Petr und Mt gleiche Heilsvorstellungen haben: den Gedanken der Erbschaft (Mt 5,5; 19,29; 25,34; 1.Petr 1,4; 3,7.9), den Gedanken der Soteria (Mt 10,22; 24,13; 19,25; 24,22; 1.Petr 1,5.9; 2,2; 4,18), den Gedanken des (ewigen) Lebens (Mt 19,16f.29; 25,46; 1.Petr 3,7.10; 4,6) und den der eschatologischen Freude (Mt 5,12; 13,43; 25,21.23; 1.Petr 1,6.8; 4,13). Sowohl Mt als auch 1.Petr verstehen das Eingehen in das Heil als Errettung aus dem gegenwärtigen Leid, das es jetzt zu ertragen gilt, um am Ende von ihm befreit zu werden (Mt 10,22; 24,13; 5,10-12; 1.Petr 1,6.8f.; 4,13f.). Beide Verf. kennen den Gedanken des präexistent bereitstehenden Heils, das eschatologisch verbindlich eingelöst wird, den Erwählten zur Erbschaft übereignet wird und mit der Gabe des Segens Gottes verbunden ist (Mt 25,34; 1.Petr 1,4; 3,9). Während Mt vorwiegend an der Basileia interessiert ist, geht es 1.Petr um Erbschaft und Doxa. Jedoch sind beide Vorstellungen kompatibel, denn auch Mt weiß, daß die Basileia "geerbt" wird (Mt 5,5; 25,34) und daß Christus am Ende in seiner Doxa herrschen wird (Mt 16,27f.; 19,28; 24,30; 25,31), so wie 1.Petr weiß, daß die Erbschaft ἐν οὐρανοῖς, d.h. ἐν δυνάμει θεοῦ (1,4f.) besteht, womit der bei Mt in der Basileiavorstellung bestimmende Gedanke der himmlischen Herrschaft Gottes ausgedrückt ist. Mt und 1.Petr haben in ihrer Eschatologie also analoge Heilsvorstellungen ausgebildet.

---

[221] Vgl. E. Krafft, Christologie und Anthropologie im 1.Petrusbrief, EvTh 10 (1950/51),121.

[222] Ὁ ἀμάραντος bzw. τὸ ἀμάραντον ist das Amarantengewächs, eine nicht verwelkende Blume (vgl. Bauer-Aland, WNT, 82). Möglicherweise spielt 5,4 daher auf einen Kranz von Amaranten an. Die Unverwelklichkeit der Blume ist Symbol für die Unvergänglichkeit der δόξα. Beide Worte begegnen nur hier im NT. Die Parallelität von 1,4 und 5,4 wird auch von daher nahegelegt. - Στέφανος ist im NT auch in 2.Tim 4,8 ("Kranz der Gerechtigkeit") und Jak 1,12; Apk 2,10 ("Kranz des Lebens") Bild für das eschatologische Heil (vgl. auch 1.Kor 9,25; im atl.-jüdischen Schrifttum: Jes 28,5 [LXX]; Jer 13,18; Sir 47,6; 1QS 4,6ff.; 1QH 9,25; Test XII.Ben 4,1).

4. Das Kriterium der Bezeugung des Matthäusevangeliums in den frühchristlichen Schriften des 1. und 2. Jahrhunderts

Das Matthäusevangelium ist in den frühchristlichen Schriften des angegebenen Zeitraumes umfangreich und vielfältig benutzt worden. Wenn - wie bisher vorausgesetzt - das Matthäusevangelium im 1.Petrusbrief aufgenommen und verarbeitet worden ist, dann ergibt sich zum Schluß unserer Arbeit die Frage, ob aus dem Faktum und der Art und Weise der Benutzung des Mt in diesen Schriften Schlußfolgerungen für die Rezeption des Mt im 1.Petr gezogen werden können.

W.-D. Köhler hat eine detaillierte Untersuchung zur Rezeption des Matthäusevangeliums in der Zeit vor Irenäus vorgelegt.[1] Einen "deutlichen Schwerpunkt der Mt-Rezeption" sieht Köhler "im syrisch-palästinensischen Raum, der sich gut mit der Entstehung des Mt in eben diesem Raum verträgt."[2] Köhler nennt folgende Schriften und Autoren dieses geographischen Raumes, in denen Mt-Einfluß nachgewiesen bzw. vermutet werden kann: Didache; Ebionitenevangelium; Nazaräerevangelium; Philippusevangelium II, 3; Evangelienverkündigung der Johannesakten; Theophilus von Antiochien ("Bücher an Autolikus"); (vielleicht) Petrusevangelium; Tatian Diatessaron.[3]

Für uns ist hinsichtlich der Verfasser- und Adressatenproblematik des 1.Petr die geographische Achse: Rom[4] - Kleinasien von belang. In welchem Maße und

---

[1] W.-D. Köhler, Die Rezeption des Matthäusevangeliums in der Zeit vor Irenäus (WUNT 2. Reihe 24), Tübingen 1987. Ähnlich wie Köhler kam schon E. Massaux, Influence de l' Evangile de saint Matthieu sur la littérature chrétienne avant saint Irénée (DGMFT II, 42), Louvain/ Gembloux 1950 (neu hrsg. von F. Neirynck [BEThL 75], Leuven 1986), zu dem Ergebnis, daß Mt die frühchristlichen Schriften des 1. und 2.Jahrhunderts direkt beeinflußt hat. Dagegen führte H. Köster, Synoptische Überlieferung bei den Apostolischen Vätern (TU 65), Berlin 1957, die Berührungen zwischen synoptischer Überlieferung und den Apostolischen Vätern auf die Rezeption gemeinurchristlicher mündlicher Überlieferung zurück. Zur Auseinandersetzung mit Massaux und Köster vgl. W.-D. Köhler, a.a.O., 2ff.

[2] a.a.O., 526.

[3] a.a.O.

[4] Der Deckname Babylon (5,13) in Verbindung mit der im Brief angegebenen Verfasserschaft durch Petrus (1,1) läßt darauf schließen, daß der Brief in Rom verfaßt sein will. Umstritten ist allerdings der wirkliche Ort der Abfassung. Zum Problem vgl. C.-H. Hunzinger, Babylon als Deckname für Rom und die Datierung des 1.Petrusbriefes, in: Graf Reventlow (Hrsg.), Gottes Wort und Gottes Land (FS H.W. Hertzberg), Göttingen 1965, 67-77. Hunzinger plädiert für eine kleinasiatische Verfasserschaft des Briefes auf Grund der Annahme, daß Babylon als Deckname für Rom in der Zeit 70 n.Chr. vornehmlich im kleinasiatisch-jüdischen und christlichen Schrifttum bezeugt ist (S.77). Abgesehen von dem Baylondecknamen und der Option für den Namen bzw. die Autorität des Petrus (vgl. Ign Röm 4,3; 1.Clem 5,4ff.) spricht für Rom als Abfassungsort jedoch die deutliche Nähe von Traditionen und Motiven des Briefes zum 1.Klemensbrief. Beide Schriften schöpfen aus einem gemeinsamen Reservoir (vgl. dazu E. Lohse, Paränese und Kerygma, 83-85; E. Best, Gospel Tradition, 112f.; N. Brox, Der 1.Petrusbrief in der literarischen Tradition des Urchristentums, Kairos NF 20 [1978], 186f.; ders., Komm. 1.Petr, 42; H. Millauer, Leiden, 192f.; L. Goppelt, Komm. 1.Petr, 66). Für Rom als Abfassungsort plädieren z.B. E. Lohse, a.a.O., 83; E. Best, 1 Peter, 65; L. Goppelt, Komm. 1.Petr, 66; J.H. Elliott, Home, 272; H. Köster, Einführung, 731; W.G. Kümmel, Einleitung, 374f.; O. Knoch, Komm. 1.Petr u.a., 19ff.; H. Balz/W. Schrage, Katholische Briefe, 63f.; F.-R. Prostmeier, Handlungsmodelle, 123ff.; K.H. Schelkle, Komm. 1.Petr u.a., 11; C.P. Thiede, Babylon,

Umfang ist außer 1.Petr noch in den frühchristlichen Schriften der ersten beiden Jahrhunderte in den römischen und kleinasiatischen Gebieten mit Einfluß des Mt-Evangeliums zu rechnen? In diesem Zusammenhang kann auf die Ergebnisse Köhlers zurückgeriffen werden.[5]

4.1. Der Einfluß des Matthäusevangeliums in Rom

Folgende Schriften aus Rom, die Mt rezipiert haben, sind zu nennen[6]: 1.Klemensbrief (kurz nach der domitianischen Verfolgung)[7], Hirt des Hermas (1. Hälfte des 2. Jhndts.)[8] und Justin, "Apologie" und "Dialog mit dem Juden Tryphon" (Mitte des 2. Jhndts.).[9]

(1) *1.Klemensbrief.*[10]

"Die Frage nach der Benutzung des Mt muß für den I Clem offenbleiben. Eine solche Benutzung ist keinesfalls eindeutig nachzuweisen, aber durchaus auch nicht auszuschließen und kann an einigen Stellen immerhin als gut möglich bezeichnet werden."[11] Köhler nennt 3 Stellen, an denen Mt-Abhängigkeit möglich ist, und 2 Stellen, die eine theoretische Möglichkeit zulassen.[12] Eine "große

---

der andere Ort: Anmerkungen zu 1.Petr 5,13 und Apg 12,17, in: ders. (Hrsg.), Das Petrusbild in der neueren Forschung (TVG 316), Wuppertal 1987, 221-229; K.G. Kuhn, Βαβυλών, ThWNT I, 514; A. Strobel, Βαβυλών, EWNT I, 453. - Für Kleinasien als Abfassungsort plädieren außer Hunzinger z.B. R. Knopf, Komm. 1.Petr, 25; P. Vielhauer, Geschichte, 587f.; W. Marxsen, Einleitung, 234; ders., Der Mitälteste und Zeuge der Leiden Christi, 389.391; A. Reichert, Praeparatio, 525-529; vorsichtig N. Brox, Komm. 1.Petr, 42f.; H. Frankemölle, Komm. 1.Petr u.a., 16.

[5] Vgl. auch E. Massaux, Influence (vgl. Anm. 1) und O. Knoch, Kenntnis und Verwendung des Matthäus-Evangeliums bei den Apostolischen Vätern, in: Studien zum Matthäusevangelium (FS W. Pesch), hrsg. v. L. Schenke, Stuttgart 1988, 157-178. Knoch's Ergebnisse entsprechen im ganzen der Analyse Köhlers: "Was die Kenntnis und den Gebrauch des Ersten Evangeliums betrifft, so zeigt sich, daß dieses Evangelium allen Apostolischen Vätern bekannt ist und von ihnen am meisten geschätzt und herangezogen wird." (S.176).

[6] W.-D.Köhler, a.a.O., 524f.

[7] Zu Abfassungszeit und -ort des 1.Clem vgl. H. Köster, Einführung, 726ff.; P. Vielhauer, Geschichte, 529ff.; jetzt: A. Lindemann, Die Clemensbriefe (HBNT 17), 12f.

[8] Nach Herm(v) 1,1,1 ist Rom der Wohnort des Verf. Zur Lokalisierung und Datierung der Schrift vgl. H. Köster, Einführung, 693f.; P. Vielhauer, Geschichte, 522f.; M. Dibelius, Der Hirt des Hermas (HNT, Ergänzungsband. Die Apostolischen Väter IV), Tübingen 1923, 421-423; N. Brox, Der Hirt des Hermas (KAV; KEK Ergänzungsreihe, Bd.7), Göttingen 1991, 22ff.

[9] Vgl. dazu H. Köster, Einführung, 779f.

[10] Vgl. W.-D. Köhler, a.a.O., 57-72.

[11] a.a.O., 72. Dezidierter urteilt O. Knoch, Kenntnis und Verwendung, 163: "Der Verfasser des 1.Klemensbriefes hat sehr wahrscheinlich das Matthäusevangelium gekannt...".

[12] Köhler klassifiziert die Abhängigkeitsverhältnisse der jeweiligen Schriften nach "wahrscheinlich", "gut möglich" und "theoretisch möglich" (a.a.O., 13f.). Diese Klassifikation richtet sich nach dem Grad der qualitativen und quantitativen Nähe zum entsprechenden Mt-Stoff. Die Qualifikation "wahrscheinlich" kommt an einigen Stellen eher der Bestimmung "sehr deutlich" bzw. "ziemlich sicher" nahe, wie z.B. ein Vergleich von Ign Sm 1,1 - Mt 3,15 (vgl. a.a.O., 77ff.: "mit an Sicherheit grenzender Wahrscheinlichkeit" [S.77]) oder ActPl et Thecl 5

inhaltliche Nähe", wenn auch keine direkte Abhängigkeit, sieht er in 1.Clem 13,2a.b - Mt 5,7; 6,12.14; 18,35.[13]

(2) *Hirt des Hermas.*[14]

Der Einfluß des Mt auf Hermas kann nur vermutet werden. "An den Stellen, an denen Mt-Benutzung als möglich erscheint, läßt sich die Herkunft der jeweiligen Motive und Gedanken auch gut anders als durch Mt-Einfluß erklären."[15] Ausgeschlossen, wenn auch nicht naheliegend, ist nach Köhlers Urteil der Einfluß des Mt auf Hermas jedoch nicht. 11 Stellen legen einen möglichen Einfluß nahe. Für theoretisch möglich werden 11 weitere Stellen gehalten.

(3) *Justin.*[16]

Für Justin ist festzuhalten, daß er Mitte des 2. Jhndts. "ohne weiteres alle vier kanonischen Evangelien gekannt haben kann, primär (aber) die synoptischen Evangelien rezipiert hat."[17] Aus theologischen Gründen war ihm Joh wenig hilfreich, dafür umso mehr Mt. Unter dem Gesichtspunkt der Brauchbarkeit gilt: "Sowohl für den Bezug des christlichen Glaubens auf das Alte Testament im Gedanken von Weissagung und Erfüllung als auch für die Entfaltung der christlichen Ethik auf der Basis der ethischen Weisungen Jesu boten die Synoptiker und hier vor allem das Mt von den Justin aller Wahrscheinlichkeit nach zur Verfügung stehenden Quellen deutlich am meisten."[18] "Justins deutliche Bevorzugung des Mt erklärt sich - ebenso wie die 'Benachteiligung' der anderen Evangelien - gut aus den Intentionen seiner Schrift."[19] Der Einfluß des Mt auf Justin ist umfangreich und vielfältig. Köhler nennt 36 Stellen, die einen Mt-Einfluß wahrscheinlich machen. Gut möglich sind ca. 60 Stellen, möglich ca. 20 Stellen. Einiges Mt-Material, das 1.Petr aufnimmt, findet sich bei Justin (vgl. das Feindesliebegebot: Mt 5,44; 1.Petr 3,9; Just Apol 15,9[20]; Dial 35,8[21]; 85,7; 133,6[22]; weiter: Mt 5,48; 1.Petr 1,15f.; Just Apol 15,13; Mt 5,16; 1.Petr 2,12; Just Apol 16,2c[23]; vgl. auch Mt 6,25ff. mit 1.Petr 5,7 und Just Apol 15,14f.; Mt

---

(Vouaux 154,4) - Mt 5,8; cap. 6 (Vouaux 158,2f.) - Mt 5,7 (wörtliche Übereinstimmung mit Mt[S]; vgl. a.a.O., 463f., mit Stellenangaben) verdeutlichen.

[13] a.a.O., 71. - Möglich erscheint mir auch ein Bezug von 1.Clem 13,2e (ὡς κρίνετε, οὕτως κριθήσεσθε) auf Mt 7,2 (ἐν ᾧ γὰρ κρίματι κρίνετε κριθήσεσθε ... Mt[S]!). Satzkonstruktion und Inhalt entsprechen einander, auch wenn der Wortlaut abweicht. Gleiches gilt für 1.Clem 13,2g (ᾧ μέτρῳ μετρεῖτε, ἐν αὐτῷ μετρηθήσεται ὑμῖν) und Mt 7,2b (καὶ ἐν ᾧ μέτρῳ μετρεῖτε μετρηθήσεται ὑμῖν). Die in 1.Clem 13,2 sichtbaren Traditionen stehen im ganzen Matthäus näher als Lukas (vgl. Mt 5,7; 18,33; 6,12.14; 18,35; 7,12; 7,1.2 neben Lk 11,4; 6,31.37.38c). Vgl. auch O. Knoch, Kenntnis und Verwendung, 163.

[14] W.-D. Köhler, a.a.O., 125-128.

[15] a.a.O., 125.

[16] W.-D. Köhler, a.a.O., 161-265.

[17] a.a.O., 264.

[18] a.a.O. - Vor allem im Blick auf die mt. Redekomplexe und Reflexionszitate.

[19] a.a.O.

[20] Als Jesuslogion eingeleitet durch "ταῦτα ἐδίδαξεν".

[21] Dial 35,7 leitet als Jesuslogion ein durch: "προεῖπεν ἡμῖν".

[22] Als Jesuslogion eingeleitet durch "παραγγείλαντος ἡμῖν".

[23] In Apol 16,1 als Jesuslogion eingeführt durch "ἃ ἔφη ταῦτά ἐστι".

5,39 mit 1.Petr 3,9 und Just Apol 16,1[24] zum Thema "Gewaltverzicht"; Mt 4,1-11 mit 1.Petr 5,6ff. und Just Dial 125,4 zur Versuchungsgeschichte).

Fazit: Die Kenntnis des Mt in der römischen Gemeinde bis Mitte des 2.Jhndts. ist in der Skala von möglich bis wahrscheinlich zu beurteilen. In der Entwicklung bis zu Justin ist eine deutliche Bezugnahme auf Evangelienstoff - vor allem Mt - festzustellen. Die Wahrscheinlichkeit, daß der 1.Petrusbrief, der aus Rom verfaßt sein will, das Mt-Evangelium gekannt hat, ergibt sich somit nicht nur aus inneren traditionsgeschichtlichen Kriterien, sondern wird auch bestärkt im Blick auf die Bezeugung des Mt in den angegebenen Schriften des römischen Raumes.

4.2. Der Einfluß des Matthäusevangeliums in Kleinasien

An Schriften und Autoren, die im kleinasiatischen Raum anzusiedeln sind und Mt-Einfluß erkennen lassen, sind zu nennen: Ignatius (Anfang des 2.Jhndts.)[25]; Polykarpbrief (kurz nach Ignatius)[26]; Papias (Mitte 2.Jhndt.)[27]; (vielleicht) Andreasakten (2.Jhndt.)[28]; Paulusakten (160-180 n. Chr.)[29]; Martyrium Polykarps (nach Mitte 2. Jhndt.)[30]; Apollinaris von Hierapolis (um 170 n. Chr.); von Euseb referierte Antimontanisten (ca. 160-180 n. Chr.); vielleicht auch der Barnabasbrief (s.u.).[31]

(1) *Ignatius*[32].
Ignatius ist von besonderem Interesse, nicht nur weil er zeitlich relativ nahe zum 1.Petr steht, sondern auch, weil alle überlieferten Korrespondenzen mit Kleinasien zu tun haben. Der größte Teil seiner Korrespondenz richtet sich an kleinasiatische Gemeinden.[33] Köhler attestiert Ignatius eine sichere Kenntnis des Mt.[34] "Mit an Sicherheit grenzender Wahrscheinlichkeit hat Ignatius das Mt

---

24 S. Anm. 23.

25 Zu Ignatius vgl. H. Paulsen, Studien zur Theologie des Ignatius von Antiochien, Göttingen 1978, 37ff.; ders., Ignatius von Antiochien, in: Gestalten der Kirchengeschichte, hrsg. v. M. Greschat, Bd. 1 Alte Kirche I, Stuttgart u.a. 1984, 38-50; ders., Die Briefe des Ignatius von Antiochia und der Polykarpbrief (HBNT 18), Tübingen ²1985; P. Vielhauer, Geschichte, 540ff.; H. Köster, Einführung, 717ff.

26 Zur Datierung des Briefes vgl. W.-D. Köhler, a.a.O., 97f.; H. Paulsen, Briefe (HBNT 18), 111ff.; H. Köster, Einführung, 745f.

27 Vgl. dazu P. Vielhauer, Geschichte, 757ff.

28 Vgl. dazu P. Vielhauer, a.a.O., 693ff.705f.; W. Schneemelcher (Hrsg.), Neutestamentliche Apokryphen II, 93-108 (Einleitung zu den Anddreasakten von J.-M. Prieur).

29 Vgl. dazu P. Vielhauer, a.a.O., 693ff.699ff.; W. Schneemelcher (Hrsg.), a.a.O., 193-214 (Einleitung zu den Paulusakten von W. Schneemelcher).

30 Vgl. H. Köster, Einführung, 783ff.

31 W.-D. Köhler, a.a.O., 525f.

32 W.-D. Köhler, a.a.O., 73-96.

33 Von Smyrna aus sind die Briefe nach Ephesus, Magnesia, Tralles und Rom gerichtet, von Troas aus nach Philadelphia, Smyrna und an Bischof Polykarp.

34 Vgl. auch O. Knoch, Kenntnis und Verwendung, 167-169.

gekannt und rezipiert; dies ist für einen antiochenischen Bischof zu Beginn des zweiten Jahrhunderts auch nicht weiter verwunderlich. Ebenfalls und aus dem gleichen Grund nicht verwunderlich ist, daß in den Ignatiusbriefen immer wieder Nähe zu uns sonst nur im Mt überlieferten Stoff festzustellen ist; sehr viel weniger oft findet sich Nähe zu für andere Evangelien spezifischem Stoff."[35] An zwei Stellen hält Köhler Mt-Einfluß für wahrscheinlich, an 10 Stellen für gut möglich und an 11 Stellen für theoretisch möglich.

(2) Der Polykarpbrief.[36]

Ebenfalls wichtig für unseren Zusammenhang ist das kurze Zeit nach Ignatius anzusetzende Schreiben des Polykarp, Bischof von Smyrna.[37] Im kleinasiatischen Raum entstanden - nach Philippi adressiert - benutzt es deutlich das Mt-Evangelium, vor allem in der Hinsicht mit 1.Petr parallel, daß der redaktionelle Makarismus Mt 5,10 aufgenommen wird (1.Petr 3,14; vgl. Polyc 2,3b). "Daß Polykarp das Mt gekannt und benutzt hat, ergibt sich mit großer Wahrscheinlichkeit aus c. 2,3b und c. 12,3; mögliche Hinweise auf das "daß" und "wie" dieser Benutzung sind in c. 6,2 und c. 7,2 festzustellen."[38] "Die Kenntnis und Benutzung anderer Evangelien ist für den Polyc nicht mit gleichem Maß an Wahrscheinlichkeit zu behaupten wie für das Mt, sondern allerhöchstens als gut möglich zu betrachten."[39] Für wahrscheinlich hält Köhler Mt-Einfluß an zwei Stellen[40], für gut möglich an zwei weiteren Stellen und den Belegen mit dem Begriff "Gerechtigkeit" im Sinn eines menschlich einzufordernden Tuns[41], für theoretisch möglich kommen noch zwei weitere Belege in Frage.[42] Bemerkenswert sind einige Übereinstimmungen in der Rezeption des Mt mit 1.Petr (vgl. Mt 5,10 mit 1.Petr 3,14 und Polyc 2,3b[43]; Mt 5,16.44.48 mit 1.Petr 2,12; 3,9; 1,15f. und Polyc 12,3, sowie das Verständnis des Begriffes "Gerechtigkeit" im Sinn eines menschlich einzufordernden Tuns (Mt 3,15; 5,6.10.20; 6,1.33; 21,32 [vgl.

---

[35] W.-D. Köhler, a.a.O., 95.

[36] a.a.O., 97-110.

[37] 9,1 blickt auf das Martyrium des Ignatius zurück.

[38] W.-D. Köhler, a.a.O., 109. Vgl. auch O. Knoch, Kenntnis und Verwendung, 169-172.

[39] W.-D. Köhler, a.a.O., 110.

[40] Zu Polyc 2,3b (Mt 5,3.10) vgl. Teil 2.1.2.(1) der Arbeit. Die andere Stelle ist Polyc 12,3 (Mt 5,16.44.48).

[41] Vgl. Mt 3,15; 5,6.10.20; 6,1.33; 21,32; Polyc 2,3 (mit Mt 3,15); 3,1.3; 4,1; 8,1; 9,1.2. "Immerhin aber ist sowohl im Verständnis dieses Begriffes als auch durch die zentrale Rolle, die er sowohl bei Mt als auch bei Polykarp spielt, eine deutliche Affinität zum Mt gegeben, die es als möglich erscheinen läßt, daß Polykarp sein Verständnis von Gerechtigkeit dem Mt verdankt." (a.a.O., 104; vgl. dazu auch O. Knoch, Kenntnis und Ver-wendung, 171).

[42] Ähnlich wie in 1.Clem 13,2a.b (s.o.) ist in Polyc 2,3a in der Aufforderung zur Vergebung und zur Barmherzigkeit eine gewisse Nähe zu Mt 5,7; 6,12.14 und 18,35 festzustellen. Im Unterschied zu 1.Clem 13,2e (Satzkonstruktion und Inhalt entsprechen Mt 7,2) stimmt Polyc 2,3a,a exakt mit dem Wortlaut von Mt 7,1 überein (μὴ κρίνετε, ἵνα μὴ κριθῆτε), Polyc 2,3a,c aber mit dem Wortlaut von 1.Clem 13,2,a (ἐλεᾶτε, ἵνα ἐλεηθῆτε). Eine direkte Bezugnahme von Polyc 2,3a auf Mt ist angesichts der deutlichen Parallele von 1.Clem 13,2 zwar bezweifelbar (Köhler, a.a.O., 107: = "katechetisch durchgeformtes Material"), auf Grund der Übereinstimmung von Polyc 2,3a,a mit Mt 7,1 aber auch nicht auszuschließen.

[43] Als Jesuslogion eingeführt durch "εἶπεν ὁ κύριος διδάσκων" (2,3a).

Teil 2.1.1.1.]; 1.Petr 4,13; 2,24 [vgl. Teil 2.1.2.(2)]; Polyc 2,3; 3,1.3; 4,1; 9,1.2),
die auf eine Nähe der beiden Schriften schließen lassen (s.u. Teil 4.3.[1]).

(3) *Papias von Hierapolis.*[44]
Der Einfluß des Mt auf Papias ist nur sehr unzureichend zu bestimmen. "Wir
haben in Papias einen Schriftsteller vor uns, von dem wir wissen, daß er das Mt
gekannt hat. Mehr wissen wir nicht."[45] Die Kenntnis des Mt von Papias wird
durch Euseb mitgeteilt. (Hist eccl 3,39,16).

(4) Des weiteren für möglich erachtet Köhler Mt-Einfluß in anderen kleinasiatischen bzw. nach Kleinasien lokalisierten Schriften wie:
a) *Martyrium Polykarps.*[46]
Gut möglich ist ein Mt-Einfluß im Brief der Gemeinde Smyrnas an 6 Stellen,
theoretisch möglich an einer Stelle sowie der Gedanke der Vorbildhaftigkeit des
Leidens Jesu (Passionsgeschichte), den die Schrift auf das Martyrium des Polykarp anwendet.
b) *Andreasakten.*[47]
Wahrscheinlich ist der Mt-Einfluß an einer Stelle, an einer weiteren möglich.
c) *Paulusakten.*[48]
Wahrscheinlich ist der Mt-Einfluß an zwei Stellen, gut möglich an 14 und theoretisch möglich an 5 Stellen.[49] Hinzu kommen 3 Belege aus dem 1936 edierten
Hamburger Papyrus[50], die in der Skala "möglich" bis "wahrscheinlich" beurteilt
werden, sowie 7 weitere Belege, an denen der Bezug weniger deutlich, aber immerhin möglich erscheint.
d) *Apollinaris von Hierapolis.*[51]
Aus dem Fragment des Apollinaris von Hierapolis (Über das Passah; Otto Frgm.
II, 486f.) "wird deutlich, daß Apollinaris das Mt gekannt und geschätzt hat und
daß es auch bei seinen Gegnern in hohem Ansehen stand."[52] Gut möglich ist der
Einfluß an 5 weiteren Stellen.
e) *Von Euseb referierte Antimontanistische Schriften.*[53]
Köhler erhebt eine Stelle mit wahrscheinlichem Mt-Einfluß, 4 Stellen sind "gut
möglich", zwei weitere Stellen "möglich".

---

[44] W.-D. Köhler, a.a.O., 151-158.
[45] a.a.O., 158.
[46] W.-D. Köhler, a.a.O., 487-489.
[47] W.-D. Köhler, a.a.O., 459f.
[48] W.-D. Köhler, a.a.O., 463-466. - Nach einem Zeugnis Tertullians (De baptismo 17) sind
die Paulusakten von einem kleinasiatischen Presbyter verfaßt worden (vgl. H. Köster, Einführung, 763; W. Schneemelcher [Hrsg.], Neutestamentliche Apokryphen II, 195).
[49] Köhler bezieht sich auf die Ausgabe von L. Vouaux, (Hg.), Les Actes de Paul et ses
Lettres Apocryphes Textes, traduction et commentaire par ..., Paris 1913 (Les Apocryphes du
Nouveau Testament).
[50] C. Schmidt/W. Schubart, (Hg.), ΠΡΑΞΕΙΣ ΠΑΥΛΟΥ Acta Pauli nach dem Papyrus der
Hamburger Staats- und Universitätsbibliothek, unter Mitarbeit von WS hg. v. CS, Glück-
stadt/Hamburg 1936 (Veröffentlichungen der Hamburger Staats- und Universitätsbibliothek 2).
[51] W.-D. Köhler, a.a.O., 510f.
[52] a.a.O., 510.
[53] a.a.O., 512f.

f) *Barnabasbrief*[54]

Sollte der ca. 130 n. Chr. anzusetzende Barnabasbrief[55] in Kleinasien entstanden sein[56], was nicht sicher zu bestimmen ist[57], käme auch diese Schrift als weitere Stütze für Mt-Rezeption in Frage.[58] Gut möglich ist nach Köhler ein Mt-Einfluß an 3 Stellen[59], theoretisch möglich an 8 weiteren Stellen.

Fazit: Das für die aus Rom verfaßten Schriften erschlossene Resultat (s. Teil 4.1.) ist in noch stärkerem Maße für die erwähnten kleinasiatischen Schriften gültig. Sichere Kenntnis des Mt als Evangelienschrift ist bei Papias und Apollinaris von Hierapolis vorausgesetzt (vielleicht auch Barn 4,14[60]). Sehr wahrscheinlich ist die Aufnahme von Mt-Gut bei Ignatius, Polykarp, in den Paulusakten und in den von Euseb referierten Antimontanistischen Schriften; gut möglich in den Andreasakten und im Martyrium Polykarps.

4.3. Schlußfolgerungen für die Rezeption des Matthäusevangeliums im 1.Petrusbrief[61]

(1) "Explizite Verweise auf das Mt als solches finden sich vor Irenäus nur bei Papias und Apollinaris von Hierapolis."[62] Es handelt sich um Verfasser des kleinasiatischen Raumes. Der Hinweis, daß Mt in Kleinasien nicht nur bekannt war, sondern anscheinend nur hier auch als Evangelienschrift benannt wurde, zeigt m.E., daß dieses Evangelium - im Unterschied zu anderen Gebieten - doch in größerem Umfang beachtet wurde.[63] Es war also für den Verf. des 1.Petr

---

[54] a.a.O., 111-123.

[55] Zur Datierung des Briefes vgl. K. Wengst, Barnabasbrief (SUC 2), Darmstadt 1984, 103-138; ders., Art. Barnabasbrief, TRE 5, 238-241. H. Köster, Einführung, 715, datiert den Brief zum Ende des 1. Jhndts.

[56] So K. Wengst, Barnabasbrief (SUC 2), 117.

[57] H. Köster, Einführung, 715: "Gar nichts läßt sich über den Verfasser und den Entstehungsort sagen."

[58] Vgl. außer Köhler auch O. Knoch, Kenntnis und Verwendung, 172-174.

[59] In bezug auf Barn 4,14 (vgl. Mt 22,14) meint O. Knoch, Kenntnis und Verwendung, 173, "daß Barnabas hier das Matthäusevangelium als heilige Schrift zitiert."

[60] Das Zitat wird als "Schrift" eingeführt.

[61] Die Behandlung des 1.Petr hinsichtlich der Mt-Rezeption ist durch Köhler (a.a.O., 484f.) nur sehr unzureichend durchgeführt worden (E. Massaux, Influence, Louvain/Gembloux 1950, geht auf den Einfluß des Mt auf den 1.Petr gar nicht ein!). Im Vergleich von 1.Petr 2,12 mit Mt 5,16 (1.Petr 3,14 - Mt 5,11f. wird als "gut möglich" erachtet) kann Köhler wohl eine "sachliche Nähe" feststellen, nicht aber in der Terminologie. Jedoch beachtet Köhler nicht das von ihm selbst aufgestellte Kriterium c) "wahrscheinlich" (a.a.O., 13), wonach die Wahrscheinlichkeit des Bezuges festzustellen ist, wenn der "Wortlaut der fraglichen Stelle sich auch in den Abweichungen vom Mt gut unter der Annahme, daß ihr das Mt direkt zugrundeliegt, gut erklärt." (a.a.O.). Daß dies aber für die entsprechenden Parallelen des 1.Petr der Fall, sollte unsere bisherige Untersuchung gezeigt haben.

[62] W.-D. Köhler, a.a.O., 517.

[63] Vgl. W.-D. Köhler, a.a.O., 526: "Für viele Bereiche des Römischen Reiches wie Ägypten, Griechenland, Afrika und Gallien sind uns überhaupt keine vor Justin zu datierenden Schriften erhalten."

durchaus naheliegend, zumal dann, wenn Mt-Gut dem Anliegen das Briefes entgegenkommt, in diesem nach Kleinasien gerichteten Schreiben Mt-Gut zu rezipieren.

Bemerkenswert ist, daß der *Polykarpbrief* nicht nur Zeuge für die Rezeption des Mt ist, sondern - neben 2.Petr 3,1 - einer der ersten Zeugen für die Kenntnis des 1.Petr ist. Zudem sind einige Übereinstimmungen in der Rezeption des Mt zwischen 1.Petr und Polyc vorhanden (!; s. Teil 4.2.[2]). Der 1.Petr spiegelt sich wider in Polyc 1,3 (1.Petr 1,8); 2,1 (1.Petr 1,13; 1,21; 4,5); 2,2 (1.Petr 2,11; 3,9); 2,3 (1.Petr 3,14; vgl. Mt 5,10); 5,3 (1.Petr 5,5; 2,11); 6,3 (1.Petr 3,13); 7,2 (1.Petr 4,7); 8,1 (1.Petr 2,24.22); 8,2 (1.Petr 2,21); 10,1 (1.Petr 3,8; 2,17); 10,2 (1.Petr 5,5; 2,12).[64] Wenn also der Polykarpbrief Anfang des 2. Jhndts. in Kleinasien sowohl Mt als auch 1.Petr benutzt hat, dann ist deutlich, daß beide Schriften, Mt und 1.Petr, in Nähe zueinander existiert haben müssen, so daß Polykarp auf sie zurückgreifen konnte. Die Nähe des 1.Petr zu Mt kann also kein Zufall sein. Wie 1.Petr zu Mt in einer gewissen literarischen Nähe steht, so konnte man auch beide Schriften zusammen benutzen. Der Polykarpbrief spricht also dafür, daß der Zusammenhang von Mt und 1.Petr in Kleinasien gegeben war und daß die Kenntnisnahme der einen Schrift (Mt) durch die andere (1.Petr) durchaus wahrscheinlich ist. - Jedenfalls wird deutlich, daß beide Schriften in einem historischen Zusammenhang stehen. Die Vielfältigkeit, in der Polyc Mt und 1.Petr rezipiert, legt es nahe, daß beide Schriften schon in einer gewissen selbstverständlichen Nähe zueinander existiert haben.

(2) Die von Köhler vorgenommene Untersuchung der Mt-Rezeption in den frühchristlichen Schriften der Zeit vor Irenäus kommt zu Resultaten, die für unseren Zusammenhang bedeutsam sind, da 1.Petr in seiner Art der Mt-Rezeption der der von Köhler untersuchten Schriften in vielem entspricht.

a) "Obwohl sich bei der überwiegenden Anzahl der untersuchten Schriften der Mt-Einfluß wahrscheinlich machen läßt, wird im Vergleich mit dem Text unserer Evangelien sehr frei und ungenau zitiert bzw. rezipiert."[65] Diese Beobachtung trifft auch für den 1.Petr zu, sofern man "frei und ungenau" auf die wortgetreue Übernahme von Mt-Stoff bezieht. Wortgetreu ist die Mt-Rezeption des 1.Petr nicht, wenngleich der Mt-Hintergrund erkennbar bleibt. Dies liegt im wesentlichen an einem Sachverhalt, den Köhler des weiteren als Merkmal der frühchristlichen Mt-Rezeption herausstellt: "Nahezu immer dient die Aufnahme von Evangelienstoff der Unterstützung des aktuellen Anliegens des jeweiligen Verfassers."[66] Der Mt-Stoff wird also dem jeweiligen aktuellen Interesse des Verfassers eingeordnet, umgestaltet, verändert oder verkürzt.[67] Auch folgende Beobachtung Köhlers trifft für den 1.Petr zu: "Dieses immer wieder zu beobachtende aktuelle Verwertungsinteresse erklärt auch, warum fast nie längere Zusammenhänge, sondern nahezu immer nur einzelne Jesusworte rezipiert wurden;

---

[64] Vgl. E. Massaux, Influence, 183-187; K.H. Schelkle, Komm. 1.Petr u.a., 15f.; O. Knoch, Komm. 1.Petr u.a., 22; N. Brox, Komm. 1.Petr, 39.

[65] W.-D. Köhler, a.a.O., 527.

[66] a.a.O.

[67] Vgl. Köhlers, a.a.O., 536, zusammenfassendes statement: "Größtmöglichste Freiheit gegenüber dem 'Text' bei enger Bindung an den Herrn - das war in der Zeit vor Irenäus der Weg, den schriftlich überlieferten Evangelienstoff auf sich und seine Gegenwart zu beziehen."

wer für seine eigenen Thesen nach 'loci probantes' sucht, wird kaum an längeren oder differenzierten Zusammenhängen interessiert sein."[68] Als weiteres Argument für die "Ungenauigkeit der Zitation" führt Köhler die stilistischen Gepflogenheiten des antiken Buchwesens an: "Zweifellos wird die christlichen Autoren nicht unbeeinflußt gelassen haben, daß zur Zeit der Abfassung ihrer Schriften als Kennzeichen eines guten Stils gerade nicht die Anpassung eines (neuen) Kontextes an ein Zitat, sondern umgekehrt die Anpassung eines Zitates an seinen neuen Kontext galt. Anders als vor allem die wissenschaftlichen Autoren unserer Tage wäre kaum ein antiker Autor auf den Gedanken gekommen, wörtliche Exaktheit der Zitate als einen bei der Abfassung einer Schrift notwendigerweise zu berücksichtigenden Faktor zu betrachten."[69] Das trifft auch für die christlichen Schriftsteller zu, für die "das antike Stilprinzip der Einheitlichkeit eines Werkes, das zum Unkenntlichmachen von Zitaten führt(e)", ebenso in der Anwendung zu erwarten ist.[70] Es gilt also, "daß eben offensichtlich nicht der an Wortlaut und ursprünglichem Kontext festzumachende 'Ursprungssinn' eines Zitates, sondern sein aktualisiert auf die Gegenwart bezogener und dabei von der Autorität des Kyrios getragener Inhalt Motivation für das Zitieren war."[71] Freilich muß zwischen dem Zitat und dem rezipierten Zitat "die intendierte inhaltliche Zielrichtung des zitierten Wortes" in Entsprechung stehen. Der Wortlaut des Zitierten wird diesem Interesse eingeordnet: "So erklärt sich auch gut das sonst oft rätselhafte Nebeneinander von 'absichtlichen' und 'unabsichtlichen' Änderungen im Wortlaut eines zitierten Jesuswortes."[72] Man kann demnach nicht davon ausgehen, daß der Text von Zitaten mit dem Text der Vorlage kongruent ist; "für den Nachweis von Rezeption ist man auf den Nachweis von Charakterisika, die sich trotz der ungenauen Aufnahme erhalten haben, angewiesen."[73]

b) "Die bedingt durch das Anwendungsinteresse freie, an der aktuellen Situation orientierte 'gedächtnismäßige' Aufnahme von Evangelienstoff entspricht Gesetzen, die wir heute eher als charakteristisch für die mündliche Aufnahme und Weitergabe von Überlieferungsgut ansehen."[74] Die mündliche Überlieferung ist nicht durch wörtliches Memorieren oder Auswendiglernen gekennzeichnet, sondern durch die kreative Auseinandersetzung mit der sozialen Wirklichkeit. "Genau dieser 'enge kreative Kontakt zur sozialen Wirklichkeit' war aber für den gesamten Untersuchungszeitraum das verbindende Charakteristikum der Aufnahme von Evangelienstoff."[75]

---

[68] a.a.O., 527f.

[69] a.a.O., 528.

[70] a.a.O. - Äußere Faktoren des antiken Buchwesens erschwerten zugleich die Nachprüfbarkeit von Zitaten. Die "zeitliche Dauer der Vervielfältigung durch Abschreiben und ... die dadurch entstehenden Kosten" erschwerten die Verbreitung literarischer Produkte. Das Fehlen von Kapitel- und Verseinteilungen behinderte "das Auffinden vor allem kürzerer Zitate". (a.a.O.).

[71] a.a.O., 529.

[72] a.a.O.

[73] a.a.O.

[74] a.a.O.

[75] a.a.O., 530.

Was Köhler hier für die von ihm untersuchten Schriften der ersten beiden Jahrhunderte feststellt, trifft auch für den 1.Petrusbrief zu. Ob Mt dem 1.Petr schriftlich vorgelegen hat oder ob aus dem Gedächtnis zitiert wird, ist kaum sicher zu entscheiden. Wahrscheinlicher aber ist die gedächtnismäßige Zitation. So würden sich jedenfalls einige, wohl unbeabsichtigte, Änderungen gegenüber Mt erklären lassen (z.B. 1.Petr 3,14: διά + Akk. statt Mt 5,10: ἕνεκεν + Gen.; oder 1.Petr 2,12: δοξάσωσιν τὸν θεόν statt Mt 5,16: δοξάσωσιν τὸν πατέρα ...). Dies würde in Übereinstimmung mit der Zitationsweise der anderen frühchristlichen Schriften stehen. Die gedächtnismäßige Zitation setzt freilich voraus, daß der Brief das Matthäusevangelium explizit gekannt und gegenwärtig hat. Insofern ist die Grenze zwischen mündlicher und schriftlicher Überlieferung kaum noch sicher zu ziehen. Denn das, was das Gedächtnis "mündlich" verarbeitet, hat es - im Fall des 1.Petr - auf Grund der schriftlichen Kenntnis des Mt rezipiert.

c) Des weiteren stellt Köhler heraus, "daß auch schon den Apostolischen Vätern der Evangelienstoff in keiner anderen Form vorlag als z.B. Justin."[76] - Ebenso: daß "noch weit über Justin hinaus sich die Exaktheit der Zitation im Vergleich mit der bei den Apostolischen Vätern keinesfalls signifikant ändert und schließlich auch die Art des Autoritätsverweises prinzipiell gleich bleibt ...".[77] Explizite Verweise auf die Schriftlichkeit der Evangelienüberlieferung begegnen ab Justin.[78]

Das bedeutet für unsere Frage der Mt-Rezeption im 1.Petr, daß explizite Verweise auf die Herkunft der Zitate auf Grund der Kongruenz mit den anderen Mt rezipierenden Schriften der ersten beiden Jahrhunderte nicht zu erwarten sind. Der Brief folgte vielmehr der allgemeinen Tendenz der aktualisierenden und nicht explizit auf eine Schrift verweisenden Rezeption des Evangeliums. Wenn Köhler damit Recht hat, daß die ab Justin begegnenden Verweise auf die Schriftlichkeit der Evangelienüberlieferung im Zusammenhang "der beginnenden und langsam fortschreitenden 'Kanonisierung'" stehen[79], dann ist ebenso deutlich, daß ein expliziter Verweis auf Evangelienstoff im 1.Petr eher überraschend als "logisch" gewesen wäre. Für die größere Exaktheit der Zitation hat die Kanonisierungstendenz im 2. Jhndt. jedoch keine Einwirkung gehabt. "Noch über den Untersuchungszeitraum hinaus bis weit ins 3. Jh. hinein ist die Exaktheit der Zitation noch lange sehr viel weniger wichtig als man sich gemeinhin vorzustellen geneigt ist."[80] Eine "Auslegung" des Evangelienstoffes vor der Zeit des Irenäus ist so gut wie nicht vorhanden, nur eine "Aneignung" desselben.[81]

d) Ebenso für die Beurteilung der Rezeption des Mt im 1.Petr ist die Beobachtung heranzuziehen, daß die Autoren der ersten zwei Jahrhunderte Mt überwiegend als "zuverlässige Quelle für Jesusworte benutzt haben."[82] "Die Rede-

---

[76] a.a.O.

[77] a.a.O., 531.

[78] Justin verweist bisweilen auf Evangelienstoff mit der Einleitungsformel "γέγραπται" (vgl. Dial 49,5; 100,1; 111,3). "Er verrät dadurch, daß er schriftliche Evangelien kennt." (a.a.O., 259).

[79] a.a.O., 531.

[80] a.a.O., 531f.

[81] a.a.O., 532.

[82] a.a.O., 533f.

kompositionen des Mt mit ihrer thematisch wohlgeordneten Fülle von gerade auch praktisch verwertbaren Anweisungen bot (sic!) im Vergleich mit den anderen Evangelien die nach außen hin auffälligste Zusammenstellung von Material für die Aufnahme konkreter Weisungen des Herrn; weder Joh noch Mk und auch nicht das Lk weisen in diesem Maße und Umfang vergleichbares Material auf."[83] - Für den 1.Petr sind die entsprechenden Schlüsse zu ziehen:

a) In Kongruenz zu den Schriften des 1. und 2. Jhndts. hat 1.Petr im Vergleich mit den anderen Evangelien vorwiegend Mt aufgenommen.[84]

b) Das von 1.Petr rezipierte Mt-Gut entstammt vorwiegend den mt. Redekompositionen, also Logienmaterial: 1.Petr 2,12 - Mt 5,16; 1.Petr 3,14 - Mt 5,10; 1.Petr 4,13f. - Mt 5,11f.; 1.Petr 3,9 - Mt 5,39.44f.; vgl. auch 1.Petr 1,15f. - Mt 5,48; 1.Petr 5,7 - Mt 6,25ff.

Wie die Zusammenstellung zeigt, handelt es sich vorwiegend um Material der Bergpredigt. Nicht nur Mt 5,16.39.44f.48 (6,25ff.), sondern auch die durch Mt vollzogene ethische Interpretation der Makarismen zeigen, daß 1.Petr ethischparänetisches Gut des Mt aufgenommen hat. Dies entspricht der Mt-Rezeption in den frühchristlichen Schriften der ersten beiden Jahrhunderte.

c) Ebenso analog zu diesen Schriften agiert 1.Petr hinsichtlich der interessengeleiteten Auswahl des Mt-Stoffes. Das Evanglium war geeignet, um den Christen und Gemeinden, die in den verschiedenen Schriften explizit oder implizit angesprochen werden, durch Rekurs auf die Weisungen des Herrn Orientierung und Hilfe für die jeweilige konkrete Lebenspraxis zu gewähren. Diese bestimmte Mt-Rezeption, die auch im 1.Petr zu erkennen ist, bestätigt m.E. die Annahme der Kenntnis und Verwendung des Mt durch 1.Petr. Darüberhinaus dient Mt dem 1.Petr aber nicht nur als Quelle für Jesusworte, sondern auch als Basis der Theologie. Wie gesehen ist 1.Petr in seiner Theologie (Ekklesiologie, Christologie, Petrusbild, Eschatologie) stark von Mt beeinflußt, aber doch zugleich so frei, um sie der aktualisierenden Tendenz des Briefes entsprechend für Lehre, Trost und Ermahnung der kleinasiatischen Adressatengemeinden einzusetzen.

(3) Die Frage der Zitationseinleitung.

Wenn 1.Petr also Mt-Gut in seinem Brief aufgenommen hat, dann ergibt sich die Frage, warum er keine explizite Einleitung der Zitate unter Hinweis auf ein "Wort des Herrn", ein "Gebot des Herrn" od. dgl. einbringt. Das Problem stellt sich auch dann, wenn man das Vorhandensein atl. Zitate und deren Einleitung im Brief vernimmt, z.B. 1,16: γέγραπται (>> Lev 19,2 LXX); 2,6: περιέχει ἐν γραφῇ (>> Jes 28,16 LXX). Dazu wäre folgendes zu erwägen:

---

[83] a.a.O., 534f. - Zu einem ähnlichen Schluß hinsichtlich des vorwiegend unter ethischen Aspekten rezipierten Mt-Evangeliums gelangt O. Knoch, Kenntnis und Verwendung, 176, im Blick auf die Apostolischen Väter: "Vor allem die Weisungen und Verheißungen des Herrn in der Bergpredigtüberlieferung, die Mahnungen zu einem Leben als echter Jünger Jesu, ... stehen im Vordergrund des Interesses dieser urchristlichen Seelsorger und Lehrer ... Für diese vorwiegend ethisch-paränetische Zielsetzung dieser Schriften bot sich das Erste Evangelium mit seinen ermahnenden Sammlungen von Worten des Herrn zum Leitgedanken der neuen Gerechtigkeit (s. Kap. 5-7; 10; 18; 24f.) als besonders geeignetes Evangeliumszeugnis in besonderer Weise an."

[84] Zum Problem vgl. Teil 1. Anm. 13.

a) Die überwiegende Mehrzahl der im 1.Petr explizit erkennbaren atl. Zitate wird ohne einen ausdrücklichen Hinweis auf das AT oder eine Schrift des AT eingeleitet: vgl. 1,24f.; 2,3; 2,7f.; 2,9.10; die Aufnahme von Jes 53 in 1.Petr 2,21ff.; 3,10-12; 3,14f.; 4,8.18; 5,5.8.[85] Angesichts dieses Befundes erscheinen 1.Petr 1,16 und 2,6 eher als Ausnahme[86], die die Regel bestätigt.[87]

b) Köhlers Untersuchung konnte zeigen, daß die Bezeichnung "γραφή" oder "γέγραπται" als Einleitungsformeln "bei den Autoren des untersuchten Zeitraumes fast allgemein auf das AT beschränkt" ist. "Explizit als 'Schrift' werden die Evangelien in der Zeit vor Irenäus so gut wie nicht zitiert."[88] Als Ausnahme erscheinen Barn 4,14; 2.Clem 2,4; Justin Dial 49,5; 100,1; 111,3. Es ist daher verständlich, daß 1.Petr Evangelienstoff nicht mit "γραφή" oder "γέγραπται" einleitet.

c) Des weiteren hat Köhlers Untersuchung gezeigt: "Die Autorität, unter der der Evangelienstoff angeführt wird, ist, sofern sie benannt wird, immer der Herr, nie die Evangelienschrift als solche."[89] Hier sind z.B. zu nennen:[90] Did 1,6; 8,2; 9,5; 1.Clem 13,2; 46,8; Polyc 2,3; 7,2; Barn 6,13; 2.Clem 3,2; 4,2; 4,5; 5,2-4; 6,1; 8,5; 9,11; Just Apol 15,9; 16,1f.8f.; 16,5; Dial 17,2.3.4; 35,7 u.ö. "Dem entspricht, daß Hegesipp den alttestamentlichen Größen 'Gesetz und Propheten' als 'neutestamentliche' Autorität den 'κύριος' an die Seite stellt."[91] Zugleich muß aber festgehalten werden, daß nicht in jedem Fall erkennbarer Mt-Rezeption eine explizite Einleitung von Herrenworten als "Wort des Herrn" od. dgl. gegeben ist. Zum großen Teil werden Herrenworte ohne explizite Einleitung aufgenommen: vgl. z.B. Did 11,7 (Mt 12,31 parr); Did 7,1 (3,9) = Mt 28,19: Taufbefehl[92] u.ö.; 1.Clem 16,17 (Mt 11,29f.). - Ignatius nennt zum überwiegenden Teil keine explizite Einleitung; "mit einer Einleitungsformel zitiert er - alle Briefe zusammengenommen - nur viermal, davon zweimal mit der Einführungsformel 'γέγραπται' das Alte Testament und zweimal wörtliche Rede, deren Quelle nicht auszumachen ist."[93] Des weiteren vgl. Polyc 12,3 (Mt 5,44 und 5,16.48); Polyc 6,2 (Mt 6,12 par; 18,23-25) u.ö.; Barn 5,8f. (Mt 9,13 parr); 2.Clem 6,2 (Mt 16,26

---

[85] Zur Verarbeitung der vielfältigen atl. Quellen als Zitate und Anspielungen im 1.Petr vgl. vor allem W.L. Schutter, Hermeneutic and Composition in I Peter WUNT 2. Reihe 30), Tübingen 1989, 35ff. 85ff.

[86] W.L. Schutter, Hermeneutic, 36f., rechnet darüber hinaus auch 1.Petr 1,24 (διότι) und 1.Petr 3,10 (γάρ) zu den explizit eingeleiteten Zitaten. Es fehlt hier jedoch gegenüber 1,16 und 2,6 der deutliche Hinweis auf die Schrift. Ähnliches gilt für 4,8 (ὅτι) und 5,5b (ὅτι).

[87] Ein ähnlicher Befund ist auch im 2.Klemensbrief festzustellen: "Auffällig ist im II Clem generell, eine wie geringe Rolle die Quellenangaben spielen; nur drei von neun AT-Zitaten werden direkt oder explizit mit Verweis auf die 'γραφή' eingeleitet (s. c. 6,8; 14,1; 14,2)." (W.-D. Köhler, Rezeption des Matthäusevangeliums, 130 Anm. 3).

[88] a.a.O., 518.

[89] a.a.O., 526f.

[90] Vgl. bei Paulus: 1.Kor 7,10; 9,14; 11,23; vgl. auch 1.Kor 7,25; 1.Thess 4,15.

[91] a.a.O., 518f. Vgl. Hegesipp Frgm. Nr. 6 (nach E. Preuschen, [Hg.] Antilegomena. Die Reste der außerkanonischen Evangelien und urchristlichen Überlieferungen, hg. und übersetzt von ..., 2. umgeartete Aufl., Gießen 1905): "Gesetz, die Propheten und der Herr."

[92] "Die Taufformel in Did 7,1 wird - ohne den Verweis auf eine Autorität - mit einer dem Didachisten eigenen Einleitung mitgeteilt." (W.-D. Köhler, a.a.O., 41).

[93] a.a.O., 73. Vgl. Ign Eph 5,3 (Prov 3,34); Magn 12,1 (Prov 18,17); Phld 7,2 und Sm 3,2.

parr). - In der gegen Ende des 2. Jhndts. verfaßten "supplicatio" des Athenagoras von Athen, in der Mt mehrfach deutlich aufgenommen ist[94], ist das Phänomen nichtexpliziter Zitateinleitung gut wahrnehmbar. "Wie Athenagoras überhaupt in seiner Bittschrift nie von Jesus Christus spricht, vermeidet er auch bei Zitaten bzw. Anleihen aus den Evangelien nahezu ängstlich jede Klassifizierung des Zitierten als Wort des H e r r n; entweder fehlt jede deutliche Einleitungsformel oder es werden Jesusworte äußerst unbestimmt mit 'φησί' oder zwar deutlich als 'λόγοι', jedoch nicht explizit als 'λόγοι κυρίου' eingeleitet."[95]

Die angeführten Beispiele genügen. Sie zeigen, daß es eine beträchtliche Bandbreite zwischen expliziter und nichtexpliziter Anführung von Logienmaterial in den Mt rezipierenden Schriften der ersten beiden Jahrhunderte gegeben hat. Relativ häufig wurden Logien z.B. in der Didache, dem 2. Klemensbrief und vor allem Justin als Herrenworte eingeleitet. Auf der anderen Seite stehen z.B. Ignatius oder Athenagoras von Athen.

Explizite und nichtexplizite Aufnahme von Herrenlogien finden sich auch in den Schriften des Paulus nebeneinander. Die Autorität des "Herrn" bemüht Paulus in 1.Thess 4,15 (vgl. Mt 24,30f.34.39; z.T. mit Parallelen); 1.Kor 7,10 (vgl. Mk 10,11.12; ferner Mt 5,32 par.); 9,14 (vgl. Gal 6,6; Lk 10,7; Mt 10,10b); 11,23 (vgl. Lk 22,19f.; Mk 14,22-24 par.); vgl. weiter 1.Kor 7,25; 2.Kor 12,9. Kein expliziter Hinweis auf ein Wort des Herrn findet sich an Stellen, wo Logieneinfluß vermutet werden kann - freilich mit der jeweiligen Vorsicht -, bei der überwiegenden Mehrzahl der Belege:[96] 1.Thess 1,6 (vgl. Mk 4,16f.); 2.Kor 1,17 (vgl. Mt 5,34-37); Röm 12,14.17 (vgl. Mt 5,39.44; Lk 6,28); 1.Thess 5,15 (vgl. Mt 5,39); Gal 4,6 vgl. Röm 8,15 (vgl. Mk 14,36); Röm 2,1-2; vgl. Mt 7,1-2); 1.Thess 4,8 (vgl. Joh 12,44; Mk 9,37); 2.Kor 11,23-27; 1.Kor 4,10-12 (vgl. Mt 25,35f.); Gal 5,9; 1.Kor 5,6 (vgl. Mt 13,21; Mk 8,15); Röm 14,13.21; 1.Kor 8,9-11 (vgl. Mk 9,42; Mt 18,10.14; 1.Thess 5,13f. (vgl. Mk 9,50); 1.Kor 5,1-5.9 (vgl. Mt 18,19f.); 2.Kor 11,7f. (vgl. Mt 23,11f.); 1.Kor 8,6 (vgl. Mt 23,9f.); Röm 14,14.20 (vgl. Mk 7,18f. par); Röm 2,19f. (vgl. Mt 23,13.16; 15,14); 1.Thess 5,2 (vgl. Lk 12,39); vielleicht auch Gal 5,14; Röm 13,8-12 (vgl. Mk 12,28-34 parr. über Lev 19,18); Röm 13,6f. (vgl. Mk 12, 13-17 par.); 1.Kor 4,2.5 (vgl. Lk 12,42f.); Röm 12,11 (vgl. Mt 25,26); Röm 12,18 (vgl. Mk 9,50); Röm 12,19.21 (vgl. Mt 5,39); 1.Kor 4,12 (vgl. Lk 6,22f.; Mt 5,11f.; Lk 6,27f.).[97]

Der 1.Petrusbrief steht also mit seiner nichtexpliziten Einführung des Mt-Gutes in Kongruenz zu den Mt rezipierenden Schriften des 1. und 2. Jhndts. Die Tatsache nichtexpliziter Einleitung des Mt-Gutes ist jedenfalls nicht für die Er-

---

[94] vgl. W.-D. Köhler , a.a.O., 494-498.

[95] a.a.O., 494.

[96] Dies wird auch von T. Holtz, Jesus-Überlieferung und Briefliteratur. Zur Frage des Ortes der Jesus-Überlieferung in der frühen Gemeinde, in: Geschichte und Theologie des Urchristentums. Gesammelte Aufsätze von T. Holtz, hrsg. von E. Reinmuth und C. Wolff, Tübingen 1991, 17-30, 27, mit Berufung auf entsprechende Äußerungen durch H. Schürmann und L. Goppelt bewußt hervorgehoben.

[97] Eine Zusammenstellung des möglichen Parallelmaterials bietet J.P. Brown, Synoptic Parallels in the Epistles and Form-History, NTS 10 (1963/64), 27-48. Zur Erörterung des Problems der Jesustradition in den Paulusbriefen vgl. N. Walter, Paulus und die urchristliche Jesustradition, NTS 31 (1985), 498-522. Vgl. auch T. Holtz, s. Anm. 96. W.D. Davies, Bergpredigt, 111-117, und D.L. Dungan, The Sayings of Jesus in the Churches of Paul. The Use of the Synoptic Tradition in the Regulation of Early Church Life, Philadelphia 1971.

hebung der Bedeutung des rezipierten Logienstoffes verwertbar. So trifft das von Köhler für die frühchristlichen Schriften der ersten beiden Jahrhunderte getroffene Urteil auch für den 1.Petr zu: "Im großen und ganzen erwies sich die Analyse der Einleitungsformeln für die Frage nach der Mt-Rezeption weder positiv noch negativ als vorrangig bedeutsam: Die Beweislast und -möglichkeit für die Annahme literarischer Benutzung des Mt liegt also fast völlig auf seiten des Vergleichs von Wortlaut und Inhalt einer Schrift mit dem Mt."[98] Daß nicht-explizite Einleitung von Jesuslogien ein Zeichen einer intensiven Kenntnis und Verarbeitung von Jesuslogien sein kann, kann unabhängig vom 1.Petr anhand der Logienrezeption des Paulus wie auch der von Köhler untersuchten Schriften bezüglich der Mt-Rezeption festgehalten werden. Es ist auch die Vermutung zu äußern, daß solch eine scheinbar "unauffällige" Logienrezeption, die nicht explizit auf den "Herrn" verweist, Indiz einer gewissermaßen "selbstverständlichen", gebräuchlichen und so verinnerlichten Aneignung der entsprechenden Logien ist. Denn wer in dieser unauffälligen Weise seinen Adressaten Jesuslogienmaterial darbietet wie z.B. 1.Petr, kann damit andeuten, daß er einen expliziten Verweis auf ein Wort des Herrn nicht für nötig erachtet, weil er die Kenntnis desselben sowohl seinerseits als auch auf seiten der Adressaten voraussetzen kann. Diese Vermutung würde jedenfalls mit der oben festgestellten verbreiteten Kenntnis des Matthäusevangeliums im römisch-kleinasiatischen Raum während der ersten beiden Jahrhunderte übereinstimmen. Dem Verf. solcher Logienmaterial rezipierenden Schriften wäre vielmehr daran gelegen, welches Logiengut und in welcher Art und Weise er dieses seinen Adressaten aktualisierend und interpretierend mitteilt, damit sie diese Rezeption für ihre Situation, Problematik und Fragestellung in einer für sie hilfreichen, stärkenden und tröstenden Weise verstehen und aneignen können. In diesem Sinn vertritt das Schreiben des 1.Petr, auch und vor allem durch die Rezeption der Jesuslogien des Matthäusevangeliums, ein im höchsten Maße *seelsorgerisches* Anliegen. Unsere vorangehenden Analysen haben gezeigt, daß 1. Petr unter diesem Aspekt das entsprechende Jesuslogiengut aus Mt verarbeitet und weitergegeben hat. In diesem seelsorgerischen Anliegen entspricht der Brief der Tendenz des gesamten Matthäusevangeliums.[99]

(4) Schließlich stellt sich die Frage, unter welchen Aspekten der Brief das Mt-Logiengut ausgewählt hat. Eine "lernpsychologische Überlegung" kann hier hilfreich sein.[100] N. Walter hat für die interessengeleitete Aufnahme des Jesuslogiengutes bei Paulus[101] eine Vermutung geäußert, die auch für die Rezeption

---

[98] a.a.O., 520.

[99] Vgl. W. Pesch, Matthäus der Seelsorger (SBS 2), Stuttgart 1966.

[100] Vgl. N. Walter, a.a.O., 515.

[101] Walter, a.a.O., 513-515, rekurriert hier vor allem auf die gesetzeskritischen Überlieferungen der Jesuslogienrezeption, die Paulus durch den Traditionszusammenhang mit der gesetzes- und thorakritischen hellenistisch-jüdischen Urgemeinde (Stephanus-Kreis) vermittelt bekommen habe: Vgl. Röm 14,14a (Mk 7,18f.); Röm 13,8-10 (Mk 12,28-34 parr.) und 1.Kor 7,10f. (Mk 10,11f. im Zusammenhang mit Mk 10,4 - Dtn 24,1). Des weiteren greift Paulus auf Jesuslogien zurück, die für die apostolische Existenz der Missionare eine Bedeutung hatten: Vgl. 1.Kor 9,14 (Lk 10,7 par); 1.Kor 4,11-13 (vgl. Lk 6,22f.; Mt 5,11f.; Lk 6,27f.; Mt 5,44; Mt 5,6).

des Mt im 1.Petr verständlich ist: "Es ist eine an sich selbstverständliche Einsicht, daß aus der Masse an Informationen, die einem entgegentreten, vor allem die zur Kenntnis genommen werden und sich einprägen, denen eine eigene vorgegebene Fragestellung, ein schon vorhandenes Problembewußtsein oder aber besondere Lebenserfahrungen des Informationsempfängers entgegenkommen. Aus solchen Motiven wird sich vor allem bestimmen, was aus einem größeren Informationsangebot ausgewählt, 'internalisiert' und dann auch weitergegeben wird."[102]

Wie sich aus dem 1.Petr unschwer erkennen läßt, geht es in dem Schreiben um das Problem des Leidens und um die Frage der Bewältigung dieses Leidens angesichts der Aggressionen durch die heidnische Bevölkerung. Von dem eben genannten lernpsychologischen Kriterium her ist es also einsichtig, daß der Verf. des Briefes situations- und interessengeleitet dasjenige Mt-Gut auswählt, das seinem Anliegen gemäß das Problem der kleinasiatischen Gemeinden erfaßt und zu bewältigen hilft, das seiner "Fragestellung", seinem "Problembewußtsein" und den "Lebenserfahrungen der Informationsempfänger" entspricht. Dies gilt freilich nicht nur für den Verf. des Briefes, sondern auch für dessen Empfänger, denn der Verf. kann nur dasjenige Material weitergeben, das den Lebenserfahrungen, Problemen und Fragen der Empfänger entgegenkommt. So ergibt sich bezüglich des im 1.Petr rezipierten Mt-Gutes ein Bild, das dieses in zweifacher Perspektive beleuchtet:

1. Mt-Gut, das die Situation der Adressaten widerspiegelt: a) Erfahrung von Leiden unter den Anfeindungen der Umwelt: 1.Petr 3,14 (Mt 5,10); 4,13f. (Mt 5,11f.); 3,9 (Mt 5,39.44f.); b) Erfahrung von Sorge: 1.Petr 5,7 (Mt 6,25ff.). c) Erfahrung diabolischer Versuchung: 1.Petr 5,6ff.; Jak 4,6-10 (Mt 4,1-11).

2. Mt-Gut, das Wege zur Bewältigung dieser Situation aufzeigt: a) Seligpreisung der Adressaten mit Aufruf zur Freude im Leiden: 1.Petr 3,14; 4,13f. (Mt 5,10.11f.); b) Aufruf zu positiver Reaktion und positiven Zeugnisses der feindlichen Umwelt gegenüber: 1.Petr 2,12 (Mt 5,16); 3,9 (Mt 5,39.44f.); c) Ermahnung zur Abgrenzung (1.Petr 1,15f.; Mt 5,48): vom alten heidnischen Lebenswandel (1.Petr 1,15f.) bzw. zur "Vollkommenheit", die der gegenüber der Gerechtigkeit der Pharisäer vergegenwärtigten "besseren Gerechtigkeit" der Jünger entspricht (Mt 5,20); d) Aufruf zum Vertrauen auf Gott: 1.Petr 5,7 (Mt 6,25ff.); e) Ermahnung zum Gehorsam gegenüber Gott und zum Widerstand gegen die diabolische Macht: 1.Petr 5,6ff.; Jak 4,6-10 (Mt 4,1-11).

4.4. Die Rezeption des Matthäusevangeliums im 2. Petrusbrief

Nachdem die Rezeption des Matthäusevangeliums im 1.Petrusbrief und verschiedenen frühchristlichen Schriften aufgezeigt worden ist, ergibt sich - vor allem im Hinblick auf den 1.Petr - die Frage, ob auch die andere ntl. Schrift, die sich explizit der Autorität des Apostels Petrus bedient, eine Affinität zum Matthäusevangelium hat. Diese Vermutung legt sich vor allem deshalb nahe, weil Mt in seinem Evangelium der Petrusfigur eine besondere Rolle zubemessen hat (vgl.

---

[102] a.a.O., 515.

Teil 3.1.). Da sich bisher im Verständnis der Petrusfigur zwischen Mt und 1.Petr deutliche Parallelen gezeigt haben, stellt sich die Frage, ob und in welchem Maße das Matthäusevangelium auch im 2.Petrusbrief verarbeitet worden ist. Zwar sind der 1. und der 2.Petrusbrief hinsichtlich ihrer Herkunft, Absicht und theologischen Zielsetzung durchaus verschieden, doch der Mitte des 2.Jhndts. entstandene 2.Petrusbrief[103] bezieht sich ausdrücklich auf den 1.Petrusbrief zurück (3,1). Der Verf. des 2.Petr hat also den 1.Petr gekannt.[104] Hat er auch Mt gekannt? Dies wäre zumindest dann nicht auszuschließen, wenn man wie im Fall des 1.Petr annimmt, daß das Matthäusevangelium und das Interesse an der Petrusgestalt im engen Zusammenhang stehen. Da beide Briefe unter der Autorität des Petrus verfaßt worden sind, kann diese Vermutung durchaus bedacht werden.

Welche Indizien weisen auf die Kenntnis des Mt durch den 2.Petr hin? W.-D. Köhler hat hinsichtlich der Mt-Rezeption im 2.Petrusbrief nur sehr unzureichende Angaben gemacht.[105] Weiter hilft ein Aufsatz von P. Dschulnigg.[106] Der Verf. konnte in mehrfacher Hinsicht des Einfluß des Mt auf den 2.Petr nachweisen.[107]

1. Erkannt werden Stellen, an denen Mt-Einfluß vorauszusetzen ist: 2.Petr 1,16-18 - Mt 17, 1-9; 2.Petr 2,9 - Mt 6,13; 2.Petr 2,14 - Mt 5,27f.29; 2.Petr 2,20 - Mt 12,45; 2.Petr 2,21 - Mt 21, 32; 2.Petr 2,22 - Mt 7,6.
2. Thematische Parallelen ergeben sich im Blick auf die Parusieverzögerung, die Neuschöpfung von Himmel und Erde, die Einschätzung der Prophetie, die Christologie und Eschatologie, das Gesetzesverständnis und den Gerechtigkeitsbegriff.

Auf Grund dieser Parallelverweise konnte Dschulnigg feststellen, daß der Verf. des 2.Petr einem gesetzestreuen Judenchristentum zuzuordnen ist. Er benutzt die Autorität des Petrus, um entsprechend der hervorgehobenen Rolle des Petrus im Mt dessen Vollmacht, die Verkündigung Jesu für die gesamte Kirche verbindlich auszulegen (vgl. Mt 16,18f.), gegenüber den Häretikern des 2.Petr in Anspruch zu nehmen. Der Verf. "beansprucht in einer Notsituation die Voll-

---

[103] Zur geschichtlichen Einordnung des 2.Petr vgl. H. Frankemölle, Komm. 1.Petr u.a., 73-87; H. Balz/ W. Schrage, Katholische Briefe, 118-123; W.G. Kümmel, Einleitung, 378-383; O. Knoch, Komm. 1.Petr u.a., 199- 231; K.H. Schelkle, Komm. 1.Petr u.a., 177ff.

[104] Vgl. dazu K.H. Schelkle, Komm. 1.Petr u.a., zu 2.Petr 3,1; F. Mußner, Petrus und Paulus, 59; H. Frankemölle, Komm. 1.Petr u.a., 108; R. Pesch, Simon-Petrus, 151. - Parallele Begriffe und Motive weisen darauf hin, daß der 2.Petr den 1.Petr voraussetzt. Eine Zusammenstellung des Parallelmaterials bietet E.M.B. Green, Der 2.Petrusbrief neu betrachtet, in: Das Petrusbild in der neueren Forschung (TVG 316), hrsg. v. C.P. Thiede, Wuppertal 1987, 1-50 (vgl. 8-24). Die von Green vertretene These einer Verfasseridentität beider Briefe (Apostel Petrus) wird in der heutigen Forschung allerdings auf Grund literarischer und theologischer Unterschiede nur selten vertreten (vgl. dazu W.G. Kümmel, Einleitung, 379-382; K.H. Schelkle; Komm. 1.Petr u.a., 179ff.).

[105] W.-D. Köhler, Rezeption des Matthäusevangeliums, 486, begnügt sich mit 7 Zeilen (!) Bemerkungen.

[106] P. Dschulnigg, Der theologische Ort des Zweiten Petrusbriefes, BZ NF 33 (1989), 161-177.

[107] Als Vermutung ist die Kenntnis des Mt durch den 2.Petr auch von O. Knoch, Komm. 1.Petr u.a., 213, geäußert worden.

macht des Petrus nach dem Mt-Ev, um Gemeinden aus der Gefahr von Verirrung und Abfall zu retten."[108]

Aus diesen Hinweisen ergibt sich im Blick auf den 1.Petr folgende Schlußfolgerung: Der 1. und der 2.Petrusbrief haben Mt gekannt und rezipiert. In der Bewertung der rezipierten Themen gibt es einige Gemeinsamkeiten. Hier sind z.B. die Themenkreise "atl. Prophetie" (1.Petr 1,10-12; 2.Petr 1,19-21; 3,2; Mt: Reflexionszitate; 5,17; 7,12; 22,40; 26,54.56), "Gerechtigkeit" als menschlich einzuforderndes Tun des Gotteswillens (1.Petr 3,12.18; 4,18; 2,24; 3,14; 2.Petr 2,21; 2,5.7f.; 3,13; Mt 3,15; 5,6.10.20; 6,1.33; 21,32) und "Parusie Christi" (1.Petr 1,7.13; 4,13; 2.Petr 1,16; 3,4.12; Mt 24,3.27.37.39 u.ö.) zu nennen.[109] Auf Grund der jeweils unterschiedlichen Adressatensituation (1.Petr: Bedrängnis durch heidnische Aggressionen; 2.Petr: Gefahr der Häresie) ist die Mt-Rezeption jedoch im ganzen verschieden verlaufen. Das Thema: "Leiden" und "Bewältigung des Leidens", das im 1.Petr entsprechendes Mt-Gut angezogen hat (vgl. vor allem die Makarismen), spielt im 2.Petr keine Rolle. Hier bedurfte es einer erneuten Gesetzesinterpretation[110] und eines Festhaltens an der Gewißheit der Parusie Christi, um Irrlehrer abzuwehren. Für beide Problematiken bot das Matthäusevangelium einen Fundus, auf den beide Briefe zurückgreifen konnten, um ihr Anliegen sachgerecht zum Ausdruck zu bringen. So bestätigt sich die Annahme, daß das Mt-Gut den jeweiligen Interessen und Erfordernissen der jeweiligen Autoren und Adressaten der Mt rezipierenden Schriften angepaßt und eingefügt wurde. Gemeinsam ist jedoch beiden Schriften, daß sie die Autorität des Petrus bemühen, um die Apostolizität der Briefe zu garantieren. Die Anleihen bei Mt unterstützten dieses Anliegen, da das 1.Evangelium der Petrusfigur eine besondere Aufmerksamkeit gewidmet hat.

Im ganzen kann freilich der 2.Petr für sich genommen keinen Beweis für die Annahme erbringen, daß 1.Petr das Matthäusevangelium rezipiert hat. Er dient der vorliegenden Untersuchung - wie auch der Nachweis der Mt-Rezeption in den frühchristlichen Schriften der ersten beiden Jahrhunderte - als Analogieargument, als ein Indiz in einer Kette von Indizienargumenten. Er zeigt uns aber, daß und wie die Petrusautorität im frühchristlichen Schrifttum Mt-Gut ange-

---

[108] P. Dschulnigg, a.a.O., 176f.

[109] Inwiefern hier direkte Abhängigkeiten in der Reihenfolge: Mt - 1.Petr - 2.Petr vorhanden sind, kann nur vermutet werden. Auszuschließen sind diese jedoch nicht, da der 2.Petr sich explizit auf den - Mt rezipierenden - 1.Petr bezieht (2.Petr 3,1). - Einen expliziten Vergleich in Sprache und Lehre zwischen 1.Petr und 2.Petr bietet E.M.B. Green, Der 2.Petrusbrief neu betrachtet, in: Das Petrusbild in der neueren Forschung (TVG 316), hrsg. v. C.P. Thiede, Wuppertal 1987, 1-50 (vgl. 8-24). Treffend formuliert Green: "Beide Briefe sind in bezug auf ihren Gegenstand tatsächlich weitgehend bestimmt durch die seelsorgerischen Nöte, die sie hervorgerufen haben, und hierin ist der Grund zu suchen für die feststellbare unterschiedliche Akzentsetzung beider Schriften." (a.a.O., 23). Zur Kritik an Greens These der Verfasseridentität beider Schriften vgl. Anm. 104.

[110] Das Thema "Gesetz" spielt im 1.Petr keine Rolle. Der Begriff erscheint nirgends. Obgleich auch die Ethik des 1.Petr nicht ohne eine Orientierung am "Willen Gottes" denkbar ist (2,15; 3,17; 4,2.19; vgl. 1,15f.), erfüllt dieser Begriff im 1.Petr doch eine andere Funktion als der spezifische Gesetzesbegriff. Es geht um das grundsätzlich "gute", d.h. rechtschaffene Verhalten der Christen in der heidnischen Gesellschaft (vgl. 2,12.15.20; 3,1f.13.16.17; 4,19).

zogen hat.[111] In diesem Verfahren ist er dem 1.Petr parallel. Freilich ist im 2.Petr die Autorität des "Petrus" deutlicher als im 1.Petr an die mt. Geschichte Jesu gekoppelt worden (vgl. 1,16-18: Verklärung)[112]. Es hat sich aber in Parallele zum 1.Petr gezeigt, daß das Mt-Material interessen- und adressatenbedingt benutzt wird. Das Matthäusevangelium dient beiden Schriften als autoritative Grundlage, den jeweiligen Bedingungen und Anforderungen der geschichtlichen Situation und theologischen Problematik der Briefe gerecht zu werden.

---

[111] In diesem Zusammenhang wäre auch die frühchristliche apokryphe Petrusliteratur zu nennen, die durch die Autorität des Petrus bestimmt ist. W.-D. Köhler, Rezeption des Matthäusevangeliums, konnte in seiner Untersuchung zur Mt-Rezeption der frühchristlichen Schriften feststellen, daß in der Petrusapokalypse (vgl. SS.314ff.), dem Petrusevangelium (vgl. SS.437ff.), den Petrusakten (vgl. SS.467ff.) und drei Dokumenten aus der gnostischen Bibliothek von Nag-Hammadi ("Die Taten des Petrus und der Zwölf Apostel" vgl. S.402f.; "Apokalypse des Petrus" vgl. S.404ff.; "Brief des Petrus an Philippus" vgl. S.412f.) mehr oder weniger deutlich Mt-Rezeption zu beobachten ist.

[112] Zum Petrusbild im 2.Petr vgl. F. Mußner, Petrus und Paulus, 58-68; R.E. Brown u.a., Der Petrus der Bibel, 134-136; R. Pesch, Simon-Petrus, 151f.; A. Vögtle, Petrus und Paulus nach dem Zweiten Petrusbrief, in: Kontinuität und Einheit (FS F. Mußner), hrsg. v. P.-G. Müller und W. Stenger, Freiburg u.a. 1981, 223-239; O. Knoch, Komm. 1.Petr u.a., 215ff.

5. Zusammenfassung

Die vorliegende Arbeit hat gezeigt, daß das Matthäusevangelium in vielfältiger Weise den 1.Petrusbrief beeinflußt hat. Traditionen, Motive und Gedanken, die für das 1.Evangelium charakteristisch sind, werden im Brief entsprechend den Erfordernissen und Bedingungen der Adressatengemeinden aufgenommen, variiert, interpretiert und aktualisiert. In dieser Form ist der Brief einer der ersten Zeugen für das Weiterleben des Matthäusevangeliums in den frühchristlichen Schriften der ersten beiden Jahrhunderte.

Der Verlauf der Arbeit hat gezeigt, daß der 1.Petrusbrief nicht nur urchristlich verbreitetes paränetisches und katechetisches Überlieferungsgut rezipiert hat, sondern sich auch auf das Matthäusevangelium als solches zurückbezieht. Ein direkter traditionsgeschichtlicher Einfluß konnte hinsichtlich der zwei Makarismen (Mt 5,10 - 1.Petr 3,14; Mt 5,11f. - 1.Petr 4,13f.), des Logions Mt 5,16 - 1.Petr 2,12 sowie der beiden letzten Antithesen (Mt 5,38-48) - unter Aufnahme urchristlicher Tradition in 3,9 - festgestellt werden. Der Einfluß einiger weiterer Logien ist anzunehmen (Mt 5,48 - 1.Petr 1,15f.; Mt 6,25ff. - 1.Petr 5,7; Mt 25,34 - 1.Petr 1,4; 3,9). In 1.Petr 5,6ff. (vgl. Jak 4,6-10) ist mit Rezeption der mt. Versuchungsgeschichte (Mt 4,1-11) zu rechnen. Über diese einzelnen Stellen hinaus wurde ein weitreichender thematischer Einfluß erkannt, der sich auf das Petrusbild, die Ekklesiologie, die Christologie und die Eschatologie beider Schriften bezieht. Am Ende der Arbeit konnte gezeigt werden, daß der Brief seinen historischen Ort dort hat, wo das Matthäusevangelium in den ersten beiden Jahrhunderten weitestgehend bekannt war. Die Art und Weise der Rezeption des Mt in den frühchristlichen Schriften der ersten beiden Jahrhunderte hat verschiedene Aufschlüsse hinsichtlich der Mt-Rezeption im 1.Petrusbrief zugelassen.

(1) Der *Makarismus Mt 5,10*, der durch Mt redaktionell gebildet ist, hat in *1.Petr 3,14* deutliche Spuren hinterlassen. Ein solcher Makarismus mit dem Thema: "Leiden um der Gerechtigkeit willen" ist in der übrigen jüdischen, hellenistischen und urchristlichen Literatur ohne Parallele (vgl. erst Polyc 2,3). Auch in den urchristlichen Schriften, die von Verfolgung und Bedrängnis reden (vgl. z.B. Röm 12,9ff.; 1.Kor 4,12; Jak 1,2.12; 5,11), begegnet dieser Makarismus nicht. Der Gerechtigkeitsbegriff - typisch für Mt - wird im 1.Petr nur innerhalb traditionellen Materials erwähnt (1.Petr 2,24d; 3,12; 3,18b; 4,18), so daß man auch für 1.Petr 3,14 mit Rückgriff auf Tradition zu rechnen hat. Der Begriff hat wie bei Mt eine deutlich ethische Konnotation hinsichtlich des Verhaltens, das am Willen Gottes orientiert ist. Für beide Schriften ist die Gerechtigkeit der Grund des Leidens und die Motivation zur Seligpreisung. Inhalt des Leidens ist die Erfahrung von Aggression, Verdächtigung, Haß, Mißtrauen und Feindseligkeit in Form von Verschmähung und Beschimpfung, die die Christen von nichtchristlichen Zeitgenossen zugefügt bekommen (vgl. Mt 5,10.11f.; 10,17.18; 24,9; 1.Petr 3,14; 4,14.16). Mit gerichtlicher Verantwortung müssen sie rechnen (vgl. Mt 10,17ff.; 23,34; 1.Petr 3,15; 4,15f.). Die Aggressionen bewirken eine Zerstörung sozialer Beziehungen (vgl. Mt 10,34-37; 1.Petr 3,1ff.; 4,3f.). - Der Brief hat den Makarismus in seinem Sinn verändert aufgenommen. Wortlaut und

Wortwahl sind dem Anliegen des Briefes und der Situation der Adressaten angepaßt. Während die mt. Makarismen (5,3ff.) trotz einer sie bestimmenden ethisierenden Interpretation auf Grund des prädikativ vorangestellten μακάριοι und der eschatologischen Verheißung in der Apodosis den Zuspruchcharakter beibehalten, ordnet 1.Petr den Makarismus in seinen Argumentationszusammenhang ein und spricht eine Seligerklärung aus. Die Nachstellung des μακάριοι, die Anrede in der 2.Ps.Pl., die Einbindung in einen potentiellen Bedingungssatz und der Ersatz der mt. Basileiaverheißung durch ein Zitat aus Jes 8,12 sind bedingt durch den Argumentationszusammenhang des Kontextes (3,8ff.), der zum Ertragen des Leidens im Tun des Guten ermutigt und ermahnt. Die Veränderung der Begrifflichkeit (πάσχειν statt διώκειν) ist bedingt durch die petrinische Terminologie, nach der πάσχειν terminus technicus für das gesamte Leiden ist. Stilistische Änderungen (διά + Gen. statt ἕνεκεν + Gen.) sind unerheblich.

(2) Der *Makarismus 1.Petr 4,13f.* weist seine Nähe zu *Mt 5,11f.* gegenüber anderen vergleichbaren jüdisch-urchristlichen Belegen mit dem Thema: "Freude im Leiden" dadurch aus, daß er ein Mt 5,11f. paralleles Schema deutlich, wenn auch in veränderter Reihenfolge, wiedergibt (Mt: Zuruf [Heil]; Bedingung [Verfolgung]; Aufruf zur Freude; Begründung [Lohn]; 1.Petr: Aufruf zur Freude; Lohn [als Verheißung]; Bedingung [Verfolgung]; Heilszuruf + Begründung). Wichtige Begriffe des mt. Makarismus sind im wesentlichen von 1.Petr wieder aufgenommen (χαίρετε, χαρῆτε, εἰ ὀνειδίζεσθε, ἐν ὀνόματι Χριστοῦ [=ἕνεκεν ἐμοῦ], μακάριοι, ὅτι). Die redaktionellen Akzentuierungen des mt. Makarismus (Vorwurf des Bösen; lügnerische Rede) werden im Kontext des petrinischen Makarismus sichtbar (4,15f.). Der lügnerische Vorwurf des Kriminellen wird durch den integren Lebenswandel der Christen ad absurdum geführt (vgl. 2,12). - Die Veränderungen gegenüber Mt 5,11f. sind - wie im Fall von 1.Petr 3,14 (Mt 5,10) - durch Adressatensituation und Kontext bedingt. Der Brief setzt den Makarismus in einen Bedingungssatz, stellt das μακάριοι nach und setzt ὀνειδίζειν ins Passiv, weil er parakletisch-paränetisch argumentiert. Er mahnt zum Tun des Guten (4,19) und zum Erdulden des Leidens angesichts des Trostes kommender Herrlichkeit (4,12ff.). Während Mt an dem Modus, der Handlung und den Tätern der Schmähung interessiert ist (vgl. Temporalsatz; ὀνειδίζειν im Aktiv; Spezifizierungen der Schmähungen durch die Begriffe διώξωσιν, εἴπωσιν πᾶν πονηρόν, ψεύδεσθαι), geht es dem Verf. des Briefes nur um das Faktum des Leidens "im Namen Christi" (anstelle von ἕνεκεν ἐμοῦ bei Mt). Diese Bestimmung hat Achtergewicht. Die Schmähungen erfolgen auf Grund der Christuszugehörigkeit (vgl. 4,16). Der Makarismus erfährt eine christologische Zuspitzung. Im Zusammenhang mit 1.Petr 3,14 (vgl. Mt 5,10.11f.) wird das Leiden um der Gerechtigkeit willen christologisch akzentuiert. In den Makarismus führt 1.Petr Interpretamente ein, die ihn vertiefend deuten: Teilhabe am Leiden Christi als Motivation zur Freude (vgl. 5,1); Verheißung der eschatologischen Freude bei der Offenbarung der Doxa Christi (vgl. 1,7.13; 5,1); Gegenwart der Heilsgabe des Geistes (vgl. Jes 11,2) als Begründung der Seligpreisung. Der Wegfall des Prophetenmotivs ist in der christologischen Zentrierung des Vorbildmotivs (vgl. 2,21) begründet. - Bezeichnend ist im Zusammenhang mit 1.Petr 3,14, daß der Brief nur *die* mt. Makarismen aufgenommen hat, die durch das Leidensthema zur Situation der Adressaten und zum Thema des Briefes pas-

sen. Der Brief wählt selektiv nach Anspruch und Wirklichkeit der Adressatensituation aus.

(3) Das *Logion Mt 5,16*, das hinsichtlich des Vokabulars, des Kontextes und
der Begrifflichkeit deutlich redaktionellen Charakter trägt, ist vom Verf. des
Briefes in *2,12* aufgenommen und mit Hilfe interpretierender Zusätze aktualisiert
worden. Die in beiden Belegen erkennbare Verknüpfung der Motive "Gutes tun"
und "Verherrlichung Gottes" ist zwar in der jüdisch-hellenistischen Missionspredigt vorgeprägt (vgl. TestXII.Ben 5,1-5; TestXII.Naph 8,4), eine davon abzulei-
tende traditionsgeschichtliche Abhängigkeit der beiden ntl. Belege ist aber auf
Grund formaler und sachlicher Unterschiede in der konkreten Entfaltung der Motive auszuschließen. - Hinweise auf Mt-Einfluß in 1.Petr 2,12 sind ein formal
paralleler Aufbau des Logions mit syntaktischen Parallelen (Ermahnung [Mt:
Licht leuchten lassen - "vor den Menschen"; 1.Petr: einen guten Lebenswandel
führen - "unter den Heiden"] + Finalsatz [Mt und 1.Petr: das Sehen der guten
Werke und das Verherrlichen Gottes]) und terminologische Übereinstimmungen:
"gute Werke"; Aorist-Konjunktivform δοξάσωσιν. Das Adjektiv καλός - im
1.Petr gegenüber ἀγαθός deutlich vermindert - deutet auf Abhängigkeit von Mt
hin. Ein analoger Kontext verweist ebenfalls auf Verwandtschaft beider Logien.
Sie fungieren als eine Art Überschrift über die jeweils folgenden Mahnungen
(Mt 5,17-48; 1.Petr 2,13-3,12). Das konkrete Verhalten der Christen in den Bindungen der Gesellschaft ist so unter das gemeinsame Motto des Tuns des Guten
mit missionarischer Absicht und dem Ziel der Verherrlichung Gottes gestellt.
Adressaten des Logions sind in Mt auf Grund des Zusammenhangs von 5,13-16
mit 5,11f. wie auch in 1.Petr 2,12 die verfolgten Christen, die die nichtchristliche
Bevölkerung (die Heiden) zur Verherrlichung Gottes führen sollen. In dieser
überzeugenden Lebensweise bewahren die Christen ihre Identität in Unterscheidung von der sie belastenden Welt. - Der Brief fügt einige Interpretamente ein,
die die Adressatensituation und das Anliegen des Schreibens verdeutlichen. Mit
der Wendung "worin sie euch als Verbrecher verleumden" wird auf das Faktum
heidnischer Aggressivität verwiesen. Die Formulierung "τὴν ἀναστροφήν ...
ἔχοντες καλήν" deutet in petrinischer Terminologie die mt. φῶς-Aussage im
Kontext gesellschaftlicher Aktivität: das gesamte (gesellschaftliche) Rechtverhalten. "Ἐν τοῖς ἔθνεσιν" nimmt sachlich das mt. "ἔμπροσθεν τῶν ἀνθρώπων" auf. Mit der Wendung "ἐκ τῶν καλῶν ἔργων ἐποπτεύοντες" akzentuiert
1.Petr - noch stärker als Mt - den missionarischen Faktor des christlichen Lebens: Jede Verleumdung soll auf Grund einer eingehenden Einsicht in den rechtschaffenen Lebenswandel der Christen ins Unrecht gesetzt werden. Die Schluß-
formulierung "ἐν ἡμέρᾳ ἐπισκοπῆς" bewirkt, daß der verherrlichende Lobpreis
Gottes, zu dem die Heiden auf Grund der Einsicht in die guten Werke der
Christen gelangen sollen, im Unterschied zu Mt eschatologisch mit dem Gerichtstag verbunden wird. Die Möglichkeit des eschatologischen Lobpreisens
Gottes ist an die gerichtliche Verantwortung vor Gott gebunden.

(4) Die von Mt redaktionell gestalteten beiden *letzten Antithesen (Mt 5,38-
42.43-48)* sind vom Verf. des 1.Petr mit Hilfe urchristlicher Gemeindesprache
(vgl. Röm 12,14.17-21; 1.Kor 4,12; 1.Thess 5,15; Lk 6,27f.) in *1.Petr 3,9* aufgenommen worden. Die Petrusstelle ist strukturell parallel zu Mt 5,39.44f. aufgebaut: An eine negative Aussage (Vergeltungsverzicht) schließt sich eine positive

Aussage (Liebes- bzw. Segensgebot) an, die mit einer Verheißung (Mt: Gottessohnschaft; 1.Petr: Segenserbschaft) verbunden ist. Im Unterschied zu anderen
frühchristlichen Belegen, die Stoff der beiden letzten Antithesen enthalten, gibt
1.Petr als einzige Schrift die bei Mt überlieferte Reihenfolge der 5. und 6. Antithese und die antithetische Rahmung Mt 5,38-39a sachlich wieder. Es fehlt dort,
wie auch bei Lk - im Unterschied zu Mt und 1.Petr - das expressis verbis formulierte Gebot, auf Widerstand zu verzichten. - Verschiedene sprachliche und
inhaltliche Merkmale weisen darauf hin, daß 1.Petr beide Antithesen des Mt im
Zusammenhang gekannt und rezipiert hat. Das Vergeltungsverbot (Mt 5,38-42)
enthält 3mal die Präposition ἀντί (2mal ἀντί; 1mal ἀντι-στῆναι), die in 1.Petr
3,9 ebenfalls 3mal wiederbegegnet (2mal ἀντί; 1mal τοὐν-αντί-ον = Reminiszenz an These und Antithese). Die Wendung ἀποδίδωμι κακὸν ἀντὶ κακοῦ
faßt die mt. These (5,38) und Antithese (5,39a) zusammen. Das für Mt typische
πονηρός begegnet auch sonst im 1.Petr nicht, so daß die Aufnahme von κακόν
aus der Gemeindetradition verständlich ist. Die Phrase λοιδορίαν ἀντὶ λοιδορίας ist petrinisches Interpretament. Sie reflektiert einerseits die Adressatensituation und begründet andererseits im Hinblick auf 2,23a den Verzicht auf
Wiedervergeltung christologisch. Die 6. Antithese wird formal durch εὐλογοῦντες + Finalsatz wiedergegeben. Die enge Verbindung von Feindesliebegebot und Segensgebot in Lk 6,27f. spricht dafür, daß beide sachlich eng zusammengehören. Dennoch hat 1.Petr das explizite Feindesliebegebot vermieden, da
er in der Tradition frühchristlicher liebespatriarchalischer Gemeinden steht, die
die Liebe spezifisch als Bruderliebe ausgebildet haben. Im Unterschied zur
Jesusgruppe war für sie die radikale Feindesliebe nicht mehr existenznotwendig.
Es bedurfte vielmehr eines ethisch rechtschaffenen und politisch loyalen Verhaltens, auf das der 1.Petr besonders wert legt. So wie im Brief das Wort "Feind"
fehlt, so auch das entsprechende "Lieben" (des Feindes). Der Feindesbegriff
hätte im Zusammenhang des Briefes keine Funktion, da 1.Petr mit einer positiven Einstellung der Christen zur nichtchristlichen Umwelt rechnet (vgl. 2,13-
17). Aus diesen Gründen wählte 1.Petr das vergleichsweise "nüchternere" Wort
"Segnen". Mit der Feindesliebe hat dieses gemeinsam, daß es den Unrecht- und
Gewaltzusammenhang der Feindschaft zerbricht und eine heilsame Gemein-
schaftsbeziehung stiftet. Das Segensgebot ist eine spezifische Interpretation des
Feindesliebegebotes. Wie bei Mt ist das Gebot des (passiven) Widerstandsver-
zichtes von einem (aktiven) Feindschaft überwindenden Gebot her verstanden
und ausgelegt (= "paradoxe Aktivität"). - Mit Hilfe der Übergangsformulierung:
"denn dazu seid ihr berufen" leitet 1.Petr zu dem Finalsatz über, der das Segens-
erbe verheißt. Die Einführung des Eulogia-Begriffes erklärt sich aus der Paronomasie mit dem aus der Tradition entlehnten (vgl. Lk 6,28; Röm 12,14)
εὐλογοῦντες, während der Zusammenhang von Segen und Erbe atl. Motivverbindung ist. - Auch kontextuell ist ein Zusammenhang mit der 5. und 6. Antithese zu erkennen. Schließen diese die mt. Antithesenreihe ab und bestimmen
den Höhepunkt der von Mt geforderten "besseren Gerechtigkeit" (5,20), so hat
1.Petr 3,(8)9 eine analoge Funktion im Blick auf die Ständetafel (2,13-3,7):
Gewaltverzicht und Segnen sind der Schlüssel zum rechten Verhalten in der
Gesellschaft. - Das von G. Theißen für Mt 5,43-48 herausgearbeitete Imitations-
(Mt 5,45a) und Abhebungsmotiv (Mt 5,46f.) wird in 1.Petr 3,9 durch den Beru-

fungsgedanken hervorgehoben, sofern die Berufung in die Heiligkeit Gottes hineinstellt (vgl. 1,15f. = Imitationsmotiv), zugleich aus der "Finsternis" der Welt entnimmt und ein "erwähltes Volk" konstituiert (vgl. 2,9 = Abhebungsmotiv). Der Verheißung der Gottessohnschaft (Mt 5,45a; 5,9) entspricht im 1.Petr die Verheißung des zukünftigen Segenserbes (= eschatologisches Motiv). In soziologischer Hinsicht läßt die Gewaltverzichts- und Feindesliebe- (bzw. Segens-) Forderung bei Mt und 1.Petr - im Unterschied zu Lk - auf asymmetrische Verhältnisse schließen: Die christliche Minderheit ist sozial und politisch den Aggressionen der heidnischen Mehrheit ausgesetzt. Die pointierte Voranstellung des Gewaltverzichtsverbots deutet auf die Absicht hin, der heidnischen Aggressivität durch Tun des Guten die Kraft zu nehmen.

Das die Antithesen abschließende *Logion Mt 5,48* hat sachlich auf *1.Petr 1,15f.* eingewirkt. Hintergrund beider Sprüche ist Lev 19,2 (LXX). Mt und 1.Petr bringen beiderseits zum Ausdruck, daß Ganzheit und Ungeteiltheit in der Beziehung zu Gott maßgebend sind. Vollkommenheit (Mt) und Heiligkeit (1.Petr) definieren das grundsätzliche Verhältnis ungeteilten Gehorsams gegenüber Gott. Beide Schriften lassen die zentrale Rolle des Verses durch die Stellung im Ganzen erkennen. Mt mahnt am Ende der Antithesenreihe als zusammenfassende Forderung, 1.Petr leitet mit 1,15f. die folgenden Paränesen ein. Beiderseits wird der Imperativ im Indikativ Gottes begründet. Beide Verse haben auch eine grundsätzliche Bedeutung für die Ethik: es geht um das gesamte ("vollkommene"; "heilige") Leben in Entsprechung zu Gott. Vollkommenheit und Heiligkeit stehen in enger Beziehung zur Vaterschaft Gottes (Mt 5,45a.48; 6,9; 1.Petr 1,17). Sie grenzen sich jeweils von heidnischer Lebensform ab (Mt 5,47; 1.Petr 1,14.18). Sprachlich greift 1.Petr auf Lev 19,2 (LXX) zurück, da er in dem Heiligkeitsbegriff gegenüber dem Vollkommenheitsbegriff bei Mt stärker die Pointe der Abkehr vom heidnischen Lebenswandel, um die es in 1,13ff. geht, ausgedrückt sah.

(5) *1.Petr 5,6-9 und Jak 4,6-10* enthalten eine gemeinsame urchristliche Tradition mit dem Thema: Gehorsam gegenüber Gott, Widerstand gegen den Teufel. Diese Tradition hat 1.Petr mit einprägsamen atl. Bildern ("starke Hand Gottes"; "brüllender Löwe") und mit einem atl. Sprache aufnehmenden (s.u.), sich aber an das synoptische Logion vom Sorgen (Mt 6,25ff. par) anlehnenden Logion erweitert (1.Petr 5,7). Weitere petrinische Interpretamente sind das die Paraklese verstärkende ἐν καιρῷ (V6fin.), der mit der urchristlichen Paränese übereinstimmende Wachsamkeitsruf (V8a), die in V8b den Diabolos näher bestimmenden und auf die Gefahr gesellschaftlicher Aggressivität hinweisenden Charakteristika ("Verleumder" [ὁ ἀντίδικος]; "brüllender Löwe"; "umherwandeln, um zu verschlingen"), die in dieser Bedrohung auf Standfestigkeit insistierende Paränese "fest im Glauben" (V9a) und der parakletisch fungierende Hinweis auf das gleiche Leidensschicksal der Bruderschaft in der Welt (V9b). Deutlich sind die Interpretamente zugleich Reflex der bedrohten Adressatensituation. Jak dagegen interpretiert die zugrunde liegende Tradition auf Grund einer Zerstrittenheit in der Gemeinde im Blick auf Bekehrung und Umkehr (Jak 4,8.9). Angesichts einer nicht nur im 1.Petr, sondern auch im Jak feststellbaren vielfältigen Aufnahme von Evangelientraditionen legt sich die Vermutung nahe, daß die Tradition vom Widerstand gegen den Diabolos und dem Gehorsam gegenüber Gott

mit der Versuchungsgeschichte aus Q in Verbindung steht, für die beide Motive prägend sind. Im Blick auf den Zusammenhang des 1.Petr mit Mt ist bedeutsam, daß diese Tradition die *Intention* der *mt. Versuchungsgeschichte* sachlich widerspiegelt. Jesus ist der gehorsame Gottessohn, der im Vertrauen auf Gottes Wort dem Diabolos widersteht. Die im 1.Petr (und Jak) aufgenommene Tradition ist eine *paränetische* Interpretation der Versuchungsgeschichte, die der Intention des Mt entspricht, da dieser - wie auch 1.Petr - an einer Vorbildchristologie gelegen ist: Der Gehorsam des Gottessohnes gegenüber Gottes Wort ist grundsätzlich auch von den Christen gefordert. Die Versuchungen Jesu haben eine grundsätzliche Bedeutung auch für das Leben der Christen. Diese für die Paränese offene Interpretation der mt. Versuchungsgeschichte ist in der Auslegung der Kirchengeschichte wiederzufinden. 1.Petr 5,6ff. enthält einige Indizien, die auf die mt. Versuchungsgeschichte verweisen: 1. Der enge Zusammenhang von Wachsamkeit und Versuchung (1.Petr 5,8) wird in der Gethsemaneszene (Mt 26,41 par) und Mt 4,3 par deutlich: Der Versuchung gilt es in Wachsamkeit zu widerstehen. 2. Die diabolische Handlung ist spezifisch Versuchung (Mt 4,1.3; 16,1; 19,2; 22,18.34f.; 1.Petr 1,6; 4,12). 3. Die Mahnung zur Standfestigkeit im Glauben (1.Petr 5,9a) ist Reflex der Standhaftigkeit Jesu im Widerstand gegen den Diabolos.

Das synoptische *Logion vom Sorgen (Mt 6,25ff. par)* ist in dem mit atl. Sprache formulierten Vers *1.Petr 5,7* erinnert (vgl. Ps 54,23 LXX; Sap 12,13). Er nimmt sachlich die Intention von Mt 6,25ff. par auf. Zwar ist Mt 6,25ff. par an den elementaren Sorgen der Nahrungsbeschaffung und Kleiderversorgung orientiert, während es im 1.Petr um die Sorge angesichts der Bedrohung der christlichen Existenz durch die heidnischen Aggressionen geht, jedoch ist die Begründung für den Aufruf zur Sorglosigkeit in der präsenten Fürsorge Gottes parallel (vgl. Mt 6,25d.e.26.28-30.32b par; 1.Petr 5,7b). Der Rückgriff auf die atl. Belege (Ps 54,23 LXX; Sap 12,13) bot sich dem Verf. des Briefes an, da hier in prägnanter und kurzer Sprache der Horizont der Adressatensituation erfaßt werden konnte. Die Kenntnis von Mt 6,25ff. ist zwar nicht mit Sicherheit festzustellen, kann aber auf Grund der auch sonst beobachteten Nähe des 1.Petr zu Mt angenommen werden. Zwei Indizien können diese Vermutung bestätigen: 1. Mt und 1.Petr deuten das Wort von der Sorge im Kontext der Gemeindeparänese (Mt 6,19-34; 1.Petr 5,5.6ff.). Die *gesamte* Gemeinde wird zur Sorglosigkeit ermutigt. 2. Im Gegensatz zur Sorge fordern Mt und 1.Petr einen festen Glauben (vgl. Mt 6,30: Motiv des Kleinglaubens; 1.Petr 5,9: "fest im Glauben"). Dieser ist beiderseits als unbedingtes Vertrauen auf Gott verstanden (vgl. Mt 6, 24.26.28.33; 1.Petr 5,7a.9).

(6) Im Kontext des thematischen Fragekreises konnte *der Einfluß des mt. Petrusbildes auf das des 1.Petr* nachgewiesen werden. Der Verf. des Briefes beruft sich auf "Petrus" als apostolische Autorität (1,1). Darin entspricht er der mt. Tendenz, Petrus in seiner Funktion und Würde als den von Christus beauftragten Fels-Apostel hervorzuheben (16,17f.; vgl. 4,18; 10,2). Der petrinische Apostolat ist Zeugnis des Leidens Christi (1.Petr 5,1). In dieser Funktion nimmt der Brief die mt. Intention von Mt 16,17f. im Zusammenhang mit Mt 16,21ff. wahr: Das Bekenntnis zu Christus fordert die Anerkenntnis und positive Aufnahme des Leidens Christi. Indem der Brief das Leiden Christi positiv im Zusammenhang mit

dem Leiden der Adressaten sieht (vgl. 2,20f.; 3,17f.; 4,1), wird das mt. Anliegen, Apostolat und Leiden Christi positiv zu verbinden (vgl. 16,21ff.), aufgenommen. - Das Petrusbild erscheint in einer strukturellen Ambivalenz von Gleichordnung und Besonderung. Petrus ist einerseits gleichgeordnetes Glied im Kontext der (Jünger-) Gemeinde (vgl. Mt 21,30 par; 24,3 par; 16,19 mit 18,18; 16,17 mit 11,25ff.; 13,16; 28,19; 1.Petr 5,1; Ermahnung zur Bruderliebe als Ausdruck gemeinschaftlicher Gesinnung [1.Petr 1,22; 2,17 u.ö.]; Petrus als der Trost Gewährende [1.Petr 1,3ff.; 2,9f.; 4,12ff.; 5,9.10.12ff. u.ö.]), andererseits ist er die mit apostolischer Würde ausgezeichnete Autorität (Mt 10,2; 16,18; petrinische Sprecherrolle: 15,15; 18,21f.; 19,27 u.ö.; Handlungsrolle: 14,28-31; Vermittlerperson: 17,24-27; 1.Petr 1,1; "Petrus" als Mahnender: 2,11; 5,1ff.12; als Lehrender: 1,10-12; 2,21ff.; 3,18 u.ö.). - In Konfrontation mit den leitenden Behörden tritt Petrus bei Mt als Vermittlungsperson auf (Mt 17,24-27). Die hier erkennbare grundsätzliche loyale Einstellung spiegelt sich in 1.Petr 2,13-17 wider. Es gilt Anstoß zu vermeiden und die durch Gott gewährte Freiheit als "Kinder" bzw. "Knechte Gottes" (vgl. Mt 17,26 mit 1.Petr 2,16!) durch Rechtschaffenheit in der Gesellschaft und den Behörden gegenüber zu bewähren. - Mt berichtet im Unterschied zu einer verbreiteten Tradition keine Protophanie des Auferstandenen vor Petrus (vgl. Mt 28,7 par). Die besondere Rolle des Jüngers ist in enger Beziehung zum (irdischen) Jesus und seinem Leiden gesehen (vgl. Mt 14,28-31; 17,24-27; 16,21ff.; 19,27ff.; 26,31ff.69ff.). Diesem Anliegen entspricht der Brief, indem er die Zeugnisfunktion des Petrus nur auf das Leiden Christi bezieht, nicht aber auf seine Auferstehung (5,1). Die Wirklichkeit des Auferstandenen ist eine Aussage, die alle (Jünger, Christen) gleichermaßen betrifft (vgl. Mt 28,16ff.; 1.Petr 1,3.21; 3,18). - Petrus tritt besonders im Kontext ekklesiologischer Aussagen in den Vordergrund. Er ist Sprecher und Autorität in Fragen des gemeindlichen Zusammenlebens (vgl. Mt 15,15; 16,16.22; 17,4; 18,21 u.ö; 1.Petr: Petrus als Mahnender [1,11; 5,1.12]; Gemeindeprobleme und -paränese in 1,22; 2,17; 3,8; 4,7ff.; 5,1-5 u.ö.). Der mt. und petrinische "Petrus" begegnet in folgenden Zusammenhängen: 1. Die innergemeindliche Bruderliebe bewährt sich in der unbegrenzten Vergebungsbereitschaft (Mt 18,21.22[ff.]; 1.Petr 4,8). 2. Das Petruswort (Mt 16,18) deutet die Kirche als Bauwerk auf dem (eigentlichen) Fundament Christi. Diese Vorstellung läßt der Verf. des 1.Petr auch vom Apostel "Petrus" vertreten (1.Petr 2,4f.). 3. Das Petruswort Mt 16,(17) 18f. bezieht sich auf die Entscheidungsvollmacht in Fragen der Lehre und Gemeindedisziplin (vgl. Mt 18,18; 23,13). Der Verf. des Briefes ("Petrus") betont diesen Aspekt, indem er in Lehrfragen (vgl. die vielen Belehrungen des Briefes und die Kenntnis der Schrift 1,10-12; 1,16; 2,6 u.ö) und Fragen der Gemeindedisziplin (4,7-11; 5,1-5) die Wahrheit Gottes zur Geltung bringt (5,12). In der Funktion des die Gemeinde unterweisenden und des in der Schrift kundigen Lehrers ist der Verf. des Briefes mit dem Verf. des Mt vergleichbar (in Mt vgl. die schriftkundige Verarbeitung des AT). Die petrinische Autorität in Fragen der Lehre und Gemeindedisziplin steht repräsentativ für die entsprechende Vollmacht der Gemeinde (vgl. Mt 18,18; 28,16ff.; 1.Petr 4,10f.; 5,1ff.). Der Petrus-Apostel hat eine die Gesamtkirche umfassende Verantwortung und Aufgabe (Mt 16,17-19: universale Binde- und Lösegewalt; 1.Petr 1,1; 2,11: Anrede an die Fremdlinge in der Diaspora; 5,9: Verbundenheit mit der Bruderschaft in der

Welt; 5,13: Rom als Garant der Ökumenizität des Schreibens). - Petrus ist der Apostel, an dem Mt die Notwendigkeit der Leidensnachfolge (Mt 16,21.ff.24ff.; 19,27f. u.ö.) und der Bindung an Jesus und seine Lehre (Mt 4,8; 10,2; 16,17-19; 17,24-27; 14,28-31; 19,27f.; 26,31ff.69ff. u.ö) verdeutlicht. Der Verf. des Briefes entspricht diesem Anliegen, indem er den Gedanken der Leidensnachfolge positiv einbringt (2,20f.; 3,17f.; 4,1) und die "Lehre Jesu" zur Geltung bringt (1,15f.; 2,12; 3,9.14; 4,13f.; 5,7 s.o.). Am Problem der Leidensnachfolge macht Mt die Ambivalenz im Petrusbild klar (vgl. Mt 16,16 im Kontext mit Mt 16,21ff.; vgl. weiter 14,27ff.; 26,33.58 im Kontrast zu 14,30ff.; 15,15f.; 18,21; 26,69ff.: Glaubensmut gegen Glaubensstärke). Diese Ambivalenz im Petrusbild hat 1.Petr verändert, indem er die mt. Intention zur Geltung bringt, daß Nachfolge und Leiden zusammengehören. Dementsprechend werden die negativen Seiten (Glaubensschwäche; Versagen) aus dem petrinischen Petrusbild ausgeblendet (vgl. z.B. "Skandalon" weg von Petrus [Mt 16,23] auf die Beziehung Christus - Heiden gedeutet: 2,8), während die positiven Seiten (Glaubensstärke und Einsicht) verstärkt werden: Petrus ist die Autorität, die am Leiden Christi teilhat (5,1), die Einsicht in die Notwendigkeit des Leidens erhalten hat (1,6f.; 3,17f.; 2,19.20f.; 4,1.13f.; 5,9) und zur Glaubensstärke ermutigt (5,9f.). Darin bringt der Brief die mt. Intention zur Geltung, wonach der "Petrus"-Fels Repräsentant für Einheit und Zusammenhalt der Kirche ist. Da der Brief Identität und Selbstwertgefühl der Adressatengemeinden stärken mußte, hat er den Widerspruch im mt. Petrusbild entschärft, Petrus zum Garanten einer positiven Einstellung zum Leiden gesetzt, seinen Glaubensmut durch Ermutigung der Gemeinden zur Geltung gebracht, seine Vermittlerkompetenz gegenüber den Behörden zum Schutz der Gemeinden angesichts einer sie bedrohenden Gesellschaft eingesetzt, seine Einsicht in den Heilsplan Gottes und die Deutung der Schrift hervorgehoben, um den Sinn des Leidens verstehen zu lernen, ihn zum Garanten des gesamtkirchlichen Zusammenhalts gemacht und seine kollegiale Funktion neben der autoritativen gestärkt, um Solidarität mit den Gemeinden zu erweisen. Dieses Petrusbild ist somit Reaktion und Reflex auf den Anspruch und das Bedürfnis der Adressatengemeinden, den ihr zustehenden Ort in einer durch die Welt bedrohten Existenz zu finden.

(7) Mt und 1.Petr entsprechen sich auch hinsichtlich der *Ekklesiologie.* Die Gemeinde ist das neue erwählte Gottesvolk (Mt 1,21; 16,18; 21,43; 1.Petr 2,9f.; 5,2), das seine Identität in der Bindung an Christus hat (Mt 16,18; 18,17.20; 28,18ff.; 1.Petr 2,4-10). Die Erwählung zum Gottesvolk stärkt Identität und Selbstbewußtsein der Gemeinde in einer Christus ungehorsamen Welt (Mt: Israel; 1.Petr: Heiden). Das Gottesvolk bewährt seine Erwählung in der glaubenden Annahme des von Gott erwählten, von den Ungehorsamen aber verstoßenen Ecksteins Jesus Christus (Mt 21,42; 1.Petr 2,4-10) und im heiligen, von guten Taten gekennzeichneten Lebenswandel (Mt 5,13-16.20.21-48; 7,24-27; mt. Fruchtmotiv: 7,15ff.; 12,33ff.; 13,18-23; 21,41.43; 1.Petr 1,15f.; 2,5.12.15.20; 3,1f.6.9.16.17; 4,19 u.ö.). Leitmotiv des Handelns ist der Wille Gottes (Mt 6,10; 7,21; 12,50; 18,14; 21,31; 26,42; 1.Petr 2,15; 3,17; 4,2.19). Der ethisch rechtschaffene, d.h. "heilige Lebenswandel" muß sich angesichts der Aggressionen der nichtchristlichen Bevölkerung bewähren (Mt 5,10-12; 10,17ff.; 23,34; 24,9; 1.Petr 2,12.15f.; 3,14.16; 4,4.13f.15.16), diese überzeugen und zur Ver-

herrlichung Gottes führen (Mt 5,16; 1.Petr 2,12.15; 3,1f.15). Insofern ist die Gemeinde als missionarische Gruppe verstanden (Mt 5,13-16; 24,14; 26,13; 28, 18ff.; 1.Petr 2,9.12; 3,1f.15), die durch Wort und Tat in einer feindlich gesinnten Welt überzeugend sich darstellt, indem sie auf die Außenstehenden Rücksicht nimmt, auf bewußte Provokation durch Ärgernisse und Anstöße verzichtet und dadurch einem Konflikt ihrerseits vorbeugt (Mt 17,24-27; 22,15-22; 1.Petr 2,13-17; 3,15). So bewährt sich die christliche Freiheit der Gottessöhne in den Bindungen der Welt und bringt diese Freiheit für die Welt positiv zur Geltung (Mt 17,24-27; 1.Petr 2,12.13-17; 3,15; 4,15). - Die Gemeinde steht in der Nachfolge Jesu Christi, die durch die Bereitschaft zum Leiden (Mt 5,10f.; 8,18ff.; 10,17ff.38f.; 16,24ff.; 19,16-30; 20,25-28; 1.Petr 2,20f.; 3,17; 4,1) und zum Verzicht (z.B. auf Macht, Privilegien und Ansehen) gekennzeichnet ist (Mt 19,16ff.; 20,25-28; 23,8-12; 1.Petr 2,11; 3,17; 4,1-4.14f.; 5,2f.). Sie muß mit Gefahr, Zumutung und Anfeindung rechnen. Berufung, Nachfolge und Erfahrung von Leid stehen in enger Verbindung (Mt 8,18ff.; 10,16ff.; 16,24ff.; 1.Petr 2,20f.; 3,17f.; 4,1). Aber gerade darin gilt es, Feindesliebe und den Verzicht auf Wiedervergeltung zu üben (Mt 5,38-48; 1.Petr 3,9). Christus nachfolgen heißt zugleich, ethisch rechtschaffen, d.h. in "Gerechtigkeit" zu leben (Mt 5,6.10.20 u.ö.; 1.Petr 2,24c; 3,14). Gefordert ist die positiv missionarische Reaktion durch Wort und Tat, um den Anfeindungen der Umwelt zu entgegnen. In dieser Nachfolge Christi ist die Gemeinde auf die Hilfe ihres Herrn angewiesen. Sie ist an ihn gebunden und lebt von ihm her (Mt 14,28-31; 10,1ff.16ff.; 16,24ff.; 28,18ff.; 1.Petr 2,21.24.25; 3,18). - Diese bisher genannten Aspekte beschreiben die Ekklesiologie im wesentlichen in ihrer Beziehung zur Welt. Nach innen versteht sich die Gemeinde als Bruderschaft, die sich im gegenseitigen Erweis der Bruderliebe konstituiert (Mt 12,46-50; 18,15-20.21ff.; 23,8; 1.Petr 1,22; 2,17; 3,8; 4,8; 5,9.14). Das Verständnis der Gemeinde als Bruderschaft schließt den Anspruch auf Herrschaft, Macht, Vorzüge und Privilegien aus (Mt 20,25-28; 23,8-12; 1.Petr 5,2f.). Vielmehr entsprechen die Christen der Demut Christi im Leiden (vgl. Mt 10,24f.; 11,29; 21,5; 20,25-28; 1.Petr 2,20ff.; 3,17f.; 4,1) durch gegenseitige Anerkennung und Behandlung in Demut und Dienstbereitschaft (Mt 18,1-5; 20,25-28; 23,8-12; 1.Petr 3,8; 5,5.6). Die Demut vor Gott erhält die Verheißung entsprechender Erhöhung durch Gott (Mt 18,4; 1.Petr 5,6). Konkret beweist sich die Bruderliebe in der unbegrenzten Bereitschaft zur Vergebung gegenüber dem sündigen Mitbruder (vgl. Mt 18,15-20 mit 18,21ff.; 6,14f.; 1.Petr 4,8). Beide Schriften bekunden hier ihr seelsorgerisches Anliegen. Der brüderliche Zusammenhalt stärkt die Gemeinschaft und das Selbstbewußtsein der Christen angesichts einer feindlich gesinnten nichtchristlichen Umwelt. Die Gemeinschaft der Brüder ist dazu aufgefordert, keinen Bruder verloren gehen zu lassen. Um jedes einzelne "verirrte Schaf" der Gemeindeherde muß Sorge getragen werden (Mt 18,10-14; 1.Petr 2,25; 5,2f.). Hier bekundet sich das paränetische Interesse beider Schriften in der Hirt/Herde-Metaphorik. Jedoch ist die Vergebungsbereitschaft gegenüber der Gemeindedisziplin prävalent (Mt18,21ff.; 1.Petr 4,8; ποιμαίνειν, ἐπισκοπεῖν in 5,2). In der Ausübung der Hirtenrolle entspricht die Gemeinde dem fürsorgenden Hirtenamt Jesu (vgl. Mt 2,6; 15,24; 26,31f.; 25,31ff.; 1.Petr 2,25; 5,4 mit Mt 18,10-14 und 1.Petr 5,2f.). - Die Gemeinde versteht sich als vom Geist getragenen (vgl. Mt 10,19f.; 12,31f.; 28,19f.;

1.Petr 1,2; 2,5) Bau, der auf dem Eckstein Jesus Christus ruht (Mt 16,18; 26,61; 21,42; 1.Petr 2,4-10). Jener ist der neue Tempel (Mt 16,18; 26,61; 1.Petr 2,5; 4,17), der zur Darbringung "geistlicher Opfer" bestimmt ist (Mt 9,13; 12,7; 1.Petr 2,5). Dieses Opfer ist im Unterschied zum atl. Tempelkult der gesamte "heilige Lebenswandel" der Christen. - Die von Mt abweichenden im Brief vorhandenen ekklesiologischen Motive erklären sich auf Grund eigener Erfahrungen der Adressatengemeinden (vgl. Fremdlingschaft; presbyteriale Gemeindeverfassung) bzw. eigener traditioneller Einflüsse (vgl. Priesterschaft) des Briefes.

(8) In bezug auf den christologischen Themenkreis gibt es folgende Parallelen: Mt und 1.Petr deuten ihre *Christologie* anhand funktionaler Aussagen. Hoheitstitel treten zugunsten einer an der *Geschichte Jesu* orientierten Christologie zurück. Deutet Mt diesen Aspekt u.a. durch seine Immanuel-Konzeption an (1,23; 18,20; 28,20), so sieht 1.Petr wie Mt das Christusgeschehen in der Spanne von Verheißung (Mt: Reflexionszitate; 1.Petr 1,10-12), (Sühne-)Tod (Mt 1,21; 20,28; 26,28; 27,37; 1.Petr 2,21ff.; 3,18), Auferweckung (Mt 16,21; 17,23; 20, 19; 28,1ff.; 1.Petr 1,3.21; 3,18.21), Erhöhung (Mt 28,16ff.; 1.Petr 3,22) und Parusie (Mt 13,41; 16,28; 19,28; 24,30; 25,31ff.; 1.Petr 1,1.13; 4,13; 5,1). Der Brief nimmt die mt. Intention der "Verflüssigung" der Hoheitstitel auf und führt sie konsequent durch, indem er das Christusgeschehen in seiner soteriologischen Bedeutsamkeit definiert. In 1,11, einer Art Überschrift für die Christologie des Briefes, wird das Christusgeschehen in der Spanne von Leiden und Herrlichkeit (Auferstehung und Parusie) gesehen. Es ist nach 1,10-12 durch die atl. Prophetie verheißen (vgl. Mt: Reflexionszitate) und somit in der Gesamtheit von Niedrigkeit und Herrlichkeit als geschichtliche Erwartung in der atl. Prophetie vorausgenommen. Beide Schriften orientieren sich an Niedrigkeit und Leiden Christi mit der Konzeption, daß Christus in der gehorsamen Erfüllung des Gotteswillens, als Gerechter unschuldig leidend (vgl. Mt 27.4.18.19.23.24; 1.Petr 2,21ff.; 3,18), vertrauend auf Gottes Recht, freiwillig auf eigenes Recht und Wiedervergeltung verzichtete (vgl. Mt 3,15; 4,1-11; 6,10; 11,29; 12,20; 21,5; 26,39.42.52f.; 27,43; 1.Petr 2,21ff.; 3,17f.). Sein Leiden steht unter der Notwendigkeit des göttlichen Ratschlusses (vgl. Mt 16,21; 17,22f.; 20,17-19; 26,2.54.56; 1.Petr 1,11.19.20; 3,17f.). - Christus ist der Eckstein, an dem der Unglaube Anstoß nimmt (Mt 21, 42.44; 1.Petr 2,4ff.). Seinetwegen werden die Christusanhänger geschmäht und beschimpft (Mt 5,10-12; 10,17f.22; 23,34; 24,9; 1.Petr 2,12; 3,14; 4,13f.15f.), so daß sie sich vor Nachbarn und Gerichten verantworten müssen (Mt 10,17f.; 1.Petr 2,12; 3,15). Seinetwegen entsteht Ablehnung und Unverständnis, so daß das Christusgeschehen ein welthaft-öffentliches Skandalon wird. Der gleiche Ärgernis erregende Eckstein ist das Kirchenfundament, auf dem die Kirche erbaut wird und die Christusanhänger ihre Identität erhalten (Mt 16,18; 21,42; 26,61; 1.Petr 2,4ff.). In diesem Gemeindebau ist Christus der gegenwärtige Herr, der das Leben vermittelt (Mt 1,23; 18,20; 28,20; 1.Petr 2,4f.). Die Gemeinde ist von Christus als fürsorgendem und achtgebendem Hirten getragen, der sich für seine verirrten Schafe heilsam und rettend einsetzt (Mt 2,6; 9,36; 10,6; 12,11; 15,24; 26,31; 1.Petr 2,25). Auch bei seiner Parusie wird er als (Weltenrichter)Hirte erscheinen (Mt 25,31ff.; 1.Petr 5,4). Das Hirtenmotiv wird ekklesiologisch nutzbar gemacht, indem die Gemeinde Anteil an der Vollmacht Jesu Christi erhält (Mt 18,10-14; 1.Petr 5,2f.). Christus bleibt bis zum Ende der Leit-

hirte der Gemeinde (vgl. Mt 2,6; 26,31f.; 28,7; 1.Petr 5,4), der ihr die Anteilhabe
an der zukünftigen Doxa (1.Petr 1,7; 4,13; 5,1) bzw. Basileia (Mt 5,3.10; 25,34)
verheißt. - Die Christologie ist deutlich soteriologisch und ekklesiologisch appli-
ziert. In der Nachfolge erhält die Gemeinde Anteil an seiner Vollmacht wie auch
an seinem Schicksal, wobei das Leiden Christi einmalig bleibt und nicht nachgeahmt werden kann. Die Anteilhabe betrifft konkret das Leiden als solches (Mt
5,10-12; 10,16ff.38f.; 16,24ff.; 20,25-28; 1.Petr 2,20ff.; 3,17f.; 4,1.13; 5,1), den
Gehorsam im Leiden (vgl. Mt 16,21; 17,22f.; 20,19ff.; 26,39.42.52f.54; 27,43
mit Mt 8,18-22; 10,17.38; 16,24f.; 19,16-26.27-30; 1.Petr 2,20ff.; 3,17f.; 4,1),
die Ausübung von Gewaltverzicht und Feindesliebe (vgl. Mt 5,38-48 mit 26,52f.;
27,27ff..31ff.; 1.Petr 3,9 mit 2,23), das Hirtenamt (s.o.), die Demut und Dienstbereitschaft (vgl. Mt 11,29; 21,5; 20,25-28; 23,8-12; 1.Petr 2,23; 3,8; 5,5f.), die
Sündenvergebung (vgl. Mt 1,21; 9,6; 26,28 mit Mt 6,14f.; 9,8; 18,18.21ff. und
1.Petr 2,24a; 3,18 mit 1.Petr 2,24d; 3,9; 4,8). - Dem Leiden um Christi willen
(Mt 5,11; 1.Petr 4,14) korrespondiert die Freude, die in der Anteilhabe an der
eschatologischen Basileia (Mt) bzw. Doxa (1.Petr) vollendete Freude sein wird
(Mt 5,12; 25,34; 1.Petr 1,6.8; 4,13). An Christus als Eckstein trennen sich
Glaube und Unglaube, Heil und Gericht (Mt 21,42-44; 1.Petr 2,6-8).

(9) Im Blick auf die *Eschatologie* sind weitere Parallelen zwischen Mt und
1.Petr erkennbar: Die Kirche befindet sich in der Endzeit, die eine Zeit der sich
steigernden Not und Bedrängnis ist (Mt 10,17ff.; 24,3ff.; 1.Petr 1,20; 1,6; 2,12.
19.20; 3,14; 4,1ff.12f. u.ö.). In ihr wird die Gemeinde zum Durchhalten und Ertragen des Leidens (Mt 10,22; 24,13; 1.Petr 2,19.20; 4,12ff.) wie auch zu missionarischer Tätigkeit ermutigt (Mt 5,16; 24,14; 28,18ff.; 1.Petr 2,12; 3,1.15). Insofern ist die Jetzt- und Zukunftzeit die Zeit der missionarischen Kirche, die in der
durch Christus initiierten "Endzeit" (Mt 16,18f.; 26,61; 28,18ff.; 1.Petr 1,20) bis
zum Ende der Endzeit, der Parusie, fortbesteht. Die missionarische Tätigkeit ist
unbeschränkt und findet erst mit dem Einbruch der Parusie ihr Ende (Mt 24,14;
28,18ff.; 1.Petr 1,7.13; 2,12; 4,13). Die Parusie Christi (Mt 24,3.27.37.39; 1.Petr
1,7.13; 4,13 [ἀποκάλυψις]; vgl. 1,5; φανέρωσις [5,4]) steht nahe bevor (Mt
10,23; 16,28; 24,29ff.34; vgl. 4,17par; 1.Petr 4,7) und wird das "Ende der Welt
(zeit)" heraufführen (Mt 13,39.40.49; 24,3; 28,20; 1.Petr 1,7.13; 4,7.13; 5,1.4),
das mit dem universalen Gericht verbunden ist (Mt 13,36f.; 16,27; 25,31ff.;
1.Petr 1,17; 4,5f.17f.). Sie wird die unberechenbare, Wachsamkeit fordernde
(vgl. Mt 24,27f.36.37-39.42ff.; 25,1-13; 1.Petr 4,7; 5,8a), universale Offenbarung der Christus-Doxa sein (Mt 16,27; 19,28; 24,30; 25,31; 1.Petr 1,7; 4,13;
5,1.4.10), so daß beide Schriften das Endgeschehen deutlich christologisch akzentuiert verstehen. - Die Gemeinsamkeiten in der Gerichtsvorstellung belaufen
sich auf fünf Punkte: 1. Das eschatologische Weltgericht ist von universaler
Reichweite: alle Menschen aus allen Völkern (Mt 12,36f.; 13,36ff.; 13,47ff.;
16,27; 24,30f.; 25,31f.), auch Tote und Lebende (1.Petr 4,5f.; vgl. weiter 1,17;
4,17f.), werden das Gericht erfahren. 2. Das Gericht orientiert sich an den vollzogenen bzw. unterlassenen Werken und Worten, d.h. es ist ein "Gericht nach
den Werken" (Mt 16,27; vgl. weiter 7,15ff.21-23; 12,33-37; 21,31bf.41.43;
23,14.32f.35f.; 25,31ff.; 1.Petr 1,17; 3,10-12). 3. Dementsprechend wird es
"ohne Ansehen der Person" durchgeführt, d.h. ohne Rücksicht auf Ansehen, Einfluß, Macht und Privilegien des Menschen (vgl. Mt 23[,23]; 7,15ff.; 18,23ff.;

19,30; 20,16; 24,11f.45.51; 1.Petr 1,17; 2,23c [Gott = "gerecht" richtend]). 4. Jeder muß für seine getanen bzw. unterlassenen Taten und Worte Rechenschaft vor dem Richter ablegen (Mt 12,36f.; 25,31ff.; vgl. 7,21-23; 22,11-14; 25,14-30; 18,23-35; 1.Petr 3,10-12; 4,5). 5. Das Gerichtsmotiv dient zur Ermahnung der Gemeinde (Mt 7,15ff.; 18,6.7ff.23-35; 22,1-14; 24,42ff.45ff.; 25,1-13.14-30. 31ff.; 1.Petr 1,17a im Kontext von 1,13ff. und 1,17b; 4,17f. im Kontext von 4,19; 3,10-12; 5,5c im Kontext von 5,5ab. und 5,6). Der von Mt akzentuierte Gedanke, daß der Menschensohn das Richteramt innehaben wird (Mt 16,27f.; 13, 41ff.; 24,30f.; 25,31ff.), wird vom Verf. des Briefes vermutlich deshalb nicht aufgenommen, weil er das bei Mt ebenfalls vorhandene christologische Motiv des Rechts- und Wiedervergeltungsverzichts (s.o.) auch auf das eschatologische Gericht ausdehnt: Christus überläßt das Gericht Gott (1.Petr 2,23c). Demgegenüber kann Mt auf Grund seines Theologumenons der Basileia des Menschensohnes (Mt 13,41; 16,28; 20,21) die göttliche Richterfunktion (vgl. Mt 18,35) auf Christus übertragen. - In der Soteriologie haben beide Schriften vergleichbare Vorstellungen ausgebildet: Das eschatologische Heil wird mit Interpretamenten wie denen der Erbschaft (Mt 5,5; 19,29; 25,34; 1.Petr 1,4; 3,9), der Soteria (Mt 10,22; 19,25; 24,13.22; 1.Petr 1,5.9; 2,2; 4,18), des (ewigen) Lebens (Mt 19,16f. 29; 25,46; 1.Petr 3,7.10; 4,6) und der eschatologischen Freude (Mt 5,12; 13,43; 25,21.23; 1.Petr 1,6.8; 4,13) erfaßt. Dieses Heil ist Errettung aus dem gegenwärtigen Leid (Mt 5,10-12; 10,22; 24,13; 1.Petr 1,6.8f.; 4,13f.). Es ist ein präexistent bereitstehendes Heil, das eschatologisch verbindlich eingelöst wird (Mt 25,34; 1.Petr 1,4; 3,9). Während Mt dieses als Basileia des Vaters definiert (Mt 5,3.10; 25,34 u.ö.), geht es 1.Petr um die Segenserbschaft (1.Petr 3,9). Beide Vorstellungen sind aber auf Grund des gemeinsamen Gedankens der Erbschaft vergleichbar (Mt 25,34; 1.Petr 1,4; 3,9). Die zuletzt genannten Logien zeigen deutlich Parallelen, die auf eine sachliche Verwandtschaft schließen lassen: 1. Segen, 2. Erben, 3. Präexistent "für euch" bereitetes Heil (Mt: Basileia; 1.Petr: Kleronomia). Mit "ἐν οὐρανοῖς" (1.Petr 1,4) und "ἐν δυνάμει θεοῦ" (1.Petr 1,5) nimmt 1.Petr sachlich den Gedanken der Basileia Gottes auf (Mt 25,34), insofern beide Wendungen die mit dem Basileiabegriff intendierten Aspekte der Wirksphäre und Herrschaft Gottes zur Sprache bringen.

(10) Der Überblick über die *Rezeption des Matthäusevangeliums* in den frühchristlichen Schriften der ersten beiden Jahrhunderte konnte zeigen, daß das Matthäusevangelium im Absender- und Adressatenkreis des 1.Petrusbriefes (Rom; Kleinasien) weitestgehend bekannt war, so daß auch mit einer Kenntnis des Mt im 1.Petr zu rechnen ist. Die Modi der Rezeption des 1.Petr stimmen mit denen der Mt rezipierenden frühchristlichen Schriften überein. Explizit verweisen im Zeitraum der ersten beiden Jahrhunderte nur kleinasiatische Autoren auf das Matthäusevangelium als solches (Papias, Apollinaris von Hierapolis). Mt war also in Kleinasien wohl nicht nur gut bekannt, sondern auch beliebt (vgl. Ignatius, Polykarpbrief). Daß das Matthäusevangelium und der 1.Petrusbrief im engen Zusammenhang existiert haben müssen, beweist der Polykarpbrief, der sowohl Mt als auch 1.Petr rezipiert hat. Er hat mit dem 1.Petr die Rezeption des Makarismus Mt 5,10 (vgl. 1.Petr 3,14; Polyc 2,3b), der Logien Mt 5,16.44.48 (vgl. 1.Petr 2,12; 3,9; 1,15f.; Polyc 12,3) und das Verständnis der "Gerechtigkeit" als menschlich einzuforderndes Tun gemeinsam. - Die Rezeption des Mt-

Gutes im 1.Petr stimmt mit der der frühchristlichen Schriften in folgenden
Punkten überein: 1. Das Mt-Gut dient der Unterstützung des aktuellen Anliegens
der Verfasser. Es wird dem Kontext entsprechend umgestaltet, verändert, erweitert oder verkürzt. Es werden einzelne Jesusworte, nie längere Zusammenhänge
rezipiert. 2. Der Logienstoff, der durch das Benutzerinteresse frei gestaltet und
an der aktuellen Situation orientiert wurde, ist in Auseinandersetzung mit der sozialen Wirklichkeit gedächtnismäßig aufgenommen worden. 3. Explizite Verweise auf die Schriftlichkeit der Evangelienüberlieferung sind eher die Ausnahme
als die Regel. Sie begegnen ab Justin und sind im 1.Petr auf Grund der Kongruenz mit den anderen Mt rezipierenden frühchristlichen Schriften nicht zu erwarten. Noch bis ins 3. Jhndt. hinein ist man an einer exakten Zitation nicht interessiert. 4. Mt wurde vor den anderen Evangelien bevorzugt als Quelle für Jesusworte benutzt. Das rezipierte Mt-Material entstammt vorwiegend den mt. Redekompositionen, die praktisch verwertbare Anweisungen boten (vgl. das im
1.Petr rezipierte Bergpredigtmaterial mit ethischer Konnotation: Mt 5,10.11f.16.
39.44f.48; 6,25ff.). Der Brief wählt interessengeleitet Logienmaterial, das Orientierung und Hilfe für die konkrete Lebenspraxis der Gemeinden gewähren
konnte. 5. Das Logiengut wird zum großen Teil ohne explizite Einleitung als
Herrenwort od. dgl. eingeführt. Darin entspricht 1.Petr nicht nur den Mt rezipierenden frühchristlichen Schriften, sondern auch Paulus. Die Beweislast und
-möglichkeit für die Annahme von Mt-Rezeption liegt auf seiten des Vergleichs
von Wortlaut und Inhalt einer Schrift mit Mt, nicht auf seiten der Einleitungsformeln (nach W.-D. Köhler). Die nichtexplizite Einleitung von Jesuslogien ist
Kennzeichen einer intensiven, "selbstverständlichen", gebräuchlichen und verinnerlichten Aneignung des Logiengutes. Dem entspricht die verbreitete Kenntnis
des Mt im römisch-kleinasiatischen Raum. - Der Brief hat das Mt-Gut selektiv
entsprechend der Fragestellung, dem Problembewußtsein und den besonderen
Lebenserfahrungen von Verfasser und Empfänger ausgewählt. Es dient ihm zur
Hilfe, zur Stärkung und zum Trost der Adressaten. Mit dieser Rezeption des Mt-
Gutes vertritt er ein seelsorgerisches Anliegen, das dem Matthäusevangelium
entspricht. Das vom Brief aufgenommene Mt-Gut spiegelt einerseits die Situation der Adressaten wider und zeigt andererseits zugleich Wege zur Bewältigung
dieser Situation auf.

Der Hinweis auf die Rezeption des Mt im 2.Petrusbrief, der wie der 1.Petrus-
brief unter der dem Mt wichtigen Petrusautorität verfaßt worden ist und sich
deutlich auf den 1.Petr zurückbezieht (2.Petr 3,1), dient als Analogieargument.
Beide Schriften haben als Petrus-Schriften eine Affinität zum Matthäusevangelium. In der Bewertung der rezipierten Themen haben sie Gemeinsamkeiten (vgl.
atl. Prophetie; "Gerechtigkeit" als menschlich einzuforderndes Tun; Parusie
Christi). Unterschiedliche Adressatensituation und Probleme haben jedoch eine
im ganzen verschiedene Mt-Rezeption hervorgebracht. Während 2.Petr in Abwehr von Irrlehrern an der Gewißheit der Parusie und an einer erneuten Gesetzesinterpretation gelegen ist, geht es 1.Petr um das Thema: "Leiden" und "Bewältigung des Leidens". Gerade diese verschiedene Mt-Rezeption bestätigt die
für alle Mt rezipierenden frühchristlichen Schriften geltende Voraussetzung, daß
das Mt-Gut nach Situation und Erfordernissen entsprechend ausgewählt, verarbeitet und aktualisiert worden ist.

Literaturverzeichnis

Das folgende Literaturverzeichnis verzichtet der besseren Auffindbarkeit der einzelnen Titel wegen auf eine Aufteilung (z.B. in "Quellen, Hilfsmittel, Monographien, Kommentare" etc.). Textausgaben, Kommentare und Abhandlungen finden sich unterschiedslos unter dem Namen ihrer Verfasser oder Herausgeber. Die einzelnen Literaturnachweise werden im Laufe der Arbeit entweder vollständig oder verkürzt (= die unterstrichenen Worte bzw. die am Ende in Klammern gesetzten Kürzel) angegeben. Nicht aufgenommen wurden Quellen und Hilfsmittel, deren Benutzung sich von selbst versteht (z.B. NT Graece, Synopse, Septuaginta, Konkordanzen, allgemeine Wörterbücher u.ä.). Gleiche Verfasser und Herausgeber verschiedener Werke werden jeweils neu genannt (ohne "ders.").

Annen, F., ἐκβάλλω, EWNT I, 984-987

Balch, D. L., Let Wives be Submissive: The Domestic Code in 1 Peter (SBL.MS 26), Ann Arbor (USA), 1981

Balz, H., ἐπίλοιπος, EWNT II, 77

Balz, H., φόβος, EWNT III, 1034-1039

Balz, H., φρουρέω, EWNT III, 1053f.

Balz, H., κακοποιός, EWNT II, 586f.

Balz, H., καταλαλέω, EWNT II, 642

Balz, H., κλαίω, EWNT II, 725-727

Balz, H., ὀλίγος, EWNT II, 1238-1240

Balz, H., πενθέω, EWNT III, 162f.

Balz, H., συντέλεια, EWNT III, 741

Balz, H., ταλαιπωρέω, EWNT III, 794f.

Balz, H./Schneider, G. (Hg.), Exegetisches Wörterbuch zum Neuen Testament. 3 Bde, Stuttgart u.a. 1980-1983 (EWNT I-III)

Balz, H./Schrage, W., Die "Katholischen" Briefe. Die Briefe des Jakobus, Petrus, Johannes und Judas (NTD 10), Berlin 1982

Barth, G., Das Gesetzesverständnis des Evangelisten Matthäus, in: G. Bornkamm/G. Barth/H.J. Held, Überlieferung und Auslegung im Matthäusevangelium (WMANT 1), Neukirchen ²1961, 54-154

Bauer, D.R., The Structure of Matthew's Gospel. A Study in Literary Design (JSNT.S 31), Sheffield 1988

Bauer, J.B., Der Erste Petrusbrief (WB 14), Düsseldorf 1971

Bauer, W., Das Gebot der Feindesliebe und die alten Christen, in: ders., Aufsätze und kleine Schriften, hrsg. v. G. Strecker, Tübingen 1967, 235-252

Bauer, W./Aland, K., Griechisch-deutsches Wörterbuch zu den Schriften des Neuen Testaments und der frühchristlichen Literatur, Berlin New York ⁶1988 (Bauer-Aland)

Bauernfeind, O., ἀρετή, ThWNT I, 457-461

Baumbach, G., Das Verständnis des Bösen in den synoptischen Evangelien (ThA 19), Berlin 1963

Baumbach, G., Die Mission im Matthäus-Evangelium, ThLZ 92 (1967), 889-893

Baumgarten, J., ἔσχατος, EWNT II, 153-160

Beare, F.W., The First Epistle of Peter. The Greek Text with Introduction and Notes, Oxford ³1970

Beare, F.W., The Gospel according to Matthew, Oxford 1981

Becker, J., Feindesliebe - Nächstenliebe - Bruderliebe. Exegetische Beobachtungen als Anfrage an ein ethisches Problemfeld, ZEE 26 (1982), 128-158

Becker, J., Untersuchungen zur Entstehungsgeschichte der Testamente der Zwölf Patriarchen (AGJU 8), Leiden 1970

Berger, K., Exegese des Neuen Testaments. Neue Wege vom Text zur Auslegung (UTB 658), Wiesbaden ³1991

Berger, K., Formgeschichte des Neuen Testaments, Heidelberg 1984

Berger, K., χαρά, EWNT III, 1087-1090

Berger, K./Colpe, C. (Hg.), Religionsgeschichtliches Textbuch zum Neuen Testament (NTD Textreihe Bd. 1), Göttingen - Zürich 1987

Bertram, G., στρέφω κτλ., ThWNT VII, 714-729

Bertram, G./Schmidt, K.L., ἔθνος κτλ., ThWNT II, 362-370

Best, E., 1 Peter (NCeB), Grand Rapids/London 1982

Best, E., 1 Peter and the Gospel Tradition, NTS 16 (1969/70), 95-113

Betz, H.D., Die Makarismen der Bergpredigt (Matthäus 5,3-12), ZThK 75 (1978), 3-19

Betz, H.D., Nachfolge und Nachahmung Jesu Christi im Neuen Testament (BHTh 37), Tübingen 1967

Beutler, J., μάρτυς, EWNT II, 969-973

Beyer, H.W., ἐπισκέπτομαι κτλ., ThWNT II, 595-619

Bieder, W., Grund und Kraft der Mission nach dem 1.Petrusbrief (ThSt 29), Zürich 1950

Bieder, W., ῥίπτω κτλ., ThWNT VI, 991-993

Bihlmeyer, K.(Hg.), Die Apostolischen Väter I. Neubearbeitung der Funkschen Ausgabe, Tübingen ²1956

Blank, J., Neutestamentliche Petrus-Typologie und Petrusamt, Conc 9 (1973), 173-179

Blass F./Debrunner, A./Rehkopf, F., Grammatik des neutestamentlichen Griechisch, Göttingen ¹⁵1979 (B.-D.-R.)

Blinzler, J., IEPATEYMA. Zur Exegese von 1 Petr 2,5 u. 9, in: Episcopus (FS M. Faulhaber), Regensburg 1949, 49-65

Böcher, O., αἷμα, EWNT I, 88-93

Boismard, M.-É., Quatre hymnes baptismales dans la première épître de Pierre (LeDiv 30), Paris 1961

Bornkamm, G., Der Auferstandene und der Irdische/Mt 28,16-20, in: Zeit und Geschichte (FS R. Bultmann), hrsg. v. E. Dinkler, Tübingen 1964, 171-191 (wieder in: G. Bornkamm/ G. Barth/H.J. Held, Überlieferung und Auslegung im Matthäus-Evangelium, Neu- kirchen 1965 [4. vermehrte Aufl.], 284-310)

Bornkamm, G., Der Lohngedanke im Neuen Testament, in: ders., Studien zum Neuen Testa- ment, Berlin 1985, 72-95

Bornkamm, G., Die Binde- und Lösegewalt in der Kirche des Matthäus, in: ders., Geschichte und Glaube II. Gesammelte Aufsätze Bd. IV (BEvTh 53), München 1971, 37-50

Bornkamm, G., Die Sturmstillung im Matthäus-Evangelium, in: G. Bornkamm/G. Barth/H.J. Held, Überlieferung und Auslegung im Matthäusevangelium (WMANT 1), Neukirchen ²1961, 48-53

Bornkamm, G., Enderwartung und Kirche im Matthäusevangelium, in: G. Bornkamm/G. Barth/ H.J. Held, Überlieferung und Auslegung im Matthäusevangelium (WMANT 1), Neu- kirchen ²1961, 13-47

Bornkamm, G., πρέσβυς κτλ., ThWNT VI, 651-683

Brandenburger, E., Das Recht des Weltenrichters. Untersuchung zu Matthäus 25, 31-46 (SBS 99), Stuttgart 1980

Brandenburger, E., Markus 13 und die Apokalyptik (FRLANT 134), Göttingen 1984

Brandt, W., Wandel als Zeugnis nach dem 1. Petrusbrief, in: Verbum Dei manet in aeternum (FS O. Schmitz), hrsg. v. W. Foerster, Witten 1953, 10-25

Braumann, G., Zum traditionsgeschichtlichen Problem der Seligpreisungen Mt V 3-12, NT 4 (1960), 253-260

Braun, H., ποιέω κτλ., ThWNT VI, 456-483

Broer, I., Bemerkungen zur Redaktion der Passionsgeschichte durch Matthäus, in: Studien zum Matthäusevangelium (FS W. Pesch), hrsg. v. L. Schenke (SBS), Stuttgart 1988, 25-46

Broer, I., Das Gericht des Menschensohnes über die Völker. Auslegung von Mt 25,31-46, BiLe 11 (1970), 273-295

Broer, I., Die Antithesen und der Evangelist Mattäus. Versuch, eine alte These zu revidieren, BZ NF 19 (1975), 50-63

Broer, I., Die Seligpreisungen der Bergpredigt. Studien zu ihrer Überlieferung und Interpretation (BBB 61), Bonn 1986

Broer, I., Freiheit vom Gesetz und Radikalisierung des Gesetzes. Ein Beitrag zur Theologie des Evangelisten Matthäus (SBS 98), Stuttgart 1980

Brown, J.P., Synoptic Parallels in the Epistles and Form-History, NTS 10 (1963/64), 27-48

Brown, R.E., u.a. (Hg.), Der Petrus der Bibel. Eine ökumenische Untersuchung, Stuttgart 1976

Brox, N., Der erste Petrusbrief (EKK 21), Leipzig 1988 (Komm. 1.Petr)

Brox, N., Der erste Petrusbrief in der literarischen Tradition des Urchristentums, Kairos NF 20 (1978), 182-192

Brox, N., Der Glaube als Weg, München 1968

Brox, N., Der Hirt des Hermas (KAV. Ergänzungsreihe zum KEK, Bd. 7), Göttingen 1991

Brox, N., "Sara zum Beispiel ...". Israel im 1. Petrusbrief, in: Kontinuität und Einheit (FS F. Mußner), hrsg. v. P.-G. Müller/W. Stenger, Freiburg u.a. 1981, 484-493

Brox, N., Situation und Sprache der Minderheit im ersten Petrusbrief, Kairos NF 19 (1977), 1-13

Brox, N., Tendenz und Pseudepigraphie im ersten Petrusbrief, Kairos NF 20 (1978), 110-120

Brox, N., Zeuge und Märtyrer. Untersuchungen zur frühchristlichen Zeugnis-Terminologie (StANT 5), München 1961

Brox, N., Zur pseudepigraphischen Rahmung des ersten Petrusbriefes, BZ NF 19 (1975), 78-96

Büchsel, F., δέω κτλ., ThWNT II, 59f.

Büchsel, F., ἐλέγχω κτλ., ThWNT II, 470-474

Bühner, J.-A., προάγω, EWNT III, 362 - 364

Bultmann, R., ἀγαλλιάομαι κτλ., ThWNT I, 18-20

Bultmann, R., Bekenntnis- und Liedfragmente im ersten Petrusbrief, in: ders., Exegetica. Aufsätze zur Erforschung des Neuen Testaments, hrsg. v. E. Dinkler, Tübingen 1967, 285-297 (zuerst in: CNT 11 [1947], 1-14)

Bultmann, R., Die Frage nach der Echtheit von Mt 16,17-19, in: ders., Exegetica. Aufsätze zur Erforschung des Neuen Testaments, hrsg. v. E. Dinkler, Tübingen 1967, 255-277

Bultmann, R., Geschichte der synoptischen Tradition (FRLANT 29), Göttingen ³1957 (GST)

Bultmann, R., Jesus (UTB 1272), Tübingen ³1988

Bultmann, R., μεριμνάω κτλ., ThWNT IV, 593-598

Bultmann, R./Weiser, A., πιστεύω κτλ., ThWNT VI, 174-230

Burger, C., Jesus als Davidssohn. Eine traditionsgeschichtliche Untersuchung (FRLANT 98), Göttingen 1970

Christ, F., Das Petrusamt im Neuen Testament, in: Petrusamt und Papsttum, Stuttgart 1970, 36-50

Christian, P., Jesus und seine geringsten Brüder. Mt 25,31-46 redaktionsgeschichtlich untersucht (EThSt 12), Leipzig 1975

Colpe, C., ὁ υἱὸς τοῦ ἀνθρώπου, ThWNT VIII, 403-481

Conzelmann, H., Die Mitte der Zeit. Studien zur Theologie des Lukas (BHTh 17), Tübingen ³1960

Conzelmann, H., σκότος κτλ., ThWNT VII, 424-446

Cope, O.L., Matthew. A Scribe Trained for the Kingdom of Haeven (CBQMS 5), Washington 1976

Cullmann, O., Πέτρος κτλ., ThWNT VI, 99 - 112

Cullmann, O., Petrus. Jünger - Apostel - Märtyrer. Das historische und theologische Petrusproblem, Zürich 1952

Czerski, J., Christozentrische Ekklesiologie im Matthäusevangelium, BiLe 12 (1971), 55-66

Dahl, N.A., Das Volk Gottes. Eine Untersuchung zum Kirchenbewußtsein des Urchristentums, Oslo 1941

Dahl, N.A., Die Passionsgeschichte bei Matthäus, in: Redaktion und Theologie des Passionsberichtes nach den Synpotikern, hrsg. v. M. Limbeck (WdF 481), Darmstadt 1981 (zuerst in: NTS 2 [1955/56], 17-32)

Danker, F.W., 1 Peter 1,24-2,17 - A Consolotary Pericope, ZNW 58 (1967), 93-102

Daube, D., κερδαίνω as a Missionary Term, HThR 40 (1947), 109-120

Daube, D., Participle and Imperative in 1 Peter, in: E.G. Selwyn, The First Epistle of St. Peter. The Greek Text with Introduction, Notes and Essays, London ²1961 (reprinted), 467-488

Dautzenberg, G., ἀμνός κτλ., EWNT I, 168-172

Dautzenberg, G., Jesus und der Tempel. Beobachtungen zur Exegese der Perikope von der Tempelsteuer (Mt 17,24-27), in: Salz der Erde - Licht der Welt. Exegetische Studien zum Matthäusevangelium (FS A.Vögtle), hrsg. v. L. Oberlinner u. P. Fiedler, Stuttgart 1991, 223-238

Dautzenberg, G., Σωτηρία ψυχῶν (1 Petr 1,9), BZ NF 8 (1964), 262-276

Davies, P.E., Primitive Christology in 1 Peter, in: Festschrift to Honour F.W. Gingrich, hrsg. v. E.H. Barth u. R.E. Cocroft, Leiden 1972, 115-122

Davies, W.D./Allison, D.C., A Critical and Exegetical Commentary on the Gospel according to Saint Matthew, Vol I: Introduction and Commentary on Matthew I-VII (ICC), Edinburgh 1988

Davies, W.D., Die Bergpredigt. Exegetische Untersuchung ihrer jüdischen und frühchristlichen Elemente, München 1970

Deichgräber, R., Gotteshymnus und Christushymnus in der frühen Christenheit. Untersuchungen zu Form, Sprache und Stil der frühchristlichen Hymnen (StUNT 5), Göttingen 1967

Delling, G., ἐρευνάω κτλ., ThWNT II, 653f.

Delling, G., καιρός κτλ., ThWNT III, 456-465

Delling, G., τέλος κτλ., ThWNT VIII, 50-88

Delling, G., χρόνος, ThWNT IX, 576-589

Delling, G., Der Bezug der christlichen Existenz auf das Heilshandeln Gottes nach dem ersten Petrusbrief, in: Neues Testament und christliche Existenz (FS H. Braun), hrsg. v. H.D. Betz/L. Schottroff, Tübingen 1973, 95-113

Denis, A.-M., Concordance Grecque des Pseudépigraphes d' Ancien Testament. Concordance, Corpus des Textes, Indices, Louvain-la-Neuve 1987

Dibelius, M., Der Hirt des Hermas, in: Die Apostolischen Väter IV (HNT Ergänzungsband), Tübingen 1923

Dietzfelbinger, C., Die Antithesen der Bergpredigt im Verständnis des Matthäus, ZNW 70 (1979), 1-15

Dietzfelbinger, C., Die Antithesen der Bergpredigt (TEH 186), München 1975

Dobschütz, E. v., Matthäus als Rabbi und Katechet, in: Das Matthäus-Evangelium (1928), hrsg. v. J. Lange (WdF 525), Darmstadt 1980, 52-64

Dschulnigg, P., Der theologische Ort des Zweiten Petrusbriefes, BZ NF 33 (1989), 161-177

Dungan, D.L., The Sayings of Jesus in the Churches of Paul. The Use of the Synoptic Tradition in the Regulation of Early Church Life, Philadelphia 1971

Dupont, J., Die Versuchungen Jesu in der Wüste (SBS 37), Stuttgart 1969

Dupont, J., Les Béatitudes. Le problème littéraire - Les deux versions du Sermon sur la montagne et des Béatitudes, Bruges-Louvain 1958

Dupont, J., Les Béatitudes. Les Evangélistes, Paris 1973 (Béatitudes III)

Edwards, R.A., Matthew's Story of Jesus, Philadelphia 1985

Elliott, J.H., A Home for the Homeless. A Sociological Exegesis of 1 Peter, Its Situation and Strategy, Philadelphia 1981

Elliott, J.H., Ministry and Church Order in the NT: A Traditio-Historical Analysis (1 Pt 5,1-5 & plls.), CBQ 32 (1970), 367-391

Elliott, J.H., The Elect and the Holy. An exegetical Examination of 1 Peter 2: 4-10 and the Phrase βασίλειον ἱεράτευμα (NT.S 12), Leiden 1966

Elliott, J.H., The Rehabilitation of an Exegetical Step-Child: 1 Peter in Recent Research, JBL 95 (1976), 243-254

Ellis, P.F., Matthew: his mind and his message, Collegeville, Minnesota 1974

Fascher, E., Art. Epoptie, in: RAC 5, Stuttgart 1962, 973-983

Fascher, E., Art. Fremder (in Verbindung mit J. Gaudemet), RAC 7, 306-347

Fascher, E., Jesus und der Satan. Eine Studie zur Auslegung der Versuchungsgeschichte (HM 11), Halle 1949

Fascher, E., Zum Begriff des Fremden, ThLZ 96 (1971), 161-168

Feldmeier, R., Die Christen als Fremde. Die Metapher der Fremde in der antiken Welt, im Urchristentum und im 1. Petrusbrief (WUNT 64), Tübingen 1992

Fiedler, M.J., "Gerechtigkeit" im Matthäus-Evangelium, ThV 8 (1977), 63-75

Foerster, W., κατακυριεύω, ThWNT III, 1097f.

Frankemölle, H., Amtskritik im Matthäus-Evangelium ?, Bib. 54 (1973), 247-262

Frankemölle, H., Die Makarismen (Mt 5,1-12; Lk 6,20-23). Motive und Umfang der redaktionellen Komposition, BZ NF 15 (1971), 52-75

Frankemölle, H., Evangelist und Gemeinde. Eine methodenkritische Besinnung (mit Beispielen aus dem Matthäusevangelium), Bib. 60 (1979), 153-190

Frankemölle, H., Jahwebund und Kirche Christi. Studien zur Form- und Traditionsgeschichte des "Evangeliums" nach Matthäus (NTA NF 10), Münster 1974

Frankemölle, H., λαός, EWNT II, 837-848

Frankemölle, H., 'Pharisäismus' in Judentum und Kirche. Zur Tradition und Redaktion in Matthäus 23, in: H. Goldstein (Hg.), Gottesverächter und Menschenfeinde? Juden zwischen Jesus und frühchristlicher Kirche, Düsseldorf 1979, 123-189

Frankemölle, H., πραΰτης κτλ., EWNT III, 351-354

Frankemölle, H., Zur Theologie der Mission im Matthäusevangelium, in: Mission im Neuen Testament, hrsg. v. K. Kertelge (QD 93), Freiburg u.a. 1982, 93-129

Frankemölle, H., 1.Petrusbrief, 2.Petrusbrief, Judasbrief (NEB.NT 18/20), Würzburg 1987 (Komm. 1.Petr u.a.)

Freudenberger, R., Christenverfolgungen (Abschnitt 1), TRE 8 (1981), 23-29

Freudenberger, R., Das Verhalten der römischen Behörden gegen die Christen im 2. Jahrhundert dargestellt am Brief des Plinius an Trajan und den Reskripten Trajans und Hadrians (MBPF 52), München ²1969

Friedrich, G., Die Verkündigung des Todes Jesu im Neuen Testament (BThSt 6), Neukirchen-Vluyn ²1985

Friedrich, G., κῆρυξ κτλ., ThWNT III, 682-717

Friedrich, J., Gott im Bruder? Eine methodenkritische Untersuchung von Redaktion, Überlieferung und Traditionen in Mt 25,31-46 (CThM 7, Reihe A), Stuttgart 1977

Friedrich, J.H., κλῆρος, EWNT II, 739-742

Gaechter, P., Das Matthäus-Evangelium, Innsbruck 1963 (Mt)

Geist, H., Menschensohn und Gemeinde. Eine redaktionskritische Untersuchung zur Menschensohnprädikation im Matthäusevangelium (FzB 57), Würzburg 1986

Gerhardsson, B., Jesus, ausgeliefert und verlassen - nach dem Passionsbericht des Matthäusevangeliums, in: Redaktion und Theologie des Passionsberichtes nach den Synoptikern, hrsg. v. M. Limbeck (WdF 481), Darmstadt 1981, 262-291

Gewalt, D.,Mt 25,31-46 im Erwartungshorizont heutiger Exegese, Ling.Bib. 25/26 (1973), 9-21

Giesen, H., Christliches Handeln. Eine redaktionsgeschichtliche Untersuchung zum δικαιοσύνη-Begriff im Matthäus-Evangelium (EHS.T 181), Frankfurt a. Main 1982

Giesen, H., Glaube und Handeln, Bd. 1. Beiträge zur Exegese und Theologie des Matthäus- und Markus-Evangeliums (EHS.T 205), Frankfurt a. Main 1983

Giesen, H., ὑπόκρισις κτλ., EWNT III, 963-965

Giesen, H., ὑποκριτής κτλ., EWNT III, 965-966

Gnilka, J., Das Evangelium nach Markus (EKK 2/1 und 2/2), Leipzig 1982

Gnilka, J., Das Kirchenbild des Matthäusevangeliums, in: À cause de l' Evangile. Ètudes sur les Synoptiques et les Actes (FS J. Dupont), Cerf 1985 (LeDiv 123), 127-143

Gnilka, J., Das Matthäusevangelium 1.Teil (HThK 1/1), Freiburg u.a. 1986 (Mt I)

Gnilka, J., Das Matthäusevangelium 2.Teil (HThK 1/2), Freiburg u.a. ²1992 (Mt II)

Gnilka, J., Die Kirche des Matthäus und die Gemeinde von Qumran, BZ 7 (1963), 43-63

Gnilka, J., Die Verstockung Israels. Isaias 6,9-10 in der Theologie der Synoptiker (StANT 3), München 1961

Goldstein, H., Das Gemeindeverständnis des Ersten Petrusbriefs. Exegetische Untersuchungen zur Theologie der Gemeinde im 1 Pt., Diss. Münster 1973

Goldstein, H., Das heilige Volk, das zuvor kein Volk war. Christengemeinde ohne Judenpolemik: 1.Petr 2,4-10, in: ders. (Hg.), Gottesverächter und Menschenfeinde? Juden zwischen Jesus und früchristlicher Kirche, Düsseldorf 1979, 279-302

Goldstein, H., ἱεράτευμα, EWNT II, 426

Goldstein, H., Paulinische Gemeinde im Ersten Petrusbrief, (SBS 80), Stuttgart 1975

Goldstein, H., ποιμήν κτλ., EWNT III, 301-304

Gollinger, H., "Ihr wißt nicht, an welchem Tag euer Herr kommt." Auslegung von Mt 24,37-51, BiLe 11 (1970), 238-247

Goppelt, L., Christentum und Judentum im ersten und zweiten Jahrhundert. Ein Aufriß der Urgeschichte der Kirche (BFChTh.M 55)

Goppelt, L., Der Erste Petrusbrief, hrsg. v. F. Hahn (KEK 12/1), Göttingen 1978 (Komm. 1.Petr.)

Goppelt, L., Jesus und die "Haustafel"-Tradition , in: Orientierung an Jesus. Zur Theologie der Synoptiker (FS J. Schmid), hrsg. v. P. Hoffmann u.a., Freiburg u.a. 1973, 93-106

Goppelt, L., Prinzipien neutestamentlicher Sozialethik nach dem 1.Petrusbrief, in: Neues Testament und Geschichte (FS O. Cullmann), hrsg. v. H. Baltensweiler/B. Reicke, Zürich 1972, 285-296

Goppelt, L., Theologie des Neuen Testaments, 2 Teile, Berlin 1983

Green, E.M.B., Der 2.Petrusbrief neu betrachtet, in: Das Petrusbild der neueren Forschung, hrsg. v. C.P. Thiede (TVG 316), Wuppertal 1987, 1-50

Grundmann, W./Bertram, G., καλός, ThWNT III, 539-558

Grundmann, W., Das Evangelium nach Matthäus (ThHK 1), Berlin ⁶1986 (Mt)

Grundmann, W., Das palästinensische Judentum im Zeitraum zwischen der Erhebung der Makkabäer und dem Ende des Jüdischen Krieges, In: Umwelt des Urchristentums I. Darstellung des neutestamentlichen Zeitalters, hrsg. v. J. Leipoldt u. W. Grundmann, Berlin ⁵1966, 143-291

Grundmann, W., δέχομαι κτλ., ThWNT II, 49-59

Grundmann, W., στέφανος κτλ., ThWNT VII, 615-635

Guelich, R.A., The Matthean Beatitudes: "Entrace-Requirements" or Eschatological Blessings?, JBL 95 (1976), 415-434

Gundry, R.H., Further Verba on Verba Christi in First Peter, Bib. 55 (1974), 211-232

Gundry, R.H., The Use of the Old Testament in St. Matthew's Gospel with Special Reference to the Messianic Hope (NT.S 18), Leiden 1967

Gundry, R.H., 'Verba Christi' in 1 Peter: Their Implications concerning the Autorship of 1 Peter and the Authenticity of the Gospel Tradition, NTS 13 (1967), 336-350

Hackenberg, W., σκότος, EWNT III, 610-612

Haenchen, E., Matthäus 23, in: Das Matthäus-Evangelium, hrsg. v. J. Lange (WdF 525), Darmstadt 1980, 134-163 (zuerst in: ZThK 48 [1951], 38-63)

Hahn, F., Christologische Hoheitstitel. Ihre Geschichte im frühen Christentum, Berlin 1965

Hahn, F., Das Verständnis der Mission im Neuen Testament (WMANT 13), Neukirchen-Vluyn 1963

Hahn, F., Die eschatologische Rede Matthäus 24 und 25, in: Studien zum Matthäusevangelium (FS W. Pesch), hrsg. v. L. Schenke (SBS), Stuttgart 1988, 107-126

Hahn, F., υἱός, EWNT III, 912-937

Hare, D.R.A., The Theme of Jewish Persecution of Christians in the Gospel according to St. Matthew (MSSNTS 6), Cambridge 1967

Harnack, A. v., Das Wesen des Christentums. Sechzehn Vorlesungen vor Studierenden aller Fakultäten, Leipzig ²1903

Harnack, A. v., Die Mission und Ausbreitung des Christentums in den ersten drei Jahrhunderten 2 Bde, Leipzig ⁴1924

Harnisch, W., Die Gleichniserzählungen Jesu. Eine hermeneutische Einführung (UTB 1343), Göttingen 1985

Haubeck, W., Loskauf durch Christus. Herkunft, Gestalt und Bedeutung des paulinischen Loskaufmotivs (TVG 317), Gießen 1985

Hauck, F./Schulz, S., πραΰς κτλ., ThWNT VI, 645-651

Hegermann, H., Der Brief an die Hebräer (ThHK 16), Berlin 1988 (Komm. Hebr.)

Heiligenthal, R., Werke als Zeichen. Untersuchungen zur Bedeutung der menschlichen Taten im Frühjudentum, Neuen Testament und Frühchristentum (WUNT 9/2.Reihe), Tübingen 1983

Held, H.J., Matthäus als Interpret der Wundergeschichten, in: G. Bornkamm/G. Barth/H.J. Held, Überlieferung und Auslegung im Matthäusevangelium (WMANT 1), Neukirchen ²1961, 155-287

Hengel, M., Nachfolge und Charisma. Eine exegetisch-religionsgeschichtliche Studie zu Mt 8,21f und Jesu Ruf in die Nachfolge (BZNW 34), Berlin 1968

Hengel, M., Zur matthäischen Bergpredigt und ihrem jüdischen Hintergrund, ThR 52 (1987), 327-400

Herrmann, J./Foerster, W., κλῆρος κτλ., ThWNT III, 757-786

Hoffmann, P., Der Petrus-Primat im Matthäusevangelium, in: Neues Testament und Kirche (FS R. Schnackenburg), hrsg. v. J. Gnilka, Freiburg u.a. 1974, 94-114 (wieder abgedruckt in: J. Lange [Hg.], Das Matthäus-Evangelium [WdF 525], Darmstadt 1980, 415-440)

Hoffmann, P., Der ungeteilte Dienst. Die Auslegung der Bergpredigt V (Mt 6,1-7,27), BiLe 11 (1970), 89-104

Hoffmann, P., Die Bedeutung des Petrus für die Kirche des Mattäus. Redaktionsgeschichtliche Beobachtungen zu Mt 16,17-19, in: Dienst an der Einheit. Zum Wesen und Auftrag des Petrusamtes, hrsg. v. J. Ratzinger, Düsseldorf 1978, 9-26

Hoffmann, P., Die bessere Gerechtigkeit. Die Auslegung der Bergpredigt III (Mt 5,17-37), BiLe 10 (1969), 175-189

Hoffmann, P., Die bessere Gerechtigkeit. Die Auslegung der Bergpredigt IV (Mt 5,38-48), BiLe 10 (1969), 264-275

Hoffmann, P., Die Stellung der Bergpredigt im Matthäusevangelium. Die Auslegung der Bergpredigt I, BiLe 10 (1969), 57-65

Hoffmann, P./Eid, V., Jesus von Nazareth und eine christliche Moral. Sittliche Perspektiven der Verkündigung Jesu (QD 66), Freiburg u.a. ²1976

Hoffmann, P., "Selig sind die Armen ...". Die Auslegung der Bergpredigt II (Mt 5,3-16), BiLe 10 (1969), 111-122

Hoffmann, P., Studien zur Theologie der Logienquelle (NTA 8), Münster 1972

Holmes, M.W., The Text of Matthew 5.11, NTS 32 (1986), 283-286

Holtz, T., Jesus-Überlieferung und Briefliteratur. Zur Frage des Ortes der Jesus-Überlieferung in der frühen Gemeinde, in: Geschichte und Theologie des Urchristentums. Gesammelte Aufsätze von T. Holtz, hrsg. v. E. Reinmuth u. C. Wolff (WUNT 57), Tübingen 1991, 17-30

Holtzmann, H.J., Einleitung in das Neue Testament, Freiburg i. B. (1885)³ 1892

Hoppe, R., Vollkommenheit bei Matthäus als theologische Aussage, in: Salz der Erde - Licht der Welt. Exegetische Studien zum Matthäusevangelium (FS A. Vögtle), hrsg. v. L. Oberlinner u. P. Fiedler, Stuttgart 1991, 141-164

Horst, F., Segen und Fluch II. im AT, RGG³ V, 1649-1651

Howell, D.B., Matthew's Inclusive Story. A Study in the Narrative Rhetoric of the First Gospel (JSNT.S 42), Sheffield 1990

Huber, W., Feindschaft und Feindesliebe. Notizen zum Problem des "Feindes" in der Theologie, ZEE 26 (1982), 128-158

Hübner, H., τέλειος, EWNT III, 821-824

Hübner, H., τέλος, EWNT III, 832-835

Hummel, R., Die Auseinandersetzung zwischen Kirche und Judentum im Matthäusevangelium (BEvTh 33), München 1963

Hunzinger, C.-H., Babylon als Deckname für Rom und die Datierung des 1.Petrusbriefes, in: Gottes Wort und Gottes Land (FS H.-W. Hertzberg), hrsg. v. H. Graf Reventlow, Göttingen 1965, 67-77

Jenni, E./Westermann, C. (Hg.), Theologisches Handwörterbuch zum Alten Testament. 2 Bde, München Zürich ⁴1984 (THAT I-II)

Jeremias, J., Die Gleichnisse Jesu, Göttingen ⁷1965

Jeremias, J., λίθος κτλ., ThWNT IV, 272-283

Jeremias, J., ποιμήν κτλ., ThWNT VI, 484-501

Joly, R. (Hg.), Hermas le pasteur, Paris 1958

Jonge, M. de (Hg.), Testamenta XII Patriarcharum. Edited according to Cambridge University Library MS Ff. I.24, Leiden ²1970

Jost, W., ΠΟΙΜΗΝ. Das Bild vom Hirten in der biblischen Überlieferung und seine christologische Bedeutung, Gießen 1939

Kähler, C., Studien zur Form- und Traditionsgeschichte der biblischen Makarismen (Referat), ThLZ 101 (1976), 77-80

Kähler, C., Zur Form- und Traditionsgeschichte von Matth. XVI.17-19, NTS 23 (1976/77), 36-58

Kanael, B./Höhne, E., Münzen und Gewichte, BHH II, 1249-1256

Käsemann, E., Amt und Gemeinde im Neuen Testament, in: ders., Exegetische Versuche und Besinnungen I, Göttingen ³1964, 109-134

Käsemann, E., Die Anfänge christlicher Theologie, in: ders., Exegetische Versuche und Besinnungen II, Göttingen 1964, 82-104 (zuerst in: ZThK 57 [1960], 162-185)

Kautzsch, E. (Hg.), Die Apokryphen und Pseudepigraphen des Alten Testaments. 2 Bde, Hildesheim 1962

Kellermann, U., ἀπολογέομαι κτλ., EWNT I, 329f.

Kellermann, U., ἀφορίζω, EWNT I, 442-444

Kelly, J.N.D., A Commentary on the Epistles of Peter and of Jude, New York 1969

Kertelge, K., Gemeinde und Amt im Neuen Testament (BH 10), München 1972

Kesich, V., Hypostatic and Prosopic Union in the Exegesis of Christ's Temptation, SVSQ, Crestwood 1965, 118-137

Kesich, V., The Antiocheans and the Temptation Story, StPatr 7, 1966 (TU 92), 496-502

Kingsbury, J.D., Matthew as Story, Philadelphia 1986

Kingsbury, J.D., Matthew. Structure, Christology, Kingdom, Philadelphia 1975
Kingsbury, J.D., The Figure of Peter in Matthew's Gospel as a Theological Problem, JBL 98 (1979), 67-83
Kingsbury, J.D., The Title "Kyrios" in Matthew's Gospel, JBL 94 (1975), 246-255
Kingsbury, J.D., The Title "Son of David" in Matthew's Gospel, JBL 95 (1976), 591-602
Kingsbury, J.D., The Title "Son of God" in Matthew's Gospel, BTB 5 (1975), 3-31
Kingsbury, J.D., The Title "Son of Man" in Matthew's Gospel, CBQ 37 (1975), 193-202
Kingsbury, J.D., The Verb *Akolouthein* ("To Follow") as an Index of Matthew's View of his Community, JBL 97 (1978), 56-73
Kittel, G., ἔσχατος, ThWNT II, 694f.
Kittel, G., Θαμάρ κτλ., ThWNT III, 1-3
Kittel, G., καταλαλέω κτλ., ThWNT IV, 3-5
Kittel, G./Friedrich, G. u.a. (Hg.), Theologisches Wörterbuch zum Neuen Testament, 10 Bde, Stuttgart u.a., 1933ff. (ThWNT)
Kittel, G. u.a., λέγω κτλ., ThWNT IV, 69-197
Klauck, H.-J., Das Gleichnis vom Mord im Weinberg (Mk 12,1-12; Mt 21,33-46; Lk 20,9-19), BiLe 11 (1970), 118-145
Klein, H., Christologie und Anthropologie in den Petruslegenden des matthäischen Sondergutes, in : Anfänge der Christologie (FS F. Hahn), hrsg. v. C. Breytenbach u. H. Paulsen, Göttingen 1991, 209-220
Klein, H., Judenchristliche Frömmigkeit im Sondergut des Matthäus, NTS 35 (1989), 466-474
Klinzing, G., Die Umdeutung des Kultus in der Qumrangemeinde und im Neuen Testament (StUNT 7), Göttingen 1971
Knoch, O., Der Erste und Zweite Petrusbrief. Der Judasbrief (RNT), Regensburg 1990 (Komm. 1.Petr u.a.)
Knoch, O., Kenntnis und Verwendung des Matthäus-Evangeliums bei den Apostolischen Vätern, in: Studien zum Matthäusevangelium (FS W. Pesch), hrsg. v. L. Schenke (SBS), Stuttgart 1988, 157-178
Knopf, R., Die Briefe Petri und Judä (KEK 12), Göttingen [7]1912 (Komm. 1.Petr u.a.)
Knox, J., Pliny and 1 Peter: A Note on 1 Pet 4,14-16 and 3,15, JBL 72 (1953), 187-189
Koch, K., Was ist Formgeschichte? Methoden der Bibelexegese, Neukirchen [5]1989
Köhler, W., ἐπηρεάζω, EWNT II, 54-57
Köhler, W.-D., Die Rezeption des Matthäusevangeliums in der Zeit vor Irenäus, (WUNT 2. Reihe 24), Tübingen 1987
Köppen, K.-P., Die Auslegung der Versuchungsgeschichte unter besonderer Berücksichtigung der Alten Kirche (BGBE 4), Tübingen 1961
Kosala, K.C.P., Taufverständnis und Theologie im ersten Petrusbrief, Diss. Kiel 1985
Köster, H., Einführung in das Neue Testament - im Rahmen der Religionsgeschichte und Kulturgeschichte der hellenistischen und römischen Zeit (GLB), Berlin New York 1980
Köster, H., Synoptische Überlieferung bei den Apostolischen Vätern (TU 65), Berlin 1957
Kraft, H., στέφανος κτλ. EWNT III, 654-656
Krämer, H., γωνία κτλ., EWNT I, 645-648
Krämer, M., Die Überlieferungsgeschichte der Bergpredigt (DHS 433), Egelsbach u.a. 1992
Kramer, W., Christos, Kyrios, Gottessohn (AThANT 44), Zürich - Stuttgart 1963
Krause, M./Labib, P. (Hg.), Gnostische und hermetische Schriften aus Codex II und Codex VI (ADALK 2), Glückstadt 1971
Kremer, J., ἀναφέρω, EWNT I, 226f.
Kremer, J., πάσχω, EWNT III, 120-124
Kretzer, A., Die Herrschaft der Himmel und die Söhne des Reiches. Eine redaktionsgeschichtliche Untersuchung zum Basileiabegriff und Basileiaverständnis im Matthäusevangelium (SBM 10), Stuttgart 1971

Kruijf, T. de, Der Sohn des lebendigen Gottes. Ein Beitrag zur Christologie des Matthäusevangeliums (AnBib 14), Rom 1962

Krafft, E., Christologie und Anthropologie im 1.Petrusbrief, EvTh 10 (1950/51), 120-126

Kuhn, K.G., Βαβυλών, ThWNT I, 512-514

Kuhn, H.-W., ξύλον, EWNT II, 1191-1194

Kühschelm, R., Jüngerverfolgung und Geschick Jesu. Eine exegetisch-bibeltheologische Untersuchung der synoptischen Verfolgungsankündigungen Mk 13,9-13 par und Mt 23,29-36 par (ÖBS 5), Klosterneuburg 1983

Kümmel, W.G., Einleitung in das Neue Testament, Berlin [21]1989

Künzel, G., Studien zum Gemeindeverständnis des Matthäus-Evangeliums (CThM 10, Reihe A), Stuttgart 1978

Künzi, M., Das Naherwartungslogion Matthäus 10,23. Geschichte seiner Auslegung (BGBE 9), Tübingen 1970

Lampe, P., Das Spiel mit dem Petrusnamen MATT. XVI. 18, NTS 25 (1978/79), 227-245

Lange, J., Das Erscheinen des Auferstandenen im Evangelium nach Matthäus. Eine traditions- und redaktionsgeschichtliche Untersuchung zu Mt 28,16-20 (FzB 11), Echter Verlag 1973

Langkammer, H., πᾶς κτλ., EWNT III, 112-117

Lattke, M., ὀνειδίζω κτλ., EWNT II, 1265-1267

Légasse, S., μικρός, EWNT II, 1051-1052

Lichtenberger, H., πῦρ, EWNT III, 477-484

Lindemann, A., Die Clemensbriefe (HBNT 17), Tübingen 1992

Linnemann, E., Gleichnisse Jesu. Einführung und Auslegung, Göttingen [2]1982

Lippert, P., Leben als Zeugnis. Die werbende Kraft christlicher Lebensführung nach dem Kirchenverständnis neutestamentlicher Briefe (SBM 4), Stuttgart 1968

Lohfink, N., Der Messiaskönig und seine Armen kommen zum Zion. Beobachtungen zu Mt 21, 1-17, in: Studien zum Matthäusevangelium (FS W. Pesch), hrsg. v. L. Schenke (SBS), Stuttgart 1988, 179-200

Lohmeyer, E., Das Evangelium nach Matthäus, hrsg. v. W. Schmauch (KEK-Sonderband), Göttingen [4]1967 (Mt)

Lohse, E., Die Offenbarung des Johannes (NTD 11), Göttingen [14]1988

Lohse, E. (Hg.), Die Texte von Qumran. Hebräisch und Deutsch, Darmstadt [4]1986

Lohse, E., Märtyrer und Gottesknecht. Untersuchungen zur urchristlichen Verkündigung vom Sühntod Jesu Christi, Göttingen [2]1963

Lohse, E., Paränese und Kerygma im 1.Petrusbrief, ZNW 45 (1954), 68-89

Lohse, E., χείρ κτλ., ThWNT IX, 413-427

Lohse, E., υἱὸς Δαυίδ, ThWNT VIII, 482-492

Lohse, E., "Vollkommen sein". Zur Ethik des Matthäusevangeliums, in: Salz der Erde - Licht der Welt. Exegetische Studien zum Matthäusevangelium (FS A. Vögtle), hrsg. v. L. Oberlinner u. P. Fiedler, Stuttgart 1991, 131-140

Luck, U., Die Vollkommenheitsforderung der Bergpredigt (TEH 150), München 1968

Luck, U., φιλανθρωπία κτλ., ThWNT IX, 107-111

Lührmann, D., Liebet eure Feinde (Lk 6,27-36/Mt 5,39-48), ZThK 69 (1972), 412-438

Luz, U., βασιλεία, EWNT I, 481-491

Luz, U., Das Evangelium nach Matthäus. 1.Teilband Mt 1-7 (EKK 1/1), Neukirchen-Vluyn 1985 (Mt I)

Luz, U., Das Evangelium nach Matthäus. 2.Teilband Mt 8-17 (EKK 1/2), Neukirchen-Vluyn 1990 (Mt II)

Luz, U., Die Erfüllung des Gesetzes bei Matthäus, ZThK 75 (1978), 398-435

Luz, U., Die Jünger im Matthäusevangelium, ZNW 62 (1971), 141-171 (wieder abgedruckt in: Das Matthäus-Evangelium, hrsg. v. J. Lange [WdF 525], Darmstadt 1980, 377-414)

Luz, U., Eine thetische Skizze der matthäischen Christologie, in: Anfänge der Christologie (FS F. Hahn), hrsg. v. C. Breytenbach u. H. Paulsen, Göttingen 199, 221-235

Maier, G., Die Kirche im Matthäusevangelium: Hermeneutische Analyse der gegenwärtigen
    Debatte über das Petrus-Wort Mt 16,17-19, in: C.P. Thiede (Hg.), Das Petrusbild in der
    neueren Forschung (TVG 316), Wuppertal 1987, 171-188
Maisch, I., Christsein in Gemeinschaft (Mt 18), in: Salz der Erde - Licht der Welt. Exegetische
    Studien zum Matthäusevangelium (FS A. Vögtle), hrsg. v. L. Oberlinner und P. Fiedler,
    Stuttgart 1991, 239-266
Mahnke, H., Die Versuchungsgeschichte im Rahmen der synoptischen Evangelien. Ein Beitrag
    zur frühen Christologie (BET 9), Frankfurt a.M. u.a. 1978
Manke, H., Leiden und Herrlichkeit. Eine Studie zur Christologie des 1.Petrusbriefes, Diss.
    Münster 1975
Martin, T.W., Metaphor and Composition in 1 Peter (SBL.DS 131), Atlanta, Georgia (USA)
    1992
Marxsen, W., Der Mitälteste und Zeuge der Leiden Christi. Eine martyrologische Begründung
    des 'Romprimats' im 1.Petrus-Brief?, in: Theologia crucis - Signum crucis (FS E.
    Dinkler), hrsg. v. C. Andresen u. G. Klein, Tübingen 1979, 377-393
Marxsen, W., Einleitung in das Neue Testament. Eine Einführung in ihre Probleme, Gütersloh
    [4]1978
Massaux, É., Influence de l' Evangile de saint Matthieu sur la littérature chrétienne avant saint
    Irénée (DGMFT II, 42), Louvain/Gembloux 1950 (neu hrsg. v. F. Neirynck [BEThL
    75], Leuven 1986)
Maurer, C., πράσσω κτλ., ThWNT VI, 632-645
Maurer, C./Duensing , H., Die Offenbarung des Petrus, NTApo Bd. 2, [3]1964, 468-483
Mc Eleny, N.J., The Beatitudes of the Sermon on the Mount/Plain, CBQ 43 (1981), 1-13
Merklein, H., Die Gottesherrschaft als Handlungsprinzip. Untersuchung zur Ethik Jesu
    (FzB 34), Echter Verlag 1978
Metzger, B.M., A Textual Commentary on the Greek New Testament. A Companion Volume
    to the United Bible Societies' Greek New Testament (third edition), Stuttgart 1975
Michaelis, C., Die Π-Alliteration der Subjektsworte der ersten vier Seligpreisungen in Mt V.
    3-6 und ihre Bedeutung für den Aufbau der Seligpreisungen bei Mt., Lk. und in Q, NT
    10 (1968), 148-161
Michaelis, W., λέων, ThWNT IV, 256-259
Michaelis, W., ὁδός κτλ., ThWNT V, 42-118
Michaelis, W., πάσχω κτλ., ThWNT V, 903-939
Michel, O., οἶκος κτλ., ThWNT V, 122-161
Michl, J., Die Katholischen Briefe (RNT 8/2), Regensburg [2]1968
Millauer, H., Leiden als Gnade. Eine traditionsgeschichtliche Untersuchung zur Leidenstheo-
    logie des ersten Petrusbriefes (EHS.T 56), Frankfurt a. Main 1976
Munro, W., Authority in Paul and Peter. The Identification of a Pastoral Stratum in the Pauline
    Corpus and 1 Peter (MSSNTS 45), Cambridge 1983
Mußner, F., Der Jakobusbrief (HThK 13/1), Leipzig 1976 (Komm. Jak.)
Mußner, F., Petrusgestalt und Petrusdienst in der Sicht der späten Urkirche. Redaktionsge-
    schichtliche Überlegungen, in: Dienst an der Einheit. Zum Wesen und Auftrag des
    Petrusamtes, hrsg. v. J. Ratzinger, Düsseldorf 1978, 27-45
Mußner, F., Petrus und Paulus - Pole der Einheit. Eine Hilfe für die Kirchen (QD 76), Freiburg
    u.a. 1976
Nauck, W., Freude im Leiden, zum Problem einer urchristlichen Verfolgungstradition, ZNW
    46 (1955), 68-80
Nauck, W., Probleme des frühchristlichen Amtsverständnisses (1 Petr 5,2f.), ZNW 48 (1957),
    200-220
Nepper-Christensen, P., Das Matthäusevangelium - ein judenchristliches Evangelium?
    (AThD 1), Aarhus 1958

Neugebauer, F., Die dargebotene Wange und Jesu Gebot der Feindesliebe, ThLZ 110 (1985), 865-876

Neugebauer, F., Zur Deutung und Bedeutung des 1.Petrusbriefes, in: Das Petrusbild in der neueren Forschung, hrsg. v. C.P. Thiede (TVG 316), Wuppertal 1987, 109-144 (zuerst in: NTS 26 [1980], 61-86)

Nissen, A., Gott und der Nächste im antiken Judentum. Untersuchungen zum Doppelgebot der Liebe (WUNT15), Tübingen 1974

Oepke, A., διώκω, ThWNT II, 232-233

Oepke, A., καλύπτω κτλ., ThWNT III, 558-597

Oepke, A., ὅπλον κτλ., ThWNT V, 292-315

Osborne, T.P., Guides Lines for Christian Suffering: A Source-Critical and Theological Study of 1 Peter 2,21-25, Bib. 64 (1983), 381-408

Palzkill, E., προσέρχομαι, EWNT III, 394-396

Pamment, M., The Kingdom of Haeven According to the First Gospel, NTS 27 (1981), 211-232

Pape, W., Griechisch-Deutsches Handwörterbuch. 2 Bde, bearb. v. M. Sengebusch, Braunschweig ³1908

Patsch, H., Abendmahl und historischer Jesus (CThM 1), Stuttgart 1972

Paulsen, H., Die Briefe des Ignatius von Antiochia und der Polykarpbrief (HBNT 18), Tübingen ²1985

Paulsen, H., Ignatius von Antiochien, in: Gestalten der Kirchengeschichte, hrsg. v. M. Greschat, Bd. 1 Alte Kirche, Stuttgart u.a., 1984, 38-50

Paulsen, H., Studien zur Theologie des Ignatius von Antiochien (FKDG 29), Göttingen 1978

Pesch, R., Das Markusevangelium. 2.Teil. Kap 8,27-16,20 (HThK 2/2), Freiburg u.a., ²1980

Pesch, R., Eschatologie und Ethik. Auslegung von Mt 24,1-36, BiLe 11 (1970), 223-238

Pesch, R., Κηφᾶς, EWNT II, 721-723

Pesch, R., Πέτρος κτλ., EWNT III, 193-201

Pesch, R., Simon-Petrus. Geschichte und geschichtliche Bedeutung des ersten Jüngers Jesu Christi (PuP 15), Stuttgart 1980

Pesch, W., Die sogenannte Gemeindeordnung Mt 18, BZ 7 (1963), 220-235

Pesch, W., Matthäus der Seelsorger. Das neue Verständnis der Evangelien dargestellt am Beispiel von Matthäus 18 (SBS 2), Stuttgart 1966

Pesch, W., Theologische Aussagen der Redaktion von Matthäus 23, in: Orientierung an Jesus. Zur Theologie der Synoptiker (FS J. Schmid), hrsg. v. P. Hoffmann u.a., Freiburg u.a. 1973, 286-299

Philipps, K., Kirche in der Gesellschaft nach dem 1.Petrusbrief, Gütersloh 1971

Piper, J., Hope as the Motivation of Love in 1 Peter, 1 Peter 3,9-12, NTS 26 (1980), 212-231

Pokorný, P., Der Brief des Paulus an die Epheser (ThHK 10/II), Leipzig 1992 (Komm. Eph.)

Popkes, W., Adressaten, Situation und Form des Jakobusbriefes (SBS 125/126), Stuttgart 1986

Procksch, O./Kuhn, K.G., ἅγιος, ThWNT I, 87-116

F.-R. Prostmeier, Handlungsmodelle im 1.Petrusbrief (FzB 63), Würzburg 1990

Przybylski, B., Righteousness in Matthew and his wold of thougt (MSSNTS 41), Cambridge u.a. 1980

Quell, G./Schrenk, G., δίκη κτλ., ThWNT II, 176-229

Rad, G.v./Foerster, W., διαβάλλω κτλ., ThWNT II, 69-80

Rad, G.v./Traub, H., οὐρανός κτλ., ThWNT V, 496-543

Radermacher, L., Der erste Petrusbrief und Silvanus, ZNW 25 (1926), 287-299

Radl, W., ἕτοιμος κτλ., EWNT II, 170-172

Radl, W., παρουσία, EWNT III, 102-105

Reichert, A., Eine urchristliche Praeparatio ad Martyrium. Studien zur Komposition, Traditionsgeschichte und Theologie des 1.Petrusbriefes (BET 22), Frankfurt a. Main u.a. 1989

Reicke, B., Art. Steuer, BHH III, 1868f.

Reicke, B., The Disobedient Spirits and the Christian Baptism. A Study of 1 Pet. III. 19 and its Context (ASNU 13), Kopenhagen 1946

Reicke, B., The Epistles of James, Peter, and Jude. Introduction, Translation, and Notes (AncB 37), New York ²1982

Reicke, B./Rost, L. (Hg.), Biblisch-Historisches Handwörterbuch. 4 Bde, Göttingen 1962-1979 (BHH)

Reuter, H.-R., Liebet eure Feinde. Zur Aufgabe einer politischen Ethik im Licht der Bergpredigt, ZEE 26 (1982), 159-187

Richard, E., The Functional Christology of First Peter, in: Perspectives on First Peter, hrsg. v. C.H. Talbert (Special Studies Series 9), Macon, Georgia 1986, 121-139

Riddle, D.W., Die Verfolgungslogien in formgeschichtlicher und soziologischer Beleuchtung, ZNW 33 (1934), 271-289

Riesenfeld, H., Vom Schätzesammeln und Sorgen - ein Thema urchristlicher Paränese zu Mt VI 19-34, in: Neotestamentica et Patristica. Eine Freundesausgabe, Herrn Professor Dr. O. Cullmann zu seinem 60. Geburtstag überreicht, NT.S (1962), 47-58

Ritz, H.-J., καλύπτω, EWNT II, 606-608

Rohde, J., ἐπισκέπτομαι κτλ., EWNT II, 83-85

Rohde, J., ἐπισκοπή, EWNT II, 87-89

Rohde, J., πρεσβύτερος, EWNT III, 356-359

Roloff, J., Das Kirchenverständnis des Matthäus im Spiegel seiner Gleichnisse, NTS 38 (1992), 337-356

Roloff, J., Die Apostelgeschichte (NTD 5), Berlin 1988

Roloff, J., Die Kirche im Neuen Testament (NTD Ergänzungsreihe 10), Göttingen 1993

Roloff, J., ἐκκλησία, EWNT I, 998-1011

Rothfuchs, W., Die Erfüllungszitate des Matthäus-Evangeliums. Eine biblisch-theologische Untersuchung (BWANT 88), Stuttgart u.a. 1969

Sand, A., ἀποδίδωμι, EWNT I, 306-309

Sand, A., Das Evangelium nach Matthäus (RNT), Leipzig 1989 (Mt)

Sand, A., Das Gesetz und die Propheten. Untersuchungen zur Theologie des Evangeliums nach Matthäus (BU 11), Regensburg 1974

Sand, A., Propheten, Weise und Schriftkundige in der Gemeinde des Matthäusevangeliums, in: Kirche im Werden. Studien zum Thema Amt und Gemeinde im Neuen Testament, hrsg. v. J. Hainz, München u.a. 1976, 167-184

Sänger, D., διασπορά κτλ., EWNT I, 749-751

Sauer, G., שׁמר smr hüten, THAT II, 982-987

Sauer, J., Traditionsgeschichtliche Erwägungen zu den synoptischen und paulinischen Aussagen über Feindesliebe und Wiedervergeltungsverzicht, ZNW 76 (1985), 1-28

Schaefer, H., Art. Paroikoi, PRE 18/4, 1695-1707

Schelkle, K.H., Das Leiden des Gottesknechtes als Form christlichen Lebens (nach dem 1.Petrusbrief), in: ders., Wort und Schrift. Beiträge zur Auslegung und Auslegungsgeschichte des Neuen Testamentes (KBANT), Düsseldorf 1966, 162-165 (zuerst in: BiKi 16 [1961], 14-16)

Schelkle, K.H., Die Petrusbriefe. Der Judasbrief (HThK 13,2), Freiburg u.a. ⁴1976 (Komm. 1.Petr u.a.)

Schelkle, K.H., Theologie des Neuen Testaments. Bd.1-4/2, Düsseldorf 1968-1976

Schenk, W., Das "Matthäusevangelium" als Petrusevangelium, BZ NF 27 (1983), 58-80

Schenk, W., Der Segen im Neuen Testament. Eine begriffsanalytische Studie (ThA 25), Berlin 1967

Schenk, W., Die Sprache des Matthäus. Die Text-Konstituenten in ihren makro- und mikrostrukturellen Relationen, Göttingen 1987

Schenke, H.M./Fischer, K.M., Einleitung in die Schriften des Neuen Testaments (I: Die Briefe des Paulus und die Schriften des Paulinismus), Berlin 1978

Schenke, L., Die Interpretation der Parabel von den "Arbeitern im Weinberg" (Mt 20,1-15) durch Matthäus, in: Studien zum Matthäusevangelium (FS W. Pesch), hrsg. v. L. Schenke (SBS), Stuttgart 1988, 245-268

Schille, G., Frühchristliche Hymnen, Berlin 1965

Schlatter, A., Der Evangelist Matthäus. Seine Sprache, sein Ziel, seine Selbständigkeit, Stuttgart 1929 (Mt)

Schlatter, A., Die Kirche des Matthäus (BFChTh 33), Gütersloh 1929

Schlier, H., Eine Adhortatio aus Rom. Die Botschaft des ersten Petrusbriefes, in: ders., Das Ende der Zeit. Exegetische Aufsätze und Vorträge III, Freiburg u.a. 1971, 271-296 (zuerst in: Strukturen christlicher Existenz [FS P. F. Wulf], hrsg. v. H. Schlier u.a., Würzburg 1968, 59-80)

Schlier, H., Ekklesiologie des Neuen Testaments, in: MySal 4/1 (1972), 101-221

Schlier, H., κέρδος κτλ., ThWNT III, 671f.

Schmahl, G., Die Antithesen der Bergpredigt. Inhalt und Eigenart ihrer Forderungen, TThZ 83 (1974), 284-297

Schmidt, K.L., ἀγωγή κτλ., ThWNT I, 128-134

Schmidt, K.L., ἀφορίζω, ThWNT V, 454-456

Schmidt, K.L., διασπορά, ThWNT II, 98-104

Schmidt, K.L., ἐκκλησία, ThWNT III, 502-539

Schmidt, K.L., κολαφίζω, ThWNT III, 818-821

Schmidt, K.L. u. M.A./Meyer, R., πάροικος κτλ., ThWNT V, 840-852

Schmidt, C./Schubart, W. (Hg.), ΠΡΑΞΕΙΣ ΠΑΥΛΟΥ Acta Pauli nach dem Papyrus der Hamburger Staats- und Universitätsbibliothek, unter Mitarbeit von WS hg. v. CS, Glückstadt/Hamburg 1936 (Veröffentlichungen der Hamburger Staats- und Universitätsbibliothek 2)

Schnackenburg, R., Christologie des Neuen Testamentes, in: MySal 3/1 (1970), 227-383

Schnackenburg, R., Das Petrusamt. Die Stellung des Petrus zu den anderen Aposteln, in: ders., Aufsätze und Studien zum Neuen Testament, Leipzig 1973, 283-299

Schnackenburg, R., Das Vollmachtswort vom Binden und Lösen, traditionsgeschichtlich gesehen, in: Kontinuität und Einheit (FS F. Mußner), hrsg. v. P.-G. Müller u. W. Stenger, Freiburg u.a. 1981, 141-157

Schnackenburg, R., Die Kirche im Neuen Testament (QD 14), Freiburg u.a. 1961

Schnackenburg, R., Die sittliche Botschaft des Neuen Testaments. Bd.2: Die urchristlichen Verkündiger (HThK.S II), Freiburg u.a. 1988

Schnackenburg, R., Die Vollkommenheit des Christen nach Matthäus, in: ders., Christliche Existenz nach dem Neuen Testament. Abhandlungen und Vorträge Bd. 1, München 1967, 131-156

Schnackenburg, R., Episkopos und Hirtenamt (Zu Apg 20,28), in: Das kirchliche Amt im Neuen Testament, hrsg. v. K. Kertelge (WdF 439), Darmstadt 1977, 418-441 (zuerst in: Episkopus. Studien über das Bischofsamt [FS M. Faulhaber], Regensburg 1949, 66-88)

Schnackenburg, R., Großsein im Gottesreich. Zu Mt 18,1-5, in: Studien zum Matthäusevangelium (FS W. Pesch), hrsg. v. L. Schenke (SBS), Stuttgart 1988, 269-282

Schnackenburg, R., "Ihr seid das Salz der Erde, das Licht der Welt", in: ders., Aufsätze und Studien zum Neuen Testament, Leipzigt 1973, 303-325

Schnackenburg, R., Matthäusevangelium (NEB.NT 1), 2 Bde, Würzburg 1985/87 (Mt)

Schnackenburg, R., Petrus im Matthäusevangelium, in: À cause de l' Evangile. Etudes sur les Synoptiques et les Actes (FS J. Dupont), Cerf 1985 (LeDiv 123), 107-125

Schneemelcher, W., (Hg.), Neutestamentliche Apokryphen in deutscher Übersetzung, 2Bde (Bd. I: Evangelien; Bd. II: Apostolisches. Apokalypsen und Verwandtes), Tübingen ⁵1989

Schneider, C., μώλωψ, ThWNT IV, 834f.

Schneider, G., ἀκολουθέω, EWNT I, 117-125

Schneider, J., ξύλον, ThWNT V, 36-40

Schnider, F., Der Jakobusbrief - übersetzt und erklärt von F.S. (RNT), 1987 (Komm. Jak.)

Schnider, F./Stenger, W., Studien zum Neutestamentlichen Briefformular (NTTS 11), Leiden u.a. 1987

Schniewind, J., ἀγγελία κτλ., ThWNT I, 56-71

Schottroff, L., Gewaltverzicht und Feindesliebe in der urchristlichen Jesustradition. Mt 5,38- 48; Lk 6,27-36, in: Jesus Christus in Historie und Theologie (FS H. Conzelmann), hrsg. v. G. Strecker, Tübingen 1975, 197-221

Schottroff, L./Stegemann, W., Jesus von Nazareth - Hoffnung der Armen (Urban-Taschen-bücher 639), Stuttgart u.a. ³1990

Schrage, W., "Ekklesia" und "Synagoge". Zum Ursprung des urchristlichen Kirchenbegriffs, ZThK 60 (1963), 178-202

Schrage, W., Ethik des Neuen Testaments (GNT 4), Berlin 1985

Schrage, W., συναγωγή κτλ., ThWNT VII, 798-850

Schrenk, G., ἀντίδικος, ThWNT I, 373-375

Schrenk, G., γράφω κτλ., ThWNT I, 742-773

Schrenk, G., δίκαιος, ThWNT II, 184-193

Schrenk, G., θέλω κτλ., ThWNT III, 43-63

Schröger, F., Die Verfassung der Gemeinde des ersten Petrusbriefes, in: Kirche im Werden. Studien zum Thema Amt und Gemeinde im Neuen Testament, hrsg. v. J. Hainz, München u.a. 1976, 239-252

Schröger, F., Gemeinde im 1. Petrusbrief. Untersuchungen zum Selbstverständnis einer christlichen Gemeinde an der Wende vom 1. zum 2. Jahrhundert (SUPa.KT 1), Passau 1981

Schulz, S., Die Stunde der Botschaft. Einführung in die Theologie der vier Evangelisten, Berlin ²1972

Schulz, S., Nachfolgen und Nachahmen. Studien über das Verhältnis der neutestamentlichen Jüngerschaft zur urchristlichen Vorbildethik (StANT 6), München 1962

Schulz, S., Q. Die Spruchquelle der Evangelisten, Zürich 1972

Schürmann, H., Gemeinde als Bruderschaft, in: Ursprung und Gestalt. Erörterungen und Besinnungen zum Neuen Testament, Düsseldorf 1970, 61-73

Schutter, W.L., Hermeneutic and Composition in 1 Peter (WUNT 30 2. Reihe), Tübingen 1989

Schweizer, E., Das Evangelium nach Matthäus (NTD 2), Göttingen [13]1973 (Mt)

Schweizer, E., Formgeschichtliches zu den Seligpreisungen Jesu, NTS 19 (1972/73), 121-126

Schweizer, E., Gemeinde und Gemeindeordnung im Neuen Testament (AThANT 35), Zürich ²1962

Schweizer, E., Gesetz und Enthusiasmus bei Matthäus, in: Das Matthäus-Evangelium, hrsg. v. J. Lange (WdF 525), Darmstadt 1980, 350-376

Schweizer, E., Jesus Christus im vielfältigen Zeugnis des Neuen Testaments, München Hamburg 1968

Schweizer, E., Matthäus 21-25, in: Orientierung an Jesus. Zur Theologie der Synoptiker (FS J. Schmid), hrsg. v. P. Hoffmann u.a., Freiburg u.a. 1973, 364-371

Schweizer, E., Matthäus und seine Gemeinde (SBS 71), Stuttgart 1974

Schweizer, E., υἱός κτλ., ThWNT VIII, 364-395

Schweizer, E., Zur Christologie des Ersten Petrusbriefes, in: Anfänge der Christologie (FS F. Hahn), hrsg. v. C. Breytenbach u. H. Paulsen, Göttingen 1991, 369-382

Schwertner, S., IATG². Internationales Abkürzungsverzeichnis für Theologie und Grenz-gebiete, Berlin New York 1992

Selwyn, E.G., Eschatology in 1 Peter, in: The Background of the NT and it's Eschatology (FS C.H. Dodd), Cambridge 1956, 394-401

Selwyn, E.G., The First Epistle of St. Peter. The Greek Text with Introduction, Notes and Essays, London ²1961 (reprinted)

Selwyn, E.G., The Persecutions in 1 Peter, BSNTS 1 (Oxford 1950), 39-50

Shimada, K., The Formulary Material in First Peter: A Study according to the method of Traditionsgeschichte, New York 1966 (= Diss. Union Theol. Sem. of New York)

Sleeper, C.F., "Political Responsibility according to 1 Peter", NT 10 (1968), 270-286

Soucek, J.B., Das Gegenüber von Gemeinde und Welt nach dem ersten Petrusbrief, CV 3 (1960), 5-13

Spicq, C., Les Épitres de Saint Pierre (SBi), Paris 1966 (Komm. 1.Petr u.a.)

Spörri, T., Der Gemeindegedanke im ersten Petrusbrief. Ein Beitrag zur Struktur des urchristlichen Kirchenbegriffs (NTF 2,2), Gütersloh 1925

Stählin, W., σκάνδαλον κτλ., ThWNT VII, 338-358

Stauffer, E., γαμέω κτλ., ThWNT I, 646-655

Steck, O.H., Israel und das gewaltsame Geschick der Propheten. Untersuchungen zur Überlieferung des Deuteronomistischen Geschichtsbildes im Alten Testament, Spätjudentum und Urchristentum (WMANT 23), Neukirchen-Vluyn 1967

Stendahl, K., The School of St. Matthew and its Use of the Old Testament (ASNU 20), Uppsala 1954, 2. Aufl. o.J. (1967)

Steyer, G., ΠΡΟΣ ΠΗΓΗΝ ΟΔΟΣ. Handbuch für das Studium des neutestamentlichen Griechisch. 2 Bde, Berlin 1962/65

Stöckhardt, D.G., Kommentar über den Ersten Brief Petri, St. Louis 1912 (Komm. 1.Petr)

Strack, H.L./Billerbeck, P., Kommentar zum Neuen Testament aus Talmud und Midrasch. 6 Bde, München 1922ff. (Str.-Bill.)

Strathmann, H., μάρτυς κτλ., ThWNT IV, 477-520

Strathmann, H./Meyer, R., λαός, ThWNT IV, 29-57

Strecker, G., Das Geschichtsverständnis des Matthäusevangeliums, in: Das Matthäus-Evangelium, hrsg. v. J. Lange (WdF 525), Darmstadt 1980, 326-349

Strecker, G., Der Weg der Gerechtigkeit. Untersuchung zur Theologie des Matthäus (FRLANT 82), Göttingen 1962

Strecker, G., Die Antithesen der Bergpredigt (Mt 5,21-48 par), ZNW 69 (1978), 36-72

Strecker, G., Die Bergpredigt. Ein exegetischer Kommentar, Göttingen 1984

Strecker, G., Die Makarismen der Bergpredigt, NTS 17 (1971), 255-275

Strecker, G., μακάριος, EWNT II, 925-932

Strobel, A., Βαβυλών, EWNT I, 451-453

Strobel, A., Der Brief an die Hebräer (NTD 9/2), ¹³Göttingen 1991 (Komm. Hebr.)

Suhl, A., Der Davidssohn im Matthäus-Evangelium, ZNW 59 (1968), 57-81

Tachau, R., "Einst" und "Jetzt" im Neuen Testament. Beobachtungen zu einem urchristlichen Predigtschema in der neutestamentlichen Briefliteratur und zu seiner Vorgeschichte (FRLANT 105), Göttingen 1972

Theißen, G., Gewaltverzicht und Feindesliebe (Mt 5,38-48/Lk 6,27-28) und deren sozialgeschichtlicher Hintergrund, in: ders., Studien zur Soziologie des Urchristentums (WUNT 19), Tübingen ³1989, 160-197

Theißen, G., Wanderradikalismus. Literatursoziologische Aspekte der Überlieferung von Worten Jesu im Urchristentum, in: ders., Studien zur Soziologie des Urchristentums (WUNT 19), Tübingen ³1989, 79-105

Theißen, G., "Wir haben alles verlassen" (Mc. X,28). Nachfolge und soziale Entwurzlung in der jüdisch-palästinensischen Gesellschaft des 1.Jahrhunderts n. Chr., in: ders., Studien zur Soziologie des Urchristentums (WUNT 19), Tübingen ³1989, 106-141

Theißen, G., Zur forschungsgeschichtlichen Einordnung der soziologischen Fragestellung, in: ders., Studien zur Soziologie des Urchristentums, (WUNT 19), Tübingen ³1989, 3-34

Thiede, C.P., Babylon, der andere Ort: Anmerkungen zu 1. Petr 5,13 und Apg 12,17, in: ders. (Hg.), Das Petrusbild in der neueren Forschung (TVG 316), Wuppertal 1987, 221-229

Thompson, W.G., Matthew's Advice to a Divided Community. Mt 17,22-18,35 (AnBib 44), Rom 1970

Thyen, H., θυσία κτλ., EWNT II, 399-405

Thyen, H., Studien zur Sündenvergebung im Neuen Testament und seinen alttestamentlichen und jüdischen Voraussetzungen (FRLANT 96), Göttingen 1970

Tödt, H.E., Der Menschensohn in der synoptischen Überlieferung, Gütersloh 1959

Toit, A.B. du, The Significance of Discourse Analysis for New Testament Interpretation and Translation: Introductory remarks with special reference to 1 Peter 1:3-13, Neotest. 8 (1974), 54-79

Trilling, W., Amt und Amtsverständnis bei Mattäus, ThJb(L) 1972, 160-173

Trilling, W., Christusverkündigung in den synoptischen Evangelien. Beispiele gattungsgemäßer Auslegung (BiH 4), München 1969

Trilling, W., Das wahre Israel. Studien zur Theologie des Matthäus-Evangeliums (EThSt 7), Leipzig ³1975

Trilling, W., Hausordnung Gottes. Eine Auslegung von Matthäus 18, (BGNT 10), Leipzig ²1964

Trilling, W., Ist die katholische Primatslehre schriftgemäß? Exegetische Gedanken zu einer wichtigen Frage, in: Petrusamt und Papsttum, Stuttgart 1970, 51-60

Unnik, W.C.van, Die Rücksicht auf die Reaktion der Nicht-Christen als Motiv in der altchristlichen Paränese, in: Judentum - Urchristentum - Kirche (FS J. Jeremias), hrsg. v. W. Eltester (BZNW 26), Berlin 1964, 221-234

Unnik, W.C. van, The Teaching of Good Works in 1 Peter, NTS 1 (1954/55), 92-110

Vielhauer, P., Geschichte der urchristlichen Literatur. Einleitung in das Neue Testament, die Apokryphen und die Apostolischen Väter (GLB), Berlin New York 1975

Vögtle, A., Art. Binden und Lösen, LThK² II, 480-482

Vögtle, A., Das christologische und ekklesiologische Anliegen von Mt 28,18-20, in: ders., Das Evangelium und die Evangelien. Beiträge zur Evangelienforschung (KBANT), Düsseldorf 1971, 253-272

Vögtle, A., Die Einladung zum großen Gastmahl und zum königlichen Hochzeitsmahl. Ein Paradigma für den Wandel des geschichtlichen Verständnishorizonts, in: ders., Das Evangelium und die Evangelien. Beiträge zur Evangelienforschung (KBANT), Düsseldorf 1971, 171-218

Vögtle, A., Messiasbekenntnis und Petrusverheißung. Zur Komposition Mt 16,13-23 par., in: ders., Das Evangelium und die Evangelien. Beiträge zur Evangelienforschung (KBANT), Düsseldorf 1971, 137-170

Vögtle, A., Petrus und Paulus nach dem Zweiten Petrusbrief, in: Kontinuität und Einheit (FS F. Mußner), hrsg. v. P.-G. Müller u. W. Stenger, Feiburg u.a. 1981, 223-239

Vögtle, A., Zum Problem der Herkunft von "Mt 16,17-19 ", in: Orientierung an Jesus. Zur Theologie der Synoptiker (FS J. Schmid), hrsg. v. P. Hoffmann u.a., Freiburg u.a. 1973, 372-393

Vouaux, L., (Hg.), Les Actes de Paul et ses Lettres Apocryphes Textes, traduction et commentaire par ..., Paris 1913 (Les Apocryphes du Nouveau Testament)

Walker, R., Die Heilsgeschichte im ersten Evangelium (FRLANT 91), Göttingen 1967

Walter, N., Die Bearbeitung der Seligpreisungen durch Matthäus, StEv 4 (1968), 246-258

Walter, N., Paulus und die urchristliche Jesustradition, NTS 31(1985), 498-522

Walter, N., Zum Kirchenverständnis des Matthäus, ThV 12 (1981), 25-45

Weder, H., Die Gleichnisse Jesu als Metaphern. Traditions- und redaktionsgeschichtliche Analysen und Interpretationen, Berlin ⁴1990

Weder, H., Die "Rede der Reden". Eine Auslegung der Bergpredigt heute, Zürich ²1987

Weiser, A., Die Apostelgeschichte (ÖTK), Leipzig 1989

Weiser, A, Die Knechtsgleichnisse der Synoptischen Evangelien (STANT 29), München 1971

Wengst, K., Art. Barnabasbrief, TRE 5 (1981), 238-241

Wengst, K., Barnabasbrief (SUC 2), Darmstadt 1984

Wengst, K., Christologische Formeln und Lieder des Urchristentums (StNT 7), Gütersloh 1972

Wengst, K., Demut - Solidarität der Gedemütigten. Wandlungen eines Begriffes und seines sozialen Bezugs in griechisch-römischer, alttestamentlich-jüdischer und urchristlicher Tradition, München 1987

Wengst, K., "... einander durch Demut für vorzüglicher halten ...". Zum Begriff "Demut" bei Paulus und in paulinischer Tradition, in: Studien zum Text und zur Ethik des Neuen Testaments (FS H. Greeven), hrsg. v. W. Schrage, Berlin New York 1986, 428-439

Werner, A., Die Apokalypse des Petrus. Die dritte Schrift aus Nag-Hammadi-Codex VII, eingeleitet und übersetzt vom Berliner Arbeitskreis für koptisch-gnostische Schriften, ThLZ 99 (1974), 575-584

Wilcox, M., Peter and the Rock: A Fresh Look at Matthew XVI.17-19, NTS 22 (1976), 73-88

Wilkins, M.J., The Concept of Disciple in Matthew's Gospel. As Reflected in the Use of the Term Μαθητής (NT.S 59), Leiden u.a. 1988

Wilckens, U., ὑποκρίνομαι κτλ., ThWNT VIII, 558-571

Wilkens, W., Die Versuchung Jesu nach Matthäus, NTS 28 (1982), 479-489

Windisch, H., Die katholischen Briefe, bearb. v. H. Preisker (HNT 15), Tübingen ³1951 (Windisch-Preisker, Katholische Briefe)

Wlosok, A., Die Rechtsgrundlagen der Christenverfolgungen der ersten zwei Jahrhunderte, in: R. Klein (Hg.), Das frühe Christentum im römischen Staat, Darmstadt 1982, 275-301

Wohlenberg, G., Der erste und zweite Petrusbrief und der Judasbrief, hrsg. v. T. Zahn (KNT 15), Leipzig ²1915 (Komm. 1.Petr u.a.)

Wolff, C., Christ und Welt im 1.Petrusbrief, ThLZ 100 (1975), 333-342

Wolff, C., J.H. Elliott, A Home for the Homeless, Philadelphia 1981 (Rezension), ThLZ 109 (1984), 443-445

Wolff, H.W., Jesaja 53 im Urchristentum, Berlin ³1952

Wolter, M., φέρω, EWNT III, 1000-1003

Wrege, H.-T., Das Sondergut des Matthäus-Evangeliums (ZWKB), Zürich 1991

Wrege, H.-T., Die Überlieferungsgeschichte der Bergpredigt (WUNT 9), Tübingen 1968

Zahn, T., Das Evangelium nach Matthäus (KNT 1), Leipzig ⁴1922 (Mt)

Zeller, D., Die weisheitlichen Mahnworte bei den Synoptikern (FzB 17), Echter Verlag 1977

Zerwick, M., Biblical Greek, Rom 1963

Zimmerli, W., Die Seligpreisungen der Bergpredigt und das Alte Testament, in: Donum Gentilicum. New Testament Studies in Honour of David Daube, hrsg. v. E. Bammel u.a., Oxford 1978, 8-26

Zimmerli, W./Jeremias, J., παῖς θεοῦ, ThWNT V, 653-713

Zimmermann, H., Die innere Struktur der Kirche und das Petrusamt nach Mt 18, in: Petrus und Papst. Evangelium. Einheit der Kirche. Papstdienst, hrsg. v. A. Brandenburg u. H.J. Urban, Aschendorff 1977, 4-19

Register

1. Stellenregister
(in Auswahl)

1. Altes Testament

Genesis
1,3-5	164
12,3	172
13,15f.	172
15,5f.	172
30,31	155
44,4	76
50,24f.	65

Exodus
3,19	96
6,1	96
6,7	160
13,3	96
13,9	96
13,14	96
13,16	96
15,18	172
16,4	100
17,7	100
19,5	123
19,6	160, 177, 184
21,24	76, 84
23,20-33	100
23,22	123
34,11-14	100

Leviticus
1,3	177
11,41-45	93
11,44f.	90, 93
18,1-5	90
18,30	90
19,2	90ff., 275, 287
19,4	90, 93
19,11ff.	93
19,18	71, 72
19,19ff.	93
19,26ff.	90
19,34	90
20,6-8	93
20,7	90, 93
20,11	93
20,26	90
22,19	177
24,20	76, 84
26,12	160

Numeri
23,24	97
27,17	155

Deuteronomium
4,20	160
6,5	74
6,13	100
6,16	100
7,6	123, 160
8,1ff.	100
8,3 (LXX)	100f.
8,6	217
9,26	96
9,29	96
10,12f.	217
10,17	251
11,26-32	81
14,2	123, 160
14,21	160
18,13	74, 90
19,21	76
26,5-9	172
26,8	96
26,18	123, 160
26,19	160
28,9	160
30,1ff.	81
30,16	81
30,19	81

Richter
17,5   177

1.Samuel
15,22   178

2.Samuel
5,2 (LXX)   208
7,1-7   178
7,7   208
7,14   85
7,24   160
12,20   177

1.Könige
8,27   178
8,61   74
11,4   74
15,3   74
15,14   74
15,26   217
22,17   155
22,19   229

2.Chronik
17,3f.   217

Hiob
1f.   97
5,17   20, 35
10,16   97
12,7f.   104
22,29   144
40,15f.   104

Psalmen
1,1f.   18
2,7   85
2,9   208
6,9   98
8   104
16,12 (LXX)   97
17,15   14
18,25   237
21,14 (LXX)   97
22,14   96, 127
23   151, 194
23,3   10
23,4 (LXX)   14
23,5 (LXX)   14
24,4   15
24,9 (LXX)   28
25,8   262

25,9   262
27,22   81
28,4   237
33,3 (LXX)   28
33,9 (LXX)   19, 66, 127
33,15 (LXX)   32
33,17 (LXX)   187
33,19 (LXX)   19
34,12   76
34,13-17   20, 24, 66, 82, 127, 252,
              254f.
34,15   14
36 (LXX)   28
36,10 (LXX)   225
36,11 (LXX)   14, 28
37   15
37,22   259
40,2 (LXX)   18
40,11   194
42,3   14
50,14   178
51,12   15
51,19   178
54,23 (LXX)   103ff., 288
61,13 (LXX)   237, 251
62,13   237
66,10   262
73,1   16
75,10 (LXX)   28
77,1   15
78,2   198
94,12   20, 35
95,7   160
95,12   41, 262
96,1   41, 262
96,8   41, 262
103,19   172
104   104
110,1   188
111,7   96
117,22 (LXX) 103, 124, 127, 162, 178,
              180, 211
118,22   124
124,3 (LXX)   23
125,2   41
125,5f.   41
142,2   178
145,13   172
146,6 (LXX)   28
147   104
149,4 (LXX)   28

Sprüche

1,7	251
3,13	18
3,34 (LXX)	95, 98, 127, 255
4,8f.	85
6,6-8	104
8,15	85
8,20f.	10
8,34	18
9,10	251
10,10 (LXX)	14
10,12	103, 122, 127, 151
10,31f.	23
11,9	23
11,31 (LXX)	20, 23, 103, 127, 248, 254
12,4	61
12,5f.	23
12,10	23
12,12	23
12,17	23
12,28	10
14,21	14
16,31	10
17,5 (LXX)	14
17,13	69, 76
18,12	144
20,22	69, 76
21,3	178
21,16 (LXX)	10
24,12 (LXX)	237
24,19	61
24,29	69, 76
28,14	18
29,23	144
31,17	103

Jesaja

5,12	96
6,1-3	229
8,12	31, 187, 284
8,13	187
8,14	124, 162, 180
10,3 (LXX)	65ff.
11,1	43
11,2	42, 43, 46, 284
12,6	41
22,22	125
24,22	66
25,9	41
28,16	124, 177, 178, 180, 211, 275
29,6	66
32,11ff.	98

40,8	187
40,11	152, 154
42,1-4	202
42,6	171
43,20f.	160, 173
46,6	58
49,3	57
49,6	171
53,4	21, 191, 199, 201, 213, 204
53,5	21, 191, 213
53,6	21, 155
53,7	21, 191, 201
53,9	21, 22, 191, 192, 201, 204
53,10	191
53,11	23, 191, 192
53,12	21, 191, 199, 204, 213
55,3	217
55,7	217
55,8	217
56,7	177, 189
56,11	217
59,17	216
61,1-8	15
66,1	178, 229
66,10	41

Jeremia

3,13	152
4,8	98
6,15	66, 67
6,20	177
10,15 (LXX)	66, 67
11,4	160
11,23	67
16,18	237
23,1-4	194
23,2	154, 194
24,9	179
25,29	247
27,6	155
31,10	152, 155, 172
31,15	198
49,10 (LXX)	179
51,34	179

Hesekiel

1,26	229
9,6	177, 247
10,1	229
21,31	144
22,25	97
34	151
34,5	155

34,6	194
34,11	154, 194
34,23f.	194
34,30	160
34,32f.	208
36,36	179
37,24	208

Daniel

11,35	225
12,4	225
12,12	18, 20, 35
12,13	225

Hosea

1,6.9	160
2,1 (LXX)	15
2,25	160
6,6	15, 178, 179
11,1	198

Joel

2,12	98

Amos

3,14	247
8,11f.	12

Micha

1,8	98
2,13	172
5,1	198, 208
5,3	155, 198, 208
6,6-8	178

Zephanja

3,14	41

Sacharja

3,1f.	97
9,9	198, 203
10,3	194
11,16	154, 194
12,10	208, 230, 236
12,12	230, 236
12,14	230, 236
13,7	155, 208

Maleachi

3,1-5	247
3,17	123

2. Apokryphen des Alten Testaments

Judith

8,25-27	34f.

1.Makkabäer

7,36	98

4.Makkabäer

1,11	20
6,28f.	20
7,9	54
7,15	20
7,22	20, 30, 35
10,15	20
12,1	20
17,22	20

Sirach

1,8	259
3,18	144
4,10	85
7,22	154
10,20	144
10,28	144
11,12f.	144
11,22	259
14,1f.	18
16,18	66
17,23	237
18,20	66, 67
23,24	66
24,19-22	12
25,8-10	18
26,1	18
27,10	97
27,28	97
35,1-5	178
35,22	237
40,22	104
47,11	229
50,28	18

Tobit

4,7-12	178
13,16	18, 20, 35, 36

Weisheit Salomos

2,18	85
3,4-6	34f., 36
3,7	65, 67
4,15	65
5,5	85

5,9f.	104	47,3	229
5,17ff.	216	49,1f.	228
6,31	85	51,3	28
12,13	103ff., 288	58,2	18
14,11	66	60,2	228f.
		62,11	85
		90,28f.	261

3. Pseudepigraphen des Alten Testaments

		92,3	10
		94,1	10
Assumptio Mosis		95,5	238
10,3	85, 229	103,3	46
		104,13	46
Aristeasbrief		108,10	46
207	85		
234	178	*Slavischer Henoch*	
		9	259
Syrische Baruchapokalypse		42,1	18
4,2-6	261	50,3f.	76
11,1	135	50,4	69
29,8	225	50,5	238
30,1	228	51,5f.	238
48,48-50	34f.		
52,5-7	34f.	*Joseph und Aseneth*	
52,7	46	8,5	134
54,10	144	11,10	134
54,16	46	23,9	76
54,16-18	34	28,4f.	76
67,7	135	28,14	76
		29,3	76
4.Esra			
3,1ff.	135	*Jubiläenbuch*	
3,14	225	1,24f.	85
4,35	46	22,14.17	259
5,20	98	22,16	7
7,26	261		
7,31ff.	238	*Paralipomena Jeremiae*	
7,33	229	6,13f.	7
7,35	46		
7,83	46	*Psalmen Salomos*	
8,33	46	14,10f.	259
8,39	46	15,10f.	259
10,27f.	261	17,14	18
13,56	46	17,21	196
14,5	225	17,27	85
28,31	135	17,30	85
		17,31	228
Äthiopischer Henoch		17,32	196
9,4	229	17,40	208
25,3	229	17,45	194
39,8	259	18,6	18
40,4	259		
41,4	172	*Sibyllinen*	
45,3	228	V,139	135

V,143   135
V,159   135

Apokalypse des Sedrach
7,7   76

Testamente der Zwölf Patriarchen
Juda
24,3   85
25,5   41

Joseph
17,2   123

Issachar
7,7   98

Sebulon
9,9   225

Dan
5,1   98

Levi
5,1   229
10,2   225
18,5   41
18,14   41

Naphtali
4,5   53
8,2f.   53
8,4   52ff., 58, 98, 103, 285

Benjamin
4,1   263
5,1-5   52ff., 58, 285
10,6   41
10,8f.   247
11,3   225

Testament des Hiob
10,6   7
38,3   7

4. Philo und Josephus

Philo
De Fuga et Inventione
130   216
139   11

De Virtutibus
64   217
218   54

Quod Deterius Potiori insidiari soleat
VIII,25   208

Josephus
Antiquitates
VI,285   54

5. Qumrantexte

Gemeinderegel (1QS)
4,1-8   67
4,2   10
4,6ff.   263
4,9ff.   67
4,11   67
4,18f.20.26   67
5,6   177
8,4-10   177
9,3-5   178
9,6   177
10,17f.   76
11,9   177

Kriegsrolle (1QM)
14,7   19

Loblieder (1QH)
3,19-23   165
4,11   12
7,14   10
9,9f.   247
9,25   263
14,3   19

Damaskusschrift (CD)
1,16   10

Habakuk-Kommentar (1QpHab)
7,7   224

6. Rabbinische Texte

Siphre Deuteronomium
32,25   125

Midrasch zu Qohelet
1,9   203

7. Neues Testament

Matthäus

1,1	52, 171, 172, 187, 195, 196
1,3	52, 172, 174
1,5	52, 172
1,6	52, 172
1,17	171, 177, 196
1,19	23, 24
1,21	161, 163, 177, 201, 212, 290, 292f.
1,22f.	198
1,23	163, 171, 174, 177, 196, 197, 200, 205, 211, 223, 292
2,1ff.	52, 172
2,2	200, 205
2,6 (2,5f.)	155, 170, 197, 198, 208, 210, 290, 292f.
2,9	208
2,15	198
2,17f.	198
2,23	50, 198
3,3	198
3,7-12	172
3,8	10
3,10	157
3,13-17	202
3,15	8, 9, 202, 203, 266, 269, 281
4,1	288
4,1-11	5, 94-106, 202, 268, 279, 283, 288
4,3	101, 102, 288
4,14	172
4,14-16	198
4,15(f.)	52, 172
4,16(f.)	58, 172
4,17	13, 14, 256
4,18	109, 111, 129, 130, 136, 288
4,18-22	166
4,21	129
4,23	127
4,23-25	52
4,25	165
5,2	127, 291
5,3	13, 15, 16, 19, 28, 291
5,3ff.	14, 15, 17, 18, 26, 31, 40, 284
5,4	15
5,5	14f., 16, 19, 28, 258, 260, 263, 294
5,6	8, 9, 11f., 14, 18, 19, 213, 269, 281
5,7	15f., 267
5,7-10	14, 15, 16, 18, 26, 51
5,8	15
5,9	15, 89, 92, 287
5,10	5, 7-33, 38, 73, 74, 136, 213, 269, 274, 279, 281, 283, 294f.
5,11	5, 7, 13, 14, 17, 18, 26, 27, 30, 32, 34-48, 57, 58, 73, 74, 166, 169, 210f., 279, 283, 284, 292f., 295
5,12	31, 33, 57, 289
5,13	15, 51, 63
5,14	13, 36, 51, 58, 62, 172, 205
5,13-16	17, 50, 51, 57-60, 63, 134, 156, 171, 174, 209, 285, 290
5,15	49
5,16	5, 13, 36, 37, 49-68, 158, 171, 173f., 205, 267, 283, 285, 293, 295
5,17	9, 82, 87, 203, 281
5,17-19(20)	8, 11, 15, 16, 50, 56, 57, 70
5,19	125, 127, 147
5,20	8, 9, 11, 13, 24, 50, 51, 56, 57, 71, 73, 74, 82, 86, 88, 90, 91, 143, 156, 167, 179, 209, 213, 257, 269, 281, 286, 290
5,21-48	8, 11, 16, 51, 56, 57, 70ff., 82, 92
5,22	148
5,23	148f.
5,24	148f.
5,28	15
5,29f.	15, 72
5,34	71
5,37	71
5,38-42	16, 69-93, 156, 204, 210, 213, 283, 285f.
5,39	5, 279
5,41	87
5,43	7, 24
5,44(f.)	5, 7, 8, 93, 267, 279
5,45	15, 92, 93
5,46	47, 92, 93
5,47	71, 86, 93, 148, 287
5,48	5, 15, 72, 74f., 82, 90ff., 168, 267, 283, 287, 295
6,1	8, 10f., 47, 51, 58, 75, 213, 269, 281

6,2	58	9,18-26	112
6,2-4	9, 11, 15, 29, 51	9,22	105
6,5ff.	9, 11	9,27	15, 89, 165, 187, 195
6,6	29	9,29	105
6,9	92, 253, 287	9,35	127
6,10	9, 157f., 201, 203, 290	9,36	5, 155, 194, 202, 207
6,12	123, 213, 267	10,2	109, 110, 112, 113, 129,
6,14f.	122, 213, 267, 291, 293		130, 136, 138, 213, 258,
6,21	15, 29		288f., 290
6,22	15	10,5f.	8, 155, 170f., 207
6,25-34	5, 103-106, 136, 267, 279,	10,7	171, 213
	283, 287, 288, 295	10,16ff.	7, 8, 13, 26, 45, 152, 166,
6,30	105, 121, 131, 288		167, 170f., 215, 220, 222,
6,33	8, 9, 10, 213, 269, 281		225, 283, 291
7,1	269	10,17	57, 205, 283
7,1ff.	16, 92	10,18	44, 45, 47, 52, 58, 205,
7,12	16, 87, 281		223, 283, 292
7,13f.	217f., 223, 257	10,19(f.)	43, 103, 104, 290
7,15	38, 155	10,22	44, 45, 205, 215, 222, 223,
7,15ff.	157, 185, 220, 239, 240,		226, 262, 292f., 294
	241, 245, 290, 293	10,23	7, 8, 57, 206, 223, 225, 293
7,17	157	10,24f.	144
7,18	157	10,32f.	44, 45
7,19	157	10,34ff.	13, 27, 45
7,20	157	10,37	215
7,21	9, 11, 13, 51, 56, 157, 164,	10,38	166, 209, 215, 218, 290
	173, 238, 257, 290	10,39	44, 45, 166
7,21ff.	157, 185, 235, 242, 293f.	10,41	23, 24, 47
7,23	13, 238	10,42	47, 145, 147, 185
7,24	24, 124, 156	11,2	49
7,24ff.	124, 125f., 136, 157, 238	11,6	205
7,28	127	11,11	145, 147
7,29	213	11,19f.	49
8,1	165	11,25	131
8,8f.	213	11,25-27	113, 289
8,10	105, 165	11,28-30	166, 202
8,11f.	11, 164, 170, 172, 257	11,29	15, 16, 28, 144, 211, 292f.
8,12	52, 162, 164, 257	12,7	14, 15, 72, 127, 179, 181
8,14f.	110	12,11	207
8,17	50, 197, 198, 199, 201	12,14	202
8,18-22	166, 215, 290, 293	12,18-21	52, 197, 198, 202f.
8,20	155	12,19f.	89
8,22	166	12,20	202, 292
8,23	165, 166	12,23	89, 195
8,24	155	12,26	102
8,26	121, 131	12,33	157
8,34	50	12,33-37	157, 238ff., 245, 252, 290,
9,2	105, 212		293
9,2-8	201f., 212f.	12,36	236, 239, 241f., 243, 293,
9,6	122, 212f., 293		294
9,8	122, 150, 212f.	12,37	236, 242
9,13	15, 16, 23, 24, 72, 127,	12,45	49
	179, 181	12,46-50	148, 149, 291

12,50	11, 51, 56, 157f., 290
13,10	124
13,11	113, 131, 164
13,12	71
13,14	198
13,16	29, 113, 124, 131, 289
13,17	23, 24
13,18-23	156
13,23	172
13,24-30	52
13,35	50, 198
13,36-43	52, 232ff., 293
13,38	230, 235, 257
13,40	221, 225
13,41	13, 173, 197, 205, 220, 228, 229, 230, 233, 235, 238, 245, 247, 257, 292, 294
13,43	11, 24, 173, 234, 235, 257, 258
13,47-50	49, 52, 232, 236, 293
13,49	11, 24, 49, 221, 225
13,52	127, 138, 185
14,13	165
14,20	71
14,24	155
14,28	130
14,28-31	108, 113, 119, 121, 130, 131, 136, 140, 170, 289, 290
14,29	113, 132, 137
14,31	121, 131, 132
14,33	113, 119, 131, 205
15,1-20	15
15,8	29
15,12	205
15,15	112, 113, 119, 121, 132, 289f.
15,18f.	29
15,19	37, 38, 70
15,21-28	52
15,22	15, 89, 195
15,24	155, 170f., 207, 290, 292
15,28	105
15,37	71
16,1	102, 288
16,8	121, 131
16,11	125
16,12	125
16,13ff.	196, 205
16,15f.	112
16,16	113, 119, 121, 131, 132, 141, 170
16,17	131, 135, 136, 141, 289
16,17-19	107, 110, 111, 113, 134, 138, 139, 288, 290
16,18	110, 111, 113, 119, 121, 123f., 125f., 127, 129f., 131, 134, 136, 141, 142, 161, 163, 176ff., 205, 289, 292, 293
16,19	112, 119, 125f., 128, 131, 142, 176, 213, 292, 293
16,21	44, 111, 292
16,21ff.	111, 112, 119, 130, 288f., 290
16,22	132, 138, 140
16,23	101f., 111, 112, 132, 133, 181, 290
16,24f.	166, 215, 290, 291
16,25	44
16,27	200, 223, 225-228, 230f., 232f., 236, 237f., 246, 293f.
16,28	197, 205, 225, 233, 247, 257, 292, 293, 294
17,2	49
17,4	112, 113, 121, 131, 136, 289
17,15	15
17,20	121, 131, 132
17,22	201, 293
17,23	197
17,24-27	107, 112, 116ff., 121, 136f., 139, 141, 156, 158, 163, 175, 179, 289, 291
17,25	118
17,26	117f., 138, 175, 239
17,27	117
18,1ff.	143ff.
18,3	13, 257,
18,4	49, 291
18,6	117, 126
18,7-9	245
18,10-14	152ff., 207, 210, 129, 292
18,12-35	72
18,14	49, 51, 157f., 207
18,15ff.	121, 126, 149f., 153f., 291
18,17	121, 134, 161, 176, 185
18,18	112, 126, 128, 134, 139, 141, 150, 213, 289
18,20	123, 156, 163, 176, 196, 197, 200, 205, 211, 223
18,21	121, 122f., 136, 138
18,21f.	112, 132, 150, 153, 289f.
18,21ff.	153f., 213, 293

18,22	122, 123, 136
18,23	243
18,23ff.	122, 207, 240f., 243, 244, 289, 293, 294
18,35	150, 173, 213, 232, 246, 267, 294
19,1	127
19,2	165, 288
19,3	102
19,16f.	13, 171
19,16-30	166, 215, 290, 293
19,18	38, 90
19,19	72, 168
19,21	74, 168
19,27f.	47, 112, 119, 121, 130, 289, 290
19,28	197, 200, 205, 226, 228ff., 292, 293
19,29	44, 258, 263, 294
19,30	127, 237, 240, 294
20,1-16	49
20,8	47
20,15	73
20,16	49, 127, 237, 240, 294
20,19	197, 292
20,21	247, 257, 294
20,25-28	145, 146, 166, 185, 211, 291
20,28	197, 201, 204, 211, 292
20,29	165
20,30	15
20,31	15
20,34	15,
21,1-17	101
21,4f.	198
21,5	14, 28, 89, 144, 197, 200, 211, 292f.
21,9	195, 208
21,15	165
21,16	15
21,20	112
21,21	121
21,28-32	219, 238
21,31	10, 11, 13, 51, 56, 157f., 172, 290, 293
21,32	8, 10, 11, 172, 269, 281
21,33ff.	57, 157, 211, 219, 244
21,34	158
21,41	10, 86, 157f., 172, 239, 290, 293
21,42	5, 162, 180, 181, 205f., 212, 292
21,42-44	211
21,43	10, 11, 52, 157, 160, 162, 164, 172f., 176, 180, 181, 239, 290, 293
21,44	162, 205, 212, 292
22,1-14	86, 170f., 219, 235, 244
22,6	57
22,7	89, 172, 220
22,9	52, 171
22,10	73
22,14	257, 258
22,15	50
22,15-22	117, 156, 158, 175, 291
22,16	104, 127
22,18	102, 288
22,34f.	102, 288
22,34-40	72, 102, 150
22,37	245
22,39f.	245
22,40	281
22,41-45	195, 196
23,1-4	125
23,1-36	219
23,3	49, 171
23,5	11, 49, 241
23,7	148
23,8	148, 149, 208
23,8-12	144, 146f., 185, 241, 291, 293
23,11	144
23,12	67, 95, 144, 149, 211
23,13	125, 257, 289
23,23	15, 72, 240
23,25	240
23,26	15
23,28	13, 15, 23, 24
23,29	23, 24, 240
23,29-36	7, 166
23,33	241
23,34	8, 23, 26, 44, 127, 152, 205, 215, 240, 283, 292
23,34-36	57
23,35	24, 89
23,37-39	219
23,38	172, 220
24,2	219f.
24,3	112, 113, 124, 219f., 225, 227, 230, 281, 293
24,4-8	220
24,4-24	221f., 225
24,6	225
24,9	13, 44, 45, 47, 58, 152, 167, 205, 222f., 234, 283, 290

24,9-14	7, 45, 166, 220	26,25	200
24,10	235	26,28	197, 201, 292
24,11f.	38, 185, 220, 240, 245	26,29	196
24,12	13	26,31	207, 208, 210
24,13	222, 226, 234, 258, 262,	26,31f.	155, 292f.
	293, 294	26,31ff.	111, 119, 289f.
24,14	49, 51, 52, 58, 132, 134,	26,32	208, 210
	135, 170f., 205, 220f., 222,	26,33	112, 131, 132, 133, 138,
	225, 234, 235, 236, 291		141, 290
24,15-25	220	26,35	112, 121
24,24	38, 185, 220	26,38	96
24,26-31	220	26,39	203
24,27f.	227, 229, 281, 293	26,40	112, 121, 131
24,29	223	26,41	96, 101, 102, 288
24,30(f.)	197, 200, 206, 220, 223,	26,42	157f., 201, 203, 290, 292,
	226f., 229, 232f., 246,		293
	292f., 294	26,52	201, 207, 210, 293
24,34	223, 225	26,53	101, 200, 201
24,37	227, 229, 281, 293	26,54	101, 200f., 281, 293
24,37-39	227f., 293	26,56	201, 281
24,39	227, 229, 281, 293	26,58	130, 137
24,42	96	26,59f.	27, 37, 38, 50, 167, 201
24,42-51	243, 293	26,61	176, 179, 181, 223, 292,
24,45-51	235, 239, 240, 243, 245		293
25,1-13	228, 232, 235, 239, 243,	26,64	200
	258, 293f.	26,69ff.	116, 119, 130, 132, 137,
25,13	96		141, 289f.
25,14-30	235, 239, 241f., 245, 294	26,75	137
25,21	13, 257f., 294	27,1	201
25,23	13, 257f., 294	27,3-10	201
25,29	71	27,4	201, 292
25,30	232	27,9	198
25,31	200, 206, 228ff., 233, 246,	27,11	200
	293	27,13f.	207
25,31-46	16, 148, 155, 156, 164,	27,18	201, 292
	197, 200, 210, 223, 225,	27,19	24, 201, 292
	227, 232ff., 241f., 245,	27,23	201, 292
	290, 292, 293, 294	27,24	201, 292
25,32	233, 237	27,25	170, 172
25,34	31, 78, 85, 173, 200, 209,	27,29	200, 203
	211, 212, 239, 258, 259-	27,37	197, 200, 203, 205, 292
	261, 263, 283, 293, 294	27,39ff.	100
25,37	11, 24, 209	27,40	200
25,40	24, 144, 147, 148, 200	27,42	100, 200, 203
25,41	78, 102, 209, 258	27,43	100, 200f., 292f.
25,45	24, 144, 147	27,54	200
25,46	11, 13, 24	28,7	112, 118, 119, 208, 292
26,1	127	28,8	119
26,2	199, 200, 291	28,10	148f., 172
26,10	49	28,13	119
26,13	49, 51, 52, 58, 134, 135,	28,15	234
	170f., 221, 291		
26,18	200		

28,16-20	51, 58, 101, 119, 127, 132, 139, 172, 197, 206, 215, 289, 292
28,17	121, 131
28,18	170f.
28,18ff.	113, 123f., 134, 156, 205, 213, 223, 291, 293
28,20	24, 124, 125, 127, 136, 163, 166, 170f., 179, 196, 197, 200, 205, 208, 210f., 221f., 285, 292
Markus	
1,15	13, 256
1,16	110
1,17	166
1,20	166
1,29	112
1,35-38	112
1,36	112
2,1-12	212
2,14	166, 218
3,16	108
3,17	112
3,23	102
3,28	102
4,19f.	156
4,21	49, 60
4,25	71
5,21-43	112
5,37	112, 113
6,34	155, 194
6,43	71
7,17	132
8,1	102
8,8	71
8,31	44
8,33	102, 132
8,34f.	166, 217
9,5	112, 136
9,6	131
9,33-37	143
9,35	147
9,38	112
9,41	44
9,42-48	16
9,47	72
9,49f.	60
9,50	15
10,2	102
10,28	47
10,42-45	166
10,45	201, 204
10,47	187
11,17	177
11,21	112
12,10	180
12,13ff.	117
12,14	104, 217
12,15	102
12,28	102
12,33	178, 180
13,1-37	219
13,3	112, 113
13,9	58
13,9-13	222
13,13	44, 58, 222
13,33	96
13,35	96
13,37	112
14,24	21, 201
14,28	208
14,29	112, 131
14,37	112, 131
14,38	96
14,54	137
14,58	176
14,65	189
14,72	137
16,7	112, 118, 119, 120, 139, 208
Lukas	
1,14	47
1,32.35	73
1,68	65, 67
1,75	8
1,76	73
1,78	65, 67
5,3	108
6,14	108
6,20	13, 19, 31
6,20ff.	15, 17
6,21	47
6,22	7, 13, 17, 26, 35, 37, 44, 47
6,22f.	8, 30, 73
6,23	47, 58
6,27	83, 89
6,27f.	7, 8, 69, 72, 78, 79, 87, 285f.
6,27-36	71, 73, 82, 84, 86, 87, 89
6,28	76, 77, 78, 81, 83
6,29f.	71, 84, 87
6,30	87, 89
6,31	84, 86, 87
6,33	71, 89

6,34f.	89	1,34	187
6,35	73, 89	1,42	109, 110
6,36	74, 90	1,49	187
6,37	89	8,56	47
6,40	144	9,22	7
7,16	65, 67	10,4	208
7,29f.	10	10,11ff.	194
7,47	123	10,13	104
8,16	49, 60	10,27	208
9,1-6	218	10,36	187
9,22	44	12,6	104
9,26	44	12,26	168
10,21	41	12,42	7
10,41	103, 104	13,34f.	79
11,18	102	15,9f.	79
11,26	49	15,21	44
11,33	49, 60	16,2	7
11,49	8, 44	17,22f.	52
11,52	125	18,10	116
12,2-12	105	18,30	61
12,8	44	20,1ff.	119
12,22-32	105	20,23	119, 125f.
12,28	105	20,31	119
12,31	105	21,1ff.	119f.
14,11	67, 95, 144, 147	21,15ff.	118, 119, 134, 208
14,27	166, 218		
14,34	60	*Apostelgeschichte*	
15,3-7	152f., 154, 194	1,15	109
15,7	49	1,15ff.	134
16,2	241	2,14	109
16,24	63	2,14-36	134
16,26	63	2,17	224
16,27	63	2,46	41
16,28	63	3,1-10	134
17,5	49	3,12-26	134
17,24	49	3,13	187
17,26f.	227	3,26	187
18,14	67, 144, 147	4,8	109, 116
19,12-27	242	4,8-12	134
19,26	71	4,13	109
19,42	66	5,1-11	134
19,44	65ff.	5,3	109
21,17	44	5,15	109, 134
21,34	104	5,29	116
21,36	96	5,29-32	134
23,32	61	5,41	34
23,39	61	7,52	58
24,34	118, 119, 120, 139	7,55f.	43, 187
		9,20	187
		9,36	55
Johannes		9,36-42	134
1,3	224	10,34	251
1,10	224	10,34-43	134

10,42	248
11,26	44, 192
11,30	185
13,15	160
13,50	27
14,15	134
14,23	185
15,7-11	134
15,14	67, 108, 109, 160
16,17	73
16,19-40	27
16,34	41
17,6-10	27
18,10	160
18,17	104
18,25	217
19,9	7
19,23-40	27
19,40	241
20,17	185
20,17-38	184
20,24	128
20,28	128, 185, 189
20,30	128
20,32	176
20,35	83
25,16	174
26,2	174
26,28	44, 192

Römerbrief

1,1	108
1,3	187
1,30	61
2,1-11	238
2,6	251
2,11	251
2,24	52, 58
2,28f.	29
2,29	29
3,18	251
3,25	189
4,17	164
5,2f.	42
5,9f.	189
6,3f.	168
6,5	45, 46
6,10	22
6,13	216
7,4	22
8,3	60
8,17f.	42, 45, 46, 168
9,23	261

9,24ff.	160, 180
11,36	224
12,1	158, 177, 178, 180
12,9ff.	25
12,10-17	69, 79
12,14	77, 78, 79, 81, 285f.
12,17	76, 89
12,17-21	79, 285
13,1ff.	79, 89, 118
13,12-14	216
14,9	248
14,12	174, 241
14,16	57
15,16	177
15,31	177
16,27	231

1.Korintherbrief

1,1	108
1,2	135, 206
1,9	46
1,28	63
2,9	261
3,9	176, 180
3,13	238
3,16	176, 177
4,12	25, 69, 77, 78, 79, 81, 285
4,16	168
4,17	42
6,9	31, 260
7,10	277
7,25	277
7,32f.	104
8,6	210
9,14	277
9,19ff.	56
9,22	56
10,1-10	101
10,11	224
10,32f.	57, 206
11,1	168
11,6	206
11,22	206
11,23	277
11,24	21
13	79
13,5	123
15,3	21
15,5	109, 118, 119, 120, 139
15,9	206
15,50	31, 260
16,13	96, 228

2.Korintherbrief

1,1	108
1,3	187
1,5	46
1,7	46, 168
2,7	77
4,6	164
4,10	46
4,17f.	34
5,10	238, 241, 262
5,11	251
5,14f.	21
5,15	22
5,21	21, 22
6,7	216
6,16	177, 180
6,17	7
7,1	251
8,2	34
8,4	46
8,14	63
10,4	216
11,7	144
12,9	277
12,20	61
13,13	46

Galaterbrief

1,1	108
1,4	21
1,13	62
1,15f.	119
1,16	111
2,7	77, 109, 134
2,7-9	109
2,12	7
2,19f.	22
5,21	31, 260
6,4	251
6,16	180

Epheserbrief

1,3	187
1,22f.	224
2,9-11	188
2,12	251
2,18-22	177f.
2,20	180
2,21	176, 177, 180
3,20	183
4,5	225
4,13	187
4,22	62

5,8ff.	57
5,14	96
5,15ff.	57
5,22	148
5,22-6,9	148
6,9	90, 148, 251
6,11-17	216

Philipperbrief

1,1	108, 185
2,1	46
2,8f.	144
2,9-11	188
2,12	251
2,17	178, 180
3,10	46, 107, 168
3,20	183
4,5	225
4,6	104
4,8	56, 79
4,18	178

Kolosserbrief

1,5	261
3,3	261
3,18f.	79
3,18-4,1	148
3,25	251, 262
4,1	90, 148
4,2	96
4,5	57

1.Thessalonicherbrief

1,6	34, 168
1,9	134
2,14	168
4,1-12	79
4,3	90
4,11	57
4,15	277
5,6	96, 225
5,8	96, 216
5,9	212
5,15	69, 76, 79, 89, 285

2.Thessalonicherbrief

1,4-6	34
1,7	45
1,11f.	63

1.Timotheusbrief

1,5	15
1,18	208

2,1f.	79
2,10	55
3,2	185
3,7	57
3,15	134, 177f., 180
3,16	190
4,6	178
4,10	134
4,12	62
5,14	77
5,17	185
5,19	185
5,24	208
6,1	52, 57
6,6-11	104
6,16	231

2.Timotheusbrief

1,8	44
1,12	44
2,8	187
2,22	15
4,1	248
4,6	180
4,8	263
4,16	174

Titusbrief

2,14	123, 159, 160

Brief an Philemon

6	46

1.Petrusbrief

1,1	59, 85, 90, 107, 108, 109, 111-114, 126, 135, 136, 139, 141, 142, 163, 181f., 187, 191, 265, 288, 292
1,2	65, 113, 119, 163, 177, 187, 189, 216, 292
1,3	35, 65, 120, 126, 139, 141, 163, 164, 181f., 187, 193, 197, 226, 289, 292
1,3ff.	115, 139, 141, 183
1,4	31, 47, 126, 182, 259-261, 262, 283, 294
1,5	41, 42, 45, 47, 67, 96, 120, 192, 248, 250, 255, 260, 261, 294
1,6	32, 34f., 41, 42, 60, 97, 102, 104, 132, 137, 138, 191, 104, 214, 226, 262, 288, 290

1,7	42, 45, 47, 85, 115, 120, 133, 163, 189, 197, 204, 224, 226, 230ff., 281, 284, 293
1,8	41, 42, 47, 78, 191, 262, 272
1,9	42, 47, 190, 195, 248, 250, 261, 262, 294
1,10-12	114, 126, 127, 138, 141, 190, 197, 198f., 281, 289, 292
1,11	42, 43, 46, 47, 111, 119, 122, 189, 190, 194, 203f.
1,13	45, 120, 189, 197, 224, 226, 230ff., 262, 272, 281, 284, 292f.
1,13ff.	20, 91, 92, 93, 287
1,14	4, 62, 63, 85, 90, 92, 115, 169, 194, 209, 216, 287
1,15(f.)	5, 62, 64, 85, 90ff., 126, 164, 182, 267, 283, 287, 294
1,16	46, 92, 127, 275, 289
1,17	59, 62, 65, 66, 85, 86, 90, 91, 92, 135, 181ff., 238, 246, 247ff., 250f., 253, 287, 294
1,18	62, 63, 64, 91, 92, 138, 189, 203, 204, 287
1,19	119, 189, 203
1,20	33, 203, 224, 226, 293
1,21	42, 43, 46, 47, 133, 188, 189, 194, 197, 204, 224, 226, 231, 272, 292
1,22	15, 24, 37, 78, 91, 115, 122, 141, 151, 214, 216, 289
1,23	126, 127, 164, 174, 181, 188, 196
1,24f.	46, 127, 173, 174
1,25	65, 127, 262
2,1	61, 63, 77, 122, 126
2,2	126, 164, 174, 181, 248, 250, 262, 294
2,3	127, 187, 197, 204
2,4	123, 124, 135, 163, 176, 181, 193, 289
2,4-10	124, 127, 160, 163, 180, 184, 193, 290, 292
2,5	92, 122, 123, 124, 158, 163, 174, 176, 177, 178, 180, 181, 184, 188, 193, 248, 292

2,6	127, 135, 163, 176, 177, 180, 193, 205, 275, 289	2,24	21f., 120, 170, 189, 191, 199, 204, 210, 212, 213, 214, 216, 272, 281, 283, 293
2,6-8	211, 293		
2,7	5, 123, 162, 180, 181, 211		
2,8	111, 124, 162, 174, 192, 193, 211, 212, 248, 290	2,25	5, 67, 153f., 155, 170, 191, 194, 195, 213, 216, 290, 292
2,9(f.)	59, 62, 85, 92, 115, 123, 130, 135, 141, 160ff., 173, 174, 176, 177, 184, 287, 290	3,1(f.)	62, 64, 65, 66, 79, 80, 81, 82, 86, 91, 129, 173, 174, 194, 248
2,10	59, 160, 165	3,1ff.	27, 56, 63, 79, 90, 160, 283
2,11	4, 58, 59, 62, 85, 90, 91, 114, 126, 135, 136, 139, 141, 142, 159, 169, 177, 181f., 183, 209, 272, 289	3,2	62, 64, 248
		3,3f.	29
		3,4	28, 29
		3,5	138
2,12	5, 20, 25, 32, 37, 47, 49-68, 79, 80, 81, 86, 88, 97, 104, 129, 140, 158, 171, 173-175, 209, 214, 252, 267, 272, 274, 283, 285, 292, 294	3,6	55, 79, 91, 158
		3,7	78, 79, 115, 159, 252, 259, 262, 294
		3,8	30,31, 79, 91, 115, 122, 141, 146f., 148, 151, 179, 211, 214, 272, 293
2,13	33, 56, 65, 79, 82	3,8f.	5, 69, 114
2,14	55, 57, 61, 77, 79, 159, 175	3,9	5, 21, 29, 31, 47, 69-93, 126, 130, 182, 192, 194, 210, 214, 251, 252, 259-261, 267, 268, 272, 279, 283, 285f., 290, 293
2,13-17	4, 56, 79, 88, 89, 91, 117, 141, 158, 160, 175, 286, 289		
2,15	29, 55, 56, 63, 79, 88, 158, 159, 169, 173-175, 188, 209, 214, 290	3,10	55, 252, 294
		3,10ff.	46, 66, 77, 82, 114, 127, 253, 254f., 293
2,16	117, 118, 188	3,11	32, 55, 78, 88, 158, 175
2,17	78, 79, 91, 98, 115, 136, 141, 151, 159, 188, 214, 272, 289	3,12	20, 22, 24, 65, 66, 72, 187, 246, 252f., 281, 283
2,18	55, 79, 82, 130, 177	3,13	22, 23, 55, 77, 88, 159, 272
2,18ff.	86, 88, 114, 169	3,13ff.	38, 45, 86, 104
2,19	32, 33, 46, 88, 130, 169, 262, 291, 293	3,14	5, 7-33, 35, 38, 39, 97, 141, 152, 192, 209, 267, 272, 274, 279, 281, 283, 294
2,20	5, 22, 55, 79, 88, 89, 129, 158, 159, 169, 209, 214, 218, 289, 290, 293	3,15(f.)	26, 27, 29, 30, 37, 80f., 88, 92, 97, 120, 129, 139, 140, 158, 174, 192, 197, 290, 291f.
2,21	43-46, 81, 85, 111, 112, 114, 119, 120, 130, 131, 137, 163, 168, 169, 170, 189, 191, 192, 214, 216, 217, 272, 284	3,16	25, 28, 31, 32, 40, 55, 57, 60, 61, 62, 77, 88, 89, 97, 98, 152, 174, 187, 193
2,21ff.	20, 21, 114, 126, 130, 138, 146, 169, 187, 190, 197, 203, 204, 292	3,17	29, 30, 32, 33, 45, 46, 55, 56, 61, 77, 88, 89, 97, 111, 137, 138, 152, 168, 169, 191, 203, 216, 289, 290, 291, 292
2,22	22, 191, 192, 204, 272		
2,23	29, 77, 86, 189, 191, 192, 194, 204, 210f., 246f., 251, 293f.	3,18	20, 21, 22, 24, 32, 60, 73, 111, 112, 119, 120, 169, 187, 188, 189, 193, 197,

	203, 204, 212, 214, 217, 249, 281, 283, 292
3,18ff.	20, 21, 138, 190
3,19	60, 173
3,20	126, 141, 195
3,21	55, 292
3,22	156, 188, 197, 204, 292
4,1	21f., 32, 43-46, 85, 88, 98, 111, 114, 119, 130, 137, 138, 146, 168, 190, 203, 204, 209, 215f., 249, 289, 290, 293
4,1ff.	4, 13, 20, 32, 36, 45, 62, 90, 104, 126, 139, 169, 193
4,2	22, 63, 122, 216, 290
4,3	4, 22, 27, 47, 58, 63, 64, 88, 122, 216, 283
4,4	32, 47, 60, 77, 85, 86, 90, 97, 98, 182, 193
4,5	251ff., 272
4,5f.	224, 225, 231, 241, 246, 247ff.
4,7	78, 96, 114, 122, 224, 225, 230f., 272, 293
4,8	22, 46, 79, 91, 114, 115, 122f., 127, 141, 151, 155
4,9	129
4,10f.	4, 129, 139, 141, 185f., 289
4,11	46, 65, 98, 127
4,12ff.	13, 32, 45, 86, 90, 91, 104, 115, 152, 183, 284, 289, 293
4,13	5, 29, 111, 120, 183, 191, 192, 224, 226, 262, 263, 281
4,13f.	140, 141, 209, 279, 283, 284, 290, 292f.
4,14	25, 26, 27, 30, 46, 97, 169, 177, 192, 205, 211, 214
4,15	24, 26, 27, 32, 36, 37, 40, 46, 55, 57, 61, 67, 88, 97, 174, 175, 192, 284
4,16	46, 47, 114, 192, 283, 284
4,17	23, 66, 67, 86, 177, 212, 254
4,17f.	224, 231, 246, 247ff., 254, 292, 293
4,18	20, 22, 23, 24, 127, 262, 281, 283
4,19	20, 23, 29, 32, 33, 39, 46, 55, 56, 79, 88, 129, 178, 195, 254, 284, 290
5,1	22, 40-47, 107-115, 120, 128, 133, 136, 138-141, 163, 189, 197, 203, 204, 224
5,1-5	4, 91, 114, 122, 126, 128f., 139, 146, 147, 155, 181, 185f., 209, 214, 226, 230ff., 262, 263, 284, 289, 292f.
5,2(f.)	67, 128, 146, 153f., 163, 169, 185, 186, 194, 209, 291f.
5,3	147, 154, 155
5,4	42, 46, 146, 154, 156, 163, 189, 194, 195, 210, 226, 230, 255, 262, 263, 290, 293
5,5	46, 95, 105, 122, 127, 128, 211, 255, 272, 293
5,6	67, 144, 146f., 211, 255
5,6-9	5, 94-106, 279, 283, 287
5,7	103-106, 136, 267, 279, 283, 287, 288, 290
5,8f.	32, 97, 104, 122, 127, 287f., 293
5,9	46, 115, 122, 127, 132, 135, 139, 141, 142, 151, 174, 175, 262, 288, 289
5,10	32, 42, 46, 47, 62, 85, 104, 115, 130, 132, 141, 182, 183, 187, 189, 204, 231, 263, 289
5,12	33, 36, 108, 114, 115, 127, 128, 133, 138, 141, 142, 289
5,13	135, 139, 142, 161, 265
5,14	78, 79, 91, 115, 141, 142, 187

2.Petrusbrief
1,1	110, 111, 134, 140
1,3	110
1,13f.	109, 110
1,16-18	110, 111, 140, 280f., 282
1,19-21	281
2,2	52, 217
2,5	281
2,7	62, 281
2,9	280
2,14	280
2,15	217
2,20	280
2,21	10, 217, 280f.

3,1	109, 281, 295
3,3	224
3,4	281
3,11	62
3,12	281
3,13	281
3,18	231

Hebräerbrief

1,2	224f.
2,18	60
3,6	177f., 180
3,12	134
6,17	60
7,18	208
9,6	189
9,14	134
9,18	189
9,26	221, 224, 225
10,32-36	34
10,36	264
13,7	62, 241
13,14	183
13,15	178, 180
13,16	177, 178, 180
13,17	241
13,20	154, 194, 231

1.Johannesbrief

| 3,14 | 79 |
| 4,11f. | 79 |

Jakobusbrief

1,2	25, 34, 35
1,12	20, 25, 34, 35, 36, 263
1,20	9f.
1,21	10
1,22ff.	10
2,7	205
3,13	62
4,6-10	94-99, 279, 283, 287
4,10	144, 147
4,11	61
5,3	224
5,8	225
5,11	20, 25, 35, 36
5,20	123

Judasbrief

18	224
24	41, 231
25	231

Offenbarung

1,3	225
1,6	231
2,10	263
2,23	238
2,26	224
3,2	96
3,3	228
3,7	125
5,5	187
5,6	168
5,9f.	168
5,12	168
5,13	231
6,11	168
7,17	194
13	117, 168
14,4	168f.
14,8	135
14,13	18
16,9	135
16,15	96, 228
17f.	117
17,5	135
17,6	168
17,10	225
17,18	135
18,2	135
18,4	160
18,10	135
18,21	135
19,7	17, 41, 47
20,4	168
20,12	238, 251
20,15	248
21,2	261
21,14	180
22,10	225
22,12	251
22,16	187

8. Frühchristliche Texte

Athenagoras
Supplicatio

| 11,1 | 72, 81, 83 |
| 12,3 | 83 |

Barnabasbrief

| 4,14 | 271, 276 |
| 5,8 | 276 |

6,13	276
7,2	248
21,3	225

Clemens Alexandrinus
Quis Dives Salvetur

38	123

Didache
1,3	72, 81, 83, 84
1,3-5	84, 88
1,4f.	83f., 88
1,6	276
2,7	78
8,2	276
9,5	276
10,7-15,4	184

Eusebius
Historia Ecclesiastica
3,39,16	270

Hippolytus
Refutatio Omnium Haeresium
V,7,25-26	83

Hirt des Hermas
Mandata
8,9	30

Visiones
1,1,1	266
3,11,3	104
4,2,4	104
4,2,5	104

Ignatius
Epheser
3,1	44
5,3	94, 276
10,1	54, 57
11,1	225
11,2	192

Magnesier
4	192
6,1	4
7,1	4
12,1	276
13,1	4

Philadelphier
7,1	4

7,2	276
10,2	4

Polykarp
21,	83
7,3	192

Römer
3,7	192
4,3	107, 265

Smyrnäer
1,1	266
3,2	276
8,1	4

Traller
2,2	4
8,2	57

Justin
Apologia
I 15,9	72, 81, 84, 267, 276
I 15,9-13	83f., 276
I 15,10-12	83
I 15,13	267
I 15,14f.	267
I 16,1	268
I 16,1-2	83, 276
I 16,2	54, 267
I 16,5	276
I 16,8f.	276

Dialogus
17,2	276
17,3.4	276
35,7	276
35,8	267
49,5	274, 276
85,7	267
96,3	83
100,1	274, 276
111,3	274, 276
125,4	268
133,6	267

1.Klemensbrief
2,1	83
2,7	56
5,4-7	107, 108, 121, 265
5,7	191
13,1-4	57
13,2	267, 269, 276

16,10	22
16,17	276, 191
28,2	96
30,2	90, 94
33,1	56
33,8	191
34,2	56
46,8	276
49,5	123
60,3	96

2.Klemensbrief

1,1	248
2,4	276
3,2	276
4,2	276
4,5	276
5,2-4	276
5,3	108
6,2	276
8,5	276
9,11	276
12,16	225
13,1	52
13,4	83
16,4	123

Martyrium des Polykarp
2,2	43

Origenes
In Lev homiliae
2,4	123

Oxyrhynchos-Papyri
654, nr. 2	83
1224	
(fol. 2r., col.1)	83

Paulus-undTheklaakten
5	266
6	266

Petrusevangelium
26	110
59f.	110

Petrusakten (Actus Vercellenses)
3	123

Polykarpbrief
1,3	272

2,1	248, 272
2,2	272
2,3	19, 25, 35, 269f., 272, 276, 283, 294
3,1.3	270
4,1	270
5,3	272
6,2	269, 276
6,3	272
7,2	269, 272, 276
8,1	272
8,2	191, 272
9,1.2	270
10,1	272
10,2	272
12,3	19, 83, 269, 276, 294

Ps-Clem
De Virg I, 2,2	54

Tertullian
De Baptismo
17	270

Scorpiace
6	123

Theophilus von Antiochien
Ad Autolycum
III,14	83

Thomasevangelium
58	35
68	35
69	35
95	83

9.Antike nichtchristliche Texte

Aeschylus
Eumenides
583	27

Dio Chrysostomus
Orationes
1,22f.	54
4,46f.	54
4,64f.	54

Papyrus London
V 1708,25	27

Philo
De Specialibus Legibus
I 209   173

Plato
Leges
711b   191

Politicus
285 E   174

Protagoras
326   191

Plinius d.J.
Epistulae
X 96   61
X 97   37

Polybius
1,66   63
4,82   63
8,26   63

Tacitus
Annales
XV. 44   61, 159, 192

Xenophon
Memorabilia Socratis
IV 4,13   22

2. Personen- und Sachregister

Abendmahl 197
Abhebungsmotiv 85, 286f.
Abraham 35, 171f.
Alliteration 16
Almosen 8, 11
Ambivalenz 131ff., 141, 289, 290
Anaw/Anawim 19, 28
Andreasakten 270f.
Anomia 13, 22, 24, 145, 220-222, 235, 238, 245, 257
Ansehen der Person 240f., 246, 250f., 293
Antimontanistische Schriften 270f.
Antiochien 184, 269
Antithese(n) 5, 8, 11, 13f., 16, 50f., 57, 69-93, 156, 283, 285f., 287
Apodosis 11, 16, 17, 18, 47, 284
Apokalyptik/apokalyptisch 18, 41, 46, 227f., 237
Apollinaris v. Hierapolis 270f., 294
Apostasie 4
Apostel, Lehrer und Propheten 184
Apostolat 108ff.
asymmetrisch/symmetrisch 89, 287
Athenagoras v. Athen 277
Autorenfiktion 113
Autorität 107, 122, 127f., 130, 133, 135, 138f., 141f., 160, 279-282, 288-290
Autorität und Kollegialität 112-115, 129, 141

Barmherzigkeit/barmherzig 11, 15f., 72, 90, 122, 146, 151, 153, 179f., 213f., 242, 245, 247
Barnabasbrief 271
Bau/bauen 123f., 176ff., 207, 289, 292
Begierde 88, 122
Behörde(n) 24, 26, 27, 29, 31, 37, 79, 116-118, 139, 141, 156, 158f., 173-175, 192, 289, 290
Bekehrung 65f., 67, 174, 216
Bekenntnis 13, 17, 21, 27, 44f., 111, 131, 134, 136, 205, 244, 288
Bergpredigt 15, 24, 50, 69f., 70, 74, 87, 99, 125, 132, 136, 156f., 164, 179, 213, 238, 275, 295
Berufung 85, 110, 112, 129ff., 165ff., 173, 209, 218, 231, 235, 244, 286f., 291
Binde- und Lösegewalt 112, 119, 121, 125f., 131, 134, 136, 150, 289
Bischof/Episkopos 4, 153f., 185, 269

Bruder/Bruderschaft/Bruderliebe 78f., 80, 91, 97f., 103, 105, 115, 117, 121f., 135, 141f., 144, 146, 148ff., 153, 162, 185, 213f., 286, 289, 291
Buße 10, 98, 150, 202

Celsus 37
Charisma/Charismen/charismatisch 4, 65, 122, 126, 129, 185f., 214
Chiasmus/chiastisch 16, 24, 50
corpus mixtum 146

Demut/demütig 29, 95f., 105, 122, 143ff., 149, 185f., 211, 241, 255, 291, 293
Diakon 4, 185, 277
Diaspora 114, 135f., 163, 181, 183, 289
Diatribe 54
Didache 12, 184, 266
Domitian 4, 117
Doxologie 231

Eckstein/Grundstein 123f., 133, 135, 162f., 177, 180, 187, 193, 204, 205ff., 211f., 216, 290, 293
Eleazaros 20
Endzeit 219ff., 227ff., 293
Ephesus 184, 268
Erbe/Erbschaft 31, 47, 81, 85, 126, 182f., 212, 252, 254f., 258, 259ff., 286f., 294
Erwählung 135f., 163, 181f., 183, 235, 290
Ethik/ethisch 9-14, 18f., 21, 23, 37, 51, 79, 85, 87, 91, 127, 156ff., 171, 209, 252f., 267, 275, 283, 290
Eulogia 81, 286
Eulogie 35, 183, 187
Euseb 270f.
Evangelium 2-4, 51f., 100, 105, 110, 116, 127, 134, 156, 172, 199, 208, 219, 221, 234, 248f., 271, 275, 279

Falschprophetie 220-222, 235, 238-240, 242
Falschzeugnis 37f., 201
Fasten 8, 11
Feind/Feindschaft 79f., 86, 88, 98, 286
Feindesliebe 16, 24, 69-93, 156, 194, 206, 210, 213f., 286f., 291, 293
Fels/Felsenamt 110f., 112, 121, 123-125, 130, 133, 136, 139, 176, 179, 206, 288
Freiheit 117f., 175, 289, 291

Fremdlingschaft 58, 62, 85, 89, 90, 135f., 163, 181ff., 289, 292
Freude im Leiden 25, 34ff., 211, 284
Freude/Jubel 41f., 47, 183, 191, 211, 231, 258, 262, 284, 293f.
Freudeaufruf 34ff., 40, 43, 46f.
Freudenmahl (eschatologisch) 258f.
Friede 15, 24
Frucht/Früchte 10, 51, 156ff., 162, 164, 172f., 238-241, 245, 290
Fundament 123f., 129, 176, 207, 289
Furcht(Gottes) 248, 251, 253f.
Fürsorge 104f., 122, 154, 195, 207f., 288, 292

Galiläa 172, 208
Gastfreundschaft 122f., 129
Gebet/beten 8, 11, 91f., 96, 122
Gegenseitigkeitsmotiv 86
Gehorsam 22, 99ff., 168, 192, 196, 200, 202, 214, 215f., 279, 287, 288, 293
geistliches Haus 176-180, 184
Gemeindeordnung 116, 128, 143
Gerechtigkeit 7-33, 38, 45, 50, 52, 57f., 71, 74f., 82, 88, 90f., 105, 143, 156, 167, 169, 179, 202, 209f., 210, 213f., 263, 269, 279, 280f., 283f., 286, 291, 294f.
Gericht/gerichtlich 4, 23f., 26f., 39, 46, 61, 65f., 67, 82, 88, 97, 126, 149, 156, 174, 192, 197, 200, 204f., 208, 210-212, 223f., 227ff., 232-256, 293
Geschichte Jesu 197, 200, 292
Gesetz 9, 11, 56, 70-72, 82, 87, 171, 245, 281, 295
Gewaltverzicht 29, 69-93, 192, 194, 204, 206f., 210, 213f., 286f., 293
Gewissen 31, 88
Glaube/glauben 3, 7, 69, 97, 101-106, 121f., 126, 131ff., 137, 140f., 172, 175, 193, 211f., 248, 261, 287f., 290, 292
Gleichnis 121f., 150-157, 207, 211, 232, 235, 237-245, 258
Goldene Regel 72, 84, 86f.
Gottesdienst 56, 158
Gottesknecht 21, 23, 171, 187, 191f., 199, 202f.
Gottesreich (Basileia) 7, 9, 10, 11, 13, 17, 20, 31, 105, 113, 125, 131, 143f., 147, 157, 162, 164, 170, 172f., 176, 209, 211, 218, 229, 233, 238f., 243, 247, 256ff., 293f.
Gottessohn 187, 195f., 200, 288

Gottessohnschaft 73f., 84f., 92, 99-106, 113, 116f., 119, 131, 175, 286f., 291
Gottesvolk 59, 91, 93, 123, 135, 157, 160ff., 176-178, 180, 290
Götzendienst 4, 182
Gutes tun (Tun des Guten) 22-24, 39, 52f., 55, 79, 82, 88f., 117, 157-160, 175, 207, 210, 216f., 252, 284f., 287

Hadrian 37
Hand Gottes 96, 287
Haustafel/Ständetafel 30, 55f., 69, 79, 82f., 90, 147f., 159, 286
Hegesipp 276
Heiden/heidnisch 4, 13, 27, 29, 30, 36f., 46, 54f., 57-68, 78f., 82, 85f., 88-93, 97, 104, 122, 126, 129, 133, 140, 155, 159, 164, 173f., 182, 205, 234, 236, 247, 250, 279, 285, 287
Heil (Soteria) 47, 256ff., 294
Heiligkeit/heilig 85, 90-93, 98, 158, 164, 173, 178, 182, 253, 287, 290, 292
Heilsgeschichte/heilsgeschichtlich 170ff., 211, 223
Herodes 205, 218
Herrlichkeit (Doxa) 36, 41-47, 62, 65, 111, 114, 120, 139-141, 163, 183, 189-191, 194f., 197, 199, 204, 211, 218, 226, 227ff., 246, 262f., 284, 293
Herz 15, 29
Hirt des Hermas 267
Hirt/Hirtenamt/Herde 128, 146f., 152ff., 163, 194f., 207ff., 210f., 230, 291f., 293
Hl. Geist 36, 43, 46, 176, 180, 193, 198, 199, 206f., 211, 284, 291
Hochmut 144, 147
Hoffnung 35, 37, 54, 111, 129, 133, 140f., 174, 188, 193, 195, 203, 226

Ignatius 184, 268f., 271, 276f., 294
imitatio/Imitation(smotiv) 22, 84f., 90f., 191, 214, 286f.
Immanuel 196, 199, 200, 292
Inclusio/Verklammerung 14
Indikativ/Imperativ 59, 62
Irenäus 265, 271f., 276
Isaak 35
Israel 4, 10f., 100, 160ff., 170ff., 194f., 212, 219, 234, 239, 244, 256
ius talionis 76, 84

Jakob 35
Jerusalem 172, 177, 220, 247, 261

Jesusbewegung/Wanderradikale 23, 79f., 105, 286
Johannes d. Täufer 10
Joseph 23
Josephus 54
Judas 201
Jüdischer Krieg 88f.
Jünger 10f., 17f., 56, 58, 60, 62, 72, 75, 102, 110, 112f., 119-122, 124, 126, 129f., 132, 144f., 152, 166f., 170, 212, 218, 235
Justin 267f., 274, 277, 295

Kaiserkult 4
Katechese/katechetisch 1, 99, 101, 154, 269, 283
Kelal(im) 82
Kirche 44, 110, 121ff., 133, 134ff., 143-186, 206f., 219ff., 239, 280, 289, 290f., 293
Kleinasien 80, 114f., 117, 121, 128, 134, 140f., 184, 265, 268ff., 272, 275, 279, 294
Kleinglaube/Zweifel 105, 119, 121, 131f., 155, 170, 288
1.Klemensbrief 266f.
Kyrios 187f., 206, 238, 243, 273, 276

Lamm 168, 231
Leben (ewiges) 193, 255, 257f., 261, 263, 294
Lebenswandel/wandeln 13, 24, 30f., 36f., 39, 45, 52, 54f., 57, 59f., 62-64, 79, 82, 85f., 88, 90-93, 117, 122, 126, 129, 155f., 158-160, 164, 173f., 178-180, 182, 193, 214, 216, 251-254, 279, 285, 287, 290, 292
Leiden (Christi) 22, 111, 114, 119f., 130, 132, 137f., 140, 163, 166, 168, 189f., 199-204, 209f., 215, 288f., 292f.
Leiden (der Christen) 17f., 20, 22-27, 30-33, 36, 38-42, 44-46, 85, 97f., 101, 108, 111f., 114f., 129f., 137f., 140, 160, 165ff., 191, 206, 209f., 262, 279, 281, 284, 289, 291, 293, 295
leidender Gerechter 192, 199-204, 247, 292
Licht 13, 36, 51, 58f., 62, 156, 164, 171-174, 181, 206, 285
Lob(preis) 58, 64-66, 68, 86, 285
Lohn 11, 17, 31, 34-36, 40, 43, 46f., 71, 74, 83, 130, 137, 211, 228, 232, 236f., 258, 262
Löwe (brüllender) 96-98, , 102, 287

Lüge/lügen 13, 36-38, 167

Martyrium 13, 20, 22
Martyrium Polykarps 270f.
Menschensohn 17, 187, 195f., 199, 200, 206, 209, 212, 223, 227ff., 235, 239, 246f., 257, 294
Messias 28, 43, 89, 100, 132, 166, 171f., 179, 196f., 203, 208, 227
Minucius Felix 37
Mission/missionarisch 8, 51f., 53, 56-58, 62, 64f., 79f., 112, 119, 124, 134, 164, 170ff., 194, 206f., 221, 223, 226, 234f., 285, 291, 293
Mitältester 114f., 128, 140f.

Nachfolge 23, 47, 85, 101, 114, 129ff., 137, 139, 165ff., 194, 206, 209-211, 213-215, 217f., 228, 238, 290f.
Nag-Hammadi 282
Nietzsche, F. 87
Noah 227

Offenbarung 42f., 45f., 96, 111, 183, 189, 212, 231, 261, 262f., 284, 293
Offenbarungstradent 113
Opfer (geistliche) 158, 174, 177f., 177-181, 184, 292
Optativ 32f.

Papias v. Hierapolis 270f., 294
Paraklese/parakletisch 31, 96, 98, 238, 284, 287
Paränese/paränetisch 1, 3, 12, 30f., 38f., 49f., 53, 55, 59f., 69, 76f., 82f., 94-101, 104, 114, 126f., 147, 153, 155, 157, 169, 176, 207, 213, 235, 238f., 243-246, 253-256, 275, 284, 287f.
Paronomasie 81, 286
Parusie 45, 111, 170, 189, 190, 195, 197, 206, 211, 219ff., 227ff., 246f., 261f., 281, 292f., 295
Paulus 21, 24, 46, 101, 108-110, 134, 276-278
Paulusakten 270f.
Petrus/Simon 2, 3, 47, 107-142, 170, 244, 265, 279, 279-282, 288f.
Petrusakten 282
Petrusapokalypse 282
Petrusevangelium 282
Philo 54
Plinius (d.J.) 4, 37
Polykarp v. Smyrna 184, 269, 271

Polykarpbrief 269f., 272, 294
Potentialis 32f.
praeparatio ad martyrium 22
Presbyter/Presbyteriat/presbyterial 4, 67,
114f., 122, 128, 139, 146f., 154f., 181,
184ff., 194f., 270, 292
Priesterschaft 91, 176, 178, 181, 184, 292
Propheten 9, 17, 23, 43, 45, 87, 114, 120,
126, 156, 184, 198f., 238, 276, 294
Prophetie 190f., 199, 204, 280f., 292, 295
Protasis 12, 14, 16, 18
Protophanie 112, 118-120, 289
Pseudepigraphie/pseudepigraphisch 2, 139
Pseudonymität/pseudonym 107, 129, 139f.

Q/Spruchquelle/Q-Logion 3, 14, 16, 18, 71,
74, 95f., 99, 102, 105, 144, 288

Rahmenformel 16
Rechenschaft 129, 174, 231, 236, 241-243,
251-253
Reflexions- bzw. Erfüllungszitate 15, 127,
198f., 267, 281, 292
Rezeption 265-282, 283, 294f.
Richterkönig 233
Rom 265, 266ff., 290, 294

Sanftmut/sanftmütig 15, 28f., 88
Schalksknecht 49, 122, 150f., 207, 240,
243f.
Schema 34f.
Schmähung/Schmähen/Verlästerung/Ver-
lästern/Beschimpfung/Beschimpfen/
Verleumdung/Verleumden 7, 26f., 30,
32, 36f., 38, 40, 42, 44, 47, 57, 60f.,
77f., 86, 89, 97, 152, 167, 174, 193,
205, 222, 226, 283f.
Schöpfung/Neuschöpfung 164f., 188, 254,
280
Schriftgelehrte, Propheten und Weise 184f.
Seele 154f., 170, 195, 261
Segen/segnen 31, 77-82, 85, 87, 158, 214,
259ff., 286f., 294
Seligpreisungen/Makarismen 1, 5-33, 34-
48, 50f., 73, 131, 156, 211, 258, 269,
279, 281, 283f., 294
Sintflut 227
Skandalon/Ärgernis10, 13, 16, 24, 111,
117, 131, 132ff., 137, 140, 145, 156,
158, 162, 175, 192f., 205-207, 235, 238,
247, 257, 290-292
Smyrna 184, 268f., 270
Sohn Davids 172, 187, 195f.

Sondergut 8, 14, 70, 71, 102, 108, 130,
156, 232
Sorge/sorgen 5, 96f., 103-106, 122, 132,
135, 153, 155, 279, 287f.
Spurennachfolge 217f.
Stein des Anstoßes/Fels des Ärgernisses
193, 207
Sueton 37
Sühnetod 197, 199, 201, 204, 212, 213,
292
Sünde/Sünder/sündigen 21-23, 123, 126,
149, 151, 153, 192, 201f., 204, 253f.
Synagoge 7, 13, 23, 161
Synagogenbann 7, 13, 26, 36f., 47
Syrien 184, 265

Tacitus 37
Tag der Heimsuchung 65-67, 285
Taufe 10, 51, 197, 204, 276
Tempel 176-180, 184
Tempelsteuer 116-118, 121, 175
Tempelzerstörung 219, 220
terminus technicus 7, 8, 78, 173, 208, 227,
258, 284
Tertullian 270
Teufel/Diabolos/Satan 52f., 94-106, 122,
132, 287f.
Theophilus v. Antiochien 265
Thora 55, 70
Trajan 4, 37
Trost 39, 96, 105, 122, 138, 142, 191, 235,
238, 284, 289, 295
Trübsal/Bedrängnis 221f., 226, 293

Universalismus/universal 49, 51f., 134f.,
171f., 221, 227, 233f., 235, 237, 246,
247-250, 251, 254, 256, 258, 293

Valerian 44
Vaterunser 9, 92, 213
Verba Christi/Herren- bzw. Jesusworte 1,
2, 5, 33, 272, 274, 275ff., 295
Verbrecher 61, 88, 175, 192, 285
Verflüssigung 197, 292
Verfolgung 4, 7f., 13, 17f., 20, 24-27, 32,
34f., 38, 43f., 45, 47, 73, 117, 152, 167,
186, 205, 220, 222, 244, 250, 283f.
Vergebung (der Sünden) 66, 121-123, 132,
137, 143, 148ff., 154, 189, 199, 201,
212-214, 244, 289, 291, 293
Verheißung 11f., 81, 85, 96, 111, 172,
182f., 198, 203, 208, 247, 254, 262,
284, 286f., 292

Verheißung und Erfüllung 198f., 267
Verherrlichung 52ff., 55, 57-59, 64f., 85,
    133, 173, 211, 285, 291
Verkündigung/Kerygma 12f., 16, 129, 171,
    173f., 221, 223, 234, 280
Verstockung 162, 212
Versuchung 5, 94, 99-106, 183, 202, 262,
    279, 288
Versuchungsgeschichte 5, 94, 99-106, 283,
    288
Völker 170ff., 233f., 236f., 256
Vollkommenheit/Vollkommensein/voll-
    kommen 72, 75, 82, 90-93, 156, 168,
    279, 287
Vollmacht 125ff., 128f., 150, 156, 170f.,
    200, 212-214, 292
Vorbild/Leitbild 44f., 77, 101, 163, 166,
    169, 191f., 194, 209, 214f., 284, 288

Wachsamkeit 96-98, 102f., 122, 131, 166,
    225, 228, 239, 243, 287f., 293

Wachstumskriterium 47, 60
Waffenrüstung 216
Wahrheit 24, 37, 126, 128, 138, 140, 216,
    289
Weisheit/weisheitlich 18, 29, 49, 85, 95,
    103f., 127, 144, 237
Weltende 219ff., 227ff., 293
Werke 36, 49-68, 156, 158, 206, 237f.,
    245, 251, 253, 285, 293
Wiedervergeltung 29, 69-93, 156, 158, 201,
    204, 210, 246, 251, 286, 291f., 294
Wille Gottes (des Vaters) 9-11, 13, 18, 23,
    51, 55, 100, 117, 149, 153, 157-160,
    162, 164, 172f., 175, 177, 192, 200-203,
    216, 234, 238f., 254, 281, 283, 290, 292
Wohltaten Gottes 173f.

Zeugnis 58, 108, 120f., 159, 279
Zitationseinleitung 275ff.

Wissenschaftliche Untersuchungen zum Neuen Testament

Alphabetisches Verzeichnis der ersten und zweiten Reihe

Appold, Mark L.: The Oneness Motif in the Fourth Gospel. 1976. *Band II/1.*
Bachmann, Michael: Sünder oder Übertreter. 1991. *Band 59.*
Baker, William R.: Personal Speech-Ethics. 1995. *Band II/68.*
Bammel, Ernst: Judaica. 1986. *Band 37.*
Bauernfeind, Otto: Kommentar und Studien zur Apostelgeschichte. 1980. *Band 22.*
Bayer, Hans Friedrich: Jesus' Predictions of Vindication and Resurrection. 1986. *Band II/20.*
Betz, Otto: Jesus, der Messias Israels. 1987. *Band 42.*
– Jesus, der Herr der Kirche. 1990. *Band 52.*
Beyschlag, Karlmann: Simon Magnus und die christliche Gnosis. 1974. *Band 16.*
Bittner, Wolfgang J.: Jesu Zeichen im Johannesevangelium. 1987. *Band II/26.*
Bjerkelund, Carl J.: Tauta Egeneto. 1987. *Band 40.*
Blackburn, Barry Lee: 'Theios Anēr' and the Markan Miracle Traditions. 1991. *Band II/40.*
Bockmuehl, Markus N. A.: Revelation and Mystery in Ancient Judaism and Pauline Christianity. 1990. *Band II/36.*
Böhlig, Alexander: Gnosis und Synkretismus. Teil 1 1989. *Band 47* – Teil 2 1989. *Band 48.*
Böttrich, Christfried: Weltweisheit – Menschheitsethik – Urkult. 1992. *Band II/50.*
Büchli, Jörg: Der Poimandres – ein paganisiertes Evangelium. 1987. *Band II/27.*
Bühner, Jan A.: Der Gesandte und sein Weg im 4. Evangelium. 1977. *Band II/2.*
Burchard, Christoph: Untersuchungen zu Joseph und Aseneth. 1965. *Band 8.*
Cancik, Hubert (Hrsg.): Markus-Philologie. 1984. *Band 33.*
Capes, David B.: Old Testament Yaweh Texts in Paul's Christology. 1992. *Band II/47.*
Caragounis, Chrys C.: The Son of Man. 1986. *Band 38.*
– siehe *Fridrichsen.*
Carleton Paget, James: The Epistle of Barnabas. 1994. *Band II/64.*
Crump, David: Jesus the Intercessor. 1992. *Band II/49.*
Deines, Roland: Jüdische Steingefäße und pharisäische Frömmigkeit. 1993. *Band II/52.*
Dobbeler, Axel von: Glaube als Teilhabe. 1987. *Band II/22.*
Dunn, James D. G. (Hrsg.): Jews and Christians. 1992. *Band 66.*
Ebertz, Michael N.: Das Charisma des Gekreuzigten. 1987. *Band 45.*
Eckstein, Hans-Joachim: Der Begriff der Syneidesis bei Paulus. 1983. *Band II/10.*
Ego, Beate: Im Himmel wie auf Erden. 1989. *Band II/34.*
Ellis, E. Earle: Prophecy and Hermeneutic in Early Christianity. 1978. *Band 18.*
– The Old Testament in Early Christianity. 1991. *Band 54.*
Ennulat, Andreas: Die ›Minor Agreements‹. 1994. *Band II/62.*
Feldmeier, Reinhard: Die Krisis des Gottessohnes. 1987. *Band II/21.*
– Die Christen als Fremde. 1992. *Band 64.*
Feldmeier, Reinhard und *Ulrich Heckel* (Hrsg.): Die Heiden. 1994. *Band 70.*
Fornberg, Tord: siehe *Fridrichsen.*
Fossum, Jarl E.: The Name of God and the Angel of the Lord. 1985. *Band 36.*
Fridrichsen, Anton: Exegetical Writings. Hrsg. von C. C. Caragounis und T. Fornberg. 1994. *Band 76.*
Garlington, Don B.: The Obedience of Faith. 1991. *Band II/38.*
– Faith, Obedience and Perseverance. 1994. *Band 79.*
Garnet, Paul: Salvation and Atonement in the Qumran Scrolls. 1977. *Band II/3.*
Grässer, Erich: Der Alte Bund im Neuen. 1985. *Band 35.*
Green, Joel B.: The Death of Jesus. 1988. *Band II/33.*
Gundry Volf, Judith M.: Paul and Perseverance. 1990. *Band II/37.*
Hafemann, Scott J.: Suffering and the Spirit. 1986. *Band II/19.*
– Paul, Moses, and the History of Israel. 1995. *Band 81.*
Heckel, Theo K.: Der Innere Mensch. 1993. *Band II/53.*
Heckel, Ulrich: Kraft in Schwachheit. 1993. *Band II/56.*
– siehe *Feldmeier.*
– siehe *Hengel.*

Heiligenthal, Roman: Werke als Zeichen. 1983. *Band II/9.*

Hemer, Colin J.: The Book of Acts in the Setting of Hellenistic History. 1989. *Band 49.*

Hengel, Martin: Judentum und Hellenismus. 1969, [3]1988. *Band 10.*

– Die johanneische Frage. 1993. *Band 67.*

Hengel, Martin und *Ulrich Heckel* (Hrsg.): Paulus und das antike Judentum. 1991. *Band 58.*

Hengel, Martin und *Hermut Löhr* (Hrsg.): Schriftauslegung. 1994. *Band 73.*

Hengel, Martin und *Anna Maria Schwemer* (Hrsg.): Königsherrschaft Gottes und himmlischer Kult. 1991. *Band 55.*

– Die Septuaginta. 1994. *Band 72.*

Herrenbrück, Fritz: Jesus und die Zöllner. 1990. *Band II/41.*

Hofius, Otfried: Katapausis. 1970. *Band 11.*

– Der Vorhang vor dem Thron Gottes. 1972. *Band 14.*

– Der Christushymnus Philipper 2,6 – 11. 1976, [2]1991. *Band 17.*

– Paulusstudien. 1989, [2]1994. *Band 51.*

Holtz, Traugott: Geschichte und Theologie des Urchristentums. Hrsg. von Eckart Reinmuth und Christian Wolff. 1991. *Band 57.*

Hommel, Hildebrecht: Sebasmata. Band 1. 1983. *Band 31.* – Band 2. 1984. *Band 32.*

Kähler, Christoph: Jesu Gleichnisse als Poesie und Therapie. 1995. *Band 78.*

Kamlah, Ehrhard: Die Form der katalogischen Paränese im Neuen Testament. 1964. *Band 7.*

Kim, Seyoon: The Origin of Paul's Gospel. 1981, [2]1984. *Band II/4.*

– »The ›Son of Man‹« as the Son of God. 1983. *Band 30.*

Kleinknecht, Karl Th.: Der leidende Gerechtfertigte. 1984, [2]1988. *Band II/13.*

Klinghardt, Matthias: Gesetz und Volk Gottes. 1988. *Band II/32.*

Köhler, Wolf-Dietrich: Rezeption des Matthäusevangeliums in der Zeit vor Irenäus. 1987. *Band II/24.*

Korn, Manfred: Die Geschichte Jesu in veränderter Zeit. 1993. *Band II/51.*

Koskenniemi, Erkki: Apollonios von Tyana in der neutestamentlichen Exegese. 1994. *Band II/61.*

Kuhn, Karl G.: Achtzehngebet und Vaterunser und der Reim. 1950. *Band 1.*

Lampe, Peter: Die stadtrömischen Christen in den ersten beiden Jahrhunderten. 1987, [2]1989. *Band II/18.*

Lieu, Samuel N. C.: Manichaeism in the Later Roman Empire and Medieval China. 1992. *Band 63.*

Löhr, Hermut: siehe *Hengel.*

Löhr, Winrich A.: Basilides und seine Schule. 1995. *Band 83.*

Maier, Gerhard: Mensch und freier Wille. 1971. *Band 12.*

– Die Johannesoffenbarung und die Kirche. 1981. *Band 25.*

Markschies, Christoph: Valentinus Gnosticus? 1992. *Band 65.*

Marshall, Peter: Enmity in Corinth: Social Conventions in Paul's Relations with the Corinthians. 1987. *Band II/23.*

Meade, David G.: Pseudonymity and Canon. 1986. *Band 39.*

Meadors, Edward P.: Jesus the Messianic Herald of Salvation. 1995. *Band II/72.*

Mell, Ulrich: Die »anderen« Winzer. 1994. *Band 77.*

Mengel, Berthold: Studien zum Philipperbrief. 1982. *Band II/8.*

Merkel, Helmut: Die Widersprüche zwischen den Evangelien. 1971. *Band 13.*

Merklein, Helmut: Studien zu Jesus und Paulus. 1987. *Band 43.*

Metzler, Karin: Der griechische Begriff des Verzeihens. 1991. *Band II/44.*

Metzner, Rainer: Die Rezeption des Matthäusevangeliums im 1. Petrusbrief. 1995. *Band II/74.*

Niebuhr, Karl-Wilhelm: Gesetz und Paränese. 1987. *Band II/28.*

– Heidenapostel aus Israel. 1992. *Band 63.*

Nissen, Andreas: Gott und der Nächste im antiken Judentum. 1974. *Band 15.*

Noormann, Rolf: Irenäus als Paulusinterpret. 1994. *Band II/66.*

Okure, Teresa: The Johannine Approach to Mission. 1988. *Band II/31.*

Philonenko, Marc (Hrsg.): Le Trône de Dieu. 1993. *Band 69.*

Pilhofer, Peter: Presbyteron Kreitton. 1990. *Band II/39.*

Pöhlmann, Wolfgang: Der Verlorene Sohn und das Haus. 1993. *Band 68.*

Probst, Hermann: Paulus und der Brief. 1991. *Band II/45.*

Räisänen, Heikki: Paul and the Law. 1983, [2]1987. *Band 29.*

Rehkopf, Friedrich: Die lukanische Sonderquelle. 1959. *Band 5.*

Rein, Matthias: Die Heilung des Blindgeborenen. 1995. *Band II/73.*

Reinmuth, Eckart: Pseudo-Philo und Lukas. 1994. *Band 74.*

– siehe *Holtz.*

Reiser, Marius: Syntax und Stil des Markusevangeliums. 1984. *Band II/11.*
Richards, E. Randolph: The Secretary in the Letters of Paul. 1991. *Band II/42.*
Riesner, Rainer: Jesus als Lehrer. 1981, [3]1988. *Band II/7.*
– Die Frühzeit des Apostels Paulus. 1994. *Band 71.*
Rissi, Mathias: Die Theologie des Hebräerbriefs. 1987. *Band 41.*
Röhser, Günter: Metaphorik und Personifikation der Sünde. 1987. *Band II/25.*
Rose, Christian: Die Wolke der Zeugen. 1994. *Band II/60.*
Rüger, Hans Peter: Die Weisheitsschrift aus der Kairoer Geniza. 1991. *Band 53.*
Salzmann, Jorg Christian: Lehren und Ermahnen. 1994. *Band II/59.*
Sänger, Dieter: Antikes Judentum und die Mysterien. 1980. *Band II/5.*
– Die Verkündigung des Gekreuzigten und Israel. 1994. *Band 75.*
Sandnes, Karl Olav: Paul – One of the Prophets? 1991. *Band II/43.*
Sato, Migaku: Q und Prophetie. 1988. *Band II/29.*
Schaper, Joachim: Eschatology in the Greek Psalter. 1995. *Band II/76.*
Schimanowski, Gottfried: Weisheit und Messias. 1985. *Band II/17.*
Schlichting, Günter: Ein jüdisches Leben Jesu. 1982. *Band 24.*
Schnabel, Eckhard J.: Law and Wisdom from Ben Sira to Paul. 1985. *Band II/16.*
Schutter, William L.: Hermeneutic and Composition in I Peter. 1989. *Band II/30.*
Schwartz, Daniel R.: Studies in the Jewish Background of Christianity. 1992. *Band 60.*
Schwemer, A. M.: siehe *Hengel.*
Scott, James M.: Adoption as Sons of God. 1992. *Band II/48.*
– Paul and the Nations. *Band 84.*
Siegert, Folker: Drei hellenistisch-jüdische Predigten. Teil 1 1980. *Band 20.* – Teil 2 1992. *Band 61.*
– Nag-Hammadi-Register. 1982. *Band 26.*
– Argumentation bei Paulus. 1985. *Band 34.*
– Philon von Alexandrien. 1988. *Band 46.*
Simon, Marcel: Le christianisme antique et son contexte religieux I/II. 1981. *Band 23.*
Snodgrass, Klyne: The Parable of the Wicked Tenants. 1983. *Band 27.*
Söding, Thomas: siehe *Thüsing.*
Sommer, Urs: Die Passionsgeschichte des Markusevangeliums. 1993. *Band II/58.*
Spangenberg, Volker: Herrlichkeit des Neuen Bundes. 1993. *Band II/55.*
Speyer, Wolfgang: Frühes Christentum im antiken Strahlungsfeld. 1989. *Band 50.*
Stadelmann, Helge: Ben Sira als Schriftgelehrter. 1980. *Band II/6.*
Strobel, August: Die Stunde der Wahrheit. 1980. *Band 21.*
Stuckenbruck, Loren: Angel Veneration and Christology. 1995. *Band II/70.*
Stuhlmacher, Peter (Hrsg.): Das Evangelium und die Evangelien. 1983. *Band 28.*
Sung, Chong-Hyon: Vergebung der Sünden. 1993. *Band II/57.*
Tajra, Harry W.: The Trial of St. Paul. 1989. *Band II/35.*
– The Martyrdom of St. Paul. 1994. *Band II/67.*
Theissen, Gerd: Studien zur Soziologie des Urchristentums. 1979, [3]1989. *Band 19.*
Thornton, Claus-Jürgen: Der Zeuge des Zeugen. 1991. *Band 56.*
Thüsing, Wilhelm: Studien zur neutestamentlichen Theologie. Hrsg. von Thomas Söding. 1995. *Band 82.*
Twelftree, Graham: Jesus the Exorcist. 1993. *Band II/54.*
Visotzky, Burton L.: Fathers of the World. 1995. *Band 80.*
Wagener, Ulrike: Die Ordnung des ›Hauses Gottes‹. 1994. *Band II/65.*
Wedderburn, A. J. M.: Baptism and Resurrection. 1987. *Band 44.*
Wegner, Uwe: Der Hauptmann von Kafarnaum. 1985. *Band II/14.*
Welck, Christian: Erzählte ›Zeichen‹. 1994. *Band II/69.*
Wilson, Walter T.: Love without Pretense. 1991. *Band II/46.*
Wolff, Christian: siehe *Holtz.*
Zimmermann, Alfred E.: Die urchristlichen Lehrer. 1984, [2]1988. *Band II/12.*

Einen Gesamtkatalog erhalten Sie gern vom Verlag
J. C. B. Mohr (Paul Siebeck), Postfach 2040, D-72010 Tübingen

DATE DUE
